Coleção

Direito Penal e Criminologia

Direção

Íñigo Ortiz de Urbina

Ramon Ragués

Luís Greco

AUTONOMIA, CONSENTIMENTO E DIREITO PENAL DA MEDICINA

Flávia Siqueira

AUTONOMIA, CONSENTIMENTO E DIREITO PENAL DA MEDICINA

Marcial Pons

MADRI | BARCELONA | BUENOS AIRES | SÃO PAULO

Coleção
Direito Penal e Criminologia

Direção
Íñigo Ortiz de Urbina | Ramon Ragués | Luís Greco

Autonomia, consentimento e direito penal da medicina
Flávia Siqueira

Capa
Nacho Pons

Produção e editoração eletrônica
Ida Gouveia | HBLYZ | Oficina das Letras®

CIP-Brasil. Catalogação na Publicação

Siqueira, Flávia

Autonomia, consentimento e direito penal da medicina / Flávia Siqueira. - 1. ed. - São Paulo : Marcial Pons, 2019. Coleção Direito Penal e Criminologia

ISBN 9788566722758

1. Direito penal. 2. Criminologia. I. Siqueira, Flávia. II. Título. III. Série.

CDU: 345

www.marcialpons.com.br

Impresso no Brasil

Aos meus professores

Luís Greco e Luís Augusto Sanzo Brodt.

PREFÁCIO

Quem teve a felicidade de assistir à gloriosa defesa de tese de Flávia Siqueira, no dia 29 de março de 2019, na Sala da Congregação da Faculdade de Direito da UFMG, seguramente se recordará dessa data. Eu, que ali me encontrava na qualidade de membro da banca examinadora, não a esquecerei. Foi uma tarde de trabalho, de alegria, mas, principalmente de *orgulho*. Orgulho de examinador, orgulho de orientador, orgulho de amigo, que mal consegui conter em minha arguição e que praticamente a impossibilitou. Quem presenciou a defesa saberá a que me refiro. Agora, que vejo o livro a poucas semanas de ser impresso na coleção de monografias que co-dirijo, volto a experimentar essa agradável sensação, a qual, provavelmente graças à proteção que me confere a tela do computador, logro conter. Doutro modo, teria o mesmo êxito nas presentes linhas que tive ao arguir.

Falemos, porém, do motivo desse orgulho, isto é, da belíssima *tese* com que Flávia Siqueira agora enriquece o direito penal brasileiro. O ponto de partida é a filosofia do direito, a ideia kantiana de autonomia, que é modernizada sob influência rawlsiana (autonomia como conceito "político, não metafísico"), enquanto o ponto de chegada é o tratamento jurídico-penal da conduta do médico que intervém na esfera corporal do paciente. Flávia Siqueira se controverte com a literatura nacional, que ainda conhece um direito do médico originário do médico de tratar o paciente ("exercício regular de direito", art. 23 III CP), e a confronta com os modelos para os quais é o paciente quem confere, através do instituto do consentimento, a seu médico qualquer direito que este supostamente exerce. Ela desce a todas as concretudes desse modelo alternativo, por ela defendido com tanta convicção quanta cogência. Principalmente, se é o consentimento do paciente que justifica, tem este de conhecer aquilo em que está consentindo, o que demandará um esclarecimento de parte do médico – dever esse que Flávia Siqueira delineia de forma pioneira na literatura jurídico-penal brasileira.

Com isso, uso o termo que, ao lado do já mencionado "orgulho", é a palavra que mais me ocorre ao pensar no trabalho que o leitor tem em mãos: *pioneirismo*. Parece-me que o que o leitor tem em mãos coloca as bases para o desenvolvimento, no Brasil, de uma verdadeira ciência do Direito Penal da Medicina, ancorada não mais numa concepção paternalista e vertical, de um médico-agente e um paciente-paciente, e sim na horizontalidade da relação entre dois agentes autônomos. Se o livro for, como merece, lido e levado a sério, ele representará o início de uma importante guinada no sentido de respeitar a autonomia e os corpos daqueles que, mesmo sabendo menos, têm o direito de decidir quem pode fazer o quê com aquilo que é mais seu.

Concluo vários de meus prefácios desejando sucesso ao autor e exortando-o a continuar escrevendo. Desta vez, exortarei o público leitor a refletir sobre as ideias que se seguem e a colaborar na construção e solidificação desse Direito Penal da Medicina fundado na autonomia que Flávia Siqueira, de forma pioneira, logrou delinear.

Que orgulho!

Berlim, 7 de julho de 2019.

Prof. Dr. Luís Greco

Professor Catedrático de Direito Penal, Direito Processual Penal, Direito Penal Estrangeiro e Teoria do Direito Penal na Universidade Humboldt, de Berlim, Alemanha. Habilitação em direito penal na Universidade Ludwig Maximilian, de Munique, Alemanha; doutor em direito e LL.M. na mesma instituição.

APRESENTAÇÃO

A Editora Marcial Pons, prestigiada casa editorial, traz a público, com a publicação da presente obra, tese defendida e aprovada com louvor no Programa de Pós-Graduação *stricto sensu* da Faculdade de Direito da Universidade Federal de Minas Gerais. A banca examinadora foi constituída pelo Prof. Dr. Luís Greco e por mim, na condição de coorientadores, e pelos professores doutores Antônio Martins, Fábio Roberto D'Ávila, Frederico Horta e Túlio Vianna.

Desde cedo, tenho certeza, os méritos do trabalho ficarão evidentes ao leitor, porque facilmente perceptíveis. A metodologia utilizada é elogiável, já que se parte do estudo de casos e, ao final de cada capítulo, faz-se a síntese das conclusões parciais. Tudo isso colabora para a perfeita compreensão das ideias expostas.

O tema situa-se no âmbito do Direito Penal Médico, que, ao lado do Direito Penal Econômico, domina os debates contemporâneos em matéria criminal. Na Alemanha, também nesse particular, os estudos estão mais avançados do que entre nós. Por isso, a importância da incursão que Flávia faz na doutrina e jurisprudência germânica, guiada pelo gênio do consagrado professor doutor Luís Greco, da *Humboldt Universität zu Berlin*.

Com a convicção forjada por uma sólida base teórica, na tese que ora se converte em livro, a autora, a partir de uma aguda crítica ao paternalismo que despreza a autonomia da vontade do paciente, sustenta que somente ao indivíduo cabe hierarquizar livremente os próprios valores. Desse modo, defende que a vida e a saúde podem não preponderar diante de critérios e concepções do paciente.

Assim, na relação médico-paciente, a pesquisa rompe com uma forte tradição paternalista. Tal postura, por óbvio, tem também consequências políticas à medida que se insere no contexto de uma sociedade que ainda carece de maior democratização.

Por outro lado, num momento que, com maior ou menor desenvoltura, tantos questionam a capacidade de rendimento dogmático da noção de bem jurídico, o texto, corretamente, reafirma sua importância. Entende-se que todos os bens jurídicos individuais possuem uma dimensão de autonomia e vinculam-se, ainda que indiretamente, ao exercício da liberdade individual. O indivíduo, portanto, tem disponibilidade de seus bens jurídicos, para deles usufruir e gozar do modo que lhe parecer mais conveniente.

Em coerência com tais pressupostos, Flávia Siqueira aponta o consentimento do paciente como a pedra angular para o tratamento dogmático das intervenções médico-cirúrgicas. Dedica-se, então, à definição conceitual e ao exame dos requisitos de validade do consentimento, para evidenciar os limites concretos da conduta médica. Além disso, aborda as figuras do consentimento presumido e hipotético.

O convite a mim formulado pela Professora Flávia Siqueira para, a título de apresentação, fazer, aqui, algumas considerações, deixa-me feliz e honrado e exige-me, por questão de justiça, algumas palavras sobre sua já brilhante trajetória acadêmica.

Flávia é verdadeiramente vocacionada à pesquisa e ao magistério, tem a inquietação que anima a todos e a capacidade de poucos nessas áreas. Dessas qualidades já tive notícia, ainda quando ela frequentava o curso de graduação em Direito, por intermédio do meu querido e saudoso amigo Prof. Dr. Guilherme José Ferreira da Silva. Nos estudos em nível de pós-graduação, nunca recorreu a temas fáceis ou ao conforto das teses dominantes, sempre procurou diferenciar-se por meio de uma atitude dinâmica que lhe permitiu aprofundar suas pesquisas e o contato com as melhores fontes.

Flávia, ao longo do caminho, conheceu dificuldades, mas não esmoreceu nem mesmo diante da necessidade de deixar família e amigos a fim de, na Alemanha, buscar os subsídios que lhe permitiriam alcançar respostas para suas indagações. Foi recompensada por encontrar, em Augsburg e Berlim, a figura ímpar e generosa do Prof. Dr. Luís Greco, que lhe emprestou acesso a uma sólida e vasta formação acadêmica realizada naquele país e disponibilizou contato com ricos acervos bibliográficos.

O talento e a fibra que lhe são próprios permitiram que a ora Professora Doutora Flávia Siqueira obtivesse sucesso na data memorável em que, na Sala da Congregação da FDUFMG, realizou a defesa de sua tese diante de banca que reuniu professores dos mais renomados e qualificados do país.

Os mesmos motivos fazem-me adivinhar que a Ciência Penal brasileira resta fortalecida.

Belo Horizonte, 29 de junho de 2019.

Prof. Dr. Luis Augusto Sanzo Brodt

Professor Associado do Departamento de Direito e Processo Penal e do Programa de Pos-Graduação em Direito da FDUFMG. Estágio Pós-Doutoral na Johann Wolfgang Goethe Universität em Frankfurt Am Main.

AGRADECIMENTOS

Nos últimos quatro anos, as mudanças foram constantes em minha vida. Entre idas e vindas, de Belo Horizonte a Augsburg, Campinas e Berlim, tive a satisfação de conviver com pessoas que influenciaram muito a minha percepção do mundo e do direito penal. A jornada do doutorado se iniciou oficialmente em 2015, na Universidade Federal de Minas Gerais. Antes de tudo, devo os mais sinceros agradecimentos aos meus orientadores, grandes responsáveis por muito do que conquistei nos últimos anos, pelo intenso apoio durante todo o doutorado e mesmo antes dele. Ao prof. Luís Augusto Sanzo Brodt, agradeço especialmente pelas importantes lições, pelo acompanhamento cuidadoso do trabalho e pelo suporte concedido para que eu pudesse alcançar meus objetivos durante o curso. Ao prof. Luís Greco, agradeço carinhosamente por ter mudado completamente a minha trajetória acadêmica, me dado as mais incríveis oportunidades e dedicado tanto do seu valoroso tempo para me ensinar – eu certamente não teria chegado até aqui se não fosse a sua confiança, que sempre me impulsionou ainda quando eu mesma duvidava das minhas capacidades, e o seu empenho em fazer emergir o que há de melhor em mim.

Além disso, agradeço, em especial, à profa. Sheila Jorge Selim de Sales por todos os ensinamentos e pelo carinho de sempre, bem como aos profs. Frederico Horta e Túlio Vianna, da UFMG, ao prof. Antônio Martins, da UFRJ, e ao prof. Fábio D'Avila, da PUCRS, pelas importantes críticas e recomendações realizadas por ocasião da defesa da tese, que contribuíram muito para este trabalho.

Agradeço também aos grandes amigos que me acolheram tão calorosamente nesta Vetusta Casa de Afonso Pena: à Tatiana Badaró, não apenas pela amizade genuína e pelos conselhos de mãe, como também pela valorosa leitura e revisão do manuscrito deste trabalho; à Amanda Bastos, minha madrinha e irmã de coração, por encher a minha vida de amor e pela companhia nas mais inesquecíveis viagens; ao Victor Rodrigues, pelo carinho e pela parceria em tantos projetos; ao Ronan Rocha, pela amizade e pelo constante incentivo desde a época que precedeu o mestrado; ao Rodrigo Iennaco, especialmente pelo auxílio durante o processo seletivo para o doutorado; às amadas *abolis* – Alessandra, Bárbara, Eduarda, Evânia, Isabela, Jéssica, Júlia, Luana, Marcela, Nayara e Regina – e aos amigos Eder e Lucas, companheiros de jornada, por todo o apoio, empatia e cumplicidade.

Durante o doutorado, vivi algumas das minhas mais importantes experiências na docência, tanto na PUC Minas como também na própria UFMG. Nada disso teria sido possível sem o apoio dos professores Adilson Nascimento e Carlos Augusto Canêdo, aos quais agradeço carinhosamente. Manifesto também minha gratidão aos professores e colegas que tanto contribuíram para a minha trajetória: ao saudoso prof. Guilherme José, meu eterno professor de direito penal, e aos profs. Bruno Ribeiro, Cláudio Brandão, Daniel Corrêa, Daniel Reis, Guilherme Marinho, Leonardo Guimarães, Leonardo Yarochewsky, Marcelo Galuppo, Renato Patrício e Vitor Medrado.

Em menos de um ano após o início do doutorado, recebi a tão esperada notícia de que havia sido contemplada com uma bolsa de estudos do CNPq/DAAD para realizar minha pesquisa na Alemanha, onde aterrissei logo no início do ano de 2016. Do tempo dedicado ao estudo da língua alemã no *Goethe-Institut* de Mannheim, tenho afetuosas lembranças das aulas do prof. Neil e dos estudos com as amigas Camelia, Jayapratha e Marelie. Após, na *Universidade de Augsburg*, tive a alegria de desenvolver o meu trabalho na mais incrível das bibliotecas e de conhecer pessoas extraordinárias.

Devo um especial agradecimento à minha grande amiga Izabele Kasecker, que não apenas dividiu comigo a sua morada em diferentes ocasiões, como também leu minuciosamente cada palavra da primeira versão desta tese – a você, serei eternamente grata por todo esse carinho e dedicação. Agradeço também a todos os amigos que fizeram desta uma experiência memorável: ao Eduardo Viana, pela companhia nas infindáveis horas de estudo na biblioteca; à Heloísa Estellita, que trouxe tanta alegria e alento para os dias que eram antes frios e solitários, pela parceira e por todos os ensinamentos – sobre o direito penal e sobre a vida; à Conny Friedrich e à Nadine Deckensattl, pela amizade verdadeira e, em especial, pelo auxílio durante a elaboração do trabalho para o *Donnerstag-Seminar* e pela correção dos meus escritos em alemão; ao Ricardo Malta, à Ketuta Chkuaseli e à Tatia Tsanava, pelos divertidos momentos compartilhados; aos queridos amigos Carla e Carlos Wehrs, Cristina, Fernando Calix, Jeremy Himpler, Lena Marie, Lucas Montenegro, Mário Jorge, Orlandino Gleizer, Silvio Guimarães e às amigas do *Freiraum*, pelo carinho de sempre. Agradeço ainda aos amigos Adriano Teixeira, Alaor Leite e Augusto Assis, com os quais tive a alegria de conviver mais intensamente durante o meu tempo na Alemanha, pela amizade, pelo incentivo e pelos importantes ensinamentos.

Em 2017, algum tempo depois de retornar a Belo Horizonte, a minha vida tomou novamente outros rumos, que me levaram, dessa vez, à cidade de Campinas. Os dias de trabalho na Universidade Presbiteriana Mackenzie foram alegrados pelo convívio com meus tão admirados colegas, aos quais dirijo o meu mais sincero agradecimento, em especial à Francesca Columbu, à Márcia Leão, à Mariana Munis e ao Antônio Isidoro Piacentin, pela amizade e por toda a energia positiva; ao Marcelo Chiavassa, pelas conversas, almoços e trocas de livros; ao Maurides Ribeiro, pela inspiração; e à Erika Furlan e ao João Paulo Sangion, pelo acolhimento. Expresso ainda minha profunda gratidão à Alessandra Benedito, ao diretor Gilson Novaes e ao Murilo Rezende pelas oportunidades e por todo o apoio. Além disso, agradeço carinhosamente às minhas grandes amigas Andressa Loli e Tatiana Stoco, que, com muito amor, se tornaram a minha família em terras campineiras.

Nos anos de 2017 e 2018, tive ainda o contentamento de realizar mais duas estâncias de pesquisa na Alemanha, dessa vez na *Humboldt Universität zu Berlino* Além de conviver com antigos amigos, tive também a satisfação de fazer novas amizades: agradeço à Marja Goulart, ao Hugo Soares e ao Renato Kramer, pela convivência; à Raquel Scalcon, pelos conselhos e pelo carinho especial; e ao Guilherme Góes, pela companhia nos dias de estudo, pelas discussões que contribuíram para o desenvolvimento da tese e pelo gentil envio de textos. Agradeço ainda ao *Max-Planck-Institut für ausländisches und internationales Strafrecht*, pela recepção para a realização de uma curta estadia de pesquisa em janeiro de 2018.

Gostaria também de deixar registrado o meu agradecimento a algumas pessoas admiradas por mim, que também colaboraram para a minha evolução acadêmica, como os professores Bernd Schünemann, Érika Mendes de Carvalho, Gisele Mendes de Carvalho, João Paulo Martinelli, Marina Cerqueira e Rodrigo Sánchez Rios. Aos amigos médicos, em especial ao Filipe Reis Pedra e à Juliana Nardeli, agradeço pelo diálogo constante, que muito enriqueceu o trabalho.

Agradeço, também, às agências de fomento CAPES, CNPq e DAAD pelo financiamento dos meus estudos por quase todo o doutorado, no Brasil e na Alemanha.

Aos meus queridos alunos e ex-alunos da PUC Minas, da UFMG e da Universidade Presbiteriana Mackenzie, que me ensinam tanto todos os dias da minha vida: muito obrigada!

Pela benção da vida, agradeço a Deus e à minha família, especialmente aos meus pais e avós, meus maiores incentivadores.

Ao Diego, meu companheiro de vida, meu grande parceiro nesta e em tantas outras aventuras, agradeço, com todo o amor que há no meu coração, por tudo, mas, especialmente, por ter vivido os meus sonhos comigo e me dado sempre o suporte para que eu pudesse realizá-los, ainda que estivesse a um oceano de distância.

ABREVIATURAS

Abs. – *Absatz* (parágrafo, em alemão)

Art. – artigo

ADPCP – *Anuario de Derecho Penal y Ciencias Penales* (periódico)

AMG – *Arzneimittelgesetz* (lei de comercialização de medicamentos)

BGB – *Bürgerliches Gesetzbuch* (Código Civil alemão)

BGH – *Bundesgerichtshof* (Tribunal Federal de Justiça da Alemanha, equivalente ao nosso STJ)

BGHSt – *Entscheidungen des Bundesgerichtshofes in Strafsachen* (decisões do Tribunal Federal alemão em matéria penal)

BGHZ – *Entscheidungen des Bundesgerichtshofes in Zivilsachen* (decisões do Tribunal Federal alemão em matéria civil)

BVerfG – *Bundesverfassungsgericht* (Tribunal Constitucional alemão, equivalente ao nosso STF)

BVerfGE – *Entscheidungen des Bundesverfassungsgerichts* (decisões do Tribunal Constitucional alemão)

BMJ – *British Medical Journal* (periódico)

CCB – Código Civil brasileiro

CDC – Código de Defesa do Consumidor

CEM – Código de Ética Médica

CFM – Conselho Federal de Medicina

Cf. – conferir

Cif. – cifra

CNS – Conselho Nacional de Saúde
CONEP – Comissão Nacional de Ética em Pesquisa
CPB – Código Penal brasileiro
CR/1988 – Constituição da República de 1988
DAV – diretiva antecipada de vontade
Ed. – editor
etc. – et cetera (e demais coisas)
ESchG – *Embryonenschutzgezetz* (lei de proteção dos embriões)
FS – *Festschrift* (estudos em homenagem)
GA – *Goltdammer's Archiv für Strafrecht* (periódico)
GenDG – *Gendiagnostikgesetz* (lei de pesquisa genética em humanos)
HRRS – *Onlinezeitschrift für Höchstrichterliche Rechtsprechung zum Strafrecht* (periódico)
InDret – *Revista para el análisis del derecho* (periódico)
JA – *Juristische Arbeitsblätter* (periódico)
JR – *Juristische Rundschau* (periódico)
Jura – *Juristische Ausbildung* (periódico)
Jus – *Juristische Schulung* (periódico)
JW – *Juristische Wochenschrift* (periódico)
JZ – *Juristenzeitung* (periódico)
KastrG – *Kastrationsgesetz* (lei de castração)
LG – *Landgericht* (Tribunal estadual, equivalente aos nossos Tribunais de Justiça)
LK – *Leipziger Kommentar* (citado pelo parágrafo e pelo número de margem)
Medstra – *Zeitschrift für Medizinstrafrecht* (periódico)
MedR – *Medizinrecht* (periódico)
Müko – *Münchner Kommentar* (citado pelo parágrafo e pelo número de margem)
NJW – *Neue Juristische Wochenschrift* (periódico)
NK – *Nomos Kommentar zum Strafgesetzbuch* (citado pelo parágrafo e pelo número de margem)
nm. – *Randnummer* (número de margem)
NStZ – *Neue Zeitschrift für Strafrecht* (periódico)

NStZ-RR – *Neue Zeitschrift für Strafrecht - Rechtsprechungsreport* (periódico)

OLG – *Oberlandesgericht* (Tribunal Regional Superior)

OMS – Organização Mundial da Saúde

Org. – organizador

öStGB – österreichisches Strafgesetzbuch (Código Penal austríaco)

Par. – parágrafo

PatRG – *Patientenrechtegesetz* (lei dos direitos dos pacientes)

PL – Projeto de Lei

PLS – Projeto de Lei do Senado

RBCCrim – Revista Brasileira de Ciências Criminais (periódico)

REC – Revista de Estudos Criminais (periódico)

RECPC – *Revista Electrónica de Ciencia Penal y Criminología* (periódico)

RG – *Reichsgericht* (Tribunal do Império alemão)

RGSt – *Entscheidungen des Reichsgerichts in Strafsachen* (decisões do Tribunal do Império em matéria penal)

RGZ – *Entscheidungen des Reichsgerichts in Zivilsachen* (decisões do Tribunal do Império em matéria civil)

RT – Revista dos Tribunais (periódico)

S. – *Satz* (frase, em alemão)

SK – *Systematischer Kommentar zum Strafgesetzbuch* (citado pelo parágrafo e pelo número de margem)

StGB – *Strafgesetzbuch* (Código Penal alemão)

STJ – Superior Tribunal de Justiça

TACRIM – Tribunal de Alçada Criminal

TCLE – Termo de Consentimento Livre e Esclarecido

TFG – *Transfusionsgesetz* (lei de transfusão)

TJDFT – Tribunal de Justiça do Distrito Federal e Territórios

TJGO – Tribunal de Justiça de Goiás

TJMG – Tribunal de Justiça de Minas Gerais

TJMT – Tribunal de Justiça de Mato Grosso

TJRS – Tribunal de Justiça do Rio Grande do Sul

TJRJ – Tribunal de Justiça do Rio Grande do Sul

TJSP – Tribunal de Justiça de São Paulo

TPG – *Transplantationsgesetz* (lei de transplantes)

TSG – *Transsexuellengesetz* (lei dos transexuais)

VersR – *Versicherungsrecht* (periódico)

v.g. – *verbi gratia* (por exemplo, em latim)

Vol. – volume

ZIS – *Zeitschrift für Internationale Strafrechtsdogmatik* (periódico)

ZRP – *Zeitschrift für Rechtspolitik* (periódico)

ZStW – *Zeitschrift für die gesamte Strafrechtswissenschaft* (periódico)

SUMÁRIO

INTRODUÇÃO

Dado o atual desenvolvimento da dogmática penal e o relativo esclarecimento de temas centrais da parte geral, a ciência do direito penal se inclina cada vez mais para a solução de problemas específicos de particulares contextos da vida social, como os vinculados ao âmbito da atividade econômica ou médica. Vêm surgindo, assim, disciplinas como o direito penal econômico e o direito penal médico. Por mais que o Brasil não possua uma longa tradição de estudo do direito penal médico, tal subsistema vem adquirindo notável importância principalmente diante dos inúmeros casos problemáticos e duvidosos que se apresentam diariamente na práxis médica, e que possuem relevância jurídico-penal. Certo é que o direito penal adquire, nessa área, um caráter tanto quanto peculiar, não apenas por lidar com situações limítrofes e controversas, mas também por necessitar gradativamente do diálogo com a ética médica para a adequada orientação da conduta do médico. De fato, o médico lida no seu cotidiano com bens jurídicos de extrema relevância, como a vida e a integridade corporal do paciente, e, por essa razão, esse delicado ponto de contato entre o direito e a ética médica precisa ser bem delimitado, de modo a trazer um mínimo de previsibilidade e segurança, tanto para o paciente quanto para o próprio médico.

A complexa relação médico-paciente é caracterizada, em uma de suas facetas, a partir do patente conflito entre *salus aegroti* e *voluntas aegroti*, ou seja, entre a necessidade de proteção de dois valores que podem, em diversas situações, ser colidentes: o *bem-estar do paciente* e a sua *vontade*. Nesse contexto, é possível identificar na orientação médica tradicional uma considerável lacuna na tutela da autonomia do paciente.

A chamada ética hipocrática, fundamento clássico da ética médica e que pode ser considerada até hoje a expressão de muitos dos ideais da medicina, coloca o médico em uma posição elevada de garantia do bem-estar do paciente e sequer menciona a relevância da sua vontade de ser tratado. No entanto, se, por um lado, é do interesse da sociedade e do próprio médico prezar pelo aprimoramento da saúde do paciente por meio do tratamento terapêutico, por outro lado, há também um legítimo interesse no respeito à autonomia pessoal do paciente e ao direito de livre autodeterminação sobre o seu próprio corpo. A solução de situações de conflito entre esses valores – saúde e autonomia – mostra-se controvertida e extremamente relevante, não apenas pela discussão de cunho filosófico e ético que fundamenta as possíveis respostas (ou a crítica a elas), mas também por suas consequências dogmáticas, que influenciam diretamente a tomada de postura do médico.

Nesse contexto, um dos primeiros pontos a ser questionado no âmbito do direito penal médico se refere justamente ao tratamento dogmático a ser atribuído às intervenções médicas, que afetam, necessariamente, importantes bens jurídicos dos pacientes, como a integridade corporal, a saúde e a liberdade. Tradicionalmente, a doutrina brasileira concebe as intervenções médicas como condutas justificadas pelo *exercício regular do direito*, partindo-se da premissa de que o médico possui o *direito* de atuar em benefício do paciente.

No entanto, essa solução se torna problemática principalmente quando a relação médico-paciente é analisada sob o ponto de vista deste, enquanto sujeito dotado de autonomia individual. De fato, tal fundamento ignora o papel a ser desempenhado pelo paciente na tomada de decisão sobre o destino do seu próprio corpo e, principalmente quando aplicado a casos em que há discrepância entre as vontades do médico e do paciente, pode conduzir à incoerente conclusão de que todo e qualquer tratamento médico deve ser concebido *prima facie* como lícito, mesmo quando não consentido. Deve-se frisar, contudo, que essa crítica se direciona tanto aos casos referentes às mais simples intervenções terapêuticas consentidas quanto aos polêmicos casos em que há recusa de tratamento, eis que em todos eles a vontade do paciente deveria possuir um papel central na determinação da legitimidade da conduta praticada pelo médico.

No presente trabalho, esse modelo tradicional é colocado em xeque, sendo proposta uma alternativa para a superação das inconveniências por ele trazidas. A solução aqui desenvolvida parte, assim, não mais de um direito de intervir, mas do respeito à autonomia e ao direito ao próprio corpo, fundados no direito ao livre desenvolvimento da personalidade. Com isso, a legitimidade da atuação médica passaria a ser orientada pela autodeterminação daquele que se submete à intervenção – o paciente –, não mais focalizando primordialmente aquele que a realiza – o médico. A compreensão dessas intervenções a partir da autodeterminação do paciente permite a confluência entre dois direitos que lhes são inatos: o direito à liberdade e o direito ao próprio corpo, de sorte que este último não seria tutelado enquanto mera existência biológica, mas somente em consonância com a vontade do seu titular. Essa proposta, portanto, parte da compreensão de que as intervenções médicas somente podem ser legitimadas pelo *consentimento do paciente*. Nesse contexto, almeja-se não somente o fortalecimento da autonomia do paciente, mas também a delimitação concreta do papel do médico, que em diversas situações pode se encontrar em uma relação de tensão entre o dever de salvar o paciente e o dever de respeitar a sua vontade – ainda que ela pareça, a terceiros, incompreensível ou irracional.

Diante desse cenário, visamos, por meio dessa investigação, à delimitação do modelo mais adequado para o tratamento dogmático do problema das intervenções médicas no direito penal, partindo de uma pergunta fundamental: afinal, o que autoriza a realização de uma intervenção médica no corpo de alguém – o *direito profissional* do médico ou o *consentimento* do paciente?

1. Delimitação do objeto de estudo

O principal objeto de investigação da presente tese é a problemática referente às *intervenções médicas* e seu *tratamento dogmático no direito penal*. Referimo-nos, neste trabalho, aos *tratamentos* médicos em seu sentido mais amplo, o que abrange não apenas as intervenções cirúrgicas, como também tantos outros procedimentos, *v.g.* tratamentos medicamentosos, anestesias, radiações, eletrochoques, tratamentos cosméticos, transfusões de sangue, intervenções diagnósticas e terapias em geral.

Além disso, não nos limitamos à análise das *intervenções médicas curativas*, que se referem aos tratamentos terapêuticos destinados ao restabelecimento da saúde ou ao alívio e diminuição dos efeitos de doenças físicas ou psíquicas do paciente, mas tratamos também das *intervenções não curativas*, as quais, apesar de não serem indicadas tampouco necessárias sob o ponto de vista médico, são desejadas pelo paciente, como os tratamentos estéticos ou as esterilizações voluntárias. Dessa forma, as discussões aqui travadas referem-se a quaisquer intervenções médicas que podem vir a afetar o corpo, a saúde ou a liberdade dos pacientes, excluindo-se, portanto, aquelas realizadas após a morte. Na nossa concepção, um mesmo critério dogmático poderá ser utilizado para solucionar todos esses grupos de casos, apesar das peculiaridades de que cada um se reveste.

Ademais, a problemática aqui tratada circunscreve-se às intervenções executadas por *médicos*, não abrangendo a análise da legitimidade daquelas eventualmente realizadas por outros profissionais da saúde ou por quaisquer outros indivíduos. Dessa forma, a habilitação profissional com registro regular no Conselho de Medicina é concebida, aqui, como pressuposto básico de regularidade das intervenções médicas, do qual partiremos em todos os casos que serão analisados.

Considerando que as intervenções médicas podem afetar bens jurídicos como a integridade física, a liberdade e até mesmo a vida, a análise da sua legitimidade envolve a possível consecução dos crimes de *lesão corporal*, *constrangimento ilegal* e *homicídio* (respectivamente, artigos 129, 146 e 121 do Código Penal brasileiro). Em primeiro lugar, as intervenções médicas afetam inegavelmente o *corpo* e a *saúde* do paciente, de sorte que tanto o médico que ministra uma substância medicamentosa quanto aquele que realiza um corte com o bisturi provocam uma alteração da substância corporal e do estado de saúde do paciente. Assim, é possível que os tratamentos médicos se amoldem ao crime previsto no artigo 129 do CPB, que proíbe a conduta de "ofender a integridade corporal ou a saúde de outrem".

Também é possível, em hipóteses mais restritas, que a conduta do médico afete especificamente a *liberdade* do paciente, como nas situações em que a intervenção é realizada contra a sua vontade ou sem o seu consentimento. Nesses casos, a atuação médica pode se amoldar também ao crime de constrangimento ilegal (artigo 146 do CPB), que proscreve a seguinte conduta: "constranger alguém, mediante violência ou grave ameaça, ou depois de lhe haver reduzido, por qualquer outro meio, a capacidade de resistência, a não fazer o que a lei permite, ou a fazer o que ela não manda".

Assim, quando nos questionamos sobre o tratamento dogmático das intervenções médicas, procuramos definir o fundamento que possibilita o afastamento do injusto de ambos os delitos, legitimando, portanto, a atuação do médico. Embora seja proposto um tratamento homogêneo para o problema das intervenções médicas, os limites da regularidade de algumas delas podem também ser disciplinados por lei, de modo que a sua inobservância ensejará a prática de um tipo penal específico, como é o caso das cirurgias de esterilização (art. 15 da Lei 9.263/1996) e das cirurgias de transplante (art. 14 da Lei 9.434/1997). Nessas hipóteses, é possível que a análise da legitimidade da atuação médica dependa de circunstâncias adicionais.

Para além dessa dimensão inicial, a definição do fundamento que legitima as intervenções médicas afeta, também, a compreensão da punibilidade da *omissão* do médico, em especial nas situações em que há um conflito entre o respeito à autonomia e a proteção da vida do paciente. Isso porque, nos casos em que a realização da intervenção é determinante para a manutenção da vida, a postura paternalista, que impõe ao médico um dever de agir e de prolongar a vida a qualquer custo, possibilitará a punição da omissão, ao passo que uma postura orientada pela autonomia individual firmará para o paciente o direito de recusar tratamentos, impondo simultaneamente ao médico um dever de respeitar essa rejeição e afastando, portanto, a punibilidade da sua eventual omissão.

Dessa forma, a investigação aqui realizada somente atinge a compreensão da proteção da *vida* no que se refere à análise da punibilidade do médico por homicídio por omissão imprópria (artigo 121 c/c artigo 13, § 2º, ambos do CPB) ou por omissão de socorro (artigo 135 do CPB). Por conseguinte, estão excluídos do nosso objeto de análise os problemas que envolvem a contribuição ativa do médico para a consecução da morte do paciente, ainda que consentida, já que a solução desse grupo de casos depende do recurso a argumentos adicionais, referentes principalmente à existência de determinados limites objetivos à liberdade de consentir, os quais, a nosso ver, demandam uma investigação autônoma.

2. Método

O presente trabalho foi realizado essencialmente por meio da análise de literatura e de jurisprudência sobre o tema. Com o objetivo de dar concretude à pesquisa e conferir contornos mais nítidos à tese, buscou-se contextualizar os problemas teóricos discutidos por meio da análise de casos concretos capazes de ilustrar a problemática das intervenções médicas e do consentimento no direito penal.

Para além da apreciação da doutrina brasileira, o recurso à doutrina e à jurisprudência alemãs mostrou-se fundamental para o desenvolvimento da tese, principalmente em razão do seu pioneirismo no que se refere ao estudo do direito penal da medicina e ao desenvolvimento de um modelo de tratamento das intervenções médicas fundado no respeito à autonomia do paciente. De fato, conseguimos extrair da jurisprudência alemã inúmeros casos relevantes para a discussão dos problemas aqui apontados, os quais serão citados e discutidos no decorrer do trabalho. Além disso, ao analisarmos certos temas, fizemos também alusão a alguns julgados paradigmáticos de outros países, principalmente europeus. Embora tenhamos recorrido também a julgados pátrios, deparamo-nos com um hiato na nossa jurisprudência penal, de sorte que a grande maioria das decisões judiciais brasileiras às quais nos referimos possui, na verdade, natureza civil.

3. O programa da tese

A tese será estruturada de acordo com a proposta de investigar, inicialmente, as bases filosóficas e éticas que orientam a conduta médica, para, a partir disso, analisar problemas específicos desse contexto tanto à luz do modelo tradicional paternalista como também a partir daquele fundado no respeito à autonomia do paciente, delimitando-se, então, o mais adequado modelo para o tratamento dogmático das intervenções médicas no direito penal.

Para desenvolver essa proposta, a investigação será dividida em seis capítulos. No primeiro deles, serão apresentados oito casos concretos que, além de explicitarem a relevância do tema investigado, servirão de orientação para a análise dos problemas colocados em um plano mais concreto. A abordagem analítico-crítica dos modelos filosóficos e éticos que orientam a relação médico-paciente será desenvolvida logo no segundo capítulo, haja vista que a delimitação da compreensão dogmática das intervenções médicas depende, antes, da definição do fundamento que as legitimam. Procurar-se-á, portanto, expor as características e os fundamentos de dois principais paradigmas, delimitando-se, de um lado, as objeções filosóficas oponíveis ao paternalismo, que explicitam seu consequente déficit de legitimidade, e, de outro, as vantagens da adoção de uma orientação fundada no respeito à autonomia do paciente. Posteriormente, serão analisadas algumas concepções específicas da bioética, bem como os padrões que orientam a ética médica brasileira, investigando-se a compatibilidade dessas orientações com os pressupostos filosóficos expostos.

A apreciação dos modelos de tratamento dogmático das intervenções médicas, orientada pelos fundamentos anteriormente explicitados, será desenvolvida em seguida. No terceiro capítulo, abordar-se-á em especial a compreensão dogmática tradicional, que se vincula às orientações da ética paternalista, atribuindo ao médico um direito de curar e de promover a saúde do paciente. Esse e outros modelos que também se afastam de um protagonismo do paciente na construção da legitimação serão submetidos a uma análise crítica, identificando-se suas principais falhas.

A tese efetivamente proposta, segundo a qual o consentimento do paciente constitui a pedra angular para o tratamento dogmático das intervenções médicas, será desenvolvida no quarto capítulo. Para construí-la, traçaremos inicialmente a definição conceitual e os principais aspectos referentes à concepção dogmática do consentimento na teoria do delito. Os pressupostos de validade do consentimento serão também esmiuçados nesse capítulo, para que fiquem evidenciados os limites concretos da legitimidade da conduta médica, que deve necessariamente se basear numa autorização livre, esclarecida e concedida por um paciente capaz. Além disso, a figura do consentimento presumido será investigada ao final do capítulo, determinando-se os pressupostos da possível justificação da conduta do médico nas hipóteses em que não for possível obter o consentimento real do paciente.

No quinto capítulo, analisaremos as implicações práticas da nossa compreensão a partir de três circunstâncias distintas, considerando as possíveis combinações entre a vontade do paciente e a indicação médica da intervenção. Em primeiro lugar, analisar-se-á brevemente a constelação das intervenções indicadas e consentidas, explicitando-se as vantagens da adoção do modelo do consentimento. Posteriormente, serão abordadas as intervenções indicadas e não consentidas, traçando-se as consequências dogmáticas da nossa proposta diante das hipóteses em que o paciente recusa o tratamento indicado ou não concede um consentimento válido; essa constelação será analisada tendo em vista tanto os casos em que o médico ignora a vontade do paciente e realiza a intervenção cirúrgica arbitrária como também aqueles em que a decisão do paciente de não se submeter ao tratamento é respeitada pelo médico. Em seguida, analisar-se-á a hipótese referente às intervenções não indicadas e consentidas, questionando-se a existência de eventuais limitações objetivas à liberdade de consentir em lesões ao próprio corpo. Por fim, um último capítulo será dedicado à testagem da congruência das conclusões obtidas por meio da solução dos casos concretos expostos no início do trabalho.

1

OS CASOS

Com o objetivo de explicitar a relevância teórica e prática dos problemas aqui colocados, discutiremos oportunamente os casos a seguir expostos, solucionando-os, ao final, segundo as conclusões obtidas no transcorrer do trabalho:

Caso 1. O paciente P está no hospital em decorrência de uma rarefação da raiz do osso causada por uma tuberculose. O avanço dessa infecção traz um risco para a vida de P e, por isso, o cirurgião A sugere a amputação do pé de P, visando à contenção da infecção. P não consente na intervenção cirúrgica, pois não quer viver o resto de sua vida com uma deficiência física. A despeito da ausência de consentimento, A procede à amputação do pé de P e o faz de acordo com as orientações da *lex artis*, evitando, portanto, a possível morte de P.

Variação 1.[1] P é uma paciente de 7 anos e seu pai R não consente na intervenção cirúrgica, pois acredita que métodos de medicina natural serão mais adequados para o tratamento da filha. A, no entanto, procede à amputação do pé de P, salvando-lhe a vida.

---

1. RGSt 25, 375 (p. 376), o caso da amputação (*Amputationsfall*). *Leonídio Ribeiro* cita um caso similar ocorrido na Inglaterra, em 1929, onde, no entanto, o pai veio a ser condenado por não haver consentido com a intervenção. RIBEIRO, Leonídio. *O direito de curar*. Rio de Janeiro: Guanabara, 1934, p. 31.

Caso 2.[2] Após a ruptura espontânea de membranas na 38ª semana de gravidez, G é levada para o Hospital para dar à luz seu filho. Considerando que G já havia sido submetida a uma cesariana na gravidez anterior, não estava em trabalho de parto e o feto estava em posição transversal, o médico A resolve submetê-la a uma nova cesárea, com o seu consentimento. Após o início da cirurgia, é constatada a presença de múltiplas aderências na parte inferior do útero, condição que pode trazer riscos para a vida da paciente, caso engravide novamente no futuro. Após a realização do parto por cesárea, enquanto G ainda se encontra sob os efeitos da anestesia epidural, o médico A, então, realiza uma ligadura tubária bilateral, que resulta na perda permanente da capacidade reprodutiva de G.

Caso 3. A paciente P, de 18 anos, possui anemia falciforme e, durante uma crise álgica,[3] dirige-se ao hospital. Lá, P recebe a notícia de que somente por meio de uma transfusão de sangue será possível salvar a sua vida. P, no entanto, é testemunha de Jeová[4] e, em razão de sua convicção religiosa, recusa-se veemen-

---

2. Corte Interamericana de Direitos Humanos, *caso I.V. vs. Bolívia*, nov. 2016, p. 21-22, também analisado em SIQUEIRA, Flávia; KASECKER, Izabele, Consentimento informado, intervenções cirúrgicas e esterilização involuntária: reflexões a partir do caso I.V. vs. Bolívia, *RBCCrim*, v. 152, 2019, p. 67. Esse caso é similar ao narrado por *Vassali*, ocorrido na Itália, no qual, após uma cesariana, o médico resolveu esterilizar a paciente, pois um problema de cicatrização do útero provocaria muito provavelmente a sua ruptura em caso de nova gravidez. Cf. VASSALLI, Giuliano, Algunas consideraciones sobre el consentimiento del paciente y el estado de necesidad en el tratamiento médico-quirúrgico, *Nuevo Pensamiento Penal: Revista de derecho y ciencias penales,* v. 2, n. 1, 1973, p. 37-42. No Brasil, caso muito parecido foi julgado pelo TJRS. Rio Grande do Sul. Tribunal de Justiça. Apelação Cível n. 70048045769. Relator: Des. Leonel Pires Ohlweiler. Porto Alegre, 2012.

3. Essa alteração é constituída por dores decorrentes de crise de hemólise, em que o corpo produz glóbulos vermelhos em forma de foice que obstruem a microvasculatura e originam a dor. LOBO, Clarisse; MARRA, Vera Neves; SILVA, Regina Maria G., Crises dolorosas na doença falciforme, *Revista Brasileira de Hematologia e Hemoterapia,* v. 29, n. 3, 2007, p. 247.

4. As testemunhas de Jeová são um grupo religioso cristão fundado em 1874 por *Charles Taze Russel* na cidade de Pittsburg, nos Estados Unidos. De acordo com uma das crenças fundamentais desse grupo, seus membros devem se abster de sangue, de modo que a transfusão de sangue constitui uma prática que, nessa visão, vai de encontro com os mandamentos de Deus. Essa postura possui fundamento em diferentes passagens bíblicas, como Gênesis 9:3-4 ("Tudo o que se move e vive ser-vos-á para alimento; como vos dei a erva verde, tudo vos dou agora. Carne, porém, com sua vida, isto é, com seu sangue, não comereis"); Levítico 17:10 ("Qualquer homem da casa de Israel ou dos estrangeiros que peregrinam entre vós que comer algum sangue, contra ele me voltarei e o eliminarei do seu povo"); e Atos 15:28-29 ("Pois pareceu bem ao Espírito Santo e a nós não vos impor maior encargo além destas coisas essenciais: que vos abstenhais das coisas sacrificadas a ídolos, bem como do sangue, da carne de animais sufocados e das relações sexuais ilícitas; destas coisas fareis bem se vos guardardes. Saúde"). BÍBLIA SAGRADA. Trad. João Ferreira de Almeida, 2. ed. Barueri: Sociedade Bíblica do Brasil, 2011, p. 12, 164 e 1453. Como esclarece *Bender*, as testemunhas de Jeová rejeitam não apenas as transfusões homólogas, realizadas com sangue de outros indivíduos, como também as transfusões autólogas, realizadas com o sangue do

temente a receber a transfusão. Não obstante, o médico A, visando ao salvamento da vida de P, submete-a ao procedimento contra a sua vontade, salvando-lhe a vida.

Variação 1. A respeita a vontade de P e não realiza a transfusão de sangue. P falece.[5]

Variação 2. A respeita a vontade de P e não realiza a transfusão de sangue. P sofre lesões corporais permanentes.

Caso 4. A paciente P, uma mulher de 50 anos, já foi submetida a dois longos tratamentos de câncer, um no seio esquerdo e outro no colo do útero, que foram efetuados com sucesso. No entanto, P descobre que possui, no fígado, um novo câncer com metástase, o qual se alastra rapidamente. P resolve, então, fazer uma diretiva antecipada de vontade (= DAV), registrada em cartório, por meio da qual determina que, caso haja alguma intercorrência maior, não deseja ser levada para o centro de tratamento intensivo (= CTI) e, então, recusa qualquer tipo de medida invasiva. Alguns meses após o registro da DAV, ocorre a falência dos pulmões de P, situação que somente pode ser contornada mediante internação intensiva. P, no entanto, está inconsciente e não pode manifestar sua vontade. A despeito da vontade registrada por P na diretiva, o médico A consulta seus parentes, que desejam interná-la. A obedece a vontade dos parentes de P e procede à internação no CTI, onde P fica estável e se recupera. Assim, A consegue prolongar a vida de P por mais 2 meses.

Variação 1. A respeita a vontade de P exarada na diretiva e deixa de interná-la no CTI, mesmo que contra a vontade de seus familiares. P falece.

Variação 2. P não havia elaborado uma DAV, mas expressava a todo tempo, tanto para os médicos quanto para seus familiares, o desejo de sobreviver e de ser submetida a todas as medidas necessárias para prolongar sua vida. Diante disso,

próprio paciente, pois, de acordo com as orientações bíblicas, qualquer sangue que sai do corpo deve ser eliminado. BENDER, Albrecht W., Zeugen Jehovas und Bluttransfusionen: Eine zivilrechtliche Betrachtung, *MedR*, n. 6, 1999, p. 260. Há que frisar que as testemunhas de Jeová não se opõem à medicina em geral, mas somente aos tratamentos realizados com transfusão de sangue, os quais, se executados forçadamente, são concebidos como verdadeira violação de seus corpos. Assim, algumas práticas são admitidas com restrições (como a hemodiálise que não utiliza o armazenamento intermediário do sangue), mas, na maioria das vezes, pugna-se pela realização de tratamentos alternativos, sem o uso de sangue.

5. No HC 268459/SP, o STJ decidiu sobre um caso semelhante de recusa de transfusão de sangue por motivos religiosos. A paciente, no entanto, tinha na época apenas 13 anos e veio a falecer, já que os médicos, em obediência à vontade dos pais, não realizaram a transfusão (BRASIL. Superior Tribunal de Justiça. Habeas Corpus n. 268459/SP. Relatora: Ministra Maria Thereza de Assis Moura. Brasília, 2014). Casos similares também ocorrem diariamente por todo o mundo.

após a falência dos pulmões da inconsciente P, o médico A a interna no CTI e utiliza medidas invasivas, prolongando a vida de P.

Caso 5.[6] A paciente P sofria de fortes dores de cabeça e nenhum tratamento médico havia sido capaz de curá-la. Ela, então, chega sozinha à conclusão de que a obturação de seus dentes é a causa do mal que lhe acomete e, então, pede ao cirurgião-dentista C que os extraia todos. Ele esclarece, no entanto, que essa provavelmente não é a origem da dor. Mesmo diante do esclarecimento do cirurgião-dentista, a paciente insiste na extração dos dentes, pois entende que não há outra saída para a solução do seu problema. Ele, atendendo aos seus anseios, procede à extração requerida.

Caso 6.[7] A paciente P possui um mioma no útero e deve ser submetida a uma cirurgia para extraí-lo. O médico A colhe o consentimento de P para a realização do procedimento, informando-lhe que a intervenção se destina apenas à retirada do mioma. Ao comprovar durante a intervenção que o mioma crescia junto ao útero, o médico acaba extraindo o órgão da paciente para que pudesse retirar todo o tumor. Essa hipótese era conhecida pelo médico, que não a informou anteriormente a P para não preocupá-la além do necessário.

Variação 1.[8] A paciente P sofre de câncer na mama e deve ser submetida a um tratamento intenso com radioterapia. O médico A colhe o consentimento de P para a realização do procedimento, no entanto, não informa P sobre todos os possíveis riscos. O tratamento de radioterapia acaba lhe causando complicações irreversíveis no sistema urinário. O médico acreditava, contudo, que o esclarecimento fornecido teria sido suficiente para validar o consentimento de P.

Caso 7. O paciente P, um homem de 75 anos, consulta-se com o médico A, pois está com uma inflamação no abdome. Ele diz expressamente a A que, se a causa dessa inflamação for um câncer, ele não irá se submeter ao tratamento, não importando se e em que medida a doença é possível de ser tratada ou curada. Tendo em vista que seus pais faleceram em decorrência dessa doença, P não deseja se submeter ao sofrimento da cirurgia, tampouco da quimioterapia. Por outro lado, ele concordaria com uma eventual operação caso se trate de uma doença diferente. O diagnóstico, no entanto, mostra que a inflamação realmente é um câncer, mas passível de cura. Assim, A oculta o real diagnóstico de P para salvar-lhe a vida e P consente na intervenção cirúrgica, acreditando tratar-se de outra doença.

---

6. Caso da extração de dente (*Zahnextraktion-Fall*), BGH, NJW, 1978, p. 1206.
7. Caso do mioma (*Myomurteil*), BGHSt 11, 111.
8. Caso da radioterapia (*Strahlenurteil*), BGHZ 29, 176.

Caso 8.[9] P é intersexual, possui órgãos sexuais de uma mulher, mas é geneticamente considerado um homem (porquanto possui o conjunto cromossômico XY). A fim de não chocar P com a informação sobre a sua constituição genética, a médica A não informa P sobre esta descoberta. De acordo com as regras da medicina da época, que conhecia apenas "homem" e "mulher", mas não hermafroditas, a médica A esforçou-se para, ao longo de diversos anos e copiosas intervenções, transformar P em mulher. A "terapia" não apenas foi malsucedida, mas também arruinou P fisicamente.

9. LG Nürnberg-Fürth, Urt. v. 17.12.2015 – 4 O 7000/11. Os casos 7 e 8 foram analisados previamente em trabalho já publicado. Cf. SIQUEIRA, Flávia, Gesundheitsschädigende Patientenaufklärung: Grund und Grenzen einer Entbehrlichkeit der Aufklärung vor Heileingriffen, *Medstra,* v. 3, 2018, p. 153-159.

2

ENTRE A ÉTICA PATERNALISTA E A ÉTICA DA AUTONOMIA: *SALUS AUT VOLUNTAS AEGROTI SUPREMA LEX?*[10]

A solução da problemática referente à legitimidade das intervenções cirúrgicas no direito penal envolve argumentos de cunho bioético e filosófico, que, na perspectiva aqui defendida, fundamentam seu tratamento dogmático. O contato e o diálogo do direito com a ética médica[11] se faz necessário, em especial quanto a esta questão, para que haja, na maior medida possível, consonância e harmonia entre ambos.[12] Ainda, o problema proposto atinge diretamente a discussão acerca do paternalismo e da legitimidade das intervenções estatais que, visando à tutela

---

10. Uma primeira aproximação à problemática e às conclusões aqui desenvolvidas foi publicada em coautoria em artigo intitulado "Promoção da saúde ou respeito à autonomia? Intervenção cirúrgica, exercício de direito e consentimento no direito penal médico". Essas premissas serão, nesse e nos próximos capítulos, esmiuçadas e levadas às últimas consequências. Cf. GRECO, Luís; SIQUEIRA, Flávia, Promoção da saúde ou respeito à autonomia? Intervenção cirúrgica, exercício de direito e consentimento no direito penal médico, *Studia Juridica*. Estudos em Homenagem ao Prof. Doutor Manuel da Costa Andrade (Vol 1), v. 108, p. 643-669, 2017.

11. Sobre o ponto de contato entre o direito e a ética médica, cf. BVerfGE 52, 131, p. 169-170; STERNBERG-LIEBEN, Detlev, Die Strafbarkeit eines nicht indizierten ärztlichen Eingriffs, *in*: *FS-Amelung*, Berlin: Duncker & Humblot, 2009, p. 330 e ss.

12. Discordamos da afirmação de *Eb. Schmidt*, segundo o qual "o que a ética exige dos médicos, assume o direito ao mesmo tempo como um dever jurídico". SCHMIDT, Eberhard, Der Arzt im Strafrecht, *in*: PONSOLD, Albert (Org.), *Lehrbuch der gerichtlichen Medizin*, Stuttgart: Georg Thieme Verlag, 1957, p. 2. No original: "Was die Standesethik vom Arzte fordert, übernimmt das Recht weithin zugleich als rechtliche Pflicht". A respeito dessa discussão, cf. item 3.2.

absoluta de um alegado bem-estar, da saúde ou mesmo da vida, tolhem o direito do paciente de fazer suas próprias escolhas existenciais. No contexto médico, questiona-se até que ponto é legítimo limitar o direito dos pacientes de decidirem autonomamente sobre os tratamentos médicos a que desejam, ou não, se submeter.

A atuação médica pode afetar diferentes interesses fundamentais do paciente, havendo, em diversas situações, uma relação de tensão entre a necessidade de promover a sua saúde (*salus aegroti*) e, ao mesmo tempo, de respeitar a sua vontade (*voluntas aegroti*). Por mais que haja de fato um relevante interesse na promoção do bem-estar, da saúde e da vida, esses valores nem sempre estarão em primeiro plano na visão do indivíduo a ser tratado, cuja vontade pode direcionar-se à efetivação de outros interesses. É possível que, por qualquer razão, o paciente prefira não se submeter ao tratamento e dê preponderância a algum outro valor, em detrimento da própria vida ou saúde. É isso o que acontece, por exemplo, no nosso caso 3, em que um paciente testemunha de Jeová recusa um tratamento vital e, assim, dá prevalência às suas convicções religiosas, ainda que isso possa lhe custar a própria vida.[13] Em outras situações, o paciente pode preferir deixar que a doença tome o seu curso natural, conduzindo eventualmente à morte, a vivenciar o processo de cura ou de prolongamento da vida.[14] Por sua vez, é também possível que o paciente deseje colocar a própria vida ou saúde em risco ou consinta com alguma lesão permanente, submetendo-se a um procedimento cirúrgico eletivo, não em razão de uma indicação médica, mas simplesmente com a finalidade de satisfazer algum desejo pessoal que, na sua visão, é mais relevante do que o risco ou a lesão causados. Como nos lembra *Costa Andrade*, a saúde e a vontade do paciente são os valores que "polarizam o regime jurídico-penal das intervenções e tratamentos médico-cirúrgicos".[15]

Diante disso, a definição do fundamento que legitima a atuação do médico sobre os corpos dos pacientes é essencial para que seja possível traçar as orientações que devem nortear a sua conduta, especialmente diante de casos conflituosos. A nosso ver, a filosofia e a ética fornecem importantes parâmetros para a determinação do correto tratamento dogmático das intervenções médicas no direito penal, razão pela qual serão utilizadas como ponto de partida para a nossa proposta. Uma ética que dá sempre preponderância à promoção do bem-estar, da saúde ou da vida atribuirá ao médico um *direito* ou um *dever* de curar e fundamentará uma justificação com base no exercício regular do direito (ou, a depender do caso, no estado de necessidade). Por outro lado, uma ética da autonomia, que

---

13. Conflito similar entre a vontade do paciente e a promoção da sua saúde também pode ser visualizado no nosso caso 1.

14. Como, por exemplo, no nosso caso 4, em que a vontade da paciente inconsciente entra em conflito com a vontade de seus familiares e a possibilidade de prolongamento da vida, ainda que breve, por meio de intervenções médicas.

15. COSTA ANDRADE, Manuel da. *Direito Penal médico*. SIDA: testes arbitrários, confidencialidade e segredo. São Paulo: Revista dos Tribunais, 2008, p. 21.

atribui primazia à vontade do paciente, somente poderá fundamentar uma postura dogmática que justifica as intervenções médicas com base no consentimento do paciente, reconhecendo, assim, o seu direito de determinar quais valores pessoais lhe são mais relevantes e impondo ao médico o dever de respeitar suas decisões autônomas.

2.1 A ética hipocrática e o paternalismo médico

2.1.1 A perspectiva ética: salus aegroti suprema lex!

A chamada *ética hipocrática* ou ética do cuidado fixa os preceitos que orientam a atuação médica tradicional, seja durante o exercício profissional ou fora dele. O juramento de Hipócrates[16] elege a máxima *salus aegroti suprema lex* como a principal orientação da ética médica, de acordo com a qual a promoção da saúde do paciente é a lei suprema da medicina. Isto é, dá-se absoluta primazia aos princípios da beneficência (*bonum facere*), que impõe a promoção do bem do paciente, e da não-maleficência (*primum nil nocere*), que proíbe os médicos de causarem danos intencionalmente. Cabe ao médico, então, decidir e aplicar o melhor tratamento "segundo seu poder e juízo".[17] O papel do paciente nessa relação, a relevância da sua vontade e de seus desejos individuais ou mesmo um dever do médico de informá-lo sobre o diagnóstico e o tratamento sequer são mencionados.[18]

A relação médico-paciente é caracterizada, assim, por uma acentuada *assimetria*. O médico, colocado num pedestal, é visualizado como protetor do paciente, dotado do poder de cura, "cujo título lhe [garante] a onisciência".[19] Por ser o único que possui conhecimentos técnicos, o que lhe certificaria até mesmo uma certa superioridade moral,[20] apenas ele seria competente para a tomada de

---

16. O juramento de Hipócrates, datado do século V a.C., é o mais famoso escrito do *Corpus Hippocraticum* e é tido como o fundamento da ética médica. Cf. BÜCHNER, Franz. *Der Eid des Hippokrates*: die Grundgesetze der ärztlichen Ethik. Freiburg/Bresigau: Herder, 1947. No Brasil, esse é o juramento solene exortado até hoje pela maior parte dos estudantes de medicina, por ocasião da sua formatura.

17. BEIER, Mônica; IANNOTTI, Giovano de Castro, O paternalismo e o juramento hipocrático, *Revista Brasileira de Saúde Materno Infantil*, v. 10, n. 1, 2010, p. 385. Cf. também a análise do juramento feita por REZENDE, Joffre Marcondes De. O juramento de Hipócrates, À Sombra *do Plátano: Crônicas de História da Medicina,* 2009, p. 36.

18. SIQUEIRA, Gesundheitsschädigende Patientenaufklärung, p. 154. Cf. também FADEN, Ruth R.; BEAUCHAMP, Tom L. *A history and theory of informed consent*. Oxford: Oxford University Press, 1986, p. 61.

19. BERGSTEIN, Gilberto. *A informação da relação médico-paciente.* São Paulo: Saraiva, 2014, p. 23.

20. CARVALHO, Gisele Mendes de. *Suicidio, eutanasia y Derecho penal*: Estudio del art. 143 del Código penal español y propuesta de lege ferenda. Granada: Comares, 2009, p. 8.

decisões acerca da saúde do paciente, como se fosse sempre possível determinar, a partir da indicação da *lex artis*, o que é "melhor" para o sujeito a ser tratado.[21]

Já ao paciente incumbe suportar com passividade o tratamento médico. Seu papel pode ser depreendido inclusive da etimologia da palavra "paciente", derivada do latim *patiens*,[22] que significa "aquele que padece, que sofre".[23] Ele é visto, assim, como uma pessoa vulnerável que, fragilizada pela doença, não é capaz de tomar decisões sobre o seu estado de saúde e/ou determinar o destino do seu próprio corpo. No juramento do *Corpus Hippocraticum*,[24] portanto, os pacientes são colocados numa posição de submissão e obediência às determinações médicas.[25]

O autoritarismo hipocrático influenciou a ética médica por muitas centenas de anos.[26] Seu influxo pode ser depreendido do famoso Código de Ética Médica de *Thomas Percival*, de 1803, tido como um dos principais marcos da medicina moderna anglo-saxã. A intenção de *Percival* era, diante de uma necessidade prática, traçar detalhadamente as orientações éticas dirigidas aos médicos, visando a concretizar os princípios amplos que caracterizavam o juramento de Hipócrates. Dessa forma, consagrou em seus escritos a ética da beneficência e da busca pelo "melhor interesse médico" (*best medical interest*), fixando não apenas um direito,

---

21. Essa perspectiva, tida por *Stancioli* como *positivista*, apoia-se também num *cientificismo exacerbado*, em que a necessidade de promoção do desenvolvimento tecnológico gera o afastamento da pessoalidade da relação médico-paciente, e numa concepção *organicista redutora*, que restringe a compreensão da doença enquanto afetação orgânica ou fisiológica, olvidando-se dos demais aspectos pessoais do paciente. Cf. STANCIOLI, Brunello Souza. *Relação jurídica médico-paciente*. Belo Horizonte: Del Rey, 2004, p. 26.

22. PSCHYREMBEL. *Klinisches Wörterbuch*. 266. ed. Berlin: De Gruyter, 2014, p. 1612.

23. MAGNUS, Dorothea. *Patientenautonomie im Strafrecht*. Tübingen: Mohr Siebeck, 2015, p. 22. Também a palavra "enfermo", derivada do latim *infirmus*, significa "ausência de firmeza, física ou moral", o que corrobora uma tal noção de vulnerabilidade e fragilidade do sujeito passivo dessa relação. Cf. a respeito BERGSTEIN, A informação da relação médico-paciente, p. 26.

24. O *Corpus Hippocraticum* é "constituído por 53 livros, que abarcam mais de mil páginas. É uma coleção heterogênea em estilo, doutrina e época. Está escrita em dialeto jônico e sabe-se que boa parte dela esteve na biblioteca médica da ilha de Cós. A discussão de quais tratados teriam, de fato, sido escritos por Hipócrates não está resolvida. O mais conhecido dos escritos do CH é o juramento. Este texto, tradicionalmente usado pelos médicos, traça diretrizes éticas conhecidas". BEIER; IANNOTTI, O paternalismo e o juramento hipocrático, p. 385.

25. FADEN; BEAUCHAMP, A history and theory of informed consent, p. 61.

26. Como frisado por *Faden* e *Beauchamp*, até meados do século XX não havia, nos escritos de ética médica, qualquer interesse dirigido à autonomia do paciente, adotando-se quase que integralmente uma ética da beneficência. As esparsas menções sobre a obtenção do consentimento feitas até então se vinculavam a argumentos como a reputação médica ou necessidade clínica, mas, na visão dos autores, definitivamente não se referiam à necessidade de respeitar a vontade do paciente. Cf. FADEN; BEAUCHAMP, A history and theory of informed consent, p. 74-76.

mas, na verdade, um dever do médico de intervir a favor da saúde do paciente, mesmo diante de casos conflituosos.[27] Na mesma linha da postura tradicional, não há qualquer menção sobre a necessidade de o médico colher o consentimento do paciente e/ou de considerar sua opinião na tomada de decisões médicas.[28] Pelo contrário, é fixado um padrão médico em que ao paciente deve ser revelado apenas um mínimo de informação, e somente quando absolutamente necessário. Para *Percival*, os médicos deveriam ter sensibilidade, mas deveriam também ser firmes e demonstrar autoridade, para "inspirar as mentes dos seus pacientes com gratidão, respeito e confiança".[29]

Esse padrão ético de promoção da saúde também pode ser depreendido até mesmo da Declaração de Genebra da Associação Médica Mundial de 1948 que, numa tentativa declarada de atualizar o juramento hipocrático a partir de novos preceitos da ética médica, acabou por erigir o mesmo mandamento ético: a prevalência do bem-estar do paciente e um total silêncio quanto à relevância da sua vontade.[30-31]

No Brasil, a influência da ética hipocrática estava estampada no Código de Moral Médica de 1929, aprovado pelo Sindicato Médico Brasileiro por ocasião VI Congresso Médico Latino-Americano, que estipulava, em seu art. 4º, que "o médico, em suas relações com o enfermo, procurará tolerar seus caprichos e fraquezas *enquanto não se oponham as exigências do tratamento*...".[32] Como frisa *Lopes Jr.*, a vontade do paciente era tratada, nesse contexto, "com certo desdém,

---

27. Cf. a esse respeito ICAGIC, Yenilee. *Die Autonomie des einwilligungsunfähigen Patienten:* Ein Rechtsvergleich des deutschen mit dem US-amerikanischen Recht. Frankfurt am Main: Wolfgang Metzner Verlag, 2016, p. 17-18.

28. FADEN; BEAUCHAMP, A history and theory of informed consent, p. 68.

29. PERCIVAL, Thomas. *Medical Ethics:* Or, a Code of Institutes and Precepts, Adapted to the Professional Conduct of Physicians and Surgeons. Reimpressão. Cambridge: Cambridge University Press, 2014, p. 9. No original: "...to inspire the minds of their patients with gratitude, respect, and confidence". As orientações de *Percival* serviram de inspiração para o projeto do primeiro Código de Ética Médica dos Estados Unidos, de 1847, bem como, na mesma época, para diferentes códigos deontológicos estaduais e de sociedades médicas locais do país. Cf. a respeito FADEN; BEAUCHAMP, A history and theory of informed consent, p. 69-70.

30. GRECO; SIQUEIRA, Promoção da saúde ou respeito à autonomia?, p. 644.

31. Muitos justificam essa omissão considerando o contexto histórico em que a declaração foi elaborada, argumentando que ainda não havia uma concretização desejável acerca do real papel do consentimento do paciente e, principalmente, do dever de informação do médico. No entanto, a declaração foi submetida a constantes atualizações e, até a última em 2006, nada havia sido dito sobre o papel da vontade do paciente na determinação dos tratamentos médicos. Pelo contrário, consta no juramento que a saúde do paciente é a *primeira* consideração do médico. WIESING, Urbano *Ethik in der Medizin:* Ein Studienbuch. Stuttgart: Philipp Reclam, 2012, p. 79.

32. CÓDIGO DE MORAL MÉDICA, aprovado pelo VI Congresso Médico Latino-Americano. *Boletim do Syndicato Medico Brasileiro*, n. 8, agosto de 1929, p.114-123.

[sendo] equiparada a um 'capricho'".[33] Esse mesmo dispositivo foi posteriormente incorporado pelos Códigos de Deontologia Médica brasileiros de 1931 e de 1945,[34] o que levou *Lemos* a constatar, na época, que "a tendência do século é fazer *taboa rasa* da vontade do doente".[35] Ademais, no Boletim da Academia Nacional de Medicina, publicado em 1932, determinava-se expressamente que "... todas as vezes que um doente está na necessidade de receber um tratamento, o cirurgião ou o clínico deve [procedê-lo] mesmo contra a vontade do paciente ou de sua família, ainda que o doente possa a vir morrer desse tratamento".[36]

A despeito da crença de que o juramento hipocrático seria um fundamento atemporal dos preceitos mais relevantes da medicina, válido até os dias de hoje, a ausência da consideração da dimensão da autonomia do paciente motivou muitas críticas que a consideram uma manifestação de uma ética paternalista.[37] Isso principalmente porque a ética hipocrática se olvida da vontade do paciente, afastando-o da tomada de decisão acerca do tratamento a que será submetido e visualizando-o como um mero objeto[38] de intervenção. Assim, nos casos em que há divergência entre as vontades do médico e do paciente, acaba conduzindo à conclusão de que toda intervenção médica beneficente (ou não maleficente) seria, em regra, lícita, ainda que sem o consentimento (*intervenção não-voluntária*) ou mesmo que contra a vontade do paciente (*intervenção involuntária*). Mesmo diante das conquistas liberais obtidas a partir do Iluminismo, bem como do reconhecimento de valores essenciais como a autonomia individual, "a medicina não

---

33. LOPES JR., Dalmir. *Consentimento informado na relação médico-paciente*. Belo Horizonte: D'Plácido, 2018, p. 60. Além disso, até mesmo o *Código Brasileiro de Deontologia Médica* de 1984 estipulava, em seu princípio 7, que "é de exclusiva competência do médico a escolha do tratamento, podendo em benefício do paciente, sempre que julgar necessário, solicitar a colaboração de colegas". Nota-se, portanto, seu viés eminentemente paternalista. CONSELHO FEDERAL DE MEDICINA. *Resolução n.* 1.154, de 27 de abril de 1984. Código Brasileiro de Deontologia Médica. Rio de Janeiro, 1988.

34. CÓDIGO DE DEONTOLOGIA MÉDICA, aprovado pelo 1º Congresso Médico Sindicalista. *Boletim do Syndicato Medico Brasileiro,* n. 8, agosto de 1931, p. 124-130; CÓDIGO DE DEONTOLOGIA MÉDICA, aprovado pelo IV Congresso Sindicalista Médico Brasileiro, em 24 de outubro de 1944. Disponível em: <http://www.portalmedico.org.br/arquivos/codigo_deontologia_medica(1945).pdf>. Acesso em 18 jan. 2019.

35. LEMOS, Floriano de. *Direito de matar e curar*. Rio de Janeiro: A. Coelho Branco F., 1933, p. 8.

36. LEMOS, Direito de matar e curar, p. 9. De acordo com as orientações éticas da época, portanto, impunha-se ao médico a execução de tratamentos arbitrários, ainda que a intervenção não tivesse caráter de urgência.

37. WIESING, Ethik in der Medizin, p. 31. Contrariamente, há quem afirme que é possível encontrar nos escritos hipocráticos referências ao respeito ao paciente, mencionando "o diálogo e a educação como integrantes necessários à relação médico-paciente, fato que demonstra[ria] o equilíbrio entre beneficência e autonomia.". BEIER; IANNOTTI, O paternalismo e o juramento hipocrático, p. 388.

38. STANCIOLI, Relação jurídica médico-paciente, p. 23.

foi atingida e médicos continuaram a decidir em nome dos pacientes, mantendo a postura paternalista até a metade do século XX".[39]

2.1.2 *"A proteção do indivíduo de si mesmo" e o paternalismo*

2.1.2.1 O que é o paternalismo?

Afinal, o que entendemos concretamente por *paternalismo*? O vocábulo paternalismo, cuja origem remete ao termo latino *pater* (que significa *pai*),[40] alude a uma estrutura de domínio ou de autoridade patriarcal,[41] em que o indivíduo é tratado como uma criança pelo Estado-pai,[42] por alguma instituição ou por algum terceiro, como um médico. A discussão sobre o paternalismo, na verdade, não se vincula apenas a questionamentos acerca da legitimação de proibições e mandamentos estatais. O paternalista é aquele que, na certeza de que sabe mais sobre o bem-estar de um terceiro do que ele próprio, impõe-lhe, de alguma forma, um padrão de conduta baseado em certos valores, de modo a "promover o seu bem" mesmo que contra a sua vontade. Ou seja, age como se fosse um pai atuando no melhor interesse de uma criança. Um médico pode ser paternalista em relação ao paciente ao executar uma intervenção contra a vontade deste visando à promoção da sua saúde, da mesma forma que o Estado pode ser paternalista ao punir determinado tipo de conduta para prevenir danos ao próprio indivíduo que a pratica ou então ao autorizar intervenções paternalistas de terceiros na liberdade de seus cidadãos.

---

39. SOARES, Francisco José Passos; SHIMIZU, Helena Eri; GARRAFA, Volnei, Código de Ética Médica brasileiro: limites deontológicos e bioéticos, *Revista Bioética,* v. 25, n. 2, 2017, p. 247.

40. A respeito da origem do termo, cf. MARTINELLI, João Paulo Orsini. *Paternalismo jurídico-penal:* limites na intervenção do Estado na liberdade individual pelo uso das normas penais. São Paulo: LiberArs, 2015, p. 85.

41. Apesar de, numa primeira aproximação, ser possível compreender "patriarcal" e "paternal" como sinônimos, *Kleinig* traça a diferença entre patriarcalismo e paternalismo. Para o autor, o patriarcalismo reflete uma "ordem social na qual o padrão de vida individual é determinado por considerações relacionadas com o todo social, o que é mediado e aplicado pela autoridade patriarcal". O surgimento da sociedade liberal, no entanto, afastou o patriarcalismo e fez surgir o protagonismo do indivíduo e da esfera privada. Surge, então, o paternalismo, como forma de impor um padrão de conduta ao indivíduo não para o bem da sociedade, mas sim com a finalidade de promover o seu próprio bem (independentemente dos demais ou da própria sociedade). Cf. KLEINIG, John, *Paternalism*, Manchester: Manchester University Press, 1983, p. 3-4. No original: "... social order in which the pattern of individual life is determined by considerations relating to the social whole, these being mediated and enforced by patriarcal authority".

42. RIGOPOULOU, Maria. *Grenzen des Paternalismus im Strafrecht.* Berlin: Duncker & Humblot, 2013, p. 23. FEINBERG, Joel, Legal Paternalism, *Canadian Journal of Philosophy*, v. 1, n. 1, 1971, p. 105.

A conduta paternalista, assim, pode caracterizar apenas uma relação entre pessoas ou entre indivíduos e o Estado. No entanto, somente dessa última hipótese pode decorrer o *paternalismo legal*, que se refere a uma postura que autoriza o Estado a fixar, por meio de normas impositivas ou mandamentais, determinados padrões de conduta "autoprotetivos" a cidadãos plenamente capazes, sobrepondo-se à hierarquização de valores própria dos indivíduos considerados. *Paternalismo penal*, evidentemente, só haverá quando esta norma fundamentar proibições penais, erigidas com o intuito de proteger o indivíduo de autolesões, de autocolocações em perigo, de heterolesões consentidas ou de heterocolocações em perigo consentidas.[43] Tais proibições acabam, assim, por limitar a liberdade individual em favor de um alegado "bem-estar", ainda que esse objetivo, na verdade, não corresponda à vontade do indivíduo.[44] Como ressaltado por *Feinberg*,[45] o princípio não liberal tão criticado por *Stuart Mill*, segundo o qual a prevenção de danos físicos, psicológicos ou econômicos ao sujeito por suas próprias ações seria uma boa razão para limitar a sua liberdade,[46] é o que acabou sendo denominado posteriormente de *paternalismo penal*.[47-48] Uma compreensão penal que chancela uma postura paternalista do médico será, consequentemente, igualmente paternalista.

Para traçar o que se entende por paternalismo, é comum a alusão às lições de *Gerald Dworkin*, que o concebe como uma "interferência na liberdade de ação

---

43. MAGNUS, Dorothea, Autonomie und Paternalismus: Rechtliche Überlegungen zu einem medizinethischen Problem, *in*: BECK, Susanne (Org.), *Gehört mein Körper noch mir?*, Baden-Baden: Nomos, 2012, p. 429. A diferença entre a *autolesão/colocação em perigo* e a *heterolesão/colocação em perigo consentida* costuma ser definida a partir dos critérios de autoria e participação (cf. MURMANN, Uwe. *Grundkurs Strafrecht:* Allgemeiner Teil, Tötungsdelikte, Körperverletzungsdelikte. 3. ed. München: C. H. Beck, 2015, p. 186). Resumidamente, autolesiona-se/coloca-se em perigo aquele indivíduo que domina o fato e executa, ele mesmo, o comportamento lesivo/perigoso (por exemplo, ingerindo os remédios que conduzirão à morte, prostituindo-se, utilizando drogas ou dirigindo perigosamente). Já a heterolesão/colocação em perigo consentida ocorre quando a vítima consente na prática do comportamento lesivo/perigoso realizado sob o domínio de um terceiro (que, por exemplo, desfere o tiro mortal, executa a cirurgia que provoca a alteração da substância corporal ou mantém com a vítima relações sexuais desprotegidas, a despeito de ser portador de doença sexualmente transmissível).

44. BIRNBACHER, Dieter, Paternalismus im Strafrecht – ethisch vertretbar?, *in*: VON HIRSCH, Andreas; NEUMANN, Ulfrid; SEELMANN, Kurt (Orgs.), *Paternalismus im Strafrecht:* Die Kriminalisierung von selbstschädigendem Verhalten, Baden-Baden: Nomos, 2010, p. 12.

45. FEINBERG, Joel. *Harm to Self. The moral limits of Criminal Law.* vol. 3. New York: Oxford University Press, 1986, p. 4.

46. A esse respeito, cf. GRECO, Luís, A crítica de Stuart Mill ao paternalismo, *Revista Justiça e Sistema Criminal,* v. 4, n. 7, 2012, p. 84.

47. Especialmente em razão das contribuições de H. L. A. Hart. Cf. HART, H. L. A. *Law, Liberty, and Morality.* Stanford: Stanford University Press, 1963, p. 30 e ss.

48. No Brasil, a principal obra sobre o tema paternalismo jurídico-penal é a de *João Paulo Martinelli.* Cf. MARTINELLI, Paternalismo jurídico-penal, p. 13 e ss.

de uma pessoa justificada por razões que se referem exclusivamente ao bem-estar, felicidade, necessidades, interesses ou valores da pessoa que é coagida".[49] Desse conceito é possível extrair algumas características do paternalismo: o *objetivo* da intervenção paternalista é o bem-estar subjetivo do sujeito afetado; o *meio* empregado para efetivar a intervenção paternalista possui, na maioria das vezes, caráter de *coerção*; e, por fim, o paternalista *ignora a vontade livre e informada* do indivíduo afetado.[50] Referimo-nos, aqui, à concepção de paternalismo em seu sentido mais genuíno, isto é, ao chamado *paternalismo rígido ou forte.*[51]

Assim, a primeira característica do paternalismo é a finalidade de promoção do bem ou a proteção do próprio indivíduo afetado.[52] De fato, a legitimidade das intervenções paternalistas é controversa não apenas porque constitui uma ingerência na liberdade pessoal do indivíduo, mas também, paradoxalmente, porque essa limitação *se destina ao bem-estar desse mesmo indivíduo.* Esse aspecto de beneficência (e, em alguns casos, de não-maleficência[53]) faz com que o paternalista atribua uma aparência de legitimidade a tais prescrições, já que estaria limitando a liberdade individual "por uma boa razão".

Feinberg esclarece que o uso do termo "paternalismo" pode conduzir a certas confusões entre o paternalismo legal, enquanto princípio de legitimação moral da legislação criminal, e condutas paternalistas não benevolentes ou aquelas que, apesar de benevolentes, não podem ser consideradas paternalistas. O *paternalismo presumidamente reprovável* consistiria "em tratar adultos como

---

49. DWORKIN, Gerald, Paternalism, *The Monist*, v. 56, n. 1, 1972, p. 65. No original: "... the interference with a person's liberty of action justified by reasons referring exclusively to the welfare, good, happiness, needs, interests or values of the person being coerced".

50. Cf. a respeito BIRNBACHER, Paternalismus im Strafrecht – ethisch vertretbar?, p. 12-17. *Martinelli*, por sua vez, traça uma definição mais minuciosa de paternalismo. Segundo ele, são características do paternalismo: "(a) um comportamento, positivo ou negativo, no sentido de informar ou obrigar alguém a fazer ou deixar de fazer algo; (b) falta de confiança de quem age em relação à capacidade de alguém; (c) segurança suficiente sobre aquilo que se entende ser melhor a alguém; (d) contrariedade à vontade de alguém; (e) objetivo, final ou não, de promover um bem ou evitar um mal". MARTINELLI, Paternalismo jurídico-penal, p. 88.

51. FEINBERG, Harm to Self, p. 12. Como veremos adiante, a essa concepção contrapõe-se o chamado *paternalismo moderado, suave ou fraco*, que busca legitimar intervenções beneficentes nos casos em que a conduta do indivíduo afetado é involuntária ou, ainda, quando não há certeza acerca da voluntariedade de suas decisões. Isto é, autoriza-se uma intervenção em razão de um *déficit de autonomia* do sujeito. Assim, no paternalismo moderado falta a característica da "ignorância quanto à vontade livre e informada" do sujeito. A respeito dessa diferenciação, cf. item 2.3.4.

52. Sobre o caráter beneficente da intervenção paternalista, cf. BEAUCHAMP, Tom L.; CHILDRESS, James F. *Principles of Biomedical Ethics*. 7. ed. Oxford: Oxford University Press, 2013, p. 214 e ss. BIRNBACHER, Paternalismus im Strafrecht – ethisch vertretbar?, p. 15. CARVALHO, Suicidio, eutanasia y Derecho penal, p. 9 e ss. FEINBERG, Harm to Self, p. 5-7.

53. Cf. a esse respeito CARVALHO, Suicidio, eutanasia y Derecho penal, p. 10.

se fossem crianças, ou crianças como se fossem ainda mais novas, forçando-as a atuar ou se abster de certas maneiras".[54] Esse paternalismo reprovável poderia ser um paternalismo *benevolente*, ao qual nossa crítica se dirige, que impõe proibições visando ao próprio bem da pessoa afetada. Ou então, para alguns, um paternalismo *não benevolente* que, por sua vez, impõe um certo padrão de conduta ao indivíduo para beneficiar terceiros ou mesmo a sociedade, ou seja, limita sua liberdade por uma razão que lhe é externa. Essa última postura é talvez ainda mais questionável do que a primeira, mas não se refere, a princípio, ao problema que aqui trataremos.[55] Já o *paternalismo não reprovável* se referiria à proteção de pessoas vulneráveis em relação a danos externos, ou seja, em relação a riscos que não decorrem da sua própria conduta, prevenindo principalmente que sejam lesadas por terceiros.[56] Este último, na verdade, sequer pode ser considerado um verdadeiro paternalismo.[57] A discussão acerca do paternalismo legal, dessa forma, se refere apenas ao paternalismo benevolente, que visa a "proteger o indivíduo de si mesmo",[58] por meio de uma legislação coercitiva.

A segunda característica se refere ao *meio* utilizado pelo paternalista para fazer valer suas prescrições: o paternalista impõe determinada conduta, via de regra, com o uso de algum tipo de coerção[59] ou de qualquer outra forma de limitação da liberdade do indivíduo. Afinal, uma tentativa de sobreposição aos valores pessoais do indivíduo despida de qualquer coação não implicaria uma real limitação da sua vontade, já que nada impediria que ele continuasse atuando em consonância com os seus próprios desejos; sem coação, a atuação do terceiro pode ser considerada, no máximo, um conselho. Para além da coerção propria-

---

54. FEINBERG, Harm to Self, p. 5. No original: "... consists in treating adults as if they were children, or older children as if they were younger children, by forcing them to act or to forbear in certain ways, ...".

55. A nosso ver, essa postura sequer pode ser considerada verdadeiramente paternalista, já que a benevolência constitui, na verdade, uma das características do paternalismo, no sentido em que é aqui empregado.

56. FEINBERG, Harm to Self, p. 5

57. FEINBERG, Harm to Self, p. 5

58. FEINBERG, Harm to Self, p. 5-7.

59. BIRNBACHER, Paternalismus im Strafrecht – ethisch vertretbar?, p. 16. A exigência da coerção para que a conduta seja considerada paternalista é realmente controversa. Se, por um lado, *G. Dworkin* incluiu a coerção na sua primeira definição, acabou voltando atrás posteriormente para admitir uma maior extensão da compreensão de paternalismo, falando então em violação da autonomia. DWORKIN, Paternalism, p. 65. DWORKIN, Gerald. *The Theory and Practice of Autonomy*. Cambridge: Cambridge University Press, 1988, p. 121-124. Para *Kleinig*, nem a coerção, tampouco a limitação da liberdade de ação, são requisitos necessários para que a intervenção seja considerada paternalista. Basta que haja uma limitação da liberdade (*freedom*) do indivíduo, que abrange outros níveis para além da liberdade *de ação*. KLEINIG, Paternalism, p. 5-7. Entendemos que, para ser considerada paternalista, a imposição não precisa necessariamente envolver uma coerção no sentido estrito da palavra, mas sim qualquer tipo de constrangimento ou limitação da liberdade do indivíduo.

mente dita, que geralmente se vincula apenas a situações em que há emprego de violência ou ameaça, a imposição paternalista pode envolver igualmente situações de engano, de indução a erro ou até mesmo de controle ou não revelação de informações relevantes para a tomada de decisão, como quando um médico deixa de revelar o diagnóstico ou não esclarece devidamente o paciente antes de executar a intervenção. Também a diminuição das opções de escolha do indivíduo pode, a depender da situação, representar uma imposição paternalista.[60] No caso do paternalismo *legal* e especificamente no contexto jurídico-penal, a intervenção paternalista terá sempre caráter de coerção, eis que caracterizada pela ameaça de sanção àquele que descumpre o mandamento ou a proibição.[61]

Por fim, a indiferença quanto à vontade[62] do indivíduo afetado é também característica do paternalismo rígido e, nessa concepção, a vontade ignorada pelo paternalista há de ser livre e informada. Isso significa que, diante da existência de déficits de autonomia, a conduta beneficente do terceiro ou do Estado, com base nessa compreensão, não pode ser considerada paternalista, em especial porque não é possível proteger a autonomia daquele que não possui condições, momentâneas ou permanentes, de atuar autonomamente e de se autodeterminar. Esse tipo de intervenção, contudo, é tido por muitos como uma variação do paternalismo: o chamado *paternalismo moderado ou fraco,* inerente justamente aos casos em que a vontade ignorada não é essencialmente autônoma e/ou livre. O objeto da nossa crítica, no entanto, é apenas o paternalismo rígido e, como pretendemos demonstrar adiante, a acepção moderada, na nossa visão, nem mesmo merece a alcunha de paternalista.[63]

---

60. BIRNBACHER, Paternalismus im Strafrecht – ethisch vertretbar?, p. 16.

61. RIGOPOULOU, Grenzen des Paternalismus im Strafrecht, p. 24.

62. Ao se referir à vontade *atual*, *Birnbacher* afirma que não é suficiente que a conduta seja praticada apenas sem o consentimento do indivíduo, já que é possível que, apesar de não ter consentido expressamente, o sujeito esteja de acordo com a intervenção. Ou seja, para ser paternalista a conduta deveria ser levada a cabo *contra a vontade* do indivíduo. Para o autor, alguns equívocos quanto a esse ponto levaram a um alargamento inflacionário do conceito de paternalismo na medicina e, de acordo com ele, não há paternalismo quando a intervenção foi posteriormente aceita pelo paciente. BIRNBACHER, Paternalismus im Strafrecht – ethisch vertretbar?, p. 12. Discordamos essencialmente dessa colocação de *Birnbacher*. A nosso ver, em especial no contexto médico, o simples fato de o médico não consultar o paciente para colher o seu consentimento já torna a conduta paternalista (a não ser que haja alguma situação excepcional que envolva um paciente incapaz ou em que haja uma impossibilidade fática de manifestação do consentimento). Mesmo que o paciente venha a concordar posteriormente com a intervenção, fato é que a sua vontade foi completamente ignorada no momento anterior a ela e, assim, a sua liberdade foi de fato limitada ao não lhe ser oportunizada a manifestação de vontade. Não podemos contar apenas com a mera contingência de uma anuência posterior para que seja possível identificar se a conduta, no momento da intervenção, era paternalista ou não. Eventuais correções dogmáticas atribuídas, por exemplo, pela figura do consentimento hipotético, não afastam o caráter paternalista da conduta do médico nesses casos.

63. Cf. a respeito item 2.3.4.

Também nas situações em que o indivíduo ainda não conhece todos os riscos inerentes à sua conduta, seria possível considerar que sua ação não é genuinamente livre, o que autorizaria a imposição de uma restrição legítima da sua liberdade: livre seria apenas a decisão individual tomada com base em todas as informações disponíveis sobre a sua própria conduta arriscada. Um exemplo trazido pelo próprio *Stuart Mill* para ilustrar essa situação é o chamado "caso da ponte": "se uma autoridade pública ou qualquer pessoa viu alguém tentando cruzar uma ponte que foi decretada insegura, e não há tempo para avisá-lo do perigo, eles podem capturá-lo e fazer com que ele volte, sem nenhuma limitação da sua liberdade".[64]

2.1.2.2 O paternalismo na ética tradicional

A partir dessas características apresentadas, não restam dúvidas de que a tradicional ética hipocrática autoriza intervenções verdadeiramente paternalistas.[65] Em primeiro lugar, porque impõe ao médico um dever quase absoluto de promoção da vida e da saúde e, dessa forma, estipula uma *obrigação de atuar* em consonância com a *beneficência* e/ou com a *não-maleficência.* Nessa perspectiva ética, a conduta médica deve ser sempre orientada de modo a alcançar a finalidade última, que prepondera em relação a qualquer outro valor: a de promover, em qualquer situação, o bem-estar e/ou a vida do paciente. Para tanto, o médico estaria autorizado a *ignorar a vontade livre e informada do paciente, atuando sem o seu consentimento ou mesmo contra a sua vontade expressa.*

Para atingir este objetivo, o médico também poderia utilizar *meios coercitivos*, inclusive a coerção física. Assim, estaria autorizado a segurar um paciente que oferece resistência ou sedá-lo contra a sua vontade para realizar uma transfusão de sangue, mesmo diante de sua negativa expressa. Também poderia o médico mentir para o paciente, dizendo falsamente que está inserindo em sua corrente sanguínea uma substância diversa do sangue para assim convencê-lo a consentir na intervenção, fazendo-o acreditar que não se trata de uma transfusão. Da mesma forma, o médico estaria autorizado a deixar de revelar as informações necessárias para a tomada de decisão do paciente, induzindo-o a consentir justamente por não conhecer a extensão do diagnóstico, do prognóstico ou do tratamento em si. Esse é o chamado paternalismo do "médico que sabe o melhor" ("*doctor knows best*"),[66]

---

64. MILL, John Stuart. *On Liberty.* Reimpressão. Wroclaw: Amazon Fulfillment, 1859, p. 122. *Mill* frisa que "a liberdade consiste em fazer o que deseja, e ele não deseja cair no rio". No original: "In either public officer or anyone else saw a person attempting to cross a bridge which had been ascertained to be unsafe, and there were no time to warn him of his danger, they might seize him and turn him back, without any real infringement of his liberty; for liberty consists in doing what one desires, and he does not desire to fall into the river".

65. Em sentido contrário, de acordo com *Beier* e *Iannotti* o juramento hipocrático não consagra um paternalismo rígido, mas apenas moderado. Cf. BEIER; IANNOTTI, O paternalismo e o juramento hipocrático, p. 388.

66. DWORKIN, The Theory and Practice of Autonomy, p. x.

isto é, que parte do pressuposto de que o médico, por possuir conhecimentos técnicos, sempre terá mais condições de definir o que é "melhor" para o paciente e, portanto, poderá lhe impor a decisão mais racional ou medicamente indicada, para o seu próprio bem. Diante disso, uma postura dogmática que chancela as orientações da ética hipocrática será, igualmente, paternalista.

2.2 A ética pós-hipocrática e a autonomia do paciente

2.2.1 Fundamento ético: voluntas aegroti suprema lex

O reconhecimento do direito à autodeterminação,[67] resultado de um processo de emancipação dos indivíduos relativamente a vínculos e condições externas[68] que limitam o exercício da sua liberdade, produziu influências e ensejou uma paulatina mudança de paradigma na ética médica, favorecendo a transição da ética do cuidado para a ética da autonomia, baseada no *princípio pós-hipocrático da autodeterminação e da autonomia do paciente.*[69] Nessa perspectiva, a vontade

67. Sobre a evolução do direito de autodeterminação do paciente em relação às intervenções médicas na Alemanha, cf. NOACK, Thorsteno *Eingriffe in das Selbstbestimmungsrecht des Patienten*: Juristische Entscheidungen, Politik und ärztliche Positionen 1890-1960. Frankfurt am Main: Mabuse-Verlag, 2004. Apesar da resistência dos médicos, que consideravam que algumas das obrigações impostas pelo paradigma da autonomia extrapolavam suas funções e que existia uma obrigação moral de operar o paciente, mesmo contra a sua vontade, o respeito à autonomia dos pacientes acabou sendo imposto pelos juristas e, em especial, pela jurisprudência. Cf. a respeito NOACK, Eingriffe in das Selbstbestimmungsrecht des Patienten, p. 17 e 19. Na Alemanha, alguns casos promoveram o debate sobre a necessidade de se exigir o consentimento do paciente para a licitude das intervenções médicas. Cf. por exemplo o caso da extração do ovário (caso *Ihle*), de 1897 (NOACK, Eingriffe in das Selbstbestimmungsrecht des Patienten, p. 38); o caso do médico que desferiu tapas em uma paciente, de 1892 (SCHMIDT, Richard. *Die strafrechtliche Verantwortlichkeit des Arztes für verletzende Eingriffe.* Jena: Gustav Fischer, 1900, p. 11) e o caso do transplante de pele, de 1882 (STOOSS, Carl. *Chirurgische Operation und ärztliche Behandlung.* Berlin: Liebmann, 1898, p. 74), nos quais se adotava, ainda, o paradigma hipocrático. O chamado "veto de Bismarck" foi um ato importante para a mudança de postura dos médicos na Alemanha. Considerando que, em 1887, Frederico III, o herdeiro do trono, sofria de câncer, os seus médicos estavam decididos a extrair sua laringe sem o comunicar. Bismarck, no entanto, objetou dizendo que não poderiam executar uma intervenção médica sem o consentimento do paciente (e futuro Kaiser). O Kaiser da época, Guilherme I, proibiu a intervenção sem consentimento, a partir do conselho dado por Bismarck. BISMARCK, Otto vono *Gedanken und Erinnerungen (Autobiographie).* Reimpressão. Köln: Anaconda, 2015, p. 567. NOACK, Eingriffe in das Selbstbestimmungsrecht des Patienten, p. 20.

68. KATZENMEIER, Christian, Äŕztliche Aufklärung, *in*: WIESEMANN, Clausia; SIMON, Alfred (Orgs.), *Patientenautonomie:* Theoretische Grundlagen Praktische Anwendungen, Münster: Mentis, 2013, p. 92.

69. ROSENAU, Henning, Informed consent – Illusion oder Realität im Medizinrecht?, *in*: *Jahrbuch für Recht und Ethik:* Neue Entwicklungen in Medizinrecht und -ethik, Berlin: Duncker & Humblot, 2016, p. 266.

do paciente passa a ter prevalência em relação à promoção da saúde e é erigida à principal orientação da ética médica: *voluntas aegroti suprema lex*![70]

Numa retrospectiva histórica, foram os casos de abuso médico em experimentos com seres humanos ocorridos em especial na Alemanha nazista, mas também nos Estados Unidos, que fizeram com que fosse colocada em xeque a confiabilidade nos padrões éticos da medicina da época, mormente a partir da década de 50.[71] Principalmente o *Código de Nuremberg* de 1947[72] e a *Declaração de Helsinque sobre a investigação médica* de 1964,[73] editada pela Associação Médica Mundial, representaram o rompimento com a ética tradicional e a ascensão de um novo paradigma no contexto pós-guerra, fundado na exigência do *consentimento*. Ambos os documentos, no entanto, se vinculavam tão somente à investigação clínica.[74] Em 1981, foi consagrado a nível internacional o reconhecimento da autonomia do paciente referente a todo e qualquer tratamento médico, por meio da *Declaração de Lisboa sobre os direitos do paciente*.[75]

Para os filósofos, e também sob uma perspectiva ética, fazia-se urgente o respeito à *autonomia* dos pacientes; para os juristas, por sua vez, isso seria traduzido para o direito pelo reconhecimento do *direito à autodeterminação*. Desta forma, o arquétipo da ética hipocrática passou a ser confrontado, a partir dos ideais da autonomia e da autodeterminação, com valores como a liberdade individual e a dignidade humana, atribuindo-se ao paciente, na ética da autonomia, o direito de escolher os tratamentos a que deseja submeter-se.[76]

---

70. SIQUEIRA, Gesundheitsschädigende Patientenaufklärung, p. 154.

71. FADEN; BEAUCHAMP, A history and theory of informed consent, p. 87. SIQUEIRA; KASECKER, Consentimento informado, p. 70.

72. Cf. SCHMIDT, Ulf. *Justice at Nuremberg*: Leo Alexander and the Nazi Doctors' Trial. New York: Palgrave Macmillan, 2004, p. 3-4 e 199 e ss.; ANNAS, George G.; GRODIN, Michael A. *The Nazi doctors and the Nuremberg Code*: human rights in human experimentationo Oxford: Oxford University Press, 1995, p. 61 e ss.

73. ASSOCIAÇÃO MÉDICA MUNDIAL. *Declaração de Helsinque*. Princípios éticos para investigações médicas envolvendo seres humanos (atualizada na 64ª Assembleia Geral em Fortaleza, Brasil [2013]). Helsinque, 1964. Disponível em: <https://www.wma.net/policies-post/wma-declaration-of-helsinki-ethical-principles-for-medical-research-involving-human-subjects/> Acesso em: 28 out 2018.

74. Para *Lopes Jr.*, houve, na verdade, duas histórias paralelas do mesmo conceito, referentes por um lado às pesquisas com seres humanos e, por outro, às intervenções médicas em geral. LOPES JR., Dalmir, Consentimento informado na relação médico-paciente, p. 72.

75. ASSOCIAÇÃO MÉDICA MUNDIAL. *Declaração de Lisboa sobre os direitos do paciente*. Lisboa, 1981. Disponível em: <http://www.wma.net/en/30publications/10policies/l4/>. Acesso em: 28 jan. 2017.

76. SIQUEIRA; KASECKER, Consentimento informado, p. 70. Há quem critique o paradigma da autonomia, no entanto, em razão da colocação do profissional da medicina "sob o 'jugo' da vontade do paciente". SZTAJN, Rachel, Reflexões sobre consentimento informado, *in*: AZEVEDO, Álvaro Villaça; LIGIERA, Wilson Ricardo (Orgs.), *Direitos do paciente*, São Paulo: Saraiva, 2012, p. 173.

Para *Eibach* e *Schaefer*, as principais razões para a crise da ética do cuidado na medicina foram, por um lado, o aumento do poder de disposição da medicina sobre a vida, questionando-se paralelamente se as possibilidades da medicina visariam realmente, em qualquer situação, ao bem-estar do paciente; de outro, o aumento da individualização dos ideais de valores e de vida na sociedade pós-industrial.[77] Como esclarecem *Beauchamp* e *Childress*, a tradição hipocrática não estava preparada para lidar com problemas como o do consentimento informado, que se torna necessário no contexto de uma sociedade pluralista, razão pela qual a sua orientação paternalista provocou a resistência dos defensores dos direitos dos pacientes.[78]

Muito embora essas modificações culturais e tecnológicas tenham, de fato, relativizado as concepções individuais de saúde e de bem-estar, o reconhecimento da autonomia ultrapassa essa dimensão. Mesmo que fosse possível para o médico determinar com segurança o real conteúdo desses valores sob a perspectiva do sujeito a ser tratado, "ainda assim não se pode negar [ao paciente] o direito de hierarquizar seus valores de tal maneira que saúde e bem-estar não estejam em primeiro plano".[79] Não se trata, portanto, de uma relativização do conteúdo desses valores, mas unicamente do reconhecimento do direito de nivelá-los de acordo com suas percepções individuais ou, em outras palavras, do direito de hierarquizá-los "segundo seus próprios critérios".[80] Assim, uma testemunha de Jeová que recusa uma transfusão de sangue tem consciência das consequências da ausência de tratamento para sua saúde, mas, mesmo reconhecendo esse valor, procede a uma ponderação que prioriza a consciência religiosa em detrimento da saúde ou mesmo da própria vida; segundo o paradigma da autonomia, essa ponderação feita pelo paciente há de ser respeitada pelo médico. Com isso, na ética da autonomia o paciente se emancipa do jugo médico;[81] *torna-se sujeito* e *deixa de ser objeto* da intervenção médica. Ao paciente incumbe, enfim, a decisão acerca dos tratamentos a que deseja ou não ser submetido.

---

77. EIBACH, Ulrich; SCHAEFER, Klaus, Patientenautonomie und Patientenwünsche: Ergebnisse und ethische Reflexion von Patientenbefragungen zur selbstbestimmten Behandlung in Krisensituationen, *MedR*, v. 19, 2001, p. 21.
78. BEAUCHAMP; CHILDRESS, Principles of Biomedical Ethics, p. 3.
79. GRECO; SIQUEIRA, Promoção da saúde ou respeito à autonomia?, p. 649.
80. GRECO; SIQUEIRA, Promoção da saúde ou respeito à autonomia?, p. 649.
81. ROSENAU, Informed consent – Illusion oder Realität im Medizinrecht?, p. 266.

2.2.2 O respeito à autonomia

Numa primeira aproximação, a ideia fundamental do conceito[82] de autonomia pode ser depreendida da própria etimologia do termo: enquanto junção das duas palavras de origem grega *autos* ("si mesmo") e *nomos* ("norma, lei"),[83] *autonomia* significa a *determinação das suas próprias regras*[84] e, assim, é característica do indivíduo que traça e segue seus próprios planos e concretiza a sua vida a partir dos seus próprios ideais. No plano jurídico, a autonomia é concretizada, em especial, a partir do direito de autodeterminação, de autogoverno, de independência. A autonomia se opõe justamente à *heteronomia*, que, por sua vez, significa a observância de regras impostas por terceiros. Destarte, toda vez que o sujeito for determinado em suas ações por coerções ou controles que lhe são externos, haverá uma conduta não-autônoma ou heterônoma, ou seja, determinada de fora pra dentro.

A determinação do conteúdo substancial do que se entende por autonomia, no entanto, é motivo de substanciais divergências. De acordo com *G. Dworkin*, os pontos de consenso são apenas as considerações de que a autonomia constitui uma característica de pessoas e de que é uma qualidade desejável.[85] Quanto ao seu conteúdo, no entanto, a autonomia pode significar *v.g.* liberdade, soberania e liberdade de vontade; dignidade, integridade, individualidade, independência e autoconhecimento; podendo estar relacionada a ações, crenças, razões para atuar, vontades, pensamentos, princípios etc.[86]

Diante deste quadro, far-se-á uma breve exposição das diferentes concepções de autonomia, em especial a partir das obras de filosofia moral de *Kant*, de filosofia do direito penal de *Feinberg* e de bioética de *Beauchamp/Childress*, para, ao final, traçarmos a nossa própria noção de autonomia aplicável, em especial, aos casos de direito penal da medicina.[87]

---

82. De acordo com *G. Dworkin*, há apenas um conceito de autonomia, mas muitas concepções sobre o que ela pode vir a ser. Segundo o autor, "o conceito é uma noção abstrata que especifica em termos bem gerais". Para traçar, no entanto, os princípios que justificariam uma intervenção na autonomia individual, é possível partir de diferentes concepções. DWORKIN, The Theory and Practice of Autonomy, p. 9.

83. MAGNUS, Patientenautonomie im Strafrecht, p. 39. BEAUCHAMP; CHILDRESS, Principles of Biomedical Ethics, p. 101.

84. FEINBERG, Harm to Self, p. 27.

85. DWORKIN, The Theory and Practice of Autonomy, p. 6.

86. DWORKIN, The Theory and Practice of Autonomy, p. 6.

87. O estudo minucioso acerca da evolução da concepção de autonomia e de suas diferentes nuances, a partir da influência dos diversos autores que se dedicaram a esse estudo, seria, por si só, suficiente para a elaboração de uma tese, devido à sua complexidade. Tal aprofundamento, no entanto, foge ao escopo do presente trabalho. Cf. a esse respeito SCHNEEWIND, J. B. *The invention of autonomy:* a history of modern moral philosophy. New York: Cambridge University Press, 1998. Por esta razão, selecionamos algumas poucas

2.2.2.1 A autonomia em Kant

Na filosofia de Kant, a liberdade, numa de suas dimensões, é compreendida a partir da ideia de *liberdade como autonomia*. Como frisou *Greco*, ao comentar uma possível interpretação da obra kantiana, "a liberdade, que a princípio somente é compreendida negativamente pela razão teórica – como ausência de qualquer determinação –, recebe, porém, da razão prática, da ética, um conteúdo positivo: a liberdade como autonomia, como autolegiferação, como atuação em respeito à lei".[88]

A autonomia, enquanto vinculação da vontade à razão pura prática, reflete a concepção de moralidade em Kant. Na perspectiva kantiana, a "boa vontade" (*gute Wille*),[89] compreendida como uma vontade pura, é fruto da *razão pura prática*, guiada pela própria racionalidade e não pelos desejos e/ou inclinações sensíveis.[90] Seu conteúdo, no entanto, não é pré-fixado. Sua delimitação é, ao contrário, estabelecida pelo próprio ser autônomo, que orientará a sua vida a partir destas máximas, por ele próprio erigidas. Nesse âmbito, a boa vontade nada mais é do que a vontade capaz de agir segundo leis próprias.

Elucidativo é o exemplo do comerciante, trazido por *Kant*: um comerciante que não cobra um valor excessivo de um cliente inexperiente ou que mantém o preço do produto, a despeito da sua escassez no mercado,[91] pode estar agindo com *honestidade* em razão do benefício futuro que pode vir a ter perante esse cliente (que muito provavelmente voltará à loja) ou motivado pela necessidade de agir conforme a moralidade. Apenas esta última é a verdadeira boa vontade, que não se vincula às possíveis consequências benéficas da conduta, mas sim à sua moralidade intrínseca.

abordagens tidas, por nós, como mais relevantes para a discussão bioética, de modo a traçar a nossa própria concepção de autonomia aplicável ao contexto médico.

88. GRECO, Luís. *Lebendiges und Totes in Feuerbachs Straftheorie*: Ein Beitrag zur gegewärtigen strafrechtlichen Grundlagendiskussiono Berlin: Duncker & Humblot, 2009, p. 42. No original: "Freiheit, die von der theoretischen Vernunft zunächst nur negativ verstanden wird – als Abwesenheit irgendwelcher Determinierungen – aber die von der praktischen Vernunft, von der Ethik, einen positive Inhalt empfängt: Freiheit als Autonomie, als Selbstgesetzgebung, als Handeln aus Achtung für das Gesetz".

89. KANT, Immanuel. *Grundlegung zur Metaphysik der Sitteno* Reimpressão. Stuttgart: Philipp Reclam, 2016, p. 15.

90. A razão prática pura em *Kant* não se vincula a uma simples faculdade de buscar a felicidade ou os próprios desejos. Como esclarece *Silveira*, "[n]o que diz respeito às ações humanas a razão é sempre prática, entretanto, há dois modos distintos de se fazer uso dela: razão prática empiricamente condicionada, que busca satisfazer os desejos e as inclinações sensíveis; e razão prática pura, a única possibilidade para a moralidade". SILVEIRA, Gefferson Silva da, A boa vontade e o dever na gênese da fundamentação moral de Kant, *Pólemos*, v. 1, n. 2, 2012, p. 104. Assim, o uso da razão condicionada aos desejos e à natureza reflete o agir heterônomo; já o uso da razão prática pura, que determina a vontade, implica o agir autônomo.

91. KANT, Grundlegung zur Metaphysik der Sitten, p. 21.

Essa determinação autônoma da vontade está vinculada, não obstante, à sua possível compreensão como uma lei universal, aplicável a todos os sujeitos; orienta-se, assim, por um imperativo categórico: "age como se a máxima da sua ação, por meio da sua vontade, devesse se tornar uma lei universal da natureza".[92]

A autonomia, então, referir-se-ia à fixação de máximas ou princípios subjetivos que, na perspectiva do imperativo categórico, devem ser testados a partir da sua possível universalização; o homem somente estaria submetido à sua legislação própria, embora universal.[93] A universalidade desses princípios sugere que a dignidade moral das outras pessoas também deve ser respeitada, assim como a própria. A consciência da moralidade seria alcançada, pelo sujeito, a partir da submissão de suas próprias máximas ao imperativo e da observância das instruções de conduta dela resultantes.[94] Essa lei moral exerceria ainda mais influência justamente por ter sido arquitetada pelo mesmo sujeito que a segue: o ser autônomo é, simultaneamente, autor e sujeito desta lei.[95] *Kant* conclui, assim, que o princípio da autonomia significa "não escolher senão de tal modo que as máximas erigidas, no mesmo querer, também sejam compreendidas como lei universal".[96]

2.2.2.2 A autonomia para Feinberg

Feinberg concebe a complexidade do significado da autonomia a partir de quatro diferentes acepções: para ele, a autonomia pode se referir à *capacidade* de autodeterminar-se; à *condição atual* de atuar autonomamente, a partir de determinadas virtudes; a um *ideal* de personalidade e, por fim; a um *direito*.

2.2.2.2.1 A autonomia enquanto capacidade de autodeterminar-se

Enquanto *capacidade*, a autonomia é compreendida como a *habilidade de tomar decisões racionais*.[97] Com base nessa concepção, entende-se, por exemplo, que adultos e pessoas que dispõem das "adequadas faculdades mentais" seriam efetivamente capazes de exercer a autonomia e, portanto, *competentes para governar a si próprios*. Crianças, pessoas portadoras de deficiência mental, comatosos etc., por sua vez, são geralmente excluídos desta concepção. A capacidade, no entanto, é usualmente traduzida como *competência,* compreendida como a detenção de poderes legais. *Feinberg* esclarece, contudo, que esta compreensão

---

92. KANT, Grundlegung zur Metaphysik der Sitten, p. 54. "handle so, als ob die Maxime deiner Handlung durch deinen Willen zum allgemeinen Naturgesetze werden sollte".

93. KANT, Grundlegung zur Metaphysik der Sitten, p. 70.

94. Essa é a interpretação de MAGNUS, Patientenautonomie im Strafrecht, p. 40.

95. FEINBERG, Harm to Self, p. 35.

96. KANT, Grundlegung zur Metaphysik der Sitten, p. 80. "Das Prinzip der Autonomie ist also: nicht anders zu wählen als so, daß die Maximen seiner Wahl in demselben Wollen zugleich als allgemeines Gesetz mit begriffen seien".

97. FEINBERG, Harm to Self, p. 28.

de competência exprime uma ideia diferente, no sentido de tudo-ou-nada, ou seja, o indivíduo é competente ou não é; não são discriminados, em regra, os distintos graus de competência.

A capacidade, para *Feinberg,* se baseia numa concepção referente aos limites da competência natural, isto é, considera-se que, a partir de um certo grau de capacidade mínima relevante para a realização de uma tarefa,[98] todos os detentores desse mínimo necessário seriam considerados capazes. *Feinberg* frisa, nesse contexto, que "[a]lgumas pessoas competentes são, sem dúvida, mais dotadas de inteligência, discernimento e outras capacidades relevantes do que outras, mas, acima do limite apropriado, elas são consideradas não mais competentes (qualificadas) do que as outras na 'tarefa' de viver a própria vida de acordo com seus próprios valores".[99] Acima desse limite de competência, aqueles que possuem mais habilidade do que os demais são dotados, na verdade, apenas de um excedente não utilizado.

Apesar de as diferentes concepções se inter-relacionarem, fato é que, via de regra, não é possível conceber a existência de autonomia como condição ou como direito, sem que haja capacidade de autonomia.[100] Assim, abaixo da linha limítrofe, as pessoas incapazes, além de não possuírem a condição fática de serem autônomas, são *impedidas de tomar decisões ruins ou irresponsáveis*, eis que lhes falta o direito de autodeterminar-se. Algumas pessoas, no entanto, a despeito de serem capazes, não possuem condições fáticas de exercer a autonomia, pois sua autogovernabilidade é ruim; mas, "como uma nação malgovernada, el[as] deve[m] reter a sua independência".[101] Assim, um indivíduo que, acima do limite mínimo, é dotado de *capacidade,* mas *não da condição fática* de ser autônomo, acaba possuindo o direito de tomar essas decisões, mesmo que ruins ou irresponsáveis. Ser capaz não é, portanto, sinônimo de ser sábio ou prudente, tampouco de possuir a real "oportunidade de exercer os seus direitos e capacidades"[102] (como quando, por exemplo, uma pessoa é forçada a ser escrava de um terceiro).

2.2.2.2.2 A autonomia como condição de fato

Como podemos perceber, a segunda acepção se refere à *autonomia como condição de fato* de exercê-la, que se vincula à convergência de diferentes virtudes

---

98. FEINBERG, Harm to Self, p. 30.

99. FEINBERG, Harm to Self, p. 30. No original: "Some competent persons are no doubt more richly endowed with intelligence, judgment, and other relevant capabilities than others, but above the appropriate threshold they are deemed no more competent (qualified) than the others at the 'task' of living their own lives according to their own values as they choose".

100. FEINBERG, Harm to Self, p. 28.

101. FEINBERG, Harm to Self, p. 30. No original: "... but like a badly governed nation, he may retain his sovereign independence nevertheless".

102. FEINBERG, Harm to Self, p. 31.

derivadas da autodeterminação.[103] *Feinberg* esclarece que a condição fática de autogoverno, em primeiro lugar, depende um pouco da sorte; "se a sorte de uma pessoa é ruim, circunstâncias fora do seu controle podem destruir suas oportunidades".[104] No entanto, diante de situações em que há iguais oportunidades, a pessoa autônoma é aquela que as aproveita ao máximo. As virtudes que, na visão de *Feinberg*, compõem a autonomia enquanto condição são o *autodomínio* (*self--possession*), a *individualidade,* a *autenticidade,* a *autocriação;* a *autolegislação*; a *autenticidade moral*; a *independência moral*; a *integridade*; o *autocontrole*; a *autoconfiança*; a *iniciativa*; e, por fim, a *responsabilidade por si.*[105]

O indivíduo *de fato* autônomo possui *autodomínio* – pois não pertence a ninguém, senão a si mesmo –; *individualidade* (ou distinta identidade própria) – porquanto ele não é um mero reflexo de outrem, mas sim um indivíduo com identidade própria –; e também *autenticidade* (ou seleção própria) – o que distancia a figura do ser autônomo da do conformista habitual de opiniões de terceiros, já que suas opiniões e gostos fazem parte do seu próprio escrutínio racional.[106]

A *autocriação,* por sua vez, significa que o indivíduo autônomo acomoda racionalmente novas e antigas experiências para maior coerência e flexibilidade de suas convicções atuais; ou seja, é também um indivíduo em constante recriação.[107] A *autolegislação* exprime, em termos gerais, que autônomo é aquele que, no significado mais puro do termo, fixa e segue suas próprias regras. Para se referir a essa característica, *Feinberg* faz alusão à concepção kantiana, considerando que "ninguém tomou o ideal de autonomia no seu sentido literal, *auto* (própria) *nomos* (lei), com maior seriedade do que Immanuel Kant".[108]

Já a *autenticidade moral*, na análise de *Feinberg*, refere-se à noção de que uma pessoa é realmente autônoma quando seus princípios e convicções morais são realmente seus e não simplesmente herdados; assim, a pessoa moralmente autônoma muda suas convicções somente em resposta a argumentos[109] e não a autoridades morais. No entanto, como critica *G. Dworkin*, "supor que inventamos a lei moral para nós mesmos" é tão incoerente quanto "supor que inventamos, nós mesmos, a língua que falamos".[110] Assim, o indivíduo, na verdade, acaba sendo limitado na sua escolha de princípios morais, em especial diante dos princípios

103. FEINBERG, Harm to Self, p. 32.
104. FEINBERG, Harm to Self, p. 31.
105. FEINBERG, Harm to Self, p. 32-44.
106. FEINBERG, Harm to Self, p. 32.
107. FEINBERG, Harm to Self, p. 33-35.
108. FEINBERG, Harm to Self, p. 35. No original: "No one took the ideal of autonomy in its literal sense, auto (*self*) nomos (*law*), more seriously than Immanuel Kant". Apesar de haver diferentes interpretações possíveis da doutrina de Kant, *Feinberg* prefere uma compreensão ponderada que evite os extremos de uma interpretação anarquista ou de uma totalmente racional. Sobre a autonomia em Kant, cf. item 2.2.2.1.
109. FEINBERG, Harm to Self, p. 37.
110. FEINBERG, Harm to Self, p. 36.

derivados das práticas morais sociais. Diante disso, *Feinberg* conclui que a pessoa moralmente autônoma possui, de fato, princípios morais que são verdadeiramente seus; não obstante, o fato de serem seus não quer dizer que a sua simples vontade é a fonte ou a base única de seus próprios princípios.[111]

Para *Feinberg*, o sujeito de fato autônomo possui *independência moral*, mas não no sentido de total descomprometimento, e sim numa concepção de independência que não seja diminuída por compromissos assumidos voluntariamente pelo indivíduo. Até porque o envolvimento com terceiros, a formação de parcerias ou até mesmo a constituição de uma família implicam, necessariamente, a assunção de compromissos em face dessas pessoas, o que faz parte, naturalmente, da vida. A autonomia deve, então, ser colocada em prática e não acumulada.[112] Ainda, o sujeito autônomo possui *integridade*, ou seja, é leal a seus próprios princípios;[113] afinal, aquele que apenas fixa suas próprias regras, mas não as segue por alguma razão, não é, nessa concepção, considerado *de fato* autônomo.

Outra virtude da autonomia enquanto condição é o *autocontrole*, segundo o qual a pessoa *de fato* autônoma age racionalmente, a partir dos valores já erigidos; isto é, seus desejos obedecem a um regulador interno, que é a sua própria razão.[114] Também a *autoconfiança* (ou *autossuficiência*) faz parte do leque de virtudes apresentado por *Feinberg* e é tida, por ele, como o lado reverso da independência moral: o indivíduo moralmente independente somente assume compromissos com terceiros na medida em que lhe é realmente possível cumpri-los; o autoconfiante, por sua vez, "não depende dos compromissos feitos por outros a ele".[115] Além disso, o sujeito verdadeiramente autônomo possui *iniciativa*, o que significa que, além de fixar e seguir seus próprios gostos, princípios e valores, ele também idealiza e coloca em prática projetos e estratégia que lhe são próprios.[116] Por fim, a última e principal virtude do sujeito *de fato* autônomo é a *responsabilidade por si*; mas não apenas isso: a autonomia implica, também, ser responsável pelas *consequências de suas decisões e condutas.*[117]

2.2.2.2.3 A autonomia como ideal

A terceira dimensão é a *autonomia como ideal*. *Feinberg* esclarece que, para formular um verdadeiro modelo de um indivíduo autônomo, a ser admirado, deve-se remodelar o vago esquema de autonomia como condição, anteriormente

---

111. FEINBERG, Harm to Self, p. 39.

112. FEINBERG, Harm to Self, p. 39.

113. O que, naturalmente, pressupõe a autenticidade moral, já que a fidelidade do sujeito autônomo aos seus próprios princípios depende, primeiro, de tê-los determinado ele mesmo. FEINBERG, Harm to Self, p. 40.

114. FEINBERG, Harm to Self, p. 41.

115. FEINBERG, Harm to Self, p. 42.

116. FEINBERG, Harm to Self, p. 42-43.

117. FEINBERG, Harm to Self, p. 44.

exposto. A concepção de autonomia, no entanto, acaba sendo apenas *parcialmente* ideal, já que uma pessoa que se autogoverna não deixa de ser autônoma por ter se governado mal. Assim, a autonomia, segundo essa acepção, constituiria um elemento necessário para o modelo de caráter humano, mas que pode coexistir com falhas morais. Trata-se, então, de traçar um ideal em que, diante de iguais circunstâncias, é melhor ser autônomo do que não o ser.

Para *Feinberg*, o pressuposto da autonomia como ideal é a compreensão de que todos integram uma comunidade, que define tradições e obrigações recíprocas. O modelo de uma pessoa autônoma, assim, é o "de um indivíduo autêntico cuja autodeterminação é tão completa como consistente com a exigência de que ele é, obviamente, um membro de uma comunidade".[118]

2.2.2.2.4 A autonomia como direito soberano à autodeterminação

A quarta e última acepção é a da *autonomia como direito soberano* à autodeterminação. Para *Feinberg*, as pessoas autônomas possuem o direito de autodeterminar-se assim como um Estado soberano[119] e, dessa forma, para concretizar a autonomia como direito, o autor faz uma analogia entre a soberania das nações e a das pessoas. Autonomia e soberania, no entanto, são conceitos comumente diferenciados no plano político, no qual aquela é parcial e limitada, ao passo que esta é plena e indivisível;[120] um Estado, de fato, não perde a sua soberania ao delegar autonomia, por exemplo, a diferentes membros que o compõem. O conceito de soberania, assim, acaba sendo mais forte do que o de autonomia; e é justamente por essa razão que *Feinberg* prefere utilizar a *soberania pessoal* para designar essa quarta dimensão da autonomia.[121]

Nessa concepção, o indivíduo é soberano nos limites da sua autonomia, assim como o Estado é soberano em seu próprio território. Demarcar, no entanto, o limite do domínio pessoal é mais complexo do que determinar as limitações territoriais de um Estado.[122] A dimensão espacial do corpo é, de fato, um dos elementos da autonomia pessoal: a autonomia corporal. Afirmar a soberania sobre o território do próprio corpo implica dizer que *apenas o indivíduo pode decidir o que fazer com ele*. Assim, no contexto médico, o domínio soberano sobre o próprio corpo vai ainda além da afirmação de que "ninguém pode ser tratado sem o seu consentimento"; significa, do mesmo modo, que "o consentimento é *necessário* e *suficiente*" para a determinação da legitimidade de um tratamento.[123]

---

118. FEINBERG, Harm to Self, p. 47. No original: "The ideal of a autonomous person is that of an authentic individual whose self-determination is as complete as is consistent with the requirement that he is, of course, a member of a community".
119. FEINBERG, Harm to Self, p. 31.
120. FEINBERG, Harm to Self, p. 47.
121. FEINBERG, Harm to Self, p. 48.
122. FEINBERG, Harm to Self, p. 52.
123. FEINBERG, Harm to Self, p. 53.

Assim, a autonomia atribui ao sujeito não apenas um *direito negativo, de não ser submetido a uma intervenção sem o seu consentimento, mas também um direito positivo*, de ser submetido aos tratamentos que quiser, independentemente da indicação médica.

A autonomia abrange, outrossim, o *direito à privacidade*, o respeito não apenas do domínio sobre o próprio corpo, mas também de certa "área para respiração". É possível violar a autonomia corporal sem contato físico com o corpo, por exemplo, "entrando ou permanecendo, sem convite, no meu espaço pessoal, ou transmitindo certos 'espetáculos', sons ou odores".[124] Assim, o direito à privacidade envolveria a determinação sobre aquilo que penetra, ou não, na minha esfera pessoal, a qual, no entanto, é diminuída na medida em que adentro um espaço público.

Em seu núcleo, a autonomia é integrada, ainda, pelo *direito de fazer escolhas e tomar suas próprias decisões*; pelo direito de decidir como viver a vida, no que se refere, ao menos, a decisões existenciais e vitais,[125] que abrangem não apenas escolhas relativas a tratamentos médicos, mas também a projetos de vida mais amplos (como em que universidade desejo estudar, qual carreira desejo seguir, com quem pretendo me casar, se quero ou não ter filhos etc.[126]). Partindo dos princípios da lesão e da ofensa (*harm and offense principles*),[127] o domínio pessoal, nesta perspectiva, abarcaria *todas as decisões autorreferenciais*, que afetam direta e primariamente somente o indivíduo que decide.[128]

2.2.2.3 A autonomia para Beauchamp/Childress

No modelo principialista traçado por *Tom L. Beauchamp* e *James F. Childress*,[129] o *respeito à autonomia* é um dos princípios que orientam a bioética. Segundo essa concepção, é reconhecido o direito da pessoa autônoma de "possuir

---

124. FEINBERG, Harm to Self, p. 54. No original: "... by entering and remaining, uninvited, in my personal space, or by transmitting into that space unwanted spectacles, sounds, or odors".

125. FEINBERG, Harm to Self, p. 54.

126. Questionável é, apenas, se seriam abrangidas, também, decisões menores e mais triviais, como, por exemplo, a escolha entre usar ou não o cinto de segurança ao conduzir um veículo automotor.

127. Feinberg identifica o *harm principle* e o *offense principle* como os únicos princípios capazes de fornecer, frequentemente, razões que são suficientemente boas para fundamentar a intervenção penal pelo Estado na liberdade individual. Nessa visão, pelo menos em princípio, só podem ser criminalizadas as condutas danosas ou ofensivas a outras pessoas, conforme as definições elaboradas por *Feinberg*. Sobre o tema, cf.: FEINBERG, Joel. *Harm to Others. The moral Limits of Criminal Law.* vol. 1. New York: Oxford University Press, 1984. FEINBERG, Joel. *Offense to others. The moral Limits of Criminal Law.* vol. 2. Oxford: Oxford University Press, 1985.

128. FEINBERG, Harm to Self, p. 56.

129. Sobre o principialismo de Beuchamp e Childress, cf. item 2.4.3.

suas visões, de tomar suas decisões e de agir com base nos seus valores e crenças".[130] O respeito à autonomia, no entanto, não se limita a uma mera tolerância quanto às decisões alheias, mas envolve também ações positivas no sentido de tornar possível e criar condições para que o indivíduo realmente atue autonomamente. Assim, consiste não apenas numa *obrigação negativa*, de não controlar ou não impedir ações autônomas de terceiros; mas igualmente numa *obrigação positiva*, de revelar informações de maneira cuidadosa e atuar de modo a promover tomadas de decisões autônomas, já que muitas condutas dependem da cooperação de terceiros para, por exemplo, a ampliação do horizonte de opções.[131]

O foco dessa concepção de autonomia não é tanto o *ser autônomo*, mas a ideia de uma *decisão autônoma*;[132] vincula-se, outrossim, a condições que, na verdade, *não* refletem um modelo ideal de autonomia, mas sim circunstâncias decisionais cotidianas de pessoas comuns. Os autores traçam a *teoria das três condições* para delinear os elementos da autonomia, que, para eles, se refere a uma conduta realizada *intencionalmente*, *com compreensão* e *sem o controle de influências que a determinem.*[133]

As ações *intencionais*, ao contrário das acidentais, correspondem à concepção prévia do indivíduo acerca daquele ato e a um determinado plano, consubstanciado pelos eventos que geralmente decorrem da execução da conduta, mesmo que apenas previstos, embora não diretamente desejados. Por sua vez, a segunda condição da conduta autônoma é a *compreensão*. Certo é que a doença, a irracionalidade, a imaturidade ou deficiências no processo comunicativo podem afetar sobremaneira o real entendimento do indivíduo durante o processo de tomada de decisões. No entanto, uma ação autônoma exige apenas certo grau de compreensão e de liberdade de restrições; isto é, a conduta não necessariamente deve ser completamente compreendida para que seja autônoma. Até porque, na vida real, as atuações das pessoas raramente são caracterizadas por uma autonomia total. Por fim, a última condição é a *ausência de controle externo*, que significa que, para tomar uma decisão autônoma, a pessoa deve ser "livre de controles exercidos por fontes externas ou por estados internos que afastam a pessoa de sua auto dirigibilidade".[134]

No que se refere à primeira condição, os autores frisam que não é possível aferir diferentes graus de intencionalidade. Uma conduta é intencional ou não é;

---

130. BEAUCHAMP; CHILDRESS, Principles of Biomedical Ethics, p. 106. No original: "To respect autonomous agents is to acknowledge their right to hold views, to make choices, and to take actions based on their values and beliefs".

131. BEAUCHAMP; CHILDRESS, Principles of Biomedical Ethics, p. 107.

132. BEAUCHAMP; CHILDRESS, Principles of Biomedical Ethics, p. 102.

133. BEAUCHAMP; CHILDRESS, Principles of Biomedical Ethics, p. 104.

134. BEAUCHAMP; CHILDRESS, Principles of Biomedical Ethics, p. 104. No original: "... be free of controls exerted either by external sources or by internal states that rob the person of self-directedness".

não há um meio termo. Não obstante, a extensão da compreensão e/ou da ausência de controle pode possuir, para eles, diferentes níveis. É possível haver, assim, distintos graus de autonomia decisional, em especial diante da variabilidade dessas duas últimas condições.

Beauchamp e *Childress* sublinham que a observância de regras impostas pela autoridade de instituições, tradições ou comunidades não afeta a autonomia da decisão, já que, no final das contas, cabe ao próprio indivíduo definir se deseja ou não seguir aquela orientação. Por mais que, nesses casos, o padrão de conduta não tenha partido do próprio sujeito, escolher a aceitação e/ou cumprimento destas regras *prima facie* externas não deixa de ser uma decisão individual e, portanto, dotada de autonomia.[135] O principal exemplo quanto a essa controvérsia é, mais uma vez, o da recusa de transfusão de sangue pelas testemunhas de Jeová, que compartilham e aceitam autonomamente as normas morais que decorrem da autoridade da instituição religiosa. Não respeitar estas recusas por entendê-las como decisões não autônomas seria, na visão dos autores, moralmente inaceitável.[136]

Por fim, para *Beauchamp/Childress* também a *capacidade para a tomada de uma decisão autônoma* é pressuposto do exercício da autonomia.[137] Assim como *Feinberg*, os autores conceituam a capacidade ou competência como a habilidade para desenvolver uma certa tarefa. Os critérios concretos para a definição da capacidade, no entanto, dependem da tarefa a ser desempenhada; mesmo a competência para decidir é *relativa*, variando, em especial, de acordo com o *tipo de decisão que deve ser tomada* e, também, com o passar do tempo. Por exemplo, uma pessoa que não possui competência para decidir sobre questões financeiras pode, ainda assim, ser competente para tomar certas decisões médicas.[138] Por sua vez, alguém que, hoje, está em condições de tomar decisões médicas, pode não estar amanhã.

No contexto bioético, concluem os autores que, para decidir autonomamente, deve o paciente ser capaz de compreender a informação prestada pelo médico; de avaliar essa informação para, a partir dela, formular um juízo de valor; e, por fim, de comunicar suas vontades livremente.[139] *Beauchamp* e *Childress* também reconhecem a existência de um limite que determina a competência; no entanto, todos aqueles que não preenchem os requisitos do limite mínimo seriam considerados incompetentes, ao passo que, acima deste mesmo marco, seriam

---

135. BEAUCHAMP; CHILDRESS, Principles of Biomedical Ethics, p. 105. Em sentido contrário, cf. RAZ, Joseph, Authority and Justification, *Philosophy & Public Affairs*, v. 14, n. 1, 1985, p. 3-29.
136. BEAUCHAMP; CHILDRESS, Principles of Biomedical Ethics, p. 106.
137. BEAUCHAMP; CHILDRESS, Principles of Biomedical Ethics, p. 114.
138. BEAUCHAMP; CHILDRESS, Principles of Biomedical Ethics, p. 115.
139. BEAUCHAMP; CHILDRESS, Principles of Biomedical Ethics, p. 116.

todos igualmente competentes.[140] Trata-se, desta forma, de uma concepção de tudo-ou-nada, exatamente nos moldes que haviam sido criticados por *Feinberg*.

Frise-se, contudo, que, na concepção principialista de *Beauchamp* e *Childress*, o princípio da autonomia deve ser interpretado ao lado de três outros – os princípios da beneficência, da não-maleficência e da justiça –, sem que haja uma relação de hierarquia pré-determinada entre eles. Diante disso, os autores reconhecem que é possível flexibilizar o respeito à autonomia em situações de conflito, nas quais o benefício potencial da intervenção para o paciente prepondera em relação à afetação da autonomia.[141]

2.2.2.4 Apreciação crítica e nossa concepção

Delimitar concretamente o conteúdo da *autonomia* pode parecer uma tarefa hercúlea, diante de suas diferentes dimensões ou sentidos. A polissemia do termo, no entanto, não impede a sua concretização a partir da finalidade do seu emprego. *In casu*, para além da dimensão ética e da discussão acerca da *correção moral* de certas decisões, buscamos uma delimitação capaz de fornecer parâmetros para a ética médica e, em última instância, para o direito penal. Isto é, trata-se de determinar em que consiste a autonomia de uma decisão e, com isso, impor o respeito a ela, por pertencer à esfera privada e intangível do paciente, ou, em outras palavras, de reconhecer a autonomia como um *direito* a ser observado.

Do que foi exposto, podemos interpretar, de saída, que, na filosofia kantiana, a autonomia é relevante para a delimitação do *conteúdo moral da decisão* do ser autônomo, ao passo que, para *Feinberg*, há um foco especial na determinação das capacidades e virtudes *daquele que atua autonomamente*, independentemente do conteúdo da decisão e, por sua vez, na perspectiva de *Beauchamp* e *Childress*, importante seria traçar os *critérios para reconhecer uma decisão autônoma*. Resta investigar o que pode ser extraído de cada uma dessas perspectivas para, assim, delimitar uma concepção de autonomia que possua reflexos, em especial, no contexto do direito médico.

2.2.2.4.1 Autonomia: política e não ética?

A começar pela filosofia de Kant,[142] dois dos pontos de maior importância, como frisado por *Hill Jr.*, são: a *desvinculação temporária* do sujeito, na razão pura prática, de seus *desejos e aversões particulares*, o que pode ser interpretado

---

140. BEAUCHAMP; CHILDRESS, Principles of Biomedical Ethics, p. 117.

141. BEAUCHAMP; CHILDRESS, Principles of Biomedical Ethics, p. 221. Ulteriores considerações sobre esse aspecto do principialismo de *Beauchamp* e *Childress* serão traçadas neste trabalho. Cf. itens 2.2.2.4.2 e 2.4.3.

142. A interpretação da filosofia de Kant é, obviamente, fonte das mais diversas controvérsias, de modo que é correto afirmar que *não há uma única interpretação* daquilo que Kant realmente preconizava. Referimo-nos aqui, portanto, a uma das possíveis interpretações.

a partir da noção de imparcialidade da decisão; e, também, o papel de cada sujeito de *legislador da própria moral.*[143] Para nós, ainda, também a *universalizabilidade*, constante do imperativo categórico, é relevante para a discussão aqui proposta.

Alguns autores consideram que a concepção kantiana de autonomia é irrelevante para a bioética[144] Isso porque, por um lado, a ausência de determinações externas é uma das características da autonomia em Kant e, por outro lado, no contexto da medicina é muito comum que as decisões dos pacientes sejam fortemente afetadas por influências de terceiros.[145] Essa característica da ética kantiana, a nosso ver, pode significar também que o sujeito que escolhe algo livremente, mas por razões religiosas, não é verdadeiramente autônomo. Assim, a decisão de um paciente que recusa uma transfusão de sangue em razão de suas crenças religiosas não seria autônoma, ao passo que a escolha daquele que prefere morrer a amputar uma das pernas, por exemplo, seria muito provavelmente dotada de autonomia.

A nosso ver, é evidente que uma determinação externa, ou seja, uma imposição de valores ao paciente tornaria a sua "decisão" heterônoma, já que ela não seria verdadeiramente sua. Contudo, escutar conselhos ou seguir dogmas religiosos, levando-os em consideração, faz parte do processo decisório do ser autônomo. Assim, na nossa visão a simples influência externa, a princípio, não compromete o caráter autônomo da decisão, já que, no final das contas, quem irá determinar suas próprias leis e fará o papel de legislador moral é, de fato, o próprio sujeito, que pode ou não acatar as opiniões dadas pelos médicos e/ou por seus familiares, bem como seguir os preceitos da religião que professa.

Como corretamente aponta *Birnbacher*, a concepção kantiana, por se vincular à liberdade moral, é demasiado estreita. Na perspectiva que pretendemos adotar, a autonomia não pode depender do conteúdo moral da decisão e deve se referir, assim, "à modalidade de decisão ou conduta, e não ao conteúdo das normas ou interesses em que se baseia".[146-147] Para nós, de fato, o mais importante

143. HILL JR., Thomas E. *Autonomy and self-respect.* Cambridge: Cambridge University Press, 1991, p. 45.

144. Este fato é constatado por MAGNUS, Patientenautonomie im Strafrecht, p. 41. Dentre os autores que concluem pela irrelevância da concepção de autonomia kantiana para a bioética, cf. BIRNBACHER, Dieter, Vulnerabilität und Patientenautonomie – Anmerkungen aus medizinethischer Sicht, *MedR*, v. 30, n. 9, 2012, p. 562. Para *Advena-Regnery*, a concepção de Kant seria inadequada: ADVENA-REGNERY, Barbara, Informed consent: Geeignetes Instrumentarium zur Wahrung der Patientenautonomie?, *in*: ACH, Johann S. (Org.), *Grenzen der Selbstbestimmung in der Medizin*, Münster: Mentis, 2013, p. 40.

145. MAGNUS, Patientenautonomie im Strafrecht, p. 41.

146. BIRNBACHER, Vulnerabilität und Patientenautonomie, p. 562.

147. *Magnus* afirma ainda que "as dores, a pressão, o medo ou mesmo a incapacidade de alguns pacientes faz com que, em muitos casos, uma decisão moral autônoma, no sentido kantiano, seja impossível". MAGNUS, Patientenautonomie im Strafrecht, p. 42. Assim, para ela a concepção kantiana de autonomia somente seria aplicável na prática médica nos casos

é o reconhecimento da autonomia como um *direito* e *não enquanto conteúdo de uma decisão ou característica dos legisladores morais*. Também não nos parece que a decisão autônoma deva sempre ser fruto de uma análise imparcial. Afinal, ninguém deve ser obrigado a tomar suas decisões exclusivamente com base em princípios abstratos e imparciais, pois, na realidade, os sentimentos e desejos fazem parte da natureza humana, assim como as demais contingências da vida. No final das contas, a autonomia, conforme pretendemos demonstrar, perfaz o direito de fixar para si suas próprias regras, de modo que o sujeito é, de fato, o seu *próprio legislador*; o respeito às suas leis, no entanto, não deve depender de seu conteúdo moral, mas sim do simples fato de serem genuínas e expressarem a verdadeira vontade de seu titular.

Há também quem afirme que as decisões relativas a intervenções médicas, em especial à recusa de tratamentos, seriam *personalíssimas* e muito provavelmente não universalizáveis sob a perspectiva do imperativo categórico.[148] Até porque se todos os sujeitos resolvessem recusar tratamentos vitais, a sociedade aos poucos se extinguiria. No entanto, considerando que o nosso objetivo, nesta seara, é a determinação dos critérios para compreender uma conduta *dentro da esfera de abrangência da autonomia de um sujeito*, e não necessariamente a definição da *correção* destas ações, em um sentido diverso daquele originalmente traçado por Kant,[149] essa universalização pode significar, na verdade, a *não afetação da autonomia de terceiros*; ou, nas palavras de *Greco*, que as condutas universalizáveis não representam "privilégios, não colidem com comportamentos similares, nem significam que se está instrumentalizando ou explorando alguém".[150]

Como já afirmamos, a máxima da universalização, a nosso ver, indica que a dignidade moral – e, com isso, *a autonomia dos demais sujeitos, assim como a própria – deve ser respeitada,* e, por essa razão, autônoma seria aquela conduta que, firmada pelo próprio sujeito que atua, não afeta a autonomia de outras pessoas. Fato é que, ao decidir sobre os tratamentos a que desejo ou não me submeter, a princípio não atinjo a autonomia ou a esfera privada de terceiros; essas são *decisões autorreferenciais*, isto é, que afetam, em última instância, somente o próprio sujeito. Por esta razão, as condutas referentes a tratamentos médicos poderiam, nessa perspectiva, ser consideradas universalizáveis e, da mesma forma, *prima facie* autônomas.

em que a doença não turva o raciocínio do paciente na tomada de decisões. Para a autora, ainda, a concepção kantiana é muito aberta e desvinculada de valores (como, por exemplo, o da beneficência), razão pela qual seria necessário um conceito de autonomia específico para a ética médica que abarcasse os diferentes valores que estariam em jogo. MAGNUS, Patientenautonomie im Strafrecht, p. 62.

148. MAGNUS, Patientenautonomie im Strafrecht, p. 42.

149. GRECO, Luís, Strafbarer Drogenbesitz, Privatsphäre, Autonomie, *in*: HEFENDEHL, Roland (Org.), *Grenzelose Vorverlagerung des Strafrechts?,* Berlin: Berliner Wissenschafts-Verlag, 2010, p. 83.

150. GRECO, Strafbarer Drogenbesitz, p. 85.

Diante de todas essas considerações, acabamos nos afastando, assim, de uma *noção ética* de autonomia, para nos aproximarmos de uma *noção política*, nos moldes traçados por *Rawls* e, em certa medida, também inerentes à concepção de *Feinberg*. Para *Rawls*, a *autonomia ética é aquela definida pelos próprios cidadãos a partir de suas doutrinas abrangentes* (*comprehensive doctrines*), as quais se referem ao conjunto de valores morais, metafísicos, religiosos etc. que formam e orientam o modo de vida[151] e a concepção do indivíduo sobre o que é o bem, "o que é valioso na vida humana, os ideais de caráter pessoal, bem como ideais de amizade ou de relacionamentos familiares ou associativos e tudo mais que norteia [sua] conduta".[152] No entanto, a coexistência de indivíduos que orientam suas condutas a partir de diferentes doutrinas abrangentes em uma mesma sociedade, diante do pluralismo, só se torna possível com a separação entre o domínio político e o pessoal, familiar ou associativo.[153] Assim, há de se reconhecer uma dimensão diferente da autonomia, emancipada da moral e vinculada apenas a valores políticos independentes.

Para *Rawls* a autonomia plena é *política* e se refere à "afirmação dos princípios políticos de justiça" e ao usufruto da "proteção de direitos e liberdades básicos" pelos cidadãos na esfera pública,[154] assegurando-lhes independência e integridade.[155] A autonomia política, portanto, se torna essencial para a manutenção de uma sociedade estável, justa e composta por indivíduos que, apesar de divergirem em razão de seus diferentes pensamentos religiosos, filosóficos e morais,[156] são verdadeiramente livres para seguir suas próprias doutrinas. Nessa dimensão, a autonomia se refere a um ideal *político* que garante a congruência entre o exercício das liberdades individuais de cada sujeito. A autonomia *moral*, por sua vez, apesar de relevante, deve se limitar ao domínio do privado.[157]

Com isso, *Rawls* distancia a autonomia política das rigorosas exigências éticas, vinculadas ao conteúdo moral das decisões. Para nós, isso significa que a autonomia confere aos indivíduos o poder de decidir por si próprios, permitindo que cada um determine seus valores e concepções de vida; a discussão sobre o

---

151. RAWLS, John, The Idea of Public Reason Revisited, *The University of Chicago Law Review*, v. 64, n. 3, 1997, p. 778.

152. RAWLS, Johno *Political Liberalism.* New York: Columbia University Press, 2005, p. 13. No original: "(...) what is of value in human life, and ideals of personal character, as well as ideals of friendship and of familial and associational relationships, and much else that is to inform our conduct, and in the limit to our life as a whole".

153. RAWLS, Political Liberalism, p. 137.

154. RAWLS, Political Liberalism, p. 77. No original: "Here I stress that full autonomy is achieved by citizens: it is a political and not an ethical value. By that I mean that it is realized in public life by affirming the political principles of justice and enjoying the protection of the basic rights and liberties".

155. RAWLS, The Idea of Public Reason Revisited, p. 778.

156. RAWLS, Political Liberalism, p. 47.

157. Cf. a respeito RAWLS, Political Liberalism, p. 78.

conteúdo dessa decisão – se ela é boa ou ruim – é, nessa perspectiva, irrelevante. Nesse sentido, a autonomia também perfaz um dever de tolerância e de respeito aos valores alheios. Assim, não pode o médico afirmar, por exemplo, que a recusa de transfusão de sangue de uma testemunha de Jeová não é autônoma por se fundar em razões religiosas e, com isso, ignorá-la. O reconhecimento da autonomia, nesse caso, impõe ao médico o dever de respeitar as escolhas livres do paciente, ainda que discorde de seus fundamentos.[158]

2.2.2.4.2 O indivíduo autônomo e a decisão autônoma

No que se refere à concepção de *Feinberg,* é possível afirmar que as quatro dimensões da autonomia por ele traçadas possuem relevância direta para a bioética e para a delimitação da relação médico-paciente, como já havia ressaltado *Birnbacher.*[159] Em especial as condições internas e externas que qualificam a conduta autônoma (a autonomia como condição *de fato* ou como ideal) podem ser essenciais para determinar, ao menos como modelo a ser seguido, o concreto papel do *paciente*, enquanto portador do domínio decisional, e também do *médico*, que deve se limitar à avaliação e esclarecimento acerca das consequências e riscos da intervenção médica, sejam eles positivos ou negativos[160] (além, é claro, da execução do tratamento, diante do consentimento do paciente). Afinal, as virtudes da autonomia, como a autenticidade e a autolegislação, indicam nitidamente que a decisão, no final das contas, deve expressar os próprios ideais do paciente e não os do médico. Não obstante, são primordialmente relevantes para a dogmática penal, sobretudo, a autonomia enquanto *capacidade* e enquanto *direito.*

É claro que exigir uma cumulação das quatro acepções de *Feinberg* para reconhecer a autonomia seria tanto quanto irreal, em especial no que se refere às virtudes do ser autônomo, já que, tomando-as literalmente, pouquíssimas pessoas poderiam ser consideradas efetivamente autônomas, o que tornaria a autonomia um conceito ilusório, sem qualquer relevância factual.[161] A nosso ver, as virtudes da autonomia representam, na verdade, o *potencial do sujeito autônomo*; mas isso não quer dizer, necessariamente, que o sujeito que toma decisões ruins ou inconsonantes com valores previamente erigidos não decide autonomamente. O autogoverno, a autolegiferação, o autocontrole, enquanto *potências*, não impedem o sujeito de se governar mal, de impor a si próprio leis ruins e/ou de não exercer verdadeiro controle sobre si mesmo.

Já quanto à concepção de *Beauchamp* e *Childress*, considerando-se isoladamente o respeito à autonomia, talvez seja possível afirmar que essa é a proposta

---

158. As consequências concretas dessas conclusões para o tratamento dogmático das intervenções médicas podem ser encontradas no Capítulo 5.

159. BIRNBACHER, Vulnerabilität und Patientenautonomie, p. 562.

160. BIRNBACHER, Vulnerabilität und Patientenautonomie, p. 563.

161. Não nos parece, no entanto, que era essa a intenção de *Feinberg*.

que melhor expressa o conteúdo da autonomia dos pacientes no campo da bioética, em especial por levar em conta as peculiaridades da relação médico-paciente. No entanto, a interconectividade entre o respeito à autonomia e os demais princípios da ética médica traçados pelos autores (quais sejam, da *não-maleficência*, da *beneficência*, da *justiça*) apresenta nuances paternalistas, ao autorizar, em diferentes situações, a flexibilização da máxima da autonomia em favor de algum dos demais princípios.[162] Em relação tão somente ao respeito à autonomia, acertam os autores ao desenvolverem uma concepção focada nas *características da decisão autônoma* e que, assim, afasta-se de considerações individuais acerca do sujeito e, da mesma forma, do conteúdo da decisão por ele tomada. Também a teoria das três condições traz critérios relevantes que, inclusive, são traduzidos dogmaticamente pelo afastamento da validade do consentimento diante de erro e/ou vícios de vontade.

2.2.2.4.3 A autonomia e o direito do paciente à autodeterminação sobre o próprio corpo

A partir desses apontamentos, podemos concluir que o respeito à autonomia possui como principal consequência, para a bioética e para o direito, o reconhecimento do *direito à autodeterminação do paciente sobre o próprio corpo e mente*. Em termos gerais, a autonomia, enquanto cerne da personalidade do indivíduo,[163] garante a ele o "direito de viver segundo a própria concepção de uma vida boa";[164] assim, respeitá-la significa reconhecer, na esfera nuclear da vida privada, limites dentro dos quais somente o próprio indivíduo poderá tomar decisões,[165] sem a interferência de terceiros.[166] Nessa acepção, a autonomia não é uma característica que qualifica o sujeito, mas sim um direito que lhe é concedido: o de controlar,[167] ele mesmo, certas questões que lhe são privadas.[168] Como havíamos frisado, referimo-nos aqui a uma dimensão política – e não ética – da autonomia, o que

---

162. Retornaremos a este problema posteriormente neste trabalho. Cf. item 2.4.3.

163. ROXIN, Claus, Einwilligung, Persönlichkeitsautonomie und tatbestandliches Rechtsgut, *in*: *FS-Amelung*, Berlin: Duncker & Humblot, 2009, p. 282.

164. GRECO; SIQUEIRA, Promoção da saúde ou respeito à autonomia?, p. 649. GRECO, Luís, Strafbare Pornografie im liberalen Staat – Grund und Grenzen der §§ 184, 184a-d StGB, *Zeitschrift für rechtswissenschaftliche Forschung*, v. 2, n. 1, 2011, p. 278-279. GRECO, Luís, Was lässt das Bundesverfassungsgericht von der Rechtsgutslehre übrig? Gedanken anlässlich der Inzestentscheidung des Bundesverfassungsgerichts, *ZIS*, n. 5, 2008, p. 237.

165. GRECO, Was lässt das Bundesverfassungsgericht von der Rechtsgutslehre übrig?, p. 237.

166. HILL JR., Autonomy and self-respect, p. 47.

167. HILL JR., Autonomy and self-respect, p. 48.

168. Afastamo-nos, portanto, das considerações acerca das qualidades de pessoas autônomas, para nos voltarmos para a compreensão da conduta autônoma e, principalmente, do direito de atuar autonomamente. Na visão de *Stancioli*, isso é essencial para a construção de um modelo dinâmico de autonomia da vontade na relação médico-paciente. STANCIOLI, Relação jurídica médico-paciente, p. 33.

significa que o respeito a ela depende apenas da liberdade da decisão do paciente, e não do seu conteúdo.

Para a bioética, a autonomia é traduzida como o *direito de tomar suas próprias decisões sobre intervenções médicas.* Ela confere ao indivíduo o domínio ou direito soberano sobre o território do próprio corpo, o que implica dizer que, a princípio, somente o paciente possui o condão de tomar decisões e determinar o que pode ou não pode ser feito com o seu corpo. A autonomia do paciente abrange, por um lado, o direito de não ser submetido, contra a sua vontade ou sem o seu consentimento, a tratamentos médicos, e, por outro, o direito de escolher os tratamentos aos quais deseja se submeter, independentemente da indicação médica daquela determinada intervenção. Assim, o consentimento é não apenas *imprescindível*, como também, via de regra, *suficiente* para atribuir-se legitimidade a uma intervenção médica. Sob a ótica do paciente, a autonomia não impõe um dever de tomar decisões, mas apenas uma prerrogativa: a faculdade de autodeterminar-se, caso queira fazê-lo.[169] Os pacientes também possuem, assim, o direito de delegar a competência decisional para o próprio médico e/ou para a sua família, em especial nos casos em que acreditam que o fluxo de informações lhe fará mais mal do que bem.

É claro que o reconhecimento da autonomia, enquanto direito oponível a terceiros, impõe também a estes a obrigação de respeitá-la; esse direito abrange, naturalmente, a proibição da interferência alheia nas questões pertencentes à esfera privada do indivíduo. No contexto da medicina, o respeito à autonomia gera concretamente para o médico dois *deveres negativos*: o de não impedir o exercício da vontade do paciente, e, principalmente, o de não interferir na sua esfera corporal sem antes informá-lo acerca dos riscos e consequências da intervenção e, assim, fornecer todo o substrato necessário para tornar possível a tomada de uma decisão autônoma.

Ademais, o respeito à autonomia deve ser *recíproco*. Assim, da mesma forma que os terceiros devem respeitar a autonomia do indivíduo, este só poderá exercê-la enquanto não afetar a autonomia dos demais. Assim, o exercício da sua autonomia só lhe é garantido na medida em que passar pelo *teste da universalizabilidade*, o que significa que "a esfera de autonomia de um não pode negar a esfera de autonomia de outro, mas deve com ela se coadunar".[170] Assim, a partir da definição de *Greco*, a autonomia *não pode ser um privilégio*, que autorize a prática de determinada conduta apenas a certos indivíduos; também *não pode colidir com a autonomia dos demais*, pois não pode preponderar em detrimento da outra; por fim, respeitar a autonomia de terceiros significa que a instrumentalização ou

169. BEAUCHAMP; CHILDRESS, Principles of Biomedical Ethics, p. 108.

170. GRECO, Strafbarer Drogenbesitz, p. 83. No original: "... die Autonomiesphäre des einen darf die Autonomiesphären der anderen nicht negieren, sondern muss mit ihr verträglich sein".

a exploração de outras pessoas é vedada.[171] Como já frisamos, as determinações individuais acerca de intervenções médicas são decisões que *prima facie* afetam diretamente apenas o próprio paciente e, por essa razão, são decisões que, via de regra, passam pelo teste da universalizabilidade.

Não há dúvidas de que a *capacidade* é um pressuposto do exercício do direito à autonomia. Afirmar a *capacidade de autonomia* significa dizer que o paciente possui o grau mínimo de habilidade exigido para ser considerado competente para tomar decisões médicas autônomas – a competência-base (*Basiskompetenz*)[172] –, independentemente de preencher os pressupostos da autonomia como um *ideal*.

Não obstante, o reconhecimento de *diferentes graus de competência*, feito por *Feinberg*, é também relevante, por exemplo, para as discussões acerca da constatação de direitos decisionais de adolescentes e, também, para a delimitação da concreta competência de pessoas portadoras de determinados transtornos psiquiátricos,[173] como autismo, depressão leve ou transtorno bipolar leve. Como ressaltado por *Greco*, a ideia de autonomia pode ser, também, aplicada a seres considerados "mais fracos" a partir do reconhecimento de diferentes níveis de autonomia, "dos quais até o mais baixo já merece respeito".[174] Para nós, a autonomia é inata e, ainda que não possa ser exercida de fato, acompanha o indivíduo ao menos enquanto *potência*. Ademais, as decisões médicas dependem de componentes não apenas cognitivos, mas também emocionais, de modo que mesmo um incapaz pode sentir emoções, que devem igualmente ser respeitadas.[175] Diferentes extensões de capacidade decisional podem, assim, ser reconhecidas. A nosso ver, no entanto, esse reconhecimento somente torna possível a consideração de manifestações de vontade de incapazes, em especial no que se refere à tomada de decisões médicas sobre seus corpos, mas não possibilita o desprezo pela autonomia daquele que, embora seja de fato capaz, atua irracionalmente.

É a *capacidade*, enquanto pressuposto do real exercício da autonomia, que faz surgir para o paciente o *direito de autodeterminar-se*. Esse direito de soberania sobre o próprio corpo, como frisou *Feinberg*, não está vinculado à pretensa correção da decisão do paciente, que, sendo capaz, conserva o *direito de tomar suas próprias decisões*. As virtudes da autonomia como ideal ou como condição *de fato* podem até servir como base para a determinação dos limites da competência ou capacidade para consentir, mas a ausência de alguma delas, por si só, não é capaz de retirar do paciente o seu direito de soberania pessoal, ainda que,

---

171. GRECO, Strafbarer Drogenbesitz, p. 83-84.

172. GUTMANN, Thomas, Zur philosophischen Kritik des Rechtspaternalismus, *in*: SCHROTH, Ulrich *et alii* (Orgs.), *Patientenautonomie am Beispiel der Lebendorganspende*, Göttingen: Vandenhoeck & Ruprecht, 2006, p. 226.

173. MAGNUS, Patientenautonomie im Strafrecht, p. 63.

174. GRECO, Strafbarer Drogenbesitz, p. 85.

175. MAGNUS, Patientenautonomie im Strafrecht, p. 64-65.

sob uma perspectiva externa, suas decisões sejam eventualmente consideradas ruins ou irracionais.

A analogia de *Feinberg* à soberania das nações é, neste ponto, significativa. Da mesma forma que uma nação que se governa mal não perde a sua prerrogativa de autogovernar-se,[176] o paciente que toma decisões consideradas ruins, sob a perspectiva de quem hierarquiza os mesmos valores de maneira diversa, não deixa de ter o direito de ver respeitada a sua autonomia. Mesmo que, de uma perspectiva externa, a recusa de uma transfusão de sangue feita por uma testemunha de Jeová possa divergir dos parâmetros valorativos mais habituais, ela é uma instância de irracionalidade "que se quer e [à] qual, portanto, nenhum médico tem o direito de se sobrepor".[177] A imposição de padrões de racionalidade pode, em última instância, conduzir a soluções essencialmente paternalistas, já que, do ponto de vista externo, a racionalidade objetiva das decisões sempre pode ser criticada e aprimorada.[178] Ademais, o que é irracional para o médico pode compor o significado existencial ou uma parte da identidade subjetiva do paciente, porquanto a racionalidade depende dos valores que cada um tem para si como relevantes.

É certo que as pessoas nem sempre decidem racionalmente – e isso não é diferente para os pacientes em geral. No entanto, isso faz parte do direito de cada um de poder conduzir a sua vida em conformidade com seus próprios projetos. Portanto, também o *direito de decidir irracionalmente*[179] é consequência do respeito à autonomia, ainda que isso possa eventualmente representar um perigo para a vida daquele que delibera. A autonomia não representa um direito de decidir racionalmente, senão o direito à *ausência de heterodeterminação* (*Abwesenheit von Fremdbestimmung*), que se deixa traduzir na ideia de *liberdade para a irracionalidade* (*Freiheit zur Unvernunft*). Dessa liberdade decorre, portanto, o direito ao erro[180] e/ou o direito à irracionalidade,[181] por mais trágicas que possam ser as consequências.[182] Até porque os erros e/ou decisões ruins também contribuem para que o indivíduo seja quem ele é, constituindo, portanto, manifestação da sua autonomia. Considerando que a obediência estrita a um padrão de raciona-

176. FEINBERG, Harm to Self, p. 45.

177. GRECO; SIQUEIRA, Promoção da saúde ou respeito à autonomia?, p. 649.

178. KAUFMANN, Benedikt. *Patientenverfügungen zwischen Selbstbestimmung und staatlicher Fürsorge.* Würzburg: Würzburg University Press, 2015, p. 25-26.

179. No mesmo sentido, cf. KAUFMANN, Patientenverfügungen zwischen Selbstbestimmung und staatlicher Fürsorge, p. 25; FEINBERG, Harm to Self, p. 106 e ss.; SIQUEIRA, Gesundheitsschädigende Patientenaufklärung, p. 156.

180. No mesmo sentido, FEINBERG, Harm to Self, p. 62. RIGOPOULOU, Grenzen des Paternalismus im Strafrecht, p. 40.

181. BIRNBACHER, Vulnerabilität und Patientenautonomie, p. 564.

182. Por esta razão, mostram-se questionáveis as propostas que traçam o limite do respeito à autonomia a partir do critério da racionalidade da decisão, como fazem, por exemplo, *Dumas* e *Carvalho*. DUMAS, Camila Cristina de Oliveira; CARVALHO, Gisele Mendes de. *Quando o paciente diz não:* uma análise da recusa de tratamento no ordenamento jurídico brasileiro. Biguiri: Boreal, 2017, p. 56 e ss.

lidade distancia o indivíduo da sua subjetividade, não pode a constatação empírica de que a vulnerabilidade do paciente afeta sua capacidade decisória servir como pretexto para relativizar genericamente seus direitos.[183]

Por fim, há, no exercício da autonomia, uma vinculação recíproca entre *liberdade* e *responsabilidade*; a autonomia é, portanto, não somente "um direito, como também um ônus"[184]. Da mesma forma que somos livres para tomarmos nossas próprias decisões e agirmos conforme a nossa própria concepção de vida, somos também responsáveis pelas consequências de nossas condutas e decisões autônomas. Assim, "quem tem o direito ou a liberdade de decidir-se por valores outros que a saúde e o bem-estar terá de arcar com as consequências danosas para a saúde e o bem-estar que dessas decisões possam advir".[185] Isso acaba reduzindo a carga de responsabilidade dos médicos pelas intervenções a que submetem o paciente – a quem, numa posição de igualdade, se atribui não apenas a prerrogativa de dar o veredito no que tange a questões médicas, mas também a responsabilidade decorrente de sua decisão. Haverá, assim, "uma repartição do ônus do risco entre médico e seu paciente".[186]

2.2.3 Fundamento jurídico-constitucional: dignidade, liberdade e autonomia

A autonomia é um componente indissociável da dignidade humana e da liberdade individual. Portanto, apesar de não ter sido reconhecido expressamente na Constituição da República de 1988 (= CR/1988), o direito à *autonomia* deriva inegavelmente do direito fundamental à liberdade geral de ação e se vincula ao direito ao livre desenvolvimento da personalidade,[187] que faz parte do núcleo da dignidade de todo ser humano.[188]

No Brasil, a *dignidade humana,* prevista no art. 1º, III, da CR/1988 como um dos fundamentos da República, é o princípio unificador e o alicerce das demais garantias e direitos fundamentais, colocando o indivíduo, destarte, numa posição

183. SIQUEIRA, Gesundheitsschädigende Patientenaufklärung, p. 156.

184. GRECO; SIQUEIRA, Promoção da saúde ou respeito à autonomia?, p. 653.

185. GRECO; SIQUEIRA, Promoção da saúde ou respeito à autonomia?, p. 653.

186. STANCIOLI, Relação jurídica médico-paciente, p. 41.

187. O direito ao livre desenvolvimento da personalidade é expressamente consagrado na Constituição alemã, em seu artigo 2, Abs. 1. Apesar de não haver referência expressa a esse direito fundamental na Constituição brasileira, ele deriva inegavelmente da dignidade humana. Ademais, o Código Civil brasileiro confere especial proteção aos direitos de personalidade, em seus arts. 11 e ss.

188. Sobre o fundamento constitucional do consentimento, vinculado à concepção de autonomia individual, cf. STERNBERG-LIEBEN, Detlev. *Die objektiven Schranken der Einwilligung im Strafrecht.* Tübingen: Mohr Siebeck, 1997, p. 15 e ss. RÖNNAU, Thomas. *Willensmängel bei der Einwilligung im Strafrecht.* Tübingen: Mohr Siebeck, 2001, p. 6 e ss. MURMANN, Uwe. *Die Selbstverantwortung des Opfers im Strafrecht.* Heidelberg: Springer, 2005, p. 147 e ss. e 215.

de centralidade no nosso ordenamento jurídico. A *dignidade*, portanto, é inata[189] e intrínseca a todas as pessoas, cada qual em sua individualidade, e decorre unicamente da sua condição de *humana*. Além do aporte constitucional, a dignidade humana é também consagrada, em especial no que se refere à bioética, em diferentes documentos internacionais, *v.g.* na Declaração Universal sobre Bioética e Direitos Humanos da Unesco de 2005.[190]

Assim como a compreensão da autonomia pode ensejar diferentes interpretações, conforme havíamos pontuado anteriormente, também a dignidade humana é essencialmente *polissêmica*.[191] Além disso, costuma também ser considerada *ambivalente*, diante de sua aparente imprecisão conceitual. Como esclarece *Sarlet*, a dificuldade de extrair um conteúdo exato daquilo que se entende por dignidade humana decorre da "ambiguidade e porosidade" do conceito, que possui "contornos vagos e imprecisos".[192]

Não obstante, em uma de suas dimensões a dignidade humana pode ser compreendida, em seu âmago, a partir da própria noção de *autonomia*,[193] a qual, como já reconhecia *Kant*, "é o fundamento da dignidade da natureza humana e de toda natureza racional".[194] Para nós, perfilhar a dignidade como autonomia significa reconhecer a individualidade das pessoas – concebidas como seres únicos, dotados de livre arbítrio e de capacidade para fazer suas próprias escolhas – e, com isso, a existência de um núcleo intangível da vida privada, nos moldes daquilo que foi concebido por *Rawls* como *autonomia política*.[195] Isso, por um lado, garante à pessoa o direito de autodeterminar-se e de eleger seus próprios projetos de vida, e, por outro, também impede que o Estado ou a maioria imponha um modo de vida baseado em valores que lhe são externos. Afinal, se a *dignidade*

---

189. Como também estabelece o art. 1º da Declaração Universal dos Direitos Humanos da ONU: "todos os seres humanos nascem livres e iguais em dignidade e direitos. Dotados de razão e consciência, devem agir uns para com os outros em espírito e fraternidade". Organização das Nações Unidas (ONU). Declaração Universal dos Direitos Humanos. Paris, 1948. Disponível em: <http://unesdoc.unesco.org/images/0013/001394/139423por.pdf >. Acesso em: 12 out 2018.

190. Organização das Nações Unidas para a Educação, Ciência e Cultura (Unesco). Declaração Universal sobre Bioética e Direitos Humanos. Paris, 2005. Disponível em: <http://unesdoc.unesco.org/images/0014/001461/146180por.pdf>. Acesso em: 28 jan 2017. O artigo 3º da Declaração estabelece que, na prática da medicina, a "dignidade humana, os direitos humanos e as liberdades fundamentais devem ser plenamente respeitados".

191. SARLET, Ingo Wolfgang, As dimensões da dignidade da pessoa humana: construindo uma compreensão jurídico-constitucional necessária e possível, *Revista Brasileira de Direito Constitucional*, v. 9, p. 364.

192. SARLET, As dimensões da dignidade da pessoa humana, p. 363.

193. GKOUNTIS, Ioannis. *Autonomie und strafrechtlicher Paternalismus*. Berlin: Duncker & Humblot, 2011, p. 167.

194. KANT, Grundlegung zur Metaphysik der Sitten, p. 74. No original: "Autonomie ist also der Grund der Würde der menschlichen und jeder vernünftigen Natur".

195. RAWLS, Political Liberalism, p. 77. A respeito, cf. item 2.2.2.4.1.

é da *pessoa* humana, e não da sociedade ou de terceiros, a *autonomia* se torna um pressuposto do seu verdadeiro reconhecimento. Nessa perspectiva, portanto, a essência da dignidade humana é justamente a liberdade para construir a própria identidade e personalidade e para viver de acordo com seus próprios ideais.

Ao lado da dignidade humana, também o *pluralismo* foi reconhecido como um dos fundamentos da República do Brasil (art. 1º, V, CR/1988). Como já havíamos salientado, a convivência harmônica entre pessoas com diferentes visões de mundo – inerente a uma sociedade plural – só se torna possível com o reconhecimento da autonomia política e do respeito à individualidade e à esfera privada. Do contrário, estaríamos diante de uma tirania da maioria, como afirmava *Stuart Mill.*[196]

Na concepção aqui defendida, portanto, a *ideia polissêmica*[197] expressada pela dignidade humana é tida como uma característica essencial e até mesmo desejável, de modo que cada indivíduo preenche o seu conteúdo de acordo com a sua noção individual acerca do que é a própria dignidade. Neste sentido, como ressaltam *Barroso* e *Martel,* ela funciona como um *espelho*, de modo que "cada um nela projeta a sua própria imagem da dignidade".[198] Diante do pluralismo e da individualização dos valores que orientam a vida de cada sujeito na sociedade, certo é que *não há apenas um modelo ou padrão de dignidade*, mas sim diferentes concepções baseadas nos ideais singulares de cada indivíduo, variáveis a depender de como ele "se enxerga em sua individualidade".[199] As vicissitudes da vida também alteram a relação do sujeito com si mesmo e podem vir a modificar seus valores e concepções, transformando, assim, sua noção de dignidade com o passar do tempo. A *autonomia pessoal e a liberdade,* portanto, integram inegavelmente a dignidade humana.[200] A nosso ver, essa leitura se coaduna ainda com o próprio contexto em que foi elaborada a CR/1988, que, além de representar "uma ruptura com o modelo ditatorial intervencionista, constituindo o marco inicial da reconstrução democrática do Brasil", enfatizou também profundamente as

---

196. MILL, On Liberty, p. 5.

197. BARROSO, Luís Roberto; MARTEL, Letícia de Campos Velho, A morte como ela é: dignidade e autonomia individual no final da vida, *Panóptica*, v. 19, 2010, p. 81.

198. BARROSO, Luís Roberto, Legitimidade da recusa de transfusão de sangue por testemunhas de Jeová. Dignidade humana, liberdade religiosa e escolhas existenciais, *in*: AZEVEDO, Álvaro Villaça; LIGIERA, Wilson Ricardo (Orgs.), *Direitos do paciente*, São Paulo: Saraiva, 2012, p. 348. BARROSO; MARTEL, A morte como ela é, p. 81.

199. BVerG 49, 286 (p. 298). No original: "... wie er sich in seiner Individualität selbst begreift...".

200. AZEVEDO, Álvaro Villaça, Autonomia do paciente e direito de escolha de tratamento médico sem transfusão de sangue, *in*: AZEVEDO, Álvaro Villaça; LIGIERA, Wilson Ricardo (Orgs.), *Direitos do paciente*, São Paulo: Saraiva, 2012, p. 272.

liberdades individuais, consagrando um "longo elenco de direitos individuais e garantias procedimentais".[201]

Dessa forma, impor valores externos ou obrigar alguém a viver em desacordo com o que deseja é negar-lhe a dignidade. Dentro da concepção de respeito à dignidade e à autonomia também está a proibição de instrumentalização e da objetificação dos indivíduos,[202] mesmo que diante de uma justificativa fundada numa perspectiva coletiva, porquanto as pessoas não podem ser meios para atingimentos de fins diversos dos seus. Como esclareceu *Kant*, "no reino dos fins tudo possui um preço ou uma dignidade".[203] A pessoa, por sua vez, possui um valor intrínseco que está acima de qualquer preço[204] e, portanto, é um fim em si mesma,[205] o que impõe o respeito à sua dignidade.

Também a *liberdade geral de ação*, que pode ser extraída do direito à liberdade insculpido no art. 5º, *caput*, da CR/1988, fundamenta juridicamente o respeito à autonomia. Na perspectiva kantiana, "o conceito de liberdade é a chave para a explicação da autonomia da vontade".[206] Nesse sentido, a liberdade não pode ser compreendida apenas como a ausência de interferências externas – que, no Brasil, fundamenta-se precipuamente no art. 5º, II, da CR/1988 ("ninguém será obrigado a fazer ou deixar de fazer alguma coisa senão em virtude de lei").[207] Deve-se reconhecer, também, uma segunda dimensão: a *liberdade como autonomia* – afinal, "o que pode ser a liberdade da vontade senão a autonomia, isto é, a qualidade da vontade de ser para si mesmo sua lei?".[208]

A compreensão dessas duas dimensões da liberdade, que remonta a *Kant*, veio a ser aprofundada e esmiuçada por *Isaiah Berlin*,[209] para quem cada uma dessas acepções visa a responder a um questionamento diferente. Por um lado, sob a perspectiva positiva questiona-se "quem é o mestre"[210] ou "o que ou quem é a

---

201. BARROSO, Legitimidade da recusa de transfusão de sangue por testemunhas de Jeová, p. 354.

202. SARLET, As dimensões da dignidade da pessoa humana, p. 382.

203. KANT, Grundlegung zur Metaphysik der Sitten, p. 72. No original: "Im Reiche der Zwecke hat alles entweder einen Preis oder eine Würde".

204. KANT, Grundlegung zur Metaphysik der Sitten, p. 73.

205. KANT, Grundlegung zur Metaphysik der Sitten, p. 75.

206. KANT, Grundlegung zur Metaphysik der Sitten, p. 88. No original: "Der Begriff der Freiheit ist der Schlüssel zur Erklärung der Autonomie des Willens".

207. Como também constata MEIRELES, Rose Melo Vencelau. *Autonomia Privada e Dignidade Humana.* Rio de Janeiro: Renovar, 2009, p. 105.

208. KANT, Grundlegung zur Metaphysik der Sitten, p. 89. No original: "Was kann denn wohl die Freiheit des Willens sonst sein als Autonomie, d. i. die Eigenschaft des Willens, sich selbst ein Gesetz zu sein?".

209. Cf. a respeito GKOUNTIS, Autonomie und strafrechtlicher Paternalismus, p. 109 e ss.

210. BERLIN, Isaiah, *Liberty*, Oxford: Oxford University Press, 2002, p. 36.

fonte de controle que pode determinar alguém a ser ou fazer alguma coisa".[211] Por outro lado, negativamente pergunta-se "sobre qual área sou o mestre"[212] ou "qual é a área dentro da qual o sujeito pode fazer ou ser sem a interferência de terceiros".[213] Assim, nessa segunda dimensão, a liberdade significa que o indivíduo não deve ser impedido por terceiros de fazer o que deseja;[214] há, portanto, um espaço pessoal dentro do qual apenas o indivíduo pode atuar, sem interferências externas, de modo a seguir seus objetivos na vida. A liberdade, nesse sentido, se refere à ausência de heterodeterminação. Na primeira dimensão, por sua vez, considera-se que o indivíduo é o seu próprio mestre:[215] é a força que guia a sua vida e o autor da sua própria história.

Com base numa concepção política de autonomia, no entanto, ambas as concepções da liberdade reafirmam a importância do respeito à autodeterminação, cuja concretização resulta no *aumento do grau de liberdade do titular do bem jurídico*, porquanto lhe garante o direito de tomar decisões livres e condizentes com seus próprios valores, bem como impede a intervenção de terceiros para limitar o exercício concreto de decisões autônomas. Essa compreensão da *liberdade* e da *dignidade como autonomia*[216] assegura ao paciente, assim, o direito de determinar autorresponsavelmente o seu próprio destino, relacionado a si e ao seu corpo, e, por conseguinte, a liberdade e o direito de escolher os tratamentos médicos a que deseja ou não se submeter.[217] Disso decorre o direito de recusar tratamentos vitais e de se submeter aos tratamentos que quiser, mesmo que sem indicação médica.

É muito comum, no entanto, que a dignidade e a liberdade sejam confrontadas a partir da necessidade de promoção de dois outros valores constitucionais: a saúde e a vida. A CR/1988 consagra a *saúde* como *direito social* (art.

---

211. BERLIN, Isaiah, Two concepts of liberty, *in*: *Liberty*, Oxford: Oxford University Press, 2002, p. 169.

212. BERLIN, Liberty, p. 36.

213. BERLIN, Two concepts of liberty, p. 169.

214. BERLIN, Two concepts of liberty, p. 169.

215. BERLIN, Two concepts of liberty, p. 178.

216. Esta leitura da dignidade humana opõe-se à chamada *dignidade como heteronomia*, cujo conteúdo é nitidamente paternalista. Esta última representa "uma visão da dignidade ligada a valores compartilhados pela comunidade, antes que a escolhas individuais". BARROSO, Legitimidade da recusa de transfusão de sangue por testemunhas de Jeová, p. 350 e ss. O caráter de certa forma ambivalente da dignidade humana acaba possibilitando tanto a fundamentação de propostas que visam à tutela da autonomia, como também uma posição que pretende impor um *dever de viver* e de *manter ilesa a integridade física*. Cf. a esse respeito FORSSBOHM, Matthias. *Selbstbestimmung wider das universelle Tötungsverbot:* Betrachtungen zu medizinischen Entscheidungen am Lebensende und Ausnahmen vom generellen Lebensschutz in Deutschland, Schweiz und den Niederlandeno Technische Universität Dresden, 2017, p. 28.

217. Sobre dignidade e bioética, cf. LEPARGNEUR, Hubert, Dignidade... alma secreta da bioética?, *in*: GARRAFA, Volnei; PESSINI, Leo (Orgs.), *Bioética:* Poder e Injustiça, São Paulo: Edições Loyola, 2003, p. 481-486.

6º, *caput*, CR) – e isso realmente expressa uma das dimensões da saúde, cuja efetivação fica a cargo do Estado. No entanto, deve-se também reconhecer que a saúde não pode ser compreendida numa perspectiva que a afasta do indivíduo que é o seu titular; afinal, o corpo potencialmente saudável pertence ao sujeito e não ao Estado. Ademais, de acordo com a Organização Mundial da Saúde (= OMS) a concepção da saúde vai além do mero bem-estar físico (da "ausência de doenças"), abrangendo, também, a integridade psíquica e social.[218] A nosso ver, para além da sua dimensão social, a saúde é também um direito individual, cuja efetivação depende inegavelmente do exercício da liberdade daquele que o detém, já que a sua promoção, especialmente a partir do paradigma da dignidade, da autonomia e da liberdade, não pode ser imposta contra a vontade do indivíduo, detentor do controle sobre o próprio corpo.

Por sua vez, o *direito à vida*[219] – consagrado no art. 5º, *caput*, CR/1988 –, também interpretado a partir da ideia de dignidade humana, não impõe um dever de viver,[220] tampouco se limita à tutela da vida pela vida. A proteção constitucional da vida possui *prima facie* apenas uma dimensão inequívoca, qual seja, a que "impõe ao Estado o dever de proteção da vida humana frente às suas próprias agressões e às agressões de terceiros".[221] Não se trata, assim, de um valor supremo e absoluto, que prepondera em relação a todos os demais. Nessa perspectiva, levando em consideração a dignidade humana e o respeito à autonomia, pode-se concluir que a proteção constitucional da vida vincula-se à noção de *vida digna*, que deve ser concebida a partir das concepções do próprio indivíduo.

---

218. De acordo com a Constituição da OMS, promulgada no Brasil pelo Decreto nº 26.042, de 17 de dezembro de 1948, "a saúde é um estado de completo bem-estar físico, mental e social, e não consiste apenas na ausência de doença ou de enfermidade". Para alguns autores, o reconhecimento da integridade psicofísica como elemento da concepção de saúde significa que esta também se torna um "direito da personalidade, pois a pessoa passa a ser vista na sua unidade corpo-mente". Nesse sentido, o direito à saúde, sob a perspectiva da liberdade, referir-se-ia ao direito de controlar o próprio corpo. TEIXEIRA, Ana Carolina Brochado. *Saúde, corpo e autonomia privada.* Rio de Janeiro: Renovar, 2010, p. 22 e 67.

219. Para *Otto*, a tutela constitucional da vida, enxergada a partir da ideia de autonomia pessoal, deve compreender, também, um direito de disposição sobre ela. Cf. OTTO, Harro. *Recht auf den eigenen Tod?* Strafrecht im Spannungsverhältnis zwischen Lebenserhaltungspflicht und Selbstbestimmung. Gutachten für den 56. Deutschen Juristentag. München: C. H. Beck'sche Verlagsbuchhandlung, 1986, p. 12. A respeito da controvérsia acerca da (in) disponibilidade da vida, cf. item 4.4.1

220. ROXIN, Claus, Die Mitwirkung beim Suizid – ein Tötungsdelikt?, *in*: *FS-Dreher*, Berlin: Walter de Gruyter, 1977, p. 338.

221. CARVALHO, Gisele Mendes de, Autonomia do paciente e decisões ao final da vida, *in*: ROMEO CASABONA, Carlos Maria; SÁ, Maria de Fátima Freire de Sá (Orgs.), *Direito Biomédico:* Espanha-Brasil, Belo Horizonte: Ed. PUC Minas, 2011, p. 167. No mesmo sentido, cf. DUMAS; CARVALHO, Quando o paciente diz não, p. 18. De acordo com *Mendes*, a dimensão negativa da vida, ou seja, o direito à própria morte ou o direito à disponibilidade da própria vida, não está garantido expressamente pela Constituição e, portanto, não é um direito fundamental; no entanto, isto não impede o legislador ordinário de disciplinar como se daria o exercício deste direito.

No entanto, com isso não estamos afirmando que a manutenção da vida depende sempre de "um certo nível de qualidade", mas sim que quem determina o que é uma vida digna de ser vivida é o próprio sujeito autônomo.[222] Deve-se ter muito cuidado ao afirmar uma certa relativização da vida ou da saúde, pois com isso se parte de um utilitarismo que pode conduzir a conclusões equivocadas, como a de que a ausência de qualidade de vida autorizaria um terceiro, por exemplo, a tirar a vida de um doente, ainda que sem o seu consentimento.

É também contestável a compreensão que submete a autonomia a um juízo de ponderação,[223] geralmente reportando-se à proteção da saúde ou da vida. Por exemplo, é comum afirmar-se que "o princípio da autonomia não é absoluto"[224] e que, em algumas situações, deve ser confrontado a partir de outros valores, também relevantes.[225] No entanto, ponderar a autonomia significa determiná-la de fora para dentro, de acordo com uma perspectiva externa (de terceiros ou do Estado), ou seja, é o mesmo que transformá-la em heteronomia, o que culmina, necessariamente, numa falsificação do seu conteúdo.

A nosso ver, o reconhecimento constitucional da autonomia impede que o Estado defina *prima facie* uma relação de preponderância ou proceda a uma "ponderação" entre a saúde ou a vida e a liberdade ou a dignidade, porquanto *apenas o indivíduo poderá proceder à hierarquização de seus próprios valores e direitos individuais*, isto é, somente ele poderá dizer, no caso concreto, se é a saúde, a vida ou qualquer outro valor que deve prevalecer. Essa hierarquização, portanto, não lhe pode ser imposta sob uma perspectiva externa, a partir dos valores que o Estado ou que terceiros têm para si como mais relevantes. E é justamente por isso que compreendemos a autonomia como um "meta-valor",[226] situado num plano diferente dos demais: a autonomia dá ao indivíduo justamente o direito de

---

222. Apesar de recorrer a essas afirmações, *Carvalho* deixa evidente a necessidade de recorrer a uma análise *subjetiva* da qualidade da vida ou da própria dignidade, tal qual definida pelo próprio titular do bem jurídico. CARVALHO, Suicidio, eutanasia y Derecho penal, p. 198-199. CARVALHO, Autonomia do paciente e decisões ao final da vida, p. 169.

223. Cf., por exemplo, SARMENTO, Daniel, Os princípios constitucionais da liberdade e da autonomia privada, *Boletim Científico ESMPU*, v. 14, 2005, p. 185.

224. Nesse sentido, *Lopes Jr.*, por exemplo, afirma que "condenar aprioristicamente ações [paternalistas] nos parece tão errôneo quanto supor que a autonomia da pessoa deva ser um valor absoluto. Nem sempre a autonomia deve ser respeitada". LOPES JR., Consentimento informado na relação médico-paciente, p. 59.

225. No julgamento do Habeas Corpus 268459/SP, o STJ manifestou essas duas propensões: afirmou, por um lado, que a autonomia não é um valor absoluto e, por outro lado, aparentemente submeteu a autonomia a um juízo de ponderação no caso concreto. No entanto, esse caso trata especificamente da recusa de transfusão de sangue feita pelos pais de uma jovem de 13 anos e, ao invés de "ponderar" a autonomia, poderia ter o tribunal reconhecido que, na verdade, sequer há autonomia a ser respeitada em uma tal decisão, já que a paciente, no caso concreto, não possuía capacidade de autodeterminação. Cf. STJ, Habeas Corpus 268459/SP, 2014.

226. GRECO; SIQUEIRA, Promoção da saúde ou respeito à autonomia?, p. 655.

ponderar os seus valores e direitos. Isso não quer dizer que o direito à saúde e à vida não sejam relevantes, mas apenas que não podem ser promovidos contra a vontade de seu titular – e é a partir desse raciocínio que a dignidade e a autonomia atingem a compreensão desses direitos. Não se trata, mais uma vez, de relativizar o conteúdo da saúde ou da vida, mas sim de reconhecer que a autonomia atribui ao sujeito o direito de não colocar esses dois valores sempre em primeiro plano.

A doença não retira do paciente sua autonomia, sua liberdade, tampouco sua dignidade, que é inerente à sua condição de ser humano. Pelo contrário, por mais que em algumas situações os pacientes se encontrem em certa posição de vulnerabilidade, é precisamente isso que justifica a especial reafirmação do direito à autodeterminação sobre o próprio corpo e faz com que qualquer tratamento curativo dependa do seu consentimento livre e informado.[227] Destarte, o respeito à autonomia, derivado da dignidade humana e da liberdade geral de ação, refere-se não apenas à necessidade de o médico informar e colher o consentimento do paciente antes da intervenção cirúrgica, mas também à possibilidade de o paciente negar o sacrifício da sua integridade corporal e deixar de se submeter ao tratamento, ainda que somente por meio dele seja possível livrá-lo de uma doença que coloca em risco a sua vida.[228]

2.3 A crítica ao paternalismo a partir do respeito à autonomia pessoal

O respeito à autonomia e a tutela dos direitos de personalidade, que garantem ao cidadão o direito de se autodeterminar livremente e de viver de acordo com os seus valores, são algumas das principais missões de um Estado liberal. O indivíduo, nessa perspectiva, deve ter o direito de ser livre para desenvolver sua própria individualidade, para tomar suas próprias decisões existenciais e, inclusive, para cometer seus próprios erros, já que são exatamente essas decisões e erros que, em conjunto com outros fatores, formarão a sua personalidade, atual e futura.[229]

No entanto, as decisões tomadas por indivíduos livres nem sempre serão, a partir de uma perspectiva externa ao indivíduo, consideradas racionais, corretas ou "justificadas", podendo acabar gerando danos ou mesmo elevados riscos para o próprio sujeito que assim decide ou age. Diante disso, não raro se questiona a legitimidade de eventuais proibições e intervenções na liberdade individual para supostamente proteger o próprio titular dessa liberdade de suas decisões ou atitudes arriscadas, por mais que elas sejam voluntárias e autônomas. Pretendemos, destarte, investigar a compatibilidade entre tais proibições e um modelo

---

227. DUTTGE, Gunnar, Patientenautonomie und Einwilligungsfähigkeit, *in*: WIESEMANN, Claudia; SIMON, Alfred (Orgs.), *Patientenautonomie:* Theoretische Grundlagen Praktische Anwendungen, Münster: mentis, 2013, p. 77.

228. BGHSt 11, 111 (p. 114).

229. RIGOPOULOU, Grenzen des Paternalismus im Strafrecht, p. 19.

constitucional que consagra o respeito à autonomia, à dignidade e à liberdade individual dos cidadãos.

2.3.1 Algumas formas de manifestação do paternalismo legal: esclarecimentos conceituais

Como já frisamos, uma intervenção paternalista (rígida) é aquela que, visando à promoção do bem-estar subjetivo do sujeito afetado e ignorando a sua vontade livre e informada, impõe-lhe coercitivamente um padrão de conduta, limitando a sua liberdade. Antes de nos voltarmos para as indagações acerca da legitimidade do paternalismo, ainda se faz necessário o esclarecimento sobre algumas dicotomias conceituais extraídas das doutrinas (anti)paternalistas. Para além das clássicas discussões acerca do paternalismo moderado e rígido e do paternalismo direto e indireto, que serão analisadas posteriormente, é possível também compreender o paternalismo a partir de suas formas de manifestação ativa e passiva; negativa e positiva; e, por fim, pura e impura.[230] Também se deve diferenciar o moralismo jurídico-penal do chamado paternalismo moral.

Para *Kleinig,* o paternalismo pode se dar tanto por meio de restrições ativas quanto passivas, isto é, pode envolver tanto a imposição de uma determinada conduta ao terceiro (norma mandamental) quanto a proibição da prática de certa conduta (norma proibitiva). Portanto, é possível falar num *paternalismo ativo*, quando, por exemplo, o Estado obriga um indivíduo a usar capacete para dirigir a sua moto sob pena de ser multado, e também num *paternalismo passivo*, *v.g.* diante de uma eventual criminalização da tentativa de suicídio, que imporia aos sujeitos uma proibição de atuar.[231]

Há que se diferenciar, também, o *paternalismo negativo* do *paternalismo positivo*. As imposições paternalistas, nessa perspectiva, poderiam ter como finalidade tanto a proteção do indivíduo em relação a possíveis danos – o que constituiria um paternalismo negativo ou paternalismo de prevenção de danos ("*harm-preventing*" *paternalism*) – quanto o fomento de determinadas condutas que podem vir a beneficiar o próprio indivíduo – o que é denominado de paternalismo positivo, de promoção de benefícios ("*benefit-promoting*" *paternalism*) ou paternalismo extremo.[232] Nada impede, no entanto, que uma lei possua ambos aspectos, tanto negativo quanto positivo.[233] Uma lei que obriga os motociclistas a

230. Cf. principalmente a exposição de FEINBERG, Harm to Self, p. 8 e ss. Cf. também ESTELLITA, Heloísa, Paternalismo, moralismo e direito penal: alguns crimes suspeitos em nosso direito positivo, *Revista Brasileira de Filosofia*, v. LVI, n. 227, p. 333-341, 2007. GKOUNTIS, Autonomie und strafrechtlicher Paternalismus, p. 21-23.

231. KLEINIG, Paternalism, p. 6. Cf. a respeito FEINBERG, Harm to Self, p. 8.

232. Os conceitos de paternalismo negativo e positivo podem ser extraídos dos escritos de *Kleinig*, KLEINIG, Paternalism, p. 13. Para comentários a essa compreensão, cf. FEINBERG, Harm to Self, p. 8.

233. KLEINIG, Paternalism, p. 13.

usarem capacete para trafegarem pode ser considerada um paternalismo negativo, pois visa a evitar danos para o próprio motorista. Por sua vez, uma eventual lei que obrigasse adultos responsáveis à prática semanal de exercícios físicos refletiria um paternalismo positivo.

No que se refere às razões que motivam a imposição de uma restrição, é possível que, além de uma fundamentação paternalista, também uma razão de outra natureza integre a sua justificativa. Fala-se, nessa dimensão, em *paternalismo puro ou impuro.*[234] No paternalismo puro, a finalidade da imposição é tão somente de ordem paternalista, ou seja, visa-se apenas à promoção do bem ou à proteção do próprio indivíduo. Já no paternalismo impuro, além da fundamentação paternalista, a imposição é fundamentada também por razões de outra ordem, como a proteção de terceiros ou da própria coletividade. A maior parte das leis paternalistas tem caráter impuro ou misto,[235] já que é mais comum que o legislador elenque diferentes razões para a edição da lei, além da *ratio* paternalista, inclusive na tentativa de aumentar o seu grau de legitimidade.

Por fim, há de se esclarecer o que se entende por moralismo jurídico-penal e paternalismo moral. Com base no *moralismo jurídico-penal*, a criminalização de uma conduta fundada exclusivamente ou adicionalmente em sua imoralidade intrínseca,[236] desvinculada de uma eventual causação de danos a terceiros,[237] seria considerada legítima. Numa primeira compreensão, é correto afirmar que, no *moralismo,* os valores "protegidos" com tal criminalização seriam aqueles referentes às próprias tradições da sociedade, à religião ou de terceiros,[238] e não ao indivíduo coagido. Trata-se, assim, de uma imposição de uma moral externa, que não necessariamente se coaduna com a moral do sujeito. No entanto, há quem afirme que o moralismo também pode representar uma variação do paternalismo – o chamado *paternalismo moral*, nas situações em que o bem-estar visado com a proibição corresponderia à moral individual, ou seja, objetivar-se-ia maximizar o caráter do sujeito ou torná-lo um indivíduo "moralmente melhor".[239]

---

234. Também as concepções de paternalismo puro e impuro são depreendidas do trabalho de *Kleinig*. *Feinberg*, no entanto, utiliza os termos "paternalismo misto" (*mixed paternalism*) ou "paternalismo não misto" (*unmixed paternalism*) para se referir às mesmas situações. Cf. KLEINIG, Paternalism, p. 12. FEINBERG, Harm to Self, p. 8.

235. DWORKIN, Paternalism, p. 65. FEINBERG, Harm to Self, p. 16.

236. Cf. a respeito GRECO, Was lässt das Bundesverfassungsgericht von der Rechtsgutslehre übrig?, p. 235. *Devlin* é um dos principais defensores da legitimidade do "reforço da moral" enquanto função do direito penal. DEVLIN, Patrick, The Enforcement of Morals, *in*: *Maccabaean Lecture in Jurisprudence of the British Academy,* Oxford: Oxford University Press, 1959, p. 129-151.

237. MARTINELLI, Paternalismo jurídico-penal, p. 25.

238. VON HIRSCH, Andreas; NEUMANN, Ulfrid, "Indirekter" Paternalismus im Strafrecht – am Beispiel der Tötung auf Verlangen (§ 216 StGB), *in*: VON HIRSCH, Andreas; NEUMANN, Ulfrid; SEELMANN, Kurt (Orgs.), *Paternalismus im Strafrecht:* Die Kriminalisierung von selbstschädigendem Verhalten, Baden-Baden: Nomos, 2010, p. 74.

239. Cf. a respeito MARTINELLI, Paternalismo jurídico-penal, p. 133.

Assim, o argumento que vincula a proibição às tradições, à religião ou à virtude de terceiros – como o utilizado para criminalizar a homossexualidade, o incesto ou a pornografia – é, a princípio, moralista, e não paternalista,[240] enquanto o argumento que vincula a imposição moral ao bem-estar individual representa um paternalismo moral. Portanto, os mesmos exemplos mencionados podem também constituir essa forma de paternalismo, quando o fundamento da criminalização se referir à promoção do "bem-estar moral" do próprio sujeito.

2.3.2 A crítica filosófica ao paternalismo sob as perspectivas consequencialista e deontológica

A crítica filosófica ao paternalismo rígido pode ser feita primordialmente a partir de dois sistemas morais: por um lado, pode ter como base a filosofia anglo-saxã fundada no consequencialismo de *Stuart Mill;* por outro, pode vincular-se a uma fundamentação filosófica continental, derivada do iluminismo penal e do respeito à autonomia em *Kant.*[241]

John Stuart Mill foi o precursor da doutrina liberal antipaternalista no cenário anglo-saxão, em especial a partir de sua principal obra *On Liberty* (traduzida como "sobre a liberdade"), publicada em 1859. Um dos objetivos de *Mill* era justamente traçar os limites da legitimidade dos poderes que podem ser exercidos pela sociedade sobre o indivíduo,[242] procurando garantir a sua proteção em face de possíveis abusos do poder democrático e de imposições das vontades da maioria ou, nas suas palavras, de uma *tirania da maioria.*[243]

Para tanto, *Stuart Mill* elabora o chamado *princípio da liberdade* (hoje amplamente conhecido na versão do *harm principle*), segundo o qual "o único propósito pelo qual o poder pode ser legitimamente exercido sobre qualquer membro de uma sociedade civilizada, contra a sua vontade, é *prevenir danos a terceiros*. O seu próprio bem, físico ou moral, não é uma autorização suficiente", eis que "sobre si, sobre o próprio corpo e mente, o indivíduo é soberano".[244]

---

240. VON HIRSCH; NEUMANN, "Indirekter" Paternalismus im Strafrecht, p. 74.

241. Como constatam GRECO, A crítica de Stuart Mill ao paternalismo, p. 91; RIGOPOULOU, Grenzen des Paternalismus im Strafrecht, p. 28; SCHÜNEMANN, Bernd, Die Kritik am strafrechtliche Paternalismus: Eine Sisyphus-Arbeit?, *in*: VON HIRSCH, Andreas; NEUMANN, Ulfrid; SEELMANN, Kurt (Orgs.), *Paternalismus im Strafrecht:* Die Kriminalisierung von selbstschädigendem Verhalten, Baden-Baden: Nomos, 2010, p. 227.

242. Esse problema foi analisado por *Mill* sob a perspectiva de uma democracia e não mais sob o prisma da defesa do indivíduo da tirania do soberano, no contexto dos Estados Absolutistas.

243. MILL, On Liberty, p. 5.

244. MILL, On Liberty, p. 11. No original: "... the only purpose for which power can be rightfully exercised over any member of a civilized community, against his will, is to prevent harm to others. His own good, either physical or moral, is not a sufficient warrant". "Over himself, over his own body and mind, the individual is sovereign".

Assim, ninguém poderia ser constrangido a fazer ou deixar de fazer alguma coisa pela simples constatação de que isso, na visão de terceiros, o deixaria mais feliz ou seria o mais racional ou correto. Como frisou *R. Dworkin*, isso quer dizer que, para *Mill*, a prevenção de danos a terceiros pode ser uma boa razão para a imposição de uma coerção e, por sua vez, que o próprio bem-estar do indivíduo nunca seria uma boa razão para erigir uma proibição coercitiva.[245]

Numa primeira aproximação, pode até parecer que a crítica (anti)paternalista de *Mill* poderia vir a ter caráter deontológico, no sentido de estipular um direito (moral) individual de não ser protegido contra a sua própria vontade.[246] No entanto, *Mill* se distancia explicitamente de uma perspectiva deontológica, pois, para fundamentar sua premissa, parte declaradamente do pensamento consequencialista[247] e da ideia de maximização de benefícios. De fato, *Mill* se mostra cético quanto à existência de um princípio abstrato de justiça[248] e, assim, acaba vinculando o princípio da liberdade aos benefícios por ele gerados para a sociedade como um todo.[249] Por exemplo, ao defender a liberdade de expressão e de discussão, o autor busca demonstrar como a divergência de opiniões produz efeitos positivos para toda a sociedade e que, por essa razão, deve ser respeitada. Dessa forma, para *Mill* a *utilidade* no seu sentido mais amplo, "fundada nos interesses permanentes de um homem enquanto ser progressivo", é o "apelo final em todas as questões éticas".[250]

Apesar de a premissa de *Mill* nos parecer não apenas correta, mas talvez a mais acertada formulação que identifica as situações em que o paternalismo é, de fato, ilegítimo, algumas críticas podem ser opostas, em especial, à fundamentação consequencialista desenvolvida por ele. Considerando que, na perspectiva consequencialista, o agir moral é determinado a partir de suas consequências positivas, esse argumento, ao menos em tese, torna possível a legitimação de limitações da autonomia individual com a finalidade de maximizar o bem-estar do afetado ou da coletividade.[251]

---

245. DWORKIN, Paternalism, p. 64.

246. Como também afirma GUTMANN, Zur philosophischen Kritik des Rechtspaternalismus, p. 198.

247. Preferimos usar o termo "consequencialista" ao invés de "utilitarista", como o próprio Mill se autointitulava. Sobre as diferenças entre o consequencialismo e o utilitarismo, cf. GRECO, A crítica de Stuart Mill ao paternalismo, p. 84.

248. Como também constata GKOUNTIS, Autonomie und strafrechtlicher Paternalismus, p. 93.

249. Essa também é a leitura de GUTMANN, Zur philosophischen Kritik des Rechtspaternalismus, p. 198.

250. MILL, On Liberty, p. 13. No original: "I regard utility as the ultimate appeal on all ethical questions; but it must be utility in the largest sense, grounded on the permanent interests of a man as a progressive being".

251. Como identificado por RIGOPOULOU, Grenzen des Paternalismus im Strafrecht, p. 29.

De fato, *Mill* admite expressamente a instrumentalização do indivíduo, fundamentada numa pretensa proteção da sua vida futura.[252] A liberdade, no entanto, não pode ser compreendida objetivamente, como valor a ser potencializado mesmo que contra a vontade do afetado,[253] já que essa maximização acaba substituindo a autonomia por ponderações heterônomas, externas ao indivíduo. As decisões tomadas pelos indivíduos no presente naturalmente modificam a gama de possíveis escolhas futuras, seja reduzindo-a ou ampliando-a. Por exemplo, quando alguém decide se casar, acaba renunciando parte de sua liberdade para viver uma vida a dois; também quem opta por mudar de país para construir sua vida tem que abrir mão das vantagens de viver perto da família e em sua terra natal. Como esclarece *Gutmann*, o exercício da autonomia restringe espaços de liberdade e "a escolha da própria vida" acaba por limitá-la, ao afastar um "grande número de outras relevantes formas de vida" possíveis. E é exatamente esse o sentido das decisões.[254] Assim, a limitação da liberdade atual em razão da sua "ampliação futura" é, em si, contraditória e incompatível com a própria ideia de autonomia, que significa *poder decidir e viver* – no presente e no futuro – de acordo com suas próprias concepções e ideais de vida. Isso demonstra que, ao fim e ao cabo, o consequencialismo, levado a seus últimos efeitos, possui propensões igualmente paternalistas[255] e possibilita a fundamentação de um "paternalismo maximizador da liberdade".[256]

Ainda, a determinação das consequências se vincula, necessariamente, a constatações empíricas, que variam, naturalmente, segundo as contingências. Ademais, muito dificilmente uma conduta causará apenas uma consequência, o que gera a necessidade de levar em conta todo o seu espectro de implicações.[257] Essa variabilidade, portanto, torna impossível a fixação de limites concretos à atuação do Estado, já que as fundamentações refletem, nessa perspectiva, um mero contingente.[258]

---

252. *Mill* chega a afirmar que a liberdade não autoriza o sujeito a abrir mão dela e, assim, a liberdade de disposição seria limitada. Em relação a essa discussão, referente ao caso do indivíduo que decide voluntariamente ser escravo de um terceiro, muitos acusaram *Mill* de relativizar o seu antipaternalismo. Cf. críticas em FEINBERG, Harm to Self, p. 76; DWORKIN, The Theory and Practice of Autonomy, p. 129; DWORKIN, Paternalism, p. 76. RIGOPOULOU, Grenzen des Paternalismus im Strafrecht, p. 30. No Brasil, com base em argumentos similares, *Martinelli* defende a legitimidade do uso do direito penal para a proteção da "autonomia futura". MARTINELLI, Paternalismo jurídico-penal, p. 202.

253. RIGOPOULOU, Grenzen des Paternalismus im Strafrecht, p. 32.

254. GUTMANN, Zur philosophischen Kritik des Rechtspaternalismus, p. 205.

255. RIGOPOULOU, Grenzen des Paternalismus im Strafrecht, p. 29.

256. GUTMANN, Zur philosophischen Kritik des Rechtspaternalismus, p. 204.

257. GRECO, A crítica de Stuart Mill ao paternalismo, p. 90.

258. Dentre os argumentos mais criticados de *Mill* está a afirmação de que o indivíduo sempre sabe mais do que um terceiro e/ou do que o Estado sobre o que é melhor para si (chamada por *Greco* de "argumento do melhor juiz e guardião"). Essa afirmação sequer pode ser constatada na realidade, já que a danosidade ou perigosidade de certas condutas

A nosso ver, *a crítica antipaternalista deve partir do respeito à autonomia*, inadmitindo, portanto, qualquer tipo de instrumentalização do indivíduo, ainda que em favor de seu bem-estar futuro,[259] e afastando-se de argumentos dependentes de meras eventualidades. Isso se torna possível somente a partir de uma perspectiva *deontológica kantiana*,[260] a qual "define o caráter correto de uma ação como uma função de sua conformidade a uma regra construída com independência de uma teoria do valor".[261] Para *Kant*, o direito é "o conjunto de condições sob as quais o arbítrio de um pode ser associado ao arbítrio do outro de acordo com uma lei universal da liberdade".[262] Isso quer dizer que, em razão da compatibilidade entre as esferas de liberdade dos indivíduos, qualquer interferência do Estado na liberdade individual diante de condutas primariamente autorreferenciais seria indevida. Com isso, não seria possível impor ao indivíduo um dever perante si mesmo, já que o respeito à liberdade individual representaria um óbice à intervenção do Estado.

Assim, por exemplo, a crítica à postura paternalista que criminaliza heterolesões consentidas, com fundamento nas consequências benéficas que o exercício da liberdade individual gera para toda a sociedade, parte de um argumento *consequencialista*. A rejeição dessa mesma proibição, mas em razão da violação de uma regra que limita a intervenção do Estado[263] na liberdade individual dos cidadãos, por sua vez, é de natureza *deontológica*. Para nós, apenas esta última está correta e é, na verdade, a principal contribuição kantiana para a concepção aqui traçada: a autonomia, portanto, representa um limite a ser respeitado e não um valor a ser maximizado.[264]

é possível de ser aferida concretamente, apesar de se reconhecer o direito do indivíduo de ainda assim optar por elas. Isso fica bem claro quando nos referimos ao uso do cigarro, do álcool, de certas drogas ou do consumo regular de alimentos não saudáveis: essas são condutas comprovadamente danosas e ninguém as escolhe por querer "otimizar" a própria saúde, mas apenas em razão de ser livre para fazer suas próprias escolhas, ainda que isso coloque a própria saúde ou vida em perigo. Isso demonstra a falha do argumento utilitarista em verdadeiramente fundamentar uma consistente crítica ao paternalismo. Cf. diferentes críticas a esse argumento de *Mill* em DWORKIN, Paternalism, p. 73. GRECO, A crítica de Stuart Mill ao paternalismo, p. 85. GUTMANN, Zur philosophischen Kritik des Rechtspaternalismus, p. 199-200. MURPHY, Jeffrie G., *Retribution, Justice, and Therapy: Essays in the Philosophy of Law*, Dordrecht: D. Reidel Publishing, 1979, p. 166.

259. Como também defende RIGOPOULOU, Grenzen des Paternalismus im Strafrecht, p. 32.

260. No mesmo sentido, GRECO, A crítica de Stuart Mill ao paternalismo, p. 90. GUTMANN, Zur philosophischen Kritik des Rechtspaternalismus, p. 222. Cf. item 2.2.2.1.

261. GRECO, A crítica de Stuart Mill ao paternalismo, p. 85.

262. KANT, Immanuel. *Metaphysik der Sitteno* Berlin: Philos.-histor. Verlag, 1893, p. 31-32. No original: "Das Recht ist also der Inbegriff der Bedingungen, unter denen die Willkür des Einen mit der Willkür des Anderen nach einem allgemeinen Gesetze der Freiheit zusammen vereinigt werden kann".

263. GRECO, A crítica de Stuart Mill ao paternalismo, p. 85.

264. GUTMANN, Zur philosophischen Kritik des Rechtspaternalismus, p. 206.

Dessa forma, a *barreira intransponível* da intervenção do Estado e de terceiros na liberdade individual é o *respeito à autonomia e à esfera da vida privada do outro*, dentro da qual, como já frisamos, apenas ele pode tomar decisões e exercer a liberdade de fazer (ou permitir que outros façam) consigo o que quiser.[265] Aproximamo-nos, aqui, de uma compreensão dos *direitos* (no caso, da autonomia e da liberdade) *como trunfos*. Como esclarece *R. Dworkin*, "os direitos são melhor compreendidos como trunfos sobre algumas justificações gerais para decisões políticas que estabelecem uma meta para a comunidade como um todo".[266] Isso, para nós, quer dizer que a autonomia e a liberdade representam um escudo, um limite normativo, uma carta de prevalência que pode ser oposta pelo indivíduo ao Estado diante de tentativas de imposição de metas sociais ou dos valores da maioria, protegendo-o, portanto, da lógica consequencialista. Destarte, o direito de autodeterminar-se e de viver segundo a própria concepção de vida boa, por um lado, torna ilegítima a intervenção estatal paternalista, que visa a proteger o indivíduo de si mesmo e, por outro lado, legitima determinadas intervenções destinadas a impedir que terceiros desrespeitem a autonomia individual alheia.

2.3.3 A ilegitimidade do paternalismo jurídico-penal a partir do liberalismo fundado na autonomia pessoal

O paternalismo, enquanto questão moral-filosófica, passa a ser um problema jurídico no contexto dos ordenamentos jurídicos liberais;[267] portanto, a crítica ao *paternalismo penal* vincula-se, tradicionalmente, ao chamado *liberalismo político*[268] e, por conseguinte, ao *liberalismo penal*. Num Estado Democrático em que a liberdade individual é levada a sério e há uma verdadeira preocupação em garantir a convivência harmônica entre indivíduos que possuem diferentes visões de mundo – diante de uma sociedade nitidamente plural –, deve-se naturalmente questionar a legitimidade das proibições paternalistas. Isso se torna ainda mais acentuado no âmbito do direito penal, que, por ser o mais agressivo instrumento de intervenção estatal e de limitação da liberdade, deve restringir ao máximo a sua atuação.

A *autonomia* está no cerne do liberalismo penal. Especificamente no que se refere às decisões acerca de tratamentos médicos, o Estado liberal deve ser neutro em relação às concepções individuais sobre a vida boa ou o que dá valor

265. NOZIK, Robert. *Anarquia, estado e utopia.* São Paulo: Martins Fontes, 2011, p. 73.

266. DWORKIN, Ronald, Rights as Trumps, *in*: WALDRON, Jeremy (Org.), *Theories of rights*, Oxford: Oxford University Press, 1984, p. 153. No original: "rights are best understood as trumps over some background justifications for political decisions that states a goal for the community as a whole".

267. FATEH-MOGHADAM, Bijano. *Die Einwilligung in die Lebendorganspende:* Die Entfaltung des Paternalismusproblems im Horizont differenter Rechtsordnungen am Beispiel Deutschlands und Englands. München: C. H. Beck, 2008, p. 26.

268. GUTMANN, Zur philosophischen Kritik des Rechtspaternalismus, p. 192.

a ela;[269] ele não deve, assim, impor estilos de vida, mesmo que visando, com isso, à promoção do bem-estar, da saúde ou da vida do próprio indivíduo afetado. Dessa forma, para tecer a crítica ao paternalismo na perspectiva aqui defendida, parte-se, assim como *Greco*, de um liberalismo jurídico-penal fundado na autonomia (*autonomietheoretischer Strafrechtsliberalismus*).[270]

Com base na premissa liberal, por um lado, são colocados em xeque os tipos penais que visam à proibição de autolesões ou de lesões consentidas, considerando que, nesses casos, são afetados *prima facie* apenas os interesses do próprio titular do bem; por outro lado, é comum a afirmação de que as proibições penais, a rigor, somente seriam legítimas quando se prestarem à prevenção de lesões e/ ou à proteção de bens de terceiros.[271] Estes limites liberais à discricionariedade legislativa podem ser impostos a partir de diferentes óticas.

Na perspectiva anglo-saxã, faz-se referência ao *princípio do dano* (*harm principle*), segundo o qual a legitimidade da proibição está condicionada à prevenção de lesão a interesses de terceiros. Por sua vez, na tradição germânica os fundamentos e os limites do direito penal são comumente atrelados à *teoria do bem jurídico,* que requer que as proibições penais estejam vinculadas à proteção de bens jurídicos. Aparentemente, o foco *do harm principle* está na delimitação do conceito de *dano* e de sua *prevenção*, ao passo que a teoria do bem jurídico acentua a concepção de *bem* e de sua *proteção*. Não obstante, apesar de conduzirem, em alguns casos, a respostas muito parecidas, as críticas ao paternalismo a partir de ambas perspectivas costumam ser diferenciadas.

O princípio da liberdade de *Mill* foi posteriormente desenvolvido e concretizado por *Feinberg* especialmente a partir do *harm principle*, princípio que orienta a fundamentação das intervenções penais legítimas no contexto anglo-saxão. Na perspectiva liberal de *Feinberg*, somente os danos e as ofensas a terceiros poderiam legitimar uma intervenção estatal na liberdade individual (*harm to others e offense to others principle*); nenhum outro princípio limitador da liberdade, como, por exemplo, o paternalismo ou o moralismo, seria legítimo.[272] Assim, para *Feinberg*, o fato de que uma legislação penal "provavelmente será efetiva na prevenção (eliminação, redução) de danos para pessoas diferentes do ator (o que é proibido de atuar) e que provavelmente não há outra forma igualmente efetiva que não gere um maior custo a outros valores"[273] é uma boa razão para se criminalizar uma conduta.

269. DWORKIN, Ronald, Paternalism, *in*: HAMPSHIRE, Stuart (Org.), *Public and Private Morality*, Cambridge: Cambridge University Press, 1978, p. 127.

270. GRECO, Strafbare Pornografie im liberalen Staat, p. 279. GRECO, Was lässt das Bundesverfassungsgericht von der Rechtsgutslehre übrig?, p. 237.

271. MARTINELLI, Paternalismo jurídico-penal, p. 25.

272. FEINBERG, Harm to Self, p. 3.

273. FEINBERG, Harm to Others, p. 26. No original: "It is always a good reason in support of penal legislation that it would probably be effective in preventing (eliminating,

No contexto continental, e também no Brasil, o *fundamento* material[274] e, simultaneamente, o *limite* do direito penal costumam estar atrelados à *teoria do bem jurídico*. Nessa perspectiva, a função do direito penal seria justamente a proteção dos "bens jurídicos mais importantes da sociedade, na exata medida necessária de modo a não interferir arbitrariamente na liberdade dos cidadãos".[275] Isso significa que as proibições penais somente serão legítimas na medida em que cumprirem este papel, "não sendo possível proibir apenas por proibir",[276] impedindo-se, assim, a limitação desnecessária da liberdade individual. A proteção de bens jurídicos representa, nas palavras de *Schünemann*, "a pedra angular do pensamento liberal e com isso da justiça",[277] e possui fundamento precípuo na concepção de contrato social, pressuposto de qualquer Constituição.[278]

As teorias anti-paternalistas estão em maior medida vinculadas ao *harm principle*, enquanto princípio legitimador/limitador da intervenção penal. De fato, alguns autores afirmam que não é possível traçar os limites do paternalismo a partir da teoria do bem jurídico[279] ou, então, que esta teoria seria inadequada para fazê-lo, diante do seu caráter consequencialista.[280] *Rigopoulou* sublinha que, apesar de muitos tipos penais paternalistas serem questionados à luz da teoria do bem jurídico, a grande maioria deles costuma ser fundamentada, também, em outros critérios de legitimação, como interesses de terceiros ou da coletividade,

reducing) harm to persons other than the actor (the one prohibited from acting) and there is probably no other means that is equally effective at no greater cost to other values".

274. Referimo-nos, aqui, à *finalidade da pena* vinculada ao conceito material de delito, isto é, ao substrato legitimador das incriminações ou "o que a pena, em última instância, visa a proteger" (denominada por *Greco* de *finalidade da pena de primeira ordem*). Esta deve ser diferenciada das *teorias de justificação da ameaça e da inflição da pena* (ou *finalidade da pena de segunda ordem*), vinculadas, em regra, a argumentos como justiça, prevenção geral e/ou prevenção especial. Cf. GRECO, Lebendiges und Totes in Feuerbachs Straftheorie, p. 303 e ss.; 354 e ss.; 420 e ss.

275. SIQUEIRA, Flávia. *O princípio da confiança no Direito Penal.* Belo Horizonte: D'Plácido, 2016, p. 143.

276. GRECO, Luís, Breves reflexões sobre os princípios da proteção de bens jurídicos e da subsidiariedade no Direito Penal, *in*: BRITO, Alexis Augusto Couto de; VANZOLINI, Maria Patricia (Orgs.), *Direito Penal:* aspectos jurídicos controvertidos, São Paulo: Quartier Latin, 2006, p. 151.

277. SCHÜNEMANN, Bernd, O princípio da proteção de bens jurídicos como ponto de fuga dos limites constitucionais e da interpretação dos tipos, *in*: GRECO, Luis (Coord.) (Org.), *Estudos de direito penal, direito processual penal e filosofia do direito*, São Paulo: Marcial Pons, 2013, p. 68.

278. SCHÜNEMANN, Bernd., O direito penal é a ultima ratio da proteção de bens jurídicos! – sobre os limites invioláveis do direito penal em um estado de direito liberal, *in*: GRECO, Luis (Coord.) (Org.), *Estudos de direito penal, direito processual penal e filosofia do direito,* São Paulo: Marcial Pons, 2013, p. 73.

279. VON HIRSCH; NEUMANN, "Indirekter" Paternalismus im Strafrecht, p. 71.

280. RIGOPOULOU, Grenzen des Paternalismus im Strafrecht, p. 22. Sobre o caráter consequencialista da teoria do bem jurídico, cf. GRECO, Was lässt das Bundesverfassungsgericht von der Rechtsgutslehre übrig?, p. 236.

e, por esta razão, são comumente tidos como tipos penais não problemáticos,[281] mesmo à luz da teoria do bem jurídico. Dois exemplos seriam o crime de posse de drogas (art. 28, Lei 11.343/2006)[282] e, na Alemanha, o crime de incesto (§ 173 do Código Penal alemão [*Strafgesetzbuch = StGB]*).[283] Nessa linha de argumentação, a partir de argumentos consequencialistas, seria possível suplantar a autonomia individual na perspectiva da própria teoria do bem jurídico.

Indo ainda mais além, *Greco* aponta insuficiências na teoria do bem jurídico para a fundamentação do liberalismo penal.[284] Segundo o autor, o caráter consequencialista da teoria do bem jurídico torna impossível o reconhecimento de determinados direitos enquanto barreiras a serem respeitadas, porquanto se vincula à maximização de consequências e/ou à análise das vantagens e desvantagens decorrentes das criminalizações.[285] *Greco*, desta forma, busca fundamentar a tradição do liberalismo jurídico-penal especificamente na própria ideia de autonomia e esfera nuclear da vida privada. Assim, as proibições do uso de drogas, da homossexualidade e do incesto, por exemplo, seriam ilegítimas por decorrerem do exercício do direito à autonomia, de viver a vida de acordo com suas próprias concepções; a análise da (i)legitimidade desses tipos penais deveria, portanto, se desvincular da apreciação de suas consequências e de contingentes empíricos.[286-287]

281. RIGOPOULOU, Grenzen des Paternalismus im Strafrecht, p. 22.

282. Cf. a respeito, GRECO, Strafbarer Drogenbesitz, p. 73 e ss.

283. Cf. a respeito, GRECO, Was lässt das Bundesverfassungsgericht von der Rechtsgutslehre übrig?, p. 234 e ss.

284. Desta forma, *Greco* traz a discussão para o nível da própria fundamentação do liberalismo penal, para além das críticas atribuídas pelo Tribunal Constitucional Alemão à teoria do bem jurídico, vinculadas ao problema da falta de definição do seu conteúdo e ao argumento da democracia, no sentido de que os penalistas não poderiam se sobrepor à vontade do legislador eleito. Cf. BVerfGE 120, 224. GRECO, Was lässt das Bundesverfassungsgericht von der Rechtsgutslehre übrig?, p. 234 e ss.

285. GRECO, Was lässt das Bundesverfassungsgericht von der Rechtsgutslehre übrig?, p. 237.

286. GRECO, Was lässt das Bundesverfassungsgericht von der Rechtsgutslehre übrig?, p. 237.

287. Em outro trabalho, tratando especificamente do problema do paternalismo, *Greco* afirma que essa discussão não se vincula diretamente à do *bem jurídico*, mas é, na verdade, um problema referente à legitimidade de determinadas *estruturas do delito*. GRECO, Breves reflexões sobre os princípios da proteção de bens jurídicos e da subsidiariedade no Direito Penal, p. 162. Para ele, não se trata de determinar se o bem jurídico é legítimo, mas sim se a maneira utilizada para protegê-lo o é; assim, por exemplo, não haveria dúvidas que a integridade física seria um verdadeiro bem jurídico, mas questionável seria a legitimidade, "em um estado de direito que parte da imagem do cidadão responsável", da proibição de condutas que lesionam apenas bens jurídicos do seu próprio titular. GRECO, Breves reflexões..., p. 167.

No entanto, a nosso ver a *compreensão dos bens jurídicos individuais a partir da autonomia do seu titular*, como proposto neste trabalho,[288] soluciona esse pretenso problema: considerando que a autonomia integra, por exemplo, o bem jurídico tutelado pelo crime de lesões corporais, cabe apenas ao seu titular determinar como se dará a fruição do seu bem jurídico, ou seja, do seu próprio corpo. Nessa concepção, faz-se uma *releitura do conteúdo de todos os bens jurídicos individuais*, de modo a incluir, para além do próprio bem, também *a autonomia do seu titular de determinar como se dará a sua utilização*. A autonomia, portanto, seria compreendida enquanto barreira a ser respeitada e/ou como um "meta-valor",[289] insuscetível de instrumentalizações e ponderações consequencialistas. Também eventuais consequências indiretas que podem vir a ser causadas a terceiros pelo exercício da autonomia não podem servir de argumento para impor limitações à liberdade individual; elas acabam sendo o "preço do reconhecimento da autonomia pela sociedade".[290]

Destarte, o princípio da proteção de bens jurídicos, compreendido a partir da autonomia, nos leva à conclusão de que o Estado e, em especial, o direito penal, não deve se imiscuir na esfera exclusivamente privada dos cidadãos e, portanto, não possui *prima facie* legitimidade para proibir autolesões e/ou lesões consentidas. O direito penal só é autorizado a proibir condutas que lesem ou exponham a perigo o bem jurídico do ofendido *contra a sua vontade*, eis que o Estado não poderia intervir de maneira tão invasiva na individualidade e na liberdade das pessoas a ponto de impedir que elas mesmas se coloquem em perigo ou consintam com lesões a si mesmas. Portanto, de acordo com a nossa premissa fundada na autonomia, *a proteção dos indivíduos de si mesmos não deve ser objeto do direito penal*.

Não obstante, o respeito à autonomia não apenas *deslegitima* as criminalizações de lesões consentidas – já que não é possível tutelar um bem jurídico contra a vontade do seu titular – e/ou a punição por omissão do médico que respeita o direito à autodeterminação do paciente e deixa a doença tomar o seu curso natural, como também *legitima* a própria tutela da autonomia em relação à ingerência e à conduta paternalista de terceiros, como nas situações em que o médico procede à intervenção sem o consentimento ou contra a vontade do paciente.

2.3.4 Paternalismo rígido e moderado: a legitimidade do "paternalismo" orientado pela autonomia (autonomieorientierter Paternalismus)

O verdadeiro paternalismo se refere ao que se convencionou denominar de *paternalismo rígido ou duro* (*hard paternalism*) ou *paternalismo forte* (*strong*

288. Cf. item 4.2.4.
289. GRECO; SIQUEIRA, Promoção da saúde ou respeito à autonomia?, p. 652.
290. GRECO, Strafbare Pornografie im liberalen Staat, p. 279.

paternalism),[291] que, como frisamos, legitima intervenções na liberdade individual de sujeitos autônomos com a finalidade de promover o seu próprio bem.[292]

No contexto médico, como sublinha *Sternberg-Lieben*, essa forma de paternalismo pode ser enxergada, por exemplo, quando uma intervenção médica for considerada legítima mesmo sem o consentimento do paciente, partindo da premissa de que o médico sabe o que é melhor para o sujeito a ser tratado.[293] Também eventuais limitações à liberdade de disposição dos próprios bem jurídicos – como a restrição do consentimento no crime de lesão corporal por meio da cláusula dos bons costumes (§ 228 *StGB*), no direito penal alemão – podem ser classificadas como posturas essencialmente paternalistas.[294] Em geral, concepções que ignoram os efeitos do consentimento para a determinação da legitimidade de determinadas condutas e/ou dão prevalência absoluta para o princípio da beneficência, nos casos em que entra em conflito com a autonomia do paciente, refletem

---

291. No artigo "Legal Paternalism", de 1971, *Feinberg* havia adotado a distinção entre o paternalismo forte (*strong*) e o paternalismo fraco (*weak*). FEINBERG, Legal Paternalism, p. 124. Também utiliza essas expressões, por exemplo, KLEINIG, Paternalism, p. 9. Apesar de ambas estarem corretas para definir os problemas discutidos nesta seara, em sua obra "Os limites morais do Direito Criminal", no entanto, *Feinberg* preferiu utilizar as expressões paternalismo rígido (*hard*) e moderado (*soft*), por entender ser esta mais utilizada nos debates acerca da temática. FEINBERG, Harm to Self, p. 12 (Nota 16). Sobre a dicotomia paternalismo rígido e moderado, cf. MARTINELLI, Paternalismo jurídico-penal, p. 100 e ss.

292. Há também quem fundamente a crítica ao paternalismo com base na contraposição teórica entre o coletivismo normativo e o individualismo normativo, a qual foi desenvolvida pioneiramente por VON DER PFORDTEN, Dietmar, Normativer Individualismus und das Recht, *JZ*, v. 22, p. 1069-1080, 2005. Na perspectiva do *coletivismo normativo*, seria possível impor limitações legítimas à liberdade de disposição de certos bens jurídicos individuais, a partir de certos pressupostos. Nesse contexto, a análise do grau de autonomia da decisão ou do indivíduo que decide "não possui[ria] qualquer papel decisivo", já que o foco não estaria no sujeito, mas sim na proteção de determinados valores ou instituições. O substrato legitimador dessas normas coletivistas poderia se vincular tanto ao *paternalismo* (na maioria das vezes rígido), fundado na promoção do bem-estar individual, quanto ao *moralismo legal*, em que, por sua vez, a disposição do próprio corpo seria vedada por violar algo maior, como a percepção moral da sociedade; por poder, de alguma forma, conduzir à sua desintegração; ou mesmo por não trazer qualquer benefício social (Cf. FATEH-MOGHADAM, Die Einwilligung in die Lebendorganspende, p. 27.). Já para o *individualismo normativo*, o direito de disposição sobre o próprio corpo se tornaria um direito fundamental do indivíduo e eventuais limitações a ele só poderiam ser impostas para *preservar direitos de terceiros* ou para *preservar a própria autonomia individual*. Nessa perspectiva, o sujeito deveria ser respeitado em sua individualidade e seus direitos individuais possuiriam *prima facie* prevalência em relação a interesses coletivos e/ou estatais (Cf. GUTMANN, Zur philosophischen Kritik des Rechtspaternalismus, p. 193.). A nosso ver, o *coletivismo normativo* definitivamente não possui lugar no direito penal, configurando-se uma limitação ilegítima à liberdade individual e somente com base no *individualismo normativo* é possível fundamentar limitações à liberdade de disposição sobre o próprio corpo.

293. STERNBERG-LIEBEN, Die Strafbarkeit eines nicht indizierten ärztlichen Eingriffs, p. 346.

294. MAGNUS, Autonomie und Paternalismus, p. 431.

um paternalismo reprovável.[295] O objeto da nossa crítica, anteriormente traçada, é justamente o *paternalismo rígido*, o qual não pode ser admitido enquanto fundamento de proibições penais por se referir a uma limitação intolerável da liberdade de agir de indivíduos plenamente conscientes das suas decisões e suas consequências.

Por sua vez, deve-se admitir a legitimidade do denominado *paternalismo orientado pela autonomia* (*autonomieorientierter Paternalismus*), que pode ser enxergado a partir da tradicional noção de *paternalismo moderado ou suave* (*soft paternalism*) ou *paternalismo fraco* (*weak paternalism*). Nessa concepção, são consideradas legítimas as intervenções beneficentes *somente* quando a conduta do sujeito afetado é substancialmente involuntária e/ou quando uma intervenção temporária é necessária para poder determinar se a sua ação é, de fato, voluntária ou não.[296] Assim, no paternalismo moderado há um *déficit de autonomia* do indivíduo que, no final das contas, não estaria sendo propriamente "protegido de si mesmo", mas sim *limitado em razão da ausência de voluntariedade e liberdade de suas eventuais condutas e/ou decisões*.

De fato, a *indiferença quanto à vontade livre e informada* do indivíduo é uma das características da intervenção paternalista aqui criticada. Assim, a intervenção beneficente em favor de um *sujeito incapaz* de tomar decisões não se amolda à concepção rígida de paternalismo, porquanto a vontade pretensamente violada ou ignorada *não pode ser considerada essencialmente autônoma e/ou livre*. Destarte, as intervenções nas escolhas de crianças e adolescentes ou de sujeitos capazes que se encontram numa situação de incapacidade temporária, de depressão profunda ou de inconsciência são *prima facie* legítimas, por se destinarem à proteção dos sujeitos em relação às suas decisões *não voluntárias*. A ausência de autonomia implica, naturalmente, a falta de liberdade e a acentuada vulnerabilidade do paciente, o que originará uma especial necessidade de proteção.[297] Com isso, a aceitação de um paternalismo moderado se coaduna com a nossa concepção de respeito à autonomia e ao direito à autodeterminação, já que autoriza intervenções beneficentes tão somente nas situações em que não há, no caso concreto, uma decisão autônoma a ser respeitada.

De acordo com *Magnus*, o denominado paternalismo moderado é não apenas legítimo, mas também necessário na prática médica, haja vista as inúmeras situações nas quais o paciente não possui condições momentâneas ou permanentes de consentir ou de entender a extensão do consentimento, como nos casos em que é

---

295. DWORKIN, Paternalism, p. 66.

296. FEINBERG, Harm to Self, p. 12. A ideia de permitir uma intervenção momentânea ou bloqueio temporal para possibilitar uma maior reflexão sobre a decisão, que para *von Hirsch* e *Neumann* constitui paternalismo limitado (*begrenzter Paternalismus*), seria, na nossa concepção, uma forma de paternalismo moderado. Cf. VON HIRSCH; NEUMANN, "Indirekter" Paternalismus im Strafrecht, p. 75.

297. BIRNBACHER, Vulnerabilität und Patientenautonomie, p. 562.

necessário recorrer ao consentimento presumido ou em que o indivíduo afetado é incapaz de consentir.[298] Na verdade, como vimos,[299] apesar de ser comumente tratado como uma forma de paternalismo, o paternalismo moderado sequer pode ser considerado verdadeiramente como tal.[300] Para nós, não há um "paternalismo justificado", como afirmado por alguns, pois o real paternalismo é apenas o rígido, que, na nossa concepção, em nenhuma hipótese será legítimo.[301]

No entanto, como é possível diferenciar precisamente as situações em que a conduta individual é autônoma e deve, portanto, ser respeitada pelo Estado, daquelas em que não há voluntariedade? Mais precisamente: como é possível diferenciar concretamente o reprovável paternalismo rígido do legítimo paternalismo moderado? Aqui está a principal problemática quanto à legitimidade das intervenções em relação a decisões não autônomas: a definição dos pressupostos para se determinar o "grau de autonomia"[302] das decisões individuais, isto é, a fixação dos requisitos para reconhecimento da autodeterminação material.[303]

A legitimação do paternalismo moderado deve, a nosso ver, vincular-se à concepção de autonomia – por isso, inclusive, optamos por chamá-lo de *paternalismo orientado pela autonomia* – e, assim, ele somente estará justificado diante de decisões ou condutas *não autônomas*. Em geral, os critérios que determinam se a pessoa é ou não autônoma para tomar decisões médicas serão refletidos no conceito dogmático da *capacidade*, requisito de validade do consentimento; a *contrario sensu*, seria a própria incapacidade ou incompetência para tomar decisões médicas que autorizaria a intervenção do paternalista moderado.[304] Assim, considerando que um paciente não-autônomo não possui capacidade decisional e que, portanto, não pode consentir, estaria o médico autorizado a intervir e atuar

298. MAGNUS, Autonomie und Paternalismus, p. 431.

299. Cf. acima item 2.1.2.1.

300. BEAUCHAMP, Tom L., Paternalism and Biobehavioral control, *The monist*, v. 60, 1977, p. 67. No mesmo sentido, cf. FEINBERG, Harm to Self, p. 16. GUTMANN, Zur philosophischen Kritik des Rechtspaternalismus, p. 190.

301. Nesse sentido, cf. FEINBERG, Harm to Self, p. 15. Apesar de frisarmos que o paternalismo moderado não é uma forma de paternalismo, continuaremos utilizando este termo no decorrer do trabalho, haja vista a sua comum empregabilidade nas discussões de que aqui trataremos.

302. Da mesma forma que podem ser reconhecidos diferentes graus de autonomia, questiona-se se haveria diferentes graus de paternalismo que, somente a partir de um determinado limite, poderiam ser considerados fortes. Esse questionamento é abordado por *Kleinig* quando traz à tona a discussão acerca do paternalismo forte e fraco; "quanto mais forte for o paternalismo, maior o fardo do interveniente; quanto mais fraco for o paternalismo, mais leve será o fardo". Cf. KLEINIG, Paternalism, p. 9.

303. RIGOPOULOU, Grenzen des Paternalismus im Strafrecht, p. 23; FATEH-MOGHADAM, Die Einwilligung in die Lebendorganspende, p. 30.

304. *Murphy* frisa, no entanto, que as questões relativas à incapacidade ou incompetência não podem ser confundidas com a própria justificação moral das intervenções paternalistas (moderadas). Cf. MURPHY, Retribution, p. 174.

exclusivamente de acordo com os princípios da beneficência e da não-maleficência.

Stuart Mill já frisava, logo na introdução da sua obra, que os princípios por ele traçados seriam aplicáveis somente para os sujeitos que possuíam "maturidade sobre suas faculdades" e, assim, reconhecia a legitimidade de proteções paternalistas, por exemplo, em relação a crianças e jovens no que tange não apenas às suas próprias ações, mas também às ações de terceiros.[305] Em geral, justifica-se a interferência nas escolhas de crianças pelo fato de que não possuem "algumas das capacidades emocionais e cognitivas necessárias para tomar decisões totalmente racionais".[306]

Todavia, mesmo nessas situações em que há incapacidade presumida é cada vez mais proeminente a discussão acerca do reconhecimento de um determinado grau de autonomia dos sujeitos incapazes, que deve ser, também, respeitado. Assim, indaga-se se a postura tradicional paternalista do médico estaria integralmente legitimada quando destinada à proteção de um paciente incapaz, ou se este paciente deveria apenas ser protegido em relação às suas fragilidades, mas respeitado em relação à sua vontade,[307] mesmo que apenas parcialmente autônoma.[308]

Mais complexa ainda é a discussão acerca dos critérios para atribuir legitimidade a uma intervenção paternalista em relação a uma pessoa que, apesar de capaz, não possui momentaneamente condições de consentir. Mesmo adultos capazes podem, num momento de crise psíquica ou por razões de forte emoção, tomar decisões com base numa vontade momentânea que, na verdade, não corresponde aos seus anseios e desejos a longo prazo. Seria legítima uma intervenção para coibi-los de tomarem decisões precipitadas?

---

305. MILL, On Liberty, p. 12.

306. G. DWORKIN, Paternalism, p. 76. No original: "The fact that they lack some of the emotional and cognitive capacities required in order to make fully rational decisions".

307. Cf. a esse respeito KONDER, Carlos Nelson; TEIXEIRA, Ana Carolina Brochado, Crianças e adolescentes na condição de pacientes médicos: desafios da ponderação entre autonomia e vulnerabilidade, *Pensar – Revista de Ciências Jurídicas*, v. 21, n. 1, p. 70-93, 2016.

308. A resposta a esse importante questionamento, no entanto, foge ao escopo do presente trabalho. Registramos aqui a urgente necessidade de que sejam traçados critérios para definir a possibilidade de maior ou menor envolvimento de crianças e adolescentes nas decisões referentes à sua saúde. *Murphy*, por exemplo, frisa que a incompetência é uma condição necessária, mas *nunca* suficiente, para a intervenção paternalista. Isto é, a incompetência geralmente estaria limitada a certas áreas e não a todas as condutas do indivíduo incapaz (MURPHY, Retribution, p. 166). Partiremos, no entanto, da premissa básica de que, considerando que os menores de idade são presumidamente incapazes e *prima facie* despidos de autonomia, estará o médico autorizado a intervir paternalisticamente de modo a promover o seu bem-estar, sem que seja penalmente responsável por eventuais violações da liberdade ou integridade corporal do menor ou do portador de sofrimento mental.

Como dito, para nós só é possível legitimar o paternalismo moderado nas situações que o paciente não possui capacidade de autodeterminação ou em que sua vontade estiver, por alguma razão, viciada. A presunção é de que o adulto é capaz, a não ser que haja razões para determinar a sua incompetência. Assim, ele somente poderá ser limitado em suas ações diante de uma verdadeira incapacidade cognitiva para tomar decisões médicas – e isso pode decorrer tanto de estados permanentes de incompetência quanto de situações temporárias, como uma depressão – ou, então, nos casos em que a sua vontade não for verdadeiramente livre por estar viciada, por exemplo, em razão de ameaça, erro, coação, engano ou simplesmente por desconhecimento de informações imprescindíveis para a tomada de decisão.

Não obstante, dentre as teorias que buscam dar maior concretude ao paternalismo moderado, é frequente a alusão a critérios como o da racionalidade, do caráter perigoso e/ou danoso da decisão e da irreversibilidade da lesão para tentar legitimá-lo. Incorre-se, de fato, num grande risco de que a tese do paternalismo moderado acabe servindo de justificativa para toda e qualquer intervenção paternalista, a partir do argumento de que a decisão do paciente seria, sob uma perspectiva externa, irracional ou injustificada. Como nos lembra *Murphy*, é muito comum que pessoas sejam tidas por terceiros como incapazes, não por o serem realmente, mas porque, do ponto de vista de um observador externo, deveria haver ali algum tipo de interferência.[309] A nosso ver, no entanto, essa postura não reflete um real paternalismo moderado e não pode, portanto, ser admitida, como pretendemos demonstrar.

Na nossa visão, há uma abertura para tal interpretação, por exemplo, na postura defendida por *Feinberg*. Para a compreensão do paternalismo moderado na visão do autor é essencial esclarecer o que se concebe como voluntariedade (*voluntariness*), irracionalidade (*irrationality*) e irrazoabilidade (*unreasonableness*). Para ele, *irracional* é o sujeito incompetente,[310] isto é, incapaz de saber suficientemente o que faz;[311] no entanto, uma pessoa racional (ou capaz) pode fazer escolhas *irrazoáveis* ou ruins sem que isso afete a sua autonomia.[312] É a voluntariedade, por sua vez, que caracteriza as decisões autônomas e, com isso, ainda que irrazoável, a decisão do indivíduo continua sendo, a princípio, voluntária.

O problema é que, para *Feinberg*, o conceito de voluntariedade é variável, isto é, depende da natureza das circunstâncias e dos interesses envolvidos.[313]

---

309. MURPHY, Retribution, p. 166.
310. FEINBERG, Harm to Self, p. 108.
311. FEINBERG, Harm to Self, p. 112.
312. Podemos perceber, assim, que o que *Feinberg* denomina de irracionalidade é, para nós, a incapacidade ou a incompetência para tomar decisões. A irrazoabilidade de *Feinberg*, por sua vez, representa, na nossa concepção, a própria ideia de irracionalidade.
313. FEINBERG, Harm to Self, p. 117-121.

Assim, quanto maiores forem os riscos ou mais irreversíveis as decisões, maior o grau de voluntariedade exigível[314] para desautorizar uma intervenção paternalista moderada. Para *Feinberg*, portanto, não é legítimo impedir que uma pessoa pratique uma conduta arriscada com fundamento apenas na existência de um risco. No entanto, quando, por exemplo, o risco for tão extremo que, sob o ponto de vista objetivo, o grau de irrazoabilidade da decisão sugere a sua irracionalidade, seria possível autorizar uma intervenção com base no paternalismo moderado.[315] É possível que haja, assim, uma *presunção de não voluntariedade* de certas condutas, o que autorizaria limitações à liberdade de disposição do próprio corpo, por se presumir que alguém que pratica condutas tão absurdas não deve compreender o que está fazendo ou, então, que a sua decisão não corresponde verdadeiramente ao que se deseja fazer.[316]

Isso, para nós, somente pode constituir um verdadeiro paternalismo moderado caso a intervenção na liberdade do terceiro realmente seja apenas temporária. Caso contrário, essa noção poderia culminar num paternalismo rígido,[317] que ignora a vontade de um sujeito competente em razão de meras presunções. O simples fato de que a conduta do indivíduo é considerada por terceiros como "absurda", em razão dos riscos ou consequências que pode gerar, não possibilita a presunção da sua incompetência.[318] Como nos lembra *Gutmann*, num paradigma antipaternalista orientado pela autonomia, considerar erroneamente uma pessoa como incompetente, permitindo a intervenção a despeito da ausência de consentimento, não é menos grave do que considerar equivocadamente um indivíduo como competente[319] e, com isso, desautorizar a intervenção paternalista salvadora.

Semelhantemente, há quem defenda a chamada "estratégia da escala móvel" (*sliding-scale strategy*), que insere uma similar variabilidade no próprio conceito de competência.[320] Para *Grisso* e *Appelbaum*, no contexto médico a definição da competência decisional de um paciente deve ser submetida a uma balança que, de um lado, leva em conta as habilidades mentais e as exigências decisionais da situação concreta e, de outro, os prováveis riscos e ganhos do tratamento.[321]

---

314. FEINBERG, Harm to Self, p. 117.

315. FEINBERG, Harm to Self, p. 103.

316. FEINBERG, Harm to Self, p. 124. *Feinberg* explicita, contudo, que essa presunção somente pode decorrer de uma informação estatística, no sentido de que a atuação do indivíduo é "raramente escolhida voluntariamente e frequentemente escolhida não-voluntariamente". No original: "... rarely chosen voluntarily, and relatively often chosen nonvoluntarily".

317. No mesmo sentido, RIGOPOULOU, Grenzen des Paternalismus im Strafrecht, p. 34.

318. Na verdade, o próprio *Feinberg* reconhece que essa presunção é refutável. FEINBERG, Harm to Self, p. 125.

319. GUTMANN, Zur philosophischen Kritik des Rechtspaternalismus, p. 227.

320. A respeito, com interessantes críticas, cf. BEAUCHAMP; CHILDRESS, Principles of Biomedical Ethics, p. 119.

321. GRISSO, Thomas; APPELBAUM, Paul S. *Assessing Competence to Consent to Treatment:* A Guide for Physicians and Other Health Professionals. Oxford: Oxford University Press, 1998, p. 138-139.

Assim, os padrões de competência exigidos para decidir sobre uma intervenção com alto risco para a vida deveriam ser, também, mais rigorosos, enquanto intervenções que apenas afetam o corpo em menor medida e geram baixos riscos seriam possibilitadas a partir de um grau de competência mais reduzido.

Como podemos perceber, nessa concepção a própria noção de competência é entendida uma condição contingente, isto é, variável de acordo com a conduta ou a decisão que o indivíduo deseja tomar.[322] Isso pode ser questionável em razão do certo esvaziamento e/ou relativização do conceito de competência. Como esclarecem *Beauchamp* e *Childress*, "não há base para acreditar que decisões arriscadas exigem maior habilidade para a tomada de decisão do que decisões menos arriscadas".[323]

No entanto, essa concepção pode ser útil no que se refere ao reconhecimento de certo grau de autonomia em relação aos indivíduos incapazes, permitindo que tomem determinadas decisões médicas. A nosso ver, o paciente que possui a competência-base (*Basiskompetenz*)[324] é presumidamente capaz e somente uma comprovada incapacidade temporária pode afastar o seu direito à autodeterminação. Não obstante, nada impede que seja reconhecida a excepcional competência decisional de um paciente *prima facie* incapaz em razão da menor gravidade da intervenção, e essa é a principal valia dessa noção de variabilidade. Ademais, é também possível a implementação de padrões que incrementem o grau de exigência quanto à *prova da competência* diante de decisões que ensejam consideráveis riscos ou consequências,[325] para que o médico se certifique de que o paciente de fato possui capacidade para tomar a decisão no caso concreto. Tal exigência probatória possuiria natureza de paternalismo moderado, já que a limitação ocorreria tão somente para que seja possível averiguar se a vontade do paciente é ou não verdadeiramente livre.

Para além dessas concepções, há também autores que fundamentam intervenções paternalistas de acordo com diferentes interações entre os critérios da irreversibilidade, da gravidade da lesão e, também, da irracionalidade. Por exemplo, ao apresentar as possíveis razões para a aceitação de limitações paternalistas, *G. Dworkin* também menciona fundamentos vinculados ao próprio sujeito,

---

322. A nosso ver, a noção de variabilidade pode ser interessante para reconhecer determinados graus de competência de indivíduos incapazes, como havíamos aventado anteriormente, mas não para afastar o reconhecimento da autonomia daqueles verdadeiramente capazes.

323. BEAUCHAMP; CHILDRESS, Principles of Biomedical Ethics, p. 120. No original: "No basis exists for believing that risky decisions require more ability at decision making than less risky decisions".

324. GUTMANN, Zur philosophischen Kritik des Rechtspaternalismus, p. 226.

325. Nesse sentido, cf. GUTMANN, Zur philosophischen Kritik des Rechtspaternalismus, p. 227; BEAUCHAMP; CHILDRESS, Principles of Biomedical Ethics, p. 120.

como questões de racionalidade,[326] bem como ao próprio caráter perigoso ou danoso da decisão, como a sua irreversibilidade.[327] Em sentido similar, ao traçar a sua tese da autonomia vinculada a valor (*wertgebundene Autonomie*), aplicável somente à relação médico-paciente,[328] *Magnus* frisa que o médico deve respeitar a autonomia do paciente na medida em que não lesar o seu bem-estar. Assim, diante de decisões irracionais, que podem vir a causar danos graves e/ou irreversíveis, possuiria o médico o dever de conferir se a vontade do paciente seria realmente autônoma e, portanto, negativas de tratamento irracionais ou sem razão aparente poderiam *prima facie* ser desrespeitadas pelo médico.[329]

Também os teóricos que se baseiam na economia comportamental e na concepção da racionalidade limitada (*bounded rationality*), partindo da constatação de que os indivíduos possuem déficits cognitivos ou de vontade que afetam a racionalidade de suas condutas, admitem intervenções em face de decisões individuais autônomas com a finalidade de promover a tomada de decisões totalmente racionais.[330]

Mas será que a racionalidade da decisão pode ser uma condição para o exercício da autonomia? É claro que a capacidade, enquanto mínimo de competência cognitiva para tomar decisões racionais, é pressuposto do agir autônomo. Mas, para ser autônoma, uma decisão não precisa ser objetivamente racional. Como já havíamos frisado, a imposição de um padrão de racionalidade irá conduzir a resultados paternalistas e, portanto, ilegítimos, já que proceder a uma ponderação de racionalidade sob uma perspectiva externa ao sujeito culmina, necessariamente, na falsificação do conteúdo da autonomia individual. *Vontade livre, portanto, não significa vontade racional.*

Além disso, também não constitui papel do direito "originar decisões totalmente racionais",[331] até porque as pessoas, na realidade, não atuam de maneira inteiramente razoável ou coerente em situações decisionais.[332] Aceitar a limitação

---

326. DWORKIN, The Theory and Practice of Autonomy, p. 124. DWORKIN, Paternalism, p. 76 e ss. Por exemplo, diante de situações em que o sujeito conhece os riscos e acha que mesmo assim o conforto de não ter que afivelar o cinto (considerado como uma inconveniência) prepondera em relação à proteção em eventuais acidentes, *G. Dworkin* está inclinado a dizer que tal ponderação seria irracional. DWORKIN, Paternalism, p. 79. Também para *Martinelli* "os médicos devem avaliar a racionalidade da escolha do paciente quando esse aceita ou recusa um tratamento e sua real capacidade de compreender as informações relativas ao tratamento". MARTINELLI, Paternalismo jurídico-penal, p. 141.

327. DWORKIN, Paternalism, p. 80.

328. MAGNUS, Patientenautonomie im Strafrecht, p. 61.

329. MAGNUS, Patientenautonomie im Strafrecht, p. 73.

330. Cf. a respeito GUTWALD, Rebecca, Autonomie, Rationalität und Perfektionismus: Probleme des weichen Paternalismus im Rechtfertigungsmodell der Bounded Rationality, *in*: FATEH-MOGHADAM, Bijan; SELLMAIER, Stephan; VOSSENKUHL, Wilhelm (Orgs.), *Grenzen des Paternalismus*, Stuttgart: Kohlhammer, 2010.

331. RIGOPOULOU, Grenzen des Paternalismus im Strafrecht, p. 40.

332. GUTMANN, Zur philosophischen Kritik des Rechtspaternalismus, p. 228.

fundada em um ideal de racionalidade significaria até mesmo um esvaziamento da autonomia e da crítica ao paternalismo, já que alcançar a racionalidade perfeita das decisões não apenas é irreal como também representa uma postura que ignora a individualidade do sujeito. Assim, respeitar a autonomia significa reconhecer o direito do paciente de errar e também de decidir irracionalmente, ainda que suas decisões produzam consequências irreversíveis ou gerem riscos consideráveis. Diante disso, uma limitação genérica da autonomia com fundamento apenas na irreversibilidade da lesão, na gravidade do risco ou na irracionalidade da decisão se vincula, na nossa concepção, ao ilegítimo paternalismo rígido.

Por fim, ao criticar os modelos que acabam impondo um padrão objetivo de racionalidade, *Rigopoulou* desenvolve o critério da *relação subjetiva entre meio e fim*, o qual, para ela, caracteriza situações em que há um verdadeiro déficit de autonomia[333] e fundamenta o paternalismo moderado legítimo. Para a autora, deve-se considerar o valor do bem jurídico e a finalidade almejada pelo seu titular ao colocá-lo em perigo para que se possa analisar a racionalidade *subjetiva* da decisão. Aludindo à decisão que inspirou o nosso caso 5, em que a paciente desejava extrair todos os seus dentes por acreditar que as obturações dentárias eram a causa das fortes dores de cabeça que sentia, a autora chega à conclusão de que é punível a conduta do médico que executa essa cirurgia, pois a finalidade de curar as dores de cabeça não poderia, sob o ponto de vista médico, ser alcançada com a extração dos dentes.[334] Haveria, portanto, uma desproporção entre o meio eleito e a finalidade desejada, o que tornaria a decisão da paciente subjetivamente irracional e autorizaria uma intervenção de paternalismo moderado. A nosso ver, contudo, tal proposta também possui falhas e depende de argumentos adicionais para que se possa fundamentar a incapacidade decisional do paciente. Afinal, não cabe ao médico controlar e analisar a coerência das finalidades e das razões das decisões tomadas pelos pacientes, até porque tal controle do conteúdo da autonomia alheia também abriria portas para abusos e desvirtuamentos do direito à autodeterminação.

Destarte, para nós nenhuma dessas concepções consegue traçar critérios que exprimam um verdadeiro paternalismo moderado, o qual somente estará legitimado diante de uma situação concreta de incapacidade permanente ou momentânea do paciente de se autodeterminar.[335]

---

333. RIGOPOULOU, Grenzen des Paternalismus im Strafrecht, p. 43.

334. RIGOPOULOU, Grenzen des Paternalismus im Strafrecht, p. 43.

335. *Fateh-Moghadam* menciona ainda alguns grupos de casos em que a discussão sobre o paternalismo moderado pode ser controversa. Em primeiro lugar, questiona-se a legitimidade de se otimizar as condições para o exercício da autonomia em alguns casos, por exemplo, compelindo alguém a passar por algumas sessões de aconselhamento para poder se submeter a uma cirurgia. Da mesma forma, é possível questionar determinadas limitações absolutas ao direito de disposição (como, por exemplo, a proibição do homicídio a pedido), já que uma proibição que parte do pressuposto de que o consentimento para tal ato nunca poderá ser livre pode acabar refletindo, na verdade, um paternalismo rígido. Por fim, questiona-se

2.3.5 Paternalismo direto e indireto: o problema da participação em autolesões e das heterolesões consentidas

Nem sempre a imposição paternalista terá como destinatário o próprio indivíduo a ser protegido, limitando apenas a sua liberdade, podendo, antes, com o intuito de protegê-lo, impor uma proibição ou um mandamento a um terceiro.[336] Assim, o problema do paternalismo não se refere apenas a uma coerção do próprio indivíduo "protegido" – como no *paternalismo direto,* em que, nas palavras de *G. Dworkin*, "a classe de pessoas cuja liberdade é restringida pela ameaça de pena é idêntica à classe de pessoas cujo benefício pretende-se promover com tais restrições".[337] Também proibições que utilizam a coerção estatal em face de um terceiro, que de alguma forma participa ou facilita a prática da conduta lesiva que a norma visa a evitar, podem ser paternalistas e, portanto, nesses casos o destinatário da proibição não será aquele que ela visa a proteger. Esta última estrutura se refere ao chamado *paternalismo indireto.*[338] O paternalista rígido ignora, assim, as decisões *voluntárias* dos indivíduos afetados, seja porque desconsidera o seu consentimento livre e informado, nos casos de paternalismo indireto, ou a sua própria vontade livre, nos casos de paternalismo direto.[339]

A eventual punição da tentativa de suicídio seria um exemplo de paternalismo direto, que recairia sobre o próprio indivíduo objeto de proteção. Também proibições de autolesões ou de autocolocações em risco, que punem o próprio indivíduo que se lesa ou que se coloca numa situação de perigo, são consideradas paternalismo direto. É o que ocorre, por exemplo, com a proibição da posse ou porte de drogas para consumo próprio (art. 28 da Lei 11.343/2006).

Por sua vez, a compreensão que atribui ao médico o direito de escolher o tratamento ao qual irá submeter o paciente, ignorando a vontade deste, e, portanto, justifica toda intervenção médica com base no exercício regular do direito, constitui paternalismo indireto. Da mesma forma, também há paternalismo indireto na punição da omissão do médico que respeita a vontade do paciente, deixando de proceder à transfusão de sangue que lhe salvaria a vida, já que impõe ao médico uma atuação, ainda que ignorando a vontade do paciente, "para o seu próprio bem". Em termos gerais, a proibição de *heterolesões ou heterocolocações em risco consentidas* – em que a pessoa afetada consente no comportamento lesivo/

também a proibição da prática das chamadas condutas autocontraditórias, que causam a irreversível destruição da base psíquica para exercer o direito de autodeterminação. Cf. FATEH-MOGHADAM, Die Einwilligung in die Lebendorganspende, p. 28-31.

336. GKOUNTIS, Autonomie und strafrechtlicher Paternalismus, p. 22.

337. DWORKIN, Paternalism, p. 68. No original: "... the class of persons whose freedom is restricted is identical with the class of persons whose benefit is intended to be promoted by such restrictions".

338. Cf. a respeito MARTINELLI, Paternalismo jurídico-penal, p. 101.

339. FEINBERG, Harm to Self, p. 12.

perigoso executado pelo terceiro –, bem como de *contribuições a autolesões ou autocolocações em perigo* – nas quais um terceiro auxilia ou instiga o próprio indivíduo a praticar, ele mesmo, o ato lesivo/perigoso – se referem a essa forma de paternalismo, contanto que o destinatário da punição seja o terceiro. Na medicina, isso pode ser visualizado a partir das proibições genéricas de disposição do corpo ou da vida do paciente que são concretizadas por meio da criminalização da atuação *do médico*, como a proibição da participação em suicídio (art. 122, CPB), do homicídio a pedido (§ 216, StGB, também abarcado pelo art. 121, CPB) e até mesmo a limitação imposta pela "cláusula dos bons costumes" (art. 13, CC e § 228, StGB).[340]

Em geral, os problemas de direito médico envolvem o paternalismo indireto, eis que as proibições e mandamentos constantes da lei penal costumam atingir o próprio médico e não o paciente. Nos casos de paternalismo indireto, no entanto, por mais que a sanção legal não se destine ao indivíduo "protegido" pela norma, a sua liberdade e suas possibilidades de atuação são também restringidas.[341] No caso da limitação da disposição do próprio corpo, por exemplo, a proibição penal recai sobre o médico, cuja liberdade de atuar é limitada, mas, obviamente, também o paciente terá a sua liberdade de consentir afetada. De acordo com *Feinberg*, é também possível haver uma imposição paternalista que prevê punições para ambas as partes (para o protegido e, também, para o terceiro).[342] Um exemplo seria a proibição do uso de determinados medicamentos, que atinge o próprio sujeito objeto de proteção, e a proibição da própria venda desses medicamentos, que limitaria a liberdade de comércio de um terceiro.

Von Hirsch e *Neumann* sublinham que o paternalismo direito possui pouquíssimo ou nenhum espaço no direito penal.[343] Todavia, a legitimidade do paternalismo indireto costuma, em geral, ser menos questionada. Por qual razão, no entanto, teria o paternalismo indireto, nessa compreensão, um maior grau de legitimidade do que o paternalismo direto? Para *Birnbacher*, além de ser mais efetivo no atingimento do objetivo de prevenir lesões a terceiros, o *paternalismo indireto* não pode ser considerado essencialmente puro,[344] já que a intervenção

---

340. A esse respeito, cf. item 5.3.1.

341. FEINBERG, Harm to Self, p. 9.

342. FEINBERG, Harm to Self, p. 10.

343. VON HIRSCH; NEUMANN, "Indirekter" Paternalismus im Strafrecht, p. 71. VON HIRSCH, Andreas, Direkter Paternalismus im Strafrecht: Sollte selbstschädigendes Verhalten kriminalisiert werden?, *in*: VON HIRSCH, Andreas; NEUMANN, Ulfrid; SEELMANN, Kurt (Orgs.), *Paternalismus im Strafrecht:* Die Kriminalisierung von selbstschädigendem Verhalten, Baden-Baden: Nomos, 2010, p. 65. No mesmo sentido, cf. BIRNBACHER, Paternalismus im Strafrecht – ethisch vertretbar?, p. 26.

344. *Feinberg* traça, quanto a essa discussão, os conceitos de paternalismo de uma parte (*single-party paternalism*) e paternalismo de duas partes (*two-party paternalism*). *G. Dworkin*, por outro lado, utiliza, nos mesmos casos, as expressões paternalismo puro e impuro. Para *Feinberg*, os termos utilizados por *G. Dworkin* são desafortunados, pois

geralmente é baseada não apenas numa fundamentação paternalista, mas reforçada também pela *proibição de causar danos a terceiros* – traduzida na ideia da não-maleficência.[345]

No entanto, num sistema que valoriza a autonomia e o direito à autodeterminação, a legitimidade da proibição de heterolesões consentidas é altamente questionável, em especial no que se refere à constelação de casos que aqui se discute. Afinal, quando o médico procede a uma intervenção em consonância com a autonomia do sujeito a ser tratado, ele não provoca uma *lesão*, mas sim possibilita exatamente a realização daquilo que o paciente deseja fazer com o próprio corpo. Uma interpretação a partir da autonomia nos mostra que a postura de *Birnbacher* é problemática, não apenas por utilizar argumentos consequencialistas – vinculados à "efetividade" de uma proibição indireta e que, portanto, são contingentes –, mas também porque a não-maleficência não pode se sobrepor à autonomia, e a lesão consentida não culmina na causação de um dano, mas sim na fruição do bem jurídico individual. A proibição de causar danos a terceiros, naturalmente, deve abranger apenas afetações *involuntárias* de bens jurídicos alheios, já que, a nosso ver, não há sentido em falar em "dano" quando a atuação do terceiro condiz com a vontade do titular do bem jurídico.

É aqui que se evidencia a relevância do consentimento para a legitimação de determinadas condutas de modo a afastar uma possível proibição paternalista. Se a conduta do terceiro é praticada em consonância com a vontade livre e informada do titular do bem jurídico, negar efeitos legitimantes ao consentimento válido *exclusivamente* em razão da pretensa necessidade de proteger o indivíduo de eventuais lesões, por exemplo, seria uma postura paternalista. Assim, seria, a princípio, paternalista a punição do médico que executa uma cirurgia estética bem-sucedida com o consentimento livre, informado e válido do paciente.

Para *Carvalho*, contudo, essa nossa conclusão é não apenas simplista – porquanto reduz a complexa discussão sobre o paternalismo a um problema de validade do consentimento e ignora a discussão sobre a justificação filosófica do paternalismo –, mas também falsa – já que "nem todo dano causado de forma voluntária representa necessariamente um 'bem' para o indivíduo que o sofre".[346]

deixam espaço aberto para se considerar um paternalismo direto restrições que envolvem duas partes (como, por exemplo, uma lei que proíbe uma transação consensual e pune apenas o requerente, que envolve duas partes e pune diretamente aquele que se pretende proteger). O mais correto, para *Feinberg*, seria, portanto, aludir às expressões usadas por *Kleinig*: paternalismo direto e indireto. FEINBERG, Harm to Self, p. 9-10. DWORKIN, Paternalism, p. 68. KLEINIG, Paternalism, p. 12. Para *Birnbacher*, no entanto, a expressão de *G. Dworkin* é mais acertada, já que uma proibição que recai sobre o médico para proteger o paciente, por exemplo, sempre virá acompanhada de razões para além das paternalistas, motivo pelo qual não poderia ser considerado um paternalismo puro. Cf. BIRNBACHER, Paternalismus im Strafrecht – ethisch vertretbar?, p. 18.

345. BIRNBACHER, Paternalismus im Strafrecht – ethisch vertretbar?, p. 18.

346. CARVALHO, Suicidio, eutanasia y Derecho penal, p. 24.

Para a autora, seria temerário recorrer à figura do consentimento para atribuir validade a atos, por exemplo, de disposição da vida, já que há, além da autonomia individual, outros bens jurídicos a serem protegidos.[347]

Não obstante, a nosso ver não é possível justificar, em nenhum nível, uma intervenção fundada *unicamente* no paternalismo rígido, em razão de sua patente ilegitimidade, conforme já extensamente demostrado. Há, no entanto, *argumentos de outra ordem* que podem ser levados em conta para, na situação concreta, afastar a produção de efeitos do consentimento, o que dependerá, naturalmente, do tipo penal a que nos referimos. Nas lesões corporais, é comum atribuírem-se limitações à liberdade de disposição do corpo e, caso isso seja feito com arrimo num paternalismo moderado, por exemplo, seria possível limitar os efeitos legitimantes do consentimento em algumas hipóteses. Também nos casos de homicídio a pedido, há fundamentos distintos que visam à negação dos efeitos legitimantes do consentimento no que se refere aos atos de disposição da própria vida e, contanto que se baseiem em argumentos distintos do paternalismo rígido, seria também possível aceitar tal proibição. Com isso, a nossa presunção, na verdade, é contrária àquela esboçada por *Carvalho*: para nós, a princípio não há razões para afastar a eficácia do consentimento nas heterolesões e, caso isso seja feito exclusivamente com base em argumentos vinculados ao paternalismo rígido, a proibição será ilegítima. Nada impede, no entanto, que a possibilidade de consentir no caso concreto seja afastada por outros fundamentos.

No que se refere à segunda objeção – de que nem todo dano consentido representa um "bem" para aquele que consente –, não se trata, no caso, de definir o que é o "bem" ou o melhor para o indivíduo afetado, já que, mais uma vez, uma análise que define o que é melhor para o sujeito apenas sob uma perspectiva externa é, por si só, heterônoma e, com isso, paternalista. Cabe apenas ao indivíduo definir, no momento em que consente na lesão decorrente de uma cirurgia, por exemplo, se aquela operação representa ou não algo bom para si. Para ilustrar seu ponto de vista, *Carvalho* alude ao exemplo da contaminação por AIDS de alguém que escolhe livremente manter relações sexuais desprotegidas,[348] argumentando que é possível que as pessoas sofram danos ainda que diante de comportamentos voluntariamente consentidos. Porém, o exemplo apresentado pela autora se refere a uma situação de *heterocolocação em risco consentida* – e, de fato, consentir em um risco é diferente de consentir em uma lesão. Quando alguém consente em uma lesão, está aceitando e desejando desde o início as decorrências necessárias da conduta do terceiro. Ao consentir autorresponsavelmente em um risco, contudo, o indivíduo não necessariamente deseja o resultado causado e, com isso, muito provavelmente não acredita que a sua consecução representaria um "bem" para si. É a vontade livre de se submeter à situação arriscada (no caso, manter relações

347. CARVALHO, Suicidio, eutanasia y Derecho penal, p. 25.
348. CARVALHO, Suicidio, eutanasia y Derecho penal, p. 24.

sexuais sem proteção) que faz com que, num primeiro momento, o indivíduo assuma o risco de uma eventual consecução do resultado (ainda que "ruim", como a contaminação de AIDS). Trata-se, assim, nesse segundo caso, apenas de garantir a liberdade do indivíduo de escolher praticar condutas arriscadas; a valoração do conteúdo da decisão ou do resultado – se é bom ou ruim – é irrelevante para a análise da legitimidade da conduta do terceiro.

Por fim, mais uma vez o ponto nevrálgico da questão aqui colocada não envolve, a nosso ver, a flexibilização do conteúdo da autonomia ou sua ponderação diante da existência de outros bens jurídicos tutelados. Como já frisado, reconhecer a autonomia significa dar ao indivíduo o poder de hierarquizar os seus próprios valores – e isso pode implicar que nem sempre a vida ou a saúde estarão em primeiro plano. Portanto, tanto as proibições fundadas no paternalismo direto quanto no indireto são tidas *prima facie* como ilegítimas e incompatíveis com as premissas liberais.[349] Para que fique claro: com isso, não estamos dizendo que toda proibição de heterolesão consentida é ilegítima, mas apenas que é necessário que haja argumentos de outra ordem – ou seja, que superem a dimensão paternalista rígida – para legitimar uma punição nesses casos. Os limites concretos à liberdade de consentir e de dispor do próprio corpo serão posteriormente analisados mais minuciosamente à luz de tudo o que foi aqui exposto, conforme veremos adiante.[350]

2.3.6 Conclusão parcial: por um modelo ético e jurídico orientado pela autonomia do paciente

Diante de todo o exposto, concluímos que *não há lugar para a ética hipocrática no nosso modelo jurídico-constitucional*, porquanto suas imposições *paternalistas (rígidas)*, além de serem ilegítimas sob a perspectiva ética e filosófica, se mostram incompatíveis com o liberalismo orientado pela *autonomia*, abalizada na *dignidade humana* – fundamento da República brasileira (art. 1º, III, da CR/1988) – e no direito fundamental à *liberdade* (art. 5º, *caput*, CR/1988). Somente a ética da autonomia, que coloca o paciente e a sua vontade no centro gravitacional da discussão, é capaz de fundamentar e orientar corretamente a conduta médica. Se o modelo paternalista é ilegítimo sob a perspectiva ética, conforme demonstrado, é ainda mais evidente sua ilegitimidade para fundamentar proibições penais, o que impede que o correspondente tratamento penal dos problemas aqui apresentados se baseie nessas mesmas razões. Dessa forma, o único fundamento apto a

---

349. Em suma: de acordo com a tese aqui defendida, o paternalismo direto em nenhuma hipótese será legítimo no direito penal, ao passo que o paternalismo indireto, por sua vez, pode encontrar arrimo numa forma moderada, por exemplo, para fundamentar sua eventual legitimidade. Nesse sentido, cf. SCHÜNEMANN, Die Kritik am strafrechtliche Paternalismus: Eine Sisyphus-Arbeit?, p. 237.

350. Cf. item 4.4.

legitimar a atuação do médico sob a perspectiva jurídica é a própria autonomia do paciente, a qual deve, portanto, orientar o tratamento dogmático das intervenções médicas no direito penal.

2.4 Autonomia, consentimento informado e bioética

2.4.1 O consentimento informado e a ética médica

A adoção da ética da autonomia – e o rechaço ao paternalismo médico ilegítimo – se projeta concretamente na exigência da obtenção do *consentimento informado* do paciente antes de submetê-lo a intervenções médicas, questão que assume o centro gravitacional da ética médica. Com isso, a atuação do médico passa a depender expressamente da autorização decorrente da concreta decisão do paciente de se submeter ou não ao tratamento, a qual somente pode ser livremente expressada após o fornecimento, por parte do médico, das informações necessárias referentes à sua situação médica.

Apesar de a relevância do consentimento e até mesmo do dever de informação ter sido reconhecida em alguns *leading cases* em países como a Alemanha já no final do século XIX e nas primeiras décadas do século XX,[351] o termo *consentimento informado* somente veio à tona em meados da década de 50[352] – juntamente com o auge da discussão sobre o reconhecimento da autoridade decisional do paciente e da necessidade de reformulação da relação médico-paciente – e começou a ser efetivamente pesquisado e esmiuçado, com todas as suas nuances, a partir da década de 70 do século passado.[353]

---

351. Na Alemanha, a decisão do caso da amputação é o primeiro julgado que consagra a exigência do consentimento (cf. RGSt 25, 375, de 1894). Nos Estados Unidos, o caso mais conhecido é o *Schloendorff v. Society of New York Hospitals*, de 1914, do qual se extrai a famosa citação: "todo ser humano em idade adulta e portador de capacidade mental tem o direito de determinar o que deve ser feito com seu próprio corpo; e um cirurgião que executa uma operação sem o seu consentimento pratica uma agressão..." (No original: "Every human being of adult years and sound and has a right to determine what shall be done with his own body; and a surgeon who performs an operations without his patient's consent commits an assault...", FADEN; BEAUCHAMP, A history and theory of informed consent, p. 123). Há de se mencionar também o caso inglês *Slater v. Baker and Stapleton*, de 1767, considerado um dos mais importantes precedentes referentes ao dever de informação (a respeito, cf. FADEN; BEAUCHAMP, A history and theory of informed consent, p. 116-117.). Sobre a evolução do dever de informação na Alemanha, que se inicia com o caso RGZ 78, 432, de 1912, cf. item 4.4.5.1.1.

352. Como lembram *Beauchamp* e *Faden*, a expressão "informed consent" veio a ser utilizada pela primeira vez no caso norte-americano *Salgo v. Leland Stanford, Jr. University Board of Trustees*, de 1957. BEAUCHAMP, Tom L.; FADEN, Ruth R., History of informed consent, *in*: POST, Stephen G. (Org.), *Encyclopedia of bioethics*, vol. 3, 3. ed. New York: Thomson Gale, 2004, p. 1273.

353. BEAUCHAMP; CHILDRESS, Principles of Biomedical Ethics, p. 121. Sobre os casos Salgo, Natanson, Canterbury e Truman, relevantes precedentes do contexto anglo-saxão, cf. STANCIOLI, Relação jurídica médico-paciente, p. 55 e ss.

O Código de Nuremberg de 1947 foi o primeiro documento escrito que reconheceu direitos humanos na medicina, representando um marco para a guinada de paradigma na ética médica, especificamente no que se refere à pesquisa médica em seres humanos. As diretrizes do Código foram elaboradas por ocasião do julgamento de médicos nazistas que realizaram intervenções e experimentos médicos sem consentimento, muitos deles com consequências fatais.[354] A defesa dos médicos, por sua vez, argumentou que os experimentos feitos durante a guerra não se diferenciavam daqueles realizados para pesquisa médica em outros lugares e ocasiões.[355] Diante disso, o primeiro princípio erigido no documento trata justamente da importância do consentimento voluntário dos pacientes, considerado "absolutamente essencial"[356] em *qualquer* pesquisa realizada em seres humanos.

Também a *Declaração de Helsinque sobre a investigação médica* da Associação Médica Mundial de 1964[357] foi um importante documento que contribuiu para erigir o consentimento como requisito central para pesquisas médicas e trouxe standards ainda mais específicos.[358] No documento original, falava-se em *consentimento após a informação*; em razão de suas constantes atualizações (a última ocorrida na 64ª Assembleia Geral em Fortaleza em 2013), atualmente a Declaração consagra o *consentimento informado* como pressuposto essencial para

354. Nesse caso, conhecido como o "julgamento dos médicos" (*Doctor's Trial*), ou oficialmente como *United States of America versus Karl Brandt et alii (Case I)*, vinte médicos e três administradores – incluindo Karl Brandt, o médico pessoal de Hitler –, foram julgados por crimes de guerra, crimes contra a humanidade, dentre outros. SCHMIDT, Justice at Nuremberg, p. 3-4 e 199 e ss. ANNAS; GRODIN, The Nazi doctors and the Nuremberg Code, p. 61 e ss.

355. MANSON, Neil C.; O'NEILL, Onora. *Rethinking Informed Consent in Bioethics*. Cambridge: Cambridge University Press, 2007, p. 3.

356. De acordo com o primeiro princípio do Código de Nuremberg, "o consentimento voluntário do ser humano é absolutamente essencial. Isso significa que as pessoas que serão submetidas ao experimento devem ser legalmente capazes de dar consentimento; essas pessoas devem exercer o livre direito de escolha sem qualquer intervenção de elementos de força, fraude, mentira, coação, astúcia ou outra forma de restrição posterior; devem ter conhecimento suficiente do assunto em estudo para tomarem uma decisão lúcida. Esse último aspecto exige que sejam explicados às pessoas a natureza, a duração e o propósito do experimento; os métodos segundo os quais o experimento será conduzido; as inconveniências e os riscos esperados; os efeitos sobre a saúde ou sobre a pessoa do participante, que eventualmente possam ocorrer, devido à sua participação no experimento. O dever e a responsabilidade de garantir a qualidade do consentimento repousam sobre o pesquisador que inicia ou dirige um experimento ou se compromete nele. São deveres e responsabilidades pessoais que não podem ser delegados a outrem impunemente.". SCHMIDT, Justice at Nuremberg, p. 256.

357. ASSOCIAÇÃO MÉDICA MUNDIAL, Declaração de Helsinque, princípios 25 e ss. Como ressalta *Stancioli*, essa declaração assume peculiar importância em razão de se tratar de uma "iniciativa da própria classe médica". STANCIOLI, Relação jurídica médico-paciente, p. 60.

358. MANSON; O'NEILL, Rethinking Informed Consent in Bioethics, p. 8.

a realização de pesquisa biomédica em seres humanos e traça diferentes requisitos para a sua validade.

Paulatinamente, o consentimento deixou de se vincular exclusivamente a discussões sobre pesquisas médicas e passou a integrar também a ética clínica,[359] além de ser considerado requisito essencial para a legitimidade de toda e qualquer intervenção médica. Ademais, a segunda fase da mudança de paradigma pode ser enxergada a partir do fortalecimento de um dos componentes do *consentimento* válido: o dever de esclarecimento, que o torna verdadeiramente *informado*. Nesse sentido, há de se mencionar a *Declaração de Lisboa sobre os direitos do paciente de 1981*,[360] da Associação Médica Mundial, a *Convenção de Direitos Humanos sobre Biomedicina* do Conselho da Europa de 1997[361] e a *Declaração Universal sobre Bioética e Direitos Humanos da UNESCO* de 2005.[362] Ademais, mais recentemente também as Cortes de Direitos Humanos vêm reconhecendo e aplicando os padrões do consentimento informado em casos que envolvem a prática médica.[363]

A concepção do consentimento informado (ou, em sua formulação mais atual, *consentimento livre e esclarecido*[364]) no âmbito da bioética passou por diferentes momentos e está em constante processo de evolução. O que fundamenta a exigência do consentimento é o respeito à *autonomia* do paciente,[365] a qual,

---

359. MANSON; O'NEILL, Rethinking Informed Consent in Bioethics, p. 4. *Manson* e *O'Neill*, contudo, tecem muitas críticas à utilização dos standards do consentimento para pesquisas médicas também nos casos da clínica médica, já que os padrões exigidos para experimentos em seres humanos, por um lado, devem ser mais rigorosos e, por outro lado, podem gerar problemas na prática médica em razão das específicas exigências que dificilmente podem ser concretizadas. MANSON; O'NEILL, Rethinking Informed Consent in Bioethics, p. 9 e ss.

360. ASSOCIAÇÃO MÉDICA MUNDIAL, Declaração de Lisboa sobre os direitos do paciente, princípios 3 (direito de autodeterminação), 7 (direito à informação) e 10 (direito à dignidade).

361. CONSELHO DA EUROPA. Convenção sobre direitos humanos e a biomedicina. Oviedo, 1997. Disponível em: <https://www.coe.int/en/web/conventions/full-list/-/conventions/treaty/164>. Acesso em: 28 jan. 2017.

362. ORGANIZAÇÃO DAS NAÇÕES UNIDAS PARA A EDUCAÇÃO, CIENCIA E CULTURA (UNESCO). Declaração Universal sobre Bioética e Direitos Humanos. Paris, 2005. Disponível em: <http://unesdoc.unesco.org/images/0014/001461/146180por.pdf>. Acesso em: 28 jan. 2017, artigo 6º.

363. Cf, por exemplo, CORTE INTERAMERICANA DE DIREITOS HUMANOS. *Caso I.V. vs. Bolívia*. Sentença de 30 de novembro de 2016.

364. Para muitos, esse é o termo atualmente mais correto e que melhor expressa os fundamentos do consentimento. Cf. ANJOS, Márcio Fabri dos, Bioética nas desigualdades sociais, *in*: GARRAFA, Volnei; COSTA, Sérgio Ibiapina F. (Orgs.), *A bioética no século XXI*, Brasília: Universidade de Brasília, 2000, p. 59.

365. BEAUCHAMP; CHILDRESS, Principles of Biomedical Ethics, p. 106. Cf. acima item 2.2.3. Há, no entanto, autores que questionam esse fundamento, argumentando que a autonomia conduz a noções imprecisas e vagas e que, por isso, não seria adequada para justificar e orientar os limites aplicáveis ao consentimento informado. Cf. MANSON;

portanto, deverá orientar a elaboração dos standards e práticas exigidas para a validade do consentimento informado.[366]

Atualmente, ao menos na teoria está claro que o consentimento que reflete a autonomia do paciente vai muito além da mera assinatura de um termo. *Faden* e *Beauchamp* esclarecem, no entanto, que o consentimento informado possui dois significados diferentes. Em uma primeira dimensão, representa a necessidade da *autorização autônoma* do paciente para ser submetido à intervenção médica; em uma segunda, *vincula-se a determinadas regras*, na maioria das vezes prescritas em lei, que o orientam em contextos institucionais e de política pública.[367] O primeiro significado se refere inegavelmente ao conteúdo da autonomia do paciente. O problema, no entanto, é que na prática muitos médicos acabam colhendo o consentimento como se se tratasse de um mero cumprimento de um procedimento institucional ou legal, o que acaba reduzindo o consentimento informado ao segundo dos seus significados.[368] No entanto, a determinação do conteúdo do consentimento informado, a nosso ver, deve buscar aproximar essas duas dimensões para que a autonomia do paciente seja verdadeiramente respeitada na prática médica.

Para *Beauchamp* e *Childress*, o consentimento informado pode ser compreendido a partir de sete elementos: *competência, voluntariedade, revelação* de informações, *recomendação, compreensão, decisão* e *autorização*.[369] Seus pressupostos de validade se referem ao patamar subjetivo mínimo exigido para que alguém possa consentir em uma intervenção médica: exige-se a *competência* do paciente para compreender e decidir, bem como a *voluntariedade*[370] da sua decisão, que deve ser tomada livre de controles ou determinações externas. O fluxo de informações sobre a situação médica do paciente é também essencial para que se possa exarar um consentimento válido: o médico deve *revelar* as informações materiais sobre a condição de saúde, *recomendar* um plano de ação

O'NEILL, Rethinking Informed Consent in Bioethics, p. 16 e ss. O'NEILL, O., Some Limits of Informed Consent, *Journal of Medical Ethics*, v. 29, p. 4-7, 2003.

366. Nada impede que a lei ou os códigos deontológicos estipulem padrões mais ou menos exigentes para a regularidade do consentimento informado. Para o direito penal, contudo, os requisitos de validade do consentimento, conforme iremos demonstrar, devem se vincular inegavelmente à *autonomia* e, mais especificamente, à *liberdade* da decisão tomada pelo paciente.

367. FADEN; BEAUCHAMP, A history and theory of informed consent, p. 274.

368. BEAUCHAMP; CHILDRESS, Principles of Biomedical Ethics, p. 122-123.

369. BEAUCHAMP; CHILDRESS, Principles of Biomedical Ethics, p. 124. No entanto, tradicionalmente o consentimento informado costuma ser vinculado analiticamente a apenas cinco elementos: revelação, compreensão, voluntariedade, competência e consentimento. Assim, o consentimento informado se vincularia às situações em que, após receber e compreender as informações reveladas pelo médico, o paciente competente consente voluntariamente na intervenção. FADEN; BEAUCHAMP, A history and theory of informed consent, p. 274 e ss.

370. BEAUCHAMP; CHILDRESS, Principles of Biomedical Ethics, p. 137 e ss.

a partir desta condição e, por fim, o paciente deve *compreender*, de fato, todas as informações e recomendações que lhe foram transmitidas para que possa tomar uma decisão genuinamente autônoma. Assim, o consentimento seria concluído por meio da *decisão* do paciente a favor de um plano e da sua *autorização* para a execução do plano escolhido. Nos casos de recusas informadas, haverá, por sua vez, uma decisão contrária a um plano e uma negativa de autorização.[371]

Essas orientações éticas são, de fato, relevantes para que se compreenda o consentimento não apenas como uma formalidade, mas sim como um ato que representa o exercício pleno da autonomia do paciente. No âmbito do direito penal, esses elementos se refletem em maior ou menor medida nos pressupostos de validade do consentimento, condicionando a legitimidade da atuação do médico no caso concreto.

2.4.2 Shared decision-making?

O modelo de decisão compartilhada (*shared decision-making*) é uma concepção da relação médico-paciente desenvolvida por teóricos anglo-americanos na década de 90 que, partindo de uma posição de paridade entre os dois sujeitos,[372] evidencia um padrão de tomada de decisão sobre o tratamento médico de natureza interacional.[373] Considerando que a premissa paternalista de que o médico saberia ponderar melhor os riscos e as vantagens do tratamento havia sido colocada em xeque – já que era o paciente quem teria de viver com as consequências da escolha[374] –, o *modelo informativo* e o *modelo compartilhado* foram, então, desenvolvidos como resposta ao modelo tradicional.[375] As diferenças entre

371. BEAUCHAMP; CHILDRESS, Principles of Biomedical Ethics, p. 124.

372. KLEMPERER, D., Shared Decision Making und Patientenzentrierung – vom Paternalismus zur Partnerschaft in der Medizin, *Balint Journal*, v. 6, 2005, p. 72.

373. CHARLES, Cathy; GAFNI, Amiram; WHELAN, Tim, Shared decision-making in the medical encounter: What does it mean? (Or it takes, at least two to tango), *Social Science and Medicine,* v. 44, n. 5, 1997, p. 656.

374. CHARLES, Cathy; GAFNI, Amiram; WHELAN, Tim, Decision-making in the physician-patient encounter: Revisiting the shared treatment decision-making model, *Social Science and Medicine*, v. 49, n. 5, 1999, p. 653.

375. *Emanuel* e *Emanuel* identificam, no contexto da ética da autonomia, ao menos três modelos de interação médico-paciente: o informativo, o interpretativo e o deliberativo. O *modelo informativo* parte de uma distinção clara entre os fatos e a sua valoração individual. Se por um lado os valores do paciente são definidos, mas lhe falta conhecimento acerca dos fatos, por outro o médico possui o conhecimento técnico sobre diagnóstico e tratamento, mas a sua valoração acerca deles se mostra irrelevante. Nesse contexto, o médico forneceria ao paciente todas as informações necessárias para que possa selecionar a intervenção que mais lhe agrada e, após, caberia ao médico apenas executar a intervenção selecionada pelo paciente em adequação aos seus próprios valores. Não haveria lugar para a consideração dos valores do médico, tampouco para a sua opinião acerca dos valores do paciente, uma vez que a autonomia do paciente equivaleria ao seu poder de controle sobre o processo decisório. Já no *modelo interpretativo*, o médico forneceria ao paciente, de igual forma, todas as informações

eles dizem respeito, precipuamente, à troca de informações e aos processos de deliberação e de tomada de decisão. No *modelo informativo*, todas as informações relevantes para a tomada de decisão deveriam ser reveladas pelo médico ao paciente e a deliberação sobre o tratamento seria feita exclusivamente pelo paciente, que tomaria, ele mesmo, a decisão final. O médico não possuiria outra função no processo decisório senão a de fornecer informações. Já no *modelo compartilhado*, haveria um fluxo bilateral de informações entre médico e paciente, que se referiria não somente a questões médicas, mas também a matérias pessoais. Todas as informações relevantes para a tomada de decisão deveriam ser consideradas pelo médico e pelo paciente, que, diante da situação específica, chegariam, juntos, a uma decisão final.[376]

Beauchamp e *Childress* esclarecem que o *consentimento informado* se diferencia do modelo do *shared decision-making*, pois em vários contextos da medicina não há espaço para uma decisão compartilhada e, assim, esse conceito gera uma falsa percepção de que o consentimento é um ato bilateral, que depende da aprovação tanto do médico quanto do paciente.[377] Assim, o modelo de decisão compartilhada não define nem substitui o consentimento informado e, por mais que tenha a vantagem de promover a interação entre o médico e o paciente, não deixa de ser paternalista, pois ignora o direito do paciente de, sozinho, negar ou aceitar os tratamentos.[378] Destarte, a troca de informações no processo de comunicação, por meio da qual os pacientes escolhem as intervenções (muitas vezes baseando-se no conselho médico), deve ser diferenciada dos atos de aprovação e autorização destas intervenções,[379] que refletem o consentimento informado.

2.4.3 O modelo principialista de Beauchamp e Childress

Na ética médica, a autonomia geralmente não é tida como um valor a ser isoladamente considerado, porquanto a maior parte dos modelos desenvolvidos a insere num contexto em que também outras orientações devem ser observadas, a ponto, inclusive, de desconsiderá-la ou "flexibilizá-la" no caso concreto. Nesse sentido, o *principialismo* desenvolvido precipuamente por *Beauchamp* e

acerca da doença e dos riscos e benefícios decorrentes das possíveis intervenções; no entanto, também atuaria como conselheiro, auxiliando o paciente a optar ou um ou outro tratamento com base nos seus específicos valores. Por fim, no *modelo deliberativo*, médico e paciente discutem em conjunto quais seriam os objetivos de saúde e os tratamentos disponíveis para atingi-los. A partir do diálogo, o médico atua como um professor ou amigo, podendo influir inclusive em questões morais, persuadindo o paciente a tomar a decisão que entende ser mais adequada. EMANUEL, Ezekiel; EMANUEL, Linda, Four models of the physician-patient relationship, *The Journal of the American Medical Association*, v. 267, n. 16, 1992, p. 2226.

376. CHARLES; GAFNI; WHELAN, Shared decision-making in the medical encounter, p. 656.

377. BEAUCHAMP; CHILDRESS, Principles of Biomedical Ethics, p. 124.

378. BEAUCHAMP; CHILDRESS, Principles of Biomedical Ethics, p. 122.

379. BEAUCHAMP; CHILDRESS, Principles of Biomedical Ethics, p. 122.

Childress é certamente a mais influente e difundida referência da bioética.[380] O "esquema dos quatro princípios" [381] traçado pelos autores é, de acordo com eles, muito mais do que um mero rol de preceitos e se refere, na verdade, a uma autêntica teoria sobre as vinculações entre as orientações da bioética e sua influência para conduzir a prática médica.[382]

Para *Beauchamp* e *Childress*, as decisões éticas no contexto médico devem se basear em quatro princípios norteadores:[383] o respeito à autonomia, a não-maleficência, a beneficência e a justiça.[384] Para os autores, não há hierarquia entre eles, já que não constituem valores absolutos, fundamentando, na verdade, obrigações *prima facie*, cuja observância no caso concreto depende da inexistência de conflito com outra obrigação de igual ou maior peso.[385]

---

380. A respeito, cf. GRECO; SIQUEIRA, Promoção da saúde ou respeito à autonomia?, p. 653-655.

381. BEAUCHAMP; CHILDRESS, Principles of Biomedical Ethics, p. 13.

382. BEAUCHAMP; CHILDRESS, Principles of Biomedical Ethics, p. 25.

383. *Beauchamp* e *Childress* defendem a utilização de um modelo de justificação moral denominado de *equilíbrio reflexivo*. Por mais que alguns autores equiparem este método ao *coerentismo*, tal menção é inadequada, já que os coerentistas defendem que não existiria um corpo central de regras iniciais por si só justificáveis, ao passo que *Beauchamp* e *Childress* rejeitam esta visão, ou seja, aceitam a existência de um conjunto de normas básicas iniciais já estipuladas. BEAUCHAMP; CHILDRESS, Principles of Biomedical Ethics, p. 404 e 408. De acordo com este método, a justificação ética ocorreria por meio de uma testagem reflexiva sobre crenças morais, princípios morais, juízos e postulados teóricos com o objetivo de fazê-los coerentes. Assim, uma teoria ou um conjunto de crenças seria justificado na medida em que maximizasse a coerência de todos os conjuntos de crenças aceitos diante do exame reflexivo. Assim, o ponto de partida para a análise do equilíbrio reflexivo seriam os *juízos ponderados* que, neste contexto, seriam em especial os quatro princípios mencionados pelos autores, concebidos, segundo eles, a partir da teoria da moralidade comum (*Common-Morality Theory*). A moralidade comum possui, na teoria de *Beauchamp* e *Childress*, duas facetas. As normas iniciais, visualizadas principalmente a partir dos quatro princípios desenvolvidos pelos autores, derivariam da moralidade comum e seriam um ponto de partida para a ética. No entanto, a moralidade comum não determina apenas quais são os princípios orientadores, mas deve ser continuamente desenvolvida por meio da especificação, da ponderação e do equilíbrio reflexivo (método de coerência). Assim, por mais que os princípios, e as regras que deles derivam, sejam um ponto de partida, não constituem sozinhos o conteúdo da moralidade comum. Insta frisar, por fim, que os princípios analisados na obra foram desenvolvidos para serem aplicados especificamente no contexto da ética médica. BEAUCHAMP; CHILDRESS, Principles of Biomedical Ethics, p. 408 e 410.

384. BEAUCHAMP; CHILDRESS, Principles of Biomedical Ethics, p. 13.

385. BEAUCHAMP; CHILDRESS, Principles of Biomedical Ethics, p. 15. Os autores frisam que, para que os princípios possam guiar concretamente condutas, eles precisam ser especificados de modo a reduzir o seu grau de indeterminabilidade. Assim, o processo de *especificação* demonstraria como os princípios se tornariam instrumentos práticos para o raciocínio moral. BEAUCHAMP; CHILDRESS, Principles of Biomedical Ethics, p. 17. No entanto, os princípios também seriam submetidos ao processo de *ponderação*, que se refere à contraposição entre peso e força das diferentes normas morais para se determinar qual deve preponderar no caso concreto. A ponderação seria adequada para se chegar a uma solução em casos particulares, ao passo que a especificação seria útil para desenvolver políticas e

De acordo com o *princípio do respeito à autonomia*, os profissionais da saúde devem reconhecer o direito do paciente de fazer suas escolhas e atuar de acordo com seus próprios valores e crenças. Sua efetivação abrange, assim, não apenas uma dimensão negativa, consubstanciada na simples ausência de interferência, mas também as obrigações positivas de tratar o paciente com respeito, revelar-lhe informações e fomentar a tomada de decisões autônomas.[386] Já os *princípios da não-maleficência e da beneficência*, como já havíamos ressaltado, são os verdadeiros fundamentos da antiga ética hipocrática, orientada pela promoção do bem-estar e da saúde do paciente. A não-maleficência, de um lado, obriga o médico a se abster de causar danos intencionais ao paciente;[387] a beneficência, de outro, se refere ao "dever profissional de promover os benefícios possíveis e de aliviar, diminuir ou prevenir danos".[388] Por fim, deve-se também observar o *princípio da justiça*, principalmente em razão das desigualdades no acesso à saúde, promovendo-se a justa distribuição de riscos, custo e benefícios na sociedade.[389]

Considerando que os princípios fundamentam apenas obrigações *prima facie*, não há qualquer relação hierárquica pré-estabelecida entre a beneficência e o respeito à autonomia. No entanto, ao discutir o possível conflito entre eles à luz do paternalismo médico, os autores acabam adotando uma postura que admite até mesmo intervenções de paternalismo rígido, justificado em razão de um *benefício potencial*. Para os autores, diante de um conflito deve-se proceder a um balanceamento que considera, de um lado, os interesses de autonomia, e, de outro, o benefício prospectivo, de modo que "ações que previnem elevados danos ou promovem consideráveis benefícios enquanto desrespeitam apenas trivialmente a autonomia" possuem uma justificação defensável.[390]

Destarte, uma intervenção de paternalismo rígido estaria justificada diante do preenchimento de cinco condições: se o paciente está diante de um *risco de sofrer um mal significativo*, mas *evitável* por meio da conduta paternalista, de modo que a *prevenção do mal prepondera* em face dos riscos inerentes à conduta interventiva, seria possível legitimar o paternalismo rígido, contanto que a intervenção escolhida seja a que *menos restringe a autonomia e melhor garante seus benefícios*, bem como que *não haja alternativa* moralmente mais acertada. Por fim, tomando o exemplo da recusa de transfusão de sangue por testemunhas de Jeová, os autores aventam a necessidade de uma sexta condição: a da não violação

---

orientações a partir das normais gerais já consolidadas. BEAUCHAMP; CHILDRESS, Principles of Biomedical Ethics, p. 20.

386. BEAUCHAMP; CHILDRESS, Principles of Biomedical Ethics, p. 106-107.

387. BEAUCHAMP; CHILDRESS, Principles of Biomedical Ethics, p. 150 e ss.

388. GRECO; SIQUEIRA, Promoção da saúde ou respeito à autonomia?, p. 654.

389. BEAUCHAMP; CHILDRESS, Principles of Biomedical Ethics, p. 249 e ss.

390. BEAUCHAMP; CHILDRESS, Principles of Biomedical Ethics, p. 221. No original: "... actions that prevent major harms or provide major benefits while only trivially disrespecting autonomy have a plausible paternalistic rationale".

de um *interesse de autonomia substancial*. No entanto, chegam à conclusão de que esta não seria uma condição necessária, mas apenas "indicada" em alguns casos.[391]

A nosso ver, esse modelo que submete a autonomia a um juízo de ponderação possui problemas insuperáveis, já que, como já havíamos frisado, esvazia o conteúdo da autonomia, substituindo-a pela heteronomia. Naturalmente, não se deve ignorar a beneficência ou a não-maleficência, que também são orientações importantes na ética médica. No entanto, o reconhecimento da autonomia faz com que as considerações sobre os *próprios valores e direitos individuais* sejam objeto de avaliação exclusiva do sujeito autônomo, de modo que *apenas ele poderá proceder a uma hierarquização*. Assim, "submeter a autonomia à lógica da ponderação é reduzi-la de barreira que se tem de respeitar a fim que se tem de promover ou maximizar e, com isso, descaracterizá-la".[392]

Em razão disso, na nossa concepção é possível reconhecer a beneficência, a não-maleficência e a justiça como orientações relevantes da ética médica. Não obstante, a autonomia se apresenta, como já definimos,[393] como um "meta-valor",[394] situado em outro plano, que dá ao paciente justamente o direito de ponderar seus próprios valores e que, portanto, não pode ser flexibilizada ou desconsiderada ao ser confrontada com algum dos demais princípios.[395] Deve-se frisar, contudo, que a autonomia só deve ser respeitada quando ela existe de fato, isto é, quando preenchidos todos os seus pressupostos, de modo que a intervenção de paternalismo moderado em face de sujeitos incapazes ou que possuem a vontade viciada é, ainda assim, plenamente possível.[396]

2.4.4 Neopaternalismo na medicina?

Se, do ponto de vista filosófico e jurídico, a autonomia e o direito à autodeterminação do paciente podem representar expectativas evidentes e naturais,[397] do

---

391. BEAUCHAMP; CHILDRESS, Principles of Biomedical Ethics, p. 222.
392. GRECO; SIQUEIRA, Promoção da saúde ou respeito à autonomia?, p. 655.
393. Cf. item 2.2.3.
394. GRECO; SIQUEIRA, Promoção da saúde ou respeito à autonomia?, p. 655.
395. Em sentido contrário, concordando com a postura de *Beauchamp* e *Childress*, cf. ROSENAU, Informed consent – Illusion oder Realität im Medizinrecht?, p. 270.
396. Sob uma perspectiva diversa daquela aqui traçada, muitos bioeticistas brasileiros também criticam a incorporação do principialismo anglo-saxão no contexto latino-americano. Para *Garrafa* e *Porto*, o principialismo é insuficiente para tratar de problemas bioéticos peculiares que afetam a população dos países latino-americanos, que possuem "significativos níveis de exclusão social". Cf. GARRAFA, Volnei; PORTO, Dora, Bioética de intervención, *in*: TEALDI, Juan Carlos (Org.), *Diccionario latinoamericano de bioética*, Bogotá: Universidad Nacional de Colombia, 2008.
397. BIRNBACHER, Dieter, Patientenautonomie und ärztliche Ethik am Beispiel der prädiktiven Diagnostik, *in*: *Jahrbuch für Wissenschaft und Ethik*, vol. 2, Berlin: Walter de Gruyter, 1997, p. 105-119.

ponto de vista médico, ao contrário, as exigências normativas do consentimento e do dever de esclarecimento podem ser enxergadas em algumas situações como um problema, especialmente pelos médicos. Nesse sentido, a figura do "paciente racional ou capaz"[398] pode, muitas vezes, entrar em conflito com uma complexa realidade. Segundo *Eibach* e *Schaefer*, a "radicalização" da autonomia "conduz a soluções jurídicas irretorquíveis, mas erra, na realidade da vida, quando se depara com pessoas doentes e que têm necessidades que abalam suas existências".[399] Na prática médica, são apontadas situações em que esse modelo ideal de paciente é colocado em xeque, como nas hipóteses em que o indivíduo a ser tratado não se encontra em condições de ponderar racionalmente as vantagens e desvantagens de uma intervenção; em que existe a possibilidade de uma reação irracional e de recusa do tratamento; ou em que a revelação de um prognóstico desfavorável, mesmo que ainda em estágio inicial, pode lhe retirar por completo a vontade de viver.[400]

Diante disso, a capacidade fática do paciente de tomar decisões autônomas é questionada e, a partir da constatação de que a autonomia dos pacientes seria, na verdade, *imperfeita e parcialmente ambivalente*,[401] busca-se justificar intervenções paternalistas afirmativas principalmente em situações de conflito, com o intuito de garantir o bem-estar, em detrimento da vontade. Há, nesta perspectiva – denominada por *Damm* de *neopaternalismo positivo*[402] –, a defesa da chamada "medicina neopaternalista", que visa a desconstruir o "mito da autodeterminação"

---

398. A figura do "paciente racional" é comumente utilizada pela jurisprudência alemã para as discussões sobre autonomia dos pacientes. Também a lei dos direitos dos pacientes alemã, como explicita sua exposição de motivos, orienta-se declaradamente por uma semelhante concepção do paciente capaz (*mündiger Patient*), entendido como aquele que pode decidir de maneira responsável, autônoma e autodeterminada. Com isso, o legislador pretendeu colocar o paciente no mesmo nível do médico (*auf Augenhöhe*). A respeito, cf. KATZENMEIER, Christian, Die Rahmenbedingungen der Patientenautonomie: Eine kritische Betrachtung des Patientenrechtegesetz-Regierungsentwurfs, *MedR*, v. 30, n. 9, 2012, p. 581. No entanto, para os neopaternalistas essa noção exprime um conceito apenas formal de autonomia, já que não considera que, na prática, a capacidade de consentir pode variar de acordo com a idade, estado de saúde e ambiente institucional em que o paciente se encontra, como no caso da *autonomia imperfeita*.

399. EIBACH; SCHAEFER, Patientenautonomie und Patientenwünsche, p. 26. No original: "...Radikalisierung der Autonomie des Patienten, die zwar juristisch glatte Lösungen ermöglicht, aber die Lebensrealität kranker Menschen mit existenzerschütternden Nöten meist verfehlt...".

400. GLATZ, Christiano *Der Arzt zwischen Aufklärung und Beratung*. Duncker & Humblot, Berlin, 1998, p. 239-240.

401. DAMM, Reinhard, Imperfekte Autonomie und Neopaternalismus, *MedR*, v. 20, n. 8, 2002, p. 381.

402. DAMM, Imperfekte Autonomie und Neopaternalismus, p. 381.

na relação médico-paciente e, com isso, influenciar o conceito central do consentimento informado.[403]

Em geral, questiona-se o conteúdo fático da autonomia, bem como se e em que dimensão, nas condições do dia-a-dia da medicina, uma decisão autônoma e qualificada pode ou deve ser tomada por um paciente.[404] A jurisprudência sobre o dever de esclarecimento é também criticada a partir de dados empíricos que constatam uma discrepância entre as compreensões jurídica e fática da autonomia do paciente, ou seja, um contraste entre a realidade de vida de um paciente e a figura fictícia do "paciente racional". Para *Feuerstein* e *Kuhlmann*, a exigência de respeito à autonomia não compõe um discurso retórico, mas também não reproduz a realidade da práxis médica.[405]

De acordo com seus defensores, essa não é uma tentativa de retomada do abalado paternalismo em sua forma tradicional, mas sim de afastamento da alegada "excessiva valorização" da autonomia do paciente que, em algumas situações, deveria ser suplantada pela promoção da saúde. Assim, afirma-se que o consentimento informado não estaria sendo ameaçado, já que não se trata de uma proposta de completa prevalência do bem-estar do paciente sobre a autonomia.[406]

Com ainda mais razão, não podemos concordar com tal postura, que se mostra incompatível com a noção de autonomia traçada. O principal fundamento da crítica dos "neopaternalistas" reside no caráter imperfeito da autonomia de muitos pacientes que, de acordo com esses autores, não possuem condições fáticas de decidir autonomamente. No entanto, a *autonomia enquanto direito* não pode representar um ideal de perfeição, até porque a decisão impecável, com elevadíssimo grau de racionalidade, autogoverno e todas as demais características da autonomia enquanto ideal, dificilmente é atingível na realidade em virtude das próprias limitações humanas – afinal, o ser humano não é perfeito. Isso, no entanto, não é uma razão para que a autonomia e a dignidade dos pacientes não devam ser respeitadas.

Essa busca pela autonomia perfeita e por um elevado grau de racionalidade desvirtua a própria essência do direito à autodeterminação dos pacientes capazes, que não se refere ao direito de tomar as melhores decisões, mas sim de controlar o que acontece com o seu próprio corpo e de tomar livremente decisões que sejam suas, ainda que consideradas, pelo médico, ruins ou irracionais. A admissão de tal concepção pode conduzir à limitação ou desconsideração da autonomia de um paciente capaz com base exclusivamente nos ideais concebidos pelo próprio médico – isso implicaria, no final das contas, que uma decisão somente seria

403. FEUERSTEIN, Günter; KUHLMANN, Elleno *Neopaternalistische Medizin:* Der Mythos der Selbstbestimmung im Arzt-Patient-Verhältnis. Bern: Hans Huber, 1999, p. 11-12.
404. FEUERSTEIN; KUHLMANN, Elleno Neopaternalistische Medizin, p. 11.
405. FEUERSTEIN; KUHLMANN, Elleno Neopaternalistische Medizin, p. 9.
406. FEUERSTEIN; KUHLMANN, Elleno Neopaternalistische Medizin, p. 12.

concebida como autônoma quando exprimisse, também, as noções de saúde e bem-estar sob a perspectiva da medicina. Assim, apesar de seus defensores afirmarem o contrário, essa noção descaracteriza completamente o direito à autonomia e à autodeterminação e fundamenta um modelo de atuação médica em que há total abertura para uma ética da prevalência do bem-estar sobre a vontade – caberia apenas ao médico, no caso concreto, decidir sobre a conveniência de respeitar ou não a vontade do paciente, o que não pode ser admitido.

2.5 O consentimento informado na bioética brasileira

As diretrizes que orientam os padrões éticos da prática médica brasileira também reconhecem a importância do respeito à autonomia do paciente e incorporam as exigências do consentimento informado.[407] É possível identificar algumas normas brasileiras que remontam à década de 80 e que expressam a necessidade de levar em conta a vontade do paciente na prática médica.[408] Seguindo as tendências internacionais, também no Brasil os principais avanços quanto à questão do consentimento se deram no âmbito da ética, no contexto das pesquisas em seres humanos.[409] Em 1988, o então recém-criado Conselho Nacional de Saúde (= CNS) editou a Resolução n. 1/88, na qual se instituiu, dentre outras orientações, a necessidade do "consentimento pós-informação" enquanto requisito para a regularidade das pesquisas em seres humanos.[410] Posteriormente, o CNS fixou novas diretrizes para essas pesquisas por meio da Resolução n. 196/96,[411] a qual consagrou a necessidade de colhimento do "consentimento livre e esclarecido"

---

407. Sobre a discussão acerca da necessidade de incorporação e aprimoramento da teoria e prática do consentimento informado no Brasil na década de 90, cf. CLOTET, Joaquim, O consentimento informado nos comitês de ética em pesquisa e na prática médica: Conceituação, Origens e Atualidade, *Revista Bioética*, v. 3, n. 1, p. 51-59, 1995.

408. No Brasil, já na década de 80 foram editados, pelo Ministério da Saúde e pelo Conselho Federal de Medicina, dois documentos que reconheciam, ainda de maneira embrionária, a relevância da vontade do paciente na prática médica. Por um lado, em 1981 foi editada a Portaria n. 16 do Ministério da Saúde, em que se estipulava a exigência de um "termo de conhecimento de risco" para a utilização de medicamentos não registrados em pesquisas. BRASIL. Ministério da Saúde, Divisão de Vigilância Sanitária de Medicamentos (DIMED). *Portaria n. 16*. Brasília, 1981. Por outro lado, em 1982 a Resolução n. 1.081 do CFM definiu, em seu art. 1º, que o "médico deve solicitar a seu paciente o consentimento para as provas necessárias ao diagnóstico e terapêutica a que este será submetido". CONSELHO FEDERAL DE MEDICINA. *Resolução n. 1.081*, de 12 de março de 1982. Rio de Janeiro, 1982. Disponível em: <https://sistemas.cfm.org.br/normas/visualizar/resolucoes/BR/1982/1081>. Acesso em: 2 nov. 2018.

409. A respeito, cf. FREITAS, Corina Bontempo Duca de, Ética na pesquisa com seres humanos: a experiência brasileira, *in*: GARRAFA, Volnei; PESSINI, Leo (Orgs.), *Bioética:* Poder e Injustiça, São Paulo: Edições Loyola, 2003, p. 307-314.

410. BRASIL. Ministério da Saúde, Conselho Nacional de Saúde (CNS). *Resolução n. 1*. Brasília, 1988, artigos 10 a 12.

411. BRASIL. Ministério da Saúde, Conselho Nacional de Saúde (CNS). *Resolução n. 196*. Brasília, 1996, item IV.

dos sujeitos de pesquisas e criou a Comissão Nacional de Ética em Pesquisa (= CONEP), que até hoje tem a atribuição de implementar as diretivas do Conselho. Atualmente, é a Resolução n. 466/12 do CNS que disciplina essas questões.[412]

No que se refere à atuação médica em geral, coube principalmente ao Conselho Federal de Medicina (= CFM) definir a relevância da vontade do paciente. O Código de Ética Médica (= CEM) de 1988 já estipulava, em seu art. 46, que era vedado ao médico "efetuar qualquer procedimento médico sem o esclarecimento e consentimento prévios do paciente ou de seu responsável legal, salvo iminente perigo de vida".[413] As versões posteriores do Código, que datam de 2009 e de 2018, mantiveram essa mesma orientação, mas os detalhes sobre o conteúdo e o processo de obtenção do consentimento livre e esclarecido foram traçados pela Recomendação n. 1/2016 do CFM.

Também a *Carta dos Direitos dos Usuários de Saúde*, instituída pela Portaria n. 1.820/09 do Ministério da Saúde com o objetivo de conscientizar os cidadãos acerca de seus direitos e deveres ao utilizar serviços de saúde, menciona a significância da vontade do paciente na prática médica. Na Carta, é reconhecido o direito do paciente de escolher e, inclusive, de recusar tratamentos médicos (art. 4º, parágrafo único, IX e XI[414]). A exigência do consentimento livre, voluntário e esclarecido é prevista expressamente no art. 5º, incisos V e VI, admitindo-se exceções apenas nos casos em que há risco coletivo ou para a saúde pública.[415]

---

412. BRASIL. Ministério da Saúde, Conselho Nacional de Saúde (CNS). *Resolução n. 466*. Brasília, 2012, item IV.

413. CONSELHO FEDERAL DE MEDICINA. *Resolução n. 1.246*, de 8 de janeiro de 1988. Código de Ética Médica. Rio de Janeiro, 1988.

414. "Art. 4º, parágrafo único. É direito da pessoa, na rede de serviços de saúde, (...), garantindo-lhe:

IX – a informação a respeito de diferentes possibilidades terapêuticas, de acordo com sua condição clínica, baseado nas evidências científicas, e a relação custo-benefício das alternativas de tratamento, com *direito à recusa,* atestado na presença de testemunha; (...)

XI – o direito à escolha de alternativa de tratamento, quando houver, e à consideração da recusa de tratamento proposto;". BRASIL. Ministério da Saúde. *Carta dos direitos dos usuários da saúde,* Portaria n. 1.820 de 2009. 3. ed. Brasília: Ministério da Saúde, 2011, p. 14.

415. "Art. 5º. Toda pessoa deve ter seus valores, cultura e direitos respeitados na relação com os serviços de saúde, garantindo-lhe:

V – o consentimento livre, voluntário e esclarecido a quaisquer procedimentos diagnósticos, preventivos ou terapêuticos, *salvo nos casos que acarretem risco à saúde pública*, considerando que o consentimento anteriormente dado poderá ser revogado a qualquer instante, por decisão livre e esclarecida, sem que sejam imputadas à pessoa sanções morais, financeiras ou legais;

VI – a não-submissão a nenhum exame de saúde pré-admissional, periódico ou demissional, sem conhecimento e consentimento, *exceto nos casos de risco coletivo.*" BRASIL. Ministério da Saúde. *Carta dos direitos dos usuários da saúde,* Portaria n. 1.820 de 2009. 3. ed. Brasília: Ministério da Saúde, 2011, p. 15 e 17.

2.5.1 O (novo) Código de Ética Médica brasileiro

O Código de Ética constitui a principal orientação para a prática médica e elenca diferentes deveres e direitos inerentes à profissão. Para *Soares*, *Schimizu* e *Garrafa*, os CEMs brasileiros foram mais influenciados pelo principialismo norte-americano do que pela bioética latino-americana e, com isso, deram maior prevalência à autonomia enquanto "princípio inovador".[416] A nosso ver, no entanto, os Códigos deontológicos editados pelo CFM também não deram o devido valor à autonomia do paciente.

O novo Código de Ética Médica brasileiro foi publicado recentemente – em 1º de novembro de 2018 –, após intensas deliberações entre o CFM e a classe médica, com a proposta de "aperfeiçoá-lo em função dos mais recentes avanços técnico-científicos ocorridos no âmbito das relações humanas, profissionais e sociais".[417] Mas será que o novel CEM progrediu em relação a seus antecedentes no que se refere ao respeito à autonomia dos pacientes,[418] reconhecendo, por exemplo, o direito de recusa a tratamentos vitais? Infelizmente, percebemos que o CEM pouco evoluiu desde 1988 quanto a essa questão e, assim, a resposta a essa pergunta há de ser negativa.

Na própria introdução do CEM, frisa-se a necessidade de garantir maior autonomia ao paciente, mencionando-se também que o médico deve respeitar as escolhas de seus pacientes (inciso XXI do Capítulo I).[419] Também estabelece o art.

---

416. Como frisam *Soares*, *Schimizu* e *Garrafa*, a "bioética brasileira desenvolveu-se tardiamente por aparecer de modo orgânico apenas nos anos 1990" e, de fato, a bioética latino-americana não foi utilizada como base para a elaboração dos códigos profissionais brasileiros (o primeiro editado em 1988). De acordo com os autores, é possível apontar ao menos três grandes sistemas de bioética. Por um lado, os sistemas europeu e o pioneiro anglo-saxão se baseiam fundamentalmente na autonomia individual. Por outro lado, o sistema latino-americano possui como "eixo dominante" a ética pública e coletiva, podendo-se mencionar a bioética de proteção, a dos direitos humanos e a de intervenção, esta última com origem eminentemente brasileira. SOARES; SHIMIZU; GARRAFA, Código de Ética Médica brasileiro, p. 249. A respeito da ética de intervenção, cf. GARRAFA, Volnei; PORTO, Dora, Bioética, poder e injustiça: por uma ética de intervenção. *in*: GARRAFA, Volnei; PESSINI, Leo (Orgs.). *Bioética:* Poder e Injustiça, São Paulo: Edições Loyola, 2003.

417. CONSELHO FEDERAL DE MEDICINA. Revisão do Código de Ética Médica: mudanças em favor da medicina e da sociedade. Disponível em: <http://www.rcem.cfm.org.br/index.php>. Acesso em: 3 nov. 2018.

418. Essa mesma questão é também colocada por autores como *Carvalho, Sá* e *Moureira,* em relação à versão do CEM de 2009. Cf. CARVALHO, Autonomia do paciente e decisões ao final da vida, p. 161 e ss. SÁ, Maria de Fátima Freire de; MOUREIRA, Diogo Luna. *Autonomia para morrer:* Eutanásia, suicídio assistido, direitivas antecipadas de vontade e cuidados paliativos. 2. ed. Belo Horizonte: Del Rey, 2015, p. 198.

419. "XXI – No processo de tomada de decisões profissionais, de acordo com seus ditames de consciência e as previsões legais, o médico aceitará as escolhas de seus pacientes relativas aos procedimentos diagnósticos e terapêuticos por eles expressos, desde que adequadas ao caso e cientificamente reconhecidas."

24 do CEM que é vedado ao médico "deixar de garantir ao paciente o exercício do direito de decidir livremente sobre sua pessoa ou seu bem-estar, bem como exercer sua autoridade para limitá-lo". Contudo, apesar do reconhecimento de certo grau de autonomia, ao inserir o consentimento como pressuposto de regularidade da conduta médica, há no CEM uma *relativização do direito à autodeterminação*, já que em diferentes dispositivos é autorizada a desconsideração da vontade do paciente nos casos em que há "risco iminente de morte".[420]

Essa postura é característica dos CEMs desde a versão de 1988; além disso, os artigos 22 e 31 do novo CEM de 2018[421] são a exata reprodução de dispositivos constantes da versão de 2009, de modo que não foram introduzidas modificações relevantes quanto a esse ponto. Nesse sentido, o art. 22 do CEM estabelece que é vedado ao médico "deixar de obter consentimento do paciente ou de seu representante legal após esclarecê-lo sobre o procedimento a ser realizado, *salvo em caso de risco iminente de morte*". Da mesma forma, o art. 31 proíbe o médico de "desrespeitar o direito do paciente ou de seu representante legal de decidir livremente sobre a execução de práticas diagnósticas ou terapêuticas, *salvo em caso de iminente risco de morte*".[422]

Esse "iminente risco de morte" pode se referir a duas situações distintas: de um lado, autoriza-se a atuação do médico nos casos em que o paciente está desacordado ou, por qualquer razão, não possui condições fáticas de consentir; de outro, também nas situações em que o paciente recusa o tratamento poderia o médico intervir para salvar-lhe a vida. Na primeira situação, o médico está de fato autorizado a atuar com base no consentimento presumido[423] e, assim, não há qualquer violação da autonomia, já que o paciente se encontra em circunstância na qual não lhe é possível exercer concretamente a autodeterminação. Todavia, na segunda hipótese é adotada uma *noção limitada da autonomia* do paciente, porquanto o seu direito de autodeterminar o que acontece com o próprio corpo apenas é reconhecido nos casos em que as suas escolhas não puderem ensejar a sua morte.

---

420. Ademais, o CEM também permite o afastamento do dever de informação "quando a comunicação direta [puder] lhe provocar dano" (art. 34). Essa exceção se refere ao que se convencionou denominar de *privilégio terapêutico*, figura que, a nosso ver, se levada em sua literalidade também possui propensões paternalistas, conforme demonstraremos no item 4.4.5.7.1.1.

421. CONSELHO FEDERAL DE MEDICINA. *Resolução n. 2.217*, de 1º de novembro de 2018. Código de ética médica. Brasília, 2018.

422. No mesmo sentido, especificamente no caso da recusa de transfusão de sangue por testemunhas de Jeová, o art. 2º da *Resolução CFM n. 1.021/80* dispõe expressamente que "se houver iminente perigo de vida, o médico praticará a transfusão de sangue, independentemente de consentimento do paciente ou de seus responsáveis". CONSELHO FEDERAL DE MEDICINA. *Resolução n. 1.021*, de 26 de setembro de 1980. Rio de Janeiro, 1980. Disponível em: <http://www.portalmedico.org.br/resolucoes/cfm/1980/1021_1980.htm>. Acesso em: 6 nov. 2018.

423. A esse respeito, cf. item 4.5.

Ao comentar o CEM, muitos autores corroboram uma postura de absoluta prevalência do direito à vida e da beneficência, inclusive na segunda hipótese. *Maluf* frisa que, em caso de risco para a vida do paciente, o médico deve atuar "independentemente do consentimento do paciente ou de seus responsáveis, valendo-se da *supremacia da vida humana e do princípio da beneficência*".[424] De acordo com a autora, numa linha de raciocínio nitidamente paternalista, "a recusa de tratamento ou medicação revela um comportamento antiético, porque é da essência do ser humano conservar e proteger a *vida, que vem sempre em primeiro lugar*, e sobrepõe-se por isso mesmo a qualquer outro direito fundamental...".[425] No mesmo sentido, para *França* o Código de Ética "elegeu o princípio da beneficência como hierarquia coerente acima do princípio da autonomia".[426]

A nosso ver, contudo, o reconhecimento constitucional da autonomia a partir da dignidade humana e do direito à liberdade, conforme já havíamos definido, leva-nos à inafastável conclusão de que essa exceção prevista no CEM somente se refere aos casos em que não há possibilidade fática de colher o consentimento do paciente ou de informá-lo, como nos casos de urgência, hipótese em que será aplicado o consentimento presumido.[427] Uma interpretação que enxerga nesse dispositivo uma autorização para a realização de uma intervenção contra a vontade do paciente é, de fato, inconstitucional[428] e não deve ser observada. Afinal, o direito à autonomia também perfaz o direito de recusar tratamentos médicos, já que a escolha sobre aquilo que pode ou não afetar o seu corpo ou a sua vida é exclusiva do paciente; assim, as consequências de tal ato são por ele assumidas, devendo ser respeitadas pelo médico. Permitir uma ponderação sob uma perspectiva externa, desvinculada dos valores do paciente, que coloca a vida sempre em patamar superior aos seus demais interesses, significa, mais uma vez, ignorar a autonomia e transformá-la em heteronomia.

Reconhecemos, no entanto, que essa tomada de postura do CFM quanto à recusa de tratamento vitais acaba sendo influenciada – senão determinada – pelo conteúdo do próprio Código Penal, que afasta o crime de constrangimento ilegal nos casos em que a intervenção é executada sem o consentimento do paciente em razão da existência de risco para a sua vida (art. 146, § 3º, do Código Penal brasileiro [= CPB]).[429] Isso fica claro, por exemplo, diante dos motivos elencados

---

424. MALUF, Adriana Caldas do Rego Freitas Dabus. *Curso de Bioética e Biodireito*. São Paulo: Atlas, 2015, p. 379.

425. MALUF, Curso de Bioética e Biodireito, p. 381.

426. FRANÇA, Genival Veloso de. *Direito médico*. Rio de Janeiro: Forense, 2017, p. 220. Também *Policastro* afirma que "a vida antecede o direito à liberdade". POLICASTRO, Décio. *Pacientes e médicos:* seus direitos e responsabilidades. Belo Horizonte: Del Rey, 2016, p. 86-88.

427. No mesmo sentido, AZEVEDO, Autonomia do paciente, p. 287.

428. CARVALHO, Autonomia do paciente e decisões ao final da vida, p. 170.

429. Além das demais decorrências da concepção paternalista consagrada pela maior parte da doutrina brasileira, como a compreensão de que a omissão do médico nesses casos

pelo CFM na Resolução 1.021/80 para negar o direito dos pacientes testemunhas de Jeová de recusar transfusões de sangue essenciais para a manutenção da vida e, também, pela argumentação utilizada na Recomendação n. 1/2016 do CFM para corroborar essa postura do Código de Ética. Contudo, o art. 146, § 3º, do CPB não autoriza a realização de intervenções *contra a vontade,* mas somente *sem o consentimento* do paciente, razão pela qual deve também ser interpretado como uma consagração das hipóteses de consentimento presumido. Acreditamos, assim, que essa reinterpretação do Código Penal pode ensejar, em razão da inegável inconstitucionalidade de interpretação diversa,[430] também uma modificação da postura do Conselho frente a essas questões.[431]

2.5.2 O consentimento informado de acordo com a Recomendação CFM n. 1/2016

Diante da inexistência de orientações normativas quanto às regras a serem observadas para a obtenção do consentimento informado nas intervenções médicas em geral, o Conselho Federal de Medicina editou em 2016 a *Recomendação n. 1* justamente com o objetivo de suprir essa lacuna e oferecer diretrizes para sua a prática. Trata-se de documento importantíssimo, talvez o mais significativo até então publicado pelo CFM, que, além de conter muitas informações relevantes e acertadas sobre o consentimento livre e esclarecido na prática médica, representa uma considerável evolução no que se refere ao respeito à autonomia frente ao CEM (que, curiosamente, foi editado posteriormente).[432]

Nesse documento, não apenas é frisada a importância do dever de esclarecimento do médico e do correspondente direito à informação do paciente, que são essenciais para a tomada de uma decisão verdadeiramente livre por parte deste, mas são também concretamente traçados os requisitos de validade do consentimento e o conteúdo da informação a ser transmitida, bem como eventuais formalidades a serem observadas na prática. Ressaltam-se, assim, as importantes funções do consentimento livre e esclarecido – destinado à concretização do respeito à autonomia e da liberdade de escolha –, por meio do qual o paciente exerce o seu direito de tomar uma decisão acerca do tratamento a ser realizado, a partir das informações que lhe são fornecidas pelo médico. Os exatos parâmetros

seria punível, a título de homicídio por omissão imprópria ou omissão de socorro. Cf. item 5.2.2.

430. Conforme será argumentado no item 5.2.1.2.

431. Há, de fato, precedente administrativo do próprio CFM no qual, reconhecendo-se o direito do paciente à recusa de tratamento, absolveu-se a médica que respeitou a sua autonomia em situação emergencial. Cf. a respeito AZEVEDO, Autonomia do paciente, p. 286.

432. Para evitar repetições, a maior parte das questões abordadas pela Recomendação serão aprofundadas somente em momento posterior, especialmente no que se refere aos requisitos de validade do consentimento. Cf. item 4.4.

da atuação do médico devem também ser definidos pelo paciente por meio do consentimento,[433] o qual, muito mais do que um ato isolado, representa verdadeiro "processo contínuo que envolve trocas de informações e um diálogo que permite, igualmente, explorar emoções, crenças e sentimentos, além de dados técnicos".[434]

As orientações traçadas pela Recomendação também abarcam algumas situações especiais. Em casos de emergência médica, recomenda-se a atuação conforme o princípio da beneficência, ressaltando-se, contudo, a necessidade de observância das diretivas antecipadas de vontade do paciente. Essa consideração é muito relevante para a concretização do respeito à vontade presumida do paciente mesmo em casos de inconsciência. A abstenção do dever de esclarecimento, por sua vez, é autorizada nos casos em que a informação pode causar danos ao paciente[435] e também nas situações em que ele, por alguma razão, não deseja receber informações ou tomar decisões médicas. Admite-se também o tratamento compulsório de pacientes em casos de doenças transmissíveis e potencialmente causadoras de riscos graves para terceiros, diante da necessidade de proteger a "saúde pública".[436]

No que se refere às hipóteses de recusa de tratamento pelo paciente, aventa-se uma possível mudança de posicionamento frente ao CEM, mas ainda assim de maneira muito tímida. Argumenta-se que, contanto que o paciente seja maior e capaz, a observância dos princípios constitucionais da liberdade e da autonomia justificaria o respeito à sua vontade e a busca de alternativas terapêuticas. Mencionando as diretrizes do Comitê de Bioética da Unesco, reconhece-se também que "*antigamente* o desfecho era pelo respeito à vida", postura que acabou sendo modificada justamente em razão da adoção do paradigma da autonomia. Todavia, a Recomendação faz também menção ao Código de Ética e ao Código Penal para, ainda assim, firmar a possibilidade de tratamento compulsório diante de risco iminente de morte, nos casos em que não há alternativas de tratamento. No caso da recusa de transfusão de sangue de testemunhas de Jeová, conclui-se, assim, que "a conduta do médico já não pode limitar-se à constatação de risco de morte para transfundir sangue compulsoriamente", devendo-se levar em conta, também, "as alternativas disponíveis de tratamento ou a possibilidade de transferência para equipes com profissionais treinados em tratamentos através de substitutos do sangue".[437] Percebemos, assim, que os elaboradores da Recomendação tendem a reconhecer verdadeiramente o direito à autonomia, mas acabam se prendendo, ao menos neste ponto, à questionável interpretação tradicional do CEM e do CPB.

---

433. CONSELHO FEDERAL DE MEDICINA. *Recomendação n. 1*, de 21 de janeiro de 2016. Brasília, 2016, p. 13. Disponível em: <https://portal.cfm.org.br/images/Recomendacoes/1_2016.pdf>. Acesso em: 6 nov. 2018.

434. CONSELHO FEDERAL DE MEDICINA, Recomendação n. 1/2016, p. 18.

435. Assim como estabelece o art. 34 do CEM, anteriormente mencionado.

436. CONSELHO FEDERAL DE MEDICINA, Recomendação n. 1/2016, p. 28.

437. CONSELHO FEDERAL DE MEDICINA, Recomendação n. 1/2016, p. 21-23.

2.5.3 *PL 5559/2016: o projeto do estatuto brasileiro dos direitos dos pacientes*

No Brasil, ainda não foi editada uma verdadeira lei com o objetivo de consagrar e delimitar os direitos dos pacientes – o que caminha na contramão da atual tendência internacional. Somente a Lei Orgânica da Saúde menciona superficialmente o assunto, assegurando apenas a "preservação da autonomia das pessoas na defesa de sua integridade física e moral" e o direito à informação (art. 7º, III e V, Lei 8.080/1990).[438] Por sua vez, as principais orientações existentes relativas ao exercício concreto da autonomia dos pacientes derivam de normas infralegais e são traçadas preponderantemente pelo CFM, órgão que representa os próprios médicos e não os pacientes.

As resoluções editadas pelo CFM, assim como o Código de Ética, não produzem os mesmos efeitos vinculantes de uma lei, já que sua elaboração não passa pelo processo legislativo democrático. Também as resoluções e portarias do Ministério da Saúde padecem de problema similar, já que são apenas atos administrativos do Poder Executivo. Assim, essas normas são meramente indiciárias quanto à regularidade da conduta médica, uma vez que não constituem seu fundamento tampouco traçam seus verdadeiros limites. Ademais, considerando que o exercício da medicina recai sobre o corpo, a liberdade e a vida dos indivíduos, não possui o CFM o poder de definir se e até onde podem ser exercidos os direitos fundamentais do paciente. Mostra-se urgente, assim, a edição de uma lei dos direitos dos pacientes,[439] como pretende fazer o Projeto de Lei 5.559/2016.[440]

O PL consagra expressamente importantes concepções para a prática médica, como, por exemplo, o *direito à autodeterminação* dos pacientes e ao *consentimento informado*,[441] a necessidade de adoção de *cuidados paliativos* para promover o conforto e o bem-estar do paciente no fim da vida em casos de

---

438. BRASIL. *Lei Orgânica da Saúde*, Lei n. 8.080, de 19 de setembro de 1990. Brasília: 1990.

439. No mesmo sentido, CARVALHO, Autonomia do paciente e decisões ao final da vida, p. 179. Sobre a lei alemã dos direitos dos pacientes, cf. item 4.4.5.1.2. Além do exemplo alemão, também em outros países, como na Argentina e na Espanha, é possível encontrar leis específicas que disciplinam o direito à autodeterminação dos pacientes. Cf. ARGENTINA. Lei 26.529, de 21 de outubro de 2009. Derechos del Paciente em su Relación con los Profesionales e Instituciones de la Salud. Buenos Aires, 2009; ESPANHA. Lei 41 de 14 de novembro de 2002. Básica reguladora de la autonomia del paciente y de derechos y obligaciones em matéria de información y documentación clínica. Madrid, 2002. Disponível em: <https://www.boe.es/buscar/pdf/2002/BOE-A-2002-22188-consolidado.pdf>. Acesso em: 26 jan. 2019.

440. BRASIL. Câmara dos Deputados. *Projeto de lei n. 5559/2016*, dispõe sobre os direitos dos pacientes e dá outras providências. Disponível em: <http://www.camara.gov.br/proposicoesWeb/fichadetramitacao?idProposicao =2087978>. Acesso em: 7 nov. 2018.

441. "Art. 14. O paciente tem direito ao consentimento informado sem coerção ou influência indevida, salvo em situações de risco de morte em que esteja inconsciente.

doenças incuráveis, bem como o respeito às *diretivas antecipadas de vontade* nos casos em que o paciente não possui mais condições fáticas de expressar a sua vontade.[442] Ademais, define também em seu artigo 12 que "o paciente tem o direito à informação sobre sua condição de saúde, o tratamento e eventuais alternativas, os riscos e benefícios dos procedimentos, e os efeitos adversos dos medicamentos".

Por mais que a iniciativa seja louvável e necessária, as propostas apresentadas, a nosso ver, são em alguns pontos superficiais e podem ser aprimoradas. Em especial, o dever de esclarecimento merece maior aprofundamento e concretude, para que se possibilite que o paciente saiba já de antemão qual o conteúdo e a extensão desse dever e, portanto, quais informações devem, de fato, ser fornecidas pelo médico.[443] De qualquer forma, a eventual aprovação desse projeto representará um importante avanço na legislação brasileira no que diz respeito à proteção dos direitos dos pacientes.

2.6 Resultados parciais

1. No contexto médico, a ética tradicional hipocrática orientava-se pela máxima *salus aegroti suprema lex* e, com isso, dava preponderância à promoção da saúde, do bem-estar e da vida do paciente, ainda que em detrimento da sua vontade. A relação médico-paciente era, portanto, caracterizada por uma evidente assimetria: por um lado, cabia ao médico decidir acerca dos tratamentos aos quais deveria o paciente ser submetido, já que apenas ele possuía competência técnica e moral para fazer escolhas médicas; por outro lado, cabia ao paciente, enquanto mero objeto de intervenção, simplesmente suportar com passividade as decisões médicas. Assim, a vontade do paciente era, via de regra, irrelevante e não havia qualquer exigência de obter o seu consentimento prévio à intervenção, tampouco de informá-lo sobre os detalhes da doença ou do tratamento.

2. Essa postura ética tradicional é eminentemente paternalista, pois, ao fixar para o paciente um verdadeiro *dever de ser tratado*, firma para o médico um correspondente *direito de tratar*. Isso permite que o profissional, seguro de que sabe mais sobre o bem-estar do paciente do que ele próprio, deixe de informá-lo ou execute uma intervenção médica com o objetivo de promover a sua saúde, ainda que contra a sua vontade ou sem o seu consentimento.

3. A necessidade de respeitar a autonomia e o direito à autodeterminação dos pacientes fez com que o modelo tradicional fosse colocado em xeque. A crise da

Parágrafo único. O paciente tem o direito de retirar o consentimento, a qualquer tempo, sem sofrer represálias."

442. "Art. 20. O paciente tem o direito de ter suas diretivas antecipadas de vontade respeitadas pela família e pelos profissionais de saúde."

443. Cf. a respeito item 4.4.5.

ética paternalista deu lugar, então, à ética da autonomia, a qual colocou a vontade do paciente no centro das discussões, emancipando-o do paternalismo médico.

4. Etimologicamente, *autonomia* significa *determinação das próprias regras*. No plano jurídico, respeitar a autonomia implica reconhecer que cada indivíduo possui o direito de viver segundo a sua própria concepção de vida boa e que, com isso, há uma esfera nuclear da vida privada dentro da qual somente ele poderá tomar decisões, sem a interferência de terceiros. A autonomia é um componente indissociável da *dignidade humana* (art. 1º, III, da CR/1988) e da *liberdade geral de ação* (art. 5º, *caput*, CR/1988), razão pela qual seu reconhecimento possui fundamento constitucional.

5. No âmbito médico, a autonomia confere ao paciente o domínio soberano sobre o território do próprio corpo e, com isso, o direito de tomar suas próprias decisões sobre intervenções médicas. A autonomia do paciente abrange, assim, o direito de não ser submetido a tratamentos contra a sua vontade ou sem o seu consentimento, o direito de escolher os tratamentos aos quais deseja se submeter, independentemente da indicação médica, bem como o *direito de recusar tratamentos*, ainda que *vitais*. No paradigma da autonomia, a vontade livre do paciente, expressada por meio do consentimento livre e esclarecido, é não apenas *imprescindível*, mas também *suficiente* para a atribuição de legitimidade a uma intervenção médica. O reconhecimento do *direito* do paciente à autonomia gera, para o médico, certos *deveres* correspondentes, como o de não impedir o exercício da vontade do paciente, e, principalmente, o de não interferir na sua esfera corporal sem informá-lo acerca de tudo o que for necessário para tornar possível a tomada de uma decisão autônoma.

6. A *capacidade* é um pressuposto do exercício do direito à autonomia e se refere ao grau mínimo de habilidade exigido para que o paciente seja considerado competente para tomar decisões médicas autônomas. O direito de soberania sobre o próprio corpo não está vinculado à pretensa correção da decisão do paciente, que, sendo capaz, conserva o *direito de tomar suas próprias decisões*, ainda que consideradas ruins ou irracionais sob a perspectiva de quem hierarquiza os mesmos valores de maneira diversa. Assim, a autonomia não representa um direito de decidir racionalmente, senão o direito de decidir livremente. Dessa liberdade decorre, portanto, o direito ao erro e à irracionalidade, por mais trágicas que possam ser as consequências. Ademais, o exercício concreto da autonomia enseja também a *responsabilidade* do paciente pelas consequências de suas condutas e decisões autônomas.

7. O reconhecimento constitucional da autonomia impede que o Estado defina *prima facie* uma relação de preponderância ou proceda a uma "ponderação" entre a saúde ou a vida e a liberdade, já que *apenas o paciente poderá proceder à hierarquização de seus próprios valores e direitos individuais*, isto é, somente ele poderá dizer, no caso concreto, se é a saúde, a vida ou qualquer outro valor que deve preponderar. A autonomia é, portanto, um "meta-valor", situado num plano diferente dos demais, pois dá ao indivíduo justamente o direito de ponderar os seus próprios valores e direitos. A imposição de uma hierarquização diversa, a partir dos valores que o Estado ou que terceiros têm para si como mais relevantes, transforma a autonomia em heteronomia, determinando-a de fora para dentro e, portanto, falsificando seu conteúdo.

8. O *paternalismo* é incompatível com um modelo que leva a *autonomia* a sério. Sob o ponto de vista filosófico, a deontologia kantiana fornece o melhor substrato para a crítica antipaternalista, porquanto insere a autonomia como um limite a ser respeitado e não como um valor a ser maximizado.

9. A crítica ao paternalismo penal se baseia no liberalismo jurídico-penal fundado na autonomia. O Estado liberal deve ser neutro em relação às concepções individuais sobre o valor ou o significado da vida boa e não deve, portanto, impor estilos de vida, mesmo que vise, com isso, à promoção do bem-estar, da saúde ou da vida do indivíduo afetado. A compreensão dos bens jurídicos individuais a partir da autonomia do seu titular conduz à conclusão de que o Estado não possui legitimidade para proibir autolesões e/ou lesões consentidas. Com isso, apenas a proibição de condutas que lesam ou expõem a perigo o bem jurídico do ofendido *contra a sua vontade* pode ser considerada legítima.

10. Apenas o paternalismo *rígido*, que legitima intervenções na liberdade individual de sujeitos autônomos com a finalidade de promover o seu próprio bem, é objeto da crítica aqui traçada. Por sua vez, o paternalismo *moderado*, orientado pela autonomia, é considerado legítimo e se refere a intervenções beneficentes realizadas diante de situações em que a conduta do sujeito afetado é substancialmente involuntária e/ou quando uma intervenção temporária é necessária para que seja possível determinar se a sua ação é, de fato, voluntária ou não. Assim, nesse caso não há uma violação da autonomia, já que a conduta ou decisão do indivíduo afetado não é voluntária e/ou livre.

11. Os problemas de direito médico envolvem, via de regra, o chamado paternalismo indireto, pois as proibições e mandamentos constantes da lei penal costumam se dirigir apenas ao médico. Contudo, por mais que a sanção legal não tenha como destinatário o indivíduo "protegido" pela norma, também o paciente tem sua liberdade e suas possibilidades de atuação restringidas. Embora a proibição penal recaia sobre o médico – cuja liberdade de atuar é limitada –, no caso da limitação da disposição do próprio corpo, por exemplo, obviamente também o paciente terá a sua possibilidade de consentir afetada. A nosso ver, caso a proibição de paternalismo indireto se funde exclusivamente em argumentos de paternalismo rígido, será também ilegítima.

12. O respeito à autonomia, à liberdade e à dignidade dos pacientes, bem como a consequente crítica ao paternalismo, fundada nesses mesmos valores, nos leva à conclusão de que *somente a ética da autonomia possui legitimidade em* *nosso contexto constitucional e convencional.* Destarte, a tradicional ética hipocrática deve ser completamente rechaçada.

13. A principal concretização da ética da autonomia é a exigência do *consentimento informado* prévio às intervenções médicas, cuja legitimidade depende, portanto, da autorização do paciente obtida após o fornecimento, pelo médico, de todas as informações necessárias para a tomada de uma decisão livre. São elementos do consentimento informado: a competência e a voluntariedade do paciente, a revelação de informações e a recomendação do médico e, por fim, a compreensão dessas informações, a decisão e a autorização do paciente.

14. As orientações éticas que norteiam a prática da medicina brasileira, fixadas precipuamente pelo Conselho Federal de Medicina e pelo Ministério da Saúde, também consagram a ética da autonomia e o consentimento informado, apesar de também admitirem certas limitações, como a intervenção não consentida ou contrária à vontade do paciente nos casos em que há risco para a sua vida e a omissão de informações quando puderem causar danos ao paciente. Ainda não há no Brasil uma lei que elenque os direitos dos pacientes e defina sua concreta extensão. No entanto, essa lacuna será possivelmente suprida, em alguns pontos, com a eventual aprovação do PL 5.559/2016.

3

A COMPREENSÃO DOGMÁTICA TRADICIONAL

3.1 A atividade médica como exercício regular de um direito de profissão

Na doutrina brasileira, formou-se certo consenso no sentido de que as lesões corporais decorrentes de intervenções médico-cirúrgicas seriam, em termos gerais, justificadas dogmaticamente pelo *exercício regular de direito* do médico. O posicionamento de *Aníbal Bruno*, principal defensor dessa tese,[444] foi seguido

---

444. BRUNO, Aníbal. *Direito Penal:* Parte Geral. Tomo II. Rio de Janeiro: Forense, 1967, p. 11. BRUNO, Aníbal, *Direito Penal:* parte especial. Tomo IV. Rio de Janeiro: Forense, 1966, p. 197. Além de *Aníbal Bruno*, podemos também mencionar na doutrina tradicional os ensinamentos de *Nelson Hungria*, que afirma que a lesão corporal decorrente de operação cirúrgica é solucionada pelo exercício regular do direito, desde que haja consentimento do enfermo, nos casos de ausência de perigo para a vida e que a cirurgia seja indicada pela arte médica. HUNGRIA, Nelson; FRAGOSO, Heleno Cláudio. *Comentários ao Código Penal.* vol. 1, Tomo II. Rio de Janeiro: Forense, 1978, p. 311. Insta frisar, no entanto, que, em outro volume desta obra, *Hungria* soluciona a questão com base na ausência de dolo. Cf. HUNGRIA, Nelson; FRAGOSO, Heleno Cláudio. *Comentários ao Código Penal.* vol. 5. Rio de Janeiro: Forense, 1979, p. 325. Além desses, defenderam também a tese do exercício regular de direito: FRAGOSO, Heleno Cláudio, Transexualismo – cirurgia – lesão corporal [Parecer], *Revista de Direito Penal,* n. 25, 1978, p. 34. LINHARES, Marcello Jardim, *Estrito cumprimento do dever legal. Exercício regular de direito*, Rio de Janeiro: Forense, 1983, p. 194 e ss. MAGALHÃES, Délio. *Causas de exclusão do crime.* São Paulo: Saraiva, 1968, p. 90 e 132. MARQUES, José Frederico. *Curso de Direito Penal.* vol. 2. São Paulo: Saraiva, 1956, p. 152. NORONHA, E. Magalhães. *Direito Penal:* introdução e parte geral. vol. 1. 38. ed. São Paulo: Rideel, 2009, p. 205.

por diversos autores contemporâneos,[445] o que contribuiu para a consolidação do entendimento de que as intervenções médicas constituiriam um *direito de profissão* do médico.

Tal concepção é fundada na premissa de que a obtenção regular do título profissional de médico gera para ele o *direito originário* de praticar todos os atos inerentes à sua profissão, dentre eles os tratamentos médicos e as intervenções cirúrgicas. Assim, tendo em vista que a medicina é uma atividade fomentada e regulada pelo Estado,[446] as intervenções médicas estariam abarcadas pela excludente da ilicitude do exercício regular do direito. Essa justificação *formal* para

---

445. Nesse sentido, cf. BIERRENBACH, Sheila. *Teoria do Crime*. Rio de Janeiro: Lumen Juris, 2009, p. 191. BITENCOURT, Cesar. *Tratado de Direito Penal:* parte geral. 13. ed. São Paulo: Saraiva, 2008, p. 326. BRANDÃO, Cláudio. *Curso de Direito Penal:* Parte Geral. Rio de Janeiro: Forense, 2008, p. 197. BRODT, Luís Augusto Sanzo. *Do estrito cumprimento do dever legal.* Porto Alegre: Sergio Antonio Fabris, 2005, p. 190. CAPEZ, Fernando. *Curso de direito penal:* parte geral. v. 1. 15. ed. São Paulo: Saraiva, 2011, p. 318. COÊLHO, Yuri Carneiro. *Curso de Direito Penal Didático.* 2. ed. São Paulo: Atlas, 2015, p. 217. DOTTI, René Ariel. *Curso de Direito Penal*: Parte Geral. São Paulo: Revista dos Tribunais, 2010, p. 482. GALVÃO, Fernando. *Direito Penal:* parte geral. 6. ed. Belo Horizonte: D'Plácido, 2016, p. 456. REISS, Michel Wencland. *Sobre o consentimento do sujeito passivo*. Universidade Federal de Minas Gerais, 2004, p. 112. JESUS, Damásio E. de, *Direito Penal:* parte geral. v. 1. São Paulo: Saraiva, 2010, p. 442-443. JESUS, Damásio de. *Direito Penal:* parte especial. v. 2. São Paulo: Saraiva, 2012, p. 167. LOPES, Jair Leonardo. *Curso de Direito Penal:* parte geral. 4. ed. São Paulo: Revista dos Tribunais, 2005, p. 138. MIRABETE, Julio Fabbrini; FABRINNI, Renato N. *Manual de Direito Penal*: parte especial. vol. 2. São Paulo: Atlas, 2007, p. 77. MOTTA, Ivan Martins. *Estrito cumprimento do dever legal e exercício regular de direito*: dupla natureza jurídica e repercussões processuais penais. São Paulo: Juarez de Oliveira, 2000, p. 58. MOTTA, Ivan Martins, Cumprimento de deveres e exercício de direitos e suas repercussões processuais penais, *Direito e paz*, v. 6, n. 11, 2004, p. 189. OLIVEIRA, Edmundo. *Deontologia, erro médico e direito penal.* Rio de Janeiro: Forense, 1998, p. 50. VARGAS, José Cirilo de. *Instituições de Direito Penal*: parte geral. Belo Horizonte: Del Rey, 1997, p. 342. VIEIRA, Tereza Rodrigues; PIRES, Roberta Martins, Responsabilidade penal do cirurgião, *in*: DIAS, Maria Berenice (Org.), *Diversidade sexual e direito homoafetivo*, São Paulo: Revista dos Tribunais, 2011, p. 462-465. Utilizam esse fundamento somente em relação às intervenções estéticas: FERRÉ OLIVÉ, Juan Carlos; NUÑEZ PAZ, Miguel Ángel; OLIVEIRA, William Terra de; BRITO, Alexis Couto de. *Direito Penal brasileiro:* parte geral. Princípios fundamentais e sistema. São Paulo: Revista dos Tribunais, 2011, p. 423. *Pierangeli* alude a essa justificação apenas nos casos de intervenções não terapêuticas: PIERANGELI, José Henrique. *O consentimento do ofendido na teoria do delito.* São Paulo: Revista dos Tribunais, 2001, p. 238.

446. Apesar de não aludirem expressamente ao exercício regular de direito, *Zaffaroni* e *Batista* utilizam o mesmo fundamento dos autores supracitados para afastar o injusto das intervenções médicas com finalidade terapêutica, independentemente do seu resultado sobre a saúde ou vida do paciente, porquanto seriam "ações fomentadas pelo direito" e, em razão disso, atípicas. Assim, afirma-se que "embora nas [intervenções] fomentadas também caiba exigir o consentimento do paciente, sua falta não outorga às lesões cirúrgicas tipicidade de lesões corporais (art. 129 CP)". ZAFFARONI, Eugenio Raúl; BATISTA, Nilo; ALAGIA, Alejandro; SLOKAR, Alejandro. *Direito Penal Brasileiro.* vol. 2, Tomo I. 2. ed. Rio de Janeiro: Revan, 2010, p. 246. No mesmo sentido, PIERANGELI, O consentimento do ofendido na teoria do delito, p. 208.

a atuação do médico – a faculdade legítima de exercer a profissão, outorgada pelo Estado – seria corroborada por uma justificação *material*: a atuação médica, por constituir um meio justo para alcançar um justo fim,[447] deveria ser considerada lícita sempre que houvesse a observância da *lex artis*, independentemente de o tratamento ter sido bem ou malsucedido. Nesse sentido, afirma-se que "o médico não pode ser responsabilizado por lesões corporais ao fazer uma incisão no abdome do paciente, pois sua conduta atende aos fins protetivos do sistema normativo e, por isso, recebe carga valorativa positiva".[448]

Essa tese não é exclusividade brasileira – também em outros países é possível encontrar autores que, ainda hoje, adotam essa mesma postura. Para solucionar essa problemática, alguns autores recorrem, na Espanha, ao "exercício legítimo de um direito, ofício ou cargo"[449] – causa de exclusão da ilicitude prevista no artigo 20, 7º, do CP espanhol –, em especial diante da ausência de previsão legal expressa do consentimento na legislação do país. Como ressaltou *Romeo Casabona*, essa mesma solução pode ser encontrada na doutrina espanhola desde os primeiros comentários aos Códigos Penais de 1848 e 1870. Trata-se, portanto, da mais tradicional tese utilizada para o tratamento dogmático desses problemas no contexto espanhol.[450] Na Argentina, *Fontán Balestra* também defende a tese do

---

447. BRUNO, Direito Penal II, p. 6. Há, aqui, referência à teoria do meio justo para o justo fim (*Zwecktheorie*) de *Graf zu Dohna*. Cf. DOHNA, Alexander Graf zu. *Die Rechtswidrigkeit als allgemeingültiges Merkmal im Tatbestande strafbarer Handlungeno* Halle: Verlg der Buchhandlung des Waisenhauses, 1905, p. 95 e ss.

448. GALVÃO, Direito Penal, p. 456.

449. Cf. atualmente MIR PUIG, Santiago. *Derecho Penal:* parte general. Barcelona: Reppertor, 2016, p. 505-507 e 526. MUÑOZ CONDE, Francisco; GARCÍA ARÁN, Mercedes. *Derecho Penal:* parte general. 3. ed. Valencia: Tirant lo Blanch, 1998, p. 380. Para *Muñoz Conde* e *García Arán*, o consentimento informado é um dos pressupostos para a justificação das intervenções cirúrgicas, que ocorrerá, ao final, com base no exercício legítimo de uma profissão. Na parte especial, *Muñoz Conde* argumenta que o pressuposto do consentimento não legitimaria todo e qualquer tratamento médico, já que isso poderia autorizar práticas imorais. MUÑOZ CONDE, Francisco, *Derecho Penal:* parte especial, Valencia: Tirant lo Blanch, 1996, p. 105 e 106. Contrário à tese do exercício do direito, *Antón Oneca* afirma que ela conduz a extremos que devem ser rechaçados, como a licitude de qualquer intervenção médica independentemente da vontade do paciente. ANTÓN ONECA, José. *Derecho Penal.* 2. ed. Madrid: Akal, 1986, p. 287.

450. ROMEO CASABONA, Carlos Maria. *El medico y el Derecho Penal:* la actividad curativa (licitud y responsabilidad penal). Barcelona: Bosch, 1981, p. 30-52. Essa postura pode ter sido posteriormente até mesmo intensificada na doutrina espanhola, especialmente em razão da reforma do Código Penal de 1963, em que se estipulou, no art. 428, a irrelevância do consentimento para o crime de lesão corporal. Nesse sentido, cf. COBO DEL ROSAL, Manuel, Revisión del problema del consentimiento en las lesiones en el Código Penal, *ADPCP*, 1964, p. 263. Mesmo diante da vedação legal, no entanto, a questão continuou sendo debatida na doutrina, que questionava o real alcance desse dispositivo. À época da publicação de seu livro (1981), *Romeo Casabona* frisou que tanto a justificação com base no exercício legítimo de profissão quanto a fundada no consentimento do paciente eram as principais teses

exercício regular do direito[451] por entender que em algumas situações a atuação médica, ainda que contra a vontade do paciente, refere-se ao próprio cumprimento da lei[452] e que, nas demais hipóteses, o exercício do direito deve ser *complementado* pelo consentimento do paciente para atribuir-se regularidade à conduta médica.

Do mesmo modo, na Itália, *Mantovani* já defendeu que o consentimento exigido para as intervenções cirúrgicas não seria aquele a que se refere o art. 50 do Código Penal italiano, mas se trataria, na verdade, de um pressuposto para a regularidade das intervenções cirúrgicas, justificadas pelo exercício de um direito (art. 51, CP italiano).[453] Tese similar veio a ser defendida em Portugal, como nos lembra *Costa Andrade*, já que a licitude da atuação médica era determinada, "na vigência do Código Penal de 1852, invocando o 'exercício de um direito' (art. 44º, n. 4), uma causa de justificação que dependia, em concreto, do consentimento do paciente".[454]

Também na literatura alemã, até o final do século XIX, as intervenções cirúrgicas eram legitimadas com fundamento num *direito de profissão dos médicos* (ärztliches *Berufsrecht*).[455] Para alguns, esse direito derivava dos costumes e

defendidas na Espanha para a solução dessa problemática. Cf. ROMEO CASABONA, El medico y el Derecho Penal, p. 29.

451. FONTÁN BALESTRA, Carlos. *Derecho Penal:* introducción y parte general. Buenos Aires: Abeledo-Perrot, 2002, p. 277. FONTÁN BALESTRA, Carlos. *Derecho Penal:* parte especial. 17. ed. Buenos Aires: Abeledo-Perrot, 2008, p. 98. No mesmo sentido, cf. SOLER, Sebastiano *Derecho penal Argentino.* vol. 1. Buenos Aires: Tipografica Editora Argentina, 1978, p. 335.

452. De acordo com o autor, trata-se de situações em que o médico possui um dever de atuar, como, por exemplo, em casos de epidemia, desastres ou outras emergências, quando houver requerimento das autoridades sanitárias (art. 19, inc. 1º, Lei 17.132), ou em casos de tratamentos obrigatórios, que devem ser impostos pelo médico (arts. 7º e 8º, Lei 12.331). FONTÁN BALESTRA, Derecho Penal: introducción y parte general, p. 279.

453. MANTOVANI, Ferrando. *I trapianti e la sperimentazione umana nel diritto italiano e straniero.* Padova: CEDAM, 1974, p. 203. No mesmo sentido, para *Manzini* a atuação dos profissionais da medicina era, via de regra, justificada pelo exercício de um direito, que possuía como base a norma jurídica que autoriza a prática da medicina, a não ser que a lei impusesse um tratamento específico (como nos casos de vacinação obrigatória). MANZINI, Vicenzo. *Trattato di Diritto Penale Italiano.* vol. 2. 9. ed. Torino: Unione Tipografico--Editrice Torinese, 1941, p. 316. Cf. críticas a esse posicionamento em RIZ, Roland. *Il trattamento medico e le cause di giustificazione.* Padova: CEDAM, 1975, p. 41. Apesar de adotar o critério do consentimento para a justificação da atuação médica, *Ranieri* nos lembra que a atuação do *médico militar* será justificada pelo exercício regular de direito, já que ele pode atuar mesmo que contra a vontade do paciente. Cf. RANIERI, Silvio. *Manual de Derecho Penal:* parte general. Tomo I. Bogotá: Temis, 1975, p. 208.

454. COSTA ANDRADE, Manuel da. *Consentimento e acordo em Direito Penal.* Coimbra: Coimbra Editora, 2004, p. 451.

455. Nesse sentido, cf. BINDING, Karl. *Handbuch des Strafrechts.* Leipzig: Duncker & Humblot, 1885, p. 802-804. KAHL, Wilhelm, Der Arzt im Strafrecht, *ZStW*, v. 29, 1909, p. 368, o qual tece fortes críticas à solução com base no consentimento do paciente. VON BAR, L. *Gesetz und Schuld im Strafrecht*: Die Befreiung von Schuld und Strafe durch das

não de uma causa legal de justificação.[456] De acordo com *Binding*, "o médico pratica, com a autorização do Estado, a arte da cura, e todos os meios de que a ciência dispõe para o atingimento de seus fins são permitidos, a não ser que expressamente proibidos por lei".[457] Assim, a autorização do Estado para o exercício da profissão legitimaria todas as condutas a ela inerentes, gerando para o médico um direito de atuar. Esse direito do médico, consequentemente, acabava impondo ao paciente um dever de suportar a intervenção, ainda que contra a sua vontade. Além disso, as intervenções médicas não poderiam ser justificadas pelo consentimento, já que a vontade do paciente não seria suficiente para justificar uma eventual morte decorrente da colocação da sua vida em risco.[458] Em algumas concepções, atribuía-se alguma relevância à vontade do paciente, mas a última palavra era sempre a do médico.[459]

Na Alemanha, no entanto, esse posicionamento foi criticado à época principalmente por fornecer apenas uma pretensa justificação e não um real fundamento do seu alcance, bem como por atribuir legitimidade a toda e qualquer intervenção

Gesetz. Berlin: J, Guttentag, 1909, p. 72. VON LISZT, Franz. *Lehrbuch des deutschen Strafrechts*. 11. ed. Berlin: J. Guttentag, 1902, p. 132-133. Numa versão posterior do seu manual, no entanto, *von Liszt* mudou o seu posicionamento e afirmou que o direito de profissão do médico e/ou o direito consuetudinário não trazem o real fundamento da justificação das intervenções médicas. O verdadeiro motivo seria, na verdade, a existência de um "meio justo para um justo fim" (*Zwecktheorie*). Assim, nessa segunda concepção, "o fundamento jurídico dessas intervenções está no fim almejado, reconhecido pelo Estado; sua limitação está na adequação do meio, que derivam das regras da ciência e da arte médicas". VON LISZT, Franz. *Lehrbuch des deutschen Strafrechts*. 20. ed. Berlin: J. Guttentag, 1914, p. 158. No original: "Der Rechtsgrund zu solchen Eingriffen liegt in der staatlichen Anerkennung des angestrebten Zweckes; ihre Schranke in der Angemessenheit des Mittels, die sich aus den Regeln der ärztlichen Wissenschaft und Kunst ergibt". Ao criticar *Liszt*, *Eb. Schmidt* ressalta que afirmar a tese do "meio justo para um justo fim" é basicamente a mesma coisa que defender um direito de profissão dos médicos. Cf. SCHMIDT, Eberhard., Empfiehlt es sich, dass der Gesetzgeber die Fragen der aïrztlichen Aufklaïrungspflicht regelt?, *in*: *Verhandlungen des Vierundvierzigsten deutschen Juristentages*, Tübingen: J. C. B. Mohr, 1962, p. 20.

456. *Oppenheim* defendia a justificação das intervenções médicas com base no direito consuetudinário. Isso implicaria, ao final, num "direito do médico à intervenção" – não para dar poderes irrestritos ao médico, mas sim para tentar delimitar e regulamentar a compreensão jurídica sobre a atuação médica. Cf. OPPENHEIM, L. *Das ärztliche Recht zu körperlichen Eingriffen an Kranken und Gesundeno* Basel: Benno Schwabe, 1892, p. 9. No mesmo sentido, DIETRICH, H. *Die Straflosigkeit ärztliche Eingriffe*. Fulda: Fuldaer Aktiendruckerei, 1896, p. 10 e ss. LILIENTHAL, K. von, Die pflichtsmässige ärztliche Handlung und das Strafrecht, *in*: *Festgabe zur feier des fünfzigsten Jahrestages der Doktor-Promotion des geheimen Rates Professor Dr. Ernst Immanuel Bekker*, Berlin: Verlag von O. Haering, 1899, p. 34 e ss.

457. BINDING, Handbuch des Strafrechts, p. 802. No original: "Der approbierte Arzt übt mit staatlicher Genehmigung die Heilkunst, und alle Mittel, die ihm die Wissenschaft zur Erreichung seines Zwecks zur Verfügung stellt, sind – soweit nicht ausdrückliche gesetzliche Verbote entgegenstehen – ihm anzuwenden erlaubt".

458. BINDING, Handbuch des Strafrechts, p. 802.

459. Cf. a respeito GEILEN, Gerd, Der ärztliche Spagat zwischen salus und voluntas aegroti, *in*: *FS-Schwind*, Heidelberg: C.F. Müller, 2006, p. 289-292.

cirúrgica.[460] Assim, foi deixado de lado no apagar do século XIX, em especial a partir de uma decisão paradigmática do Tribunal do Império alemão (*Reichsgericht* [= RG]) de 1894, que adotou o critério do consentimento.[461] Muito embora esse pensamento tradicional tenha sido retomado por ocasião do nacional-socialismo – quando se atribuiu ao médico o direito ilimitado de intervir, desvinculado da vontade do paciente[462] –, ele foi posteriormente completamente abandonado pela doutrina e jurisprudência alemãs.[463] Como reconheceu o Tribunal Federal alemão (=BGH [*Bundesgerichtshof*]) já em 1958, "um direito de tratamento forçado, como era defendido na época do nacional-socialismo, apesar de ter sido sempre negado pelo Tribunal do Império, não é mais defendido".[464]

Podemos perceber que a justificação com base no exercício regular de direito é, de fato, a mais tradicional de todas aquelas que visam a solucionar o problema das intervenções cirúrgicas no direito penal. No entanto, é difícil apontar com precisão a verdadeira origem dessa compreensão tradicional brasileira, eis que, em geral, os primeiros autores que trataram dessa justificação não fizeram muitas referências a fontes jurídicas estrangeiras, como leis ou doutrina.[465] A nosso ver, no entanto, é nítida a influência dos escritos europeus no Brasil no que se refere ao tratamento dogmático das intervenções cirúrgicas,[466] o que certamente foi corroborado pela falsa necessidade de encontrar um fundamento legal para afastar o injusto nesses casos. Assim, a existência de um dispositivo na lei brasileira que

---

460. Sobre a primeira crítica, cf. SCHMIDT, Die strafrechtliche Verantwortlichkeit des Arztes für verletzende Eingriffe, p. 8. Sobre a segunda, cf. VON BAR, Gesetz und Schuld im Strafrecht, p. 72-73.

461. RGSt 25, 375.

462. No Código Médico do Império (*Reichsärzteordnung*), de 1935, estabelecia-se no § 1º que "o médico exerce uma profissão a serviço da saúde dos indivíduos e de todo o povo. Ele exerce uma função regulada por essa lei". Esse foi o início de uma retomada da ideia de exercício de um direito de profissão. Cf. a respeito SCHMIDT, Empfiehlt es sich, p. 37.

463. RIEDELMEIER, Sabine. Ärztlicher Heileingriff und allgemeiner Strafrechtsdogmatik. Baden-Baden: Nomos, 2004, p. 28.

464. BGHZ 29, 46 (p. 49). No original: "Ein Behandlungszwangsrecht, wie es zur Zeit des Nationalsozialismus erörtert, vom Reichsgericht aber stets abgelehnt wurde (vgl. RGZ 151, 349), wird von niemandem mehr gefordert".

465. Cf., por exemplo, as esparsas referências de *Linhares* à doutrina alemã e italiana. LINHARES, Estrito cumprimento do dever legal, p. 194-229.

466. Apesar de a maior influência muito provavelmente ter decorrido das doutrinas espanhola, italiana e portuguesa, haja vista a previsão de uma causa de justificação igual ou similar à do exercício regular de direito na legislação desses países, a nosso ver a compreensão tedesca do final do século XIX também acabou influenciando a doutrina tradicional brasileira, em especial em razão da tradução da obra de *von Liszt* para o português, publicada em 1899, na qual ainda se adotava a concepção do exercício do direito de profissão. VON LISZT, Franz. *Tratado de direito penal allemão.* Trad. José Hygino Duarte Pereira. Rio de Janeiro: F. Briguiet & C., 1899, p. 245. Deve-se frisar, mais uma vez, que essa tradução ainda se vincula ao primeiro posicionamento de *von Liszt* quanto à questão. Ademais, o autor não chega a defender categoricamente um direito do médico a intervenções contrárias à vontade do paciente, limitando-se a dizer que tal possibilidade era ainda "duvidosa".

reconhece o exercício regular do direito como causa de justificação foi, na nossa visão, também relevante para a consagração de tal compreensão.

No Brasil, o *exercício regular do direito* está previsto no artigo 23, III, do CPB como causa que afasta a ilicitude. Trata-se, na verdade, de uma "causa de justificação em branco",[467] já que o CPB, embora a enuncie, não define o seu real conteúdo, que dependerá da existência de outra norma permissiva penal ou extra-penal[468] que autorize o exercício desse direito. De acordo com a doutrina, essa norma permissiva pode derivar de qualquer fonte de direito, como, por exemplo, a lei ou os costumes.[469] Argumenta-se que, se é o direito "um complexo harmônico de normas",[470] então, caso haja em algum lugar do ordenamento jurídico uma autorização para a prática daquela conduta típica, não seria correto puni-la. Com base no *princípio de unidade do ordenamento jurídico*,[471] não seria possível proibir e autorizar simultaneamente uma mesma conduta.[472] Em razão disso, para alguns, essa seria "a fórmula geral de todas as causas de justificação",[473] já que, ao fim e ao cabo, todas as causas que afastam a ilicitude conduziriam ao exercício de um direito.

O fundamento material da justificação seria a existência de uma colisão de interesses,[474] havendo preponderância para aquele cuja faculdade de exercício está prevista em lei. No caso das intervenções cirúrgicas, teríamos, de um lado, a norma que pune a ofensa à integridade física de uma pessoa e, de outro, a norma que fomenta a atividade médica.[475] Diante do conflito entre elas, tendo em vista o princípio do interesse preponderante,[476] prevaleceria, com base no exercício regular do direito, a segunda.[477]

---

467. GRECO, Luís; HORTA, Frederico; LEITE, Alaor; TEIXEIRA, Adriano; QUANDT, Gustavo. *Reforma da parte geral do Código Penal*: uma proposta alternativa para debate. São Paulo: Marcial Pons, 2018, p. 30.

468. Como esclarece HUNGRIA, Nelsono *Comentários ao Código Penal.* vol. 1, Tomo II. 4. ed. Rio de Janeiro: Forense, 1958, p. 310.

469. Nesse sentido, cf. TOLEDO, Francisco de Assis. *Ilicitude penal e causas de sua exclusão.* Rio de Janeiro: Forense, 1984, p. 110.

470. HUNGRIA, Comentários ao Código Penal 1, II, p. 309.

471. FERRÉ OLIVÉ; NUÑEZ PAZ; OLIVEIRA; BRITO, Direito Penal brasileiro, p. 417.

472. Nesse sentido, cf. LINHARES, Estrito cumprimento do dever legal, p. 4.

473. ZAFFARONI, Eugenio Raúl; BATISTA, Nilo; ALAGIA, Alejandro; SLOKAR, Alejandro. *Direito Penal Brasileiro.* vol. 2, tomo 2. Rio de Janeiro: Revan, 2017, p. 28.

474. LINHARES, Estrito cumprimento do dever legal, p. 58.

475. MOTTA, Cumprimento de deveres e exercício de direitos, p. 192.

476. TOLEDO, Ilicitude penal e causas de sua exclusão, p. 110.

477. O *fundamento material* para a justificação das intervenções médicas com base no exercício regular do direito, apresentado por alguns autores brasileiros, assemelha-se ao fundamento da atipicidade da intervenção médica curativa defendido por autores alemães. Cf., a esse respeito, o item 3.3.2. Sobre a fundamentação das causas de justificação com base no interesse preponderante, cf. MEZGER, Edmung. *Strafrecht*: Ein Lehrbuch. München: Duncker & Humblot, 1933, p. 205.

Na doutrina brasileira, a concepção monista de que o exercício regular do direito possuiria relevância apenas no âmbito da ilicitude não é pacífica. Há quem defenda que ele poderia ter natureza jurídica tanto de causa de justificação como também de afastamento da tipicidade da conduta.[478] O exercício de um direito *meramente autorizado* pelo Estado afastaria, nessa perspectiva, a ilicitude do fato, enquanto o exercício de um direito *fomentado*, incentivado pelo Estado, tornaria a conduta atípica, já que a tipicidade pressuporia a antinormatividade da conduta.[479]

Nesse contexto, no âmbito das *cirurgias eletivas* – assim entendidas aquelas que não decorrem de uma situação de urgência –, costuma-se fazer uma distinção entre as intervenções cirúrgicas *com finalidade terapêutica* e aquelas *sem fim terapêutico*. As intervenções com finalidade terapêutica, que visam à cura de alguma enfermidade ou ao melhoramento da saúde do paciente, seriam consideradas atípicas com fundamento no exercício regular do direito.[480] Já as intervenções sem fim terapêutico seriam aquelas concebidas como voluptuárias, de mero deleite, que, embora desnecessárias, são desejadas pelo paciente, *v.g.* cirurgias plásticas ou de esterilização voluntária. Essas operações, por sua vez, seriam consideradas típicas, por não serem explicitamente fomentadas pela ordem jurídica, mas justificadas e, portanto, afetariam apenas o âmbito da ilicitude, pois consideradas apenas como toleradas ou permitidas.[481] Para *Aníbal Bruno*, essas intervenções sem fins curativos, mesmo as puramente cosméticas, também estariam amparadas pelo exercício regular de direito – porquanto "também reconhecida[s] pelo Estado"[482] –, constituindo, inclusive, uma especialização da medicina.[483]

Se, por um lado, a vinculação das *cirurgias de caráter eletivo* ao exercício do direito profissional do médico é, para os defensores dessa tese, relativamente pacífica, por outro lado as *cirurgias de urgência*, em que há risco para a vida do paciente, costumam ensejar justificações diversas. A autorização contida no artigo 146, §3º, I, do CPB,[484] que exclui da esfera do constrangimento ilegal as

---

478. Nesse sentido, cf. BRODT, Do estrito cumprimento do dever legal, p. 190-191. MOTTA, Estrito cumprimento do dever legal e exercício regular de direito, p. 80. MOTTA, Cumprimento de deveres e exercício de direitos, p. 192.

479. MOTTA, Cumprimento de deveres e exercício de direitos e suas repercussões processuais penais, p. 192. Nota-se a influência da doutrina de *Zaffaroni*, *Batista et alii* na elaboração dessa diferenciação, haja vista que, por mais que estes autores não aludam especificamente ao "exercício regular de direito", para eles as ações fomentadas pelo direito afastariam a tipicidade da conduta, enquanto as não fomentadas exigiriam uma justificação. Cf. ZAFFARONI; BATISTA; ALAGIA; SLOKAR, Direito Penal Brasileiro 2 I, p. 244-250.

480. BRODT, Do estrito cumprimento do dever legal, p. 190.

481. Cf. LINHARES, Estrito cumprimento do dever legal, p. 210.

482. BRUNO, Direito Penal: parte especial IV, p. 198.

483. *Aníbal Bruno* é, no entanto, adepto da teoria monista, em especial por negar a inserção de critérios valorativos no tipo. Assim, trata de ambos os casos no âmbito da ilicitude.

484. "Constrangimento ilegal. Art. 146 – Constranger alguém, mediante violência ou grave ameaça, ou depois de lhe haver reduzido, por qualquer outro meio, a capacidade de

intervenções médicas destinadas ao salvamento do paciente cuja vida se encontra em iminente perigo, mesmo que sem seu consentimento, gera controvérsias quanto à justificação das cirurgias de urgência.[485] Para muitos desses autores, essa autorização não se limitaria às situações em que o paciente não possui condições fáticas de manifestar a sua vontade, mas abrangeria também a violação da sua vontade expressa, caso a intervenção seja necessária para a preservação da sua vida.[486]

Para alguns autores, trata-se de hipótese de exercício regular de direito[487] consagrada pelo próprio Código Penal. Estado de necessidade em favor de terceiro só haveria se o sujeito tivesse sido salvo, em situação de iminente perigo para a vida, por um terceiro que não possui a habilitação para a prática médica.[488] Para outros, essas cirurgias de urgência estariam abarcadas pelo *estado de necessidade justificante*,[489] eis que a conduta do médico, dirigida ao salvamento da vida de um terceiro diante de um perigo atual, estaria justificada, ainda que sem a aquiescência do paciente, caso preenchidos todos os requisitos previstos no artigo 24 do CPB.[490] Há, ainda, quem afirme que o artigo 146, § 3º, I, do CPB e o Código de Ética Médica fundamentam, na verdade, um dever de atuar do médico em caso de risco para a vida do paciente. Assim, o médico atuaria em *estrito cumprimento do dever legal* se, ainda que sem consentimento, operasse um paciente cuja vida esti-

resistência, a não fazer o que a lei permite, ou a fazer o que ela não manda: (...) § 3º – Não se compreendem na disposição deste artigo: I – a intervenção médica ou cirúrgica, sem o consentimento do paciente ou de seu representante legal, se justificada por iminente perigo de vida".

485. Um posicionamento peculiar quanto a essa controvérsia pode ser encontrado em *Manzini*, para quem uma violência contrária à vontade do paciente pode ser justificada pela *legítima defesa* em relação à própria vontade do paciente, que deseja causar a si mesmo uma violência injusta. MANZINI, Trattato di Diritto Penale Italiano II, p. 317.

486. BRUNO, Direito Penal: Parte Geral II, p. 12.

487. FRANÇA, Direito médico, p. 223. Cf. também CAPEZ, *Curso de direito penal*, v. 1, p. 317. Curiosamente, nesse mesmo livro *Capez* afirma que, em caso de ausência de consentimento, haveria estado de necessidade em favor de terceiro. No mesmo sentido, reconhecendo as duas causas de justificação, OLIVEIRA, Deontologia, erro médico e direito penal, p. 25 e 50.

488. BRUNO, Direito Penal: Parte Geral II, p. 6. Cf. também LINHARES, Estrito cumprimento do dever legal, p. 211.

489. Nesse sentido, cf. BITENCOURT, Tratado de Direito Penal vol. 1, p. 326. COÊLHO, Curso de Direito Penal Didático, p. 217. MINAHIM, Maria Auxiliadora. *Autonomia e frustração da tutela penal*. São Paulo: Saraiva, 2015, p. 79. NORONHA, E. Magalhães, *Direito Penal:* Dos crimes contra a pessoa. Dos crimes contra o patrimônio. vol. 2. São Paulo: Saraiva, 1963, p. 195. PIERANGELI, O consentimento do ofendido na teoria do delito, p. 215. PRADO, Luis Regis. *Curso de Direito Penal Brasileiro*. vol. 1. 11. ed. São Paulo: Revista dos Tribunais, 2012, p. 452. TOLEDO, Francisco de Assis. *Princípios básicos do Direito Penal*. São Paulo: Saraiva, 2002, p. 215.

490. "Art. 24. Considera-se em estado de necessidade quem pratica o fato para salvar de perigo atual, que não provocou por sua vontade, nem podia de outro modo evitar, direito próprio ou alheio, cujo sacrifício, nas circunstâncias, não era razoável exigir-se."

vesse em iminente perigo.[491] Por fim, há também um posicionamento no sentido de que esse dispositivo consagraria, na verdade, uma *causa especial de exclusão da tipicidade*, o que decorreria da literalidade da expressão "não se compreende" contida na exceção trazida pela lei. Entende-se, nessa linha, que o que não está inserido na proibição do art. 146 estaria fora do âmbito de proteção da norma e teria que ser, portanto, atípico.[492]

Outro dispositivo comumente mencionado como consagração expressa de um direito do médico no próprio CPB é o artigo 128, II,[493] que autoriza a prática do aborto quando há risco para a vida da gestante. Alguns autores afirmam tratar-se de um exercício regular do direito[494] do médico, ao passo que para outros autores essa seria, mais uma vez, uma hipótese abarcada pelo estado de necessidade,[495] já que o legislador teria atribuído maior valor à vida humana extrauterina do que à intrauterina, a qual poderia ser sacrificada. Frise-se que, de acordo com a doutrina, o aborto poderia ser praticado mesmo que contra a vontade da gestante,[496] já que a lei não exige o consentimento. Logo, caberia unicamente ao médico a decisão sobre a necessidade da interrupção da gestação, bem como sobre sua efetiva execução.[497]

Um ponto a ser esclarecido é que *a doutrina brasileira não ignora a relevância do consentimento do paciente nas intervenções médico-cirúrgicas.* Enquanto *Nelson Hungria* afirmava que "é de todo irrelevante, para excluir o crime de lesão corporal, o consentimento do ofendido",[498] outros autores, na linha de *Aníbal Bruno,* defendiam que, ainda que o fundamento do afastamento da ilicitude penal não se vinculasse ao consentimento do paciente, a sua ausência

---

491. BRODT, *Do estrito cumprimento do dever legal*, p. 186.

492. IENNACO, Rodrigo. *Causas especiais de exclusão do crime.* Porto Alegre: Sergio Antonio Fabris, 2005, p. 154. IENNACO, Rodrigo; PIRES, Rodrigo Esteves Santos. Transfusão de sangue em pacientes testemunhas de Jeová: religião, ética e discurso jurídico-penal, *in*: BADARÓ, Gustavo (Org.). *Doutrinas Essenciais:* Direito Penal e Processo Penal. vol. 3. São Paulo: Revista dos Tribunais, 2015, p. 599.

493. "Art. 128. Não se pune o aborto praticado por médico: I – se não há outro meio de salvar a vida da gestante."

494. BRODT, Do estrito cumprimento do dever legal, p. 190. TOLEDO, Ilicitude penal e causas de sua exclusão, p. 112.

495. BITENCOURT, Cezar Roberto. *Tratado de direito penal: parte especial.* vol. 2. São Paulo: Saraiva, 2016, p. 194. PRADO, Luiz Regis; CARVALHO, Érika Mendes de; CARVALHO, Gisele Mendes de. *Curso de direito penal brasileiro.* São Paulo: Revista dos Tribunais, 2015, p. 676.

496. BITENCOURT, *Tratado de direito penal*, vol. 2, p. 195.

497. PRADO; CARVALHO; CARVALHO, *Curso de direito penal brasileiro,* p. 676.

498. HUNGRIA; FRAGOSO, *Comentários ao Código Penal*, vol.1, t. II, p. 325. No mesmo sentido, afirma *Ariosvaldo Pires* que "de nada vale o consentimento do ofendido" nos casos das lesões corporais, pois a integridade física seria um bem jurídico parcialmente indisponível. Cf. PIRES, Ariosvaldo de Campos. *Compêndio de Direito Penal:* Parte Especial. vol. 2. Rio de Janeiro: Forense, 1990, p. 57.

tornaria a intervenção cirúrgica ilegítima.[499] Assim, no contexto das intervenções sem fins terapêuticos, por exemplo, embora a conduta do médico estivesse justificada pelo exercício do seu direito profissional, deveria ajustar-se à medida do consentimento do paciente,[500] que possuiria relevância apenas nos casos em que a intervenção não causasse lesões permanentes ou letais.[501] Essa mesma postura pode ser encontrada nas soluções apresentadas por muitos autores contemporâneos. Como ressaltam *Zaffaroni e Batista*,[502] a maior parte das soluções apresentadas para essa problemática na literatura brasileira resultam de uma *combinação* entre o exercício regular de direito e o consentimento[503] ou entre aquele e o estado de necessidade.

No entanto, o consentimento acaba sendo incorporado nessa tese, por alguns, como uma consideração meramente secundária, e não verdadeiramente fundamental, até porque boa parte dos autores ainda admite uma atuação contrária à vontade ou sem o consentimento do paciente, em especial nos casos em que há risco para a sua vida. Nessa perspectiva, o consentimento, por si só, não seria suficiente para atribuir legitimidade a intervenções que afetam o corpo, a saúde ou a vida do paciente, uma vez que esses bens jurídicos são tidos, para a maior parte da doutrina, como indisponíveis. Apesar de o consentimento ser reconhecido como causa supralegal de afastamento da ilicitude, a falta de previsão legal parece ser ainda uma barreira para o reconhecimento da sua eficácia justificante nesses casos. Já a consagração expressa do exercício regular de direito na lei poderia facilitar a solução do problema sob o ponto de vista sistemático[504] e condicionar a regularidade do direito do médico não apenas ao consentimento, nos casos em que fosse exigível, mas também à observância das regras da arte médica.

Esses posicionamentos que atribuem certa relevância ao consentimento parecem consistir, em geral, apenas numa tentativa de mesclar os dois (e às vezes outros) critérios: embora permaneçam trabalhando com a perspectiva tradicional, adicionam o consentimento como "pressuposto" do exercício do direito

---

499. BRUNO, *Direito Penal:* Parte Geral II, p. 13.
500. LINHARES, *Estrito cumprimento do dever legal*, p. 211.
501. LINHARES, Estrito cumprimento do dever legal, p. 212.
502. ZAFFARONI; BATISTA; ALAGIA; SLOKAR, Direito Penal Brasileiro 2 I, p. 247.
503. Cf., por exemplo, MARQUES, Curso de Direito Penal vol. 2, p. 152. SOUZA, Paulo Vinicius Sporleder de; SANTOS, Cleopas Isaías; ALMEIDA NETO, João Beccon de, Capacidade etária para consentir no direito penal médico, *in*: FAYET JÚNIOR, Ney; MAYA, André Machado (Orgs.), *Ciências Penais:* Perspectivas e Tendências da Contemporaneidade, Curitiba: Juruá, 2011, p. 306. Para *Souza*, admitindo-se a tese tradicional, há, na verdade, um "exercício regular de direito-condicionado" ou "exercício regular de direito-consentido", já que a justificação dependeria, em qualquer caso, da anuência do paciente. SOUZA, Paulo Vinicius Sporleder de. *Direito penal médico*. Porto Alegre: Livraria do Advogado, 2009, p. 15.
504. Como ressalta *Romeo Casabona*, que, apesar disso, também refuta a tese do exercício regular de direito. ROMEO CASABONA, El medico y el Derecho Penal, p. 79.

profissional do médico,[505] cuja inobservância tornaria a intervenção ilegítima. As consequências dessa pretensa *ilegitimidade*, no entanto, não são elucidadas. Isto é, não fica claro quais seriam as consequências da ausência de consentimento ou mesmo se ela se refletiria na adequação típica das lesões corporais, do constrangimento ilegal ou de qualquer outro tipo penal. Ao que tudo indica, trata-se de mais uma tentativa de recepcionar as tendências oriundas do direito penal estrangeiro vinculadas à questão do consentimento, no entanto sem se desprender das amarras da doutrina tradicional. Isso pode levar a sérias dúvidas na solução de casos concretos, até porque a aplicação deste modelo "híbrido" não é, via de regra, esclarecida.

3.2 Apreciação crítica

Mesmo a previsão expressa do exercício regular de direito justificante na parte geral é controversa. Não apenas no CPB[506] mas também em outras legislações estrangeiras, *v.g.* nos Códigos Penais português,[507] italiano,[508] espanhol e argentino,[509] é possível encontrar um dispositivo na parte geral que reconhece tal

---

505. FRAGOSO, Transexualismo – cirurgia – lesão corporal, p. 31. Cf. também COÊLHO, Curso de Direito Penal Didático, p. 217. ESTEFAM, André. *Direito Penal:* parte geral, vol 1. São Paulo: Saraiva, 2010, p. 257. Para *Délio Magalhães*, "o consentimento está regulado no exercício regular de um direito". MAGALHÃES, Causas de exclusão do crime, p. 135.

506. Apesar da controvérsia sobre a superfluidade desse dispositivo, o legislador de 1940, inspirado no modelo do Código Rocco, resolveu prever expressamente o afastamento da ilicitude pelo exercício regular do direito (art. 19, III, CPB 1940). Sobre isso cf. MAGALHÃES, Causas de exclusão do crime, p. 7. Posteriormente, o legislador da reforma de 1984 manteve esse dispositivo na parte geral. A razão da manutenção do instituto na parte geral não foi elucidada na exposição de motivos da reforma de 1984. Também no Projeto do Código de 1969 havia previsão da manutenção dessa causa de justificação.

507. "Artigo 31º. Exclusão da ilicitude

1 – O facto não é punível quando a sua ilicitude for excluída pela ordem jurídica considerada na sua totalidade.

2 – Nomeadamente, não é ilícito o facto praticado:

(...) b) No exercício de um direito."

508. "Art. 51. Exercício de um direito ou cumprimento de um dever. O exercício de um direito ou o cumprimento de um dever imposto por uma norma jurídica ou por uma ordem legítima da autoridade pública, exclui a punibilidade ...". No original: "Esercizio di un diritto o adempimento di un dovere. L'esercizio di un diritto o l'adempimento di un dovere imposto da una norma giuridica o da un ordine legittimo della pubblica autorità, esclude la punibilità ...".

509. Na legislação espanhola, dispõe o art. 20: "Artículo 20. Están exentos de responsabilidad criminal: (...) 7.º El que obre en cumplimiento de un deber o en el ejercicio legítimo de un derecho, oficio o cargo". A primeira previsão de um dispositivo semelhante na Espanha estava no Código Penal de 1848. Já no CP argentino, dispositivo similar pode ser encontrado no art. 34: "Articulo 34. No son punibles: (...) 4º. El que obrare en cumplimiento de un deber o en el legítimo ejercicio de su derecho, autoridad o cargo". Cf. a respeito das leis espanhola e argentina, RIVACOBA, Manuel de Rivacoba y. *Las causas de justificacióno* Buenos Aires: Hammurabi, 1995, p. 59.

causa de justificação. O legislador alemão, ao contrário, optou por não consagrar expressamente o exercício regular do direito no Código Penal e incluiu, na parte geral, apenas a legítima defesa e o estado de necessidade (§§ 32, 34 e 35 *StGB*).[510] A previsão do exercício regular do direito como causa de justificação é considerada desnecessária,[511] já que depende de uma norma que defina o conteúdo do direito: essa própria norma que permite a prática do direito poderia, por si só, fundamentar a justificação. Para *Hungria*, apesar de parecer supérflua, tal previsão seria relevante, não apenas por explicitar a exigência de que o juiz, ao julgar o caso, deve atentar-se a todas as regras do ordenamento jurídico, mas também porque a licitude do fato dependeria do exercício do direito nos exatos limites trazidos pela norma – por isso, deve o exercício do direito ser *regular*.[512]

Considerando que o exercício desse direito deve se vincular necessariamente a um *fundamento*, temos que dar razão ao legislador alemão. O que autoriza e limita, por exemplo, a realização de uma prisão em flagrante por um particular é o artigo 301 do Código de Processo Penal (= CPP), que estipula que "qualquer do povo poderá (...) prender quem quer que seja encontrado em flagrante delito". Caso inexistisse tal previsão no CPP, não poderia o artigo 23, III, do CPB fundamentar qualquer direito geral do particular, eis que se trata de um dispositivo despido de real conteúdo permissivo. Obviamente, a prisão só seria legítima se executada dentro dos limites estabelecidos pela lei processual, sendo a previsão expressa do "exercício regular do direito" justificante, a rigor, dispensável para solucionar o caso.

Talvez o exemplo das intervenções cirúrgicas nos mostre inclusive que, além de desnecessário, esse dispositivo pode também gerar incongruências e imprecisões, pois essa mera alusão genérica a um pretenso direito do médico, sem ulterior fundamentação e concreta delimitação, é comumente utilizada pela doutrina para justificar quaisquer intervenções médicas. Isso acaba gerando a impressão de que a existência do direito não precisa ser fundamentada ou de que seus limites não necessitam ser definidos, o que não pode ser aceito justamente por esvaziar os pressupostos da justificação.[513]

---

510. Cf. a respeito TOLEDO, *Ilicitude penal e causas de sua exclusão*, p. 131 e ss.

511. Sobre a superfluidade do dispositivo do exercício regular do direito, cf. RIVACOBA, *Las causas de justificación*, p. 62-63.

512. HUNGRIA, Comentários ao Código Penal, vol. 1, t. II, p. 309. Cf. também TOLEDO, *Ilicitude penal e causas de sua exclusão*, p. 135.

513. Nesse sentido: "Não se pode remeter genericamente a 'dever legal' ou a 'direito' estritamente cumprido ou exercido, e sim a específico dever ou direito, que, como tal, deve ser mencionado, fundamentado e analisado". GRECO; HORTA; LEITE; TEIXEIRA; QUANDT, Reforma da parte geral do Código Penal, p. 30. *Gleizer* também aponta de maneira precisa as incoerências dessa concepção. Cf. GLEIZER, Orlandino, Aproximações ao direito brasileiro, § 5, *in*: HILGENDORF, Eric; VALERIUS, Brian (Orgs.), *Direito Penal:* parte geral, São Paulo: Marcial Pons, 2019, p. 169-170.

Ademais, a tese da justificação da atuação médica a partir do exercício de um direito profissional possui, a nosso ver, ao menos dois problemas substanciais insuperáveis. O primeiro se refere à fundamentação da própria existência desse direito; o segundo, às consequências práticas do reconhecimento literal de um direito do médico de intervir no corpo de um paciente – e este é o mais grave dos problemas, uma vez que decorre de uma postura essencialmente paternalista.

Em primeiro lugar, se o conteúdo desse direito deriva de uma regra que estabelece, simultaneamente, seu fundamento e os limites da sua regularidade, a primeira questão que se coloca é: qual norma jurídica fundamentaria e delimitaria esse direito do médico? Os defensores dessa tese não apontam uma resposta clara à pergunta, afirmando apenas, como dito, que a atividade médica seria autorizada ou fomentada pelo Estado.[514] Nesse sentido, para *Aníbal Bruno*, considerando que "o Estado reconhece, estimula, organiza e fiscaliza a profissão médica, impondo para o seu exercício especiais condições de preparação técnica e a exigência de habilitação especial",[515] deve ele, também, reconhecer que os atos inerentes à prática da profissão são legítimos.

No entanto, a vazia alegação de que se trata de uma atividade reconhecida pelo Estado não pode garantir o exercício irrestrito de qualquer atividade médica ou, diga-se de passagem, de qualquer profissão. Se é o exercício regular do direito uma causa de justificação que carece de complemento, a não indicação da norma na qual esse pretenso direito se baseia esvazia os pressupostos da justificação: trata-se, nessa hipótese, de uma tentativa de fundamentar – de maneira perfunctória – a existência do direito, sem, no entanto, concretizar os seus limites. Não havendo delimitação, não há sentido em se reconhecer o direito.[516] Não pode o médico atuar como bem entender pelo simples fato de possuir um diploma e uma carteira profissional. Parece-nos evidente, também, que sua atuação não pode se fundar apenas na abstrata observância de um conjunto de práticas médicas consideradas, à época do tratamento, recomendáveis (a tão exaltada *lex artis*), já que há outros fatores que influenciam, também, a conveniência do ato médico, que vão além do mero atendimento às regras para o tratamento de doentes.

Poderia essa norma delimitadora ser, então, o Código de Ética Médica? Parte da doutrina alega não ser necessária a existência de uma *lei* para fundamentar esse direito justificante. Nesse caso, seriam também os regulamentos internos de associações e conselhos, cujo funcionamento é autorizado pelo Estado, uma fonte de direito.[517] Temos, aqui, outros problemas. Em primeiro lugar, o CEM nada mais é

---

514. HUNGRIA, *Comentários ao Código Penal*, vol. 1, t. II, p. 311.

515. BRUNO, *Direito Penal*: Parte Geral II, p. 6.

516. *Romeo Casabona* já frisava, ao criticar essa tese, a dificuldade de se precisar os limites dentro dos quais o médico poderia atuar licitamente, diante da indeterminação dos requisitos inerentes à justificação pelo exercício regular de direito. ROMEO CASABONA, *El medico y el Derecho Penal*, p. 96.

517. Cf., por exemplo, CAPEZ, *Curso de direito penal*, vol. 1, p. 317.

do que uma resolução editada por uma autarquia federal – o Conselho Federal de Medicina –, cuja elaboração não passa pelo parlamento, pelo processo legislativo democrático. Em segundo lugar, o CFM é um órgão de classe[518] e pode muito bem editar normas administrativas que favoreçam ou prejudiquem desarrazoadamente os médicos, já que não há, a rigor, qualquer participação popular nesse processo. É no mínimo questionável que uma resolução unilateral emanada de uma autarquia federal possa produzir efeitos de norma permissiva e gerar direitos para o médico no âmbito do direito penal, que seriam oponíveis, inclusive, ao próprio paciente. Não há razão para atribuir ao CFM o poder de definir o limite do exercício da liberdade e de direitos fundamentais de personalidade do paciente, de acordo com sua própria conveniência.[519]

Ademais, a CR/1988 estipula claramente, em seu art. 5º, II, que "ninguém será obrigado a fazer ou deixar de fazer alguma coisa senão em virtude de *lei*", sendo certo que as resoluções do CFM *não* possuem *status legal*. Assim, tanto o Código de Ética quanto as demais normas editadas pelos conselhos de medicina, apesar de possuírem validade enquanto indício de regularidade da conduta médica, não podem constituir, a nosso ver, o fundamento precípuo de regularidade do exercício da prática da medicina.

Mesmo se admitíssemos a legitimidade dessa "norma permissiva" – e aqui temos a segunda e mais importante objeção –, esse modelo nos conduzirá, *se entendido em sua literalidade*, a uma concepção e a consequências essencialmente *paternalistas,* ou seja, que acabam por consagrar proibições e permissões que visam a proteger o paciente de si mesmo, atribuindo ao médico o *direito* de decidir, de acordo com seus próprios valores e compreensões de vida, sobre o destino do indivíduo a ser tratado. Ignora-se, assim, a existência de outro coeficiente nessa equação: a vontade do próprio paciente.

Fundamentalmente, a autonomia do paciente não estará amparada, já que a prática de uma *intervenção médica arbitrária*, ou seja, contrária à vontade do paciente, contanto que indicada pela *lex artis*, seria considerada uma conduta lícita, porquanto amparada no exercício de um direito profissional do médico.[520]

---

518. Sobre essa crítica, cf. SIQUEIRA, *O princípio da confiança no Direito Penal*, p. 185.

519. Isso não quer dizer que Código de Ética não possa fundamentar determinados direitos, mas apenas que o direito de intervir na esfera de liberdade de outra pessoa deve, necessariamente, possuir fundamento legal e/ou constitucional.

520. Em entrevista concedida a Leonídio Ribeiro, Nelson Hungria se posicionou quanto a esse conflito e, confirmando a tese do exercício regular do direito, afirmou expressamente que "no caso em que o tratamento médico cirúrgico se apresente com o caráter de necessidade, a licitude *não está condicionada ao assentimento do enfermo* ou ao de sua família. A preservação da existência de um homem não interessa somente a este e a sua família, senão também a sociedade em geral". Corroborou, ainda, que "quando o tratamento, além de necessário, é inadiável, *pode ser praticado até mesmo contra a vontade expressa do enfermo* ou de sua família. Nenhuma norma, explícita ou implícita, de ordem jurídica, proíbe

Se o tratamento "mais benéfico", indicado pelo *standard* da medicina, envolve, por exemplo, a amputação de um dos membros inferiores do indivíduo, que, por sua vez, decide racionalmente não viver com essa consequência irreversível, recusando a intervenção, o médico poderia, mesmo assim, realizar a cirurgia a despeito da ausência de consentimento, visando ao seu "melhor interesse".[521] Nesse caso, a conduta seria considerada em qualquer caso lícita em relação ao crime de *lesão corporal*, já que se aplicaria a supramencionada causa de exclusão da ilicitude. Em muitos casos, o tratamento indicado e não consentido sequer se amoldaria ao tipo do *constrangimento ilegal*, em especial diante do artigo 146, § 3º, do CP, que, de acordo com a doutrina majoritária, afasta expressamente o injusto da intervenção cirúrgica executada sem o consentimento do paciente, quando justificada por iminente perigo para a vida.[522] Como ressalta *Eser*, essa postura deixa a porta aberta para as intervenções forçadas.[523]

Essas intervenções arbitrárias seriam, na verdade, até mesmo encorajadas, já que ao menos em casos de urgência haveria um *dever* de agir para evitar o resultado lesivo. Assim, considerando que o médico ocuparia em alguns casos[524] a posição de garantidor, com fundamento no artigo 13, §2º, "b", do CPB, a sua omissão poderia ser punível se, em respeito à vontade e à autonomia do paciente, deixasse de realizar o tratamento médico possível e indicado pela *lex artis*. Nos demais casos, poderia responder ainda por omissão de socorro (art. 135, CPB).[525]

A afirmação de que o exercício do direito de profissão do médico justifica as intervenções por ele praticadas pode decorrer, por um lado, da adoção irrefletida de uma concepção tradicional já consagrada, que, por considerar apenas os casos mais comuns de intervenções cirúrgicas indicadas e consentidas, acaba ignorando as demais consequências dessa perspectiva ou tenta contorná-las por meio de considerações casuísticas. Por outro lado, pode derivar de uma postura consciente baseada na necessidade de firmar, para o médico, o "direito de curar", ainda que sem o consentimento do paciente ou até contra a sua vontade, nos moldes defendidos por *Leonídio Ribeiro*.

semelhante ato. Jamais poderia ser reputado ilícito o ato inspirado por um motivo nobre e social". Cf. RIBEIRO, *O direito de curar*, p. 111-112.

521. Como ocorre no nosso caso 1.

522. Não nos cabe, neste momento, dirimir a controvérsia sobre a compreensão dogmática desse dispositivo. Remetemos o leitor ao item 5.2.1.2.

523. ESER, Albin, Medizin und Strafrecht: Eine schutzgutorientierte Problemübersicht, *ZStW*, v. 97, n. 1, 1985, p. 17.

524. Sobre as possíveis situações em que o medico é considerado garante, cf. item 5.2.3.4. Também, SILVA SÁNCHEZ, Jesús María. *Estudios sobre los delitos de omisióno* Lima: Grijley, 2004.

525. *Brodt* defende que, em casos de urgência, o médico que não atua pode incorrer no crime de omissão de socorro (Art. 135 do CP). BRODT, Luís Augusto Sanzo, Entre o dever e o direito, *Juris (Rio Grande)*, v. 11, 2005, p. 48. No mesmo sentido, cf. FRANÇA, *Direito médico*, p. 222.

Nessa segunda postura, parte-se do preceito ético (quase que absoluto) de que o médico que estiver diante de um paciente "moribundo ou não, consciente ou inconsciente, em tempo de paz como de guerra, *a favor ou contra a sua vontade*, só tem um dever a cumprir, que é o de tudo fazer para salvar-lhe a vida" (grifo nosso).[526] A exigência do consentimento é, assim, vista como um problema, como um obstáculo para a atuação do médico,[527] sendo o interesse social de conservação da saúde da vida de todos os cidadãos preponderante em relação à individualidade do paciente.[528] Trata-se, portanto, de uma postura dogmática que, intencionalmente, adere a um fundamento nitidamente coletivista, que ignora a autonomia do paciente, bem como, em certa medida, aos mesmos argumentos paternalistas da ética hipocrática, já que muitos também vinculam essa postura à necessidade absoluta de promoção do bem-estar do paciente.

Os autores que incorporaram a tese do exercício regular de direito certamente não pretenderam consagrar essa postura nesses exatos termos, tanto é que muitos deles inserem também o *consentimento* como pressuposto de *regularidade* do exercício desse direito.[529] O problema é que, como visto,[530] o consentimento, nessa perspectiva, torna-se uma consideração meramente secundária, ao invés de constituir – como verdadeiramente é – a origem de um eventual direito do médico. Isto é, mesmo na concepção do exercício do direito que insere o consentimento como pressuposto da sua legitimidade há uma inversão da relação entre a *vontade do paciente* e o *direito do médico*.

Deve-se frisar, não obstante, que nos casos em que há risco para a vida do paciente, com base na legislação brasileira (art. 146, § 3º, CPB), esses mesmos autores continuam erigindo a máxima paternalista de prevalência da vida. De fato, *a liberdade individual sobre o próprio corpo foi completamente ignorada pelo legislador do Código Penal de 1940* quando elaborou esse dispositivo, que, como frisou *Hungria*, reflete a incorporação expressa da tese defendida por *Leonídio Ribeiro*.[531] Além disso, essa postura – que ignora, por exemplo, um eventual desejo do paciente, ao rejeitar um tratamento, de abrir mão da própria vida em face de outro valor que lhe seja mais relevante – é também chancelada até hoje pela maior parte da doutrina, que, como vimos, corrobora a legitimidade de eventuais intervenções involuntárias ou não-voluntárias, necessárias para salvar a vida

---

526. RIBEIRO, *O direito de curar*, p. 23.

527. RIBEIRO, *O direito de curar*, p. 29.

528. RIBEIRO, *O direito de curar*, p. 109.

529. Como faz o mais tradicional de seus defensores: BRUNO, Direito Penal: Parte Geral II, p. 11. BRUNO, Direito Penal: parte especial IV, p. 197. Cf. também GORGA, Maria Luiza. *Direito médico preventivo*: compliance penal na área da saúde. Belo Horizonte: D'Plácido, 2017, p. 118.

530. Cf. acima item 3.1.

531. HUNGRIA, Nelsono *Comentários ao Código Penal*. vol. 6. 3. ed. Rio de Janeiro: Forense, 1955, p. 167. Ademais, Hungria frisou também que o *projeto Sá Pereira* previa em seu art. 223, parágrafo único, dispositivo muito similar.

do paciente, com fundamento no estado de necessidade ou no exercício regular de direito.

Por fim, os pressupostos de validade do consentimento, como o cumprimento do dever de esclarecimento, acabam sendo irrelevantes para essa concepção. Também considerando que a atuação do médico seria um direito de profissão e que, nessa perspectiva, o poder de decisão sobre o tratamento a ser adotado estaria, em certa medida, nas mãos do médico, não haveria (ao menos do ponto de vista dogmático-penal) um dever de informar o paciente sobre seus riscos, consequências e alternativas. Dependendo do caso, portanto, seria possível tratar o paciente sem informá-lo acerca do diagnóstico ou do tratamento, deixando a cargo da família ou do próprio médico o controle das informações. Por mais que o consentimento informado não seja totalmente ignorado por esse setor da doutrina, as consequências penais da não observância desse dever de informação ou a extensão do esclarecimento não são estabelecidas (ou sequer aventadas). Com isso, abre-se mão da existência de uma vontade verdadeiramente livre e de fato informada, o que reforça a conclusão de que essa postura dogmática é, inegavelmente, paternalista. Afinal, consentir verdadeiramente não é apenas assinar um papel, mas sim realizar uma escolha livre a partir de todas as informações fornecidas pelo médico sobre o diagnóstico e os possíveis tratamentos.

Assim, a compreensão das intervenções médicas como um exercício regular de um direito profissional é, seja de maneira latente ou manifesta, o reflexo de uma postura ética paternalista, já há muito superada. Ela é expressão, inclusive, do atual *descompasso* existente entre os padrões da bioética e até mesmo do direito civil, orientados pelo consentimento livre e informado, e o direito penal. Deve-se, portanto, buscar um modelo alternativo, que seja de fato orientado pelo respeito à autonomia do paciente. A nosso ver, a postura que verdadeiramente se afasta da ética paternalista concebe o *consentimento* como o fundamento primário e originário da atuação médica, conforme pretendemos demonstrar. Assim, um direito do médico de intervir só poderia existir enquanto derivação da vontade do paciente.

3.3 Ulteriores compreensões dogmáticas independentes do consentimento sobre a justificação ou (a)tipicidade das intervenções médicas

3.3.1 Tratamento médico como causa autônoma supralegal de justificação

Além do exercício regular do direito, outros posicionamentos referentes à compreensão dogmática das intervenções médico-cirúrgicas são, também, dignos de menção. No contexto da ilicitude, há quem defenda, como *Vassali*, que o tratamento médico seria justificado por uma *causa autônoma supralegal de exclusão da ilicitude*, regida pelo critério da *necessidade médica no interesse do paciente.*

O interesse social na atividade médica a tornaria, por si só, digna de tutela autônoma, sendo as demais causas de justificação insuficientes para abarcar todas as suas especificidades.[532] *Vassali* argumenta que tanto em casos de iminente risco para a vida como também nas hipóteses em que há perigo de grave dano futuro poderia o médico proceder ao tratamento cirúrgico, mesmo contra a vontade do paciente.[533]

No Brasil, *Stevenson* também considera que os tratamentos médicos ensejam uma justificação autônoma, cuja aplicação dependeria *in thesi* do consentimento do paciente. Contudo, o autor aceita a existência de um "direito de curar", que seria, para ele, "uma metáfora para exprimir o imperioso dever do médico de opor à doença todos os recursos científicos".[534] Assim, seria possível justificar intervenções não consentidas. Além da hipótese do artigo 146, § 3º, do CPB, *Stevenson* reconhece que a atuação arbitrária do médico para fins terapêuticos, "nos limites da necessidade e de acordo com a arte médica",[535] não seria considerada criminosa diante de determinadas circunstâncias. O autor não especifica, todavia, quais circunstâncias tornariam lícitas essas intervenções. Ou seja, ao mesmo tempo em que afirma que a regra é a exigência do consentimento, defende *Stevenson* a possível justificação das intervenções arbitrárias (quando ausente o consentimento), sem explicitar, no entanto, quais os limites entre a licitude e a ilicitude da intervenção não consentida.

Em primeiro lugar, apesar de ser possível o reconhecimento de causas supralegais de justificação, ambas as concepções padecem do mesmo problema apontado anteriormente quanto ao exercício regular de direito e conduzem inegavelmente a soluções dogmáticas paternalistas, porquanto legitimam a atuação do médico contra a vontade do paciente. Em segundo lugar, elas são, na verdade, diante da concreta existência de critérios dogmáticos suficientes para disciplinar o tratamento das intervenções cirúrgicas, simplesmente desnecessárias: uma postura paternalista pode ser fundada no exercício regular do direito, ao passo que uma postura que valoriza a autonomia do paciente legitima essas intervenções a partir do seu consentimento.

---

532. Em sentido análogo, para *Antolisei* o fundamento da licitude da atividade médica, reconhecida e autorizada pelo Estado, está no seu alto interesse social, que é a cura dos doentes. ANTOLISEI, Francesco. *Manuale di Diritto Penale.* Milano: Dott. A. Giuffrè Editore, 2003, p. 316-317.

533. VASSALLI, Algunas consideraciones sobre el consentimiento del paciente, p. 50 e 58.

534. STEVENSON, Oscar. *Da exclusão do crime*: causas não previstas formalmente. São Paulo: Saraiva, 1941, p. 229.

535. STEVENSON, *Da exclusão do crime*, p. 229.

3.3.2 A atipicidade da conduta médica

Podemos encontrar, principalmente na doutrina alemã, diferentes concepções que tentam solucionar o problema das intervenções cirúrgicas no âmbito da tipicidade.[536] Critica-se, em geral, a aparente equiparação típica da conduta do médico à de um "esfaqueador"[537] e argumenta-se, então, que ela não se amoldaria ao tipo penal das lesões corporais.

Em especial nas décadas que sucederam a 2ª Guerra Mundial, havia na Alemanha uma real divergência entre os contornos estreitos impostos pela jurisprudência quanto à justificação das intervenções cirúrgicas e os critérios defendidos pela doutrina.[538] Para a jurisprudência alemã, que afastou expressamente a tese do exercício do direito de profissão no final do século XIX, as intervenções médicas são, desde então e até hoje, justificadas pelo *consentimento do paciente*, cuja validade depende de diferentes requisitos – dentre eles, o dever de esclarecimento.[539] Esse posicionamento jurisprudencial era criticado devido ao rigor de suas exigências, que, segundo parte da doutrina, dificilmente seriam executáveis, gerando para os médicos um risco insuportável de condenação.[540] Assim, muitos autores passaram a buscar um fundamento para a legitimidade das intervenções médicas que não se vinculasse ao consentimento, mas também sem se ater à ultrapassada tese do exercício do direito.

Também criticado foi o fato de que todas as intervenções, desde as mais sérias (como uma amputação) até as mais simples (como a aplicação de uma injeção), seriam consideradas pela jurisprudência alemã como lesões corporais típicas.[541] Para *Bockelmann*, não parece razoável que também "a intervenção indispensável, inadiável, executada corretamente e com sucesso, que possivelmente salvou a vida do paciente, [seja] considerada uma lesão corporal".[542] No mesmo sentido, *Eb. Schmidt* afirma que, ao ignorar o sucesso ou insucesso do

---

536. Cf. críticas à tese da atipicidade das intervenções cirúrgicas em BRUNO, *Direito Penal*: Parte Geral II, p. 7. BRUNO, *Direito Penal*: parte especial IV, p. 197.

537. Nesse sentido, cf. BOCKELMANN, Paul. *Strafrecht des Arztes*. Stuttgart: Georg Thieme Verlag, 1968, p. 62. Sobre essa crítica, cf. MAGNUS, Patientenautonomie im Strafrecht, p. 147.

538. KAUFMANN, Arthur, Die eigenmächtige Heilbehandlung, *ZStW*, v. 73, n. 3, 1961, p. 371.

539. No caso do mioma (*Myom-Fall*), o BGH proferiu uma das primeiras decisões na esfera penal em que se exigiu o cumprimento do dever de esclarecimento, cujos limites influem na determinação da validade do consentimento. Cf. BGHSt 11, 111. Sobre o dever de esclarecimento, cf. item 4.4.5.

540. BOCKELMANN, Strafrecht des Arztes, p. 62-63.

541. Nesse sentido, cf. BOCKELMANN, Strafrecht des Arztes, p. 51. SCHMIDT, Eberhard. *Der Arzt im Strafrecht*. Leipzig: Verlag von Theodor Weicher, 1939, p. 71.

542. BOCKELMANN, Strafrecht des Arztes, p. 51. No original: "Auch der unerläßliche, unaufschiebbare, sachgerecht ausgeführte und erfolgreiche, womöglich lebensrettende Eingriff ist Körperverletzung".

tratamento, a jurisprudência acaba ignorando, também, o seu significado social.[543] Nessa perspectiva, alega-se que o tipo de lesões corporais não vedaria a mera lesão da substância corporal. A concepção jurídica da intervenção médica curativa não poderia se basear apenas numa compreensão parcial do ato médico (o corte da pele ou a extração de tecidos do corpo), mas sim na compreensão da intervenção como um todo, que, ao final, conduz a um resultado de melhora ou piora do bem-estar do paciente.[544] Ainda hoje, boa parte dos representantes da doutrina alemã se opõem à compreensão jurisprudencial e defendem a atipicidade da intervenção médica indicada e executada de acordo com a *lex artis.*[545]

Dentre os critérios desenvolvidos para a afirmação da atipicidade da intervenção médico-cirúrgica em relação ao crime de lesão corporal, as principais teses, que conduzem a resultados muito parecidos, vinculam-se:[546] ao êxito da intervenção (*teoria do resultado*); ao *princípio do interesse preponderante*; à indicação e execução de acordo com a *lege artis* (*teoria da ação*); à adequação social da conduta; e, por fim, à ausência de dolo.

Nessas três primeiras concepções, a intervenção médica arbitrária – ou seja, o tratamento curativo executado contra a vontade do paciente – não se amoldaria ao tipo penal das lesões corporais. O tipo de lesões corporais visaria, portanto, à proteção da integridade física e não da vontade ou da liberdade do paciente, e qualquer interpretação contrária violaria a proibição do uso da analogia *in malam partem* no direito penal.[547] Via de regra, a violação da vontade do paciente poderia constituir, no máximo, um crime contra a liberdade individual,[548] como o cons-

---

543. SCHMIDT, Der Arzt im Strafrecht, p. 71.

544. BOCKELMANN, Strafrecht des Arztes, p. 66.

545. Cf. a esse respeito FRISTER, Helmut; LINDEMANN, Michael; PETERS, Alexander. *Arztstrafrecht*. München: C. H. Beck, 2011, p. 1. LILIE, LK Vor § 223, Nm. 7.

546. Para além desses posicionamentos, *Maria-Katharina Meyer*, desenvolvendo a tese aventada por *Schmidhäuser*, sustenta que as intervenções médicas curativas indicadas e executadas de acordo com a *lege artis* provocam, na verdade, uma diminuição do risco para a vida e para a integridade corporal do paciente, o que conduz à sua atipicidade. Cf. MEYER, Maria-Katharina. *Ausschluß der Autonomie durch irrtum:* Ein Beitrag zu mittelbarer Tätterschaft und Einwilligung. Köln: Carl Heymanns Verlag KG, 1984, p. 207 e ss. SCHMIDHÄUSER, Eberhard. *Strafrecht Allgemeiner Teil*. Tübingen: J. C. B. Mohr (Paul Siebeck), 1970, p. 212. No Brasil, *Busato* também defende a tese da *diminuição de risco* e, por essa razão, acredita que o problema deve ser solucionado no âmbito da imputação objetiva. BUSATO, Paulo César. *Direito Penal:* parte especial. vol. 1. São Paulo: Atlas, 2014, p. 113. No entanto, essa tese não convence, já que mesmo diante de um tratamento curativo, "não apenas se diminui o risco da doença, mas também se cria um novo risco com a intervenção" (GRECO; SIQUEIRA, Promoção da saúde ou respeito à autonomia?, p. 647).

547. BOCKELMANN, Strafrecht des Arztes, p. 71.

548. Nesse sentido, BOCKELMANN, Strafrecht des Arztes, p. 71. ENGISCH, Karl, Arztlicher Eingriff zu Heilzwecken und Einwilligung, *ZStW*, v. 58, 1939, p. 3. ENGISCH, Karl. *Die rechtliche Bedeutung der ärztlichen Operationo* Jena: Veb Gustav Fischer, 1958, p. 20. KAUFMANN, Die eigenmächtige Heilbehandlung, p. 373. SCHMIDT, Der Arzt im Strafrecht, p. 91 e 110.

trangimento ilegal (art. 146, CPB) [*Nötigung*, § 240 *StGB*]) ou o cárcere privado (art. 148, CPB [*Freiheitsberaubung*, § 239 *StGB*]). Nas duas outras concepções, a conduta do médico perfaria, a princípio, o tipo de lesões corporais, mas poderia, por razões de outra ordem, ser concebida como atípica.

3.3.2.1 A teoria do resultado (*Erfolgstheorie*)

Na concepção da teoria do resultado, a análise dogmática da intervenção curativa do médico vincula-se ao êxito da intervenção (*Beling, Bockelmann, Art. Kaufmann*).[549] As intervenções curativas bem-sucedidas (*gelungene Eingriffe*) – assim consideradas aquelas que, em termos gerais, provocam uma melhora na saúde física do paciente – seriam atípicas.[550] Para *Kaufmann*, uma intervenção bem-sucedida implicaria o não preenchimento do tipo de lesão corporal, ainda que o médico tenha atuado de maneira mais arriscada do que um "médico consciencioso". Isso porque a atuação promoveria o restabelecimento da saúde – e não a sua lesão (*Gesundheitsschädigung*) – e não constituiria um inadequado tratamento do corpo, porquanto não resultaria em maus tratos corporais (*körperliche Misshandlung*).[551] Para *Bockelmann*, essas intervenções seriam atípicas independentemente do cumprimento do dever de esclarecimento, não sendo necessária a análise da ilicitude, tampouco, por conseguinte, do consentimento.[552]

Já as intervenções curativas malsucedidas (*misslungene Eingriffe*) preencheriam, para *Bockelmann*, o tipo das lesões corporais, mas sua punição dependeria ainda da atuação dolosa ou culposa do médico. Para *Kaufmann*, por sua vez, esse problema deve ser solucionado ainda no tipo objetivo: no caso das intervenções malsucedidas, a indicação e a execução de acordo com a arte médica as colocariam dentro do risco permitido.[553] O consentimento, então, possuiria relevância

---

549. BELING, Ernst, Die strafrechtliche Verantwortlichkeit des Arztes bei Vornahme und Unterlassung operativer Eingriffe, *ZStW*, v. 44, 1924, p. 230. BOCKELMANN, Strafrecht des Arztes, p. 67. *Art. Kaufmann* desenvolvia a solução para esse problema com base numa teoria dos elementos negativos do tipo. Assim, *Kaufmann* partia de uma distinção entre o tipo de delito (*Deliktstypus*), mais restrito, e o tipo de injusto (*Unrechtstatbestand*), mais abrangente. Nas intervenções bem-sucedidas, não haveria tipo de delito. Nas intervenções malsucedidas, no entanto, restaria afastado o tipo de injusto. KAUFMANN, Die eigenmächtige Heilbehandlung, p. 372.

550. Também *Welzel* já chegou a afirmar que as intervenções médicas bem-sucedidas seriam condutas atípicas, desde que indicadas e realizadas de acordo com a *lex artis*. WELZEL, Hans. *Derecho Penal alemán:* parte general. Trad. Juan Bustos Ramírez y Sergio Yáñez Pérez. 11. ed. Santiago de Chile: Editorial Juridica de Chile, 1970, p. 139.

551. KAUFMANN, Die eigenmächtige Heilbehandlung, p. 373. A lesão à saúde (*Gesundheitsschädigung*) e os maus tratos corporais (*körperliche Misshandlung*) são os elementos típicos da lesão corporal na Alemanha (§ 223 StGB).

552. BOCKELMANN, Strafrecht des Arztes, p. 67.

553. KAUFMANN, Die eigenmächtige Heilbehandlung, p. 373. Para críticas à vinculação da legitimidade das intervenções médicas ao seu resultado, cf. EBERMAYER, Ludwig. *Der Arzt im Recht*. Leipzig: Georg Thieme Verlag, 1930, p. 150.

apenas para as intervenções sem fins curativos, cuja justificação dependeria da anuência do paciente e do cumprimento do dever de esclarecimento.[554]

No Brasil, *Regis Prado* adota um posicionamento bem similar ao de *Bockelmanno* Para *Regis Prado*, as cirurgias terapêuticas bem-sucedidas são atípicas devido à ausência de lesão ao bem jurídico. Já nos casos de intervenções cirúrgicas com resultado desfavorável, faltaria o dolo, já que o médico agiria com a vontade de curar e não de lesar.[555] Também o médico que procede a uma cirurgia sem fins curativos poderia recorrer ao consentimento para justificar a sua conduta, caso os requisitos sejam preenchidos. Contudo, o autor afirma também que "nos demais casos, o médico ou cirurgião poderão invocar a causa de justificação do exercício regular de um direito, desde que seja legalmente habilitado para o exercício profissional e tenha agido com ânimo ou vontade de exercer regularmente sua profissão".[556] Ou seja, aparentemente o consentimento do paciente se torna algo praticamente facultativo, pois diante de sua ausência poderia o médico também invocar o exercício regular de direito, como se fossem critérios alternativos para a solução do problema. Intrigantemente, em momento posterior, *Regis Prado* afirma que o consentimento seria um requisito indispensável para o exercício da medicina, mas não esclarece a relação desse critério com a atipicidade da conduta, a ausência de dolo, o exercício regular do direito ou o estado de necessidade, anteriormente apontados como critérios de solução para esses casos. Nessa perspectiva, ao que tudo indica, a intervenção médica seria em qualquer hipótese autorizada (lícita ou atípica).[557]

A nosso ver, a definição da legitimidade das intervenções médicas a partir do seu sucesso ou do insucesso se baseia em um critério flagrantemente inseguro, já que o conceito de intervenção bem-sucedida não é de fácil determinação no caso concreto, a despeito dos esforços da doutrina em identificar no que consistiria o êxito do tratamento curativo.[558] Ademais, a tipicidade da conduta do médico não pode vincular-se ao resultado da sua atuação (que depende de inúmeros fatores além da capacidade e destreza – muitas vezes do mero acaso), já que é algo aferível apenas *ex post*, e não no momento da escolha e da execução do tratamento. Além disso, ao fundamentar a atipicidade da conduta do médico nesses casos apenas

554. BOCKELMANN, Strafrecht des Arztes, p. 69. No mesmo sentido, *Arthur Kaufmann* afirma que as intervenções cosméticas, esterilizações, intervenções para fins de experimentação, transfusões e transplantes se amoldam ao tipo penal das lesões corporais, mas seriam justificadas pelo consentimento caso não violem os bons costumes. KAUFMANN, Die eigenmächtige Heilbehandlung, p. 370.

555. PRADO, *Curso de Direito Penal Brasileiro* 1, p. 452-457.

556. PRADO, *Curso de Direito Penal Brasileiro* 1, p. 453.

557. PRADO, *Curso de Direito Penal Brasileiro* 1, p. 452-457.

558. Para *Pierangeli*, num primeiro momento, a intervenção médica bem-sucedida poderia representar até mesmo uma "piora do estado geral do paciente", em razão, por exemplo, das dores pós-cirúrgicas, até que a saúde do paciente fosse restabelecida. PIERANGELI, O consentimento do ofendido na teoria do delito, p. 196.

com base na ausência de resultado típico (ou, em outras palavras, no seu resultado "positivo"), não se afasta a possibilidade de punição da tentativa, o que pode trazer reais questionamentos sobre a coerência dessa tese.

3.3.2.2 A teoria do interesse corporal (*Körperinteressentheorie*)

Engisch parte do *princípio do interesse preponderante (Prinzip des* über-wiegenden *Interesses)*[559] para afirmar a possível atipicidade da intervenção médico-cirúrgica.[560] Esse princípio, no entanto, geralmente se refere ao fundamento material das causas de justificação, o que poderia nos levar a crer que essa seria uma causa de justificação *sui generis* derivada genericamente do princípio do interesse preponderante. Segundo *Engisch*, no entanto, no caso das intervenções médicas "a justificação por força do interesse preponderante afasta, simultaneamente, a tipicidade".[561]

De acordo com essa concepção, o crime de lesões corporais contém uma proibição de *lesão do interesse corporal* (*Körperinteressenverletzung*) e, assim, uma intervenção no corpo que visa a garantir o seu próprio interesse de bem-estar, no seu resultado final, não poderia ser considerada como uma lesão típica.[562] Dessa forma, uma intervenção médica curativa que protege predominantemente o interesse físico e não ofende interesses superiores corresponderia geralmente à prática de um médico consciencioso, que seria autorizada e atípica em relação ao delito de lesões corporais.[563]

---

559. ENGISCH, Arztlicher Eingriff zu Heilzwecken und Einwilligung, p. 6. No mesmo sentido, cf. SCHÖNKE, Adolf. *Strafgesetzbuch Kommentar*. 4. ed. München: Biederstein Verlag, 1949, p. 478.

560. Em trabalho posterior, *Engisch* sustenta que as condições para a legalidade da intervenção médica curativa seriam a indicação da intervenção ("se" a intervenção deve ser feita ou não), a observância da *lex artis* na sua execução ("como" deve ser executada a intervenção) e o consentimento do paciente, dentro de alguns limites ENGISCH, Die rechtliche Bedeutung der ärztlichen Operation, p. 7. Apesar de mencionar o consentimento, *Engisch* delimita seu âmbito de aplicação e admite, em alguns casos, a coação para o tratamento médico curativo (ou seja, o tratamento arbitrário). Cf. ENGISCH, Die rechtliche Bedeutung der ärztlichen Operation, p. 17.

561. ENGISCH, Arztlicher Eingriff zu Heilzwecken und Einwilligung, p. 6. No original: "beim ärztlichen Eingriff der Fall vorliegt, wo die Rechtfertigung kraft des Prinzips des überwiegenden Interesses zugleich die Tatbestandsmäßigkeit ausschließt". Também *Engisch* era adepto da teoria dos elementos negativos do tipo e, portanto, fez uma análise integrada do tipo e da antijuridicidade.

562. ENGISCH, Arztlicher Eingriff zu Heilzwecken und Einwilligung, p. 5.

563. ENGISCH, Arztlicher Eingriff zu Heilzwecken und Einwilligung, p. 7. No original: "Ein ärztlicher Eingriff zu Heilzwecken, der überwiegend körperliche Interessen wahrt und auch nicht gewisse gleich zu erwähnende höhere Interessen beleidigt, wird in aller Regel der Übung eines gewissenhaften Arztes entsprechen, rechtmäßig und keine Körperverletzung sein".

A identificação desse interesse preponderante dependeria, em geral, do caso concreto e envolveria não apenas o interesse individual na própria integridade corporal, mas também o interesse coletivo na preservação da integridade corporal dos cidadãos.[564] *Engisch* frisa que essa análise deve ser conduzida sob uma perspectiva subjetiva e *ex ante*, indagando-se se a intervenção, com suas chances e riscos, expressa o interesse corporal do paciente ou não[565] (critério esse que *Eb. Schmidt* denominou de "componentes de probabilidade" [*Wahrscheinlichkeitskomponenten*][566]). A ponderação, no entanto, não seria uma conta matemática, devendo, antes, levar em conta vários fatores. Por exemplo, uma operação cosmética com alto risco para a vida ou com perigo para uma função importante do corpo não deveria ser permitida; no entanto, quando vinculada a poucos riscos, não haveria qualquer objeção à sua execução.[567] A definição do grau de risco aceitável dependeria, mais uma vez, do caso concreto e, em certa medida, da individualidade do paciente.[568]

Mas qual seria a relevância da vontade do paciente para essa ponderação? Alguns autores afirmavam que, considerando a necessidade de obtenção do consentimento do paciente, caberia a ele determinar qual o interesse preponderante para o seu próprio corpo. Assim, as intervenções realizadas de acordo com esse interesse seriam consideradas lícitas, ao passo que aquelas executadas contra a vontade do paciente seriam concebidas como lesões corporais.[569] Para *Engisch*, esse posicionamento é extremamente liberal e não pode ser aceito,[570] pois, como já apontado, para ele a integridade corporal não é um interesse exclusivamente individual, mas também vinculado à promoção da saúde e ao interesse da sociedade.[571] Assim, a relevância da autodeterminação do paciente variaria caso a caso, considerando-se todas as circunstâncias.

Como podemos perceber, esse critério é ainda mais abstrato do que aquele traçado no âmbito da teoria do resultado, o que culmina numa dificuldade ainda mais acentuada de aplicação concreta. Na prática, o médico deve ter segurança para tomar decisões e, na maioria das vezes, não possui sequer tempo suficiente para refletir sobre qual seria o "interesse preponderante" no caso concreto e proceder à ponderação com base nas abstratas variáveis e componentes de proba-

---

564. ENGISCH, Arztlicher Eingriff zu Heilzwecken und Einwilligung, p. 8.
565. ENGISCH, Arztlicher Eingriff zu Heilzwecken und Einwilligung, p. 9.
566. SCHMIDT, Der Arzt im Strafrecht, p. 73.
567. ENGISCH, Arztlicher Eingriff zu Heilzwecken und Einwilligung, p. 9.
568. ENGISCH, Arztlicher Eingriff zu Heilzwecken und Einwilligung, p. 10.
569. Cf. comentários a esse posicionamento em ENGISCH, Arztlicher Eingriff zu Heilzwecken und Einwilligung, p. 13-14.
570. ENGISCH, Arztlicher Eingriff zu Heilzwecken und Einwilligung, p. 14. Considerando, ainda, o contexto em que foi publicado esse artigo, *Engisch* comenta que "qualquer nacional-socialista faria escárnio" de um posicionamento excessivamente liberal como esse.
571. ENGISCH, Arztlicher Eingriff zu Heilzwecken und Einwilligung, p. 35.

bilidade, como sugere *Engisch*. Ademais, com base no nosso sistema de teoria do delito, que diferencia de maneira precisa a tipicidade da antijuridicidade, parece despropositado tomar o fundamento material das causas de justificação como alicerce para fundar um novo critério que afeta a análise do tipo penal.

3.3.2.3 A indicação e execução conforme a *lege artis* (ou teoria da ação [*Handlungstheorie*])

Para *Eb. Schmidt*, intervenção médica curativa é aquela considerada impecável (*einwandfrei*), no sentido de que, do ponto de vista da ciência e da experiência médica, possui a *tendência objetiva* de manter ou restabelecer a saúde do paciente, ou seja, é a *intervenção indicada e executada de acordo com a lege artis*.[572] O fator determinante para a atipicidade da conduta seria a *tendência curativa* e não o êxito da intervenção, já que uma cirurgia indicada e desenvolvida de acordo com a *lege artis* poderia vir a fracassar, causando a morte do paciente, sem que o resultado fosse imputável ao médico. Essa teoria é chamada pela doutrina de "teoria da ação" (*Handlungstheorie*),[573] pois, diferentemente da teoria do resultado, avalia a intervenção médica *no momento da sua execução*. O projeto de Código Penal alemão de 1962 inclinava-se para essa orientação, firmando, em seu § 161, que não há lesão corporal nos casos de intervenções destinadas à cura e executadas conforme a arte médica.[574]

Na perspectiva de um *modelo social de ação* – defendido por *Eb. Schmidt* –, a intervenção deveria ser avaliada como um todo, em especial a partir do seu significado social.[575] A realização de uma operação geraria, para a saúde e a vida do paciente, riscos cuja evitação constitui a principal função do médico. Assim, se, apesar da atuação correta do médico, uma intervenção chegasse a um resultado negativo, seu significado social vincular-se-ia à possível não evitação dos danos por parte do médico e deveria ser avaliada, portanto, sob o ponto de vista dos crimes omissivos impróprios.[576] A conduta somente seria típica se houvesse, no caso concreto, uma violação do dever de evitar o resultado,[577] sendo o consen-

572. SCHMIDT, Der Arzt im Strafrecht, p. 69-70. No mesmo sentido, cf. MAURACH, Reinhart. *Deutsches Strafrecht Besonderer Teil*. 5. ed. Karlsruhe: C.F. Müller, 1969, p. 77. Também *Zaffaroni*, *Batista* e *Pierangeli* adotam posicionamento similar, incorporando esses critérios no que denominam de tipicidade conglobante. Cf. ZAFFARON; BATISTA; ALAGIA; SLOKAR, Direito Penal Brasileiro 2, I, p. 246-250. PIERANGELI, O consentimento do ofendido na teoria do delito, p. 208-211.

573. Nesse sentido, cf. ULSENHEIMER, Klaus, § 138 Die strafrechtliche Beurteilung ärztlicher Heilbehandlung (ärztlicher Eigenmacht), *in*: LAUFS, Adolf; KERN, Bernd-Rüdiger (Orgs.), *Handbuch des Arztrechts*, München: C. H. Beck, 2010, p. 1574.

574. A respeito do projeto, cf. RIEDELMEIER, Ärztlicher Heileingriff und allgemeiner Strafrechtsdogmatik, p. 22.

575. SCHMIDT, Der Arzt im Strafrecht, p. 75.

576. SCHMIDT, Der Arzt im Strafrecht, p. 78.

577. SCHMIDT, Der Arzt im Strafrecht, p. 84.

timento do paciente, via de regra, irrelevante para a justificação da intervenção médica curativa.[578]

Essa teoria não está de todo equivocada, já que a indicação e a execução adequada da intervenção podem realmente interferir na sua legitimidade, como iremos demonstrar mais adiante. No entanto, esses não são os únicos fatores que afetam a licitude das intervenções médicas, em especial num modelo que valoriza verdadeiramente a autonomia individual. Ademais, também não há sentido em analisar a conduta do médico sob a perspectiva da omissão imprópria, haja vista que o médico que opera um paciente e não recorre aos possíveis meios para o salvamento da sua vida ou para o sucesso da cirurgia responderia por um eventual resultado em razão da sua *ação* de "operar e, com isso, criar ou incrementar um risco não permitido", e não pela *omissão* de "deixar de usar o método A ou B ao executar a cirurgia". Ou seja, é o emprego de energia decorrente da execução de uma cirurgia que cria um risco não permitido – em razão da violação do dever de evitar danos – e que fundamenta uma possível punição pelo resultado (muito provavelmente culposo) nesse caso.[579]

3.3.2.4 A adequação social da conduta médica

Uma quarta concepção fundamenta a atipicidade das intervenções médicas realizadas conforme a *lex artis* em sua *adequação social*. Na concepção definitiva de *Welzel*, a adequação social da conduta afasta a sua tipicidade, porquanto os tipos penais, ao descreverem o comportamento proibido, somente abrangeriam aquelas ações ou omissões que se mostram inadequadas ou incompatíveis com a vida social ordenada, referente a um determinado momento histórico.[580] Com o objetivo de solucionar o problema das intervenções cirúrgicas já no âmbito da tipicidade, e reconhecendo que numa primeira aproximação a conduta do médico se amoldaria formalmente ao tipo de lesão corporal, alguns autores buscaram nesse critério um fundamento para afastar o injusto de tais comportamentos,[581] considerando a sua conformidade em relação às exigências sociais e jurídicas.

578. SCHMIDT, Der Arzt im Strafrecht, p. 91.

579. Sobre a delimitação entre a ação e a omissão penalmente relevantes, cf. ROXIN, Claus. *Strafrecht Allgemeiner Teil.* vol. 2. München: C. H. Beck, 2003, § 31, Nm. 69 e ss. (p. 651 e ss.).

580. WELZEL, Derecho Penal alemán, p. 83.

581. Cf., por exemplo, SCHAFFSTEIN, Friedrich, Soziale Adäquanz und Tatbestandslehre, *ZStW*, v. 72, n. 3-4, 1960, p. 378 e ss. Para *Hirsch*, no entanto, não haveria necessidade de recorrer à adequação social, já que a intervenção médica curativa sequer se amoldaria formalmente ao tipo de lesão corporal. Cf. críticas, inclusive no que se refere à própria validade geral da adequação social enquanto critério que afasta a tipicidade, em HIRSCH, Hans Joachim, Soziale Adäquanz und Unrechtslehre, *ZStW*, v. 74, n. 1, 1962, p. 101 e ss.

No Brasil, por mais que *Fragoso* reconheça que os casos de intervenções cirúrgicas sejam solucionados, via de regra, pelo critério do exercício regular do direito, ele afirma que seria mais adequado "reconhecer a inexistência de ilicitude nas intervenções cirúrgicas praticadas segundo as *leges artis*, por sua evidente *adequação social*, qualquer que seja o resultado".[582] Também *Reale Júnior* defende que, considerando que na execução de uma cirurgia pelo médico "há um desejo geral de que os doentes se recuperem", o significado da conduta é positivo e, portanto, socialmente adequado.[583]

Essa postura, no entanto, é muito simplista e não fornece os verdadeiros critérios para solucionar o problema, já que ignora as diferentes variáveis e casos limítrofes que podem afetar a análise dogmática das intervenções cirúrgicas. Nessa perspectiva, como seriam solucionados os casos de recusa de tratamento vital? E os casos em que a cirurgia curativa não é indicada e/ou executada de acordo com a arte médica? Será que em qualquer situação a atuação do médico seria "socialmente adequada"? Acreditamos que não. Essa crítica, aliás, pode ser atribuída ao "critério" da adequação social como um todo, já que ele, de fato, carece de conteúdo capaz de efetivamente solucionar problemas concretos.[584] Com isso, não estamos afirmando que a conduta do médico nunca será *socialmente adequada*, mas apenas que esse pretenso fundamento, na verdade, não é suficiente para definir os limites entre a intervenção lícita e a ilícita. Assim, a concepção da adequação social deve ser refutada, nas palavras de *Roland Riz*, por sua absoluta indeterminação e imprecisão.[585]

3.3.2.5 A finalidade curativa: ausência de dolo

Por fim, para alguns autores,[586] como *Nelson Hungria*, a *finalidade de curar*[587] evidenciaria a ausência de dolo nos casos das intervenções

---

582. FRAGOSO, Heleno Cláudio. *Lições de Direito Penal:* parte geral. 16. ed. Rio de Janeiro: Forense, 2004, p. 235.

583. REALE JR., Miguel, Consentimento – Ortotanásia e adequação social, *RBCCrim*, v. 121, 2016, p. 220. Também para *Bettiol*, as intervenções bem-sucedidas ajustam-se às exigências ético-jurídico-sociais, sendo socialmente adequadas. BETTIOL, Giuseppe. *Direito Penal.* vol. 1. Trad. Paulo José da Costa Júnior e Alberto Silva Franco, São Paulo: Revista dos Tribunais, 1966, p. 354.

584. Remetemos o leitor às críticas tecidas por GRECO, Luís. *Um panorama da teoria da imputação objetiva.* 4. ed. São Paulo: Revista dos Tribunais, 2014, p. 91.

585. RIZ, Il trattamento medico e le cause di giustificazione, p. 38.

586. Sobre os autores que chegaram a defender essa tese na Espanha, cf. ROMEO CASABONA, El medico y el Derecho Penal, p. 50.

587. Na Espanha, *Romeo Casabona* buscou traçar critérios próprios para firmar a atipicidade da conduta do médico, quais sejam, o fim curativo (a vontade do médico deveria se dirigir à cura), a idoneidade objetiva curativa (uso de procedimentos adequados para restabelecer a saúde do paciente) e a existência de uma pessoa enferma. Essa finalidade terapêutica afetaria, na visão do autor, já o tipo objetivo, e não apenas o dolo. Essa postura, no entanto, vincula-se apenas à interpretação do tipo de lesão corporal, pois no que se refere

cirúrgicas;[588] esse mesmo fundamento também pode ser encontrado em um julgado tradicional da jurisprudência brasileira.[589] Segundo essa perspectiva, considerando que o dolo da lesão corporal consistiria na consciência e vontade de lesar a saúde ou o corpo do terceiro, a finalidade do médico que opera, em última instância, não é a de lesionar ou ferir, mas sim a de curar.[590] Nas palavras de *Hungria*, o médico almejaria nesses casos "um fim socialmente útil".[591] Para ilustrar a questão do dolo nesses casos, *Welzel* menciona o seguinte exemplo: numa briga, A faz um corte em B com o uso de uma faca; no entanto, o corte acaba atingindo um abcesso que B sequer sabia que existia, o que permite a saída do pus e acaba salvando a sua vida, que se encontrava em perigo. Para o autor, "o sentido social da ação de A é completamente diferente do de uma intervenção cirúrgica", ainda que "externamente igual".[592] O que as diferenciaria, portanto, é uma consideração de ordem subjetiva, razão pela qual esse problema deveria ser solucionado no âmbito do tipo subjetivo, negando-se o dolo de lesionar.

Conforme já frisamos, também *Bockelmann* alude à falta de dolo nos casos das intervenções médicas malsucedidas, já que a sua teoria do resultado somente se aplicaria àquelas exitosas.[593] De acordo com o autor, para ser considerada dolosa deveria a conduta do médico dirigir-se para o insucesso da intervenção; caso contrário, o médico somente poderia ser punido a título de culpa. Nesse contexto, *Bockelmann* faz uma crítica à compreensão da jurisprudência alemã, que, embora entenda que o cirurgião que opera um paciente pratica uma lesão corporal dolosa – porquanto o dolo consistiria na consciência e vontade de cortar ou extrair os tecidos do paciente, independentemente da finalidade curativa –, afirma a punibilidade, nos casos de erro médico, apenas a título de culpa. *Bockelmann*, no entanto, afirma que esse posicionamento jurisprudencial causa estranhamento. Isso porque se o dolo de cortar, nos casos de erro médico, fosse o mesmo daquele inerente às intervenções bem-sucedidas – nos moldes fixados pela jurisprudência –, então não haveria coerência em punir o médico por culpa naqueles casos, já que ela só pode existir quando não houver dolo.[594] A nosso ver, no entanto, essa objeção não faz sentido, já que quando a atuação do médico é imprudente, na verdade, ele acaba criando um risco autônomo para aquele bem

---

ao constrangimento ilegal, o injusto da conduta do médico seria afastado apenas pelo consentimento. Cf. ROMEO CASABONA, El medico y el Derecho Penal, p. 271 e 285 e ss.

588. Para *Hungria*, há ausência de dolo até mesmo nas intervenções médicas com finalidade estética. HUNGRIA; FRAGOSO, Comentários ao Código Penal 5, p. 325.

589. SÃO PAULO, Tribunal de Alçada Criminal, Apelação Criminal n. 201.999, *RT*, v. 545, p. 355-363, 1981.

590. WELZEL, Hans. *El nuevo sistema del derecho penal*: una introducción a la doctrina de la acción finalista. Trad. José Cerezo Mir. Montevideo: B de F, 2011, p. 63.

591. HUNGRIA; FRAGOSO, Comentários ao Código Penal 5, p. 325.

592. WELZEL, El nuevo sistema del derecho penal, p. 63.

593. BOCKELMANN, Strafrecht des Arztes, p. 68.

594. Cf. BOCKELMANN, Strafrecht des Arztes, p. 64.

jurídico, vinculado não ao corte da pele ou à extração dos tecidos, mas sim à execução inadequada da intervenção.

Também discordamos da compreensão que visa a solucionar os problemas referentes às intervenções médicas no âmbito do tipo subjetivo. Para que atue dolosamente, deve o médico dirigir sua vontade à consecução de todos elementos típicos da lesão corporal, isto é, deve haver dolo em relação à afetação da integridade corporal ou da saúde de outrem (no caso, do paciente). Portanto, na linha daquilo que é firmado pela jurisprudência alemã, o médico que procede a uma intervenção, ainda que curativa, age, de fato, com consciência e vontade de *cortar*,[595] de *afetar a substância corporal do paciente*. Mesmo que o médico, no final das contas, queira curar, ainda assim ele precisa num primeiro momento interferir no corpo do paciente e, com isso, feri-lo – por exemplo, procedendo à incisão na pele com o bisturi –, para que possa alcançar seu derradeiro intento curativo.[596]

3.3.2.6 Apreciação crítica

Para além das breves críticas já esboçadas, o que todas essas concepções têm em comum é, mais uma vez, a indiferença quanto à vontade do paciente. Afinal, será que a intervenção indicada com finalidade curativa, bem-sucedida e executada conforme a *lex artis*, mas contrária à vontade do paciente, seria mesmo atípica? A nosso ver, nenhuma dessas concepções chega ao ponto que realmente interessa. Delas discordamos essencialmente, pois, ao afastarem ou ignorarem a exigência do consentimento e/ou do dever de esclarecimento nas intervenções curativas, podem incorrer em *consequências paternalistas e coletivistas* similares às que foram apontadas anteriormente em relação à concepção do exercício regular de direito. Além disso, muito embora esses autores sustentem que os casos de intervenções arbitrárias poderiam se amoldar aos pressupostos típicos de algum crime que tutela a liberdade (como o constrangimento ilegal ou um tipo penal autônomo), também se mostra equivocada a *compreensão limitada da integridade física* empregada, conforme explicitaremos mais a frente neste trabalho.

Na verdade, para além do possível fundamento paternalista atrelado à promoção da saúde e do bem-estar do paciente, ainda que desvinculado da sua vontade, essas soluções ensejam, em maior medida, uma verdadeira *coletivização da integridade física e da saúde*. Em especial a teoria do interesse corporal,

---

595. Como também constata PIERANGELI, O consentimento do ofendido na teoria do delito, p. 198.

596. No entanto, devemos frisar que a compreensão da *integridade física* adotada é determinante para a análise do tipo subjetivo na lesão corporal, considerando que o dolo deve se dirigir necessariamente ao preenchimento de todos os pressupostos típicos. Assim, um maior aprofundamento quanto a essa crítica somente será possível após a concreta definição daquilo que, na nossa visão, integra o bem jurídico protegido por esse tipo penal, o que será desenvolvido mais a frente neste trabalho. Cf. item 5.2.1.1.

que faz referência expressa a um "interesse coletivo de preservação da integridade física dos cidadãos", parte de uma concepção em que os bens jurídicos individuais são desconectados de seus titulares e, portanto, valorados enquanto entidades abstratas não mais pertencentes ao sujeito, mas sim à sociedade. Essa compreensão coletivista também ignora a autonomia do paciente, pois afasta do indivíduo o direito à autodeterminação sobre o seu próprio corpo.

Não obstante, a inquietação desses autores afigura-se, em certa medida, até justificável. Realmente pode parecer um contrassenso afirmar que o médico que atua numa cirurgia (consentida) pratica uma conduta típica de lesões corporais. A nosso ver, *Bockelmann* e os demais defensores das teorias supramencionadas têm razão quanto à necessidade de solução do problema das intervenções cirúrgicas no âmbito da tipicidade. No entanto, isso faz muito mais sentido a partir da compreensão de que a vontade da vítima afeta a própria noção do bem jurídico tutelado pelo tipo de lesão corporal, ou seja, quando trazemos a análise do consentimento do paciente para o âmbito da tipicidade, conforme veremos adiante.[597]

3.4 Os escassos julgados da jurisprudência brasileira: sintoma de uma compreensão jurídica complacente com práticas paternalistas?

A despeito da intensa discussão doutrinária acerca da compreensão dogmática das intervenções cirúrgicas, esse debate aparentemente ainda não chegou a ser tratado com seriedade pelos tribunais brasileiros. Ao analisarmos a jurisprudência, é possível constatar que a absoluta maioria dos julgados que enfrentam o problema da responsabilidade penal médica se vincula a discussões sobre erro médico e a possível ocorrência de eventuais delitos culposos ou, no máximo, à análise de crimes omissivos.[598]

No que se refere aos casos de intervenções médicas, praticamente não há decisões que chegam a analisar o problema aqui debatido. Para nós, isso realmente faz sentido quando nos referimos às intervenções médicas consentidas, informadas, indicadas e corretamente executadas: tendo em vista a evidente legitimidade da atuação daquele que opera um paciente, não há, obviamente, qualquer razão para que médicos sejam processados pelo simples fato de terem realizado uma cirurgia. No entanto, quando nos voltamos para as intervenções executadas contra a vontade ou sem o consentimento válido do paciente, a situação na área penal permanece inalterada, e os casos que são levados ao Poder Judiciário se limitam à esfera cível.[599]

---

597. Cf. item 4.2.4.

598. A respeito da jurisprudência penal brasileira em matéria médica, cf. o interessante compêndio elaborado por SOUZA, Direito penal médico, p. 37 e ss.

599. Para uma análise minuciosa sobre os julgados brasileiros em matéria civil referentes a essa temática, cf. LOPES JR., Consentimento informado na relação médico-paciente, p. 105 e ss.

Isso, contudo, não significa que interferências indevidas no corpo dos pacientes não aconteçam na realidade, mas apenas que existe muito provavelmente um verdadeiro desinteresse em processar tais fatos[600] – o que é, de fato, compatível com a tese predominante do exercício regular de direito, bem como com a justificação fundada no estado de necessidade nos casos em que há risco para a vida do paciente. Na perspectiva oposta, no entanto, é possível identificar diferentes julgados nos quais familiares, o Ministério Público ou o próprio médico pleiteiam autorização para obrigar pacientes a serem submetidos a determinadas intervenções, ainda que contra a sua vontade.[601] Ou seja, os padrões da prática médica e jurídica brasileira parecem não apenas aceitar a legitimidade da conduta do médico que atua para salvar a vida ou para promover a saúde, independentemente da vontade do paciente, como também admitir, em diferentes casos, o tratamento forçado.

Curiosamente, o caso mais debatido da jurisprudência brasileira na seara penal, e o único precedente verdadeiramente citado pela doutrina, refere-se a uma acusação de lesão corporal de natureza grave (art. 129, § 2º, III, CPB) em face de um médico que executou, na década de 70, uma cirurgia consentida de ablação do órgão genital de uma paciente transexual – a chamada transgenitalização.[602] Trata-se, aqui, de intervenção curativa e praticada em consonância com a vontade da paciente, cuja legitimidade veio a ser questionada principalmente em razão de sua pretensa contrariedade "aos princípios éticos da medicina e aos padrões da

600. Outro fator que talvez influencie a escassez de julgados penais sobre essas questões é o fato de que tanto a lesão corporal leve como o constrangimento ilegal são infrações de menor potencial ofensivo, as quais são passíveis de composição civil dos danos, transação penal e suspensão condicional do processo. Esses institutos são vinculados à Lei dos Juizados Especiais e possuem o condão de impedir o início ou o prosseguimento do processo penal.

601. Cf., por exemplo, o caso do paciente que recusou o tratamento de hemodiálise e foi processado pela mãe para que fosse obrigado a se tratar (GOIÁS. Tribunal de Justiça, 2ª Vara Cível, Fazendas Públicas, Registros Públicos e Ambiental da Comarca de Trindade/GO. Processo n. 201700242266, sentença da ação de interdição com pedido de tutela antecipada. Trindade, 2017); o caso da ação civil pública proposta pelo Ministério Público de São Paulo para obrigar uma moradora de rua a se submeter a uma laqueadura involuntária (SÃO PAULO, Tribunal de Justiça. Apelação n. 1001521-57.2017.8.26.0360. Relator: Paulo Dimas Mascaretti. São Paulo, 2018); e o caso da ação civil pública proposta pelo Ministério Público do Mato Grosso para obrigar uma paciente, que recusou o tratamento para a doença de tuberculose pulmonar, a ser tratada contra a sua vontade (MATO GROSSO. Tribunal de Justiça, Vara Única de Poconé. Processo n. 273/2007, sentença da ação civil pública com pedido de limitar. Poconé, 2009).

602. A transexualidade é caracterizada pela inadequação entre a identidade de gênero de um indivíduo e o seu sexo anatômico, definido em seu nascimento; isto é, pelo conflito entre a composição corporal externa e a imagem interna ou psicológica que o indivíduo tem de si próprio. Cf. PIERANGELI, O consentimento do ofendido na teoria do delito, p. 253. O tratamento terapêutico indicado para os transexuais é, via de regra, justamente a cirurgia de redesignação sexual. A respeito da transexualidade, cf. GALLI; VIEIRA; GIAMI *et alii*, Corpos Mutantes, Mulheres Intrigantes: Transexualidade e Cirurgia de Redesignação Sexual, *Psicologia: Teoria e Pesquisa*, v. 29, n. 4, p. 447-457, 2013.

sociedade".[603] A condenação em primeira instância, no entanto, veio a ser revertida pelo extinto Tribunal de Alçada de São Paulo, que fundamentou a decisão na *ausência de dolo*, principalmente devido à concreta indicação da cirurgia para o tratamento da condição médica do paciente.[604]

Recentemente, o STJ teve que se posicionar em relação a um caso de recusa de tratamento, a qual, por ter sido respeitada pelos médicos, culminou na morte da paciente.[605] No caso, contudo, a paciente era uma jovem de 13 anos que sofria de anemia falciforme, e seus pais recusaram a transfusão de sangue que lhe salvaria a vida com base em suas convicções religiosas, já que eram testemunhas de Jeová. Em razão disso, os pais foram denunciados pelo homicídio da filha, juntamente com um médico, também adepto da mesma religião, que, apesar de não ser o responsável pelo tratamento da menor, havia orientado os pais a recusar a intervenção e intimidado os médicos responsáveis pelo caso ao afirmar que os processaria caso realizassem a transfusão. Nesse *Habeas Corpus*, foi trancada a ação penal em relação aos pais da jovem paciente.[606]

No julgado, ressaltou-se que a recusa dos pais não deveria ter sido respeitada pelos médicos por se tratar de uma paciente incapaz de tomar decisões médicas, o que impunha aos médicos o *dever de tratar*, ainda que contra a vontade dos pais. Isso seria corroborado pelo fato de que o próprio CPB autoriza o uso de violência ou grave ameaça para executar tratamentos, mesmo que sem o consentimento do paciente ou de seu representante legal, nas situações em que há risco para a vida.[607] Nesse caso, portanto, o direito à vida e o princípio da proteção integral da criança e do adolescente, constitucionalmente salvaguardados, preponderariam em relação à convicção religiosa dos pais.[608] Esse dever de tratar, no entanto, *vincularia apenas os médicos*, e não os pais. Por fim, os pais não deveriam mais ser submetidos ao sofrimento do processo e, com fundamento na desnecessidade

603. SÃO PAULO, Tribunal de Alçada Criminal, Sentença do processo n. 799/76, *RT*, v. 545, p. 363-372, 1981, p. 372.

604. A respeito do caso, cf. CARVALHO, Hilário Veiga de, Transexualismo, *RT*, v. 545, p. 289-298, 1981; FRAGOSO, Transexualismo – cirurgia – lesão corporal [Parecer], p. 25-34. A defesa, contudo, alegou que o médico havia atuado com base no exercício regular de direito. Processo n. 799/76, *RT* 545, p. 366.

605. BRASIL. Superior Tribunal de Justiça. *Habeas Corpus n.* 268459/SP. Relatora: Ministra Maria Thereza de Assis Moura. Brasília, 2014.

606. No RHC 7.785/SP, o pedido de trancamento da ação penal em relação ao médico foi negado. BRASIL. Superior Tribunal de Justiça. Recurso em *Habeas Corpus n.* 7.785/SP. Relator: Ministro Fernando Gonçalves. Brasília, 1998.

607. STJ, *Habeas Corpus n.* 268459/SP, p. 29.

608. No entanto, em especial no voto do Ministro Sebastião Reis Júnior, é possível perceber que a incapacidade da paciente é o ponto mais relevante para a decisão, o que indica que o resultado do julgamento poderia ser diferente se se tratasse de um adulto que recusa a intervenção médica. STJ, *Habeas Corpus n.* 268459/SP, p. 34.

de pena no caso concreto, a falta de culpabilidade autorizaria o trancamento da ação penal em relação a eles.[609]

Na seara cível, nos casos de recusa de tratamento envolvendo *pacientes maiores e capazes,* há decisões nos dois sentidos. Por um lado, não faltam julgados que fixam para o médico não apenas um direito, mas em muitos casos um verdadeiro dever de tratar, ainda que contra a vontade do paciente, nas hipóteses em que há risco para a sua vida. Por exemplo, no TJRS reconheceu-se que "o profissional de saúde tem o dever de, havendo iminente perigo de vida, empreender todas as diligências necessárias ao tratamento da paciente, independentemente do consentimento dela ou de seus familiares".[610] Por outro lado, há julgados posteriores, desse e de outros tribunais, que reconhecem, nesses casos, o direito do paciente à recusa de tratamento.[611] Destarte, trata-se ainda de uma *vexata quaestio* na jurisprudência brasileira.

De todo o exposto, podemos perceber que não há na jurisprudência penal uma definição sobre o fundamento de legitimidade da intervenção do médico no corpo e na liberdade do paciente. Esse estado da questão apenas corrobora a nossa suspeita de que, ao menos na seara penal, ainda não há uma verdadeira preocupação com a definição dos limites de legitimidade da atuação médica, prevalecendo ainda uma postura notadamente paternalista, que atribui ao médico (ou ao CFM) a prerrogativa de definir e executar aquilo que, na sua visão, é o "melhor" para o paciente.

---

609. STJ, *Habeas Corpus n.* 268459/SP, p. 29-31. Curiosamente, apesar de fundamentar o trancamento na ausência de *culpabilidade* dos pais, a ementa do acórdão indica que a concessão da ordem estaria vinculada à *atipicidade* da conduta. Deve-se frisar, também, que no voto vencido foi ressaltado que, nesse caso, os pais eram também penalmente responsáveis em razão de não terem autorizado o tratamento, pois possuíam o dever de assegurar a vida de seus filhos. Cf. STJ, *Habeas Corpus n.* 268459/SP, p. 38.

610. RIO GRANDE DO SUL. Tribunal de Justiça. Apelação cível n. 70020868162. Relator: Des. Umberto Guaspari Sudbrack. Porto Alegre, 2007. Em sentido similar, julgados de diferentes tribunais já determinaram a realização de transfusão de sangue nos casos em que há risco para a vida do paciente, ainda que contra a sua vontade. Cf. RIO GRANDE DO SUL. Tribunal de Justiça. Apelação cível n. 595000373. Relator: Des. Sérgio Gischkow Pereira. Porto Alegre, 1995. SÃO PAULO. Tribunal de Justiça. Apelação cível n. 132.720-4/9. Relator: Des. Boris Kauffmanno São Paulo, 2003. RIO DE JANEIRO. Tribunal de Justiça. Agravo de Instrumento n. 2004.002.13229. Relator: Des. Carlos Eduardo da Fonseca Passos. Rio de Janeiro, 2004. Nesse último caso, a recusa de tratamento era manifestada pela família do paciente.

611. Cf., por exemplo, RIO GRANDE DO SUL. Tribunal de Justiça. Agravo de Instrumento n. 70032799041. Relator: Des. Cláudio Baldino Maciel. Porto Alegre, 2009; MINAS GERAIS. Tribunal de Justiça. Agravo de instrumento 1.0701.07.191519-6/001. Relator: Des. Alberto Vilas Boas. Belo Horizonte, 2007, os quais também se referem à recusa de transfusão de sangue de uma testemunha de Jeová. Cf. também RIO GRANDE DO SUL. Tribunal de Justiça. Apelação cível n. 70042509562. Relator: Des. Arminio José Abreu Lima Da Rosa. Porto Alegre, 2011, em que se reconhece o direito à morte natural e à não manutenção artificial da vida.

3.5 Resultados parciais

1. A doutrina majoritária brasileira entende que as lesões corporais decorrentes dos tratamentos e intervenções médicas seriam justificadas, do ponto de vista dogmático, pelo *exercício regular de um direito* (art. 23, III, CPB) do médico, que, ao adquirir seu título profissional, geraria para si o direito de realizar todos os atos inerentes à profissão. Uma postura similar pode ser encontrada em escritos da doutrina europeia do século XIX e, ainda hoje, é defendida por alguns autores espanhóis.

2. As cirurgias de urgência possuem, nessa perspectiva, um tratamento dogmático controverso na doutrina brasileira. O artigo 146, § 3º, I, do CPB afasta expressamente o crime de constrangimento ilegal nas situações em que há um risco iminente para a vida do paciente, podendo o médico atuar mesmo que sem o seu consentimento. Enquanto alguns autores sustentam que essa previsão consagra um *direito* do médico, outros acreditam haver um *dever* legal de salvamento, ao passo que uma terceira corrente afirma haver, aqui, uma hipótese de *estado de necessidade* (art. 24, CPB). A mesma controvérsia circunda o artigo 128, II, do CPB, que autoriza a prática do aborto quando há risco para a vida da gestante, mesmo que contra a sua vontade.

3. A doutrina brasileira não se olvida integramente da vontade do paciente. No entanto, em geral insere o consentimento apenas como um "pressuposto" da legitimidade do exercício do direito e não esclarece quais as consequências jurídicas da sua não observância. Aparentemente, trata-se de uma tentativa de recepcionar as tendências estrangeiras, que colocam o consentimento informado no centro da justificação da atuação médica sem, no entanto, desvincular-se da concepção tradicional.

4. Essa tese tradicional possui dois problemas principais, que se referem a seus fundamentos e suas consequências. Em primeiro lugar, não há uma lei que institua a existência desse direito. Considerando que o conteúdo da permissão contida no artigo 23, III, do CP depende de um fundamento que o defina, não é possível falar em exercício regular de direito sem indicar o que autoriza concretamente a sua prática. Refutamos a tese que fundamenta a existência do direito nos costumes ou no Código de Ética Médica. Isso porque buscar o alicerce de tal direito nos costumes implicaria autorizar uma prática médica que desconhece limitações objetivamente determináveis, porquanto ausente uma norma concreta que a discipline – o que possibilitaria uma intolerável atuação irrestrita do médico, de acordo com suas próprias concepções –, ao passo que fundamentar a existência de tal direito remetendo-se ao Código de Ética Médica seria uma incoerência, uma vez que não se trata de uma lei, mas de uma resolução editada por uma autarquia federal (o CFM), não havendo razões para se admitir que um órgão de classe possa definir, sem participação democrática, os limites referentes à efetivação de direitos de fundamentais de liberdade e de personalidade dos pacientes.

5. Em segundo lugar, essa concepção conduz a consequências essencialmente *paternalistas*, que ignoram a autonomia do paciente e autorizam intervenções arbitrárias que, visando objetivamente ao bem-estar do indivíduo a ser tratado, podem ser executadas a despeito da violação direta da sua vontade. Ainda, a inexistência de um dever de esclarecimento, ou seja, de um dever do médico de informar o paciente sobre riscos, consequências e alternativas do tratamento, deixa o controle de informações a cargo do médico que, nessa perspectiva, poderia impossibilitar uma manifestação consciente da vontade por parte do paciente, que, embora formalmente "consinta", desconhece as reais informações sobre o tratamento a que será submetido. Dá-se preponderância, assim, ao bem-estar do paciente, em detrimento da sua vontade. Por mais que atualmente a tese do exercício de um direito de profissão do médico esteja algumas vezes acompanhada de considerações acerca da exigência do consentimento do paciente enquanto pressuposto da sua regularidade, há nesses casos uma inversão da relação entre a vontade do paciente e o respectivo direito do médico. No final das contas, essa postura autoriza, ainda assim, intervenções paternalistas.

6. Além dessa tese tradicional, podemos encontrar outras abordagens que, embora busquem dirimir esse problema dogmático, resultam em consequências similares. Alguns autores, incomodados com a compreensão de que as intervenções médicas se amoldariam ao tipo de lesão corporal, fundamentam a atipicidade da intervenção curativa com base no seu êxito (teoria do resultado); no princípio do interesse preponderante; na indicação e execução de acordo com a *lege artis* (teoria da ação); na adequação social da conduta médica; e, por fim, na ausência de dolo. Esse incômodo se deve, principalmente, à consideração de que o tipo de lesão corporal se destina à tutela da integridade física e não da vontade ou da liberdade do paciente. Com isso, eventuais violações dessa liberdade poderiam constituir, no máximo, constrangimento ilegal ou cárcere privado. A nosso ver, no entanto, todas essas concepções, assim como a tese do exercício regular de direito, acabam admitindo consequências eminentemente paternalistas.

7. Com base na teoria do resultado, somente as intervenções curativas bem-sucedidas seriam objetivamente atípicas, ao passo que as intervenções malsucedidas seriam solucionadas pelo critério do risco permitido ou no tipo subjetivo (ausência de dolo ou culpa). No entanto, esse é um critério não apenas *inseguro*, já que não é tão fácil definir o que seria uma intervenção exitosa, mas também *inadequado*, porquanto o sucesso da intervenção depende de inúmeros fatores que extrapolam a atuação do médico, podendo ser concretamente identificado somente numa perspectiva *ex post*. Ademais, também a ausência de resultado não impediria uma punição por tentativa, o que demonstra a fragilidade da teoria.

8. Para as teorias do interesse preponderante e da ação, mesmo as cirurgias malsucedidas não perfazem o tipo objetivo das lesões corporais e, *in thesi*, o resultado da intervenção é irrelevante. Na primeira concepção, a atipicidade dependeria da realização de um interesse corporal aferível sob uma perspectiva *ex ante*. Esse, no entanto, é um critério ainda mais abstrato e indefinido do que aquele traçado pela teoria do resultado. Já na segunda concepção, a atipicidade decorreria da indicação e execução da intervenção de acordo com a *lege artis* e a punição do médico dependeria da violação do seu dever de evitar o resultado. O problema é que essa teoria ignora outros fatores que também são relevantes para a determinação da legitimidade da conduta do médico, razão pela qual também deve ser refutada.

9. A concepção que fundamenta a legitimidade das intervenções médicas na sua adequação social é, também, equivocada, pois traz apenas uma expressão despida de conteúdo e não explicita quais seriam os verdadeiros critérios para solucionar o problema. Isso significa que a simples afirmação de que a conduta do médico é "socialmente adequada" não é suficiente para definir os limites entre a intervenção lícita e a ilícita. Por fim, também a postura que vincula a ausência de dolo do médico à finalidade curativa da intervenção apresenta falhas, principalmente por adotar o que, na nossa visão, é uma compreensão limitada e equivocada da integridade física.

10. O problema da determinação do fundamento que legitima as intervenções médicas ainda não chegou a ser analisado com seriedade pela jurisprudência brasileira. O principal julgado que abordou essa questão se refere a um caso da década de 70. Além disso, os julgados recentes que abordam casos de recusa de tratamento não chegam a se pronunciar quanto a essa problemática. Na nossa visão, a postura das autoridades brasileiras é, de fato, compatível com a tese predominante do exercício regular de direito, bem como com a justificação fundada no estado de necessidade nos casos em que há risco para a vida do paciente.

4

PROPOSTA DE TRATAMENTO DOGMÁTICO: O *CONSENTIMENTO* QUE AFASTA A TIPICIDADE COMO PONTO ARQUIMÉDICO PARA A COMPREENSÃO DAS INTERVENÇÕES MÉDICAS

4.1 O consentimento do paciente como expressão da sua autonomia e critério legitimador das intervenções médicas

Uma intervenção médica atinge, fundamentalmente, dois valores do paciente, quais sejam, a sua *liberdade* e o seu *corpo*. Por um lado, a decisão de se submeter (ou não) a uma intervenção consiste no real e pleno exercício da liberdade e da autodeterminação individual. Por outro lado, essas intervenções afetam a sua substância corporal, independentemente do resultado a que se chega ou da vontade do médico de promover o bem-estar do paciente. Tanto a incisão feita com um bisturi ou o furo na pele realizado com uma seringa quanto a alteração do organismo provocada por uma transfusão de sangue interferem inegavelmente no corpo do paciente. Aquele que se submete a um tratamento curativo, por exemplo, exerce a sua liberdade ao aceitar uma intervenção no seu corpo, bem como todos os riscos a ela inerentes, a fim de promover uma possível melhora da sua condição de saúde. Esse resultado final, no entanto, não afasta a afetação corporal antecedente.[612]

---

612. PUPPE, Ingeborg, Die strafrechtliche Verantwortlichkeit des Arztes bei mangelnder Aufklärung über eine Behandlungsalternative: Zugleich Besprechung von BGH, Urteile vom 3.3.1994 und 29.6.1995, *GA*, 2003, p. 764.

Num paradigma ético-jurídico de tutela da *autonomia individual* – elemento essencial da *dignidade humana* (art. 1º, III, CR) e da *liberdade* (art. 5º, *caput*, CR) –, a *vontade* do paciente assume um papel central para a análise da legitimidade das intervenções médico-cirúrgicas. Com fundamento nessa matriz axiológica e normativo-constitucional, a consequência dogmática será a adoção do *consentimento do paciente* como fundamento para a legitimidade dessas intervenções. Considerando que a integridade corporal é um bem jurídico individual, a ninguém é dado o poder de intervir no corpo de uma pessoa sem a sua anuência,[613] o que implica que *corpo* e *vontade* devem ser analisados, aqui, como um todo harmônico e indissociável.

No Brasil, poucos autores procuram resolver esse problema exclusivamente com base no consentimento;[614] já na Alemanha e em outros países europeus, esse posicionamento é bastante difundido.[615] *Kessler* foi um dos primeiros autores, já no final do século XIX, a defender uma postura liberal e a sustentar que as intervenções cirúrgicas só seriam legitimadas pelo consentimento do paciente.[616] Na jurisprudência alemã, como já demos notícia, coube ao Tribunal do Império a decisão emblemática[617] que, em 1894, passou a adotar o paradigma do consentimento, concebendo as intervenções médicas como lesões corporais justificadas pela anuência do paciente. Essa decisão foi pioneira e de suma importância, pois rompeu com a compreensão anterior de que havia um direito de tratar inerente à profissão médica, suplantando decisões anteriores que negavam efeito justificante ao consentimento no que se refere às lesões corporais.[618] De fato, essa nova interpretação fez surgir um problema que até então não existia – já que a vontade do paciente era concebida como irrelevante para o exercício do direito de profissão

613. SIQUEIRA, Gesundheitsschädigende Patientenaufklärung, p. 154.

614. No Brasil, *Cirino dos Santos* soluciona o problema das intervenções médicas com base no consentimento que afasta a tipicidade, CIRINO DOS SANTOS, Juarez. *Direito Penal:* parte geral. 6. ed. Curitiba: ICPC, 2014, p. 263. No âmbito da ilicitude, apesar de reconhecerem a justificação com base no exercício regular do direito, mencionam também a justificação pelo consentimento PRADO; CARVALHO; CARVALHO, Curso de direito penal brasileiro, p. 337. Pioneiramente, *Lemos* também recorria ao consentimento para fundamentar a licitude da conduta médica, apesar de defender sua natureza contratual e reconhecer exceções a ele, LEMOS, Direito de matar e curar, p. 49 e ss.

615. Na Alemanha, como já afirmamos, esse posicionamento é predominante na jurisprudência e ainda recebe adesão de boa parte da doutrina. Já na Itália, por exemplo, apesar de admitir exceções – como no caso da atuação contra a vontade do paciente para afastar perigo para a vida -, já na década de 50 também *Maggiore* solucionava o problema com fundamento no consentimento. MAGGIORE, Giuseppe. *Derecho penal.* vol. 1. 5. ed. Bogotá: Temis, 1954, p. 442. Na Espanha, esse posicionamento é defendido na atualidade por parte da doutrina, como por GUÉREZ TRICARICO, Pablo. *El tratamiento médico curativo y su licitud:* el papel del consentimiento del paciente. Navarra: Civitas, 2012.

616. KESSLER, Richard. *Die Einwilligung des Verletzten in ihrer strafrechtlichen Bedeutung.* Berlin: F. Guttentag, 1884, p. 3.

617. RGSt 25, 375.

618. Como as decisões RGSt 2, 442 e RGSt 6, 61.

do médico – e inaugurou, na Alemanha, as discussões acerca do consentimento do paciente, compreendido como uma forma de obstar uma possível "tirania dos médicos".[619]

Nessa decisão, inclusive, o tribunal critica veementemente a posição da doutrina e deixa claro que a mera alusão à profissão não pode, por si só, fundamentar um direito do médico de intervir na integridade corporal alheia. A atuação do médico encontraria, assim, um limite na vontade do paciente. Segundo o RG, "não é um direito de profissão do médico, mas em primeira linha a vontade do paciente que dá legitimidade àquele para cometer lesões corporais sem ser penalmente responsabilizado".[620] Esse posicionamento é, ainda hoje, predominante na jurisprudência alemã.[621]

Fateh-Moghadam constata, com acerto, que a exigência do consentimento para a legitimidade das intervenções médicas possui precipuamente as funções de defesa, de desenvolvimento e de garantia.[622] Em primeiro lugar, representa uma *defesa* do paciente em relação às intervenções cirúrgicas arbitrárias, ou seja, visa a garantir que nenhuma intervenção no seu corpo poderá ocorrer sem o seu consentimento ou contra a sua vontade. Exige-se, assim, que o seu direito de recusar tratamentos seja respeitado pelo médico.

Em segundo lugar, o consentimento possibilita o *desenvolvimento* do direito à autodeterminação do paciente e o exercício da sua autonomia, autorizando-o a dispor de seus bens jurídicos de acordo com suas próprias concepções de vida. A compreensão das intervenções cirúrgicas a partir do consentimento conduz ao fortalecimento do papel do indivíduo em sua relação com o médico, que é, então, ressignificada. O paciente, livre e capaz, passa a possuir o poder de decisão acerca do destino do seu próprio corpo e está apto a, a partir das informações fornecidas pelo médico, ele mesmo ponderar se as vantagens da intervenção médica predominam ou não em relação às eventuais lesões por ela provocada.

Por fim, essa perspectiva garante ao médico *segurança* quanto às suas ações e, ao delimitar concretamente o seu campo de atuação, dá-lhe previsibilidade quanto às possíveis consequências jurídicas dos seus atos. No final das contas, a atribuição de legitimidade às intervenções cirúrgicas a partir do consentimento do paciente resulta, a bem da verdade, num aumento do âmbito de liberdade tanto do paciente quanto do médico.

---

619. Como constata SCHMIDT, Empfiehlt es sich, dass der Gesetzgeber die Fragen der ärztlichen Aufklärungspflicht regelt?, p. 19-20.

620. RGSt 25, 375. No original, "... nicht das Berufsrecht des Arztes, sondern in erster Reihe der Wille des Kranken ist, welcher den ersteren legitimiert, Körperverletzungen straflos zu verüben..." (p. 380).

621. Sobre o posicionamento da jurisprudência alemã e as críticas da doutrina, cf. 5.2.1.1.

622. FATEH-MOGHADAM, Die Einwilligung in die Lebendorganspende, p. 74.

Assim, o médico não possui um direito originário de tratar e, com isso, o exercício regular do direito não tem o condão de justificar a atuação médica.[623] Como já havíamos frisado, conceber tal prerrogativa como intrínseca à profissão médica seria inconciliável com o respeito à autonomia e ao direito à autodeterminação do paciente.[624] Um eventual direito do médico, na verdade, só existe enquanto derivação de uma permissão do paciente, dentro dos limites por ele traçados e diante da observância de certos pressupostos de validade do consentimento.

Como consequência prática, tal compreensão torna em geral ilegítimas as intervenções arbitrárias ou não consentidas, fazendo prevalecer o direito à autodeterminação do paciente sobre o dever do médico de tentar a cura ou o prolongamento da vida a qualquer custo. A ausência de consentimento perfaz *prima facie* os pressupostos típicos de dois delitos: um que tutela a integridade física, como o crime de lesão corporal (art. 129, CPB), e outro que tutela a liberdade geral de ação, como, no Brasil, o crime de constrangimento ilegal (art. 146, CPB) ou, *v.g.* em Portugal e na Áustria, um crime específico referente às intervenções cirúrgicas arbitrárias.

O injusto de ambos os delitos somente será afastado quando houver o *consentimento real* do paciente ou, diante da impossibilidade de obtê-lo, o *consentimento presumido.*[625] Não obstante, a validade da autorização concedida pelo paciente para que o médico possa intervir no seu corpo não é irrestrita. Nos casos de intervenções consentidas, portanto, a legitimidade da atuação médica dependerá do cumprimento de certos pressupostos de capacidade cognitiva, volitiva e situacional.[626]

Em termos gerais, a validade do consentimento está atrelada a *limites objetivos* e *subjetivos*. Os primeiros se referem à observância de limites concretos que afetam o exercício da liberdade de disposição. Os segundos, por sua vez, vinculam-se a critérios como a *capacidade* de consentimento do seu titular e a *liberdade* na formação da vontade e da tomada de decisão (isto é, a ausência de erro ou vício de consentimento), que abrange também o cumprimento do *dever de esclarecimento* por parte do médico.[627] Isso quer dizer que o médico somente atua legitimamente diante da estrita observância desses limites, não bastando a mera alusão a uma eventual concordância do paciente. Além dos casos de ausência de

---

623. No mesmo sentido, cf. ESER, Albin; STERNBERG-LIEBEN, Detlev, Schönke/ Schröder StGB § 223 Kőrperverletzung, Nm. 37.

624. Como também constata FRISCH, Wolfgang., Einwilligung und mutmaßliche Einwilligung in ärztliche Eingriffe, *in*: FRISCH, Wolfgang (Org.), *Gegenwartsfragen des Medizinstrafrechts*, Baden-Baden: Nomos, 2006, p. 35.

625. Sobre a figura do consentimento presumido, cf. item 4.5.

626. GRECO; SIQUEIRA, Promoção da saúde ou respeito à autonomia?, p. 652.

627. Sobre a diferenciação entre os limites subjetivos e objetivos, cf. STERNBERG-LIEBEN, Die objektiven Schranken der Einwilligung im Strafrecht, p. 9.

consentimento válido, as intervenções médicas podem ensejar a consecução do crime de lesão corporal também em casos de erro médico – em que há, portanto, algum defeito na execução da intervenção –, muito provavelmente configurando uma lesão corporal culposa.

4.2 Delimitação conceitual e tratamento sistemático do consentimento no direito penal: causa de justificação ou de exclusão da tipicidade?

"*Nulla injuria est, quae in volentem fiat*", afirmou no Digesto o célebre jurista romano Ulpiano.[628] Com fundamento nessa tradicional orientação, posteriormente sintetizada no tão citado aforismo "*volenti non fit iniuria*" (não se faz injustiça àquele que consente), atribui-se legitimidade à figura do *consentimento* que, na perspectiva jurídico-penal, refere-se à legítima faculdade de disposição do bem jurídico penalmente tutelado por parte do seu titular. Como esclarece *Mommsen*, no latim a palavra *iniuria* (ou *injuria*), em contraposição a *ius*, significa injusto. No sentido técnico, no entanto, a *iniuria* se refere à violação intencional e ilícita da personalidade de um terceiro.[629] Assim, a "injúria", aqui, não alude apenas a uma eventual lesão ao bem jurídico *honra*[630] – que também pode ser consentida –, mas sim à afetação de quaisquer direitos de personalidade, como a *liberdade*, a *integridade física* e até mesmo a *vida*.[631]

Apesar de ter sido reconhecida nos tempos romanos,[632] principalmente em relação aos crimes de natureza privada,[633] a validade jurídico-penal da figura do consentimento foi paulatinamente rechaçada em razão do caráter público do direito penal. A necessidade de respeitar as decisões autônomas dos indivíduos ressurgiu no iluminismo, em especial a partir da valorização da ideia da autonomia no âmbito da filosofia. Do ponto de vista jurídico-penal, *Feuerbach* já reconhecia que "na medida em que uma pessoa puder renunciar a direitos, por meio de um ato de vontade esclarecido, a autorização concedida pelo ofendido para a prática do ato afasta o conceito do crime".[634] No final do século XIX, o *consentimento* começou a ser retomado com maior intensidade por alguns penalistas que,

---

628. Digesto 47, 10, 1, 5. Cf. MOMMSEN, Theodor. *Römisches Strafrecht*. Berlin: Akademie-Verlag, 1955, p. 798.

629. MOMMSEN, Römisches Strafrecht, p. 784.

630. BREIHAUPT, R. H. *Volenti non fit iniuria*. Berlin: Buchhandlung für Staats- und Rechtswissenschaft, 1891, p. 6.

631. Cf. a respeito HONIG, Richard. *Die Einwilligung des Verletzteno* Mannheim: J. Bensheimer, 1919, p. 1 e ss. ROXIN, Claus; GRECO, Luís. *Strafrecht Allgemeiner Teil*. vol. 1. 5. ed. München: Beck, 2019, § 13, Nm. 1.

632. Cf. a respeito MOMMSEN, Römisches Strafrecht, p. 798.

633. PIERANGELI, O consentimento do ofendido na teoria do delito, p. 72-73.

634. FEUERBACH, Paulo Johann Anselm vono *Lehrbuch des gemeinen in Deutschland gültigen peinlichen Rechts*. 14. ed. Giessen: Georg Friedrich Heyer's Verlag, 1847, p. 61. No original: "So ferne eine Person durch erklärten Willensakt Rechte aufgeben kann, hebt die Erlaubnis zur That von Seite des Verletzten den Begriff des Verbrechens auf." *Feuerbach*

partindo do pressuposto de que os indivíduos devem ser autorizados a dispor livre e autonomamente de seus bens,[635] passaram a concebê-lo dogmaticamente como causa que atribui legitimidade aos atos de disposição.[636]

Atualmente, não há dúvidas de que o consentimento possui relevância para a análise penal de uma conduta. No entanto, há na doutrina uma considerável controvérsia sobre o seu enquadramento sistemático na teoria do delito, isto é, se ele afeta a antijuridicidade ou a tipicidade. Na perspectiva tradicional, a chamada teoria dualista atribui dois possíveis efeitos à aquiescência do titular do bem jurídico, a depender do tipo penal a que se refere: em relação àqueles crimes que exigem na própria descrição do tipo penal uma atuação contra ou sem a vontade do sujeito passivo – como o constrangimento ilegal – o acordo afastaria a tipicidade; já nos crimes que protegem o objeto propriamente dito, sem, no entanto, fazer referência à efetiva disposição do bem jurídico – como a lesão corporal –, a vontade do titular somente poderia produzir efeitos no âmbito da antijuridicidade, já que o consentimento, nesses casos, não afastaria a lesão concreta ao bem jurídico. No modelo monista, por sua vez, a liberdade de usufruir integraria o próprio conteúdo do bem jurídico. Isso implica, em ambas as hipóteses, que o consentimento impediria que houvesse uma efetiva lesão ao bem tutelado, do que resulta que em qualquer desses casos a conduta seria atípica.

Há quem afirme que o acirrado debate sobre se o consentimento afastaria a tipicidade ou a ilicitude da conduta do terceiro é, de todo, irrelevante.[637] Importante seria, antes, a determinação dos seus limites de acordo com as peculiaridades de cada tipo penal. Na nossa concepção, todavia, a definição dos efeitos dogmáticos do consentimento – ou seja, se há a afetação da tipicidade ou da ilicitude – é essencial para determinar se as intervenções cirúrgicas não consentidas

ainda não usava o termo *consentimento* (*Einwilligung*), mas sim *autorização* (*Erlaubnis*), o que, na verdade, significa a mesma coisa.

635. KESSLER, Die Einwilligung des Verletzten in ihrer strafrechtlichen Bedeutung, p. 3.

636. Há uma controvérsia quanto à terminologia mais correta a ser usada na discussão sobre o consentimento. Em boa parte dos estudos, e até hoje, faz-se referência ao consentimento do *ofendido* (*Einwilligung des Verletzten*) (cf. por exemplo GEERDS, Friedrich, Einwilligung und Einverständnis des Verletzten im Strafrecht, *GA*, p. 262-269, 1954; HONIG, Die Einwilligung des Verletzten, p. 1 e ss.; PIERANGELI, O consentimento do ofendido na teoria do delito, p. 72 e ss.). No entanto, para alguns o mais correto seria tratar do consentimento do *interessado* (*Betroffene*), do *titular do bem jurídico* (*Rechtsgutsinhaber*) ou *daquele que possui o direito* (*Berechtigte*). Isso porque toda a discussão sobre o consentimento gira em torno justamente do reconhecimento de que aquele que consente não é ferido ou ofendido, já que o ato praticado pelo terceiro representa, na verdade, a concretização da sua vontade livre (cf. a respeito MAGALHÃES, Causas de exclusão do crime, p. 107 e ss.; REISS, Sobre o consentimento do sujeito passivo, p. 14).

637. Nesse sentido, STERNBERG-LIEBEN, Die objektiven Schranken der Einwilligung im Strafrecht, p. 59; FATEH-MOGHADAM, Die Einwilligung in die Lebendorganspende, p. 87.

realmente perfazem o tipo penal da lesão corporal.[638] Isso porque, a nosso ver, a questão principal da controvérsia é justamente definir se a vontade integra ou não o conteúdo bens jurídicos individuais: uma intervenção não consentida somente poderá ser considerada uma efetiva lesão corporal se o dissentimento do paciente fizer parte dos seus pressupostos típicos, ou seja, caso esse tipo penal represente uma unidade entre o *corpo* e a *autodeterminação* do seu portador. Assim, a definição sobre a compreensão dogmática do consentimento refletirá na determinação dos efeitos penais das intervenções cirúrgicas.

4.2.1 A teoria dualista: o acordo que afasta a tipicidade e o consentimento justificante

A doutrina brasileira concebe o consentimento como uma causa supralegal de exclusão da ilicitude.[639] Também um setor relevante da doutrina e da juris-

---

638. Para *Kindhäuser*, por sua vez, essa discussão é importante, porque é possível enxergar em ambas construções problemas dogmáticos relevantes e, assim, deve-se procurar uma alternativa a elas. KINDHÄUSER, Urs, Normtheoretische Uberlegungen zur Einwilligung im Strafrecht, *GA*, v. 157, 2010, p. 491.

639. Para *Regis Prado*, a doutrina brasileira se inspirou no Código Penal italiano para reconhecer o consentimento como causa supralegal de exclusão da ilicitude. PRADO, Curso de Direito Penal Brasileiro 1, p. 455. O CP italiano consagra, em seu artigo 50, a figura do *consenso do titular do direito* ("consenso dell'avente diritto") e estabelece que "não é punível quem ofende ou coloca em perigo um direito, com o consenso da pessoa que pode dele validamente dispor" (nossa tradução). No original: "Non è punibile chi lede o pone in pericolo un diritto, col consenso della persona che può validamente disporne". No Brasil, o Código Criminal do Império de 1890 estabelecia, em seu art. 26, que "não dirimem, nem excluem a intenção criminosa: c) o consentimento do ofendido, menos nos casos em que a lei só a ele permite ação criminal". PIERANGELI, O consentimento do ofendido na teoria do delito, p. 91. Como esclareceu *Délio Magalhães*, a doutrina criticava esse dispositivo em razão da evidente confusão entre as noções de consentimento e de direito de queixa. MAGALHÃES, Causas de exclusão do crime, p. 115. Já o *Projeto Alcântara Machado*, inspirado pela legislação italiana, fazia previsão expressa do consentimento em seu artigo 14, que dispunha: "Não será punível aquêle que praticar ação ou omissão: I – com consentimento de quem possa validamente dispor do direito violado ou ameaçado". No entanto, a comissão revisora, composta por juristas como *Nelson Hungria*, considerou que esse dispositivo era supérfluo, pois, nos casos excepcionais em que o dissenso fosse um elemento constitutivo do tipo, era óbvia a atipicidade da conduta consentida. *Alcântara Machado*, em contrapartida, argumentou que, em alguns casos, o consentimento poderia justificar o fato típico, apesar de o dissenso não integrar o tipo. De acordo com *Hungria*, contudo, somente a lei poderia atribuir caráter disponível ao bem jurídico, não havendo uma "livre disponibilidade de direitos penalmente tutelados". Diante disso, esse dispositivo não foi incluído no Código de 1940. HUNGRIA, *Comentários ao Código Penal*, vol. 1, t. II, p. 269. Há que frisar que muitos dos autores que fundamentam a legitimidade das intervenções médicas no exercício de um direito de profissão do médico argumentam, na verdade, que essa postura seria necessária em razão da ausência de previsão legal do consentimento no ordenamento jurídico brasileiro. Houve também quem argumentasse, assim como *Délio Magalhães*, que qualquer hipótese de exercício da liberdade de consentimento seria justificada justamente pelo exercício regular de direito, o que reforçaria a tese da superfluidade de um dispositivo específico que tratasse dos

prudência estrangeiras, em especial alemãs, atribuem relevância para o consentimento no âmbito da antijuridicidade e, com base na contraposição terminológica idealizada por *Friedrich Geerds*,[640] diferenciam os conceitos de *acordo* (*Einverständnis*) e *consentimento* (*Einwilligung*).[641] Na literatura lusófona, *Costa Andrade* é o principal defensor do modelo dualista.[642]

efeitos da vontade do titular do bem jurídico. MAGALHÃES, Causas de exclusão do crime, p. 117. No projeto de novo Código Penal – o PLS 236/2012 – também não há menção à figura do consentimento. Essa mesma postura foi também adotada pelos elaboradores do projeto alternativo ao PLS/236, mas com fundamento diverso daquele tradicionalmente utilizado. De acordo com os autores do projeto alternativo, que propuseram a revogação da causa de justificação referente ao "exercício regular de direito", "a expressa previsão legislativa do consentimento [lhes] pareceu desnecessária, ante o amplo reconhecimento de que goza essa figura". Além disso, considerou-se também que "uma regulação poderia ter o efeito colateral de restringir os efeitos dessa relevante categoria jurídico-penal". GRECO; HORTA; LEITE; TEIXEIRA; QUANDT, Reforma da parte geral do Código Penal, p. 120-121.

640. Antes do modelo trazido por *Geerds*, autores como *Kessler*, *Ortmann* e *Klee*, por exemplo, defendiam um modelo monista de consentimento, em um posicionamento liberal de equiparação entre a autolesão e a heterolesão consentida. A respeito, cf. COSTA ANDRADE, Consentimento e acordo em Direito Penal, p. 90 e ss. e 177. Apesar de *Geerds* ser comumente apontado como o idealizador do modelo dualista, essa diferenciação de efeitos dogmáticos decorrentes do consentimento já era defendida mesmo antes dele, por exemplo, por *Honig*. HONIG, Die Einwilligung des Verletzten, p. 119. Foi *Geerds*, no entanto, que cunhou a nomenclatura contraposta (acordo *versus* consentimento) adotada até hoje. Cf. GEERDS, Einwilligung und Einverständnis des Verletzten im Strafrecht; GEERDS, Friedrich, Einwilligung und Einverständnis des Verletzten im Strafgesetzentwurf, *ZStW*, v. 72, n. 1-2, 1960, p. 42-92. Não obstante, o modelo dualista também recebeu contribuições relevantes, por exemplo, de *Mezger* e *Noll*, que desenvolveram importantes fundamentos para buscar a adequação do consentimento ao regime das causas de justificação. Cf. item 4.2.3.2.1.2 e 4.2.3.2.1.3.

641. Cf. AMELUNG, Knut. *Die Einwilligung in die Beeinträchtigung eines Grundrechtsgutes*. Berlin: Duncker & Humblot, 1981, p. 26 e ss. BAUMANN, Jürgen; WEBER, Ulrich; MITSCH, Wolfgang; EISELE, Jörg. *Strafrecht*: Allgemeiner Teil. 12. ed. Bielefeld: Ernst und Werner Gieseking, 2016, § 15, Nm. 118-120 (p. 437-439). HILGENDORF, Eric; VALERIUS, Briano *Strafrecht Allgemeiner Teil*. 2. ed. München: C. H. Beck, 2015, p. 86 (traduzido para o português em: Direito Penal: parte geral. Trad. Orlandino Gleizer, São Paulo: Marcial Pons, 2019.); JESCHECK, Hans-Heinrich; WEIGEND, Thomas. *Lehrbuch des Strafrechts*. 5. ed. Berlin: Duncker & Humblot, 1996, p. 373. KÜHL, Kristiano *Strafrecht*: Allgemeiner Teil. 8. ed. München: Franz Vahlen, 2017, § 9, Nm. 22 (p. 312). LENCKNER, Theodor, Die Einwilligung Minderjähriger und deren gesetzlicher Vertreter, *ZStW*, v. 72, 1960, p. 448 e 453. MURMANN, Die Selbstverantwortung des Opfers im Strafrecht, p. 369 e ss. STERNBERG-LIEBEN, Die objektiven Schranken der Einwilligung im Strafrecht, p. 62-66. STRATENWERTH, Günter; KUHLEN, Lothar. *Strafrecht Allgemeiner Teil*. 6. ed. München: Franz Vahlen, 2011, § 9, Nm. 11 (p. 118). WESSELS, Johannes; BEULKE, Werner; SATZGER, Helmut. *Strafrecht Allgemeiner Teil:* Die Straftat und ihr Aufbau. 47. ed. Heidelberg: C.F. Müller, 2017, § 11, 541 (p. 177).

642. COSTA ANDRADE, Consentimento e acordo em Direito Penal, p. 137 e ss. COSTA ANDRADE, Manuel da, Consentimento em Direito Penal médico – o consentimento presumido, Revista Portuguesa de Ciência Criminal, v. 14, 2004, p. 121 e ss. Também FIGUEIREDO DIAS, Jorge de. *Direito Penal*: parte geral. Tomo I: questões fundamentais, a doutrina geral do crime. São Paulo: Revista dos Tribunais, 2007, p. 473-475. No Brasil,

De acordo com *Geerds*, as circunstâncias que caracterizam o acordo e o consentimento são as mesmas, eis que em ambas as situações o sujeito passivo permite a prática de uma conduta que, de alguma forma, afeta o seu bem jurídico.[643] Suas consequências jurídicas são, no entanto, diferenciadas, pois a aquiescência do sujeito passivo, nessa concepção, pode produzir efeitos tanto na tipicidade quanto na antijuridicidade, diferenciando-se o *acordo que afasta a tipicidade* do *consentimento que afasta a ilicitude*.

O *acordo* se aplicaria aos tipos penais que, por expressa previsão legal ou em decorrência da sua própria natureza, só poderiam ser essencialmente preenchidos quando a conduta for praticada contra a vontade ou sem a anuência do ofendido[644] – os chamados delitos de ruptura formal da vontade (*formale Willensbruchdelikte*[645]), nos quais o dissentimento do titular do bem jurídico constitui um elemento típico (*invito laeso*).[646] Assim, existindo o acordo, a tipicidade seria afastada por não estarem preenchidos todos os pressupostos do tipo penal. De acordo com *Costa Andrade*, não haveria, nesses casos, efetiva lesão ao bem jurídico, mas sim uma continuidade entre a autonomia do titular e o próprio bem jurídico tutelado,[647] de sorte que o acordo possuiria relevância especialmente em relação àqueles tipos penais que tutelam, direta ou indiretamente, a *liberdade* do titular do bem jurídico, em qualquer dimensão que seja essencial para a sua plena realização.

A relevância da vontade do ofendido pode estar inserida expressamente na própria redação do tipo penal. O principal exemplo seria o da violação de domicílio (art. 150, CPB), em que a adequação típica da conduta depende da clandestinidade, que exprime a ausência de assentimento, ou da violação da "vontade expressa ou tácita de quem de direito". Assim, se alguém adentra a casa alheia a convite do seu proprietário, pratica uma conduta atípica, que não preenche os pressupostos típicos do art. 150 do CPB. No ordenamento jurídico brasileiro, é possível encontrar ainda outros exemplos, como a invasão de dispositivo informático (art. 154-A, CPB) ou a violação de direito autoral (art. 184, §1º e 3º, CPB),

adotam um modelo dualista, BUSATO, Paulo César. *Direito Penal:* parte geral. São Paulo: Atlas, 2015, p. 511. BRANDÃO, *Curso de Direito Penal*, p. 219. LUCA, Heloiza Merotto de, O consentimento do ofendido à luz da teoria da imputação objetiva, *Revista da Faculdade de Direito da Universidade de São Paulo,* v. 100, 2005, p. 768. GALVÃO, Direito Penal parte geral, p. 459. TOLEDO, Ilicitude penal e causas de sua exclusão, p. 128-129. PIERANGELI, O consentimento do ofendido na teoria do delito, p. 98. PRADO; CARVALHO; CARVALHO, Curso de direito penal brasileiro, p. 336-337.

643. GEERDS, Einwilligung und Einverständnis des Verletzten im Strafrecht, p. 263.

644. GEERDS, Einwilligung und Einverständnis des Verletzten im Strafrecht, p. 264-265. GEERDS, Einwilligung und Einverständnis des Verletzten im Strafgesetzentwurf, p. 45.

645. OTTO, Harro. *Grundkurs Strafrecht*: Allgemeine Strafrechtslehre. 7. ed. Berlin: De Gruyter Recht, 2004, § 8, Nm. 123 (p. 130).

646. GEERDS, Einwilligung und Einverständnis des Verletzten im Strafgesetzentwurf, p. 45.

647. COSTA ANDRADE, Consentimento e acordo em Direito Penal, p. 17.

em que a lei exige que a conduta seja praticada "sem autorização" do titular do dispositivo ou do autor da obra violada.

No entanto, em alguns casos, considerando-se especialmente a natureza do crime, a imprescindibilidade do dissentimento do ofendido está implícita no texto legal, como, por exemplo, no caso do furto (art. 155, CPB). Apesar de não haver uma referência expressa à vontade do proprietário do bem, argumenta-se que, para que esteja configurada a "subtração de coisa alheia móvel", deve o terceiro retirar a coisa da posse da vítima a seu contragosto, ou seja, deve haver uma *quebra da relação de domínio* do possuidor em relação à coisa, a qual ocorre contra a sua vontade. Assim, se o possuidor da coisa quer entregá-la ao terceiro ou se permite, por qualquer razão, que o terceiro a possua, não há que se falar na configuração de um furto, haja vista o acordo do possuidor do bem. A mesma lógica se aplica aos crimes de estupro (art. 213, CPB) ou de constrangimento ilegal (art. 146, CPB): se uma pessoa consente livremente na prática de conjunção carnal ou de qualquer outra atividade sexual proposta por terceiro, a conduta deste não perfaz o tipo penal, eis que o próprio verbo "constranger", contido nesses tipos penais, pressupõe a prática de uma conduta contrária à vontade do ofendido. Em suma, em todos os casos mencionados não haveria efetiva lesão à liberdade individual, à liberdade sexual ou mesmo ao patrimônio, porquanto o titular do bem jurídico condescende com a conduta praticada pelo terceiro.

Já o *consentimento* seria aplicável aos crimes cujo bem jurídico tutelado pertence ao indivíduo e não ao Estado ou à coletividade,[648] *v.g.* nos crimes de dano (art. 163, CPB) e de lesão corporal (art. 129, CPB), em que se protege o bem em si considerado e não a liberdade de dele dispor. Nesses casos, o consentimento afastaria apenas a ilicitude, pois a autorização concedida pelo titular do bem jurídico para que se possa danificar as suas coisas ou intervir no seu corpo não alteraria o fato de que a coisa ou a integridade física teriam sido, de fato, tipicamente lesados. Isso quer dizer que por mais que o bem jurídico, concretamente considerado, tenha sido lesado, a conduta seria mesmo assim considerada lícita, com base no consentimento justificante.[649] Trata-se, de acordo com *Costa Andrade*, de bens jurídicos que, apesar de individuais, são tutelados pela dignidade e valor que lhes são intrínsecos, sendo a vontade do seu titular colocada entre parênteses diante da descontinuidade entre a autonomia e o bem jurídico.[650] Nesse contexto, as lesões corporais decorrentes das intervenções cirúrgicas seriam solucionadas no âmbito da ilicitude pelo consentimento, não sendo possível invocar o acordo para afastar sua tipicidade.

---

648. GEERDS, Einwilligung und Einverständnis des Verletzten im Strafrecht, p. 263.

649. Há, no entanto, quem negue a eficácia justificante do consentimento. Para *Hungria*, o consentimento não poderia produzir efeitos no direito penal, já que seria vedada a livre disposição de bens jurídicos penalmente tutelados. Assim, somente o acordo seria aplicável no ordenamento jurídico brasileiro. HUNGRIA, Comentários ao Código Penal 1 II, p. 269.

650. COSTA ANDRADE, Consentimento e acordo em Direito Penal, p. 17.

O consentimento representa, para *Geerds*, uma "vontade juridicamente relevante" que implica em uma *renúncia à tutela do bem jurídico* por parte do seu titular,[651] ao passo que outros autores dualistas o concebem como o exercício da *liberdade de disposição do bem jurídico por parte do seu titular.*[652] Segundo o autor, a distinção entre o acordo e o consentimento não é apenas uma questão de mera alocação dogmática em diferentes categorias do delito, uma vez que enseja, de fato, diferentes implicações. A contraposição entre a natureza *fática* do acordo e o caráter *jurídico* do consentimento refletiria, portanto, na compreensão da *forma* e da relevância da *capacidade* do titular do bem jurídico, da *cláusula dos bons costumes* e dos *vícios* de consentimento. Ademais, por razões sistemáticas, a compreensão dogmática de ambos geraria diferentes consequências quanto ao tratamento do *erro* e da *consumação e tentativa.*[653]

4.2.1.1 A suficiência da *vontade interna* no acordo e a exigência da *exteriorização da vontade* no consentimento

Geerds esclarece que a *forma* do acordo seria mais flexível do que a do consentimento, pois se adotaria a *teoria da direção da vontade* (*Willensrichtungstheorie*), de sorte que a manifestação de vontade do ofendido não precisaria ser expressa.[654] Para essa teoria, a vontade interior, isto é, o elemento psíquico que representa uma vontade interna de aquiescência em relação à conduta praticada pelo terceiro, é suficiente para configurar o acordo, ainda que não tenha sido exteriorizada.

A validade do consentimento, por sua vez, estaria condicionada a uma expressa declaração, por meio de palavras ou ações, antes da prática da conduta. Adota-se, aqui, a *teoria da declaração da vontade* (*Willenserklärungstheorie*),[655] que exige uma manifestação volitiva inequívoca. Isso porque, para que esteja configurado o consentimento justificante, o terceiro não pode desconhecer que

651. GEERDS, Einwilligung und Einverständnis des Verletzten im Strafrecht, p. 263. No mesmo sentido, cf. HIRSCH, Hans Joachim, LK Vorbemerkungen § 32, Nm. 105. LENCKNER, Theodor; STERNBERG-LIEBEN, Detlev, Schönke/Schröder StGB, Vorbemerkungen § 32, Nm. 33. WESSELS, Johannes; BEULKE, Werner; SATZGER, Helmut. *Strafrecht Allgemeiner Teil:* Die Straftat und ihr Aufbau. 46. ed. Heidelberg: C.F. Müller, 2016, § 11, Nm. 551.

652. JESCHECK; WEIGEND, Lehrbuch des Strafrechts, p. 377. NOLL, Peter, Tatbestand und Rechtswidrigkeit: Die Wertabwägung als Prinzip der Rechtfertigung, *ZStW*, v. 77, n. 1, 1965, p. 15.

653. Todas essas consequências dogmáticas foram corretamente sintetizadas e analisadas por *Roxin/Greco*. Cf. ROXIN; GRECO, Strafrecht Allgemeiner Teil, § 13, Nm. 4-10. Cf. também COSTA ANDRADE, Consentimento e acordo em Direito Penal, p. 142 e ss.

654. GEERDS, Einwilligung und Einverständnis des Verletzten im Strafrecht, p. 266.

655. Essa concepção foi originalmente idealizada por *Zitelmann* a partir da sua teoria do negócio jurídico. ZITELMANN, Ernst, Ausschluß der Rechtswidrigkeit, *Archiv fur civilistische Praxis*, v. 1, n. 99, 1906, p. 51 e ss.

atua acobertado por essa causa excludente da ilicitude, assim como aquele que desconhece a situação de agressão não pode alegar agir em legítima defesa.[656] Assim, se a vontade não houver sido expressamente manifestada pelo consenciente, não seria possível ao terceiro conhecê-la e agir acobertado pela causa justificante.

Nesse contexto, é possível afirmar que se um médico executa uma intervenção sem o consentimento expresso do paciente, mas este, internamente, não se opõe ao tratamento, a conduta seria ainda assim atípica em relação ao constrangimento ilegal. No que tange à lesão corporal, no entanto, a justificação pelo consentimento seria possível apenas mediante uma expressa manifestação de vontade do paciente. No caso supracitado, portanto, a conduta do médico seria considerada típica e ilícita em relação às lesões corporais.[657]

4.2.1.2 A *consumação* nos casos de desconhecimento do assentimento do titular do bem jurídico

Nos casos em que o terceiro *desconhece* a aquiescência do titular do bem jurídico, a distinção entre o acordo e o consentimento produziria *prima facie* efeitos diversos também no que se refere à *consumação* do delito.[658] Caso o terceiro obtenha uma coisa alheia e, no entanto, desconheça a real vontade do possuidor de lhe presentear justamente aquele objeto, a conduta praticada seria ainda assim *atípica* em razão do acordo, por exprimir a vontade interna do sujeito passivo e, portanto, não preencher os pressupostos típicos. Uma eventual punição desse fato seria possível apenas a título de tentativa. No entanto, considerando que o dolo do agente se direciona a um objeto absolutamente impróprio, haveria nesse caso apenas uma tentativa inidônea, impunível no ordenamento jurídico brasileiro (art. 17, CPB).[659]

Já no caso em que autor do fato desconhece que o ofendido na realidade concorda com a lesão, seria possível a punição da lesão corporal *consumada*. Isso porque o resultado e o dolo não teriam sido afastados na análise da tipicidade e, por sua vez, a inexistência de uma vontade exteriorizada do ofendido e/ou do elemento subjetivo da justificação – a vontade de agir acobertado pelo consentimento – impediria o afastamento da antijuridicidade. Assim, o médico que procede a uma intervenção sem o consentimento do paciente, sem saber que ele internamente assente a ela, poderia ainda assim ser punível pelo crime consumado. Alguns autores dualistas procuram aplicar as regras da tentativa também

---

656. GEERDS, Einwilligung und Einverständnis des Verletzten im Strafrecht, p. 264.
657. Para uma apreciação crítica quanto a essa compreensão, cf. item 4.2.3.3.1.
658. GEERDS, Einwilligung und Einverständnis des Verletzten im Strafrecht, p. 266.
659. Nesse ponto, o ordenamento jurídico brasileiro se difere do alemão e, por essa razão, conduz a respostas diferentes. Na Alemanha, seria possível punir esse fato a título de tentativa.

a esses casos de desconhecimento do consentimento, mas para isso precisam utilizar argumentos adicionais que, como explicam *Roxin/Greco*, são desnecessários nos casos de acordo.[660] Por exemplo, para *Jescheck/Weigend* seria possível afastar a consumação e aplicar apenas a tentativa nesses casos, pois o *injusto do resultado* (*Erfolgsunrecht*) seria afastado em razão de o ofendido, na realidade, ter internamente consentido na lesão, permanecendo apenas o *injusto da ação* (*Handlungsunrecht*).[661]

4.2.1.3 A suficiência da *vontade natural* no acordo e a exigência da *capacidade* no consentimento

No que se refere à *capacidade para consentir*, tem-se que sua exigência seria relevante apenas para a validade do consentimento, mas não para afastar a tipicidade no caso do acordo.[662] Isso porque, no caso do acordo, a *capacidade natural de vontade*, isto é, a mera competência de compreensão da realidade e formação de uma vontade livre,[663] seria suficiente para afastar a tipicidade, ainda que o consenciente não possua, de fato, *capacidade de compreensão*,[664] como nas hipóteses de imaturidade ou sofrimento mental. Assim, um menor poderia anuir a que um terceiro obtivesse alguma coisa que lhe pertence ou entrasse na casa onde reside; em ambos os casos, as condutas mencionadas seriam atípicas por força do acordo.

Não poderia esse mesmo menor, no entanto, consentir no dano de algum de seus bens ou na lesão de seu corpo, exigindo-se maturidade e compreensão do fato para que o consentimento quanto a essas condutas seja válido. Diante da ausência de capacidade, somente seu representante legal poderia consentir no dano ou na lesão, afastando, assim, a antijuridicidade da conduta do terceiro.

4.2.1.4 A inaplicabilidade da *cláusula dos bons costumes* aos casos de acordo

A limitação imposta pelos *bons costumes* somente se aplicaria, também, ao consentimento.[665] O § 228 do *StGB*, bem como o art. 13 do Código Civil

---

660. ROXIN; GRECO, Strafrecht Allgemeiner Teil, § 13, Nm. 9.
661. JESCHECK; WEIGEND, Lehrbuch des Strafrechts, § 34, V (p. 383-384).
662. GEERDS, Einwilligung und Einverständnis des Verletzten im Strafrecht, p. 263 e 265.
663. LENCKNER, Die Einwilligung Minderjähriger und deren gesetzlicher Vertreter, p. 449.
664. POLAINO-ORTS, Miguel, Alegato en favor de un tratamiento jurídico-penal unitario para los casos de acuerdo y consentimiento como causas de atipicidad, *Cuadernos de política criminal*, v. 82, 2004, p. 172.
665. GEERDS, Einwilligung und Einverständnis des Verletzten im Strafrecht, p. 268.

brasileiro[666] (= CCB), consagram a chamada "cláusula dos bons costumes" ,[667] que, apesar de controversa, para muitos ainda funciona como uma barreira para o exercício do direito de disposição do próprio corpo. Apesar de o real conteúdo dessa cláusula ser pouco definido, considera-se que a liberdade de disposição dos bens jurídicos submetidos ao regime do consentimento não é irrestrita e deve ser limitada por alguns padrões socialmente impostos, não sendo lícitos os atos de disposição que, de alguma forma, os desrespeitam. Tal limitação não seria oponível ao acordo, cuja validade independe das orientações fundadas nos bons costumes.

Assim, se uma pessoa autoriza a entrada de um terceiro em seu domicílio para praticar um crime, tal fato pode até ser considerado imoral, mas não perfaz o tipo penal da violação de domicílio. Da mesma forma, certas práticas sexuais consentidas poderiam, nesse paradigma, ser consideradas contrárias à moral, mas não poderiam ser tidas como condutas típicas de estupro.[668] Por sua vez, a eficácia do consentimento em relação às lesões corporais causadas no contexto de uma relação sadomasoquista poderia ser questionada à luz dessa cláusula.

4.2.1.5 A irrelevância dos *vícios de vontade* no acordo

Para os dualistas, os *vícios de vontade* (erro, engano ou coação) possuiriam relevância apenas para o consentimento justificante. É possível, então, que, mesmo diante de um acordo "forçado" (*erzwungenes Einverständnis*), a conduta seja atípica, a não ser que o uso da força ou da coação constitua, por si só, um elemento do tipo penal.[669] Portanto, se um terceiro engana o proprietário de um dispositivo informático, convencendo-o a fornecer a senha de acesso ao dispositivo e autorizar a alteração de dados informáticos, não praticaria ele uma conduta típica de invasão de dispositivo informático (art. 154-A, CPB). Também se um sujeito, com o uso de meios ardilosos, induz o possuidor a erro e o convence a lhe entregar voluntariamente um bem, o acordo afastaria a conduta típica de furto (art. 155, CPB),[670] mas não impediria, é claro, a configuração de um eventual estelionato (art. 171, CPB), delito no qual a indução a erro constitui uma elementar típica. Por sua vez, se o terceiro coage a vítima, por meio de ameaça, a ter com ele conjunção carnal, a conduta seria mesmo assim típica, já que a ameaça é um elemento do tipo penal do estupro (art. 213, CPB), ao qual o acordo não pode se

666. "Art. 13. Salvo por exigência médica, é defeso o ato de disposição do próprio corpo, quando importar diminuição permanente da integridade física, ou contrariar os bons costumes."

667. Sobre a cláusula dos bons costumes, cf. item 5.3.1.5.3.1 A "cláusula dos bons costumes".

668. ROXIN; GRECO, Strafrecht Allgemeiner Teil, § 13, Nm. 8.

669. GEERDS, Einwilligung und Einverständnis des Verletzten im Strafrecht, p. 269.

670. GEERDS, Einwilligung und Einverständnis des Verletzten im Strafrecht, p. 269.

sobrepor. Contudo, se esse mesmo terceiro apenas induz a vítima a uma situação de erro para com ela manter conjunção carnal, sua conduta seria atípica.

Já no que se refere às intervenções cirúrgicas, considerando a imprescindibilidade do cumprimento do *dever de esclarecimento*, caso o médico não informe o paciente acerca do tratamento e de seus riscos, consequências e alternativas, para que possa realmente tomar uma decisão livre, haveria um vício de vontade que, então, invalidaria o consentimento e tornaria a conduta ilícita em relação ao crime de lesão corporal (art. 129, CPB). Da mesma forma, se o médico engana o paciente, fazendo-o supor a existência de uma falsa situação médica para que consinta com a intervenção, a lesão corporal causada seria punível em razão do vício de vontade, que afastaria os efeitos do consentimento.

4.2.1.6 O erro nos casos de acordo e consentimento

Por fim, quanto ao tratamento do *erro*, a suposição errônea de atuar em consonância com o assentimento do ofendido poderia produzir, segundo os dualistas, diferentes efeitos dogmáticos.[671] No caso do acordo, constituiria certamente um *erro de tipo*. Assim, considerando que a ausência de acordo é um elemento constitutivo do próprio tipo penal, o erro quanto à sua existência afetaria o dolo, e, então, aquele que adentra a casa de outrem supondo ter a aquiescência do proprietário agiria em erro de tipo (art. 20, *caput*, CPB).

Já nos casos de consentimento haveria um *erro sobre os pressupostos fáticos da causa de justificação*, o que abriria margem para discussões sobre sua configuração como erro de tipo ou como erro de proibição.[672] No entanto, como esclarece *Roxin*, numa concepção em que essa modalidade de erro afasta também o dolo, a contraposição entre acordo e consentimento se torna irrelevante, eis que serão alcançados, em ambas as hipóteses, os mesmos efeitos.[673] É justamente isso o que ocorre na legislação brasileira, que, ao adotar as soluções da teoria

---

671. GEERDS, Einwilligung und Einverständnis des Verletzten im Strafrecht, p. 267.

672. O tratamento dogmático do erro sobre os pressupostos fáticos das causas de justificação é certamente controverso. Com base na *teoria estrita da culpabilidade*, o erro nesses casos não afetaria o dolo, mas apenas a consciência da ilicitude, razão pela qual deveria receber o mesmo tratamento do *erro de proibição*. Por sua vez, de acordo com a *teoria limitada da culpabilidade* há nessas situações um *erro de tipo*, pois "a equivocada suposição de uma circunstância justificante, em verdade inexistente, é também um erro que recai sobre os pressupostos fáticos determinantes do caráter injusto da conduta" (HORTA, Frederico Gomes de Almeida, Da limitada teoria estrita da culpabilidade: crítica ao tratamento das descriminantes putativas no Projeto de Código Penal (Projeto de Lei 236/2012), *RBCCrim*, v. 113, p. 15-39, 2015, p. 26.). Como nos lembra *Horta*, também a *teoria dos elementos negativos do tipo* e a *teoria da culpabilidade orientada às consequências jurídicas* chegam à mesma conclusão (da exclusão do dolo).

673. ROXIN, Einwilligung, Persönlichkeitsautonomie und tatbestandliches Rechtsgut, p. 270. No mesmo sentido, cf. KINDHÄUSER, Urs. *Strafrecht Allgemeiner Teil*. 6. ed. Baden-Baden: Nomos, 2013, § 12, Nm. 6 (p. 110).

limitada da culpabilidade,[674] concebe a descriminante putativa como *erro de tipo permissivo* (art. 20, §1º, CPB). Assim, com base no CPB, o médico que interpreta erroneamente a situação e realiza uma intervenção cirúrgica, acreditando que o paciente nela consentiu, também incorreria em erro de tipo permissivo, que afasta o dolo e somente permite a punição por culpa.

4.2.2 A teoria monista ou unitária: o consentimento como causa que afasta a tipicidade

O modelo de contraposição entre o acordo e o consentimento apresentado por *Geerds* foi, sobretudo a partir de meados da década de 70, colocado em xeque por diferentes autores alemães, como *Zipf* e *Kientzy*, os quais desenvolveram importantes monografias sobre o tema.[675] A partir de então se desenvolveu uma concepção unitária, a qual nos fornece convincentes argumentos para considerar toda aquiescência do titular do bem jurídico, seja na concepção dualista de acordo ou de consentimento, como causa que afasta a tipicidade da conduta.[676]

---

674. HORTA, Da limitada teoria estrita da culpabilidade, p. 30.

675. Principalmente, KIENTZY, Dieter. *Der Mangel am Straftatbestand infolge Einwilligung des Rechtsgutsträgers*. Tübingen: J. C. B. Mohr, 1970. ZIPF, Heinz. *Einwilligung und Risikoübernahme im Strafrecht*. Berlin: Luchterhand, 1970. Cf. também ARZT, Gunther. *Willensmängel bei der Einwilligung*. Frankfurt am Main: Athenäum, 1970. ROXIN, Claus. *Kriminalpolitik und Strafrechtssystem*. Berlin: Walter de Gruyter, 1973, p. 25. SCHMIDHÄUSER, Strafrecht Allgemeiner Teil, p. 214 e ss.

676. Dentre os defensores deste posicionamento, além dos acima mencionados, podemos ressaltar FREUND, Georg. *Strafrecht Allgemeiner Teil*. 2. ed. Berlin, Heidelberg: Springer, 2009, § 3, Nm. 8 (p. 73). KINDHÄUSER, Strafrecht Allgemeiner Teil, p. 108-110. KÜHNE, H. H., Die strafrechtliche Relevanz eines auf Fehlvorstellungen gegründten Rechtsgutsverzichts, *JZ*, v. 8, p. 241-246, 1979, p. 242. ROXIN; GRECO, Strafrecht Allgemeiner Teil, § 13, Nm. 12. ROXIN, Einwilligung, Persönlichkeitsautonomie und tatbestandliches Rechtsgut, p. 269-286. RÖNNAU, Willensmängel bei der Einwilligung im Strafrecht, p. 85. RUDOLPHI, Hans-Joachim, Literaturbericht v. Arzt, Willensmängel bei der Einwilligung (1970), *ZStW*, v. 82, 1974, p. 82 e ss. SCHROTH, Ulrich, Das Rechtsgut der Körperverletzungsdelikte und seine Verletzung: Zugleich ein Beitrag zur strafrechtlichem Bewertung des ärztlichen Heileingriffs, *in*: NEUMANN, Ulfrid; PRITTWITZ, Cornelius (Orgs.), "*Personale Rechtsgutslehre*" *und* "*Opferorientierung im Strafrecht*", Frankfurt am Main: Peter Lang, 2007, p. 125. WEIGEND, Thomas, Über die Begründung der Straflösigkeit bei Einwilligung des Betroffenen, *ZStW*, v. 98, n. 1, 1986, p. 61. FONTÁN BALESTRA, Derecho Penal, p. 246. GÁNDARA VALLEJO, Beatriz de la. *Consentimiento, bien jurídico e imputación objetiva*. Madrid: Colex, 1995, p. 109. GARCÍA CALDERÓN, Beatriz Escudero. *El consentimiento en Derecho Penal*. Valencia: Tirant lo Blanch, 2014, p. 146. POLAINO-ORTS, Alegato en favor de un tratamiento jurídico-penal unitario para los casos de acuerdo y consentimiento como causas de atipicidad, p. 197. No Brasil, cf. CIRINO DOS SANTOS, Direito Penal parte geral, p. 261. LEQUES, Rossana Brum. *O consentimento do ofendido como excludente do tipo no direito penal brasileiro*. São Paulo: LiberArs, 2016, p. 65. MARTINELLI, João Paulo Orsini; DE BEM, Leonardo Schmitt. *Lições fundamentais de Direito Penal*. São Paulo: Saraiva, 2017, p. 572. MARTINELLI, Paternalismo jurídico-penal, p. 166. ZAFFARONI; BATISTA; ALAGIA; SLOKAR, Direito Penal Brasileiro 2 I, p. 239.

Ao vincular o *consentimento* à noção de *bem jurídico*, *Zipf* já constatava que o exercício do direito de disposição do próprio bem jurídico por parte do seu titular afastava a sua possível lesão, impedindo a consecução do tipo.[677] Assim, uma verdadeira "*violação* do bem jurídico, apesar do consentimento do seu titular, só é possível nos casos em que o ordenamento jurídico não reconhece o consentimento",[678] isto é, nas hipóteses em que a disposição do bem jurídico é desautorizada pela lei, como, por exemplo, nas situações em que a lesão corporal consentida viola os "bons costumes", tendo como base a legislação alemã (§ 228 *StGB)*.

Também *Kientzy* havia frisado que todos os bens jurídicos disponíveis somente devem ser protegidos *em benefício* de seus titulares[679] e que, por essa razão, abrangem também um elemento volitivo vinculado ao direito de disposição. Assim, a vontade do titular afetaria, em qualquer caso, a própria tipicidade da conduta do terceiro que atua em consonância com ela, não havendo diferença qualitativa entre os tradicionais casos passíveis de consentimento e aqueles nos quais apenas o acordo é admissível (os tipos *invito laeso*), cuja estrutura típica deixa apenas mais evidente a disponibilidade do bem jurídico.[680]

Foi *Roxin*, no entanto, quem desenvolveu e difundiu o modelo unitário de consentimento, orientado pela concepção de bem jurídico liberal e referida ao indivíduo.[681] Para *Roxin*, as heterolesões consentidas – isto é, as lesões causadas por terceiros mediante o consentimento do indivíduo afetado – representam um verdadeiro *exercício da liberdade do titular de fruir e gozar de seus bens jurídicos individuais* e, portanto, *não ensejam qualquer lesão* desses bens. Isso porque bens jurídicos como a integridade física ou a propriedade "não são protegidos como objetos isolados da pessoa do seu portador, senão como possibilidades de seu próprio desenvolvimento".[682] Assim, considerando que o aferimento da tipicidade

---

677. ZIPF, Einwilligung und Risikoübernahme im Strafrecht, p. 30.

678. ZIPF, Einwilligung und Risikoübernahme im Strafrecht, p. 29. No original: "Eine Rechtsgutsverletzung trotz Zustimmung des Rechtsgutsträgers ist nur dort möglich, wo die Rechtsordnung die Zustimmung nicht anerkennt...".

679. KIENTZY, Der Mangel am Straftatbestand infolge Einwilligung des Rechtsgutsträgers, p. 55.

680. KIENTZY, Der Mangel am Straftatbestand infolge Einwilligung des Rechtsgutsträgers, p. 73.

681. ROXIN; GRECO, Strafrecht Allgemeiner Teil, § 13, Nm. 12. *García Calderón*, tecendo críticas ao modelo desenvolvido por *Roxin*, fundamenta o afastamento da tipicidade, nos casos de consentimento, na *falta de merecimento abstrato da pena*, já que o exercício da liberdade faz com que a lesão ao bem jurídico seja irrelevante. GARCÍA CALDERÓN, El consentimiento en Derecho Penal, p. 146.

682. ROXIN, Claus, Die durch Täuschung herbeigeführte Einwilligung im Strafrecht, *in*: HAUSER, Robert; REHBERG, Jörg; STRATENWERTH, Günter (Orgs.), *Gedächtnisschrift für Peter Noll*, Zürich: Schulthess Polygraphischer Verlag, 1984, p. 275. No original: "Rechtsgüter wie der menschliche Körper oder das Sacheigentum werden nicht als von der

depende de uma lesão ou perigo de lesão para o bem jurídico,[683] o consentimento do seu titular tornaria a conduta do terceiro atípica e, com isso, as heterolesões consentidas equivaleriam, normativamente, às autolesões impuníveis.[684] Essa compreensão encontra seu fundamento na liberdade geral de ação, constitucionalmente salvaguardada (art. 5º, *caput*, CR/1988), bem como na função do direito penal e na própria influência da teoria do bem jurídico para a compreensão das categorias dogmáticas.[685]

Esse modelo, denominado por alguns de *modelo de integração* (*Integrationsmodell*),[686] parte do pressuposto de que há uma *unidade natural entre a vontade e o objeto de referência*, que afasta o desvalor do resultado[687] e, por conseguinte, a tipicidade da conduta. Assim, o bem jurídico do crime de lesão corporal, por exemplo, incluiria não apenas o corpo enquanto substrato real do tipo penal, senão também a autonomia pessoal, que estaria incorporada na noção de integridade física.[688] Já o bem jurídico tutelado pelos crimes de dano não contemplaria apenas a propriedade, mas também a liberdade do titular de determinar como se dará a utilização de seus bens. A liberdade de disposição e usufruto dos próprios bens seria, portanto, *elemento constitutivo*[689] de bens jurídicos como a integridade física e propriedade.

Digno de menção é, também, o chamado *modelo básico* (*Basismodell*) de *Rönnau*. Essa compreensão possui como fundamento a concepção de que os bens jurídicos individuais são penalmente tutelados por servirem como *base para o desenvolvimento pessoal do seu portador*. A vontade não seria integrada na concepção de bem jurídico individual, como concebe *Roxin*, mas, na verdade, o próprio valor do objeto de proteção residiria na possibilidade de ser arbitrariamente fruído pelo seu titular.[690] Não seria protegida "a mera existência estática do bem", mas também o seu potencial de ação.[691] Assim, o titular do bem possui a faculdade de utilizá-lo como melhor lhe convier e de acordo com os fins por ele elegidos. Para *Rönnau*, a proteção de um bem jurídico individual depende da ausência de consentimento, que, assim, passa a integrar tipo penal como uma

---

Person ihres Trägers isolierte 'Gegenstände', sondern als Möglichkeiten zur Selbstverwirklichung des Rechtsgutsträgers geschützt".

683. ROXIN, Einwilligung, Persönlichkeitsautonomie und tatbestandliches Rechtsgut, p. 271.

684. ROXIN, Einwilligung, Persönlichkeitsautonomie und tatbestandliches Rechtsgut, p. 272.

685. ROXIN; GRECO, Strafrecht Allgemeiner Teil, § 13, Nm. 19.

686. RÖNNAU, Willensmängel bei der Einwilligung im Strafrecht, p. 71.

687. ROXIN; GRECO, Strafrecht Allgemeiner Teil, § 13, Nm. 19.

688. ROXIN, Einwilligung, Persönlichkeitsautonomie und tatbestandliches Rechtsgut, p. 271.

689. RUDOLPHI, Literaturbericht v. Arzt, Willensmängel bei der Einwilligung, p. 87-88.

690. RÖNNAU, Willensmängel bei der Einwilligung im Strafrecht, p. 85.

691. RÖNNAU, Willensmängel bei der Einwilligung im Strafrecht, p. 453.

característica negativa. Por exemplo, o crime de dano não deve ser compreendido apenas como "aquele que danifica a coisa alheia", mas sim como "aquele que, *sem o consentimento do proprietário*, danifica a coisa alheia".[692]

Há de se mencionar, por fim, duas construções dogmáticas que trazem algumas peculiaridades. Na primeira delas, desenvolvida precipuamente por *Kindhäuser*, o consentimento configura causa *sui generis* de afastamento do injusto típico.[693] Para o autor, a noção de bem jurídico acima exposta é falha, pois se toda afetação de um bem em consonância com a vontade de seu portador realmente não pudesse constituir uma lesão, não seria conceitualmente possível a punição de modificações prejudiciais desses bens.[694] O problema parece residir principalmente nos §§ 216 e 228 do StGB, que proíbem, respectivamente, o homicídio a pedido e a lesão corporal que viola os bons costumes, já que uma noção de bem jurídico que integra a autodeterminação do seu titular, na visão de *Kindhäuser*, não explicaria o porquê seria possível punir a lesão ou o homicídio consentido nesses casos.[695]

Nessa visão, o consentimento não afetaria a consecução formal da conduta típica, considerando que abstratamente haveria lesão ao bem jurídico, mas também não seria uma causa de justificação, já que não se refere a uma situação de colisão de interesses.[696] Constituiria, na verdade, uma causa que suspende a norma (*Normaufhebungsgrund*). Isso porque, se de um lado o direito deve estabelecer uma coordenação geral de interesses por meio da norma penal de conduta, isto é, uma vinculação genérica que valora abstratamente os interesses a serem protegidos, de outro, nos casos em que o interessado consente na lesão, não há mais razão para cumprir a norma abstrata no caso concreto. Nesse sentido, a não contradição da norma abstrata em relação às preferências do titular do bem jurídico seria considerada uma *condição* para o seu cumprimento concreto. A conduta continuaria sendo típica e a *lesão corporal continuaria sendo lesão corporal*, ainda que consentida, mas a razão para deixar de praticar essa conduta não mais subsistiria. Assim, o médico que executa uma intervenção curativa estaria sempre

---

692. RÖNNAU, Willensmängel bei der Einwilligung im Strafrecht, p. 143.

693. KINDHÄUSER, Strafrecht Allgemeiner Teil, § 12, Nm. 5-6 (p. 109-110). No mesmo sentido, cf. MAÑALICH, Juan Pablo. *Nötigung und Verantwortung*. Baden-Baden: Nomos, 2009, p. 86 e ss.

694. KINDHÄUSER, Normtheoretische Uberlegungen zur Einwilligung im Strafrecht, p. 500.

695. KINDHÄUSER, Strafrecht Allgemeiner Teil, § 12, Nm. 5 (p. 109).

696. Parece-nos que o injusto, nessa visão, pode ser analisado em três níveis: o da tipicidade, vinculado à conduta genérica proibida pelo tipo penal; um segundo nível, entre a tipicidade e a antijuridicidade, em que deve-se analisar se há algum outro interesse relevante a ser considerado – como, por exemplo, o consentimento; por fim, haveria na antijuridicidade uma análise de interesses contrapostos, a partir de regras como as do estado de necessidade ou da legítima defesa. KINDHÄUSER, Normtheoretische Uberlegungen zur Einwilligung im Strafrecht, p. 497.

se movimentando em um terreno lícito e, dessa forma, a proibição de causar lesões corporais somente seria *aplicável* caso a intervenção fosse executada sem o consentimento do paciente.[697]

Em outras concepções, o consentimento é inserido na *imputação objetiva*.[698] Por exemplo, para *Jäger* o consentimento não se vincula tanto à discussão do bem jurídico, mas reflete uma questão de imputação.[699] Nesse sentido, *Rigopoulou* argumenta que o afastamento da tipicidade nos casos das heterolesões consentidas se funda na autorresponsabilidade da vítima, que, ao autorizar livremente a afetação de um bem jurídico seu, assume a responsabilidade pelo resultado produzido em consonância com essa autorização. Assim, nesses casos o terceiro não cria um risco proibido, porquanto intervém permissivamente na esfera alheia.[700] Para *Gandara Vallejo*, *Roxin* afirma apenas perfunctoriamente que o consentimento afasta o desvalor do resultado, mas não explicita qual a sua função concreta na teoria do delito. Com isso, o correto seria tratar o consentimento como critério normativo que afasta a imputação objetiva, já que se refere a uma "limitação da responsabilidade penal motivada pela finalidade de proteção da norma".[701]

4.2.3 Os modelos tripartidos ou diferenciadores (Jakobs, Luzón Peña)

Um setor minoritário da doutrina procura desenvolver um modelo diferenciador ou tripartido do consentimento, atribuindo a ele diferentes efeitos dogmáticos a depender de determinadas circunstâncias. Nesse sentido, para *Jakobs,* numa compreensão diversa daquela originalmente concebida pelos dualistas, o *acordo* sempre afeta a tipicidade da conduta. O *consentimento*, por sua vez, pode produzir efeitos diversos e, com isso, afastar a tipicidade ou a antijuridicidade, a depender do caso concreto.

---

697. KINDHÄUSER, Normtheoretische Uberlegungen zur Einwilligung im Strafrecht, p. 502-503.

698. Procuram fundamentar a inserção do consentimento na imputação objetiva: RIGOPOULOU, Grenzen des Paternalismus im Strafrecht, p. 269. GÁNDARA VALLEJO, Consentimiento, bien jurídico e imputación objetiva, p. 109. No Brasil, cf. CAPEZ, Fernando. *Consentimento do ofendido e violência desportiva*: reflexos à luz da teoria da imputação objetiva. São Paulo: Saraiva, 2003, p. 181 e ss. GRECO, Alessandra Orcesi Pedro. *A autocolocação da vítima em risco*. São Paulo: Revista dos Tribunais, 2004, p. 101-102. LEQUES, O consentimento do ofendido como excludente do tipo no direito penal brasileiro, p. 65. LUCA, O consentimento do ofendido à luz da teoria da imputação objetiva, p. 803.

699. JÄGER, Christiano *Zurechnung und Rechtfertigung als Kategorialprinzipien im Strafrecht*. Heidelberg: C.F. Müller, 2006, p. 23. *Jäger* questiona também a razão pela qual a heterocolocação em risco está inserida no âmbito da tipicidade e o consentimento, na ilicitude. JÄGER, Zurechnung und Rechtfertigung, p. 9.

700. RIGOPOULOU, Grenzen des Paternalismus im Strafrecht, p. 269.

701. GÁNDARA VALLEJO, Consentimiento, bien jurídico e imputación objetiva, p. 107.

De acordo com *Jakobs*, se o titular do bem penalmente tutelado pode dele arbitrariamente dispor, a aquiescência do titular do bem jurídico afasta a realização do tipo e o consenciente será o único responsável pelo fato. Haverá *acordo* apenas nos casos em que a parte especial trouxer especificidades no tipo, de modo que a descrição típica modifique as regras gerais do consentimento. Isso porque, via de regra, o atentado a um bem disponível é típico nas situações em que o terceiro o afeta sem a vontade do seu titular ou faz com que este disponha do bem por meio de erro ou coação, que invalidam o consentimento; no entanto, é possível que as formas de coação ou de erro sejam definidas no próprio tipo, afastando as regras genéricas.[702] Como exemplo, *Jakobs* menciona o antigo tipo de estupro, previsto no § 177 StGB, que estabelecia expressamente a forma típica de ameaça, que deveria ocorrer "com perigo atual para o corpo ou a vida".[703] Com isso, se o conteúdo da ameaça fosse "a perda de coisas valiosas", o tipo não estaria preenchido em razão de não estar abarcado pela própria descrição típica.[704] Nesses casos, portanto, as especificidades do tipo definiriam os limites dos efeitos do acordo no caso concreto.

Já o *consentimento* que afeta a *tipicidade* referir-se-ia à disposição de bens que constituem um *meio para o desenvolvimento* individual, isto é, de *bens intercambiáveis* (*tauschbare Güter*), ainda que não haja concretamente um bem equivalente, como pode ocorrer com a propriedade, o patrimônio, a liberdade de ação, a honra e até mesmo a integridade física, a depender do caso. É o que ocorreria, por exemplo, com a possível afetação desses bens causada pelo corte dos cabelos, da grama ou de uma árvore, ou mesmo da aplicação de contraceptivos. Nesses casos, não há, na visão do autor, um conflito social, pois a conduta condiz com a vontade do titular do bem, independentemente de suas razões, o que conduz à atipicidade.[705]

Para *Jakobs*, contudo, o consentimento terá efeito apenas justificante nos casos em que o bem atingido não possui função de troca e, com isso, é, mais do que um meio, a *verdadeira base de desenvolvimento* do seu titular. Nessas situações, a afetação do bem é apenas excepcionalmente tolerada e a sua identificação depende do contexto do caso concreto.[706] Por exemplo, a extração de um rim para

---

702. JAKOBS, Günther. *Strafrecht Allgemeiner Teil:* Die Grundlagen und die Zurechnungslehre. vol 1. 2. ed. Berlin: Walter de Gruyter, 2011, p. 239.

703. Antes da reforma alemã dos crimes sexuais de 2016, a violência moral no crime de estupro era definida como "ameaça com perigo atual para o corpo ou a vida" ("durch Drohung mit gegenwärtiger Gefahr für Leib oder Leben"). Com a entrada em vigor da nova lei, o novo tipo penal básico é mais genérico e proíbe a prática de "condutas sexuais com uma pessoa contra a sua vontade perceptível" ("Wer gegen den erkennbaren Willen einer anderen Person sexuelle Handlungen an dieser Person vornimmt..."). A ameaça com perigo atual para o corpo ou a vida constitui, com a nova lei, figura qualificada do delito (§ 177, Abs. 5, StGB).

704. JAKOBS, Strafrecht Allgemeiner Teil, p. 240.

705. JAKOBS, Strafrecht Allgemeiner Teil, p. 243.

706. JAKOBS, Strafrecht Allgemeiner Teil, p. 244.

transplante seria uma conduta apenas justificada, já que só pode ser racional em situações excepcionais; no entanto, a extração de sangue para doação pode, nessa visão, ser considerada uma conduta atípica. As regras aplicáveis ao consentimento justificante são diferentes e, para além das razões internas do indivíduo, precisa ser autorizado de acordo com regras gerais.[707]

Também *Luzón Peña* procura desenvolver um modelo diferenciador. Para ele, as teorias monistas e dualistas não conseguem lidar adequadamente com a problemática do assentimento do sujeito passivo e, para solucioná-la, é necessário diferenciar o *consentimento meramente fático*, que sempre afeta a tipicidade, e o *consentimento juridicamente válido,* que pode, a depender do caso, afastar a tipicidade ou a ilicitude.[708]

O consentimento juridicamente válido seria aquele concedido "pelo titular do bem jurídico plenamente capaz e sem nenhum vício de vontade".[709] Na visão de *Luzón Peña*, ele pode afetar a tipicidade quando *não houver lesão ao bem jurídico*, como nos casos de furto ou de estupro, cuja ocorrência pressupõe o dissentimento da vítima; ou também em razão da *adequação social da conduta*, como ocorre, por exemplo, quando o morador consente na entrada de um estranho em sua casa ou em operações cirúrgicas indicadas, consentidas e com resultado curativo positivo, mas que têm por consequência a amputação ou extração de membros ou órgãos. Nesses casos, as condutas em relação aos crimes de invasão de domicílio e lesão corporal seriam atípicas, apesar da afetação concreta da intimidade e da integridade corporal, já que refletiriam condutas "normais, cotidianas e habituais, social e juridicamente adequadas".[710]

Contudo, o consentimento juridicamente válido poderia afetar também a *antijuridicidade*, especificamente nos casos em que a conduta é concretamente típica, mas há uma permissão ou autorização da sua prática por parte do titular do bem jurídico. Assim, nos casos de injúrias ou calúnias consentidas, bem como de cirurgias consentidas de transplante de órgãos entre vivos, de esterilização ou de transgenitalização, apesar de serem condutas que lesam o bem jurídico e não são cotidianas ou normais, seria possível aplicar o consentimento justificante.

O *consentimento fático,* por sua vez, poderia afastar apenas a tipicidade e referir-se-ia às situações em que, apesar de o consentimento não preencher seus requisitos de validade, a conduta praticada não chegasse a ter a relevância ou a

---

707. JAKOBS, Strafrecht Allgemeiner Teil, p. 438.

708. LUZÓN PEÑA, Diego-Manuel. *Lecciones de Derecho Penal*: Parte General. Valencia: Tirant lo Blanch, 2016, p. 360 e ss. No mesmo sentido, cf. DE VICENTE REMESAL, Javier, Die mutmaßliche Einwilligung und ihre besondere Bedeutung im Rahmen einer Operationserweiterung, *GA*, 2017, p. 693.

709. LUZÓN PEÑA, Lecciones de Derecho Penal, p. 361.

710. LUZÓN PEÑA, Lecciones de Derecho Penal, p. 361.

gravidade exigidas pelo tipo. Isso poderia ocorrer, por exemplo, nos casos de consentimento de menores de idade em relação a delitos patrimoniais ou sexuais.[711]

4.2.4 Tomada de postura: por um modelo unitário fundado no respeito à autonomia

4.2.3.1 O argumento decisivo para a solução da controvérsia: a definição do conteúdo dos bens jurídicos individuais

Por qual razão deve o exercício do direito de disposição de um bem jurídico individual por parte do seu titular afastar a responsabilidade penal do terceiro que nele intervém? A resposta a essa pergunta será essencial para a determinação dos efeitos dogmáticos do consentimento no direito penal.[712] O ponto determinante nessa discussão é a definição do *conteúdo dos bens jurídicos individuais*: se devem ser compreendidos como uma combinação entre o substrato real do bem jurídico e o direito à autodeterminação do seu titular, o que ensejaria o afastamento da tipicidade, ou se o direito de disposição do bem jurídico seria um valor autônomo, que fundamentaria, portanto, a sua licitude (ou alguma solução diferenciadora).[713]

Tanto a tipicidade quanto a antijuridicidade possuem, no atual estado da dogmática penal, natureza axiológica.[714] No âmbito da *tipicidade*, numa perspectiva liberal e referida à constituição, uma conduta somente pode ser considerada típica quando houver lesão ou perigo ao bem jurídico, a depender da estrutura de delito a que se refere. Portanto, realiza o tipo apenas aquele que realiza todos os elementos nele descritos e, com isso, cria e concretiza um risco proibido que provoca uma *lesão* ou perigo para o bem jurídico tutelado pela norma penal.

Conforme havíamos frisado, para os dualistas os tipos de dano e de lesão corporal não protegem a autodeterminação, mas sim os bens da vida "como pres-

---

711. LUZÓN PEÑA, Lecciones de Derecho Penal, p. 362.

712. Cf. GROPP, Walter, Die Einwilligung in den ärztlichen Heileingriff – ein Rechtfertigungsgrund: Überlegungen zum Gehalt der straftatbestandsmäßigen Handlung, *GA*, 2015, p. 10. Como nos lembra *Gropp*, a resposta para a controvérsia acerca da localização sistemática do consentimento só pode ser depreendida a partir da axiologia da conduta punível, sendo necessário identificar o conteúdo da tipicidade e da ilicitude, para somente então determinar a qual elemento o consentimento se adequa.

713. STERNBERG-LIEBEN, Die objektiven Schranken der Einwilligung im Strafrecht, p. 59. No mesmo sentido, cf. RÖNNAU, Willensmängel bei der Einwilligung im Strafrecht, p. 141.

714. Evidentemente, não foi essa a concepção inicial de *Beling* ao idealizar a categoria da tipicidade com caráter valorativamente neutro. BELING, Ernst. *Die Lehre vom Verbrecheno* Tübingen: J. C. B. Mohr, 1906, p. 111 e ss. Tal modelo, no entanto, foi colocado em xeque já no início do século XX diante da constatação de que o tipo possui conteúdo normativo. Hoje já não é mais possível conceber uma concepção da tipicidade despida de qualquer valor.

suposto e objeto de referência de uma possível autodeterminação".[715] Parte-se da consideração de que a disposição dos bens jurídicos conduz à sua concreta lesão ou destruição, que, não obstante, seria tolerada pelo Estado a partir do direito de autodeterminação.

No entanto, esses autores olvidam-se do fato de que a disposição, na verdade, "não é sinônimo de *destruição*, mas de *uso e aproveitamento*".[716] É contraditório afirmar, por exemplo, que uma intervenção cirúrgica validamente consentida chega a *lesar* a integridade do paciente. Pelo contrário, esse bem jurídico – a integridade corporal – não é violado, mas sim reforçado, já que, com base no consentimento, a intervenção cirúrgica é a real expressão da liberdade do paciente de autodeterminação em relação ao seu próprio corpo. Inúmeras outras práticas cotidianas representam nitidamente o exercício dessa liberdade de usufruir dos próprios bens jurídicos individuais: deixar que lhe cortem o cabelo, furem um *piercing*, façam uma tatuagem ou extraiam seu sangue para doação nada mais são do que concretizações do direito de definir o destino do próprio corpo.

O mesmo raciocínio se aplicaria, de maneira ainda mais evidente, aos casos mencionados pelos dualistas como suscetíveis de acordo. Afinal, uma pessoa que autoriza a entrada de um terceiro em sua casa não toma uma decisão diferente daquela que deixa um terceiro danificar a sua coisa[717] e, do ponto de vista do bem jurídico, o conteúdo da vontade é o mesmo e deve ser levado em conta para o afastamento da tipicidade da conduta. Assim, as práticas sexuais consentidas representariam o real exercício da *liberdade sexual*, e o assenhoramento de uma coisa por meio de doação não seria uma conduta típica de furto por representar a *liberdade do seu proprietário de dispor dos seus bens*. Dessa forma, considerando que não há qualquer diferença estrutural entre o acordo e o consentimento,[718] a consequência prática dessa perspectiva é o tratamento unitário de todos os casos de aquiescência do titular do bem jurídico no âmbito do tipo.

A nosso ver, razão assiste a *Roxin* quanto a essa discussão. O mesmo liberalismo que nos faz rechaçar o paternalismo penal[719] nos leva à conclusão de que os bens jurídicos individuais devem destinar-se ao livre desenvolvimento da personalidade e à realização dos direitos fundamentais do indivíduo. Nessa perspectiva, certo é que esses bens jurídicos somente podem ser desfrutados por meio da *vontade* do seu titular,[720] sem a qual resta esvaziado o próprio conteúdo do objeto de proteção penal. Afinal, como constata *Zaffaroni*, "quando se pretende

---

715. LENCKNER; STERNBERG-LIEBEN, Schönke/Schröder StGB Vor § 32, Nm. 33a. No original: "... als Voraussetzung und Bezugsobjekt möglicher Selbstbestimmung".

716. BADARÓ, Tatiana. *Bem jurídico penal supraindividual*. Belo Horizonte: D'Plácido, 2016, p. 183.

717. Nesse sentido, cf. MEYER, Ausschluß der Autonomie durch irrtum, p. 180.

718. RÖNNAU, Willensmängel bei der Einwilligung im Strafrecht, p. 143.

719. Cf. item 2.3.3.

720. ROXIN; GRECO, Strafrecht Allgemeiner Teil, § 13, Nm. 14.

separar o bem jurídico de seu titular, o que se está fazendo na verdade é negar o próprio conceito de bem jurídico".[721]

Assim como na visão tradicional, a principal consequência da interpretação da integridade física a partir da autonomia do seu titular é, inegavelmente, o direito à inviolabilidade do próprio corpo. Contudo, indo mais além, a autonomia também atribui ao indivíduo o direito de dispor do seu corpo, caso o queira,[722] já que a disposição nada mais é do que um ato de fruição dos bens jurídicos individuais, de sorte que não seria correto separar o direito à autodeterminação do objeto a que ele se refere.[723] Nesse sentido, como corretamente esclarece *Roxin*, "o corpo é objeto de proteção não como um conjunto de carne e ossos, mas apenas em conexão com a mente, que nele habita e o controla".[724]

Diante disso, conclui-se que, numa perspectiva que leva a sério a autonomia, não há como separar o substrato real dos bens jurídicos individuais da liberdade dos seus titulares de deles disporem.[725] A compreensão dos *bens jurídicos individuais* a partir do reconhecimento da *autonomia* de seu titular faz com que o direito individual de determinar como se dará a fruição de seus bens, inclusive o direito de deles dispor, seja integrado ao seu objeto de referência. Afinal, esses bens jurídicos se destinam ao desenvolvimento da personalidade de cada um dos seus portadores e, portanto, consentir em uma intervenção que afeta o seu próprio bem não representa uma lesão, mas o concreto exercício do direito de usufruir de seus bens. Destarte, as heterolesões consentidas representam, a nosso ver, condutas *prima facie* atípicas e normativamente equiparadas às autolesões.

Amelung opõe a esse modelo a objeção de que haveria, aqui, uma *lacuna de proteção* em relação aos indivíduos que, por alguma razão, são privados da faculdade de dispor de seus bens, como crianças[726] ou, mais além, comatosos ou indivíduos em estado de inconsciência, que sequer possuem capacidade de ação. Isto é, se o bem jurídico protegido pelo crime de lesão corporal, por exemplo, abrange não apenas o *corpo*, mas também a *autonomia*, a integridade física dos indivíduos desprovidos de capacidade de autodeterminação não estaria protegida,

---

721. ZAFFARONI; BATISTA; ALAGIA; SLOKAR, Direito Penal Brasileiro 2 I, p. 237.

722. Como corretamente esclarece ROXIN, Einwilligung, Persönlichkeitsautonomie und tatbestandliches Rechtsgut, p. 282.

723. RUDOLPHI, Literaturbericht v. Arzt, Willensmängel bei der Einwilligung, p. 87. É justamente neste ponto que a concepção aqui defendida vai além da clássica noção dualista.

724. ROXIN; GRECO, Strafrecht Allgemeiner Teil, § 13, Nm. 14. No original: "der Körper ist Schutzobjekt nicht als Anhäufung von Fleisch und Knochen, sondern nur in Verbindung mit dem Geist, der in ihm wohnt und ihn beherrscht".

725. Cf. críticas a essa concepção, com base na "proibição da confusão de bens jurídicos" (*Verbot der Rechtsgutvertauschung*), em STERNBERG-LIEBEN, Die objektiven Schranken der Einwilligung im Strafrecht, p. 532. GAEDE, Karsteno *Limitiert akzessorisches Medizinstrafrecht statt hypothetischer Einwilligung*. Heidelberg: C.F. Müller, 2014, p. 49.

726. AMELUNG, Die Einwilligung in die Beeinträchtigung eines Grundrechtsgutes, p. 26-27.

porquanto lhes falta justamente a vontade. Para *Rönnau*, no entanto, nesses casos a *liberdade de disposição potencial*, que é a possibilidade de usufruir dos próprios bens jurídicos quando retomarem a consciência, justificaria a proteção penal.[727]

A nosso ver, contudo, e com base na argumentação de *Roxin*, nos casos em que o verdadeiro titular do bem jurídico não possui capacidade fática de ação a consecução do tipo de lesão corporal considera a vontade do seu representante legal (caso de *consentimento por representação*)[728] ou, em caso de conflito ou inexistência de representação, o *consentimento presumido* do incapaz. De fato, há nos casos de incapacidade um déficit de autonomia, que autoriza intervenções sem o seu consentimento ou com base no consentimento presumido. Na nossa concepção, contudo, a proteção da integridade física possui duas dimensões: a da inviolabilidade do corpo, enquanto substrato material, e a da autodeterminação sobre ele. Assim, apenas o exercício dessa segunda dimensão está vinculada à capacidade de autonomia, de sorte que a primeira dimensão da proteção da integridade física, isto é, a sua *inviolabilidade, independe da existência fática de autonomia.*

Com isso, não há necessidade de aludir à construção feita por *Rönnau*, a qual pode ser questionada principalmente a partir de casos em que o sujeito possui alguma incompetência irreversível, diante da qual não mais voltará a ter capacidade de exercer a sua liberdade de ação.[729] Com base no modelo de *Rönnau,* os bens jurídicos dessas pessoas estariam desprotegidos, já que não haveria, sequer potencialmente, uma liberdade a ser tutelada. Para nós, incluir a autonomia no âmbito de proteção dos bens jurídicos individuais não garante apenas o direito de dispor e usufruir dos próprios bens, mas principalmente a inviolabilidade *prima facie* de cada um deles. E, de fato, a incapacidade de exercer autonomia não afeta a proteção atribuída por essa dimensão.

Quanto às demais propostas supramencionadas, há que se esclarecer que a concepção de *Kindhäuser,* segundo a qual o consentimento constitui uma causa *sui generis* de afastamento do injusto típico, não é a que melhor soluciona os problemas aqui colocados, principalmente porque parte de uma noção que afasta considerações valorativas do núcleo básico da tipicidade. Como corretamente constatam *Roxin* e *Greco*, uma análise que, diante da prática de uma conduta descrita no tipo, não reconhece razões normativas para o possível afastamento da tipicidade, vincula-se à antiga noção do tipo valorativamente neutro – no sentido originalmente concebido por *Beling* –, que por diversas razões veio a ser superada

---

727. RÖNNAU, Willensmängel bei der Einwilligung im Strafrecht, p. 101.

728. ROXIN, Einwilligung, Persönlichkeitsautonomie und tatbestandliches Rechtsgut, p. 280.

729. Como constata ROXIN, Einwilligung, Persönlichkeitsautonomie und tatbestandliches Rechtsgut, p. 281.

pela dogmática penal[730]. A nosso ver, toda a fundamentação desenvolvida por *Kindhäuser* é, na verdade, um reforço para o tratamento do consentimento no âmbito da tipicidade, quando enxergada a partir da concepção mais atual que reconhece o seu conteúdo axiológico.

No que se refere à proposta que concebe o consentimento como critério normativo de imputação, até mesmo *Roxin* já reconheceu que se a heterocolocação em risco consentida afasta a imputação objetiva, "então não poderia ser diferente com o consentimento".[731] No plano da *imputação objetiva*, analisa-se o "conjunto de requisitos que fazem de uma determinada causação uma causação típica, violadora da norma",[732] constituído basicamente por critérios que aferem a *criação de um risco não permitido*, a *realização desse risco no resultado* e, especificamente na concepção de *Roxin*, o *alcance do tipo.*[733] Pressuposto da análise da imputação é, naturalmente, a existência de uma *conduta* penalmente relevante e de um *resultado* típico, vinculados entre si por uma *relação de causalidade*. Após a constatação da presença desses elementos, portanto, são analisados, no contexto da imputação, critérios que valoram esse vínculo naturalístico sob uma perspectiva normativa, afastando a tipicidade quando não houver, no caso concreto, desvalor da conduta ou do resultado.

A solução do problema parece vincular-se à definição daquilo que se entende por *resultado*. Se o compreendermos como a afetação do substrato do bem jurídico, desvinculada da conduta no tempo e no espaço, isto é, apenas como *resultado naturalístico* – da forma como se conceituam os crimes de resultado –, então é possível dizer que a conduta do médico que executa uma cirurgia em um paciente afeta o seu *corpo* e que isso, por si só, já configuraria o resultado. Nesse caso, seria plausível defender a inserção do consentimento na imputação objetiva, já que o desvalor do resultado, enquanto análise normativa do vínculo naturalístico, somente poderia ser constatado no plano da imputação. Há, aqui, duas formas de tratar o problema: seria possível inserir o consentimento na própria análise da *permissão* do risco e, com isso, afirmar que a lesão consentida representa um risco juridicamente aprovado, afastando-se a imputação logo em seu primeiro âmbito; já numa análise da imputação em três níveis, como a traçada

730. ROXIN; GRECO, Strafrecht Allgemeiner Teil, § 13, Nm. 11a.

731. ROXIN, Einwilligung, Persönlichkeitsautonomie und tatbestandliches Rechtsgut, p. 273. No original: "Wenn die einverständliche Fremdgefährdung als eine die Zurechnung zum objektiven Tatbestand ausschließende Risikoübernahme zu deuten ist (...) dann kann es bei der Einwilligung nicht anders sein". Não há dúvidas que o consentimento e a heterocolocação em perigo consentida são figuras bem próximas. A diferença, contudo, reside no fato de que no consentimento o titular do bem jurídico deseja a sua afetação, ao passo que na heterocolocação em perigo consentida, aceita apenas com o risco (e não a lesão).

732. GRECO, Luís, Imputação objetiva: uma introdução, *in*: ROXIN, Claus (Org.), *Funcionalismo e imputação objetiva no Direito Penal*, Rio de Janeiro: Renovar, 2002, p. 7.

733. Cf. ROXIN, Claus. *Strafrecht Allgemeiner Teil.* vol 1. 4. ed. München: Beck, 2006, § 11, Nm. 44 e ss. (p. 371 e ss.).

por *Roxin*, o consentimento seria inserido no alcance do tipo, fundamentando-se que a evitação de lesões consentidas não estaria abarcada pelo âmbito de proteção da norma.

No entanto, se o resultado for compreendido como "afetação da situação de tranquilidade do bem jurídico protegido"[734] e, com isso, a análise da lesão concreta do bem jurídico estiver incluída na própria noção de resultado, não haverá mais razão para recorrer à imputação objetiva. Nesse caso, o médico que realiza uma intervenção consentida sequer causaria um resultado típico, cuja consecução dependeria, portanto, da violação da vontade do paciente em relação ao seu corpo.

De fato, as duas posturas são defensáveis e conduzem à mesma consequência: o afastamento da tipicidade. Parece-nos, contudo, que os problemas de consentimento precedem a análise da imputação e, com isso, devem ser solucionados já no âmbito do resultado típico, a partir da nossa concepção de bem jurídico. Nessa visão, só produz um resultado típico aquele que viola concretamente o bem jurídico.

Por fim, os modelos diferenciadores ou tripartidos não apenas conduzem a consequências inadequadas, mas também são simplesmente desnecessários. O modelo traçado por *Jakobs* parece preocupar-se com a necessidade de afastar as regras gerais em razão das especificidades dos tipos. Essa constatação é correta, mas as regras aplicáveis ao caso concreto somente poderão ser aferidas a partir da análise do tipo específico, não havendo qualquer necessidade de traçar uma modalidade específica de "acordo" somente em razão disso. Ademais, a distinção elaborada por *Jakobs* entre o consentimento que afasta a tipicidade e aquele justificante não é clara, já que não é tarefa simples definir quais bens (e em que situações) constituem a base, e não apenas o meio, para o desenvolvimento individual. Além disso, a nosso ver não há qualquer necessidade de separar essas duas noções. As razões individuais para a disposição do bem jurídico, a partir do respeito à autonomia, são, via de regra, irrelevantes para a análise da tipicidade. Afinal, trata-se basicamente de reconhecer o direito do indivíduo de dispor de seus bens de acordo com as suas próprias convicções, não cabendo ao Estado fazer um controle de racionalidade sobre como os cidadãos usufruem de seus bens. Assim, não há qualquer necessidade de se reconhecer três modalidades diferentes de consentimento/acordo.

Já o modelo de *Luzón Peña* condiciona os efeitos do consentimento, num primeiro âmbito, à adequação social ou à análise da afetação do bem jurídico. Há que se esclarecer, contudo, que a partir da nossa concepção de bem jurídico, todos os casos de consentimento válido conduziriam, nesse modelo, à atipicidade. De qualquer forma, não há sentido em vincular a análise do consentimento a considerações de adequação social, pois isso conduz a uma verdadeira confusão entre os

---

734. FIGUEIREDO DIAS, Direito Penal, p. 288.

institutos. Parece-nos que *Luzón Peña* pretendeu integrar à análise do consentimento algumas considerações tecidas, por exemplo, pela supramencionada *teoria do resultado* e/ou pela *teoria da ação*, que afastam a tipicidade das intervenções médicas a partir de critérios como o resultado positivo ou a indicação médica, vinculando-as, no final das contas, à teoria da *adequação social*. No entanto, essa proliferação de critérios só obnubila o verdadeiro fundamento da autorização da conduta do médico, que é a *vontade* livre do paciente e não a adequação social da conduta do médico. Num modelo que valoriza a autonomia, critérios como a indicação, o resultado ou a adequação social não podem ser *determinantes* para a regularidade da conduta do médico, como já demonstramos.[735] Ademais, não há razão para criar uma figura autônoma referente ao consentimento fático, já que a rigorosidade da observância dos requisitos do consentimento deverá ser firmada de acordo com o tipo penal concreto e eventuais especificidades não descaracterizam a natureza desse instituto.

4.2.3.2 Ulteriores objeções ao modelo dualista

Para além dos argumentos já apresentados, que fundamentam a atipicidade das lesões consentidas a partir da reformulação do conteúdo dos bens jurídicos individuais, também se opõem à dicotomia dualista as seguintes críticas: a *objeção sistemática*, questionando-se a adequação do consentimento ao sistema das causas de justificação; a *objeção da confusão conceitual*, segundo a qual a concepção dualista confunde as concepções de bem jurídico e objeto material do crime; a *objeção hermenêutica*, que, em oposição ao argumento da literalidade da lei, fundamenta a possibilidade de interpretação restritiva de alguns tipos penais; e a *objeção da falta de praticidade do conceito diferenciador*, alegando-se que, em relação a vários tipos penais, não é nítido qual seria o regime correto a ser utilizado. É afastado, ainda, o argumento de que a literalidade do § 228 StGB imporia um tratamento no âmbito da ilicitude. A nosso ver, todas essas objeções evidenciam que o modelo dualista, de fato, não é capaz de fornecer o melhor tratamento dogmático ao consentimento.

4.2.3.2.1 A objeção sistemática: o consentimento como um "corpo estranho" no sistema das causas de justificação

A *antijuridicidade* é a característica de contrariedade da conduta típica em relação às proibições e/ou mandamentos do direito penal.[736] As causas de justificação, cuja incidência afasta a antijuridicidade, vinculam-se a situações em que o Estado excepcionalmente admite o sacrifício de um bem jurídico diante da necessidade da preservação de outro, desde que prevaleça o interesse ao qual,

735. Cf. Item 3.3.2.6.
736. ROXIN, Strafrecht Allgemeiner Teil 1, § 14, Nm. 3 (p. 601).

nas circunstâncias concretas, atribui-se maior valor.[737] Há, assim, uma situação de conflito entre dois bens jurídicos penalmente tutelados, cuja solução deve ocorrer a partir de regras de ponderação e necessidade, de forma que se passa a autorizar, em caráter excepcional, a lesão de um deles. Não se trata de situações positivamente valoradas, mas apenas *toleradas* em razão da situação de conflito, o que implica na inexistência de um dano social penalmente tutelável.[738]

Como ressalta *Roxin*, o consentimento é um "corpo estranho" no sistema das causas de justificação, porquanto não é caracterizado pelo *conflito de interesses* ou pelos *princípios da ponderação de interesses e da necessidade.*[739] Isso porque as lesões consentidas não refletem uma *colisão* entre bens jurídicos, pois se referem à afetação de apenas um interesse penalmente tutelado em consonância com a vontade de seu titular; tampouco decorrem de uma situação de *necessidade*, já que, na verdade, representam uma verdadeira concretização da vontade do indivíduo e do seu direito de fruição dos próprios bens jurídicos individuais. Não se trata, assim, de tolerar excepcionalmente uma conduta em razão de um conflito, senão de reconhecer a vontade do titular do bem jurídico[740] e, com isso, valorar essa conduta *positivamente.*

A compreensão dogmática de diferentes categorias do delito não é um mero capricho ou liberalidade dos penalistas, mas sim fruto de uma longa evolução – e possui, portanto, uma razão de ser. Assim, o enquadramento dogmático de certos institutos depende, é claro, de uma coerência sistemática e de um juízo de adequação ao respectivo elemento do crime. Se a *ratio* das causas de justificação é o conflito de interesses, não pode o consentimento pertencer ao sistema da ilicitude, uma vez que não se amolda aos seus pressupostos.

Uma tentativa de superação desse entrave dogmático pode ser encontrada nas teorias que visam a fundamentar dogmaticamente a eficácia justificante do consentimento, determinando a sua natureza jurídica de acordo com o regime das causas de justificação. Alguns autores buscam trazer *novos fundamentos para as causas de justificação*, de modo a nelas incluir o consentimento, ao passo que outros procuram fundamentar a existência de um *conflito de interesses*

---

737. Com base na legislação brasileira, é possível admitir também uma ponderação que permite o sacrifício de interesses de igual valor, haja vista a amplitude da previsão legal do estado de necessidade (art. 24, CPB).

738. ROXIN, *Strafrecht Allgemeiner Teil 1*, § 14, Nm. 4 (p. 602).

739. Nesse sentido, KÜHNE, Die strafrechtliche Relevanz eines auf Fehlvorstellungen gegründten Rechtsgutsverzichts, p. 242. MAURACH, Reinhart; ZIPF, Heinz. *Strafrecht Allgemeiner Teil.* vol. 1, 5. ed. Heidelberg: C.F. Müller, 1977, p. 236. ROXIN; GRECO, Strafrecht Allgemeiner Teil, § 13, Nm. 22. ROXIN, Claus, Rechtfertigungs- und Entschuldigungsgründe in Abgrenzung von sonstigen Strafausschließungsgründen, *JuS*, n. 6, 1988, p. 426. SCHROTH, Das Rechtsgut der Körperverletzungsdelikte und seine Verletzung, p. 126.

740. ZIPF, Einwilligung und Risikoübernahme im Strafrecht, p. 30.

também no consentimento (recorrendo aos denominados *modelos de colisão*[741]). Para *Gandara Vallejo*, após a superação da teoria do negócio jurídico (infra 4.2.1.4.1.1), procurou-se manter a compreensão do consentimento como causa de justificação para que se pudesse controlar a racionalidade do exercício da liberdade individual em relação a certos bens jurídicos,[742] submetendo-os a um juízo externo de "ponderação", o que demonstra certa propensão paternalista. Na nossa visão, no entanto, nenhuma das soluções apontadas conseguiu efetivamente adequar o consentimento à antijuridicidade.

4.2.3.2.1.1 A teoria do negócio jurídico — Para a tradicional *teoria do negócio jurídico* (*Rechtsgeschäftstheorie*), idealizada por *Ernst Zitelmann*,[743] o consentimento possui natureza negocial e, com base no § 182 e ss. do Código Civil alemão (*Bürgerliches Gesetzbuch* [=BGB]), afasta a antijuridicidade da conduta.[744] Por meio desse negócio jurídico de direito privado, o titular do bem jurídico concederia ao terceiro um *direito* revogável de praticar a conduta lesiva, criando para si um *dever* de suportá-la. Considerando que o exercício de um direito não poderia ser considerado contrário ao ordenamento jurídico, diante dessa situação de colisão de normas o consentimento válido teria o poder de afastar a antijuridicidade da conduta.

No caso da intervenção cirúrgica, por exemplo, a licitude do direito exercido pelo médico emanaria do *contrato* de prestação de serviço firmado com o paciente.[745] Os efeitos desse ajuste dependeriam do seu conteúdo concreto – que determinaria os limites do consentimento com base no que foi ajustado entre as partes (*id quod actum est*),[746] – bem como da observância dos demais pressupostos de validade do consentimento.

Apesar de traçar as linhas mestras do consentimento sob a perspectiva do direito civil, *Zitelmann* defendeu, com base no princípio da unidade do ordenamento jurídico, que o conceito de antijuridicidade deveria ser uniforme e, portanto,

---

741. RÖNNAU, Willensmängel bei der Einwilligung im Strafrecht, p. 14.

742. GÁNDARA VALLEJO, Consentimiento, bien jurídico e imputación objetiva, p. 101.

743. ZITELMANN, Ausschluß der Rechtswidrigkeit, p. 48 e ss. Extensivamente sobre a teoria de Zitelmann, cf. GANDARA VALLEJO, Consentimiento, bien jurídico e imputación objetiva, p. 13-25.

744. Em sentido similar, *Lemos* defendia a natureza contratual do consentimento, especificamente no que se refere à responsabilidade penal médica, sem, contudo, aludir à teoria de *Zitelmanno* LEMOS, Direito de matar e curar, p. 26-27.

745. ZITELMANN, Ausschluß der Rechtswidrigkeit, p. 49. *Zitelmann* critica a doutrina que pretende justificar as intervenções médicas com base no exercício de um direito de profissão do médico, fundamentando a justificação da ingerência do médico com base no consentimento do paciente e a partir da observância dos seus limites e pressupostos de validade. ZITELMANN, Ausschluß der Rechtswidrigkeit, p. 85.

746. ZITELMANN, Ausschluß der Rechtswidrigkeit, p. 55.

sua concepção seria aplicável tanto ao direito civil quanto ao direito penal,[747] o qual se vincularia aos pressupostos civilistas.[748] E, de fato, a teoria de *Zitelmann* também influenciou a doutrina penal da época.[749] No entanto, veio a ser posteriormente criticada pelos penalistas, uma vez que se havia estabelecido uma relação de acessoriedade e dependência entre ambos os ramos jurídicos, postulando-se, então, a emancipação do direito penal.[750] Na atualidade, esse posicionamento não encontra defensor algum.[751]

Afirmar que o consentimento é um negócio jurídico não conduz a uma real fundamentação para a possibilidade de dispor dos bens jurídicos penalmente tutelados e, portanto, não enuncia a verdadeira razão pela qual o consentimento deve ser válido para o direito penal ou mesmo possuir um efeito justificante. Ademais, as regras aplicáveis para que uma pessoa tome parte num contrato são, por óbvio, diferentes daquelas que regulamentam a disposição de bens jurídicos penalmente tutelados. Parece-nos claro que o consentimento não possui a mera função de um negócio jurídico,[752] pois não se refere apenas a um compromisso firmado entre as partes, mas sim ao exercício individual da liberdade geral de ação[753] e, portanto,

---

747. ZITELMANN, Ausschluß der Rechtswidrigkeit, p. 11-14 e 56.

748. Como esclarece OHLY, Ansgar, Einwilligung und ''Einheit der Rechtsordnung", *in*: *FS-Jakobs*, Köln: Carl Heymanns, 2007, p. 451.

749. Essa teoria foi defendida, por exemplo, por Mayer e por Frank, até a 14a edição do seu manual. Cf. MAYER, Max Ernst. *Der allgemeine Teil des deutschen Strafrechts*. Heidelberg: Carl Winters Universitätsbuchhandlung, 1915, p. 291-292. FRANK, Reinhard. *Das Strafgesetzbuch für das Deutsche Reich*.14. ed. Tübingen: J. C. B. Mohr, 1919, p. 109 e 385 (II). A partir da 15ª edição, Frank mudou de posicionamento e passou a tecer críticas à teoria. Também *Maggiore* adotara essa teoria na primeira edição do seu livro, tendo-a posteriormente refutado. Cf. MAGGIORE, Derecho penal 1, p. 433. Cf. críticas à teoria em MEZGER, Strafrecht, p. 208. MANTOVANI, Ferrando. *Diritto Penale:* parte generale. 3. ed. Padova: CEDAM, 1992, p. 261.

750. Conforme explica *Ohly*, também no direito civil a teoria de *Zitelmann* foi questionada e, em diferentes julgados civis das décadas de 50-60, o BGH renunciou à "unidade do consentimento como negócio jurídico" e acabou aplicando a doutrina penal. OHLY, Einwilligung und ''Einheit der Rechtsordnung", p. 451-452.

751. No Brasil, seria possível argumentar que esse negócio jurídico fundamentaria um *exercício regular de direito* e que, por exemplo, a atuação do médico seria lícita em razão do contrato firmado entre ele e o paciente. Assim, no final das contas o consentimento encontraria seu fundamento no próprio exercício regular de direito. Nesse sentido, para *Délio Magalhães* é supérfluo invocar no Brasil teorias sobre a natureza jurídica do consentimento, pois elas somente foram necessárias em países que não possuíam um dispositivo expresso que reconhecesse o exercício regular de direito. MAGALHÃES, Causas de exclusão do crime, p. 117. No entanto, partindo-se da tese aqui defendida, essa concepção se desmantela, haja vista a aplicação do exercício regular de direito pode conduzir a consequências equivocadas, conforme já demonstramos. Cf. Item 3.2.

752. Nesse sentido, GEERDS, Einwilligung und Einverständnis des Verletzten im Strafrecht, p. 263.

753. ROXIN; GRECO, Strafrecht Allgemeiner Teil, § 13, Nm. 71.

a intervenções em direitos fundamentais. Além disso, deve-se frisar que, atualmente, nem mesmo no direito civil essa tese é defendida.[754]

4.2.3.2.1.2 A teoria da carência de interesse — Para *Mezger*, a antijuridicidade é caracterizada pela lesão de um interesse.[755] Assim, ao traçar o fundamento material das causas de justificação, *Mezger* as separa em dois grupos: a maior parte delas se basearia no *princípio do interesse preponderante* (*Prinzip des* überwiegenden *Interesses*), ao passo que o consentimento, real ou presumido, vincular-se-ia ao *princípio da carência de interesse* (*Prinzip des mangelnden Interesses*).[756] No primeiro grupo, haveria conflito entre diferentes interesses no caso concreto, e um deles, por possuir maior valor, suplantaria o outro, tipicamente lesado pela conduta. O consentimento, por sua vez, implicaria uma "renúncia consciente do interessado sobre o seu bem jurídico disponível"[757] e, assim, não se amoldaria ao primeiro grupo por *não se referir a uma situação de conflito de interesses.*[758] Assim, necessitaria de um fundamento próprio, consubstanciado na *ausência de interesse* do sujeito passivo em decorrência do consentimento, que afastaria a lesão típica e, com isso, a antijuridicidade da conduta.[759]

Não obstante, essa manobra trazida por *Mezger* nos mostra apenas que, na realidade, o consentimento não reflete um problema de antijuridicidade. Está correta a sua constatação de que a ausência de um conflito de interesses revelaria que o instituto possui uma estrutura diferente das demais causas de justificação. Afinal, o consentimento visa à concretização do interesse do titular do bem jurídico; além disso, não há interesse algum que possa entrar em colisão com a vontade do titular do bem jurídico. Ao criar um novo fundamento para a antijuridicidade tão somente para que se possa, com isso, abarcar o consentimento, *Mezger* nada mais faz do que confirmar que o consentimento não se adequa ao regime da antijuridicidade. A nosso ver, faz muito mais sentido reconhecer, nesses casos, que

754. OHLY, Einwilligung und ''Einheit der Rechtsordnung", p. 452.

755. MEZGER, Edmund, Die subjektiven Unrechtselemente, *Der Gerichtssaal*, v. LXXXIX, 1924, p. 270.

756. MEZGER, Strafrecht, p. 205. Utiliza o mesmo fundamento material de justificação, KÜHL, Strafrecht Allgemeiner Teil, § 9, Nm. 23 (p. 313).

757. MEZGER, Strafrecht, p. 208. Esse argumento da renúncia ao bem jurídico é, na verdade, ainda hoje muito comum. Cf. Também LENCKNER, Die Einwilligung Minderjähriger und deren gesetzlicher Vertreter, p. 453.

758. Também *Stratenwerth* constatou que o consentimento, assim como outras causas de justificação (v.g. o estado de necessidade agressivo), não remete a uma ponderação de interesses. Diante disso, buscou traçar um outro fundamento que, ao lado do juízo de ponderação, funcionaria como princípio regulador das causas de justificação. Para o autor, é a própria *autonomia* pessoal que fundamenta a justificação com base no consentimento. STRATENWERTH, Günter, Prinzipien der Rechtfertigung, *ZStW*, v. 68, 1956, p. 42, 44 e 70.

759. MEZGER, Strafrecht, p. 206. Cf. também MEZGER, Die subjektiven Unrechtselemente, p. 270 e ss.

não há lesão do bem jurídico do que afirmar a existência de uma lesão que é, no entanto, posteriormente "afastada".[760]

4.2.3.2.1.3 O modelo de colisão: uma perspectiva coletivista — Noutra linha argumentativa, e criticando a proposta de *Mezger*, *Noll* afirma que nos casos de consentimento *existe sim uma situação de conflito*, diante da qual se deveria ponderar o desvalor da conduta típica e o valor do exercício da vontade. Assim, num conflito entre o bem jurídico tutelado e a liberdade de autodeterminação do seu titular, dar-se-ia preponderância à última, que constitui o fundamento da eficácia justificante do consentimento.[761] A peculiaridade do consentimento em relação às demais excludentes de ilicitude seria, por um lado, a justificação segundo uma *valoração subjetiva*,[762] e, por outro, a existência de *ponderação entre valores intrapessoais*, ou seja, inerentes à própria pessoa que exerce sua autodeterminação.[763] Para *Noll*, a problemática do consentimento situa-se "na relação entre a valoração subjetiva do ofendido e a valoração objetiva da lei".[764]

Numa tônica similar e nitidamente coletivista, *Jescheck/Weigend* fundamentam a existência de uma ponderação entre a liberdade pessoal (compreendida como um valor social) e o interesse geral da sociedade de conservar os bens jurídicos.[765] Na perspectiva de *Otto*, partindo de uma noção abstrata de bem jurídico concebido como "a relação digna de proteção entre uma pessoa e uma unidade social funcional",[766] a vontade do titular é irrelevante para a constatação da lesão do bem jurídico, pois a tutela desses bens é, também, de interesse do Estado.

---

760. Nesse sentido, cf. ROXIN; GRECO, Strafrecht Allgemeiner Teil, § 13, Nm. 22. Críticas à concepção de *Mezger* também em RÖNNAU, Willensmängel bei der Einwilligung im Strafrecht, p. 154-155.

761. NOLL, Tatbestand und Rechtswidrigkeit, p. 15. No mesmo sentido, DÖLLING, Dieter, Fahrlässige Tötung bei Selbstgefährdung des Opfers, *GA*, 1984, p. 91. PRADO; CARVALHO; CARVALHO, Curso de direito penal brasileiro, p. 338.

762. NOLL, Peter. Übergesetzliche Rechtfertigungsgründe im besondern die Einwilligung des Verletzte*no* Basel: Verlag für Recht und Gesellschaft AG. Basel, 1955, p. 48.

763. NOLL, Tatbestand und Rechtswidrigkeit, p. 16. No mesmo sentido, cf. GEPPERT, Klaus, Rechtfertigende "Einwilligung" des verletzten Mitfahrers bei Fahrlässigkeitsstraftaten im Straßenverkehr? Ein Beitrag zur dogmatischen Struktur der Einwilligung, *ZStW*, v. 83, 1971, p. 952-953. Também *Mitsch* fundamenta a existência de uma *colisão* ou *ponderação interna de interesses*: BAUMANN; WEBER; MITSCH; EISELE, Strafrecht Allgemeiner Teil, § 15, Nm. 124 (p. 440-441).

764. NOLL, Übergesetzliche Rechtfertigungsgründe im besondern die Einwilligung des Verletzten, p. 60.

765. JESCHECK; WEIGEND, Lehrbuch des Strafrechts, p. 377. De acordo com *Rönnau*, essa é a mesma argumentação trazida por Noll. RÖNNAU, Willensmängel bei der Einwilligung im Strafrecht, p. 150. No entanto, não encontramos referência expressa a esse "interesse geral da sociedade" nos trabalhos do autor, o que nos faz diferenciar a sua perspectiva das demais.

766. OTTO, Grundkurs Strafrecht, § 8, Nm. 127 (p. 130). OTTO, Harro, Einverständnis, Einwilligung und eigenverantwortliche Selbstgefährdung, *in*: *FS-Geerds*, Lübeck: Schmidt-Römhild, 1995, p. 609.

Assim, uma lesão consentida violaria concretamente o bem jurídico, mas, em alguns casos, seria lícita quando não subsistir um interesse do Estado. Em outros casos, por exemplo, diante da proibição do homicídio a pedido (§ 216 *StGB*), o interesse em proteger a vontade do ofendido subjaz ao interesse coletivo de preservar o seu bem jurídico, do que resultaria a ilicitude da conduta e, portanto, a ausência de justificação por meio do consentimento.[767] Já *Hirsch* menciona a existência de uma colisão entre um padrão de valores já erigido genericamente pelo legislador e uma valoração subjetiva divergente. Nesse último argumento, afirma-se que a ponderação não se daria apenas entre bens jurídicos, mas também, *in casu*, entre a liberdade de decisão e a finalidade de proteção da própria norma.[768]

Em sentido análogo, para *Costa Andrade* e *Figueiredo Dias*, haveria, de um lado, um interesse do *sistema social* de preservar os bens jurídicos e, de outro, o interesse do *sistema pessoal* de enaltecer a autorrealização e a autonomia do titular do bem jurídico.[769] No caso dos delitos que tutelam a liberdade, não haveria conflito entre os sistemas pessoal e social, já que o acordo implicaria uma perfeita realização do bem jurídico – e não sua lesão. No entanto, sempre que o bem jurídico fosse disponível, como no caso dos crimes de dano e de lesão corporal, haveria um verdadeiro conflito "entre o valor da autorrealização e uma perda efetiva ao nível do bem jurídico efetivamente lesado",[770] dando-se preponderância ao sistema pessoal, que fundamentaria a justificação por meio do consentimento.

Esses modelos de colisão fundamentam uma perspectiva que isola o bem jurídico e o protege independentemente da vontade do seu titular. Com isso, afirma-se a existência de um interesse geral na manutenção desses bens, mesmo que contra a vontade do seu titular, o que, na realidade, gera um real risco de legitimação de proibições paternalistas.[771]

A nosso ver, essas improfícuas tentativas de enxergar no consentimento uma situação de conflito não convencem. Quanto à primeira vertente, não é possível invocar um conflito entre bens interpessoais, já que, no paradigma da autonomia, as lesões consentidas representam, a bem da verdade, a concreta realização do direito individual de livremente desfrutar de seus bens jurídicos. No caso da lesão

767. OTTO, Grundkurs Strafrecht, § 8, Nm. 127 (p. 130-131).

768. HIRSCH, LK-vor § 32, Nm. 105. Sobre o modelo construído por *Hirsch*, baseado na teoria das normas de *Armin Kaufmann*, cf. os comentários e críticas de RÖNNAU, Willensmängel bei der Einwilligung im Strafrecht, p. 145-147.

769. COSTA ANDRADE, Consentimento e acordo em Direito Penal, p. 258. FIGUEIREDO DIAS, Direito Penal, p. 472.

770. FIGUEIREDO DIAS, Direito Penal, p. 473-475. Em sentido similar, cf. LUCA, O consentimento do ofendido à luz da teoria da imputação objetiva, p. 768. De acordo com *Noll*, somente em relação aos tipos penais que protegem a própria liberdade não há colisão de valores, casos em que o consentimento afasta o próprio bem jurídico protegido. Cf. NOLL, Tatbestand und Rechtswidrigkeit, p. 15.

771. Sobre essa constatação, cf. RÖNNAU, Willensmängel bei der Einwilligung im Strafrecht, p. 142.

corporal, não há uma contraposição, do ponto de vista do titular do bem jurídico, entre a liberdade e a integridade física, eis que o consentimento representa a perfeita harmonia entre esses valores, concretizada na possibilidade de dispor livremente do próprio corpo. Ademais, não se trata de uma situação de necessidade, mas sim de liberalidade e escolha arbitrária do próprio indivíduo: é ele quem decide, de acordo com suas próprias convicções, *se* e *quando* autorizará intervenções em seu bem jurídico. O fato de que a decisão por ele tomada reflete uma valoração interna dos seus próprios bens é irrelevante para a compreensão jurídica do consentimento, já que essa ponderação é reflexo de uma liberdade – e não de um conflito concreto que exige a definição de critérios externos para a escolha do bem a ser "salvo".

A segunda vertente insere a perspectiva da sociedade em relação de conflito com aquele que consente na lesão do seu bem jurídico. No entanto, os bens jurídicos individuais devem se destinar à tutela das escolhas existenciais e do desenvolvimento da personalidade dos seus titulares, e não da sociedade. Eventuais limitações à liberdade de disposição erigidas por parte do legislador *não* levam à conclusão de que há um conflito entre o interesse da sociedade e o interesse individual, mas sim de que *in thesi* o legislador pode, em alguns casos, impor contornos concretos para o exercício da liberdade de fruição dos bens jurídicos individuais. Não há, no caso daquele que consente, uma situação de conflito solucionada em caráter de excepcionalidade pelo direito, como ocorre nas demais causas de justificação.

O interesse na tutela do bem jurídico individual é, nessa perspectiva, do próprio titular do bem jurídico. Uma eventual "ponderação" entre interesses interpessoais executada pelo próprio sujeito afetado, representa a concretização da sua liberdade geral de ação, de valorar os seus bens de acordo com as suas próprias concepções de vida. Já uma ponderação feita sob a perspectiva da sociedade nada mais é do que uma falsificação do conteúdo da autonomia individual, uma imposição de valores externos que conduz, inevitavelmente, a uma concepção paternalista.

4.2.3.2.2 A objeção da confusão conceitual: a diferenciação entre os conceitos de bem jurídico e objeto material do crime

O modelo dualista confunde os *conceitos* de *bem jurídico* e de *objeto da ação* (também chamado de *objeto material* do crime).[772] Um dos principais argumentos do dualismo é o de que a diferença, por exemplo, entre um constrangimento ilegal (art. 146, CPB) e uma lesão corporal (art. 129, CPB) vincula-se à existência ou

---

772. ROXIN; GRECO, Strafrecht Allgemeiner Teil, § 13, Nm. 13. Sobre esses conceitos, cf. RÖNNAU, Willensmängel bei der Einwilligung im Strafrecht, p. 30-32. BADARÓ, Bem jurídico penal supraindividual, p. 232.

não de uma *real e concreta lesão do bem jurídico*. O médico que realiza uma intervenção com o consentimento do paciente não afeta a sua liberdade, de sorte que a conduta típica do constrangimento ilegal não se configura devido à ausência de lesão do bem jurídico. No entanto, esse mesmo consentimento não afastaria a afetação corporal provocada pela intervenção, havendo, portanto, uma lesão concreta do bem jurídico integridade física, que, por ter sido executada em consonância com a vontade do paciente, seria apenas justificada pelo consentimento. Com base nesse mesmo argumento, a diferença entre o furto passível de acordo e o dano passível de consentimento seria o fato de que, no dano, a coisa alheia teria sido fisicamente afetada, e, assim, haveria uma lesão concreta ao bem jurídico.

No entanto, na lesão corporal, o *corpo* afetado é, na verdade, o *objeto material* sobre o qual recai a conduta típica, sendo que o *bem jurídico* tutelado pelo crime de lesão corporal é a sua *integridade* e, de fato, *interferir no corpo não significa ofender a integridade*. Da mesma forma, no crime de dano o atingimento da *coisa* concreta – o objeto material – não significa que há um ataque contra o bem jurídico *propriedade*.[773] Pelo contrário, se há consentimento a afetação da coisa representa, na verdade, o verdadeiro exercício do direito de disposição dos próprios bens.

Pode haver, é verdade, uma *coincidência de conteúdo* entre o objeto material e o bem jurídico. Por mais que o bem jurídico (integridade física) se diferencie do objeto da ação (o corpo do paciente), no final das contas é possível que o conteúdo de ambos seja o mesmo, como esclarece *Hefendehl*,[774] pois a integridade física pertence ao corpo. No entanto, no caso das intervenções cirúrgicas, apesar de haver uma alteração da substância corporal concretamente considerada (o objeto da ação), não há violação do que concebemos como *integridade* corporal, a qual, na concepção aqui defendida, deve ser compreendida, enquanto bem jurídico individual, a partir da vontade de seu titular, constituindo, portanto, uma síntese entre *corpo* e *autodeterminação*. Destarte, nesses casos, não há ofensa, senão uma concretização da liberdade de usufruir e de submeter o próprio corpo a certos procedimentos.

4.2.3.2.3 A objeção hermenêutica: refutação do argumento da letra da lei

De maneira similar ao argumento da lesão do bem jurídico, acima refutado, afirma-se, invocando-se o *argumento da letra da lei*, que a diferenciação entre o acordo e o consentimento decorre da própria redação do tipo penal. De acordo com *Sternberg-Lieben*, "contra a alocação do consentimento na tipici-

---

773. GÁNDARA VALLEJO, Consentimiento, bien jurídico e imputación objetiva, p. 95.

774. HEFENDEHL, Roland, Das Rechtsgut als materialer Angelpunkt einer Strafnorm, *in*: HEFENDEHL, Roland; HIRSCH, Andreas von; WOHLERS, Wolfgang (Orgs.), *Die Rechtsgutstheorie:* Legitimationsbasis des Strafrechts oder dogmatisches Glasperlenspiel?, Baden-Baden: Nomos, 2003, p. 119.

dade está apenas o teor literal de uma série de prescrições penais".[775] Assim, no constrangimento ilegal, uma atuação com o consentimento do ofendido não se adequaria à descrição típica por não perfazer a conduta de *constranger* o terceiro a não fazer o que a lei permite ou a fazer o que ela não manda. Já no plano da tipicidade da lesão ou do dano, mesmo que haja consentimento, a integridade corporal é de fato *ofendida* ou a coisa *destruída, inutilizada ou deteriorada.*[776] Essa compreensão decorreria da análise literal do verbo nuclear do tipo penal e, de acordo com ela, uma interpretação que insere o consentimento no tipo violaria a própria descrição legal. A possibilidade de se tratar um delito como passível de acordo ou consentimento seria, portanto, uma escolha do legislador. Se ele, a exemplo do art. 129 CPB, escolheu criminalizar a lesão corporal como "ofensa da integridade física e da saúde" e não como "agressão à liberdade de disposição sobre a própria saúde",[777] então nesse caso o consentimento somente poderia ser inserido na antijuridicidade.

No entanto, esse argumento é frágil, pois a possibilidade de interpretação da lei penal não se cinge ao método literal ou declaratório. Pelo contrário, como esclareceu *Roxin*, "uma interpretação restritiva é evidentemente não apenas possível no direito penal, como também aconselhável, quando uma interpretação voltada para o bem jurídico assim o exige".[778] Se o bem jurídico não é lesado quando a atuação do terceiro está em consonância com a vontade do seu titular, não há sentido em afirmar a existência de uma conduta típica. Assim, não se pode recorrer à mera literalidade do tipo penal para negar uma compreensão que atribui mais coerência ao sistema do consentimento, adequando o tipo penal a um conceito de bem jurídico que inclui a autonomia do seu titular como objeto de proteção penal. O conteúdo aleatório do texto legal não é suficiente para definir a compreensão sistemática dos institutos do direito penal[779] e "a formulação dos

---

775. STERNBERG-LIEBEN, Die objektiven Schranken der Einwilligung im Strafrecht, p. 62. No original: "Gegen eine Zuordnung der Einwilligung zum Tatbestand spricht nun aber der Wortlaut einer Reihe strafgesetzlicher Vorschriften".

776. Nesse sentido, STERNBERG-LIEBEN, Die objektiven Schranken der Einwilligung im Strafrecht, p. 62-63. KÜHL, Strafrecht Allgemeiner Teil, § 9, Nm. 22 (p. 312). BAUMANN; WEBER; MITSCH; EISELE, Strafrecht Allgemeiner Teil, § 15, Nm. 122 (p. 439).

777. Assim, com base, obviamente, nos dispositivos do StGB: STERNBERG-LIEBEN, Die objektiven Schranken der Einwilligung im Strafrecht, p. 63.

778. ROXIN, Einwilligung, Persönlichkeitsautonomie und tatbestandliches Rechtsgut, p. 274. No original: "Erstens ist eine einschränkende Auslegung selbstverständlich auch im Strafrecht möglich, und sie ist sogar geboten, wenn eine rechtsgutsbezogene Interpretation dies verlangt".

779. Nesse sentido, ROXIN, Einwilligung, Persönlichkeitsautonomie und tatbestandliches Rechtsgut, p. 275. De fato, o modelo dualista possui uma vinculação questionável às descrições típicas e, com isso, acaba dependendo e se sujeitando às arbitrariedades estilísticas definidas pelo legislador, o que não nos parece correto. Cf. também as críticas de *Kientzy* quanto a essa questão: KIENTZY, Der Mangel am Straftatbestand infolge Einwilligung des Rechtsgutsträgers, p. 33.

tipos, por conseguinte, não possui significado dogmático, senão apenas estilístico".[780] Assim, numa interpretação restritiva, devemos compreender, por exemplo, o tipo penal de dano não apenas no sentido literal, mas sim, utilizando a construção da circunstância negativa de *Rönnau*, como "aquele que, *sem o consentimento do proprietário*, danifica a coisa alheia".[781]

Por outro lado, nem sempre a interpretação literal conduzirá a uma conclusão inequívoca quanto à compreensão dogmática da aquiescência do titular do bem jurídico. No próprio caso da lesão corporal, esse argumento perde ainda mais força, eis que, como apontado acima, diante de uma lesão consentida não se pode considerar, mesmo do ponto de vista linguístico-literal, que a *integridade corporal* (bem jurídico) é *ofendida*, como se depreende da letra da lei, já que essa pretensa ofensa atinge, na verdade, o corpo (objeto da ação). Afinal, a *integridade corporal*, expressão escolhida pelo legislador brasileiro para caracterizar a lesão corporal, não é sinônimo de *corpo* e, assim, até mesmo a sua literalidade abarca uma interpretação, como a que desenvolvemos, que a compreende a partir da determinação que lhe é dada pelo seu titular, em consonância com a sua vontade. De fato, é possível interpretar a *ofensa à integridade física* também como a afetação ou alteração do corpo provocada sem o consentimento ou contra a vontade do seu titular.

Mesmo em alguns casos típicos de acordo, como no do furto, uma interpretação literal não conduz às conclusões trazidas pelos dualistas. De acordo com lei alemã (§ 242 StGB), pratica furto "quem subtrai uma coisa alheia móvel com a intenção de dela apropriar-se ilicitamente, para si ou para outrem (...)".[782] Nitidamente, não há no tipo penal menção à vontade do titular do bem. A literatura alemã, por sua vez, define concretamente o conceito de subtração (*Wegnahme*) como a quebra de uma relação de domínio em relação à coisa[783] – o que exige, por conseguinte, a discordância do titular desse domínio quanto à subtração. Essa definição, contudo, não decorre de uma compreensão meramente literal do texto legal, mas sim de uma elaborada interpretação doutrinária.

No Brasil, a pertinência dessa crítica é ainda mais evidente: embora o art. 155 do CPB proíba, de maneira similar à lei alemã, a conduta de "subtrair, para si ou para outrem, coisa alheia móvel", a doutrina brasileira não traz uma definição

---

780. KÜHNE, Die strafrechtliche Relevanz eines auf Fehlvorstellungen gegründten Rechtsgutsverzichts, p. 242. No original: "Die Formulierung des Tatbestands hat demnach keine dogmatische, sondern lediglich stilistische Bedeutung".

781. RÖNNAU, Willensmängel bei der Einwilligung im Strafrecht, p. 143; ROXIN, Einwilligung, Persönlichkeitsautonomie und tatbestandliches Rechtsgut, p. 274.

782. No original: "Wer eine fremde bewegliche Sache einem anderen in der Absicht wegnimmt, die Sache sich oder einem Dritten rechtswidrig zuzueignen, ...".

783. WESSELS, Johannes; HILLENKAMP, Thomas. *Strafrecht Besonderer Teil: Straftaten gegen Vermögenswerte*. vol. 2. 39. ed. Heidelberg: C.F. Müller, 2016, § 2, Nm. 82 (p. 42).

tão precisa do conceito de subtração. É impossível, assim, extrair a relevância da vontade do proprietário do bem única e exclusivamente com base na compreensão semântica da palavra "subtrair". Dessa forma, nem mesmo a interpretação literal dos tipos penais é capaz de separar precisamente os casos passíveis de acordo daqueles que seriam justificados pelo consentimento.

4.2.3.2.4 A objeção da falta de praticidade

De acordo com essa objeção, *não* é possível traçar um *critério genérico de diferenciação* entre o consentimento e o acordo que seja aplicável a todos os tipos de delito.[784] As explicações dadas pelos teóricos dualistas são comumente delineadas por meio de exemplos que, na maioria das vezes, referem-se aos mesmos tipos penais: diferencia-se a violação de domicílio, o estupro e o furto, solucionados por acordo, da lesão corporal ou do dano passíveis de consentimento. No entanto, quando fugimos dessa constelação de crimes, a aplicação concreta dos critérios desenvolvidos por *Geerds* e seus seguidores conduz a diferentes dúvidas e a respostas divergentes por parte dos autores.

Para provar esse argumento, *Roxin* questiona qual seria o regime aplicável, por exemplo, aos tipos penais de injúria (§ 185 *StGB* [art. 140, CPB]), cárcere privado (§ 239 *StGB* [art. 148, CPB]), violação de correspondência (§ 202 *StGB* [art. 151, CPB]), divulgação de segredo (§ 203 *StGB* [art. 153, CPB]) etc.[785] *Geerds*, por um lado, concebe quase todos esses casos como hipóteses de consentimento,[786] ao passo que outros autores resolvem muitos deles com base no acordo.[787] Como ressalta *Rönnau*, uma simples folheada nos manuais e comentários é suficiente para perceber que a compreensão diferenciadora de alguns tipos penais é muito controversa.[788] Isso demonstra que o modelo de *Geerds* não conduz a respostas claras e objetivas.

Usando o conceito dualista, mesmo nos exemplos paradigmáticos, é possível encontrar casos que não se encaixariam nas hipóteses de consentimento, como reconhecem os próprios defensores dessa concepção. *Jescheck/Weigend* trazem o exemplo do sujeito que leva um armário antigo para ser incinerado e, nesse caso,

---

784. ROXIN; GRECO, Strafrecht Allgemeiner Teil, § 13, Nm. 24. Como frisa *Polaino-Orts*, a definição da classe de delitos à qual seria aplicável o regime do acordo é questão árdua e incerta. POLAINO-ORTS, Alegato en favor de un tratamiento jurídico-penal unitario para los casos de acuerdo y consentimiento como causas de atipicidad, p. 181.

785. ROXIN; GRECO, Strafrecht Allgemeiner Teil, § 13, Nm. 24.

786. GEERDS, Einwilligung und Einverständnis des Verletzten im Strafgesetzentwurf, p. 48.

787. Como, por exemplo, LENCKNER; STERNBERG-LIEBEN, Schönke/Schröder StGB Vor § 32, Nm. 31. No caso da controvérsia acerca do crime de violação de correspondência, cf. WESSELS; BEULKE; SATZGER, Strafrecht Allgemeiner Teil, § 11, Nm. 538 (p. 176).

788. RÖNNAU, Willensmängel bei der Einwilligung im Strafrecht, p. 156.

apesar de se tratar de uma análise do crime de dano, afirmam haver o afastamento da tipicidade em virtude da mudança da *determinação da finalidade* (*Zweckbestimmung*) do bem por parte do proprietário.[789]

Mesmo a questão referente à adequação das intervenções cirúrgicas ao tipo de lesão corporal pode ser um bom exemplo de como essa proposta pode ser problemática. Pela lógica dualista, o tipo penal da lesão corporal é um dos principais exemplos da aplicação do consentimento que afasta a ilicitude. No entanto, conforme já explicitamos, alguns autores afirmam que a conduta do médico que atua de acordo com a *lege artis* numa intervenção indicada seria atípica, pois não haveria, ao final, uma verdadeira lesão, mas sim uma melhora da saúde do paciente, o que explicitaria uma possível relevância do consentimento para lesões corporais já no plano da tipicidade.[790] Aliás, os esforços das teorias do resultado, da conduta e do interesse corporal se dirigiam justamente à compreensão da atipicidade dessas intervenções tidas como vantajosas para o paciente.[791] Então, como demonstrado, até alguns casos tradicionalmente passíveis de consentimento acabam sendo incongruentes com a lógica dualista.

4.2.3.2.5 A literalidade do § 228 StGB?

É comum a alusão à redação do § 228 StGB, que trata do consentimento no crime de lesão corporal, como contra-argumento da concepção diferenciadora, segundo o qual "quem realiza uma lesão corporal com o consentimento da pessoa lesada somente atua *ilicitamente* quando o ato, apesar do consentimento, viola os bons costumes".[792] O apego à palavra trazida pelo legislador na regulamentação do consentimento faz com que muitos autores alemães concluam pelo seu efeito justificante.[793]

Obviamente, esse argumento não faz qualquer sentido no contexto da legislação brasileira, que não possui um dispositivo similar. Mas, mesmo em relação à legislação alemã, argumenta-se coerentemente que a lei estabelece apenas que *a conduta contrária aos bons costumes será ilícita*, mas não estipula que as que

789. JESCHECK; WEIGEND, Lehrbuch des Strafrechts, p. 376.

790. Cf. a respeito LENCKNER; STERNBERG-LIEBEN, Schönke/Schröder StGB Vor § 32, Nm. 31.

791. Cf. item 3.3.2.

792. No original, "Wer eine Körperverletzung mit Einwilligung der verletzten Person vornimmt, handelt nur dann rechtswidrig, wenn die Tat trotz der Einwilligung gegen die guten Sitten verstößt.".

793. Por exemplo, cf. JESCHECK; WEIGEND, Lehrbuch des Strafrechts, p. 379. WESSELS; BEULKE; SATZGER, Strafrecht Allgemeiner Teil, § 11, Nm. 541 (p. 177). VOLL, Doris. *Die Einwilligung im Arztrecht*: eine Untersuchung zu den straf-, zivil- und verfassungsrechtlichen Grundlagen, insbesondere bei Sterilisation und Transplantation unter Berücksichtigung des Betreuungsgesetzes. Frankfurt am Main: Lang, 1996, p. 36 (nota 122). PAEFFGEN, Hans-Ullrich; ZABEL, Benno, NK § 228 Einwilligung, 5. ed. Baden-Baden: Nomos, 2017, Nm. 8.

não o fazem seriam solucionadas no plano da ilicitude.[794] Recorre-se, também, à definição de *ato ilícito* contida na lei alemã (§ 11 par. 1 cif. 5) como "apenas aquele que realiza o tipo da lei penal".[795] Considerando que o tipo penal faz parte do conceito legal de ilicitude, não haveria problema em compreender o consentimento como causa que afasta a tipicidade.[796] Assim, referir-se apenas à literalidade do § 228 StGB não é suficiente para vincular a compreensão dogmática do consentimento.

4.2.3.3 Conclusão parcial e consequências dogmáticas da adoção do modelo unitário

Como já afirmado, o corpo e a autodeterminação são considerados, na nossa concepção, como um todo indissociável e, nesse sentido, *o objeto do bem jurídico e a autonomia* de seu titular formam uma *unidade*, que constitui o seu real conteúdo. O bem jurídico individual compreende, portanto, não o objeto de disposição isoladamente considerado, mas apenas em conexão com a liberdade de usufruto e disposição sobre ele. Assim, as intervenções médicas validamente consentidas pelo paciente são condutas *atípicas* não apenas em relação à lesão corporal, mas também ao constrangimento ilegal. Por um lado, a anuência do paciente afasta qualquer constrangimento no sentido do art. 146, CPB. Por outro lado, considerando que a *integridade física* não se refere somente ao corpo enquanto matéria ou base da existência biológica dos indivíduos,[797] mas também à liberdade de cada um de autodeterminar o que pode ou não ser feito com ele, a afetação corporal consentida também não está abarcada pelo tipo.

Não são necessários malabarismos argumentativos mediante recurso a uma suposta necessidade de ponderação ou a um eventual conflito entre bens jurídicos para que se possa determinar os efeitos dogmáticos do consentimento: o fundamento da nossa concepção é a *autonomia* do titular do bem jurídico em si considerada, derivada constitucionalmente da dignidade humana e do direito ao livre desenvolvimento da personalidade dos cidadãos numa sociedade liberal e plural. Conforme frisamos, o consentimento, na nossa concepção, não apenas enseja a atipicidade das heterolesões consentidas, diante da ausência de lesão do

---

794. Nesse sentido, MAURACH, Reinhart; ZIPF, Heinz. *Strafrecht Allgemeiner Teil*: Grundlehren des Strafrechts und Aufbau der Straftat. vol. 1. 8. ed. Heidelberg: C.F. Müller, 1992, § 17, Nm. 66 (p. 238). RÖNNAU, Willensmängel bei der Einwilligung im Strafrecht, p. 156.

795. "§ 11 (1) Im Sinne dieses Gesetzes ist: (...) 5. rechtswidrige Tat: nur eine solche, die den Tatbestand eines Strafgesetzes verwirklicht".

796. Nesse sentido, ROXIN; GRECO, Strafrecht Allgemeiner Teil, § 13, Nm. 29; RÖNNAU, Willensmängel bei der Einwilligung im Strafrecht, p. 156. SCHROTH, Das Rechtsgut der Körperverletzungsdelikte und seine Verletzung, p. 126.

797. SWOBODA, Sabine, Die hypothetische Einwilligung – Prototyp einer neuen Zurechnungslehre im Bereich der Rechtfertigung?, *ZIS*, n. 1, 2013, p. 30.

bem jurídico, como também não se amolda ao sistema das causas de justificação, razão pela qual a vontade do titular do bem jurídico individual deve ser sempre considerada na análise da tipicidade, adotando-se, portanto, o modelo unitário.

Não negamos que seja possível, partindo da contraposição entre acordo e consentimento, enxergar estruturas diferentes no que se refere à tutela da autonomia. A proibição do estupro, por exemplo, vincula-se à proteção da *liberdade sexual em si*, ao passo que a *liberdade de disposição do corpo* acaba sendo protegida de maneira indireta pelo tipo de lesões corporais. No entanto, o direito de determinar como deve ocorrer o uso do próprio corpo representa também uma dimensão da liberdade individual – que, embora seja diferente da determinação da liberdade sexual, é igualmente relevante. Como esclarecia *Schmidhäuser*, temos no primeiro caso um bem jurídico que consiste na *autonomia da vítima referida a seu comportamento* e, no segundo, um que se vincula à *autonomia do titular referida a seu objeto*.[798] Para nós, no entanto, isso não é razão para a manutenção de uma nomenclatura diferenciada, ou uma "duplicação inútil de institutos jurídicos",[799] já que em ambas as situações a vontade do titular do bem jurídico produzirá exatamente o mesmo efeito. Assim sendo, em ambos os casos o consentimento afasta a tipicidade penal, já que, no final das contas, a prática de qualquer crime dirigido contra bem jurídico individual pressupõe uma atuação contra ou sem a vontade do seu titular.

Apesar de o consentimento afastar em qualquer caso a tipicidade, ele não será sempre regido pelas mesmas regras,[800] uma vez que os diferentes pressupostos de validade se alteram de acordo com a finalidade de proteção do tipo penal a que se referem.[801] De qualquer forma, as regras gerais aplicáveis ao consentimento que afasta a tipicidade serão as mesmas.

4.2.3.3.1 Forma de manifestação do consentimento

Conforme havíamos esclarecido, para *Geerds* a vontade "interior" seria suficiente para se atribuir validade ao acordo, sendo desnecessário manifestá-la, tendo como base a *teoria da direção da vontade*. Bastaria, assim, que interna ou subjetivamente o titular do bem jurídico concordasse com a prática de uma determinada conduta por parte do terceiro. A validade do consentimento, contudo, dependeria da exteriorização inequívoca dessa vontade, aplicando-se a *teoria da declaração da vontade*.

No modelo unitário, essa diferenciação não mais subsiste e, em qualquer caso, a forma exigida para o consentimento deve ser a mesma, *salvo se o tipo*

---

798. SCHMIDHÄUSER, Strafrecht Allgemeiner Teil, p. 214.

799. GÁNDARA VALLEJO, Consentimiento, bien jurídico e imputación objetiva, p. 107.

800. ROXIN; GRECO, Strafrecht Allgemeiner Teil, § 13, Nm. 32.

801. ZIPF, Einwilligung und Risikoübernahme im Strafrecht, p. 29-31.

penal estipular alguma especificidade, como faz, por exemplo, o tipo de *violação de direito autoral*, previsto no §1º do art. 184 do CPB, que proíbe a reprodução de obra intelectual, interpretação, execução ou fonograma, com intuito de lucro direto ou indireto, "sem autorização expressa" do autor, intérprete ou produtor. Nesse caso, o próprio tipo penal deixa clara a exigência de uma declaração expressa de vontade.[802]

Deve-se frisar, contudo, que a exigência genérica de uma declaração expressa da vontade, originalmente concebida por *Geerds*, foi abandonada até mesmo pelos dualistas.[803] Atualmente, prevalece o entendimento de que o consentimento deve ser orientado pela *teoria intermediária (vermittelnde Theorie)*,[804] segundo a qual, apesar da exigência de uma manifestação exterior para que produza efeitos no direito penal, a vontade não deve necessariamente ser expressa ou manifestada por palavras, isto é, ela pode ser depreendida, também, a partir de determinadas ações ou gestos do titular do bem jurídico. É suficiente, assim, um consentimento implícito (*konkludente Einwilligung*), contanto que seja *perceptível* e *conhecido* pelo terceiro, pois o que importa aqui não é tanto o modo como a vontade é manifestada, senão o fato de que o indivíduo atua *com conhecimento* e *em razão* dela.

Essas exigências são aplicáveis, de acordo com a concepção aqui defendida, tanto ao constrangimento ilegal quanto à lesão corporal e, assim, a conduta do médico que executa uma intervenção que condiz com a vontade expressa ou tácita do paciente é *prima facie* atípica em relação a ambos os crimes. No entanto, considerando que o consentimento nas intervenções médicas possui certas peculiaridades, como a exigência do dever de esclarecimento, o mais comum é que a vontade do paciente seja manifestada por meio de um termo de consentimento livre e informado, o qual, no entanto, não é requisito necessário para a regularidade da atuação do médico.[805]

---

802. Essa mesma exigência também está prevista nos §§ 2º e 3º do art. 184 do CPB.

803. Não obstante, boa parte dos dualistas ainda argumenta que os casos tradicionais de acordo seriam orientados pela teoria da direção da vontade. Cf. por exemplo WESSELS; BEULKE; SATZGER, Strafrecht Allgemeiner, § 11, Nm. 547 (p. 179).

804. Como também defendem, por exemplo, GROPP, Walter. *Strafrecht Allgemeiner Teil*. 4. ed. Berlin: Springer, 2015, p. 190-191. JESCHECK; WEIGEND, Lehrbuch des Strafrechts, p. 382. ROXIN; GRECO, Strafrecht Allgemeiner Teil, § 13, Nm. 71-75. LUCA, O consentimento do ofendido à luz da teoria da imputação objetiva, p. 749. PIERANGELI, O consentimento do ofendido na teoria do delito, p. 152; LEQUES, O consentimento do ofendido como excludente do tipo no direito penal brasileiro, p. 39.

805. Sobre a discussão acerca da conveniência de exigir a vontade expressa do paciente, a partir sobretudo da jurisprudência alemã, cf. SCHMIDT, Empfiehlt es sich, dass der Gesetzgeber die Fragen der ärztlichen Aufklärungspflicht regelt?, p. 56-57 e 100 e ss.

4.2.3.3.2 O erro sobre a existência ou inexistência de consentimento

Se aquele que intervém na esfera alheia acredita falsamente que atua acobertado pelo consentimento, haverá, em qualquer caso, um *erro de tipo* (art. 20 CPB), já que, considerando que a falta de consentimento integra o tipo penal, o erro em relação à sua existência se refere inevitavelmente a um elemento constitutivo do tipo.

Contudo, é possível também que o sujeito atue sem saber que o titular do bem jurídico consente na prática do ato. Nesses casos, deve-se diferenciar o consentimento expresso ou tácito daquele que em nenhum momento foi manifestado pelo titular do bem jurídico. Nos primeiros casos, a conduta será atípica em razão da existência fática de consentimento manifestado, mas seria ainda possível uma eventual punição da tentativa. No entanto, é possível defender nesses casos a configuração de uma tentativa inidônea (art. 17 CPB) que, de acordo com a legislação brasileira, torna a conduta impunível.

Por sua vez, nas situações em que a vítima internamente consente, mas de maneira imperceptível e, com isso, desconhecida pelo terceiro que atua, a conduta será *prima facie* típica e punível na sua modalidade consumada. Essa é uma decorrência direta da adoção da teoria intermediária, acima mencionada, que se mostra necessária para que haja um mínimo de segurança jurídica e previsibilidade ao lidarmos com problemas que tangenciam a questão do consentimento. Como nos lembra *Roxin*, ao prescindir de qualquer manifestação do consentimento, admitindo-se a mera vontade interna, "seria aberto um campo muito extenso de inconsistentes erros de tipo".[806]

4.2.3.3.3 Incapacidade e vícios de vontade

A solução dualista para o problema da *capacidade* – que se satisfaz, no acordo, com a vontade natural do consenciente, mas exige no consentimento a capacidade de compreensão – é tanto quanto simplória e incapaz de resolver todos os problemas concretos.[807] Na verdade, o grau de capacidade exigido para a prática de diferentes atos da vida é evidentemente diverso e, com isso, a competência exigida para que um indivíduo permita que um terceiro entre em sua morada é certamente menos rigorosa do que aquela suficiente para consentir em uma intervenção cirúrgica que provoca danos irreversíveis. Diante disso, via de

---

806. ROXIN; GRECO, Strafrecht Allgemeiner Teil, § 13, Nm. 77. No original: "... so wäre jede Rechtssicherheit dahin und haltlosen Tatbestandsirrtümern des Täters ein viel zu weites Feld eröffnet".

807. ROXIN; GRECO, Strafrecht Allgemeiner Teil, § 13, Nm. 80. Também *Rönnau* aponta as insuficiências dessa diferenciação, RÖNNAU, Thomas, Voraussetzungen und Grenzen der Einwilligung im Strafrecht, *Jura*, n. 10, 2002, p. 669.

regra, a análise da competência individual para consentir é variável, a depender do bem jurídico tutelado, e não pode ser fixada de maneira tão genérica.

Em algumas situações, a vontade natural realmente será suficiente para afastar o injusto, como nos casos de furto e de violação de domicílio. Em outras, contudo, exige-se uma capacidade de compreensão mais apurada do significado da conduta praticada pelo terceiro ou, ainda, a capacidade concreta de entendimento e compreensão, como nos casos de lesão corporal. É também possível que o próprio tipo penal estabeleça o grau de capacidade, como faz o art. 217-A do CPB, que deixa claro que, sob a perspectiva da lei, somente a partir dos 14 anos os indivíduos possuem a capacidade exigida para exercer sua liberdade sexual.

Não obstante, resta claro que o rigor das exigências para a capacidade dependerá basicamente do tipo penal a que se referem. Em termos gerais, nos casos em que o consentimento integra algum elemento do tipo, as exigências de capacidade poderão ser depreendidas da interpretação do próprio tipo. Por sua vez, como frisa *Roxin,* nas hipóteses em que o consentimento figura como causa que afasta a tipicidade, a definição da capacidade pode se basear em enunciados gerais, já que a exigência do consentimento deriva, em qualquer caso, da liberdade geral de ação.[808] A nosso ver, contudo, eventuais definições gerais podem variar de acordo com o tipo e o bem jurídico concretos.

No que se refere aos vícios de vontade, também não convence a argumentação de *Geerds* quanto à sua irrelevância nos casos de acordo. No entanto, mais uma vez não é possível aludir a respostas automáticas, aplicáveis a todos os delitos, já que a relevância dos vícios de vontade também depende da dimensão da liberdade que se protege e do tipo a que se refere. Nos casos tradicionalmente solucionados pelo acordo, contudo, *Roxin* e *Greco* nos lembram que os vícios de consentimento serão geralmente vinculados à interpretação dos próprios elementos típicos.[809] Assim, por exemplo, somente pratica constrangimento ilegal ou estupro aquele que utiliza de "violência ou grave ameaça", não estando outros vícios de vontade, como o engano ou a fraude, abarcados por esses tipos penais. Já no caso do furto, apesar de o engano ou a fraude afastarem a noção de "subtração" e, com isso, a conduta típica, perfazem o elemento típico de outro crime: o estelionato.[810-811]

Diante disso, resta claro que não há uma regra genérica que diferencie os pressupostos de validade do acordo e do consentimento. O conteúdo concreto dos pressupostos do consentimento deve ser vinculado ao tipo penal e definido a partir

---

808. ROXIN; GRECO, Strafrecht Allgemeiner Teil, § 13, Nm. 80.
809. ROXIN; GRECO, Strafrecht Allgemeiner Teil, § 13, Nm. 106.
810. ROXIN, Die durch Täuschung herbeigeführte Einwilligung im Strafrecht, p. 276.
811. Um maior aprofundamento quanto à (in)capacidade e aos vícios de consentimento em relação às lesões corporais decorrentes das intervenções cirúrgicas será delineado posteriormente. Cf. itens 4.4.3 e 4.4.4.

da natureza do bem jurídico protegido[812] e, assim, tanto o grau de capacidade quanto a relevância dos vícios de consentimento devem variar de acordo com o crime a que se referem.

4.2.3.3.4 Bons costumes?

Ao tratar da limitação referente à cláusula dos bons costumes, olvidou-se *Geerds* do fato de que, com base na legislação alemã, ela somente é aplicável em relação à liberdade de disposição do próprio corpo e, por uma simples questão de legalidade, não poderia ser estendida para outros crimes além da lesão corporal. Assim, uma diferenciação entre acordo e consentimento relativa aos bons costumes, aqui, não faz qualquer sentido, nem mesmo num paradigma dualista. No Brasil, tal diferenciação é ainda mais absurda, já que não há dispositivo semelhante na nossa legislação penal. A discussão acerca dos bons costumes, a nosso ver, somente será relevante no que se refere à controvérsia sobre a imposição de limites objetivos à liberdade de disposição do próprio corpo, que será analisada adiante.[813]

4.3 O objeto do consentimento nas intervenções médicas: esclarecimentos sobre a heterolesão consentida (*einverständliche Fremdschädigung*) e a heterocolocação em perigo consentida (*einverständliche Fremdgefährdung*)

Ao executar uma intervenção, o médico não apenas afeta a substância corporal do paciente cortando-o com o bisturi, por exemplo, como também cria o risco de ocorrência de um resultado ainda mais grave, como alguma complicação ou até mesmo uma consequência fatal. Dessa forma, há, na verdade, *duas dimensões* da intervenção com as quais o paciente consente para afastar a tipicidade da conduta do médico: de um lado, há o consentimento relacionado à *execução da intervenção em si*, que legitima as lesões corporais *necessárias* para o atingimento do seu objetivo final; de outro lado, existe o consentimento vinculado aos *riscos da intervenção*, de modo que, contanto que seja realizada dentro dos limites permitidos, caso algum resultado lesivo indesejado venha a ocorrer, não poderá o médico por ele responder.[814]

---

812. Como esclarecem RÖNNAU, Voraussetzungen und Grenzen der Einwilligung im Strafrecht, p. 666. STRATENWERTH; KUHLEN, Strafrecht Allgemeiner Teil, § 9, Nm. 11 (p. 118).

813. Cf. item 5.3.1.

814. Assim como nós, *Kuhlen* também diferencia a lesão do corpo necessária para a consecução da intervenção daquelas complicações lesivas à saúde que dela decorrem. KUHLEN, Lothar, Objektive Zurechnung bei Rechtfertigungsgründen, *in*: *FS-Roxin*, Berlin: Walter de Gruyter, 2001, p. 341.

Conforme havíamos definido, o *consentimento* nada mais é do que um ato de disposição e/ou usufruto do próprio bem jurídico. Em razão disso, tem por objeto tanto a *conduta* quanto o *resultado* que dela decorre, já que ambos fazem parte do tipo objetivo.[815] No caso das intervenções médicas, o consentimento na lesão (ou a *heterolesão consentida*) abrange apenas as interferências necessárias e conhecidas no corpo e na liberdade do paciente, já que somente em relação a elas há um ato de usufruto/disposição por parte do paciente. O objeto do *consentimento* refere-se, destarte, aos *resultados imediatamente vinculados à intervenção*, como o corte na pele, a extração de tecidos e órgãos, a amputação do membro e tudo aquilo que for necessário para se chegar ao fim almejado (*v.g.* a transgenitalização, o implante mamário, a extração dos órgãos afetados pelo tumor, o enxerto do tímpano).

Contudo, toda intervenção médica traz consigo não apenas afetações necessárias, como também consideráveis *riscos* para a vida, o corpo ou a saúde do paciente, e, assim, pode ter por consequência efeitos secundários indesejados, ainda que o médico a execute de acordo com a *lex artis*. Nos casos em que um risco vem a se concretizar no resultado, por exemplo, quando o paciente se submete a uma arriscada cirurgia no cérebro e acaba falecendo em razão de complicações na intervenção, não é possível recorrer, quanto a esse resultado, à figura do consentimento. Isso porque aquele que aceita os riscos de uma intervenção, confiando num final feliz, não está consentindo no resultado lesivo indesejado, de sorte que um eventual insucesso não reflete um ato de disposição. Não obstante, se o paciente autorresponsavelmente se submete à intervenção, sabendo de seus riscos, haverá uma *heterocolocação em risco consentida*, que, na concepção aqui defendida, afasta a imputação.[816] Com isso, se o resultado lesivo vier a se concretizar, ele não poderá ser imputado ao médico.

---

815. ROXIN; GRECO, Strafrecht Allgemeiner Teil, § 13, Nm. 78.

816. Há na doutrina uma considerável discussão sobre se, nesses casos, a regularidade da conduta do terceiro se vincula às regras do *consentimento* do ofendido ou se constitui uma situação especial que afeta a *imputação objetiva*. Para autores como *Murmann* e *Stratenwerth*, o consentimento não deve necessariamente se vincular ao resultado, como havíamos afirmado. Para eles, o consentimento se refere sempre ao afastamento da norma que impõe ao terceiro a evitação do resultado, já que o afetado abre mão da proteção concedida pela ordem jurídica, seja em relação à conduta ou ao resultado. Assim, essa figura dogmática seria suficiente e adequada para solucionar as questões de heterocolocação em risco consentida, que se referem apenas à anuência com a prática da conduta arriscada (cf. MURMANN, Die Selbstverantwortung des Opfers im Strafrecht, p. 430 e ss.; MURMANN, Uwe, Zur Einwilligungslösung bei der einverständlicher Framdgefährdung, *in*: *FS-Puppe*, Berlin: Duncker & Humblot, 2011, p. 776; MURMANN, Grundkurs Strafrecht, p. 273; STRATENWERTH, Günter, Einverständliche Framdgefährdung bei fahrlässigem Verhalten, *in*: *FS-Puppe*, Berlin: Duncker & Humblot, 2011, p. 1022). Contudo, na concepção defendida por *Roxin*, à qual aderimos, a heterocolocação em risco consentida deve constituir um grupo especial na análise da imputação objetiva, justamente porque o consentimento deve se estender também ao resultado, o que não ocorre (nem implicitamente) nos casos em que a anuência se dirige apenas à conduta perigosa. Como frisamos, o consentimento se refere a um ato de disposição de um bem disponível, e na heterocolocação consentida a consecução

A heterocolocação em risco consentida se refere justamente aos casos em que a *vítima se expõe conscientemente ao perigo* criado pela prática de determinada atividade, conduzida primordialmente por um terceiro.[817] É o que ocorre, por exemplo, quando alguém pega carona com um motorista alcoolizado, sabendo que essa condição afeta a sua capacidade de dirigir com segurança e chegar a salvo ao destino, ou quando mantém relação sexual desprotegida com um portador do vírus

do resultado é, na verdade, indesejada pelo sujeito que aceita o risco. (cf. ROXIN, Claus, Zur einverständlichen Fremdgefährdung, *JZ*, v. 8, 2009, p. 403. ROXIN, Claus, Der Streit um die einverständliche Fremdgefährdung, *GA*, v. 159, 2012, p. 661 [traduzido para o português em ROXIN, Claus, Sobre a discussão acerca da heterocolocação em perigo consentida. Trad. Augusto Assis, *in*: LEITE, Alaor (Org.), *Novos estudos de direito penal*, São Paulo: Marcial Pons, 2014, p. 129-151]). Também visualizam a necessária vinculação do consentimento ao resultado COSTA ANDRADE, Consentimento e acordo em Direito Penal, p. 358. FELIPE, Rafael Luengo. *O papel da vítima na teoria do delito:* a necessidade de distinção entre as regras do consentimento e a heterocolocação em perigo. Universidade Federal da Bahia, 2018, p. 71 e ss. GRECO, Um panorama da teoria da imputação objetiva, p. 76. LENCKNER; STERNBERG-LIEBEN, Schönke/Schröder StGB Vor § 32, Nm. 102. NIEDERMAIR, Harald. *Körperverletzung mit Einwilligung und die Guten Sitten*: Zur Funktionsverlust einer Generalklausel. München: C. H. Beck'sche Verlagsbuchhandlung, 1999, p. 121. PUPPE, Ingeborg, Mitverantwortung des Fahrlässigkeitstäters bei Selbstgefährdung des Verletzten, *GA*, 2009, p. 490. WEIGEND, Über die Begründung der Straflösigkeit bei Einwilligung des Betroffenen, p. 70. Ademais, o consentimento dirigido ao resultado morte é, via de regra, penalmente irrelevante, já que a vida é concebida, por muitos, como um bem jurídico indisponível. Sobre o argumento da indisponibilidade da vida, cf. item 4.4.1 e 5.2.2.2.

817. A heterocolocação em perigo consentida não se confunde com a contribuição a uma autocolocação em perigo, da mesma forma que a heterolesão consentida se difere da participação em uma autolesão. A doutrina majoritária recorre aos critérios da *autoria e da participação* para fazer essa diferenciação e, considerando que o autor é a figura central do acontecer típico, na autocolocação em risco quem domina o fato é a vítima e, na heterocolocação em risco consentida, o terceiro. Assim, se a vítima domina ela mesma o comportamento lesivo/perigoso, há uma *autocolocação em risco*, a qual pode contar com a contribuição de um terceiro, que apenas provoca, facilita ou possibilita a sua prática; por outro lado, se a vítima apenas consente no comportamento perigoso dominado por um terceiro, há uma *heterocolocação em risco consentida*. A respeito, cf. MURMANN, Grundkurs Strafrecht, p. 186. Especialmente para esclarecer os casos em que há contribuições tanto do autor quanto da vítima, *Greco* e *Kasecker* ressaltam que detém o domínio do fato "aquele que domina o chamado *point of no return*, a conduta que imediatamente desemboca em um curso causal que conduz, de forma irrevogável, à morte". GRECO, Luís; KASECKER, Izabele, Autocolocação em perigo e conhecimentos superiores: reflexões a partir de um recente caso da jurisprudência alemã, *in*: PRADO, Alessandra Rapacci Mascarenhas; MELLO, Sebástian de Albuquerque; COELHO, Yuri Carneiro (Orgs.), *Novas perspectivas das ciências criminais: homenagem à Professora Maria Auxiliadora Minahim*, Salvador: JusPodivm, 2018, p. 136. Sobre a diferenciação entre essas figuras, cf. também GIMBERNAT ORDEIG, Enrique, Imputación objetiva y conduta de la víctima, *ADPCP*, v. LVIII, 2005, p. 734. Para *Roxin*, contudo, a diferenciação reside não no domínio do fato ou nos critérios de autoria ou participação, mas sim na definição de quem pratica a conduta decisiva que conduz imediatamente à colocação em perigo. ROXIN, Der Streit um die einverständliche Fremdgefährdung, p. 659.

da AIDS, mesmo sabendo da sua infecção.[818] Nesses casos, diante da concretização do resultado lesivo – a morte ou a lesão corporal do passageiro ou a contaminação com o vírus da AIDS –, questiona-se qual seria a responsabilidade penal do terceiro que, com sua conduta, criou o risco que se concretizou no resultado.

A nosso ver, contanto que o indivíduo seja *capaz*, *conheça o risco* e *consinta livremente com a conduta perigosa*, a heterocolocação em risco consentida é equiparada normativamente à autocolocação em risco e, com fundamento na autonomia e na *autorresponsabilidade* da vítima,[819] afasta a imputação do resultado no caso concreto.[820] Para nós, é justamente isso o que ocorre quando o paciente, ciente dos riscos inerentes à intervenção, resolve a ela se submeter e, portanto, um eventual resultado indesejado não poderá ser imputado ao médico. O risco validamente aceito pelo paciente é, portanto, *permitido*.[821]

É importante ressaltar que, no caso das intervenções cirúrgicas, o paciente somente assume a responsabilidade pela concretização do risco quando conhece exatamente a sua extensão e, assim, o cumprimento do *dever de esclarecimento* por parte do médico é essencial para que o paciente tenha *conhecimento do risco*.[822] Só haverá um *risco não permitido*, que possibilita a punição do médico, caso ele não execute a cirurgia conforme a *lex artis* ou de acordo com os limites

---

818. Como exemplifica ROXIN, Claus, Die einverständliche Fremdgefährdung – eine Diskussion ohne Ende?, *GA*, v. 165, n. 5, 2018, p. 250. Frise-se, contudo, que o tratamento do segundo exemplo é consideravelmente mais controverso na doutrina.

819. Sobre o princípio da autorresponsabilidade, cf. CANCIO MELIÁ, Manuel, Opferverhalten und objektive Zurechnung, *ZStW*, v. 111, n. 2, 1999, p. 373; MARINHO, Renato Silvestre. *Princípio da autorresponsabilidade no direito penal*. São Paulo: LiberArs, 2018, p. 39 e ss.

820. Há, como esclarece *Roxin*, ao menos três posturas dogmáticas que visam a solucionar esse problema. De acordo com a primeira, a conduta do terceiro nos casos de heterocolocação em risco consentida seria *punível*, pois a responsabilidade recai sobre aquele que submete o seu parceiro insensato a uma situação de risco. De acordo com a segunda, fundada na *teoria equiparadora* (*Gleichstellunstheorie*), a heterocolocação em risco consentida deve ser equiparada normativamente à autocolocação em risco e, assim, o conhecimento do risco faz com que o afetado seja responsável pelas consequências dele decorrentes. *Roxin*, no entanto, defende uma posição intermediária (ou *teoria diferenciadora* [*Differenzierungstheorie*]), segundo a qual para que seja possível afastar a responsabilidade do terceiro, o sujeito que se expõe à situação de perigo, além de conhecer o risco e anuir com a conduta perigosa, deve possuir a mesma (ou maior) responsabilidade que aquele que o coloca em risco. Esse último aspecto, denominado por *Roxin* de critério da responsabilidade equivalente (*Kriterium der gleichrangigen Verantwortlichkeit*), permite a punição do terceiro nos casos em que a vítima é pressionada ou se submete à vontade dele. A aplicação desse critério, contudo, é ainda controversa. A respeito de todas essas posturas, cf. ROXIN, Die einverständliche Fremdgefährdung – eine Diskussion ohne Ende?, p. 251-257.

821. Trata-se, portanto, de um critério de imputação objetiva que, para alguns, torna o risco permitido (como GRECO, Um panorama da teoria da imputação objetiva, p. 75) e, para outros, limita o âmbito de proteção do tipo (como ROXIN, Der Streit um die einverständliche Fremdgefährdung, p. 663).

822. Cf. item 4.4.5.6.4.

traçados pelo paciente. Isso porque o paciente muito dificilmente consentirá em um erro médico e, com isso, sua ocorrência gera um *risco autônomo para o bem jurídico*, punível provavelmente a título de culpa.[823]

4.4 Os pressupostos de validade do consentimento real

A análise das intervenções cirúrgicas sob a égide do *consentimento* traz uma implicação de sumo relevo, que garante a maior proficuidade do paradigma da autonomia: a necessidade de observância dos limites objetivos e subjetivos do consentimento válido para a legitimidade das intervenções médicas. Dessa forma, resta claro que a mera anuência não é suficiente para a regularidade da conduta do médico, cuja legitimidade depende do cumprimento de uma série de pressupostos que visam primordialmente a garantir que a decisão tomada pelo paciente é verdadeiramente autônoma. Afinal, se o consentimento é expressão da autonomia, seus pressupostos de validade devem necessariamente dela derivar.[824]

Como esclarecem *Stratenwerth* e *Kuhlen*, a definição do conteúdo concreto dos pressupostos de validade do consentimento deve ser traçada, numa perspectiva diferenciadora, segundo a natureza do bem jurídico e o tipo penal a que se refere.[825] Em razão disso, nos vincularemos em maior medida à controvérsia acerca dos pressupostos de validade do consentimento nas intervenções médicas, que tangenciam primordialmente os crimes de lesão corporal e constrangimento ilegal.

Em primeiro lugar, a validade do consentimento será condicionada à inexistência de *limites objetivos* à liberdade de disposição do bem por parte do seu titular, o que muitos vinculam à discussão acerca da *natureza disponível* do bem jurídico (infra 4.4.1). O consentimento deve também ser anterior à intervenção, sendo revogável a qualquer tempo (infra 4.4.2). Ademais, considerando que o consentimento se vincula ao exercício da liberdade do titular de usufruir do bem jurídico, sua validade dependerá também da observância de determinados *limites subjetivos*, referentes aos aspectos individuais do titular do bem jurídico[826] que demonstram que a sua decisão é, de fato, verdadeira expressão da sua autodeterminação. Assim, deve haver, no caso concreto, *capacidade de consentir* (infra 4.4.3) e *liberdade* da formação da vontade e da tomada de decisão, a qual depende da inexistência de *vícios de consentimento* (como erro, engano ou coação) (infra 4.4.4) e, especialmente no caso das intervenções médicas, do cumprimento do *dever de esclarecimento* (infra 4.4.5), que impõe ao médico a obrigação de

---

823. Cf. a respeito MENEZES, Direito penal médico, p. 111.

824. GUÉREZ TRICARICO, El tratamiento médico curativo y su licitud, p. 182.

825. STRATENWERTH; KUHLEN, Strafrecht Allgemeiner Teil, § 9, Nm. 11 (p. 118). Também RÖNNAU, Voraussetzungen und Grenzen der Einwilligung im Strafrecht, p. 666.

826. STERNBERG-LIEBEN, Die objektiven Schranken der Einwilligung im Strafrecht, p. 9.

informar ao paciente todos os aspectos referentes ao diagnóstico, às alternativas, à evolução e aos riscos do tratamento.[827]

4.4.1 O argumento da indisponibilidade da vida e/ou da integridade física

Há quem tenha negado até mesmo a possibilidade de disposição de bens jurídicos. De acordo com *Hungria* "só se pode falar, do ponto de vista penal, em bem ou interesse jurídico renunciável ou disponível, a exclusivo arbítrio do seu titular, nos estritos casos em que a própria lei penal, explícita ou implicitamente, o reconheça".[828] Assim, não haveria, nessa concepção, uma "livre disponibilidade de direitos" penalmente tutelados e a relevância da vontade do ofendido estaria limitada àqueles crimes que exigem seu dissentimento para a consecução do tipo. Essa postura, no entanto, hoje não mais se sustenta. Conforme demonstramos, numa sociedade livre e plural que concede ao indivíduo o poder de domínio do seu próprio destino, deve o Estado garantir sua liberdade de dispor, de acordo com seus planos de vida, daqueles bens que são exclusivamente individuais, como a honra, a propriedade e até o próprio corpo.

Mesmo admitindo-se a legitimidade do direito de disposição, é muito comum encontrar na doutrina limitações vinculadas ao argumento de que somente os bens jurídicos *individuais* e *disponíveis* seriam passíveis de consentimento.[829] De fato, para *Geerds* as regras do consentimento somente se aplicariam aos tipos penais "caracterizados por um deficitário interesse do Estado", em que a própria pessoa individualmente considerada é portadora do objeto de proteção, e não o Estado ou a coletividade.[830] Isso quer dizer que não seria possível dispor de bens jurídicos *supraindividuais*, por não pertencerem a apenas um indivíduo.[831]

---

827. A respeito dos pressupostos de validade do consentimento no direito médico, cf. resumidamente HILGENDORF, Eric. *Einführung in das Medizinstrafrecht*. München: C. H. Beck, 2016, p. 14 e ss. (traduzido para o português em *Introdução ao direito penal da medicina*. Trad. Orlandino Gleizer, São Paulo: Marcial Pons, 2019).

828. HUNGRIA, Comentários ao Código Penal 1 II, p. 269.

829. Além disso, afirma-se que o consentimento não seria aplicável aos tipos penais que se destinam especificamente à proteção do próprio portador do bem jurídico, como a proibição da escravidão ou da usura. Cf. a respeito ROXIN; GRECO, Strafrecht Allgemeiner Teil, § 13, Nm. 37. De acordo com *Sternberg-Lieben*, uma limitação do direito de disposição dos bens jurídicos só pode existir quando a lesão do bem jurídico atinge interesses de maior valor de terceiros ou da coletividade, como nos delitos praticados por funcionários públicos, ou quando uma excepcional proteção do próprio titular do bem jurídico for necessária diante da sua situação de vulnerabilidade. Nesse último aspecto, na visão do autor uma proteção do próprio indivíduo por meio de uma proibição só poderia decorrer da lei. STERNBERG-LIEBEN, Die objektiven Schranken der Einwilligung im Strafrecht, p. 85.

830. GEERDS, Einwilligung und Einverständnis des Verletzten im Strafrecht, p. 263.

831. No entanto, como havíamos frisado, *dispor*, na verdade, significa *usufruir* (e não destruir), razão pela qual é possível argumentar que até mesmo esses bens jurídicos não individuais, nessa concepção, seriam também disponíveis, apesar de estarem sujeitos

A doutrina e a jurisprudência também costumam afastar a aplicação do consentimento diante de certos bens jurídicos que, a despeito de serem individuais, seriam considerados *indisponíveis*,[832] ainda que por seu próprio titular. Esse é um argumento tradicional que pode ser encontrado já nos primeiros escritos que retomaram, no século XIX, a discussão sobre os efeitos do *volenti non fit iniuria* no direito penal.[833] Na doutrina brasileira, embora alguns poucos teóricos mais liberais afirmem que "todos os bens jurídicos individuais, inclusive o corpo e a vida, são disponíveis",[834] a grande maioria dos autores ainda defende o verdadeiro dogma da absoluta intangibilidade da vida[835] e, em parte, da integridade física.

à limitação da indestrutibilidade. Nesse sentido, de acordo com *Badaró*, "o bem coletivo também é disponível por todos e cada um dos indivíduos que dele aproveitam, porém a disponibilidade é limitada a dados parâmetros, vedando-se sua destruição mesmo que de comum acordo". BADARÓ, Bem jurídico penal supraindividual, p. 183.

832. Cf. sobretudo MINAHIM, Maria Auxiliadora, O consentimento do ofendido em face de bens jurídicos indisponíveis, *Revista de Ciências Jurídicas*, v. 6, n. 1, 2008, p. 226. Também condicionam a validade do consentimento à *natureza disponível* do bem jurídico: BRANDÃO, Curso de Direito Penal, p. 219-220. BUSATO, Direito Penal parte geral, p. 512. COÊLHO, Curso de Direito Penal Didático, p. 221-222. GALVÃO, Direito Penal parte geral, p. 460. GRECO, Rogério, Curso de Direito Penal: Parte Geral, 14. ed. Niterói: Impetus, 2012, p. 369. LEQUES, O consentimento do ofendido como excludente do tipo no direito penal brasileiro, p. 33. MARTINELLI, Paternalismo jurídico-penal, p. 211-212. PRADO; CARVALHO; CARVALHO, Curso de direito penal brasileiro, p. 337. TOLEDO, Ilicitude penal e causas de sua exclusão, p. 130. Na Alemanha, cf. por exemplo WESSELS; BEULKE; SATZGER, Strafrecht Allgemeiner Teil, § 11, Nm. 552 (p. 180). Na jurisprudência, esse argumento também é recorrente. Segundo o TJDFT, por exemplo, não é possível "falar em excludente de ilicitude referente ao consentimento da vítima quando o bem jurídico protegido é indisponível". DISTRITO FEDERAL. Tribunal de Justiça. Apelação criminal nº 20060310262636. Relator: Des. Arnoldo Camanho de Assis. Brasília, 2010. Ademais, o próprio Código Civil brasileiro parece inclinar-se nesse sentido ao estipular, em seu artigo 11, que os direitos da personalidade são intransmissíveis e irrenunciáveis.

833. Como, por exemplo, FEUERBACH, Lehrbuch des gemeinen in Deutschland gültigen peinlichen Rechts, p. 61. Conforme esclarece *Jiménez de Asúa*, tradicionalmente a extensão do consentimento era definida a partir da distinção entre direitos inatos, que seriam intangíveis e inalienáveis, e direitos adquiridos, que seriam tangíveis e renunciáveis. Segundo o autor, "os direitos inatos são, segundo esta teoria, o direito à vida física, que compreende o direito à integridade pessoal e à legitima defesa; e o direito à vida moral, à liberdade, à igualdade ante a lei, à sociabilidade, à assistência e ao trabalho. Os direitos adquiridos são os patrimoniais. Estes últimos são os únicos renunciáveis". JIMÉNEZ DE ASÚA, Luis. *Liberdade de amar e direito a morrer.* Belo Horizonte: Mandamentos, 2003, p. 63.

834. CIRINO DOS SANTOS, Direito Penal parte geral, p. 262. No mesmo sentido, cf. MARINHO, Princípio da autorresponsabilidade no direito penal, p. 85; BADARÓ, Bem jurídico penal supraindividual, p. 183.

835. Por exemplo, BITENCOURT, Tratado de direito penal, 2: parte especial, p. 150. BUSATO, Direito Penal parte geral, p. 514. FIGUEIREDO DIAS, Direito Penal, p. 479. R. GRECO, Curso de Direito Penal: Parte Geral, p. 369. MINAHIM, O consentimento do ofendido em face de bens jurídicos indisponíveis, p. 226. IENNACO; PIRES, Transfusão de sangue em pacientes testemunhas de Jeová: religião, ética e discurso jurídico-penal, p. 602.

Não há, no entanto, um critério genérico que fundamente e defina concretamente quais seriam os bens jurídicos acobertados por essa indisponibilidade.[836]

O principal problema é que, em qualquer caso, o argumento da natureza indisponível do bem jurídico é uma afirmação imprecisa e até mesmo despida de conteúdo, já que *falta aos seus defensores trazer o real fundamento para tal indisponibilidade.* Como bem esclarece *Noll*, "a comum explicação de que existiriam bens jurídicos disponíveis e indisponíveis é tautológica e vazia".[837]

No caso da *integridade física*, argumenta-se que esse seria um bem jurídico *parcialmente disponível*, do qual é possível renunciar somente no caso de lesões leves,[838] na medida em que não atingir "interesses maiores" e até o limite dos "bons costumes".[839] Essa afirmação pode se tornar praticamente um cheque em branco para fundamentar, ao gosto do julgador, punições de lesões consentidas que atingem algum valor externo ao indivíduo afetado. Quando nos voltamos para a proteção jurídica da *vida,* a discussão adquire complexidade ainda maior e acaba tocando em pontos sensíveis. No contexto médico, a pretensa indisponibilidade da vida, numa de suas dimensões, é o que impediria o paciente de tomar decisões

836. Diante da dificuldade de encontrar um critério sólido, costuma-se determinar a (in) disponibilidade de acordo com o tipo penal específico. Alguns autores, no entanto, procuram traçar critérios para a identificação da disponibilidade do bem jurídico. Por exemplo, segundo *Pierangeli*, para se identificar a disponibilidade de um bem jurídico, "1.º) há que se percorrer não só um ramo do Direito, mas todos os princípios gerais que formam a base do ordenamento jurídico estatal; 2.º) na realização desse trabalho, o intérprete deve reportar-se a todas as fontes (imediatas e mediatas), e, a partir daí, examinar os decretos, atos administrativos, regulamentos, portarias e pesquisar o direito consuetudinário; 3.º) o critério adotado pelo legislador para a fixação da natureza da ação penal é arbitrário, e, por consequência, inseguro, mas sempre servirá ao intérprete, desde que não seja usado com exclusividade." PIERANGELI, O consentimento do ofendido na teoria do delito, p. 121.

837. NOLL, Tatbestand und Rechtswidrigkeit, p. 15. No original: "Die häufige Erklärung, es gebe eben verfügbare und unverfügbare Rechtsgüter, ist tautologisch und völlig nichtssagend".

838. Para boa parte da doutrina, somente as lesões leves poderiam ser consentidas, o que tornaria a integridade física indisponível em relação a lesões graves ou gravíssimas. Cf. por todos GRECO, Curso de Direito Penal: Parte Geral, p. 369.

839. BITENCOURT, Tratado de direito penal 2, p. 214. RODRIGUES, Giselly Campelo; ARRUDA, Talita da Fonseca, Consentimento do ofendido: breves considerações de dogmática penal e suas consequências na relação jurídica médico-paciente, *Ciências Penais: Revista da Associação Brasileira de Professores de Ciências Penais*, v. 8, n. 14, 2011, p. 79. Segundo *Catão*, a disposição do corpo somente é possível diante de fins científicos ou humanitários. CATÃO, Marconi do Ó. *Biodireito*: transplantes de órgãos humanos e direitos de personalidade. São Paulo: Madras, 2004, p. 179. Por mais que o argumento dos "bons costumes" possa até ter alguma força em países como a Alemanha, em que é previsto expressamente na lei penal (§ 228, StGB), pode haver alguma dificuldade em aplicá-lo no Brasil, já que uma limitação legal semelhante só pode ser encontrada na lei civil (art. 13, CCB). De qualquer forma, aludir aos bons costumes definitivamente não conduz à conclusão de que a integridade física seria indisponível. Cf. item 5.3.

autônomas que impliquem a diminuição ou a perda da própria vida, como a recusa de um tratamento vital.

Muitos dos argumentos tradicionalmente utilizados para legitimar a indisponibilidade da vida acabam regressando a uma *ratio teológica*, que, atribuindo sacralidade à vida, a concebe "como um presente indisponível de Deus",[840] ao qual não se pode renunciar. Segundo essa lógica, "o homem não possui o direito de tirar a própria vida, pois apenas Deus pode dela dispor".[841] *Neumann* identifica, com acerto, a influência da teologia moral cristã nas decisões alemãs sobre suicídio. Para ele, "a apreciação moral do suicídio prejudica em pontos específicos a decisão jurídica"[842] e acaba fundamentando uma concepção deontológica que determina apenas a qualidade ou desvalor moral de uma conduta e ignora as suas consequências, cuja origem está justamente numa concepção religiosa ou metafísica.

Por outro lado, também uma postura *paternalista* rígida pode ser utilizada para justificar a indisponibilidade de bens jurídicos[843] com base na pretensa necessidade de proteger o indivíduo de si mesmo, impondo um padrão de racionalidade segundo o qual a manutenção da vida ou do corpo é sempre o interesse de maior valor. Numa linha similar, muitos argumentam que a vida é a base fundamental que garante o usufruto de todos os demais bens jurídicos individuais,[844] razão pela qual deve ser protegida mesmo a contragosto do seu próprio titular. Alguns recorrem ainda ao valor intrínseco dos direitos da personalidade,[845] como a vida, para fundamentar sua natureza indisponível, que independeria, portanto, dos valores defendidos pelo próprio sujeito.

---

840. Para críticas à incorporação de um princípio religioso de indisponibilidade da vida na lei penal, cf. STERNBERG-LIEBEN, Die objektiven Schranken der Einwilligung im Strafrecht, p. 105. No original: "Leben als unverfügbares Geschenk Gottes".

841. Cf. NEUMANN, Ulfrid, Deontologische und teleologische Positionen in der rechtlichen und moralischen Beurteilung von Sterbehilfe und Suizidteilnahme, *in*: JUNG, Heike; MÜLLER-DIETZ, Heinz; NEUMANN, Ulfrid (Orgs.), *Recht und Moral:* Beiträge zu einer Strandortbestimmung, Baden-Baden: Nomos, 1991, p. 396. No original: "Der Mensch hat kein Recht, sich das Leben zu nehmen, weil Gott allein darüber verfügen darf".

842. NEUMANN, Deontologische und teleologische Positionen, p. 393. No original: "Die moralische Beurteilung des Suizids präjudiziert an bestimmten Punkten die rechtliche Entscheidung".

843. Sobre o argumento da indisponibilidade da vida e o paternalismo, cf. TOMÁS-VALIENTE LANUZA, Carmeno *La disponibilidad de la propia vida en el derecho penal.* Madrid: Boletín Oficial del Estado, Centro de Estudios Políticos y Constitucionales, 1999, p. 15 e ss.

844. HOERSTER, Borbert, Rechtsethische Überlegungen zur Freigabe der Sterbehilfe, *NJW*, n. 29, 1986, p. 1789.

845. Como aparentemente sustenta FIGUEIREDO DIAS, Direito Penal, p. 480.

Noutras concepções, procura-se atrelar a proibição da disposição da vida a algum *interesse da sociedade e/ou de terceiros.*[846] Argumenta-se que a vida seria intangível, pois sua "perda atinge a toda a sociedade e aos que estão próximos à vítima"[847] e, assim, a disponibilidade recaria apenas sobre bens jurídicos exclusivos do titular que não atingem o interesse geral. Dessa forma, o indivíduo teria um dever, perante a sociedade e terceiros, de viver e de manter incólume o próprio corpo. Nesse sentido, *Minahim* recorre ao que denomina de *dimensão coletiva* do bem jurídico, argumentando que a vida e a integridade física são interesses que, "embora referidos ao indivíduo, importam à espécie humana como um todo de forma que lhes negar valor absoluto sempre afetará a humanidade em sua totalidade".[848]

Essa é uma posição que tenta ser utilitarista, mas que é notadamente equivocada, já que não há como impedir um indivíduo de exercer a sua liberdade pela simples razão de que irá entristecer seus parentes ou pessoas próximas, assim como não se pode proibir, com esse único argumento, as decisões e atitudes que tomamos todos os dias e que nem sempre correspondem às expectativas de terceiros. Mais do que isso, essa é uma postura que *ignora completamente o respeito à autonomia,* já que desvirtua o verdadeiro conteúdo dos bens jurídicos e os afasta do seu titular, a quem são impostos valores externos.[849] Nessa acepção, aludir à limitação genérica da indisponibilidade significa dizer que a dimensão da liberdade da pessoa *não é dela, mas sim da sociedade,* o que conduz claramente a uma falsificação do conteúdo da autonomia.

A nosso ver, não há como defender a indisponibilidade ou a intangibilidade de bens jurídicos individuais sem violar frontalmente a *autonomia.* Como podemos perceber, esse argumento vazio só passa a ter algum sentido sob o ponto de vista teológico, moralista, paternalista ou coletivista – e essas posturas são totalmente incompatíveis com os ideais da liberdade individual e da dignidade humana. De acordo com a tese aqui defendida, não se pode separar o objeto de proteção da autodeterminação do seu titular, de maneira a lhe impor padrões de racionalidade incongruentes com o seu próprio plano de vida. Afinal, os direitos

---

846. Para *Otto,* a indisponibilidade da vida, apesar de possuir fundamento constitucional na inviolabilidade da dignidade humana, vincula-se à proteção de um interesse social de preservação da vida. Cf. OTTO, Recht auf den eigenen Tod?, p. 53-54.

847. REALE JR., Miguel. *Instituições de Direito Penal:* parte geral. 4. ed. Rio de Janeiro: Forense, 2013, p. 174.

848. MINAHIM, O consentimento do ofendido em face de bens jurídicos indisponíveis, p. 228. A autora ressalta ainda que "tudo aquilo, portanto, que é essencial à natureza humana e que constitui condição de vida humana digna, é indisponível para o próprio homem". MINAHIM, O consentimento do ofendido em face de bens jurídicos indisponíveis, p. 227.

849. *Carvalho* opõe a essa concepção a objeção de que também com esse mesmo fundamento nos interesses da comunidade é possível afirmar que "a vida de um determinado sujeito carece de valor social", o que, para nós, demonstra o caráter ambivalente desse argumento. CARVALHO, Suicidio, eutanasia y Derecho penal, p. 90.

fundamentais não devem ser tutelados enquanto entidades abstratas desconectadas de seus sujeitos, mas sim em consonância com a vontade dos indivíduos que os possuem e de acordo com a liberdade de deles usufruir.

Mais uma vez: na nossa visão, com base numa concepção de bem jurídico liberal e referida ao indivíduo,[850] *todos os bens jurídicos individuais possuem uma dimensão de autonomia e vinculam-se, mesmo que indiretamente, ao exercício da liberdade individual.* Em razão disso, devem destinar-se ao livre desenvolvimento da personalidade e à realização dos direitos fundamentais do seu titular. Parece tautológico afirmá-lo, mas os bens jurídicos individuais pertencem ao *indivíduo.* Afirmar a sua *disponibilidade* significa apenas que ao seu titular é garantido o direito de deles *usufruir e gozar* e que, por exemplo, ao submeter-se a uma cirurgia de qualquer natureza, o paciente pratica um ato de disposição, consistente no pleno exercício da liberdade de definir o destino do próprio corpo. Diante disso, resta claro que os argumentos da indisponibilidade, da intangibilidade ou até mesmo da sacralidade de certos bens não podem ser admitidos, tampouco podem representar verdadeiros trunfos indefinidos para a restrição do seu usufruto por parte de seus titulares. Conclui-se, portanto, que *todos os bens jurídicos* são, de fato, *disponíveis.*

Isso não quer dizer, contudo, que não possam ser estipulados limites objetivos à liberdade de disposição que afetem a validade do consentimento. Muitos autores fundamentam a indisponibilidade da vida na própria legislação brasileira, que além de punir o homicídio consentido (art. 121, *caput*, CPB) sem qualquer mitigação da pena (ou, no máximo, como homicídio minorado [§ 1º], nos casos em que se considerar a existência de um "relevante valor moral"), pune também a mera participação em suicídio (art. 122, CPB). Outro dispositivo que, para muitos, expressa o especial apreço à vida dado pelo legislador é o art. 146, § 3º, I, CPB, que autoriza que o médico atue sem o consentimento paciente quando há risco para a sua vida. Ademais, também o art. 11 do CCB,[851] ao afirmar de maneira genérica que os direitos da personalidade são "intransmissíveis e irrenunciáveis", parece revelar uma inclinação a essa tese. Assim, o fundamento do argumento da indisponibilidade estaria na nossa legislação, que, por mais que deixe impunes as autolesões e a tentativa de suicídio, criminaliza qualquer auxílio externo por parte de um terceiro para a prática dessas condutas. Esse mesmo argumento referido à lei também costuma ser vinculado à punibilidade do homicídio a pedido, em países como Alemanha (§ 216 StGB) e Portugal (art. 134 CP português).[852]

Aludir apenas à lei, no entanto, não é suficiente para trazer uma real fundamentação. A eventual existência de uma limitação legal objetiva não significa

---

850. Assim como ROXIN; GRECO, Strafrecht Allgemeiner Teil, § 13, Nm. 12.

851. "Art. 11. Com exceção dos casos previstos em lei, os direitos da personalidade são intransmissíveis e irrenunciáveis, não podendo o seu exercício sofrer limitação voluntária."

852. Nesse sentido, cf. FIGUEIREDO DIAS, Direito Penal, p. 479.

que o bem jurídico deixa de ser disponível, mas apenas que é possível que haja razões para restringir a sua disposição em situações específicas, previamente definidas pelo legislador. Como acertadamente constata *Badaró*, o importante "não é a disponibilidade do bem, que é inegável", mas sim a definição dos "requisitos para a validade do ato de disposição".[853] Acreditamos que há, de fato, razões concretas para a limitação de certos atos de disposição da vida e do corpo, como, por exemplo, as que decorrem do paternalismo suave. No entanto, a liberdade é a regra; a sua limitação, a exceção.[854] Para que se demonstre a legitimidade de cada restrição haverá, portanto, um ônus argumentativo.

A definição do conteúdo dessas limitações, a nosso ver, só pode ser feita a partir da análise individualizada dos bens jurídicos concretamente considerados. Por essa razão, reservaremos a apreciação dos limites objetivos possivelmente aplicáveis à disposição da integridade física e da vida para o momento da análise das constelações de problemas referentes às *intervenções consentidas e não indicadas* (infra 5.3) – questionando-se até que ponto o paciente pode consentir em lesões no próprio corpo –, bem como àquelas *indicadas e não consentidas* (infra 5.2.2.3) – em que se discute a legitimidade da recusa de tratamentos vitais.

4.4.2 Anterioridade e revogabilidade do consentimento

Para que produza efeitos, o consentimento deve ser fornecido *antes* da intervenção médica e, outrossim, também o fornecimento pelo médico das informações referentes ao diagnóstico, às alternativas, à evolução e aos riscos do tratamento – o cumprimento do *dever de esclarecimento* – deve preceder o tratamento.[855] Assim, o consentimento somente possui validade para o futuro. Em razão disso, o *consentimento posterior* ao fato é irrelevante para a consecução do tipo[856] e, mesmo que posteriormente o paciente se sinta satisfeito com a intervenção arbitrariamente executada e com ela consinta, a conduta do médico será ainda assim típica quanto à lesão corporal e/ou ao constrangimento ilegal.[857] Por sua vez, nas

853. BADARÓ, Bem jurídico penal supraindividual, p. 210.

854. Como também constata BARROSO, Legitimidade da recusa de transfusão de sangue por testemunhas de Jeová, p. 358.

855. TAG, Brigitte. *Der Körperverletzungstatbestand im Spannungsfeld zwischen Patientenautonomie und Lex artis:* Eine arztstrafrechtliche Untersuchung. Berlin: Springer, 2000, p. 307. ULSENHEIMER, Klaus. *Arztstrafrecht in der Praxis*. 5. ed. Heidelberg: C.F. Müller, 2015, § 1, nm. 117.

856. CIRINO DOS SANTOS, Direito Penal parte geral, p. 267.

857. Não obstante, apesar de o consentimento posterior não afetar a dogmática penal, a nosso ver o mais correto tratamento desses casos impõe a fixação de uma limitação processual referida à vontade da vítima para o regular processamento desses casos, estipulando-se, por exemplo, uma hipótese de ação penal pública condicionada. Isso é o que já ocorre, no Brasil, nos casos de lesões corporais culposas, que dependem da representação do ofendido (vide art. 88 da Lei 9.099), mas deveria ser estendido, na nossa visão, a todos os casos de lesões corporais e constrangimento ilegal decorrentes de intervenções médicas.

situações em que o consentimento for concedido *durante a execução da intervenção* será possível punir apenas a tentativa,[858] já que, apesar de a execução ter se iniciado, o resultado e tudo aquilo que ocorrer após o consentimento do paciente estará por ele acobertado.

O consentimento pode ser revogado livremente pelo paciente até os instantes que antecedem a intervenção ou, caso esteja consciente, durante a sua execução, sem que haja necessidade de recorrer a razões ou motivações específicas. Isso porque, como esclarece *Pierangeli*, o consentimento "não cria um vínculo obrigatório"[859] e, assim, não atribui ao médico um direito irrevogável de tratar, razão pela qual o paciente poderá mudar de opinião a qualquer momento e impedir o início ou prosseguimento da intervenção. No entanto, assim como o consentimento, a revogação deve ser exteriorizada de alguma forma pelo paciente para que produza efeitos, não bastando a mera vontade interna. Por sua vez, ao médico caberá o dever de esclarecer o paciente acerca de todas as consequências da interrupção ou não execução do tratamento,[860] para que a revogação do consentimento externada por ele seja, de fato, livre.

A revogação do consentimento antes da intervenção a torna arbitrária e o médico poderá ser punido pela interferência indevida no corpo e na liberdade do paciente. Se, no entanto, o paciente resolve retirar o consentimento *durante* a intervenção, deve-se prontamente interrompê-la, após o devido esclarecimento sobre as consequências dessa interrupção; assim, todos os acontecimentos anteriores à revogação permanecem atípicos e apenas os atos posteriores a ela passam a ser puníveis.[861] Deve-se frisar que, diante da impossibilidade de interrupção imediata da execução da intervenção, os atos necessários para a sua conclusão serão também atípicos até que a cessação seja faticamente possível.

4.4.3 A capacidade para consentir

Para agir autonomamente e tomar decisões verdadeiramente livres o indivíduo deve ser capaz de exercer sua autonomia, isto é, deve possuir um grau mínimo de habilidade exigido para ser considerado competente para tomar, nos casos aqui discutidos, decisões médicas. Por essa razão, a *capacidade de entendimento e de decisão,* consubstanciada pela real compreensão do significado e da extensão da intervenção, bem como pela competência para escolher, com base nas

858. A respeito do momento do consentimento, cf. sobretudo ROXIN; GRECO, Strafrecht Allgemeiner Teil, § 13, nm. 79; PIERANGELI, O consentimento do ofendido na teoria do delito, p. 156.

859. PIERANGELI, O consentimento do ofendido na teoria do delito, p. 158.

860. TAG, Der Körperverletzungstatbestand im Spannungsfeld zwischen Patientenautonomie und Lex artis, p. 305.

861. PIERANGELI, O consentimento do ofendido na teoria do delito, p. 158.

informações depreendidas, se deseja ou não a ela se submeter,[862] é *pressuposto essencial* para a determinação da validade do consentimento.

O consentimento concedido pelo *incapaz* não produz efeitos legitimantes e, assim, diante de pacientes que são incapazes de exarar uma vontade livre, deve prevalecer o interesse de proteção de seus bens jurídicos. Nesses casos, o paciente deve ser protegido de *déficits de autonomia*, já que o paradigma da autonomia impõe o respeito apenas à decisão que é fruto da verdadeira autodeterminação.[863] Trata-se, aqui, de uma hipótese de *paternalismo moderado*, isto é, que autoriza a intervenção beneficente diante da ausência de autonomia ou da dúvida quanto à sua existência. Como corretamente frisou *Feinberg*, o Estado tem o poder soberano de guarda em relação a menores e incapazes, que impõe um dever de tutelar os interesses daqueles que não são capazes de se proteger (o *parens patriae*).[864]

Contudo, a determinação das situações em que há (in)capacidade, principalmente em situações limítrofes, é uma tarefa difícil e depende de fatores etários, psicológicos e situacionais. A capacidade para tomar decisões médicas não se confunde com aquela exigida para a prática dos atos da vida civil e/ou com a capacidade de culpabilidade, já que as competências exigidas para cada uma delas são diferentes, por mais que seja possível, na maioria dos casos, que uma só pessoa cumule todas elas.[865]

Conforme havíamos definido anteriormente, a *capacidade para consentir em intervenções médicas* está relacionada à existência da *competência-base*, isto é, do grau mínimo de habilidade exigido para que o paciente seja considerado competente para tomar decisões médicas autônomas. A partir desse patamar mínimo, possui o paciente capacidade para consentir. Não obstante, a competência fática pode ser gradual e variável, oscilando de acordo com a gravidade da intervenção e com as possíveis complicações que dela podem advir.[866] Isso, para nós, não autoriza a limitação do direito à autodeterminação de indivíduos capazes (dotados da competência-base), mas pode fundamentar a excepcional competência decisional de pacientes *prima facie* incapazes.

De fato, é possível que, no caso concreto, adolescentes ou indivíduos portadores de certas deficiências cognitivas, por exemplo, sejam capazes de consentir em relação a determinadas intervenções. Problemática, contudo, é a definição dos

---

862. Semelhantemente, cf. BOCKELMANN, Strafrecht des Arztes, p. 55.

863. SCHROTH, Ulrich, Die Einwilligung in eine nicht-indizierte Körperbeeinträchtigung zur Selbstverwirklichung – insbesondere die Einwilligung in Lebendspende, Schönheitsoperation und Piercing, *in*: *FS-Volk*, München: C. H. Beck, 2009, p. 723.

864. FEINBERG, Harm to Self, p. 6.

865. Como também esclarece TAG, Der Körperverletzungstatbestand im Spannungsfeld zwischen Patientenautonomie und Lex artis, p. 309.

866. AMELUNG, Knut, Über die Einwilligungsfähigkeit (Teil I), *ZStW*, v. 104, n. 3, 1992, p. 557. ESER; STERNBERG-LIEBEN, Schönke/Schröder StGB § 223, Nm. 38. Cf. também GUÉREZ TRICARICO, El tratamiento médico curativo y su licitud, p. 183.

critérios idôneos para determinar, concretamente, o grau mínimo de competência para a validade do consentimento e como a variabilidade existente abaixo desse patamar deve ser depreendida na prática. Além disso, também indivíduos maiores e capazes podem sofrer incapacidades momentâneas, o que afasta a validade do consentimento e autoriza, a princípio, uma intervenção de paternalismo moderado. No entanto, a delimitação dessas situações temporárias de incapacidade pode ser ainda mais complexa.

Neste trabalho, para solucionar os problemas aqui aventados partiremos do pressuposto de que o paciente que consente possui, de fato, capacidade para tomar decisões médicas. As inúmeras dificuldades vinculadas à concreta determinação das incapacidades e às hipóteses de consentimento por representação se referem a problemas de outra ordem, que, porque fogem do escopo do presente trabalho, aqui não poderemos esgotar, mas dos quais daremos breve notícia. Destarte, analisaremos o atual estado da discussão sobre as *incapacidades etária* (infra 4.4.1.1), *psíquica* (infra 4.4.1.2) e *situacional* (infra 4.4.1.3), bem como as controvérsias relativas ao *consentimento por representação* (infra 4.4.1.4).

4.4.3.1 Idade, maturidade e (in)capacidade

Não há na legislação brasileira uma definição acerca dos critérios para aferir a capacidade para consentir. Na verdade, nem mesmo nos países em que o consentimento está expressamente previsto em lei, *v.g.* Alemanha ou Itália,[867] costuma-se definir essa capacidade, a qual acaba sendo traçada pela doutrina e pela jurisprudência. Poucos países fixam na lei penal marcos etários específicos para o consentimento, como é feito, por exemplo, em Portugal, onde "o consentimento só é eficaz se for prestado por quem tiver mais de 16 anos e possuir o discernimento necessário para avaliar o seu sentido e alcance no momento em que o presta" (art. 38º, n. 3, CP).[868] Na nossa visão, é questionável até que ponto deve haver realmente uma presunção de incapacidade com base em uma idade biológica mínima ou se, na verdade, essa competência deve ser aferida por meio de critérios referentes ao verdadeiro grau de maturidade do paciente e depreendidos do caso concreto, conforme demonstraremos.

Muitos autores, na tentativa de fixar um parâmetro etário para o consentimento, ainda compreendem apenas de maneira confusa o conteúdo da capacidade

---

867. Na Alemanha, o consentimento é mencionado no § 228 StGB, que se refere às lesões corporais. Na Itália, o consentimento é previsto de modo genérico no art. 50 do CP. Na recente reforma da lei civil alemã, que regulamentou o contrato de tratamento médico, a exigência da capacidade para a validade do consentimento foi até mencionada no § 630d I 2 BGB, mas os critérios que a definem não chegaram a ser traçados.

868. Antes da entrada em vigor da Lei n. 59/2007, o marco etário para o consentimento na lei portuguesa era de 14 anos. Não obstante, a idade mínima foi alterada, como ressalta *Figueiredo Dias*, com o alegado propósito de "promover uma tutela mais intensa das crianças e dos adolescentes". FIGUEIREDO DIAS, Direito Penal, p. 484.

de consentimento e acabam vinculando-a à capacidade penal e/ou civil. Por exemplo, para *Luca* "a capacidade para a outorga do consentimento equivale à capacidade para a imputabilidade penal".[869] No mesmo sentido, para *Pierangeli* a capacidade etária para consentir é adquirida, assim como a imputabilidade, aos 18 anos, "porquanto seria inadmissível que em um mesmo Código se estabelecesse duas idades para uma mesma capacidade penal, ou, por outras palavras, uma para a prática do fato e outra para consentir em fato que a justifica".[870]

No entanto, a *capacidade para consentir* se refere à competência para usufruir dos próprios bens jurídicos e exercer o direito à autodeterminação, e, com isso, de ser *sujeito passivo* de um ato praticado por terceiro, em consonância com a sua vontade. Essa competência é certamente diferente daquela referente à *imputabilidade*, isto é, à capacidade de culpabilidade para ser *sujeito ativo*[871] de um crime, a qual é exigida para a reprovabilidade pessoal em razão da afetação de bens jurídicos alheios. Tanto é que o próprio Código Penal reconhece, como nos casos de crimes sexuais (art. 217-A, CP), a capacidade etária de consentimento para o exercício da liberdade sexual em patamar inferior à de culpabilidade.[872] Ademais, como ressaltam *Souza*, *Santos* e *Almeida Neto*, a inimputabilidade presumida possui fundamento político-criminal, ao passo que a capacidade para consentir se refere à própria dignidade humana e ao exercício concreto da autonomia. Por fim, não há dúvidas de que a presunção de inimputabilidade do menor de 18 anos é absoluta, ao passo que a capacidade etária para consentir deve ser relativizada diante das peculiaridades do caso concreto.[873]

Já o CFM define na Recomendação n. 1/2016 que a capacidade para consentir em intervenções médicas é a mesma exigida para a prática dos atos da vida civil e

---

869. LUCA, O consentimento do ofendido à luz da teoria da imputação objetiva, p. 750. Para *Jiménez de Asúa*, esse deveria ser o critério adotado nos casos em que a lei não estipula outro marco etário (JIMÉNEZ DE ASÚA, Luis. *Tratado de Derecho Penal.* Tomo IV. 4. ed. Buenos Aires: Losada, 1961, p. 631). *Martinelli*, por sua vez, parece vincular esse pressuposto tanto à capacidade civil quanto à imputabilidade penal (MARTINELLI, Paternalismo jurídico-penal, p. 176).

870. PIERANGELI, O consentimento do ofendido na teoria do delito, p. 138. Também OITICICA, Luís Pereira da Rosa. *O consentimento do titular do direito disponível.* Universidade de Alagoas, 1961, p. 54. Na Alemanha, *Klee* chegou a adotar essa postura. KLEE, K., Selbstverletzung und Verletzung eines Einwilligenden, *GA*, v. 48, 1901, p. 343.

871. Como também argumenta ROMEO CASABONA, El medico y el Derecho Penal, p. 317. Cf. também as críticas de *Lenckner* e *Amelung*: LENCKNER, Die Einwilligung Minderjähriger und deren gesetzlicher Vertreter, p. 454. AMELUNG, Über die Einwilligungsfähigkeit (Teil I), p. 525-526.

872. O que não significa, contudo, que a presunção estipulada pelo legislador brasileiro, segundo a qual somente a partir dos 14 anos haveria capacidade para o exercício da liberdade sexual, seja integralmente legítima. A respeito dessa discussão, cf. FARIA, Aléxia Alvim Machado; VIANNA, Túlio, Maioridade sexual: por uma idade de consentimento sexual pautada na tutela de bens jurídicos, *RBCCrim*, v. 118, p. 15-54, 2016.

873. SOUZA; SANTOS; ALMEIDA NETO, Capacidade etária para consentir no direito penal médico, p. 320.

que, portanto, as crianças e os adolescentes menores de 18 anos não podem exarar um consentimento válido.[874] Também para os autores que consideravam que o consentimento era um negócio jurídico, a competência para consentir deveria se vincular, consequentemente, à capacidade civil.[875] O Código Civil brasileiro fixa os critérios para a determinação da capacidade em seus artigos 3º e 4º, definindo que o menor de 16 anos é absolutamente incapaz e o menor de 18, relativamente incapaz.[876] Esses parâmetros, como esclarece *Stancioli*, são "objetivos e inflexíveis" e se referem à capacidade genérica para realizar qualquer tarefa da vida civil.[877]

Contudo, como já frisamos, o consentimento não é um negócio jurídico e, por conseguinte, não está vinculado à capacidade negocial (*Geschäftsfähigkeit*).[878] Mais uma vez, o consentimento se refere ao exercício de direitos fundamentais e ao usufruto de bens jurídicos e, portanto, possui como pressuposto a concreta *capacidade de entendimento e de juízo* (*Ensichts- und Urteilsfähigkeit*).[879] Essa

---

874. FRANÇA, Direito médico, p. 23. LOPES JR., Consentimento informado na relação médico-paciente, p. 212.

875. ZITELMANN, Ausschluß der Rechtswidrigkeit, p. 47 e ss.

876. *Bergstein* também atrela a competência para consentir à capacidade civil, mas entende que o relativamente incapaz já estaria autorizado a consentir em tratamentos médicos. BERGSTEIN, A informação da relação médico-paciente, p. 189. Por sua vez, *Albuquerque* e *Garrafa* afirmam que a "idade mínima considerada apropriada para a validade legal do consentimento está entre 16 e 21 anos" e, assim, "os menores de 16 anos de idade não terão qualquer tipo de autonomia sobre sua situação médica, em termos legais". Não obstante, os autores não trazem o fundamento de tal posicionamento e, apesar de o trabalho ter sido publicado em 2016, pode ser que ainda esteja vinculado aos parâmetros do antigo Código Civil. ALBUQUERQUE, Raylla; GARRAFA, Volnei, Autonomia e indivíduos sem a capacidade para consentir: o caso dos menores de idade, *Revista Bioética*, v. 24, n. 3, 2016, p. 456.

877. STANCIOLI, Relação jurídica médico-paciente, p. 46.

878. No mesmo sentido, cf. BGHSt 12, 379 (p. 383); WESSELS; BEULKE; SATZGER, Strafrecht Allgemeiner Teil, § 11, Nm. 554 (p. 181). HIRSCH, Hans Joachim, LK-§228, 11. ed. Berlin: De Gruyter, 2005, Nm. 16. Sobre a jurisprudência do BGH nesse sentido, cf. HIRSCH, Hans Joachim, Rechtfertigungsfragen und Judikatur des Bundesgerichtshofs, *in*: CANARIS, Claus-Wilhelm *et alii* (Orgs.), *50 Jahre Bundesgerichtshof: Festgabe aus der Wissenschaft*, München: C. H. Beck, 2000, p. 215. Como esclarece *Eb. Schmidt*, desde a década de 30 a doutrina majoritária alemã não mais se vincula à capacidade civil para traçar os requisitos de validade do consentimento. SCHMIDT, Empfiehlt es sich, dass der Gesetzgeber die Fragen der aïrztlichen Aufklärungspflicht regelt?, p. 56. Para alguns autores, contudo, a adoção do critério da capacidade civil poderia até fazer sentido, mas apenas no que se refere aos crimes que protegem o patrimônio. No entanto, esse ponto de vista é majoritariamente rechaçado. Cf. ESER; STERNBERG-LIEBEN, Schönke/Schröder StGB § 223, Nm. 38.

879. LENCKNER, Die Einwilligung Minderjähriger und deren gesetzlicher Vertreter, p. 458. DUTTGE, Patientenautonomie und Einwilligungsfähigkeit, p. 78. Na Espanha, a doutrina penal majoritária também adota postura similar, com base no conceito de "capacidade natural de juízo", muito possivelmente como tradução do termo *natürliche Ensichts- und Urteilsfähigkeit*. Cf. GARCÍA CALDERÓN, El consentimiento en Derecho Penal, p. 154;

capacidade é situacional e depende da maturidade fática do paciente, razão pela qual não há como fixá-la previamente a partir de marcos etários.[880]

De fato, é possível que um adolescente possua plena competência para compreender a natureza e o significado das intervenções e para decidir sobre questões médicas – e isso dependerá das características e habilidades individuais do menor. Afinal, cada indivíduo é singular, amadurece e vive as experiências que formam a sua personalidade em seu próprio tempo, e possui, portanto, um patamar mínimo de competência-base que lhe é inerente. Considerando que a autonomia é inata, o direito de tomar decisões médicas e de autodeterminar-se deve ser garantido, independentemente da idade, à medida em que puder ser exercido de fato pelo indivíduo. Nesse sentido, corroborando a importância do reconhecimento e da valorização da autonomia de pacientes adolescentes, a *Convenção de Direitos Humanos e Biomedicina* do *Conselho da Europa* deixa claro, em seu art. 6º, n. 2, que a opinião do menor deve ser "levada em consideração como um fator cada vez mais determinante, em função da sua idade e do seu grau de maturidade".

Na nossa concepção, portanto, não há dúvidas de que um adulto – ou seja, de que um maior de 18 anos – é presumidamente capaz de discernir e de tomar decisões médicas. Tal presunção somente poderá ser afastada diante de razões concretas que indiquem que o paciente adulto, concretamente considerado, possui alguma incapacidade momentânea ou permanente que o impeça de consentir. No que se refere aos adolescentes,[881] o importante é determinar, no caso concreto, se possui maturidade e, com isso, capacidade suficiente para discernir e corretamente avaliar a essência, o significado e a extensão do consentimento,[882] bem como se a decisão tomada constitui a autêntica expressão de sua liberdade e auto-

GUÉREZ TRICARICO, El tratamiento médico curativo y su licitud, p. 196; ROMEO CASABONA, El medico y el Derecho Penal, p. 317. Deve-se esclarecer, contudo, que essa concepção se difere da *capacidade natural de vontade* (*natürliche Willensfähigkeit*) à qual aludia *Geerds* para se referir às hipóteses de acordo, já que, no primeiro caso, é necessária a concreta capacidade de entendimento e de decisão, exigindo-se portanto *discernimento* do menor que consente. Como esclarece *Amelung*, em ambas as concepções o termo "natural" era utilizado apenas para diferenciar a capacidade de consentimento daquela negocial civilística, rechaçada nos dois casos. AMELUNG, Über die Einwilligungsfähigkeit (Teil I), p. 542. Frise-se, também, que a postura da doutrina espanhola pode ser fundamentada no artigo 162 do Código Civil espanhol, que autoriza que o menor, de acordo com a sua maturidade, exerça ele mesmo seus direitos de personalidade. No Brasil, *Azevedo* alude a uma "capacidade natural" nesses casos, AZEVEDO, Autonomia do paciente e direito de escolha de tratamento médico sem transfusão de sangue, p. 302. Na Alemanha, aludem à capacidade de entendimento e de decisão, ESER; STERNBERG-LIEBEN, Schönke/Schröder StGB § 223, Nm. 38.

880. FRISTER; LINDEMANN; PETERS, Arztstrafrecht, p. 8.

881. Com base nas definições do art. 2º do Estatuto da Criança e do Adolescente (lei 8.069/90), considera-se adolescente o indivíduo que é maior de 12 e menor de 18 anos e criança aquele que possui até 12 anos incompletos.

882. Como também define a jurisprudência alemã, conforme ressalta RÖNNAU, Voraussetzungen und Grenzen der Einwilligung im Strafrecht, p. 669.

determinação.[883] É possível, assim, que o consentimento exarado pelo menor seja plenamente válido, de sorte a legitimar a conduta do médico.

Fateh-Moghadam ressalta que há na jurisprudência alemã certo consenso no sentido de que um indivíduo de 14 anos, em geral, não possui capacidade para tomar decisões médicas, ao passo que, na maioria das vezes, um de 17 anos possui.[884] No entanto, dificilmente uma criança – um indivíduo de até 12 anos incompletos, portanto – poderá consentir em uma intervenção médica. A capacidade fática de consentimento do menor deve ser depreendida do caso concreto e, como afirmamos, é variável, sendo que o grau de maturidade necessário para consentir em lesões irreversíveis ou não indicadas deve ser, certamente, maior do que o que se exige para anuir a lesões insignificantes ou indicadas.

No contexto anglo-saxão, a capacidade de consentimento nesses casos costuma ser definida a partir da famosa concepção do menor maduro (*Gillick-competent*), desenvolvida no bojo do precedente *Gillick vs. West Nortfolk and Wisbeck Area Health Authority*, julgado pela Câmara dos Lordes (*House of Lords)* no Reino Unido.[885] No caso, o Departamento de Saúde e Segurança Social (*Department of Health and Social Security – DHSS*) havia emitido um documento autorizando aos médicos que orientassem e prescrevessem contraceptivos para pacientes menores de 16 anos, ainda que sem a autorização dos pais.[886] No entanto, Victoria Gillick, mãe de cinco menores, questionou tal orientação e ajuizou demanda judicial contra a autoridade local e o departamento de saúde, pois não queria que suas filhas fossem orientadas ou medicadas sem o seu conhecimento.

A *Câmara dos Lordes*, competente para julgar o recurso do caso, decidiu pela legalidade da orientação emitida, permitindo, portanto, que pacientes menores de 16 anos pudessem consentir em tratamentos médicos sem a autorização dos

---

883. ROMEO CASABONA, El medico y el Derecho Penal, p. 316.

884. FATEH-MOGHADAM, Die Einwilligung in die Lebendorganspende, p. 186. Alguns autores procuram definir em termos genéricos uma idade mínima para consentir. Por exemplo, *Souza, Santos e Almeida Neto* afirmam que o consentimento concedido por um indivíduo de 14 anos já deve ser válido, mas que esse patamar "pode ser relativizado a partir do critério da maturidade do conscenciente", contanto que seja respeitado o limite etário mínimo de 12 anos. (SOUZA; SANTOS; ALMEIDA NETO, Capacidade etária para consentir no direito penal médico, p. 323.). Também *Romeo Casabona* chega a afirmar que o maior de 16 anos pode consentir livremente e que, a princípio, o maior de 14 e menor de 16 não poderia consentir, mas que essa presunção admitiria prova em contrário diante das circunstâncias do caso concreto (ROMEO CASABONA, El medico y el Derecho Penal, p. 316). No entanto, falta a esses autores fundamentar o porquê da fixação desses específicos marcos etários.

885. REINO UNIDO. House of Lords. *Gillick vs. West Nortfolk and Wisbeck Area Health Authority* (AC 112). *Londres*, 1986. Disponível em: < http://www.bailii.org./uk/cases/UKHL/1985/7.html>. Acesso em: 4 dez 2018.

886. A mesma discussão sobre o fornecimento de contraceptivos para menores de idade foi também travada na Alemanha. Cf. a respeito DUTTGE, Patientenautonomie und Einwilligungsfähigkeit, p. 82.

pais.[887] De acordo com o "teste Gillick", baseado principalmente do voto de *Lord Scarman*, "o direito parental de determinar se o menor com idade inferior a 16 anos terá tratamento médico termina se e quando o menor atinge discernimento e inteligência suficientes para permitir que compreenda por completo o que lhe é proposto".[888] Esse é um importante julgado da jurisprudência britânica e, como podemos perceber, está em consonância com as conclusões a que também chegamos quanto ao reconhecimento da autonomia dos menores.

Por fim, deve-se frisar que também é possível que a própria lei estipule determinados marcos etários para o consentimento em relação a determinadas intervenções, como faz, por exemplo, a lei de planejamento familiar (Lei 9.263/1996), que exige uma idade mínima de 25 anos para o consentimento com uma cirurgia de esterilização (art. 10, I), ou a lei de transplantes (Lei 9.434/1997), quando estipula que somente o juridicamente capaz poderá consentir na doação de tecidos, órgãos e partes do próprio corpo (art. 9º). De fato, é importante que os padrões de capacidade sejam individualizados de acordo com a natureza da intervenção. Contudo, o legislador deve ter cuidado ao estipular tais parâmetros para evitar que seja fixada uma limitação paternalista do direito de consentir em determinadas intervenções, como parece ocorrer no caso da lei de planejamento familiar.[889]

4.4.3.2 Pacientes adultos, mas portadores de deficiência intelectual ou doença mental

Assim como a capacidade etária é variável e depende de uma avaliação das características pessoais do paciente, também a incapacidade dos indivíduos adultos

---

887. A respeito, cf. ABREU, Catarina Maria Pedro. *As regras de obtenção do consentimento para intervenções médicas em menores*: O significado da gillick competence e a possível adoção da figura em Portugal. Universidade Católica Portuguesa, 2012, p. 12 e ss.

888. *Gillick vs. West Nortfolk and Wisbeck Area Health Authority*, AC 112, p. 188-189. No original: "the parental right to determine whether or not their minor child below the age of 16 will have medical treatment terminates if and when the child achieves a sufficient understanding and intelligence to enable him or her to understand fully what is proposed". Também os critérios traçados nessa decisão por *Lord Fraser* (as chamadas "Fraser Guidelines"), influenciaram a concepção do menor maduro. Não obstante, os parâmetros de Fraser referem-se tão somente a tratamentos contraceptivos. Cf. a respeito WHEELER, Robert, Gillick or Fraser? A plea for consistency over competence in children, *BMJ*, v. 332, p. 807, 2006. MACLEAN, Alasdair. *Autonomy, Informed Consent and Medical Law*. Cambridge: Cambridge University Press, 2009, p. 75.

889. Apesar de a constitucionalidade dos pressupostos rígidos estipulados pela lei brasileira de planejamento familiar ser altamente questionável, discutir tais problemas fugiria ao escopo do presente trabalho. Interessante notar que, na Alemanha, a idade mínima exigida para consentir em uma cirurgia de castração para tratamento de um "desejo sexual anormal" (*Geschlechtstrieb*) é também de 25 anos completos (cf. § 2, Abs. 1, Nr. 3, KastrG). Nos demais casos, somente o maior de 18 anos está autorizado a consentir em uma esterilização (cf. § 1631c BGB).

portadores de déficit cognitivo dependerá das circunstâncias do caso concreto.[890] A incapacidade decorrente de deficiência intelectual ou doença mental, portanto, é também relativa e se refere primordialmente à habilidade intelectual do indivíduo de, por um lado, compreender sua condição de saúde e seus possíveis tratamentos, bem como, por outro, de tomar decisões médicas, isto é, de avaliar as vantagens e desvantagens da intervenção para que delibere racionalmente.

Não é possível determinar, sob o ponto de vista normativo, quais doenças ou deficiências cognitivas realmente afetam a capacidade de consentimento, já que isso, como lembra *Amelung*, extrapola a competência de um jurista.[891] Nesses casos, os critérios para aferir a incapacidade possuem caráter eminentemente clínico e somente podem ser constatados por um médico, preferencialmente psiquiatra. Portanto, observadas as formalidades, será *prima facie* inválido o consentimento concedido por um paciente cuja incapacidade psíquica para consentir houver sido constatada.

4.4.3.3 Pacientes capazes e com incapacidades momentâneas

Se o paciente possui capacidade etária e psíquica, isto é, se é maior de idade e não possui qualquer psicopatologia duradoura, presume-se que possui também capacidade para consentir. Excepcionalmente, contudo, essa presunção pode ser afastada em razão de alguma incapacidade situacional do paciente, que turva a sua real capacidade de entendimento e de decisão.[892] A nosso ver, a incapacidade momentânea, que invalida o consentimento, somente pode decorrer de *concretos déficits de autonomia*, vinculados, por exemplo, a afetações psíquicas, à embriaguez ou à dependência de drogas. Assim, o consentimento concedido por um paciente que se encontra sob o efeito da anestesia ou de sedativos não pode ser considerado válido.[893] Da mesma forma, é possível afastar a validade do consentimento concedido por um paciente portador de um transtorno psíquico que afete verdadeiramente a sua capacidade de autodeterminação.

Nesse sentido, para nós o mero argumento referente à pretensa *irracionalidade da decisão* do paciente não pode fundamentar o afastamento da capacidade individual de consentir. A decisão paradigmática que ilustra o debate alemão sobre esse problema se refere ao caso da extração de dentes[894] (*Zahnextraktion-Fall*, o nosso caso 5), no qual um cirurgião dentista extraiu todos os dentes de uma

---

890. AMELUNG, Über die Einwilligungsfähigkeit (Teil I), p. 557.

891. AMELUNG, Knut, Über die Einwilligungsfähigkeit (Teil II), *ZStW*, v. 104, n. 4, 1992, p. 824.

892. Nesse sentido, também é frisado na Recomendação n. 1/2016 do CFM que a "capacidade será sempre presumida, devendo ser comprovada apenas a incapacidade sempre que surgirem evidências desse estado" (p. 17).

893. Como ocorreu no BGHZ NJW 98, 1784, em que o paciente consentiu a caminho da sala de operação e sob efeito de sedativos.

894. BGH, NJW, 1978, p. 1206.

paciente a seu pedido, já que ela estava convencida de que a obturação de seus dentes era a causa das fortes dores de cabeça que sentia. O BGH entendeu que o consentimento dado pela paciente nesse caso era inválido e, assim, condenou o cirurgião-dentista pelo delito de lesões corporais. Para o BGH, não poderia o médico ter procedido à cirurgia, uma vez que a paciente não detinha uma compreensão realista, sob o ponto de vista médico, acerca da intervenção.

No Brasil, o caso emblemático para a discussão sobre a incapacidade temporária é o da *recusa de hemodiálise*,[895] que se refere, na verdade, à invalidade não do *consentimento*, mas da *recusa* de tratamento de um paciente de 22 anos, diagnosticado com doença renal crônica. A mãe do paciente ajuizou demanda visando a "interditá-lo"[896] para que fosse submetido à hemodiálise, ainda que contra a sua vontade, com fundamento na sua suposta incapacidade. Na sentença, o juiz se baseia em diferentes laudos médicos e psicológicos[897] para determinar, resumidamente, que o paciente sofria de "transtorno de ajustamento", em razão da adaptação e da aceitação da sua doença, e que, apesar de seu desenvolvimento cognitivo não ter sido afetado, "o que a vida lhe exige nesse momento – decidir sobre a forma de tratamento médico – não conta com higidez necessária para

---

895. GOIÁS. Tribunal de Justiça, 2ª Vara Cível, Fazendas Públicas, Registros Públicos e Ambiental da Comarca de Trindade/GO. Processo nº 201700242266, sentença da ação de interdição com pedido de tutela antecipada. Trindade, 2017.

896. É questionável a adequação de tal "interdição" ao novo regime das incapacidades trazido pelo recente Estatuto da Pessoa com Deficiência (lei 13.146/15). Cf. a respeito DADALTO, Luciana; PIMENTEL, Willian, Direito à recusa de tratamento: análise da sentença proferida nos autos n. 201700242266 – TJGO, *Revista Brasileira de Direito Civil*, v. 15, 2018, p. 170 e ss.

897. Importante mencionar alguns breves trechos dos laudos nos quais o juiz baseia a sua decisão. De acordo com o laudo médico, o paciente possuía "parcial capacidade de determinação no que diz respeito às decisões" e, "por se tratar de uma decisão que envolve risco de vida iminente, no momento, há que se impor o tratamento ao periciando dando-lhe a possibilidade de sobreviver e ter tempo de, com ajuda de um profissional de psicologia, elaborar seu processo de luto e ter condições emocionais de decidir-se acerca do seu tratamento, assim manifestando sua vontade livre e amadurecida" (p. 7); "negar o tratamento, além de figurar como uma maneira adolescente de confrontar as normas, é uma forma de agredir sua família, manifestando seu ressentimento em relação à doença, visto não poder atribuir culpa a ninguém. Por isso, concluiu-se que o periciando tem uma redução na capacidade de determinação" (p. 14). Por sua vez, no relatório forense foi constatado que, "embora J.H. tenha condições de expressar sua vontade, há que se considerar que o processo de adoecer envolve estágios tanto de negação quanto de aceitação e que não há como prever como será o desenvolvimento de cada indivíduo em relação ao enfrentamento da própria doença" (p. 8). De acordo com a avaliação psicológica "a imaturidade emocional [do paciente] o impede de lidar com essa ambivalência em relação à vida, que é comum na vivência de qualquer adulto, mas que obviamente assume maior magnitude nos casos de doenças crônicas, sendo que esta ultrapassou seus limites afetivo-emocionais de elaboração psíquica. Nesse sentido, prevalece sua imaturidade emocional sobre sua maturidade cognitiva" (p. 10). Por fim, para a assistente social o paciente estava recusando o tratamento "por uma questão de comodismo, de ficar numa situação de conforto" (p. 14).

corroborar uma vontade efetivamente livre e descolada de qualquer interferência com potencial afetação ao seu entendimento e determinação".[898] Diante disso, o juiz concedeu o pedido feito pela mãe no sentido de obrigar o paciente a se submeter ao tratamento, contanto que não fosse empregada força física, e determinar, em razão da incapacidade, a curatela temporária.

No primeiro caso, considerando que não havia qualquer indicação de que a paciente sofria de alguma perturbação psíquica, a decisão do BGH acaba conduzindo à conclusão de que a mera *irracionalidade* da decisão afastaria a capacidade do paciente e invalidaria o consentimento. Aqui, a discussão acerca da capacidade concreta de exercer a autonomia vincula-se estritamente ao fato de que a paciente estava numa situação de vulnerabilidade, causada pelas fortes dores de cabeça que sentia. Nesse sentido, *Schroth* argumenta que a paciente "não atua mais de acordo com suas próprias concepções quando desde o início está claro que retirar os dentes não afastará as dores de cabeça".[899] Para o autor, é importante se assegurar da "lógica da conduta" do consenciente,[900] sendo possível que exista déficit de autonomia nos casos em que não há *razões compreensíveis* para a lesão irreversível com a qual o paciente pretende consentir. Assim, admitir-se-ia a validade do consentimento nos casos em que há uma vontade de ajudar ao próximo ou de embelezar o corpo, mas não diante de um simples desejo de mutilação.[901]

Já *Rigopoulou* desenvolve o mencionado critério da *relação subjetiva entre meio e fim* para fundamentar a existência de déficits de autonomia,[902] segundo o qual se deve analisar o valor do bem jurídico e a finalidade almejada pelo seu titular ao colocá-lo em perigo para a constatação da racionalidade *subjetiva* da decisão. Para a autora, no caso da extração de dentes a conduta do médico seria punível, já que por meio dela não era medicamente possível alcançar o objetivo desejado pela paciente.[903]

Também *Amelung* procura vincular a capacidade à racionalidade subjetiva da decisão tomada pelo paciente. Para o autor, a capacidade para consentir depende da competência do paciente de proceder a uma valoração interna e racional, na qual as consequências e riscos são levados em conta para a eleição do meio adequado para o atingimento do fim almejado.[904] No caso em comento, considerando que

898. TJGO, Processo 201700242266, 2017, p. 12.

899. SCHROTH, Die Einwilligung in eine nicht-indizierte Körperbeeinträchtigung zur Selbstverwirklichung, p. 727. No original: "... handelt nicht mehr gemäß seinen Vorstellungen, wenn von vorherein unter medizinischen Aspekten völlig klar ist, dass das Zähneziehen die Kopfschmerzen nicht beseitigen kann".

900. SCHROTH, Die Einwilligung in eine nicht-indizierte Körperbeeinträchtigung zur Selbstverwirklichung, p. 726.

901. SCHROTH, Die Einwilligung in eine nicht-indizierte Körperbeeinträchtigung zur Selbstverwirklichung, p. 728.

902. RIGOPOULOU, Grenzen des Paternalismus im Strafrecht, p. 43. Cf. item 2.3.4.

903. RIGOPOULOU, Grenzen des Paternalismus im Strafrecht, p. 43.

904. AMELUNG, Über die Einwilligungsfähigkeit (Teil I), p. 558.

não havia qualquer prognóstico de que o objetivo da paciente seria atingido com a extração dos dentes, a sua decisão teria sido irracional, pois desconectada dos fatos e dos cursos causais esperados.[905] A despeito dessas conclusões, *Amelung* também critica a decisão do BGH por acreditar que, assim como na análise da inimputabilidade, também a capacidade de consentimento depende de constatações "biológicas". A irracionalidade, na verdade, seria apenas um pretexto para a investigação da verdadeira incapacidade.[906]

No entanto, boa parte da doutrina questionou o resultado desse julgamento, argumentando principalmente que a tomada de uma decisão objetivamente irracional, mas desejada pelo portador do bem jurídico, não conduz, por si só, à invalidade do consentimento.[907] No caso, o médico havia informado amplamente à paciente e assegurado a ela mais de uma vez que, sob o ponto de vista médico, não havia qualquer razão para acreditar que a extração dos dentes solucionaria o problema.[908] Ela, contudo, mesmo sabendo da informação médica e ciente do prognóstico, resolveu se submeter à intervenção.[909] Assim, a sua decisão, após o extensivo esclarecimento, pertence somente à sua própria esfera de responsabilidade. É claro que a irracionalidade ostensiva da decisão pode até ser um pretexto para que se investigue com maior profundidade a sua incapacidade fática, mas, como frisou *Amelung*, o afastamento da validade do consentimento depende da constatação de uma variável "biológica" e, portanto, limita-se aos casos em que há imaturidade, deficiência ou doença mental[910] ou, ainda, concreta afetação cognitiva decorrente da influência de determinadas substâncias, *v.g.* álcool, drogas e certos medicamentos.

Apesar de estar claro desde o início que a intervenção não solucionaria o problema das dores de cabeça, essa foi uma escolha da paciente. Portanto, sua decisão deve ser respeitada, por mais irracional que possa parecer. Até porque, como extensamente fundamentado anteriormente, a autonomia concede ao indivíduo o direito de tomar suas próprias decisões, mesmo que incompreensíveis, e, assim, abrange também um certo "direito de irracionalidade". No final das contas, a autonomia não se vincula apenas à liberdade do indivíduo de viver conforme

---

905. AMELUNG, Über die Einwilligungsfähigkeit (Teil I), p. 548.

906. AMELUNG, Über die Einwilligungsfähigkeit (Teil I), p. 553.

907. Cf. ROXIN; GRECO, Strafrecht Allgemeiner Teil, §13, Nm. 87. RÖNNAU, Voraussetzungen und Grenzen der Einwilligung im Strafrecht, p. 669. ULSENHEIMER, Arztstrafrecht in der Praxis, p. 191. DUTTGE, Patientenautonomie und Einwilligungsfähigkeit, p. 79.

908. Como também esclarece HORN, Eckhard, Der medizinisch nicht indizierte, aber vom Patienten verlangte ärztliche Eingriff – strafbar?, *JuS*, n. 1, 1979, p. 29.

909. HIRSCH, Rechtfertigungsfragen und Judikatur des Bundesgerichtshofs, p. 216-217; HIRSCH, LK-§ 228, Nm. 32.

910. AMELUNG, Über die Einwilligungsfähigkeit (Teil I), p. 558; AMELUNG, Knut; EYMANN, Frieder, Die Einwilligung des Verletzten im Strafrecht, *JuS*, v. 41, n. 10, 2001, p. 942.

suas próprias convicções, mas também lhe atribui a *responsabilidade* por suas atitudes e decisões. Dessa forma, a decisão do BGH conduz a conclusões paternalistas, pois o afastamento da validade do consentimento acaba sendo apenas uma camuflagem para uma verdadeira proteção da paciente da sua decisão irracional.

No caso brasileiro, a alegada existência de um transtorno de ajustamento faz com que haja argumentos mais convincentes para fundamentar a incapacidade. No entanto, deve-se frisar que nem todo transtorno psíquico é apto a fundamentá-la, mas somente aqueles que realmente afetam a capacidade de entendimento e de decisão do paciente – o que geralmente não ocorre em relação aos portadores de transtornos leves, que não têm essa competência consideravelmente afetada.

Na nossa visão, o julgado parece se vincular a um ideal de "autonomia perfeita", como se a tomada de uma decisão impecavelmente autônoma fosse requisito da capacidade do paciente e, com isso, da validade da sua recusa de tratamento. Afirma-se que o paciente possui, de fato, capacidade de expressar sua vontade, mas que sua parcial incompetência decorre da própria inabilidade de lidar com o diagnóstico de uma doença grave, o que o impede de expressar uma "vontade descolada de qualquer interferência". No entanto, certo é que todo paciente é influenciado por diferentes fatores no momento de decidir e a existência de determinadas instâncias de irracionalidade, na verdade, é ínsito à grande maioria dos processos decisórios, uma vez que é característico da própria natureza humana. Portanto, esse argumento, isoladamente considerado, não é suficiente para afastar a autonomia. Os laudos médicos afirmam ainda que a recusa é "uma forma de agredir sua família, manifestando seu ressentimento em relação à doença", ao passo que para a assistente social ela decorre de "comodismo" e da vontade "de ficar numa situação de conforto".[911] Com isso, parece haver certo "controle motivacional" da decisão do paciente.

De fato, há na fundamentação dessa decisão uma verdadeira confusão entre vulnerabilidade e incapacidade, como também constatam *Dadalto* e *Pimentel*.[912] É claro que diagnósticos ruins podem afetar sobremaneira o paciente, especialmente em casos de doenças crônicas, mas a mera vulnerabilidade emocional não é capaz de afastar a sua capacidade de entendimento e de decisão. Se assim fosse, todos os pacientes que se encontram em situação de abalo emocional após receberem tais diagnósticos deveriam ser considerados incapazes, o que desvirtuaria integralmente a compreensão da autonomia. Nesse caso, uma intervenção *temporária* destinada a verificar a concreta capacidade de decisão do paciente seria, a nosso ver, legítima, por refletir um paternalismo moderado. Mas nos parece que, mais uma vez, a pretensa irracionalidade da decisão do paciente foi mais do que decisiva para firmar a sua incapacidade para consentir, o que é, no mínimo, questionável.

911. TJGO, Processo n. 201700242266, 2017, p. 12 e 14.
912. DADALTO; PIMENTEL, Direito à recusa de tratamento, p. 175.

Destarte, como esclarecem *Roxin* e *Greco*, da mesma forma que a recusa de tratamento considerada irracional sob uma perspectiva externa deve ser respeitada, também o consentimento com uma intervenção a partir de uma decisão objetivamente irracional deve ser válido.[913] Com isso, a fundamentação da incapacidade não pode decorrer isoladamente da irracionalidade da decisão, mas apenas de reais déficits de autonomia decorrentes de afetações psíquicas que, de fato, afastam ou alteram com maior intensidade a capacidade de discernimento e de decisão do paciente.

4.4.3.4 Controvérsias em torno do *consentimento por representação* nos casos de incapacidade

O titular do direito de consentir é o *próprio paciente*, já que a decisão sobre tratamentos médicos é personalíssima e se refere a bens jurídicos individuais, dos quais apenas o seu titular pode dispor. Não obstante, como podemos perceber pelas discussões já travadas quanto a essa problemática, a ausência de capacidade para exarar um consentimento válido, além de invalidar o consentimento eventualmente concedido pelo incapaz, faz surgir a figura do *consentimento por representação*, por meio do qual é possível legitimar a conduta do médico a partir do assentimento do representante legal do incapaz.[914]

Os menores serão, via de regra, representados por ambos os *pais*[915] e, diante da "falta ou impedimento de um deles", o outro exercerá com exclusividade a

---

913. ROXIN; GRECO, Strafrecht Allgemeiner Teil, §13, Nm. 87.

914. A validade do consentimento por representação pode ser afastada diante de certas *decisões existenciais* que, por serem consideradas essencialmente personalíssimas, não podem ser supridas por outra pessoa que não seja o próprio titular do bem jurídico. Nessa hipótese se encaixam as discussões acerca da limitação da representação nos casos de doação de órgãos ou de esterilização de indivíduos incapazes. Em sentido similar, para *Kern* somente o próprio paciente poderia consentir em cirurgias plásticas embelezadoras. KERN, Bernd-Rüdiger, Fremdbestimmung bei der Einwilligung in ärztliche Eingriffe, *NJW*, 1994, p. 754. Ademais, especialmente controversa é também a validade do consentimento outorgado pelos pais para a circuncisão de menores por razões religiosas. A respeito dessa última discussão, cf. ROXIN; GRECO, Strafrecht Allgemeiner Teil, § 13, Nm. 96a e ss.

915. Via de regra, o médico depende do consentimento de ambos os pais para intervir no corpo do menor. No entanto, diante de alguns problemas que essa exigência pode gerar, o BGH desenvolveu a chamada teoria dos três níveis (*Dreistufentheorie*), diferenciando os casos de rotina, as intervenções com riscos não insignificantes e as grandes operações com decisões difíceis e extensas e riscos consideráveis para o menor (cf. BGHZ 105, 45). No primeiro caso, referente, por exemplo, a exames de rotina ou coleta de sangue, o médico pode partir do pressuposto de que a autorização de um dos pais abrange também o consentimento do outro. Já no segundo caso, vinculado às intervenções de médio porte, deve o médico, na presença de apenas um dos pais, assegurar-se de que possui também a autorização do pai ausente. Por fim, no caso das intervenções graves, deve o médico ter *certeza* que ambos os pais consentem na cirurgia. Cf. a respeito DUTTGE, Patientenautonomie und Einwilligungsfähigkeit, p. 81. FRISTER; LINDEMANN; PETERS, Arztstrafrecht, p. 23-24.

representação (art. 1.631, CCB). Excepcionalmente, poderão ser também representados por um *tutor* (art. 1.738 e ss., CCB). Já no caso dos adultos portadores de sofrimento mental ou momentaneamente incapazes, o consentimento deve *in thesi* ser concedido por um representante legal judicialmente determinado.[916] Diante da incapacidade fática de um adulto – *v.g.* em razão de inconsciência, choque ou afetação mental momentânea –, se não houver representante legal designado, a competência para consentir *não é transferida para o familiar mais próximo*,[917] como muitos parecem acreditar. Nesses casos, deve-se levar em conta a vontade presumida do paciente, para justificar a intervenção médica com fundamento no consentimento presumido, como veremos adiante.[918]

Conforme estipulado no art. 6º, 1, da *Convenção de Direitos Humanos e Biomedicina* e no art. 7º, b, da *Declaração Universal sobre Bioética e Direitos Humanos*, as intervenções executadas em incapazes devem visar ao seu benefício direto. Diante disso, nas hipóteses de representação, se o substituto legal decide de maneira contrária aos interesses do incapaz, haverá uma situação de conflito.[919] Nesses casos, deve o médico se dirigir ao Poder Judiciário, para que seja determinado por um juiz se e a qual intervenção deve o incapaz ser submetido.[920] No entanto, quando não houver tempo suficiente para aguardar a decisão judicial em razão da existência de riscos consideráveis para a saúde ou para a vida do paciente, *poderá o médico proceder à intervenção no melhor interesse do*

---

916. Diante das inovações trazidas pelo Estatuto da Pessoa com Deficiência (Lei 13.146/2015), temos aqui um verdadeiro problema. A curatela (art. 1.767 e ss., CCB), de acordo com o art. 85 do Estatuto, somente afeta os atos negociais e patrimoniais e não pode alcançar, por exemplo, direitos personalíssimos do curatelado, como o direito ao próprio corpo. Cf. a respeito DADALTO; PIMENTEL, Direito à recusa de tratamento, p. 171. Também o art. 12 da mesma lei estipula que o "consentimento prévio, livre e esclarecido da pessoa com deficiência é indispensável para a realização de tratamento, procedimento, hospitalização e pesquisa científica". Parte-se do pressuposto, assim, de que o portador de deficiência será sempre capaz de consentir, a não ser que haja, como prevê o art. 13, "risco de morte e de emergência em saúde, resguardado seu superior interesse e adotadas as salvaguardas legais cabíveis". A nosso ver, por mais que seja importantíssimo o reconhecimento de certo grau decisional e até mesmo do direito de veto, em algumas situações, do portador de deficiência intelectual ou mental, é possível que estejamos diante de casos em que o paciente não possui qualquer condição de compreender e decidir, razão pela qual não há como admitir a validade do consentimento exarado por ele. Nesses casos, a nova lei brasileira deixa um verdadeiro vácuo, questionando-se, assim, quem poderá decidir por um paciente totalmente incapaz de tomar decisões médicas.

917. ULSENHEIMER, Klaus. *Arztstrafrecht in der Praxis.* 3. ed. Heidelberg: C.F. Müller, 2003, p. 134.

918. Cf. item 4.5.

919. Segundo *Carvalho*, há um exercício abusivo do pátrio poder nos casos em que os pais recusam um tratamento indispensável para o salvamento da vida de seus filhos menores. CARVALHO, Suicidio, eutanasia y Derecho penal, p. 397.

920. Na Alemanha, nesses casos deve o médico se dirigir ao "Tribunal de Tutela" (*Vormundschaftsgericht*), que dirime questões de tutela e curatela de incapazes. ULSENHEIMER, Arztstrafrecht in der Praxis, p. 135.

incapaz. Tal conduta beneficente será justificada dogmaticamente pelo estado de necessidade ou, a depender do caso, pelo consentimento presumido.[921]

Em razão disso, consideramos essencialmente equivocada a conclusão à qual chegou o RG no paradigmático caso da amputação[922] (variação 1 do nosso caso 1), no qual a paciente de apenas 7 anos sofria de rarefação da raiz do osso causada pela tuberculose e somente por meio da amputação do seu pé seria possível conter a infecção. Mesmo diante da recusa de tratamento exarada pelo pai e representante legal da paciente – o qual acreditava em métodos de naturopatia e se opunha a qualquer intervenção cirúrgica –, o médico procedeu à amputação, salvando a vida da menor.

De acordo o RG, a conduta praticada pelo médico constitui lesão corporal, porquanto executada contra a vontade do representante da paciente.[923] A nosso ver, contudo, apesar de representar um importante marco para o reconhecimento da importância do consentimento nas intervenções cirúrgicas, essa decisão se olvida da necessidade de proteção e cuidado dessa criança. De fato, nos casos de consentimento por representação, *não há que se falar em respeito à autonomia* e às *decisões irracionais dos representantes*, já que o que deve ser protegido é o interesse do incapaz, verdadeiro titular dos seus bens jurídicos.

O corpo e a vida dos menores pertencem a eles próprios e não aos pais, assim como a autonomia é personalíssima e não pode ser "transferida" para o representante legal. Por essa razão, o representante somente pode consentir validamente quando estiver atuando em consonância com a necessária proteção do incapaz, uma vez que não se lhe atribui um direito de abrir mão de bens jurídicos que não são seus. A figura da representação existe apenas para que o responsável possa tomar decisões médicas no melhor interesse daqueles que são incapazes para consentir, mas, como frisamos, diante de um conflito entre o bem-estar do menor e a vontade do representante legal, deve prevalecer a proteção da saúde e da vida. Dessa forma, também nos casos em que os pais testemunhas de Jeová recusam a execução de uma transfusão de sangue em seus filhos menores, como

921. Cf. ROXIN; GRECO, Strafrecht Allgemeiner Teil, § 13, Nm. 92. LENCKNER; STERNBERG-LIEBEN, Schönke/Schröder StGB Vor § 32, Nm. 41e. Nos casos em que não há tempo para obtenção de autorização judicial, há uma situação de conflito entre o interesse referente à vontade do representante legal e o de proteção da vida e da saúde do incapaz. Assim, dá-se preponderância a este segundo interesse, o que justifica o recurso ao *estado de necessidade* (art. 24, CPB). No entanto, quando um adolescente, apesar de ser menor, possui *capacidade fática de consentimento*, caso ele se encontre em estado de inconsciência e uma intervenção seja necessária, deve o médico atuar conforme a vontade do paciente e não de seu representante legal. Nesses casos, a conduta médica estará justificada pelo consentimento presumido. Cf. item 4.5.

922. RGSt 25, 375 (p. 376).

923. RGSt 25, 375 (p. 384).

o julgado pelo STJ em 2014,[924] deve preponderar a beneficência e a proteção do menor, ainda que em detrimento da convicção religiosa dos pais, podendo o médico executar a intervenção quando houver risco para a vida ou para a saúde do incapaz.

Por sua vez, nas situações em que há dissonância entre a "vontade natural" (*natürlicher Wille*)[925] do incapaz e a decisão do representante legal, estar-se-á diante de outra situação de conflito. Para alguns, as intervenções involuntárias são *prima facie* ilegítimas, já que a oposição do incapaz ao tratamento pode constituir um *direito de veto*,[926] que impede a submissão arbitrária a intervenções médicas. Com isso, as lesões corporais e o constrangimento ilegal decorrentes das intervenções involuntárias somente seriam legitimadas com base num paternalismo moderado, nas situações em que há risco para a vida ou para a saúde do paciente.[927]

Se a autonomia e a dignidade humana são inatas e garantidas ao indivíduo ainda que não seja possível o exercício fático do seu direito de autodeterminação, estamos seguros de que extensões de influência decisional devem ser reconhecidas.[928] Nesse sentido, de acordo com o art. 6º, 2 e 3, da *Convenção de Direitos Humanos e Biomedicina*, a opinião do menor deve ser levada em consideração e o adulto incapaz deve, "na medida do possível, participar do processo de autorização".[929] Também na Recomendação n. 1/2016 do CFM conclui-se acertadamente que a vontade do incapaz deve ser levada em conta, "na medida de sua capacidade de decisão individual, com base no domínio de diversas habilidades, entre as quais o envolvimento com o assunto, a compreensão das alternativas e a possibilidade de comunicação de uma preferência". Dessa forma, a participação

---

924. STJ, *Habeas Corpus* 268459/SP, 2014. Diante disso, razão assiste ao STJ ao afirmar que, nesse caso, deve-se garantir o direito à vida e a proteção integral da criança e do adolescente.

925. Como esclarece *Pollmächer*, o conceito de vontade natural remete a Hegel e significa um querer que prescinde de uma reflexão crítica. Sob a perspectiva jurídica, contudo, esse termo se refere aos desejos e manifestações de vontade expressadas pelo indivíduo incapaz de consentir. Cf. POLLMÄCHER, Thomas, Die Behandlung Einwilligungsunfähiger gegen ihren natürlichen Willen aus medizinischer Sicht, *in*: HENKING, Tanja; VOLLMANN, Jochen (Orgs.), *Gewalt und Psyche:* Die Zwangsbehandlung auf dem Prüfstand, Baden-Baden: Nomos, 2014, p. 178.

926. A existência de tal direito é, contudo, verdadeiramente controversa. Cf. críticas a um direito de veto ilimitado em GLEIXNER-EBERLE, Elisabeth. *Die Einwilligung in die medizinische Behandlung Minderjähriger*. Berlin, Heidelberg: Springer, 2014, p. 322 e ss.

927. BÖSE, Martin, Zur Rechtfertigung von Zwangsbehandlungen einwilligungsunfähiger Erwachsener, *in*: *FS-Roxin*, Berlin: De Gruyter, 2011, p. 536. Nesse mesmo sentido dispõe a *Convenção de Direitos Humanos e Biomedicina,* que, em seu art. 7º, prevê que a "pessoa que sofre de perturbação mental grave não poderá ser submetida, sem o seu consentimento, a uma intervenção que tenha por objetivo o tratamento dessa perturbação, salvo se a ausência de tal tratamento colocar a sua saúde seriamente em risco".

928. Cf. item 2.2.4.3.

929. Também o art. 7º, a, *da Declaração Universal sobre Bioética e Direitos Humanos* prevê orientação similar.

do incapaz na tomada de decisão sobre o procedimento médico a ser adotado deve ser incentivada e a sua submissão a tratamentos sem o seu consentimento deve ser evitada ao máximo, para que seja também respeitada a sua dignidade.[930]

4.4.4 A ausência de vícios de vontade

O consentimento do paciente somente representará a verdadeira expressão da sua autodeterminação se não estiver maculado por *vícios de vontade* e, portanto, será considerado *prima facie* inválido caso seja concedido em razão de *erro, engano* ou *coação.*[931] Nos casos de *erro* (*Irrtum*) é o próprio titular do bem jurídico que espontaneamente se equivoca e acaba consentindo sem saber de todos os fatos relevantes para a tomada de decisão. Haverá *engano* (*Täuschung*), por sua vez, quando o erro no qual incorre o titular do bem jurídico for determinado pelo agente ou por terceiro. É o que ocorreria, por exemplo, se no supramencionado caso da extração de dentes o médico houvesse, na verdade, persuadido a paciente a fim de fazê-la acreditar que a cirurgia realmente iria curar suas dores de cabeça.[932] Já nos casos de *coação*, o indivíduo é constrangido, por meio de violência física ou ameaça, a consentir.

No contexto da medicina, os questionamentos referentes aos vícios de consentimento foram muito debatidos na década de 90 em razão da controvérsia em torno da legitimidade dos testes clandestinos de AIDS.[933] Não obstante, o mais importante aspecto dos vícios de vontade no direito penal médico refere-se, certa-

---

930. Essa questão se torna relevante principalmente no que se refere aos tratamentos psiquiátricos executados contra a vontade do incapaz, situações em que a conduta beneficente do médico estará legitimada, contanto que haja risco para a saúde e/ou a vida do paciente, em razão do estado de necessidade ou do consentimento do representante legal judicialmente designado. No Brasil, a Lei 10.216/2001 versa sobre "a proteção e os direitos das pessoas portadoras de transtornos mentais" e disciplina, com isso, as regras que orientam a internação psiquiátrica. Também a Recomendação n. 1/2016 e a Resolução n. 2.057/2015, ambas do CFM, reconhecem a regularidade de tratamentos sem consentimento ou contra a vontade do paciente incapaz em casos de emergência. De acordo com o art. 6º da Lei 10.216/2001, a internação psiquiátrica será realizada apenas com base em laudo médico que consubstancie os motivos da internação, o que nos parece essencialmente correto. De fato, deve haver uma avaliação e uma demonstração de que, sob o ponto de vista médico, a internação se faz necessária no caso concreto. De acordo com a lei, será possível proceder tanto a *internações involuntárias*, ocorridas sem o consentimento do paciente e a requerimento de terceiro (art. 6º, II), como também a *internações compulsórias*, determinadas por ordem judicial (art. 6º, III). Frisamos, contudo, que isso somente será possível nos casos em que a intervenção for medicamente indicada e não apenas em razão da vontade dos familiares, dando-se prioridade, sempre que possível, aos tratamentos extra-hospitalares. Na Alemanha, o tratamento forçado de incapazes (*Zwangsbehandlung*) é regulamentado pelo Código Civil (§ 1906 e 1906a BGB).

931. Cf. a respeito COSTA ANDRADE, Consentimento e acordo em Direito Penal, p. 572.

932. ROXIN; GRECO, Strafrecht Allgemeiner Teil, § 13, Nm. 102.

933. FRISTER; LINDEMANN; PETERS, Arztstrafrecht, p. 9.

mente, ao cumprimento do chamado *dever de esclarecimento para a autodeterminação*, cuja relevância para a análise da legitimidade da conduta do médico exige uma apreciação independente (infra 4.4.5).

Embora exista certo consenso no sentido de que os vícios de vontade afetam o consentimento, ainda há intensa controvérsia quanto à definição concreta sobre quais seriam esses vícios e em que medida eles realmente invalidariam a autorização concedida pelo titular do bem jurídico. Pretendemos, nesta sede, apenas expor brevemente os principais argumentos utilizados nessa discussão, para que seja possível compreender a essência dos problemas aqui aventados.[934]

Em primeiro lugar, certo é que os vícios que afetam o consentimento no âmbito penal não se vinculam às determinações do direito civil (art. 138 e ss., CCB), pois, mais uma vez, não nos referimos à validade de negócios jurídicos, mas sim da disposição de bens jurídicos penalmente tutelados. Partindo-se da tese aqui defendida, também a supramencionada diferenciação elaborada por *Geerds* – segundo a qual os vícios de consentimento afetam apenas o consentimento justificante, mas não o acordo que afasta a tipicidade – perde o sentido, porquanto em qualquer caso o consentimento real afetará a tipicidade.[935]

Segundo *Rönnau*, no centro da dogmática dos vícios de consentimento está a discussão sobre a distribuição de riscos entre consenciente e autor do fato.[936] O risco para aquele que consente reside na possibilidade de que seja permitida uma afetação do seu bem jurídico desprovida de real sentido. Para o terceiro, por sua vez, existe o risco de punição pela prática de uma conduta à qual subjaz um consentimento inválido. Assim, numa primeira perspectiva, considerada ampliativa, afirma-se, em termos gerais, que as afetações da vontade do titular do bem jurídico invalidariam fundamentalmente o consentimento, ao passo que, noutras concepções, procura-se restringir a abrangência desses vícios de forma a equilibrar a distribuição de riscos.

A concepção ampliativa já foi, há algum tempo, superada.[937] Entre as propostas restritivas, a doutrina majoritária alemã sustenta que somente o *erro referido ao bem jurídico* (*rechtsgutsbezogener Irrtum*) afetaria a validade do

---

934. Um maior aprofundamento dos problemas específicos referentes a essa discussão foge ao escopo do presente trabalho, uma vez que se trata de tema de alta complexidade.

935. Cf. item 4.2.1.5.

936. RÖNNAU, Voraussetzungen und Grenzen der Einwilligung im Strafrecht, p. 670.

937. Parece-nos que esse era um pressuposto do qual partia a doutrina penal mais tradicional, mas sem aprofundar muito na discussão. Inclinam-se nesse sentido, por exemplo, ZIPF, Einwilligung und Risikoübernahme im Strafrecht, p. 44 e ss. MEZGER, Strafrecht, p. 211 e ss. No Brasil, defendem essa concepção: REISS, Sobre o consentimento do sujeito passivo, p. 71. STARLING, Sheyla Cristina da Silva. *O consentimento do ofendido na teoria do delito*. Universidade Federal de Minas Gerais, 2014, p. 55. TAVARES, Juarez, O consentimento do ofendido no direito penal, *Revista da Faculdade de Direito da UFPR*, 1969, p. 265.

consentimento, baseando-se na teoria desenvolvida pioneiramente por *Arzt*.[938] Assim, apenas erros vinculados à dimensão da disposição do bem jurídico seriam suficientes para invalidar o consentimento, como o engano quanto à perigosidade ou ao potencial curativo da intervenção médica, mas não aqueles *erros sobre a pessoa que executará a intervenção* ou *erros de motivação* referentes apenas aos fatos ou circunstâncias que ensejam a anuência, como eventuais contraprestações esperadas em razão da conduta consentida.

Nessa perspectiva, caso o médico engane o paciente, fazendo-o acreditar falsamente que o tratamento, além de atingir o objetivo almejado, não causa danos à saúde, o consentimento concedido será inválido. Nessa hipótese, o vício se vincularia diretamente aos efeitos esperados da intervenção e, com isso, à dimensão da disposição do bem jurídico. Por sua vez, o consentimento para a extração de um rim seria válido caso o engano consistisse apenas no descumprimento intencional da promessa de pagamento de uma quantia em dinheiro, oferecida como contraprestação pelo rim extraído, já que, nesse caso, o vício não atingiria a intensidade ou a perigosidade da intervenção consentida, mas apenas a motivação do paciente para nela consentir.[939]

Ponto relevante para a definição de *Arzt* é sua oposição a uma alegada "confusão" do conteúdo de certos bens jurídicos, de modo que o âmbito de proteção de tipos penais como o da lesão corporal abrangeria apenas a existência (*Bestand*) do bem em si, e não a "liberdade de troca" (*Tauschfreiheit*).[940] O valor de troca desse bem, na verdade, seria protegido por outros tipos penais, como, por exemplo, o estelionato (art. 171, CPB) ou o constrangimento ilegal (art. 146, CPB). Assim, caso ao consenciente fosse oferecido pagamento de quantia em dinheiro como contraprestação por uma doação de sangue, o consentimento seria válido ainda que desde o início o terceiro não pretendesse cumprir a promessa e, assim, não haveria lesão corporal. O engano motivado pela falsa promessa da contraprestação poderia constituir, na verdade, um estelionato.

Para *Roxin*, todavia, uma solução intermediária pode ser depreendida da teoria normativa da autonomia (*normative Autonomietheorie*), segundo a qual o

---

938. ARZT, Willensmängel bei der Einwilligung, p. 28. Cf. também ESER; STERNBERG-LIEBEN, Schönke/Schröder StGB § 223, Nm. 39. MEYER, Ausschluß der Autonomie durch irrtum, p. 166. Para *Frisch*, além disso também a representação errônea sobre o sentido ou indicação da intervenção afeta a validade do consentimento, FRISCH, Einwilligung und mutmaßliche Einwilligung in ärztliche Eingriffe, p. 40. Por sua vez, apesar de discordar de um regime geral do erro, reafirmando a perspectiva dualista, *Costa Andrade* afirma que a referência ao bem jurídico é essencial no consentimento justificante. COSTA ANDRADE, Consentimento e acordo em Direito Penal, p. 566.

939. Como exemplifica Amelung, aludindo à teoria de *Arzt*. AMELUNG, Knut, Willensmängel bei der Einwilligung als Tatzurechnungsproblem, *ZStW*, v. 109, n. 3, 1997, p. 497. No entanto, não se pode olvidar que, diante da vedação da compra e venda de órgãos, essa conduta seria punível de acordo com o art. 15 da Lei 9.434/1997.

940. ARZT, Willensmängel bei der Einwilligung, p. 17.

consentimento somente será válido nas situações em que a conduta consentida, com base critérios normativos, ainda constituir a *expressão da autonomia do titular do bem jurídico* e, com isso, da sua liberdade de ação.[941] Nesse sentido, além de incorporar muitas das considerações de *Arzt*, *Roxin* desenvolve sua concepção a partir de determinados grupos de casos, analisando concretamente em quais situações há ou não afetação do direito à autodeterminação daquele que consente.

Para o autor, é possível que certos *erros não referidos ao bem jurídico* afetem a *autonomia* do seu titular, como quando há engano vinculado à *finalidade altruística* da intervenção ou referente a uma *situação análoga à do estado de necessidade*. Assim, por exemplo, no caso em que a vítima é enganada e levada a acreditar que a intervenção será executada para fins de pesquisa científica, quando na verdade o autor do fato deseja apenas lhe causar dano corporal, o consentimento deve ser inválido, porquanto o engano afeta sua liberdade de ação.[942] Essa situação se diferenciaria do caso da extração do rim ou da doação do sangue motivadas pela contraprestação pecuniária prometida, pois nesses casos a situação desejada pelo consenciente (o recebimento da quantia em dinheiro) ainda poderia ser alcançada por meio do direito civil e, no âmbito penal, referir-se-ia a um dano patrimonial, constituindo um estelionato.[943]

---

941. ROXIN, Die durch Taüschung herbeigeführte Einwilligung im Strafrecht, p. 275 e ss. ROXIN; GRECO, Strafrecht Allgemeiner Teil, § 13, Nm. 99. Os autores frisam, ainda, que a idealização do nome atribuído a essa teoria se deve a *Hillenkamp*. Na doutrina, muitos incorporaram as contribuições de *Roxino* Cf. por exemplo GROPP, Strafrecht Allgemeiner Teil, § 5, Nm. 84-87 (p. 189-190). JESCHECK; WEIGEND, Lehrbuch des Strafrechts, p. 383. FIGUEIREDO DIAS, Direito Penal, p. 486.

942. ROXIN, Die durch Taüschung herbeigeführte Einwilligung im Strafrecht, p. 286.

943. ROXIN, Die durch Taüschung herbeigeführte Einwilligung im Strafrecht, p. 286. Temos certas dúvidas quanto à correção dessa conclusão de *Arzt* e *Roxin* no que se refere aos casos em que há contraprestação financeira. Afinal, a decisão de dispor do bem jurídico nesses dois casos foi tomada exclusivamente em razão da promessa de pagamento e, assim, apesar de conhecer exatamente a extensão e o modo da intervenção, o paciente muito provavelmente não consentiria caso soubesse que a promessa do terceiro não seria cumprida. A nosso ver, é plausível afirmar que há nesses casos uma violação da liberdade de definir o destino do próprio corpo. Ademais, parece-nos também que o cenário seria diferente se uma jovem deixasse um peruqueiro cortar seus longos cabelos para vendê-los e ele a enganasse tão somente em relação ao valor de suas madeixas. Isso porque a decisão de deixar cortar os cabelos é, nesse caso, autônoma, considerando também que até mesmo pelo preço inferior a jovem resolveu dispor de seu bem jurídico, podendo o mero engano quanto ao seu real valor constituir, realmente, um estelionato. Da mesma forma, se o cirurgião engana o paciente somente quanto ao preço da cirurgia, por exemplo, não há que se falar em lesão corporal, já que, nesse caso, o que motivou a decisão do paciente foi a vontade de obter os benefícios da intervenção com a qual consentiu e o eventual engano quanto aos seus custos reflete, na verdade, apenas um dano ao patrimônio, mas não à integridade física. Também *Rönnau* tece interessantes críticas à postura de *Arzt* e *Roxino* Cf. RÖNNAU, Voraussetzungen und Grenzen der Einwilligung im Strafrecht, p. 671. *Schroth* possui um interessante posicionamento quanto a essa questão. Para o autor, nos casos de engano acerca de uma contraprestação o ponto decisivo para a

Por sua vez, também nas hipóteses em que aquele em que consente é levado a acreditar que se encontra em uma situação análoga à do estado de necessidade e que, por essa razão, deve dispor do seu bem jurídico para evitar danos, o consentimento concedido seria inválido. Nesses casos, a despeito de não haver referência ao bem jurídico, o engano possuiria efeito de coação, o que fundamentaria a invalidade do consentimento. Esse seria o caso se alguém enganasse uma mulher, com o intuito de prejudicá-la, e, convencendo-a de que tem piolhos, conseguisse autorização para raspar o seu cabelo.[944]

A nosso ver, com base na releitura do conteúdo dos bens jurídicos individuais aqui desenvolvida, até mesmo o critério da referência ao bem jurídico seria suficiente para dirimir os problemas relacionados aos vícios de consentimento, mas as conclusões obtidas seriam diversas daquelas encontradas por *Arzt*. Isso porque se a autonomia – e não apenas a saúde ou a substância corporal, isoladamente consideradas – integra o conteúdo da integridade física, também alguns erros referentes aos fatos e circunstâncias que motivam o paciente a submeter-se à intervenção se vinculam ao bem jurídico, como no caso da motivação altruística, pois afetam a liberdade de escolha do paciente.[945] Assim, a *autonomia* da decisão, em qualquer caso, será ponto de referência para a determinação da relevância do vício.[946]

Dessa forma, é certo que os erros referentes ao próprio *modo e extensão da intervenção* invalidam a autorização concedida pelo titular do bem jurídico.[947]

determinação da validade do consentimento está no questionamento sobre se houve lesão de uma *expectativa protegida pela norma e capaz de generalização*. Assim, nos casos da contraprestação esperada pela extração do rim ou do sangue o engano é irrelevante para a determinação da validade do consentimento, pois a expectativa pretendida pelo consenciente não é protegida pelo direito. Não obstante, seria possível ainda assim questionar a punição dessa lesão corporal, apesar do consentimento válido, com fundamento na violação dos bons costumes. SCHROTH, Ulrich, Die rechtliche Absicherung der autonomen Entscheidung des Lebenspenders, *in*: SCHROTH, Ulrich *et alii* (Orgs.), *Patientenautonomie am Beispiel der Lebendorganspende*, Göttingen: Vandenhoeck & Ruprecht, 2006, p. 105.

944. ROXIN, Die durch Täuschung herbeigeführte Einwilligung im Strafrecht, p. 286 e ss.; ROXIN; GRECO, Strafrecht Allgemeiner Teil, § 13, Nm. 105.

945. Como corretamente constata *Fateh-Moghadam*, para definir o que seria a "referência ao bem jurídico" deve-se, em primeiro lugar, determinar o conteúdo desses bens. FATEH-MOGHADAM, Die Einwilligung in die Lebendorganspende, p. 194.

946. Também *Amelung* procura inserir a autonomia como critério que orienta a determinação da validade do consentimento. O autor, no entanto, desenvolve uma postura singular em que procura diferenciar questões de validade daquelas referentes à imputação do resultado. Cf. AMELUNG, Willensmängel bei der Einwilligung als Tatzurechnungsproblem, p. 511.

947. Quanto a esse aspecto, *Rönnau* tece algumas considerações interessantes. Para ele, a discussão referente à validade pressupõe, em primeiro lugar, a *existência fática do consentimento*. Diante disso, o autor frisa que nos casos de erro sobre o modo e extensão da intervenção, em que geralmente se afirma a existência de tal "referência ao bem jurídico", sequer há consentimento juridicamente relevante. Assim, por exemplo, se o paciente consente na extração do rim esquerdo e o médico extrai o direito, não há aqui um ato de disposição

Ademais, também seria inválido o consentimento concedido para a extração de um rim caso o consenciente fosse induzido a acreditar na falsa constatação de que o órgão teria sido afetado por câncer. Nesse caso, há um *erro sobre a própria indicação e finalidade curativa da intervenção*, sendo certo que o paciente não se submeteria a essa grave intervenção se não tivesse sido enganado. Pela mesma razão, nos casos dos testes clandestinos de AIDS também haverá uma lesão, considerando que o paciente desconhece o que será realmente feito com a sua substância corporal[948] e, com isso, ignora a real finalidade da intervenção.[949]

Ademais, aludindo a outro exemplo de *Roxin*, nos casos em que o indivíduo consente na extração de um de seus órgãos para doá-lo a um parente determinado e o médico, na verdade, o transplanta em outra pessoa, a conduta praticada constitui certamente uma lesão corporal,[950] já que a disposição autônoma de bens jurídicos abrange também a determinação da sua destinação. Por fim, *erros relativos a determinadas circunstâncias* – por exemplo, à *pessoa que irá executar a intervenção* – afetarão a validade do consentimento, via de regra, apenas nos casos de intervenções graves.[951] Assim, se um estudante de medicina diz ser médico para executar uma intervenção simples como uma extração de sangue, que pode ser facilmente feita por um estudante ou um enfermeiro, o consentimento será ainda assim válido. O mesmo não ocorreria, por exemplo, se esse mesmo estudante resolvesse executar uma apendicectomia. Parece-nos, também, que quando há uma especial relação de confiança entre o paciente e o médico, como quando a escolha do profissional é motivada justamente pelas suas qualificações, é possível afastar a validade do consentimento caso haja um engano e a intervenção seja, na verdade, executada por outro profissional.[952]

Como podemos perceber, a grande maioria dos exemplos trazidos se refere a casos de *engano,* isto é, de erros provocados pelo autor do fato ou por um terceiro, que provocam uma representação mental errônea no paciente. Nesses casos, a avaliação da validade do consentimento dependerá, como afirmamos, da referência ao *bem jurídico* – integrado pela vontade que *expressa a autonomia do paciente.*

Já nos casos de coação, para *Arzt*, haverá sempre vinculação ao bem jurídico, pois em qualquer caso a verdadeira vontade do indivíduo coagido será violada.[953]

a ser considerado, porquanto o paciente em nenhum momento consentiu na retirada do rim direito. RÖNNAU, Voraussetzungen und Grenzen der Einwilligung im Strafrecht, p. 672.

948. ROXIN; GRECO, Strafrecht Allgemeiner Teil, § 13, Nm. 103.

949. GUÉREZ TRICARICO, El tratamiento médico curativo y su licitud, p. 228. A respeito dessa discussão, cf. COSTA ANDRADE, Direito Penal médico, p. 51 e ss.

950. ROXIN, Die durch Täuschung herbeigeführte Einwilligung im Strafrecht, p. 286.

951. ROXIN; GRECO, Strafrecht Allgemeiner Teil, § 13, Nm. 101.

952. GUÉREZ TRICARICO, El tratamiento médico curativo y su licitud, p. 229. Como esclarecem *Eser* e *Sternberg-Lieben*, o paciente pode limitar expressamente o seu consentimento à atuação de um médico específico. ESER; STERNBERG-LIEBEN, Schönke/Schröder StGB § 223, Nm. 39.

953. ARZT, Willensmängel bei der Einwilligung, p. 31 e ss.

Nesse sentido, afirma-se que a validade do consentimento somente será afetada quando a coação interfere na liberdade de decisão do titular do bem jurídico, o que acontece apenas nas situações em que a conduta do autor do fato ou do terceiro constitui *constrangimento ilegal.*[954] Assim, se uma mulher é coagida pelo namorado a autorizar que ele danifique uma coisa sua, sob o argumento de que somente assim ele se casará com ela, não haverá uma ameaça que afeta a validade do consentimento,[955] já que não há, nessa hipótese, violência ou grave ameaça.

Segundo *Roxin,* os erros espontâneos não invalidam, via de regra, o consentimento, pois, considerando que ele pressupõe uma manifestação exterior de vontade, somente haverá anuência em relação àquilo que foi realmente externalizado.[956] Nas situações em que o terceiro percebe o erro e nada diz, haverá na verdade um engano, que conta com a contribuição daquele que afeta o bem jurídico alheio. Somente é possível haver um erro intrínseco que afeta a validade do consentimento nos casos em que o terceiro possui um *dever de afastar eventuais equívocos do titular do bem jurídico* – e é justamente isso o que ocorre nos casos aqui discutidos, considerando que o médico possui o *dever de esclarecimento,* conforme veremos a seguir.[957]

4.4.5 O dever de esclarecimento para a autodeterminação (Selbstbestimmungsaufklärung)

> "'Mas, professor Nietzsche', continuou Breuer, 'eu não concordo que deva ser sempre assim. Para certos pacientes e em certas situações, o bom médico deve, para o bem do paciente, esconder a verdade'.
>
> – Sim, doutor Breuer, ouvi muitos médicos dizerem isso. Mas quem tem o direito de tomar essa decisão por outrem? Essa postura apenas viola a autonomia do paciente."[958]
>
> " – A verdadeira escolha, a plena escolha – respondeu Nietzsche – só pode florescer sob o clarão da verdade. Como poderia ser de outra forma?"[959]

---

954. SCHROTH, Ulrich, Die strafrechtliche Verantwortlichkeit des Arztes bei Behandlungsfehlern, *in*: ROXIN, Claus; SCHROTH, Ulrich (Orgs.), *Handbuch des Medizinstrafrechts*, 3. ed. Stuttgart: Richard Boorberg Verlag, 2007, p. 91.

955. ROXIN; GRECO, Strafrecht Allgemeiner Teil, § 13, Nm. 113-114.

956. ROXIN; GRECO, Strafrecht Allgemeiner Teil, § 13, Nm. 111. Nos casos em que a declaração de vontade do titular do bem jurídico é, na verdade, incondizente com a sua vontade autêntica, considera-se que o equívoco na declaração não pode prejudicar aquele que atua de acordo com ela e, assim, o consentimento declarado será considerado válido. Cf. a respeito GUÉREZ TRICARICO, El tratamiento médico curativo y su licitud, p. 229.

957. ROXIN; GRECO, Strafrecht Allgemeiner Teil, § 13, Nm. 111.

958. YALOM, Irvin D. *Quando Nietzsche chorou.* Trad. Ivo Korytowski. Rio de Janeiro: HarperCollins Brasil, 2015, p. 88.

959. YALOM, Quando Nietzsche chorou, p. 91.

Pressuposto essencial para a validade do consentimento e consequente afastamento do injusto das intervenções médicas é o cumprimento do *dever de esclarecimento* (ou, mais especificamente, do esclarecimento para a autodeterminação [*Selbstbestimmungsaufklärung*]), que impõe ao médico a incumbência de revelar previamente ao paciente as informações referentes, principalmente, *ao diagnóstico, à execução e aos riscos do tratamento, bem como eventuais alternativas a ele.*[960]

A exigência do dever de esclarecimento se vincula à necessidade de proporcionar ao paciente todo o substrato para a tomada de uma decisão livre, consciente e não viciada acerca da intervenção, devendo o médico se certificar de que o destinatário do esclarecimento realmente compreendeu não apenas o significado, mas também a extensão do tratamento,[961] bem como que possui informações suficientes para ponderar suas vantagens e desvantagens e, ao final, exercer concretamente o direito à autodeterminação sobre seu corpo.[962] Somente assim é possível que haja respeito à autonomia do paciente e ao seu direito à inviolabilidade da integridade física.[963]

Conforme havíamos definido, a autonomia garante ao paciente o *direito de tomar suas próprias decisões sobre intervenções médicas* e, simultaneamente, impõe ao médico, em decorrência da proibição de interferência não consentida na esfera privada do paciente, o *dever de informar* e fornecer toda a base necessária para tornar possível a tomada de uma decisão autônoma. O direito do paciente de decidir abrange, obviamente, o *direito de saber a verdade*, pois, para que seja possível fazer uma escolha genuinamente livre, deve ele ter ciência da situação em que se encontra. Afinal, o paciente é, na maioria das vezes, medicamente leigo e não possui informações suficientes para tomar as decisões referentes ao seu tratamento.

De fato, somente o paciente pode definir se prefere assumir os riscos fatais de uma operação ou, antes, rejeitá-la por apego à segurança de poder viver mais alguns meses na companhia de seus familiares. Da mesma forma, apenas a ele se atribui o poder de determinar se prefere se submeter a um tratamento experimental, que promete uma chance maior de cura, ou a um tratamento tradicional.

---

960. SIQUEIRA, Gesundheitsschädigende Patientenaufklärung, p. 155.

961. Afinal, ainda que o esclarecimento seja abrangente, se o médico não utiliza um linguajar que o aproxime do paciente, referindo-se apenas a termos técnicos não compreensíveis, não é possível considerar que o dever de informar foi corretamente cumprido. Cf. GAEDE, Limitiert akzessorisches Medizinstrafrecht statt hypothetischer Einwilligung, p. 47-48.

962. Como frisado pelo BGH, o descumprimento do dever de esclarecimento afeta o direito à autodeterminação do paciente em seu âmago, exatamente como ocorreria se o médico procedesse a uma intervenção sem colher o consentimento do paciente. Cf. BGHZ NJW 1991, 2346 (p. 2347).

963. BGH NStZ 1996, 34.

Para fazer essas escolhas, o paciente deve dispor das informações sobre a doença, o tratamento, seus riscos e alternativas. Assim, uma concepção do consentimento que não abrange o dever de esclarecimento mostra-se certamente improfícua, porquanto a aceitação de um tratamento sobre o qual nada ou pouco se sabe não reflete uma decisão autônoma do paciente, mas sim a ausência de oposição a uma decisão que é do próprio médico.

No modelo tradicional, isso claramente não é um problema. Na ética hipocrática, não há qualquer menção ou regra atinente ao dever do médico de informar, tampouco de colher o consentimento do paciente.[964] Para o direito penal, considerando que a conduta do médico estaria justificada pelo exercício regular de um direito profissional, poderia ele intervir no corpo do paciente ainda que este não soubesse exatamente de qual doença sofre ou a que procedimento será submetido. O médico possuiria, nessa perspectiva, não apenas o controle *decisional* como também *informacional*: não haveria *prima facie* qualquer exigência, ao menos sob o ponto de vista penal, que condicionasse a regularidade da sua atividade ao fornecimento prévio de informações. Mesmo nas concepções que, em geral, vinculam a regularidade do exercício da atividade médica ao *consentimento informado*, não se costuma estabelecer em que exatamente consistem essas informações, havendo ainda uma considerável percepção de que a mera assinatura de um *termo de consentimento livre e esclarecido* (= TCLE) revestiria de legitimidade a conduta do médico.

No entanto, consentir em uma intervenção não é apenas assinar um papel. O verdadeiro exercício da autonomia do paciente é concretizado por meio de uma escolha personalíssima que se faz a partir de todos os fatos e informações que lhe são apresentados. Até porque o objetivo fundamental do esclarecimento é *justamente possibilitar ao paciente que tome uma decisão médica no caso concreto,* isto é, que escolha se deseja realmente se submeter à intervenção, se prefere recusá-la ou, ainda, ser submetido a outro tratamento. Ao fim e ao cabo, a assunção do risco da intervenção por parte do paciente somente ocorre com o seu consentimento – e isso só se torna possível se o médico cumprir, de fato, o seu papel de "garante de informações".[965] Na nossa concepção, portanto, o médico "não pode contentar-se com a formalidade de um 'sim', mas de um 'sim a isso'; o conteúdo do 'isso' tem de ser de conhecimento de quem consente, e é ao médico que incumbe transmitir esse conhecimento ao paciente".[966]

Caso ao paciente não sejam fornecidas tais informações, o consentimento concedido por ele será considerado inválido, porquanto viciado, tornando punível a conduta do médico. Na concepção aqui defendida, o descumprimento do dever

964. ROSSNER, Hans-Jürgeno *Begrenzung der Aufklärungspflicht des Arztes bei Kollision mit anderen ärztlichen Pflichteno* Frankfurt am Main: Peter Lang, 1998, p. 37.
965. ESER; STERNBERG-LIEBEN, Schönke/Schröder StGB § 223, Nm. 40a.
966. GRECO; SIQUEIRA, Promoção da saúde ou respeito à autonomia?, p. 652.

de esclarecimento faz com que o consentimento concedido se baseie num *erro*, o qual de fato *se refere ao bem jurídico*, já que o paciente somente poderá dispor validamente de sua integridade física caso conheça as informações relevantes para a tomada da decisão médica que afeta o seu corpo. Se a informação a ser esclarecida for omitida dolosamente pelo médico, haverá uma *lesão corporal dolosa*, a qual permite a punição não apenas pelo tipo básico, como também pelos tipos qualificados, se for o caso. Por sua vez, se o descumprimento do dever de esclarecimento decorre de culpa, pratica o médico uma *lesão corporal culposa.*[967]

Insta frisar que o *dever de esclarecimento-para-a-autodeterminação* não se confunde com o esclarecimento *terapêutico* ou com o esclarecimento *econômico*, que se referem a outros deveres informacionais do médico, desvinculados do exercício do direito à autodeterminação do paciente. O esclarecimento *terapêutico* se destina a garantir o sucesso da intervenção médica, de modo que cabe ao médico orientar o paciente acerca de todas as medidas de cuidado a serem tomadas para que o processo de cura seja bem-sucedido.[968] Assim, deve o médico informar ao paciente todas as especificidades sobre sua doença e suas vulnerabilidades, orientando-o, por exemplo, sobre os medicamentos que deve ingerir, a necessidade de uma eventual dieta ou supressão de determinados alimentos, a importância de mudanças de estilo de vida ou de certos comportamentos que podem influenciar negativa ou positivamente o tratamento.

Por se vincular ao resultado da intervenção e ao critério da execução do tratamento conforme a *lex artis*, esse dever não se relaciona ao direito à autodeterminação do paciente. Portanto, eventuais insuficiências ou omissões quanto ao esclarecimento terapêutico[969] *não afetam a validade do consentimento*, mas podem vir a fundamentar um erro médico[970] nos casos em que a falta de informação compromete o tratamento, o que é um problema de outra ordem.

Já o esclarecimento econômico[971] se refere à necessidade de informar ao paciente todos os possíveis custos do tratamento, para que ele não seja surpreendido posteriormente com um débito que não deseje ou não possa pagar. Esse dever, da mesma forma, não se vincula ao direito à autodeterminação. Um eventual vício

---

967. IVERSEN, Katrina, Die Bedeutung der zivilrechtlichen Aufklärungspflichten für die Einwilligung in die Körperverletzung, *HRRS*, n. 11, 2018, p. 476. Por sua vez, *Souza* parece defender que o descumprimento do dever de esclarecimento ensejaria, em qualquer caso, a punição pela lesão corporal culposa, dando a entender que se trata de um erro médico. Cf. SOUZA, Direito penal médico, p. 60.

968. IMMIG, Maximiliano *Die Selbstbestimmungsaufklärung im Arztstrafrecht*. Baden-Baden: Nomos, 2016, p. 23.

969. Na Alemanha, o dever de esclarecimento terapêutico está previsto no Código Civil (§ 630c Abs. 2 S. 1 BGB).

970. HIRSCH, LK-§228, Nm. 19. Cf. a respeito BGH NJW 2005, 427.

971. Também o dever de esclarecimento econômico encontra guarida no Código Civil alemão (§ 630c Abs. 3 BGB).

quanto à assunção dos custos da intervenção poderia, no máximo, causar uma afetação do patrimônio do paciente, mas não uma lesão da sua integridade física.

Nesta sede, portanto, serão analisados os fundamentos, as categorias e a extensão do dever de esclarecimento do médico, determinando-se em que medida a omissão de certas informações ao paciente pode impedir ou dificultar o exercício do seu direito à autodeterminação. Essas questões podem ser enxergadas, em especial, a partir dos nossos casos 6, 7 e 8. Antes de adentrarmos a solução desses problemas, traçaremos um breve panorama acerca do surgimento e da evolução do dever de esclarecimento na Alemanha, o qual orientará os argumentos a serem posteriormente desenvolvidos.

4.4.5.1 A evolução do dever de esclarecimento na Alemanha

Mesmo antes do desenvolvimento da doutrina do consentimento, a relevância do dever do médico de informar o paciente já havia sido aventada, no contexto anglo-saxão, no emblemático caso *Slater vs. Baker and Stapleton*, julgado na Inglaterra em 1767, tido como o primeiro precedente histórico a reconhecer tal dever. Na ocasião, Slater havia contratado os médicos Baker e Stapleton para trocar os curativos de uma fratura na sua perna que, no entanto, não havia sido curada corretamente. Em vez disso, os médicos quebraram novamente a sua perna para realizar um tratamento com um aparato experimental, com o intuito de curar a fratura corretamente. Frisou-se, na decisão, que os médicos não poderiam executar o tratamento sem o consentimento do paciente, que deve ser sempre informado acerca do procedimento a que será submetido.[972]

Apesar do incipiente reconhecimento do dever de informação, sua verdadeira consagração no âmbito anglo-saxão se deu apenas no contexto pós-guerra, adjacente ao auge da discussão sobre o *consentimento informado*,[973] e, portanto, num momento em que discussões mais maduras sobre os deveres de informação já podiam ser encontradas na jurisprudência alemã. Em razão do pioneirismo dos julgados alemães, optamos por analisar como se deu a evolução jurisprudencial e legislativa do dever de esclarecimento nesse contexto, para, a partir da expe-

---

972. Cf. a respeito FADEN; BEAUCHAMP, A history and theory of informed consent, p. 116. BLEILER, Lisa-Maria. *Strafbarkeitsrisiken des Arztes bei religiös motiviertem Behandlungsveto*. Heidelberg: Springer, 2010, p. 22.

973. FADEN; BEAUCHAMP, A history and theory of informed consent, p. 86 e ss. No contexto anglo-saxão, com o surgimento da doutrina do *informed consent*, o esclarecimento também se tornou um dos elementos centrais da responsabilidade médica. Cf. a respeito ROSSNER, Begrenzung der Aufklärungspflicht des Arztes, p. 30 e ss. Importante precedente que reconhece o dever médico de informar refere-se ao paradigmático caso *Salgo v. Leland Stanford Jr. University Board of Trustees*, de 1957, em que se discutiu o dever de informar os riscos das intervenções médicas. Cf. FADEN; BEAUCHAMP, A history and theory of informed consent, p. 125 e ss. STANCIOLI, Relação jurídica médico-paciente, p. 55.

riência germânica, traçarmos os principais aspectos que compõem esse dever e que, portanto, afetam a validade do consentimento a ser concedido pelo paciente.

4.4.5.1.1 O protagonismo da jurisprudência alemã[974]

Na Alemanha, a já mencionada decisão do *caso da amputação*, tomada em 1894 pelo Tribunal do Império, inaugurou um novo paradigma, erigindo o consentimento como pedra angular da legitimidade das intervenções cirúrgicas.[975] No entanto, o dever de esclarecimento era, nesse momento, ainda desconhecido. As primeiras questões sobre ele emergiram, em parte, em um julgado do RG em matéria civil de 1912, em que se estipulou um dever do médico de informar o paciente acerca de possíveis consequências desfavoráveis da intervenção,[976] mas somente tomaram mais força em meados da década de 30.[977]

Em 1932, o RG analisou um caso em que é possível identificar um possível problema da exigência do esclarecimento, questionando-se a possibilidade de um médico causar, com a revelação da informação, danos à saúde do paciente. *In casu*, um naturoterapeuta havia sido condenado pela instância inferior por lesão corporal culposa em razão de ter revelado o diagnóstico de câncer a uma paciente hipocondríaca que temia muito a doença, o que lhe causou profunda depressão com tendências suicidas.[978] O RG frisou que, apesar do fato de que o diagnóstico de câncer, em geral, deve ser revelado aos pacientes, essa regra haveria de ser flexibilizada diante das especificidades do caso concreto em especial quando constatado o potencial de afetação negativa do processo de cura. Contudo, a condenação acabou sendo revertida, não em razão da correção da atitude do denunciado ao cumprir o dever de esclarecimento, mas por não haver, de acordo com o Tribunal, relação de causalidade entre a sua conduta e o resultado.[979]

Paradoxalmente, em outro julgado de natureza civil de 1940, o RG acentuou a rigidez do dever de informação. Nesse caso, a paciente havia consentido com

---

974. Parte considerável deste panorama histórico foi também traçado no artigo GRECO; SIQUEIRA, Promoção da saúde ou respeito à autonomia?, p. 655 e ss.

975. RGSt 25, 375.

976. RGZ 78, 432.

977. Cf. por exemplo RG JW 1932, 3328; RG JW 1932, 3369. A esse respeito, cf. principalmente TEMPEL, Otto, Inhalt, Grenzen und Durchführung der ärztlichen Aufklärungspflicht unter Zugrundlegung der höchstrichterlichen Rechtsprechung, *NJW*, n. 12, p. 609-617, 1980. Na literatura penal alemã, no entanto, o dever de esclarecimento somente começou a ser debatido algum tempo depois das primeiras decisões do RG. Na década de 30, *Ebermayer* chega até a identificar o problema em seu trabalho, mas não o aborda com profundidade e acaba não o solucionando, já que, na sua visão, cabe ao médico decidir quando o esclarecimento é devido ou não. EBERMAYER, Der Arzt im Recht, p. 97. Os principais escritos sobre o tema foram desenvolvidos apenas no contexto pós-guerra.

978. RGSt 66, 181. Este foi o primeiro caso na jurisprudência que discute o esclarecimento acerca do diagnóstico.

979. RGSt 66, 181, p. 183.

a extração de um tumor na mama. Para não chocar a paciente, cuja mãe havia falecido de câncer pouco antes, o médico não a esclareceu sobre a suspeita dessa doença e, ao comprová-la durante a intervenção, acabou retirando toda a mama da paciente e, com isso, excedendo aquilo que havia sido objeto do consentimento. No caso, estabeleceu-se que a afetação do humor ou entristecimento da paciente são desvantagens que devem ser assumidas e que não afetam a imprescindibilidade do esclarecimento.[980]

A partir da década de 50, o dever de esclarecimento passou a ocupar o centro da discussão acerca da responsabilidade civil do médico na Alemanha. Considerando a ausência de lei específica que regulasse a abrangência do dever de esclarecimento, seus contornos passaram a ser determinados pela jurisprudência a partir de casos concretos. As mudanças provocadas na ética da relação médico-paciente no contexto pós-segunda guerra colocaram o consentimento ainda mais em evidência[981] e fizeram com que o BGH desse continuidade à jurisprudência do RG e reafirmasse a indispensabilidade do dever de esclarecimento para a validade ao consentimento do paciente nas intervenções cirúrgicas. A definição concreta da extensão desse dever, no entanto, foi e continua sendo uma tarefa de maior complexidade.

Percebe-se, a partir da análise dos principais julgados do BGH referentes a essa matéria, que, num primeiro momento, foram definidos critérios muito rígidos, que com o passar do tempo foram sendo flexibilizados até a sua formulação atual. Esses critérios, contudo, eram frequentemente imprecisos e sofriam alterações de acordo com o caso julgado. A despeito das inseguranças geradas na época e da constante resistência dos médicos, o grande mérito da jurisprudência foi firmar uma postura de defesa dos direitos dos pacientes.[982] Não obstante, apesar de o direito penal ter assumido muito daquilo que foi desenvolvido pela jurisprudência civil,[983] certo é que a extensão do esclarecimento para fins de responsabilidade civil é notadamente diferente dos contornos exigidos pelo direito penal, razão pela qual a jurisprudência penal acaba sendo, em alguns pontos, um pouco mais contida.[984]

No primeiro *caso de tratamento com choque elétrico* (*1. Elektroschock-Urteil*[985]), um paciente que sofria de depressão foi submetido a essa intervenção e, em decorrência dela, sofreu uma fratura em uma vértebra, o que desencadeou uma paralisia em uma das pernas e problemas no intestino e no coração. O médico, no entanto, não havia informado o paciente acerca desses riscos, que eram estimados

980. RGZ 163, 129, p. 138.

981. SCHMIDT, Empfiehlt es sich, dass der Gesetzgeber die Fragen der ärztlichen Aufklärungspflicht regelt?, p. 93.

982. Como constata KATZENMEIER, Ärztliche Aufklärung, p. 96-97.

983. IMMIG, Die Selbstbestimmungsaufklärung im Arztstrafrecht, p. 55.

984. FRISCH, Einwilligung und mutmaßliche Einwilligung in ärztliche Eingriffe, p. 41.

985. BGH NJW 1956, 1006.

em 7% na época. O BGH considerou, contudo, que, por se tratar de um "dano típico" do tratamento, deveria ter sido informado previamente ao paciente, do que decorre que o dever de esclarecimento havia sido descumprido nesse caso. Frisou-se, mais uma vez, e com referência ao julgado anterior do RG,[986] que "os eventuais danos à saúde do paciente que poderiam ser causados pela revelação de informações sobre o tratamento e seus riscos no cumprimento do dever de esclarecimento seriam uma desvantagem inevitável".[987]

O posicionamento do BGH em matéria civil foi ligeiramente esmiuçado nos julgados que seguiram. No segundo *caso de tratamento com choque elétrico* (2. *Elektroschock-Urteil*[988]), a decisão do BGH tomou um rumo um pouco diferente. Aqui, a intervenção havia causado uma fratura na parte superior do fêmur e um encurtamento da perna do paciente; o risco de ocorrência desses danos era ainda menor do que no primeiro caso. O BGH acabou flexibilizando um pouco as rígidas linhas traçadas no primeiro julgado, muito provavelmente em resposta às fortes críticas a ele dirigidas, e reconheceu que o dever de informar seria, em algumas hipóteses, prescindível. Decidiu-se, portanto, que o risco então concretizado ocorria apenas em casos excessivamente raros e também que não seria suficientemente relevante para a tomada de decisão do paciente, razão pela qual não teria sido violado, *in casu*, o dever de esclarecimento. Também em uma decisão de 1956 foi reconhecida a possibilidade de o médico omitir determinadas informações quando houver "razões convincentes" para tanto.[989]

Já no *caso da radioterapia* (*Strahlenurteil*[990]), o tratamento utilizado para combater um câncer de útero havia causado danos ao sistema urinário da paciente. O tribunal, aqui, manteve uma postura firme e decidiu mais uma vez que, por ser esse risco previamente conhecido e típico do tratamento, considerando-se a sua ocorrência em 5 a 6% dos casos, deveria ele ter sido informado à paciente. De acordo com o BGH, a não revelação de certas informações estaria justificada apenas quando o esclarecimento pudesse causar uma *séria e irreparável lesão à saúde do paciente.*[991]

O rigorismo da jurisprudência do BGH foi consideravelmente flexibilizado com a decisão do *caso da neomicina*, que representou para boa parte da doutrina uma real guinada jurisprudencial.[992] O caso se referia a um tratamento de doença

---

986. RGZ 163, 129.
987. GRECO; SIQUEIRA, Promoção da saúde ou respeito à autonomia?, p. 658.
988. BGHZ 29, 46.
989. BGH VersR 1956, 406, p. 407.
990. BGHZ 29, 176.
991. BGHZ 29, 176, p. 185.
992. GRUNWALD, Gerald, Heilbehandlung und Ärztliche Aufklärungspflicht, *in*: GÖPPINGER, Hans (Org.), *Arzt und Recht:* Medizinisch-juristische Grenzprobleme unserer Zeit, München: C. H. Beck, 1966, p. 145-146; ENGISCH, Karl; HALLERMANN, Wilhelm.

nos rins de uma paciente, que lhe causou surdez. O 6º Senado Civil do BGH,[993] ao revés do que havia sido estipulado até então, firmou o entendimento de que o médico possuía o dever de informar o paciente apenas de uma maneira geral ("*im Großen und Ganzen*"), esclarecendo sobre tudo aquilo que fosse essencial para a tomada de decisão; ulteriores informações acerca do tratamento deveriam ser desveladas apenas diante de eventuais questionamentos por parte do paciente. Ponto relevante aludido na decisão é o que posteriormente foi denominado por *Engisch* de *relatividade ou individualização do dever de esclarecimento.*[994] No julgado, elucidou-se que a informação acerca dos riscos inerentes à intervenção dependeria, na verdade, de sua natureza e da dimensão das suas possíveis consequências, devendo-se levar em conta, também, as implicações que poderiam ser geradas pela abstenção do tratamento.[995] Haveria, portanto, certa relação de reciprocidade entre a *indicação* da intervenção e o *dever de esclarecer*, de modo que "quanto maiores os riscos e/ou quanto menor a indicação, tanto mais abrangente deveria ser o esclarecimento".[996] Da mesma forma, a real extensão desse dever dependeria das individualidades do paciente e das especificidades do caso.

Em matéria penal, o julgado paradigmático que explicita a relevância do dever de esclarecimento refere-se ao chamado *caso do mioma* (*Myom-Urteil*[997]), no qual a paciente foi submetida a uma cirurgia de extração de um mioma, que, no entanto, crescia junto ao útero. Durante a cirurgia, o médico resolveu retirar todo o órgão para que pudesse remover também o tumor – possibilidade que, apesar de já ser conhecida pelo médico antes da intervenção, não foi esclarecida à paciente, pois se acreditava que a informação poderia preocupá-la além do necessário.[998] Não obstante, o médico foi condenado pelo tribunal pela prática de lesão corporal culposa.

Nesse julgado, foi definido pelo BGH que cabia ao médico informar à paciente acerca de todos os possíveis desdobramentos da cirurgia de extração do mioma, porquanto era possível que a paciente preferisse viver com o tumor a retirar o seu útero, ainda que a decisão concretamente tomada pelo médico tenha sido aquela que ele assumiria para si caso estivesse na mesma situação.[999] O BGH frisou, nessa decisão, que ninguém, nem mesmo o médico, tem o poder de definir, como se juiz fosse, sob quais circunstâncias uma pessoa deve estar disposta a

---

Die ärztliche Aufklärungspflicht aus rechtlicher und ärztlicher Sicht. Köln: Carl Heymanns, 1970, p. 9.

993. BGH NJW 1963, 393.
994. ENGISCH; HALLERMANN, Die ärztliche Aufklärungspflicht, p. 33-36; 42.
995. BGH NJW 1963, 393, p. 394.
996. GRECO; SIQUEIRA, Promoção da saúde ou respeito à autonomia?, p. 660.
997. BGHSt 11, 111.
998. BGHSt 11, 111, p. 113.
999. BGHSt 11, 111, p. 113.

sacrificar a sua integridade física para, com isso, possivelmente melhorar a sua saúde.[1000]

Essa é uma decisão até hoje muito citada pela doutrina e pela jurisprudência, já que o BGH deixa bem claro que, apesar da existência de certo direito/dever do médico de buscar a cura de seus pacientes, seu exercício não pode ultrapassar a barreira do *direito* à *autodeterminação* do paciente. Isto é, a intervenção executada sem o consentimento do paciente, em especial nas situações em que ele possa concretamente manifestar a sua vontade, constitui uma verdadeira lesão à sua liberdade, à sua dignidade e ao direito à integridade corporal. Destarte, para o BGH, por mais que uma intervenção seja indicada e muitas vezes a única saída para salvar a vida do paciente, não se pode negar a ele o direito de recusar o tratamento por suas próprias razões.[1001]

Os questionamentos acerca do dever de esclarecimento continuaram sendo levantados, em especial por parte dos médicos, e, no final da década de 70, foi a vez de o Tribunal Constitucional alemão (= BVerfG) pronunciar-se acerca dessa questão. Apesar de não ter adentrado a discussão acerca de quais seriam critérios delimitadores do dever de esclarecimento, o BVerfG firmou o entendimento de que a determinação dos limites do esclarecimento a partir de critérios normativos seria possível do ponto de vista constitucional.[1002] Nessa mesma época, documentos internacionais, como a Declaração de Lisboa sobre os direitos do paciente, da Associação Médica Mundial, de setembro de 1981, também fundamentavam o direito do paciente à informação. Como podemos perceber, a discussão sobre o consentimento informado e a importância do dever de esclarecimento, nesse período, crescia exponencialmente mundo afora.[1003]

Na década de 90, importante discussão em matéria penal sobre o dever de esclarecimento em relação a alternativas de tratamento ficou em evidência a partir da decisão da "bucha Surgibone" (*Surgibone-Dübel-Entscheidung*[1004]). No caso, o chefe de cirurgia de uma clínica de neurocirurgia executou, em 6 pacientes diferentes, uma laminectomia (procedimento de extração de disco da coluna cervical) e utilizou, no pós-operatório, ossos bovinos processados, que funcionavam como espaçador das vértebras contíguas. Na época, esse procedimento era comumente realizado com o uso dos próprios ossos do paciente ou com material de plástico. Cada uma dessas opções possuía diferentes vantagens e desvantagens, sendo que o tratamento com ossos bovinos era ainda relativamente novo: havia sido realizado na Alemanha em apenas duas cirurgias, apesar de ser utilizado em especial em clínicas do Canadá e em alguns países da Europa. O Ministério da Saúde

1000. BGHSt 11, 111, p. 114.
1001. BGHSt 11, 111, p. 114.
1002. BVerfGE 52, 131, p. 170.
1003. Cf. a respeito ROSSNER, Begrenzung der Aufklärungspflicht des Arztes, p. 30.
1004. BGH NStZ 1996, 34.

alemão, no entanto, não havia ainda autorizado a utilização do "Surgibone". Em todos esses casos, os riscos da utilização de ossos bovinos no tratamento se concretizaram, causando diferentes complicações para os pacientes. O médico os havia esclarecido acerca desses riscos, contudo, não lhes havia apresentado as alternativas de tratamento, bem como os benefícios e inconveniências de cada um deles.

Ao criticar as razões utilizadas pela instância anterior, que havia condenado o médico por lesão corporal dolosa, o BGH estabeleceu que a escolha do método de tratamento incumbe ao médico, que, portanto, não seria obrigado a esclarecer sempre acerca de todas as possíveis formas de tratamento e suas diferenças. Essa decisão se distancia um pouco do padrão da jurisprudência civil,[1005] pois se afasta da pergunta sobre quais seriam os danos "típicos" e específicos daquela intervenção, ainda que raros, para se voltar para questionamentos acerca da gravidade dos riscos, que, nessa visão, seriam relevantes para determinar a extensão do esclarecimento. O real problema, para o BGH, é que se tratava de uma intervenção ainda controversa, que não exprimia o standard médico e cujo aparato necessário (a "bucha Surgibone") ainda não havia sido permitido pelos órgãos oficiais. Sobre esse ponto, deveriam os pacientes ter sido informados.[1006]

Nos anos subsequentes, as discussões acerca da possível incorporação da figura do *consentimento hipotético* no direito penal integraram boa parte dos julgados do BGH. De acordo com esse argumento, a conduta do médico seria legítima, caso, num juízo hipotético, fosse possível chegar à conclusão de que o paciente teria consentido com a intervenção da mesma forma, ainda que o médico o houvesse informado corretamente. Essa tese havia sido aventada no caso Surgibone e concretamente aplicada, ainda que não sob a denominação de "consentimento hipotético", no chamado "caso das pernas em O" (*O-Beine-Fall*).[1007]

1005. Como constatam IMMIG, Die Selbstbestimmungsaufklärung im Arztstrafrecht, p. 55. ULSENHEIMER, Klaus, Verletzung der ärztlichen Aufklärungspflicht, *NStZ*, n. 3, p. 132-133, 1996.

1006. BGH NStZ 1996, 34, p. 35. No entanto, nem mesmo o médico sabia da irregularidade daquele aparato, pois o havia encomendado normalmente na farmácia da clínica e, por desconhecer esse fato, não havia esclarecido os pacientes quanto a isso. O BGH decidiu, portanto, que o médico havia incorrido em um erro sobre os pressupostos fáticos do consentimento, razão pela qual não seria possível condená-lo pelas lesões, ao menos a título de dolo. Ainda, para o BGH alguns pontos ainda não estavam claros no caso, razão pela qual o processo retornou para a instância inferior. Questiona-se, em especial, uma hipótese de consentimento hipotético e a existência de nexo entre a informação que não foi esclarecida e o risco que se realizou no resultado.

1007. BGH Urt. v. 25.9.1990 – 5 StR 342/90 = Jurion RS 1990, 17084. Nesse caso, o paciente possuía uma deformidade nos joelhos que causava um desalinhamento nas pernas. Dois médicos ortopedistas desaconselharam a cirurgia, por considerar que ela produziria mais danos do que ganhos. O paciente, ainda assim, insistiu, pois acreditava que a operação lhe seria benéfica, e quis se submeter a ela. Antes da intervenção, os riscos da cirurgia foram informados apenas de maneira geral ao paciente. Os riscos específicos de osteomielite e

Uma das decisões que serviu de paradigma para essa discussão refere-se ao caso do disco intervertebral (*Bandscheiben-Fall*),[1008] julgado em 2003. Nele, a paciente havia sido submetida a uma ressonância magnética, por meio da qual se diagnosticou uma hérnia de disco grave entre os espaços L4 e L5 da coluna lombar, além de uma hérnia leve entre os espaços L5 e S1. O tratamento indicado para a hérnia de disco grave era cirúrgico, em que consentiu a paciente. A médica do caso, no entanto, se confundiu ao executar a intervenção e acabou operando erroneamente a hérnia leve (localizada entre L5 e S1). No dia seguinte a paciente apresentou sinais de paralisia e, após ser submetida a uma radiografia, ficou constatado o equívoco na cirurgia, o qual foi concretamente reconhecido pela médica e pelo chefe do departamento de neurocirurgia.

Chocada em razão do erro médico cometido, a médica pediu conselhos ao chefe do departamento, que sugeriu que ela mentisse sobre o erro para a paciente e a informasse acerca da necessidade de uma nova cirurgia em razão de uma recidiva precoce. Ela seguiu o conselho e a paciente consentiu na segunda cirurgia, a qual foi procedida com sucesso, extraindo-se a hérnia grave. Admitindo-se a validade da tese do consentimento hipotético, a médica somente poderia ser punida se ficasse demonstrado que, diante de um correto esclarecimento, o paciente teria recusado a intervenção.[1009] Deve-se frisar, contudo, que apesar do reconhecimento jurisprudencial a aplicabilidade dessa figura no direito penal é ainda hoje muito controversa, conforme veremos adiante.[1010]

Por fim, outro julgado relevante refere-se ao caso do suco de limão-siciliano (*Zitronensaftfall*[1011]), de 2011, em que o BGH decidiu sobre o esclarecimento acerca de métodos incomuns de tratamento. No caso, a senhora M, de 80 anos, havia sido admitida no hospital para ser submetida a uma colonoscopia. Durante o procedimento, foi encontrado um pólipo em seu intestino grosso, o qual, contudo,

---

pseudoartrose, não esclarecidos, vieram a se concretizar. Apesar de reconhecer que ele deveria ter informado o paciente sobre esses riscos, o BGH absolveu o médico com o fundamento de que, ainda que o esclarecimento houvesse sido adequado, o paciente teria mesmo assim consentido com a intervenção.

1008. BGH NStZ-RR 2004, 16. Esse julgado, no entanto, se refere à punibilidade do chefe do departamento de neurocirurgia por participação na lesão corporal provocada pela médica.

1009. BGH NStZ-RR 2004, 16. Apesar de admitir a validade do consentimento hipotético no caso do disco intervertebral, o BGH não chegou a aplicá-lo nesse caso por considerar que o *LG Ravensburg* havia deixado algumas questões probatórias essenciais em aberto. No caso concreto, apesar de as intervenções serem medicamente indicadas, poderia a paciente desejar ser operada por um outro médico, o que não ficou concretamente demonstrado no processo. Por essa razão, foi determinado o retorno dos autos ao juízo *a quo* para a produção de provas referentes à hipótese aventada.

1010. Também em outras ocasiões, o BGH veio a se pronunciar novamente sobre o dever de esclarecimento e a aplicabilidade da figura do consentimento hipotético no direito penal. Quanto a essa questão, traçaremos ulteriores comentários neste trabalho. Cf. item 4.4.5.8.

1011. BGH NStZ 2011, 343.

não poderia ser totalmente retirado por meio daquele procedimento. Diante da sugestão de uma cirurgia para a retirada do pólipo, a paciente mostrou-se relutante e hesitou em dar o seu consentimento. Depois de dois dias, e após conversar com outros médicos do hospital, M finalmente consentiu na intervenção, que foi executada no dia seguinte. Antes da cirurgia, ela foi corretamente informada acerca da razão do procedimento e da possibilidade de retirada de parte do intestino grosso. No entanto, após a cirurgia, a ferida cirúrgica inflamou e, mesmo depois do uso de antibióticos, essa condição apenas piorava. Assim, sete dias após a primeira intervenção, foi recomendada uma nova cirurgia para tratar desse quadro, a qual foi "consentida" pela paciente, que já não mais conseguia falar, por meio de um aceno com a cabeça.

Após a segunda cirurgia, o médico resolveu costurar a ferida com uma linha embebedada de suco de limão-siciliano (não esterilizado), que, em sua opinião, era uma boa opção para tratar feridas graves e difíceis de curar. O médico sabia, no entanto, que esse era um método que não expressava o standard da medicina e que não havia sido cientificamente pesquisado; ademais, ele não havia colhido o consentimento da paciente para o uso desse método incomum. Dez dias após a segunda cirurgia, a paciente veio a falecer por insuficiência cardiovascular. A influência do uso do suco de limão para o resultado fatal não ficou comprovada; no entanto, constatou-se que a infecção ocorrida com a primeira cirurgia, típica de operações no abdômen, havia sido a causa da morte. Considerando que, na visão do *LG Mönchengladbach*, o médico deveria ter esclarecido e colhido o consentimento da paciente acerca do método incomum antes mesmo da primeira operação, tanto o administrador do hospital quanto o chefe de cirurgia foram condenados pela prática de lesão corporal seguida de morte.

O BGH, ao revisar a decisão do LG, frisou que, por ser o uso do suco de limão-siciliano um método incomum, também deveria ter sido informado pelo médico. No entanto, esse vício de esclarecimento não poderia atingir a primeira operação, que foi devidamente esclarecida e corretamente executada pelo médico. Antes dela, o possível uso do suco de limão-siciliano não se vinculava a um grande risco que poderia afetar o modo de vida da paciente, como ocorreria, por exemplo, com a retirada de parte do intestino, cuja possibilidade havia sido esclarecida. Assim, a informação acerca do uso do suco poderia afetar, na verdade, apenas a legitimidade da segunda intervenção.[1012] Ademais, para o BGH não se pode imputar aos acusados uma lesão corporal seguida de morte, também porque o uso do suco e a segunda operação não contribuíram para o resultado fatal, mas apenas a infecção ocorrida após a primeira intervenção. Destarte, considerando que a possibilidade de infecção havia sido esclarecida, esse risco estava abrangido pelo consentimento, o que afasta o injusto da primeira intervenção. Quanto à segunda

1012. BGH NStZ 2011, 343, p. 344.

intervenção, o BGH não chegou a uma decisão final nesse julgamento em razão da necessidade de esclarecimento de algumas questões no processo.[1013]

Além desses, há tantos outros importantes julgados que abordam a problemática aqui discutida.[1014] De qualquer forma, resta evidente, diante do panorama exposto, a importância da jurisprudência alemã na construção e delimitação do dever de esclarecimento. Em razão da riqueza de detalhes das decisões e dos casos expostos, utilizá-los-emos como base para ilustrar os argumentos que fundamentam, a nosso ver, a intensidade e o conteúdo do esclarecimento exigido para a legitimidade penal da conduta do médico.

4.4.5.1.2 Necessidade de regulamentação legal? A lei dos direitos dos pacientes (*Patientenrechtegesetz*)

Como podemos perceber, a necessidade de concretização do respeito à autonomia dos pacientes e dos seus direitos de informação acabou sendo suprida, na Alemanha, pelas decisões dos tribunais. Não obstante, as incertezas geradas pelas oscilações da jurisprudência fizeram com que se discutisse progressivamente sobre a conveniência de uma regulamentação do dever de esclarecimento por meio de lei. Essas discussões tomaram lugar em dois diferentes âmbitos, de sorte que possíveis delimitações desse dever chegaram a integrar tanto projetos de leis penais quanto civis.

As inseguranças quanto ao grau de exigência de esclarecimento certamente afetavam em maior medida a análise da responsabilidade *penal* dos médicos. Conforme demonstramos, o dever de esclarecimento surgiu e se desenvolveu com maior profundidade no contexto da determinação da responsabilidade civil, o que deixou em aberto, por algum tempo, questões sobre como e em que medida os critérios civis deveriam ser assumidos pelo direito penal. Diante desse cenário, tentativas de inserção do dever de esclarecimento na lei alemã acompanharam dois importantes projetos de reforma penal que visavam à criação de um tipo específico referente às intervenções cirúrgicas arbitrárias.[1015]

1013. BGH NStZ 2011, 343, p. 345. Algumas questões ficaram, ainda, em aberto, razão pela qual esse caso também acabou retornando para o tribunal *a quo* para a definição de alguns pontos. De acordo com o BGH, havia dúvidas quanto à utilização de antibióticos preventivos e o esclarecimento quanto a uma possível omissão de sua utilização, o que pode ser decisivo para a imputação quanto à primeira cirurgia. Também não estava clara a razão pela qual a segunda operação somente foi executada 7 dias após a primeira.

1014. Em matéria penal, cf. o caso da broca (*Bohrerspitzen-Fall*), BGH NStZ 2004, 442; o caso do esôfago (*Speiseröhren-Fall*), BGH NStZ 2012, 205; o caso da lipoaspiração (*Liposuktion-Fall*), BGH NStZ-RR 2007, 340; e o caso do método em território desconhecido (*Neulandmethode-Fall*), BGH NJW 2013, 1688.

1015. Os projetos de lei discutidos entre 1911 e 1936 se limitavam a criminalizar o tratamento executado contra a vontade ou sem o consentimento do paciente, e não mencionavam, portanto, a existência de um dever de informação. Já o projeto de reforma de

No Projeto de 1962, não havia propriamente uma determinação sobre a extensão do dever de informação, mas tal exigência era implícita à concepção do consentimento e expressamente excetuada nos casos em que um esclarecimento pleno pudesse afetar mentalmente o interessado, de modo a prejudicar consideravelmente o resultado da intervenção (§ 162, Abs. 3, Nr. 3).[1016] Como constatou *Schwalm*, a Comissão de Reforma do Código Penal alemão havia ressaltado, à época, as dificuldades de elaboração de um critério geral e, ao mesmo tempo, capaz de solucionar todos os problemas inerentes ao esclarecimento. Diante disso, tal conceito genérico não foi previsto no projeto, mas apenas a mencionada exceção ao dever de esclarecimento, especialmente em razão das reivindicações dos médicos.[1017]

Já no importante debate ocorrido no 44º Congresso dos Juristas alemães (*44. Deutscher Juristentag*) de 1962, e a partir de minucioso parecer emitido por *Eb. Schmidt*,[1018] recomendou-se a regulamentação detalhada do dever de esclarecimento por parte do legislador.[1019] Também no Projeto Alternativo a eficácia do consentimento era expressamente condicionada ao esclarecimento sobre o modo, a extensão e as possíveis consequências do tratamento que fossem relevantes para a tomada de decisão por uma pessoa razoável (§ 123, Abs. 4).[1020] No entanto, apesar dos esforços do legislador e da ciência no sentido de traçar a melhor formulação legal para tal regulamentação, nenhuma dessas propostas chegou a ser de fato implementada.

1996 fazia menção apenas à necessidade de um "consentimento válido", mas não regulava o dever de esclarecimento. Sobre os projetos, cf. RIEDELMEIER, Ärztlicher Heileingriff und allgemeiner Strafrechtsdogmatik, p. 20-25. Destarte, uma delimitação concreta desse dever em âmbito penal pode ser depreendida apenas dos dois grandes projetos de reforma da década de 60.

1016. RIEDELMEIER, Ärztlicher Heileingriff und allgemeiner Strafrechtsdogmatik, p. 22.

1017. SCHWALM, Georg, Grenzen der ärztlichen Aufklärungspflicht aus der Sicht des Juristen, *in: Juristische Studiengesellschaft Karlsruhe*, Karlsruhe: F. C. Müller, 1961, p. 44 e ss.

1018. SCHMIDT, Empfiehlt es sich, dass der Gesetzgeber die Fragen der ärztlichen Aufklärungspflicht regelt?, p. 17 e ss.

1019. Por ocasião deste Congresso foi sugerida a seguinte redação: "'O consentimento (em uma intervenção cirúrgica) somente será eficaz se a pessoa que tem autorização para consentir (o paciente ou o seu representante legal) for esclarecida sobre o modo, gravidade e necessidade do tratamento, bem como sobre todos os demais fatos que sejam reconhecidamente relevantes para a sua tomada de decisão ou possam desempenhar algum papel para uma decisão racional'. Contudo, o esclarecimento pode ser dispensado quando o paciente ou seu representante legal não tenha consentido com o tratamento ou a intervenção, e esta é realizada 'para afastar um perigo de morte ou um dano grave à integridade corporal ou mental' e 'o esclarecimento da parte afetada puder gerar uma séria lesão do estado mental ou da saúde do paciente'". GRECO; SIQUEIRA, Promoção da saúde ou respeito à autonomia?, p. 662.

1020. RIEDELMEIER, Ärztlicher Heileingriff und allgemeiner Strafrechtsdogmatik, p. 24.

No âmbito civil, as propostas de determinação dos direitos dos pacientes e do dever de esclarecimento tomaram força em momento posterior. Para alguns, essa delimitação era desnecessária, eis que já profundamente traçada pela jurisprudência. Como esclareceu *Katzenmeier*, mesmo sem uma lei especial a Alemanha já ocupava lugar de destaque na Europa no que se referia à proteção dos direitos dos pacientes,[1021] muito em razão daquilo que havia sido desenvolvido pelos tribunais.

No entanto, propostas de regulamentação desses direitos já eram discutidas desde a década de 80. No 52º Congresso dos Juristas alemães de 1978, constatou-se a necessidade de uma concreta regulamentação de direitos contratuais e da responsabilidade civil dos médicos, bem como da ética médica. Em 1981, *Deutsch* e *Geiger* chegaram a elaborar, a pedido do Ministério da Justiça, um parecer com a proposta de uma lei que regulamentasse os direitos dos pacientes, a qual, no entanto, não chegou a ser implementada.[1022] Em 2003, com a edição da Carta dos Direitos dos Pacientes (*Charta der Patientenrechte*), publicada pelo Ministério da Saúde alemão e baseada no parecer elaborado por *Francke* e *Hart*, buscava-se promover o diálogo e o desenvolvimento de uma relação médico-paciente fundada num modelo de parceria.[1023] Essa finalidade, no entanto, não chegou a ser concretamente alcançada, haja vista não se tratar de uma lei, mas apenas de um "guia de orientação", despido de quaisquer efeitos vinculativos. Apesar de não ser regulamentado de uma maneira geral, já era possível encontrar alusões ao dever de esclarecimento em determinadas leis especiais, como "a lei de castração (§ 3 Abs. 1 KastrG), a lei de comercialização de medicamentos (§ 40, 41 AMG), a lei de transfusão (§ 6 Abs. 1 TFG), a lei de transplantes (§ 7 Abs. 2 TPG) e a lei de pesquisa genética em humanos (§ 9 GenDG)".[1024]

Na Alemanha, a Lei dos Direitos dos Pacientes (a *Patientenrechtegesetz* [= PatRG]) somente entrou em vigor no ano de 2013. O objetivo declarado da lei é gerar mais transparência e segurança jurídica, tanto para os pacientes quanto para os médicos, além de, por meio da consagração de direitos de informação e de decisão, "trazer o paciente para uma posição de igualdade em relação ao médico".[1025] Apesar de a jurisprudência já ter desenvolvido muito daquilo que foi assumido e consagrado pela lei,[1026] alegava-se que ainda assim muitos pacientes não tinham ciência de seus direitos. Argumentou-se, portanto, que uma regulamentação expressa seria necessária para garantir ao paciente a prerrogativa de

---

1021. KATZENMEIER, Die Rahmenbedingungen der Patientenautonomie, p. 576.

1022. KATZENMEIER, Die Rahmenbedingungen der Patientenautonomie, p. 576-577.

1023. Sobre a carta dos direitos dos pacientes, cf. KATZENMEIER, Ärztliche Aufklärung, p. 98. LILIE, Hans, Patientenrechte im deutschen Recht, *in*: *FS-Amelung*, Berlin: Duncker & Humblot, 2009, p. 480 e ss.

1024. GRECO; SIQUEIRA, Promoção da saúde ou respeito à autonomia?, p. 663.

1025. GRECO; SIQUEIRA, Promoção da saúde ou respeito à autonomia?, p. 663.

1026. ESER; STERNBERG-LIEBEN, Schönke/Schröder StGB § 223, Nm. 40b.

informar-se sobre seus direitos diretamente na lei.[1027] Com isso, foram promovidas modificações principalmente no Código Civil alemão, de modo a erigir o *contrato de tratamento* (*Behandlungsvertrag*) como uma modalidade contratual especial, espécie de contrato de prestação de serviço, e consagrar a exigência do *consentimento* para a licitude das intervenções médicas (§ 630d BGB), além de regulamentar os deveres de informação, de esclarecimento (§ 630e BGB) e de documentação (§ 630f BGB) dos médicos e profissionais da saúde, dentre outras alterações.

Destarte, de acordo com o § 630d Abs. 1 BGB, o consentimento do paciente é pressuposto da licitude de qualquer tratamento médico. Em casos de incapacidade, deve o consentimento do representante legal ser colhido, a não ser que o paciente já tenha escolhido previamente as intervenções a que deseja ou não se submeter por meio de uma diretiva antecipada de vontade. Se o consentimento não puder ser colhido a tempo em razão da urgência do tratamento, poderá o médico atuar sem o seu consentimento, mas de maneira correspondente à vontade presumida do paciente.

O cumprimento do dever de esclarecimento é, nos termos da lei, pressuposto de validade do consentimento (§ 630d Abs. 2 BGB). O médico possui, assim, o dever de informar ao paciente todas as circunstâncias que sejam relevantes para o seu consentimento, como "modo, extensão, realização, possíveis consequências e riscos da intervenção, além da sua necessidade, urgência, idoneidade de cura e perspectiva de êxito"[1028] (§ 630e Abs. 1 S. 1 BGB). Também o esclarecimento sobre as alternativas de tratamento é devido nas situações em que há distintos métodos igualmente indicados, mas que podem conduzir a ônus, riscos e probabilidade de cura diferentes (§ 630e Abs. 1 S. 2 BGB). Ademais, o esclarecimento deve ser feito, via de regra, oralmente e de maneira compreensível, em tempo hábil para que o paciente possa tomar uma decisão sobre o tratamento (§ 630e Abs. 2 BGB).

A nosso ver, o saldo da Lei dos Direitos dos Pacientes é, em maior medida, positivo. É claro que não é possível impor um padrão totalmente definido do dever de esclarecimento, que pode e deve ser diferenciado a depender das distintas nuances que podem concretamente caracterizar a relação médico-paciente. De fato, não é sequer desejável que a lei especifique todos os detalhes sobre esse dever, pois a definição de muitas das questões que influenciam a determinação da extensão do esclarecimento depende do caso concreto e pode, inclusive, evoluir com o tempo. Afinal, "o Direito não consegue acompanhar a rapidez dos avanços

---

1027. KATZENMEIER, Ärztliche Aufklärung, p. 98. KATZENMEIER, Die Rahmenbedingungen der Patientenautonomie, p. 577.

1028. No original: "...Dazu gehören insbesondere Art, Umfang, Durchführung, zu erwartende Folgen und Risiken der Maßnahme sowie ihre Notwendigkeit, Dringlichkeit, Eignung und Erfolgsaussichten...".

da medicina e, então, uma regulamentação muito precisa pode acabar engessando a atividade médica".[1029] No entanto, a regulamentação dos principais direitos dos pacientes e do conteúdo mínimo do dever de informar exigido mostra-se profícua, porquanto somente a partir de contornos dogmáticos claros é possível dar segurança jurídica tanto ao médico[1030] quanto ao paciente.[1031]

4.4.5.1.3 A resistência dos médicos

Diferentemente dos critérios desenvolvidos para determinar o erro médico, que se fundavam em constatações determinadas sob ponto de vista da medicina,[1032] o dever de esclarecimento desenvolveu-se como uma formulação eminentemente jurídica, o que naturalmente gerou um profundo descontentamento por parte dos médicos.

A principal crítica feita ao dever de esclarecimento no contexto civil era a de que muitos pacientes acabavam buscando a responsabilidade civil do médico com fundamento no descumprimento desse dever como forma de compensar um erro médico não comprovado ou de difícil comprovação,[1033] o que veio a ser cunhado pelos médicos de "loteria da responsabilidade médica".[1034] Apesar de válida, essa crítica não possui muita força na discussão sobre a delimitação da responsabilidade penal, já que se refere exclusivamente a um problema de prova referente à indenização civil. Para alguns autores, inclusive, essa crítica corrobora

1029. GRECO; SIQUEIRA, Promoção da saúde ou respeito à autonomia?, p. 664.

1030. SALIGER, Frank, Alternativen zur hypothetischen Einwilligung im Strafrecht, *in*: *FS-Beulke*, Heidelberg: C.F. Müller, 2015, p. 269.

1031. Sob a perspectiva italiana, *Ramacci* também ressalta a importância de uma regulamentação e propõe a elaboração um estatuto jurídico do médico e garantias dos pacientes, privilegiando o direito à autodeterminação. Cf. RAMACCI, Fabrizio, Statuto giuridico del medico e garanzie del malato, *Revista da Faculdade de Direito da UFMG*, v. 61, 2012, p. 250-253.

1032. KERN, Bern-Rüdiger; LAUFS, Adolf. *Die ärztliche Aufklärungspflicht*. Berlin: Springer, 1983, p. 5.

1033. ROSSNER, Begrenzung der Aufklärungspflicht des Arztes, p. 27. HIRSCH, LK-§228, Nm. 19. ESER; STERNBERG-LIEBEN, Schönke/Schröder StGB § 223, Nm. 40b. WACHSMUTH, Werner; SCHREIBER, Hans-Ludwig, Das Dilemma der ärztlichen Aufklärung: Neue Probleme für die Rechtsprechung, *NJW*, 1981, p. 1985.

1034. ROSSNER, Begrenzung der Aufklärungspflicht des Arztes, p. 29. Como nos lembra Roßner, também nessa época o crescente número de processos que visavam à responsabilidade civil dos médicos culminou numa considerável crise dentro da classe médica nos Estados Unidos, o que, posteriormente, gerou um aumento exponencial da quantidade de seguros feitos pelos médicos para arcar com eventuais indenizações. Cf. ROSSNER, Begrenzung der Aufklärungspflicht des Arztes, p. 31. De acordo com *Bergstein*, fenômeno similar vem ocorrendo no Brasil, constatando-se na última década um aumento relevante das ações indenizatórias contra médicos. BERGSTEIN, A informação da relação médico-paciente, p. 31. No mesmo sentido, *Lopes Jr.* ressalta que os dados divulgados pelo STJ indicam um "aumento de duzentos por centro nos casos de má prática profissional". LOPES JR., Consentimento informado na relação médico-paciente, p. 39.

o argumento de que a extensão do dever de esclarecimento na seara penal deveria ser mais restrita e menos rigorosa do que aquele exigido para fins de determinação da responsabilidade civil.[1035]

Também de acordo com os médicos, a falta de segurança jurídica e as rígidas exigências da jurisprudência faziam com que tivessem que se preocupar mais com a sua própria responsabilidade civil/penal do que com a promoção da saúde do paciente.[1036] Além disso, o dever de informação ainda era considerado por muitos médicos como algo perigoso, já que poderia vir a causar danos à saúde do paciente ou, diante de exigências excessivas quanto à informação sobre os riscos da intervenção, poderia assustar o paciente a ponto de que negasse o consentimento[1037] sem que para isso houvesse um fundamento racional.

A nosso ver, no entanto, o problema estava muito mais na delimitação clara dos contornos do esclarecimento do que na sua exigência em si. É evidente que o dever de informar não deve ser imposto de tal forma que acabe inviabilizando o exercício da atividade médica, a qual é caracterizada, naturalmente, por uma relação de cuidado para com o paciente. Deve-se reconhecer, no entanto, que o verdadeiro exercício do direito à autodeterminação sobre o próprio corpo possui como componente indissociável o direito do paciente à informação, ao qual corresponde um proporcional dever do médico de informar. Assim, para fugir das inseguranças que podem decorrer de uma definição exclusivamente jurisprudencial e relativamente volátil da extensão desse dever, a melhor opção é realmente estipular o padrão mínimo do esclarecimento por meio de lei, como foi feito na Alemanha pela Lei dos Direitos dos Pacientes, a qual supera o suposto problema da insegurança a que se referiam os médicos.

Diante disso, refutamos categoricamente a validade da última objeção à qual aludimos: a de que o esclarecimento seria algo preponderantemente *danoso* ao paciente. Com isso não estamos afirmando que a informação não é capaz de gerar danos, mas apenas que uma possível reação negativa do paciente à informação é, a princípio, uma desvantagem que deve ser assumida por um modelo que leva a sério a autonomia do paciente. Assim, não cabe ao médico, via de regra, definir se e quais informações devem ser reveladas, já que incumbe ao paciente delimitar a forma como lidará com elas. No entanto, é possível, é claro, reconhecer algumas poucas exceções ao dever de informar, como nos casos em que o próprio paciente renuncia a esse direito – já que não se trata de uma *obrigação* de ser informado –, ou, ainda, nas hipóteses em que a revelação de certas informações possa eventualmente provocar danos concretos à sua saúde. Isso, contudo, somente pode ser

---

1035. HIRSCH, LK-§228, Nm. 19. ESER; STERNBERG-LIEBEN, Schönke/Schröder StGB § 223, Nm. 40b.

1036. ROSSNER, Begrenzung der Aufklärungspflicht des Arztes, p. 30.

1037. SCHMIDT, Empfiehlt es sich, dass der Gesetzgeber die Fragen der ärztlichen Aufklärungspflicht regelt?, p. 48.

reconhecido diante de pressupostos muito bem definidos, que procuraremos traçar adiante.[1038]

4.4.5.2 O fundamento jurídico do esclarecimento: dever ético, contratual ou derivado do respeito à autonomia?

O dever de informar não é, por óbvio, desconhecido pela ética médica brasileira. Se, por um lado, a dogmática penal ainda se ancora na ultrapassada ética tradicional, por outro lado, o Código de Ética Médica brasileiro, como já frisamos, reconhece certo grau de autonomia do paciente. De acordo com o art. 34 do CEM, é vedado ao médico "deixar de informar ao paciente o diagnóstico, o prognóstico, os riscos e os objetivos do tratamento, salvo quando a comunicação direta possa lhe provocar dano, devendo, nesse caso, fazer a comunicação a seu representante legal". Em complemento ao CEM, a Recomendação n. 1/2016 do CFM alude ainda ao dever de informar sobre alternativas, benefícios, recomendações e duração do tratamento.[1039]

O Código de Ética, no entanto, não define exatamente a *extensão* desse dever de informação, o que se mostra como um primeiro problema. É também muito tímido ao tentar determinar o *conteúdo* do esclarecimento, que, conforme demonstraremos, ultrapassa a mera revelação do diagnóstico, prognóstico, riscos e objetivos do tratamento. Além disso, a exceção referente aos casos em que a revelação das informações possa causar danos ao paciente é demasiado ampla, necessitando também de uma maior precisão. Na nossa concepção, portanto, as orientações do CEM são, em alguns pontos, equivocadas; em outros, insuficientes. Apesar disso, não há dúvidas de que o encargo de informar é, no Brasil, um *dever ético* inerente à profissão médica.

No entanto, ainda que se reconheça um dever profissional de informar, fato é que não é possível restringi-lo à esfera ética ou moral, uma vez que ele constitui, em sua essência, um verdadeiro *dever jurídico*. No que se refere à *responsabilidade civil* do médico, é possível questionar se o dever de informar representaria uma obrigação contratual ou extracontratual (delitual).[1040] Isto é, trata-se de determinar se o que vincula o médico ao paciente, impondo àquele um dever de

---

1038. Cf. item 4.4.5.7.1.

1039. CONSELHO FEDERAL DE MEDICINA, Recomendação nº 1/2016, p. 15.

1040. No direito civil, deve-se diferenciar a responsabilidade delitual (denominada, na Alemanha, de *Deliktsrecht*) da responsabilidade civil especial. A responsabilidade delitual ou extracontratual (*neminem laedere*), por um lado, refere-se a obrigações genéricas de uma pessoa em relação a todas as demais, que, se descumpridas, geram o dever de reparar o dano causado. Esse tipo de responsabilidade está disciplinado, no Brasil, pelos arts. 186 e ss. e 927 e ss. do CCB e, na Alemanha, pelo § 823 e ss. do BGB. No entanto, caso haja entre os sujeitos um vínculo especial (*Sonderverbindung*), que decorre de um acordo de vontade entre as partes e os atrela de modo mais acentuado, haverá uma responsabilidade civil especial, que, na maioria das vezes, é contratual. Essa responsabilidade, portanto, dependerá daquilo que

informação, é o *negócio jurídico* (como acreditava *Zitelmann*[1041]), decorrente do contrato de prestação de serviços médicos firmado entre ambos, ou se, indo além, tal vinculação deriva de uma obrigação profissional e extracontratual do médico.

Na Alemanha, embora o esclarecimento tenha sido considerado, num primeiro momento, um dever contratual,[1042] o BGH e boa parte da doutrina passaram a concebê-lo como um dever de profissão (extracontratual) do médico.[1043] Do mesmo modo, também o Tribunal Constitucional alemão já havia estabelecido que o vínculo entre o paciente e o médico transcende aquele inerente a uma relação meramente derivada de um contrato.[1044] Atualmente, em especial após a inserção do § 630e no Código Civil alemão, concebe-se o esclarecimento como um dever contratual, principalmente no que se refere à delimitação da responsabilidade civil, mas também como um dever de profissão, o que é decisivo para definir a responsabilidade penal.[1045]

No Brasil, a responsabilidade civil dos profissionais está prevista no art. 951 do Código Civil, situado no capítulo sobre indenização. Não obstante, de acordo com a maior parte da jurisprudência e doutrina brasileiras, a relação médico-paciente se fundamenta no contrato firmado entre eles.[1046] Nesse sentido, para o STJ o dever de informar decorre "da boa-fé objetiva e sua simples inobservância caracteriza inadimplemento contratual, fonte de responsabilidade civil *per se*".[1047] Considera-se ainda que o contrato de serviços médicos é de natureza consumerista[1048] e, com isso, o dever de esclarecimento deriva também do Código

foi estipulado entre as partes no contrato e, naturalmente, das regras gerais a ele aplicáveis. Ademais, ela costuma ser mais estrita do que a responsabilidade delitual.

1041. ZITELMANN, Ausschluß der Rechtswidrigkeit, p. 48 e ss. Sobre a incorporação da teoria de *Zitelmann* na compreensão penal do consentimento, cf. OHLY, Einwilligung und "Einheit der Rechtsordnung", p. 451 e ss.

1042. Mesmo diante da jurisprudência do BGH, parte da doutrina continuou sustentando que o dever de esclarecimento decorria do contrato firmado entre o médico e o paciente, o qual o fundamentava e o limitava, simultaneamente. KERN; LAUFS, Die ärztliche Aufklärungspflicht, p. 10.

1043. BGH NJW 1956, 1106.

1044. BVerfGE 52, 131 (p. 169-170).

1045. Cf. por todos IMMIG, Die Selbstbestimmungsaufklärung im Arztstrafrecht, p. 22.

1046. No Brasil, o STJ já reconheceu a natureza contratual da relação médico-paciente (BRASIL. Superior Tribunal de Justiça. REsp 1104665/RS. Relator: Ministro Massami Uyeda, julgado em 09.06.2009. Brasília, 2009). Para *Lopes Jr.*, trata-se de um contrato *sui generis*. LOPES JR., Consentimento informado na relação médico-paciente, p. 198. Sobre o debate brasileiro acerca da natureza jurídica da responsabilidade civil do médico, se contratual ou extracontratual, cf. BERGSTEIN, A informação da relação médico-paciente, p. 34-39.

1047. BRASIL. Superior Tribunal de Justiça. REsp 1.540.580/DF. Relator: Ministro Lázaro Guimarães. Brasília, 2018, p. 2.

1048. RAGAZZO, Carlos Emmanuel Joppert. *O dever de informar dos médicos e o consentimento informado*. Curitiba: Juruá, 2009, p. 65. PEREIRA, Paula Moura Francesconi

de Defesa do Consumidor.[1049-1050] Assim, com base no art. 6º, III, do CDC,[1051] afirma-se que "somente a informação adequada, suficiente e veraz permite o chamado consentimento informado".[1052] Essa solução parece ser adequada, mas, diante da ausência de uma regulamentação civil, bem como de uma lei dos direitos dos pacientes no Brasil, padece de maneira ainda mais acentuada do problema da indeterminação, já que não é possível depreender do CDC tampouco da boa-fé objetiva qualquer especificidade referente à relação médico-paciente ou, ainda, ao conteúdo e à extensão do dever de esclarecer.[1053]

O que faz, afinal, com que esse dever de informar seja relevante para a determinação da responsabilidade penal?[1054] A nosso ver, o esclarecimento se torna um

de Lemos. *Relação médico-paciente:* o respeito à autonomia do paciente e a responsabilidade civil do médico pelo dever de informar. Rio de Janeiro: Lumen Juris, 2011, p. 156.

1049. PITHAN, Lívia Haygert, O consentimento informado como exigência ética e jurídica, *in*: CLOTET, Joaquim; FEIJÓ, Anamaria; OLIVEIRA, Marília Ferhardt de (Orgs.), *Bioética:* uma visão panorâmica, Porto Alegre: EDIPUCRS, 2005, p. 142-143. PEREIRA, Relação médico-paciente, p. 175. Para *Pereira*, no entanto, esse entendimento se vincula *prima facie* às situações em que há, de fato, um contrato firmado entre médico e paciente. Nos demais casos, que envolvem, por exemplo, o médico servidor público ou o médico que atende situações de emergência, entende-se que haveria uma responsabilidade civil extracontratual. PEREIRA, Relação médico-paciente, p. 157.

1050. Também o STJ definiu em recente julgado que, "inexistente legislação específica para regulamentar o dever de informação, é o Código de Defesa do Consumidor o diploma que desempenha essa função, tornando bastante rigorosos os deveres de informar com clareza, lealdade e exatidão (art. 6º, III, arts. 8º e 9º)." (STJ, REsp 1.540.580/DF, 2018). Nesse sentido, cf. também RIO DE JANEIRO. Tribunal de Justiça. Apelação Cível n. 2006.001.13957. Rel. Des. Roberto de Abreu e Silva, julgado em 17/10/2006. Rio de Janeiro, 2006, p. 267. Por sua vez, em um caso julgado pela Quarta Turma do STJ, estabeleceu-se que "a obrigação de obter o consentimento informado do paciente decorre não apenas das regras de consumo, mas muito especialmente das exigências éticas que regulam a atividade médico-hospitalar". BRASIL. Superior Tribunal de Justiça. REsp 467.878/RJ. Relator: Ministro Ruy Rosado de Aguiar, julgado em 05.12.2002. Brasília, 2002, p. 5.

1051. Ainda, com fundamento no art. 14 do CDC, argumenta-se também que o médico pode responder pela insuficiência ou inadequação das informações independentemente da demonstração de culpa. Nesse sentido, CAMARGO, Rosmari Aparecida Elias; CAMPOS, Roberto Augusto de Carvalho, A autonomia do médico e do paciente no atual Código de Ética Médica, *in*: PASCHOAL, Janaína Conceição; SILVEIRA, Renato de Mello Jorge (Orgs.), *Homenagem a Miguel Reale Júnior*, Rio de Janeiro: LMU Mundo Jurídico, 2014, p. 652.

1052. CAVALIERI FILHO, Sérgio, Responsabilidade Médica e o Dever de Informar, *Revista da EMERJ*, v. 7, n. 28, 2004, p. 83.

1053. No mesmo sentido, *Lopes Jr.* considera que "o consentimento informado possui uma dimensão mais ampla do aquela que afeta a relação consumerista". LOPES JR., Consentimento informado na relação médico-paciente, p. 99.

1054. Em países como *Portugal*, essa discussão pode ser mais facilmente dirimida, haja vista a previsão expressa do dever de esclarecimento na lei penal. De acordo com o artigo 157º do CP português: "Para efeito do disposto no artigo anterior, o consentimento só é eficaz quando o paciente tiver sido devidamente esclarecido sobre o diagnóstico e a índole, alcance, envergadura e possíveis consequências da intervenção ou do tratamento, salvo se

dever jurídico-penal, no paradigma da autonomia, na medida em que se exige que a vontade do paciente de submeter-se ao tratamento seja verdadeiramente livre. Esse dever do médico, portanto, deriva *da própria autonomia e do direito* à *autodeterminação do paciente*, não sendo sequer necessário fazer alusão ao contrato ou à ética médica.[1055] Até porque as regras que orientam a ética possuem alcance limitado e a responsabilidade penal não depende necessariamente daquilo que o CEM estipula como orientação para os médicos. Essas normas, na verdade, têm valor apenas indiciário para o direito penal. É claro que o art. 34 do CEM pode servir como baliza para corroborar a existência de um dever de esclarecimento, da mesma forma que as normas de contextos específicos da sociedade influenciam, por exemplo, a delimitação do risco permitido no âmbito dos crimes culposos. Aquilo que é fixado para a ética médica não é, no entanto, *determinante* para a estipulação da extensão do dever de informar, já que o Código de Ética não possui o condão de determinar o que é e o que não é uma lesão corporal ou um constrangimento ilegal.

Ademais, tampouco pode o esclarecimento derivar exclusivamente da relação contratual, porquanto os deveres do médico perante o paciente não devem depender das possíveis intercorrências do contrato e ser afastados, por exemplo, diante de eventuais vícios. De fato, a relação médico-paciente, por se referir a interferências em direitos fundamentais, é algo que, ao menos no âmbito penal, vai muito além de uma mera relação contratual.[1056]

Ohly constata que o chamado "princípio da unidade do ordenamento jurídico" (*Einheit der Rechtsordnung*), apesar de ser muito utilizado para fundamentar um tratamento uniforme das causas de justificação (como o *estado de necessidade* e a

isso implicar a comunicação de circunstâncias que, a serem conhecidas pelo paciente, poriam em perigo a sua vida ou seriam susceptíveis de lhe causar grave dano à saúde, física ou psíquica."

1055. O mesmo ocorre, por exemplo, com a determinação da posição de garante no direito penal, que, de acordo com a doutrina mais atual, não pode se fundamentar exclusivamente numa fonte formal de dever (como um contrato), mas apenas numa circunstância fática. Cf. a respeito ESTELLITA, Heloísa. *Responsabilidade penal de dirigentes de empresas por omissão*: Estudo sobre a responsabilidade omissiva imprópria de dirigentes de sociedades por ações, limitadas e encarregados de cumprimento por crimes praticados por membros da empresa. São Paulo: Marcial Pons, 2017, p. 83. Não é o contrato, portanto, que define quando o médico é garante, por exemplo, da mesma forma que não é o Código de Ética e/ou o contrato de prestação de serviços médicos que delimita a extensão do dever de esclarecimento.

1056. Partindo do pressuposto de que o vínculo entre médico e paciente realmente constitui uma relação contratual de consumo, poder-se-ia argumentar que o médico que omite informações do paciente praticaria o crime previsto no art. 66 do CDC: "Fazer afirmação falsa ou enganosa, ou omitir informação relevante sobre a natureza, característica, qualidade, quantidade, segurança, desempenho, durabilidade, preço ou garantia de produtos ou serviços: Pena – Detenção de três meses a um ano e multa". A nosso ver, muito mais do que uma mera violação de um dever informacional relativo à prestação de serviços, o médico pratica nesses casos verdadeira lesão corporal.

legítima defesa), não tem afetado a dogmática do consentimento.[1057] No entanto, se compreendermos este princípio não como uma exigência de julgamento idêntico nas searas penal e civil, mas sim como uma imposição de ausência de contradições, é possível reconhecer que, se os pressupostos de uma indenização civil são diferentes daqueles referentes à imputação penal, a omissão de certas informações pode possuir, na mesma medida, consequências diversas em ambas as searas.[1058] De fato, o contrato pode estipular deveres mais sensíveis do que aqueles inerentes à tutela penal da integridade física e da liberdade, sendo possível que a mera violação de uma obrigação contratual fundamente um ilícito civil que, no entanto, seja irrelevante na seara penal. Não há necessidade, assim, que haja uma total congruência entre essas esferas, e não é correto simplesmente assumir todos os critérios civis para o direito penal.[1059]

Como já ressaltamos, a simples assinatura de um termo de consentimento, ainda que seja nomeado de *livre e informado*, não é garantia de que aquela escolha tomada é autônoma. A liberdade e a informação devem ser *reais* para que se atribua validade ao consentimento do paciente que afasta a tipicidade da conduta do médico. Do contrário, nas situações em que o médico deixa de revelar informações relevantes para a tomada de decisão haverá um *vício de vontade* que o macula, já que o paciente agirá em *erro quanto ao bem jurídico*.[1060] Isso, portanto, torna a conduta do médico punível (a princípio, a título de lesão corporal). Considerando que o fundamento do dever de esclarecimento no âmbito penal é a própria autonomia do paciente, a questão nevrálgica que se coloca aqui, e que determina simultaneamente os limites desse dever, é: *qual o nível de conhecimento necessário para que se possa exercer livremente o direito* à *autodeterminação sobre o próprio corpo*?

4.4.5.3 Limites e extensão do esclarecimento

Na doutrina alemã, no que se refere à imprescindibilidade do dever de esclarecimento-para-a-autodeterminação para a atribuição de legitimidade aos tratamentos médicos, tanto autores monistas quanto dualistas entram em considerável consenso. Contudo, se a necessidade de esclarecer é relativamente pacífica, a

---

1057. OHLY, Einwilligung und ''Einheit der Rechtsordnung", p. 455.

1058. É possível discutir, inclusive, se a violação do dever de esclarecimento no direito civil realmente macula o consentimento ou se se refere ao descumprimento de uma obrigação autônoma. Cf. a respeito OHLY, Ansgar. Volenti non fit iniuria: Die Einwilligung im Privatrecht. Tübingen: Mohr Siebeck, 2002, p. 387. Sobre a possível vinculação entre as instâncias civil e penal, cf. OHLY, Einwilligung und ''Einheit der Rechtsordnung", p. 451 e ss.

1059. ESER; STERNBERG-LIEBEN, Schönke/Schröder StGB § 223, Nm. 40b.*Ohly* reconhece, no entanto, que no contexto do direito médico e dos esclarecimentos para o consentimento é desejável que haja uma harmonia entre o direito civil e o direito penal. OHLY, Einwilligung und ''Einheit der Rechtsordnung", p. 457.

1060. ROXIN; GRECO, Strafrecht Allgemeiner Teil, §13, Nm. 112.

extensão e as nuances desse dever não são ainda tão evidentes. Especialmente no contexto penal, deve-se cuidar para que os contornos do dever de esclarecimento não possuam raio demasiado amplo, de sorte a fundamentar uma lesão corporal em razão da mera violação de uma formalidade. Seria excessivo, por exemplo, punir um médico penalmente por não ter informado ao paciente um risco de dermatite decorrente do uso do esparadrapo no pós-operatório, que sequer se realizara no resultado. Esse, definitivamente, não é o objetivo da exigência do esclarecimento enquanto pressuposto de legitimidade das intervenções médicas.

Assim, o que macula a validade do consentimento não é a omissão de *qualquer* informação sobre a condição médica do paciente. Além disso, naturalmente, a *extensão* do dever de esclarecimento depende diretamente da definição dos *limites* aplicáveis a ele. A obrigação penal do médico de esclarecer deve subsistir até o ponto em que o fluxo de informações realmente influir no exercício do direito à autodeterminação do paciente em relação ao seu corpo. A partir dessa barreira limitadora, na nossa visão, a omissão de informações será irrelevante para a análise da validade do consentimento, porquanto não mais afetará a integridade física do paciente.

Na literatura alemã, diversos autores procuraram desenvolver critérios para a determinação dos limites aplicáveis à punibilidade do médico em razão do descumprimento do dever de informar.[1061] Dentre as propostas que visam a traçar critérios limitadores autônomos, aplicáveis especialmente ao direito penal, talvez a mais convincente seja a de *Roxin*, que utiliza o critério do *conflito decisional* (*Entscheidungskonflikt*).[1062] De acordo com ele, deve-se partir de uma análise supositícia: se a informação, uma vez de fato comunicada, pudesse colocar o paciente, com base em suas preferências pessoais, em situação de conflito decisional, isto é, em posição na qual novas razões relevantes a favor ou contra uma recusa da operação entrassem em questão, a ausência do esclarecimento conduziria à punibilidade da conduta do médico por lesões corporais.[1063] Dessa forma, somente haveria uma lesão corporal diante da concreta omissão de informações que fossem importantes para a tomada de decisão do paciente.

Numa posição nitidamente mais restritiva, *Gaede* visa a traçar limites vinculados à afetação do bem jurídico tutelado pelo tipo de lesão corporal, que, na sua concepção, protege apenas o corpo em si, e não a liberdade de disposição do

---

1061. O critério mais debatido parece se referir à figura de origem civilista do *consentimento hipotético*, a qual, de tão polêmica, merece uma abordagem independente. Cf. item 4.4.5.8. Curiosamente, a maior parte das propostas que serão a seguir expostas surgiram como alternativa e/ou crítica à incorporação da figura do consentimento hipotético como substitutivo do consentimento real no direito penal.

1062. ROXIN, Claus, Hypothetische Einwilligung im Medizinstrafrecht?, *Medstra*, v. 3, 2017, p. 136. ROXIN; GRECO, Strafrecht Allgemeiner Teil, §13, Nm. 128b. Essa expressão, na verdade, tem origem na própria jurisprudência alemã. Cf. por exemplo BGHZ 172, 254.

1063. ROXIN, Hypothetische Einwilligung im Medizinstrafrecht?, p. 136.

seu titular sobre ele. Assim, o dever de esclarecimento limitar-se-ia, no direito penal, às situações em que é relevante para a afetação do corpo do paciente e, portanto, não deveria se destinar apenas à otimização da sua decisão.[1064] Esse último aspecto seria incumbência exclusiva da dimensão civil do dever de esclarecimento.[1065] *Gaede* defende, nesse sentido, que o consentimento do paciente somente estaria viciado diante da omissão das informações essenciais que tornam compreensíveis a *intervenção* na integridade física ou os *riscos* a ela atrelados.[1066] O esclarecimento não abrangeria, por exemplo, as alternativas de tratamento,[1067] o diagnóstico[1068] ou a probabilidade de sucesso da intervenção,[1069] pois esses aspectos se refeririam apenas à liberdade de decisão e não à afetação do corpo do paciente.

Já para *Saliger,* determinante é que, apesar do vício de esclarecimento, a decisão do paciente seja *ainda assim autorresponsável*, isto é, fundada num conhecimento suficiente sobre o risco concreto de lesão ao seu bem jurídico decorrente da intervenção.[1070] Destarte, "somente graves violações do dever de esclarecimento civil seriam penalmente relevantes".[1071] *Krüger* afirma, por sua vez, que violações culposas do dever de esclarecimento somente seriam puníveis diante de um *erro grosseiro* do médico,[1072] de sorte que erros ínfimos quanto à revelação de informações não possuiriam dignidade penal. Para traçar esse raciocínio, o autor alude à discussão sobre a responsabilidade penal do causador de um acidente pela morte da vítima nas situações em que o médico que a socorre comete, posteriormente, um pequeno erro na execução da intervenção potencialmente salvadora. Nesses casos, afirma-se que erros médicos ínfimos não impedem a imputação do resultado morte ao causador do acidente. Da mesma forma, somente erros crassos de esclarecimento poderiam fundamentar uma responsabilidade pela intervenção executada sem consentimento válido. Diante da possibilidade de uma eventual

---

1064. Assim como *Gaede*, também *Iversen* procura restringir o dever de esclarecimento no âmbito penal às informações que possuem *referência ao corpo* (*Körperbezug*), adotando uma compreensão limitada da integridade física. IVERSEN, Die Bedeutung der zivilrechtlichen Aufklärungspflichten für die Einwilligung in die Körperverletzung, p. 480 e ss.

1065. GAEDE, Limitiert akzessorisches Medizinstrafrecht statt hypothetischer Einwilligung, p. 52.

1066. GAEDE, Limitiert akzessorisches Medizinstrafrecht statt hypothetischer Einwilligung, p. 51-52 e 73.

1067. GAEDE, Limitiert akzessorisches Medizinstrafrecht statt hypothetischer Einwilligung, p. 52.

1068. GAEDE, Limitiert akzessorisches Medizinstrafrecht statt hypothetischer Einwilligung, p. 65.

1069. GAEDE, Limitiert akzessorisches Medizinstrafrecht statt hypothetischer Einwilligung, p. 66.

1070. SALIGER, Alternativen zur hypothetischen Einwilligung im Strafrecht, p. 269-270.

1071. SALIGER, Alternativen zur hypothetischen Einwilligung im Strafrecht, p. 270.

1072. *Ulsenheimer* também se inclinava nesse sentido e aludia ao critério do "erro grosseiro". Cf. ULSENHEIMER, Verletzung der ärztlichen Aufklärungspflicht, p. 133.

determinação concreta do conteúdo do erro grosseiro por parte da jurisprudência civil, deveria também o direito penal assumir os mesmos critérios para determinar a responsabilidade penal do médico.[1073]

Swoboda, por seu turno, propõe a utilização da *cláusula de reprovabilidade* (*Verwerflichkeitsklausel*) para a análise do tipo penal da lesão corporal, nos mesmos moldes daquelas previstas, na Alemanha, para os delitos de constrangimento ilegal (*Nötigung*, § 240 StGB) e extorsão (*Erpressung*, § 253 StGB).[1074] Por não estar expressamente prevista no tipo da lesão corporal, tal cláusula deveria ser desenvolvida e aplicada pela jurisprudência. Nessa concepção, só haveria injusto de lesão corporal nas situações em que o desrespeito ao direito à autodeterminação do paciente pudesse ser tido como reprovável – o que não ocorreria, concretamente, em casos de violações bagatelares do dever de esclarecimento, bem como nas hipóteses em que a alusão do paciente à violação desse dever mostrar-se abusiva.[1075]

Se o que fundamenta o dever de esclarecimento é o respeito ao direito à autodeterminação do paciente sobre seu corpo, na nossa concepção, a extensão do esclarecimento exigido para se considerar o consentimento válido deve ser definida, como já frisamos, a partir da indagação, feita numa *perspectiva ex ante*, sob a ótica e a partir das *características e valores individuais do paciente*, sobre quais são as *informações que influenciam a liberdade do consentimento* a ser dado por ele. Portanto, toda a nossa análise acerca da extensão e do conteúdo do esclarecimento será desenvolvida a partir desse critério.[1076]

1073. KRUGER, Matthias, Zur hypothetischen Einwilligung – Grund, Grenzen und Perspektiven einer verkannten Zurechnungsfigur, *in*: *FS-Beulke*, Heidelberg: C.F. Müller, 2015, p. 146.

1074. Na Alemanha, tanto o tipo penal de coação (§ 240, Abs. 2, StGB), similar ao nosso constrangimento ilegal (art. 146, CPB), quanto o de extorsão (§ 253, Abs. 2, StGB) preveem a chamada *cláusula de reprovabilidade*. Esse preceito se destina ao afastamento da antijuridicidade de condutas que, apesar de preencherem objetivamente o tipo, não devem ser punidas; ele funciona, assim, como uma correção posterior, que evita a punição de condutas não reprováveis. Basicamente, deve-se analisar a reprovabilidade do meio, do fim e do nexo entre o meio e o fim. Cf. a respeito WESSELS, Johannes; HETTINGER, Michael. *Strafrecht Besonderer Teil:* Straftaten Persönlichkeits- und Gemeinschaftswerte. vol. 1. 39. ed. Heidelberg: C.F. Müller, 2015, § 8, Nm. 423. Por exemplo, considera-se que se um pai estaciona o seu carro atrás do de um médico, de modo a constrangê-lo a atender o seu filho doente, a sua conduta seria objetivamente típica, mas não reprovável e, portanto, lícita. Apesar do fato de que comumente os elementos da antijuridicidade são negativos (afasta-se a antijuridicidade diante da incidência de alguma causa de justificação), a reprovabilidade seria um pressuposto positivo da antijuridicidade nesses tipos específicos, de modo que a coação e/ou a extorsão somente seriam antijurídicas caso fossem, de fato, reprováveis.

1075. SWOBODA, Die hypothetische Einwilligung, p. 30-31.

1076. A concretização dessa premissa por meio de exemplos será desenvolvida, principalmente, no item 4.4.5.6, que se refere ao conteúdo do esclarecimento e ao qual remetemos o leitor.

Essa posição se assemelha àquela exarada por *Roxin* e, em certa medida, à de *Saliger*, o qual deixou em aberto apenas a questão sobre o que seriam as "lesões graves" ao dever de esclarecimento. Não há necessidade de aludir à figura do "erro grosseiro" de *Krüger* – critério que, além de não delimitar concretamente a punibilidade do médico por vícios de esclarecimento, não se vincula expressamente à autodeterminação do paciente. A nosso ver, essa concepção poderia ser útil apenas se a "irrelevância" da informação omitida for determinada sob uma perspectiva *ex ante* e com base nos valores do próprio paciente.

Deve-se notar que também a proposta da cláusula de reprovabilidade parece deficitária no que tange à sua concretude[1077] – e se a sua utilização por analogia já é complexa e controversa no contexto do ordenamento jurídico alemão,[1078] é com ainda mais razão questionável à luz da lei brasileira, que não prevê tal cláusula corretora. Por fim, não há como incorporar o fundamento limitador traçado por *Gaede*, eis que totalmente incompatível com a tese aqui desenvolvida. Como podemos perceber, o autor parte de um pressuposto diametralmente oposto ao aqui adotado, já que sua concepção de integridade física abrange somente o corpo em si e não a liberdade de disposição do paciente sobre ele. A nosso ver, no entanto, não é possível, num paradigma que leva a sério o respeito à autonomia, separar o corpo e a vontade,[1079] razão pela qual defendemos que o dever de esclarecimento se refere, sim, à tutela da liberdade de decisão e da autodeterminação do paciente em relação àquilo que sucede com seu próprio corpo.

Para que se possa responsabilizar o médico pela violação do dever de esclarecimento, é importante constatar se, de fato, o *paciente teve ou não acesso àquela informação omitida pelo médico*. Isso porque, caso se demonstre que o paciente *sabia* da informação, ainda que o médico não a tenha esclarecido expressamente, não há razões para se considerar que o consentimento exarado não era verdadeiramente livre e, assim, não haverá vício de vontade que macule o consentimento.[1080] Destarte, se o paciente é também médico ou estudante de medicina e já possui conhecimentos sobre o tratamento ou, até mesmo, se veio a pesquisar sobre o tratamento na internet e se informou sobre alguns aspectos que não haviam sido concretamente esclarecidos, o consentimento permanecerá válido e afastará o injusto. Percebe-se, portanto, que a nossa concepção se destina à garantia do exercício *fático* do direito à autodeterminação sobre o próprio corpo.

1077. SALIGER, Alternativen zur hypothetischen Einwilligung im Strafrecht, p. 269.

1078. Além de, na visão de alguns autores, ser até mesmo *contrária* à lei, já que o legislador alemão já teria se posicionado expressamente contra uma cláusula de reprovabilidade no tipo de lesões corporais. Cf. a respeito GAEDE, Limitiert akzessorisches Medizinstrafrecht statt hypothetischer Einwilligung, p. 59.

1079. Como já demonstramos extensivamente no item 4.2.4.

1080. Como também constata GAEDE, Limitiert akzessorisches Medizinstrafrecht statt hypothetischer Einwilligung, p. 47.

Deve-se ressaltar, no entanto, que caso o médico viole dolosamente o dever de esclarecimento com o intuito de *enganar* o paciente e, com isso, dirigir a sua vontade de modo a obter o seu consentimento, este será necessariamente inválido e a conduta do médico punível.[1081] Nessas situações, é evidente que, se a informação foi omitida pelo médico para ludibriar o paciente, o consentimento exarado não pode ser considerado verdadeiramente livre, eis que *heterodeterminado*.

A nosso ver, a correção dessa conclusão pode ser enxergada a partir do supramencionado caso do disco intervertebral,[1082] em que a médica mentiu para a paciente sobre um erro ocorrido numa intervenção anterior[1083] para convencê-la a se submeter a uma nova cirurgia, de sorte a realizar aquilo que havia sido inicialmente planejado. Apesar de ambas as intervenções serem medicamente indicadas, a paciente havia consentido, num primeiro momento, apenas com a retirada da hérnia grave, razão pela qual o seu consentimento não abrangia a retirada – equivocadamente realizada – da hérnia leve. Assim, já teríamos na primeira cirurgia uma conduta punível. Quanto à segunda intervenção, não poderia a médica adentrar novamente o território corporal da paciente sem lhe revelar o ocorrido anteriormente, até porque cabia à paciente escolher se desejava ou não ser operada pela mesma médica que havia cometido o erro (e, ainda, mentido em relação a ele). Assim, o consentimento com a segunda cirurgia era inválido – e isso não apenas em virtude da violação do dever de esclarecimento, mas também da existência de um vício de consentimento ainda mais acentuado em razão do *engano* decorrente da ocultação do erro.[1084]

4.4.5.4 A intensidade do esclarecimento

A intensidade do dever de esclarecimento não pode ser definida abstratamente, uma vez que depende das circunstâncias do caso concreto e das características pessoais do paciente. O médico, via de regra, deve informar de maneira geral (*Aufklärung im Großen und Ganzen*),[1085] isto é, fornecer ao paciente todas as informações essenciais para que se tenha uma noção global, *v.g.*, sobre a doença, a dimensão da intervenção, suas alternativas e seus riscos específicos e graves, de modo a viabilizar a tomada de uma decisão livre e autorresponsável. Assim, todas

---

1081. GAEDE, Limitiert akzessorisches Medizinstrafrecht statt hypothetischer Einwilligung, p. 57. KRUGER, Zur hypothetischen Einwilligung, p. 146-147. SALIGER, Alternativen zur hypothetischen Einwilligung im Strafrecht, p. 270.

1082. BGHSt NStZ-RR 2004, 16.

1083. Situação similar ocorreu no caso da broca (*Bohrerspitzen-Fall*), BGH NStZ 2004, 442.

1084. Para *Gaede*, por essas mesmas razões é a conduta da médica punível a título de lesão corporal dolosa. GAEDE, Limitiert akzessorisches Medizinstrafrecht statt hypothetischer Einwilligung, p. 68-69. No mesmo sentido, ROXIN; GRECO, Strafrecht Allgemeiner Teil, § 13, Nm. 130.

1085. BGHZ NJW 1963, 393.

as circunstâncias capazes de influenciar a decisão do paciente devem ser a ele reveladas, não sendo permitido ao médico que as atenue ou as acentue.[1086]

Contudo, esclarecer de maneira geral não significa fazê-lo de modo genérico. O consentimento genérico (*blanket consent*), concedido nas situações em que o paciente, sem ter sido informado especificamente sobre a intervenção, simplesmente aceita a prática de qualquer ato proposto pelo médico, não produz, via de regra, efeitos legitimantes,[1087] a não ser que o paciente assim o deseje. Dessa forma, o esclarecimento não pode ser genérico, devendo, antes, vincular-se às especificidades da intervenção a ser executada.

O esclarecimento geral pode ser suavizado ou intensificado a depender das peculiaridades da situação concreta. Fundamentalmente, a amplitude do dever de informar dependerá da *urgência* da intervenção:[1088] se ainda há tempo para que o paciente possa refletir, o ideal é que o médico esclareça detalhadamente e dê algum tempo ao paciente para que tome a melhor decisão. No caso de uma intervenção urgente, no entanto, autoriza-se que médico esclareça apenas o possível[1089] ou até mesmo que deixe de esclarecer. Assim, por exemplo, não há qualquer exigência de esclarecimento quando o paciente chega desacordado ao pronto-socorro e necessita de uma intervenção urgente para a manutenção da sua vida. Trata-se, aqui, de uma verdadeira hipótese de dispensabilidade do esclarecimento, motivada pela peculiaridade da situação e justificada pelo consentimento presumido. No entanto, se o paciente sofre de um problema de varizes, não havendo qualquer urgência no tratamento, deve o médico informá-lo extensivamente acerca de tudo aquilo que for relevante para o consentimento.

Tanto a urgência temporal quanto a necessidade fática[1090] podem influenciar na determinação da intensidade do esclarecimento, de modo que, numa situação de emergência, quanto maior a *indicação da intervenção*,[1091] tanto menor será a extensão do dever de esclarecer. Assim, se a intervenção for a única forma de salvar a vida de um paciente que está seriamente em risco, um esclarecimento mais reduzido, que abarque apenas o fundamental, já seria suficiente para a atribuição de legitimidade à conduta do médico.

1086. Sobre todos esses aspectos, cf. ESER; STERNBERG-LIEBEN, Schönke/Schröder StGB § 223, Nm. 40d.

1087. Como também constatou o STJ no julgamento do REsp 1.540.580/DF, 2018. Em outro caso, frisou-se ainda que o dever de informação "não se confunde com a singela comunicação de que o ato operatório seria difícil". BRASIL. Superior Tribunal de Justiça. REsp 436.827/SP. Relator Ministro Ruy Rosado de Aguiar, julgado em 1º/10/2002. *Brasil*, Brasília, 2002.

1088. No mesmo sentido, cf. MENEZES, Direito penal médico, p. 102.

1089. KERN; LAUFS, Die ärztliche Aufklärungspflicht, p. 68.

1090. BGHZ NJW 1973, 556 (p. 556).

1091. Isso passou a ser explicitado, na Alemanha, em especial a partir do *caso da neomicina*, BGHZ NJW 1963, 393.

As situações inversas, naturalmente, também se adequam à lógica da conclusão então apresentada: o esclarecimento deverá ser consideravelmente mais acentuado – e, assim, ir além de uma informação geral – nos casos de *intervenções não indicadas*, como aquelas meramente estéticas, profiláticas, diagnósticas ou de esterilização. Também a utilização de métodos ou tratamentos incomuns, que ainda não correspondem ao standard médico[1092] – como ocorreu no caso Surgibone –, exigem um maior esclarecimento por parte do médico, principalmente nas situações em que os verdadeiros riscos da intervenção são ainda desconhecidos.

Importante frisar que a intensidade do esclarecimento dependerá também do grau de conhecimento de que o paciente já dispõe. Isto é, se o paciente também é médico, por exemplo, e tem total consciência da doença, de suas implicações e dos tratamentos indicados, naturalmente a intensidade do esclarecimento exigido será menor. Ademais, quanto maior a dificuldade do paciente em compreender a doença e todas as suas circunstâncias, mais acentuado será o dever do médico de informar.

4.4.5.5 Momento e forma do esclarecimento

Considerando que o esclarecimento é pressuposto de validade do consentimento, as informações referentes ao caso devem ser fornecidas, por óbvio, *antes* que o paciente consinta com a intervenção, para que ele, assim, possa exercer seu direito à autodeterminação. Por sua vez, *não há uma forma específica para o esclarecimento*,[1093] que pode ser realizado oralmente ou por escrito, contanto que o médico se certifique de que o paciente realmente compreendeu todas as informações e está apto a tomar uma decisão.

De acordo com a Recomendação n. 1/2016 do CFM, apesar de o esclarecimento ser necessário antes de qualquer procedimento médico, não se deve exigir que seja *escrito*, eis que tal obrigatoriedade "pode causar até estranheza e dificultar, dependendo das circunstâncias, a dinâmica do procedimento e o próprio relacionamento médico-paciente".[1094] Assim, recomenda-se a forma escrita apenas no que se refere aos "procedimentos médicos que envolvem maior ou grande complexidade, como exames invasivos, cirurgias, transplantes e outros, a critério médico".[1095] Essa orientação, contudo, possui fins meramente probatórios,[1096] já que o esclarecimento escrito pode resguardar o médico na hipótese de eventuais demandas judiciais. De qualquer forma, para analisar a responsabilidade penal

---

1092. BGHZ 172, 254.

1093. SCHÖCH, Heinz, Die Aufklärungspflicht des Arztes und ihre Grenzen, *in*: ROXIN, Claus; SCHROTH, Ulrich (Orgs.), *Handbuch des Medizinstrafrechts*, 3. ed. Stuttgart: Richard Boorberg Verlag, 2007, p. 60. O mesmo ocorre com o próprio consentimento, cuja validade não depende de uma forma determinada.

1094. CONSELHO FEDERAL DE MEDICINA, Recomendação n. 1/2016, p. 23.

1095. CONSELHO FEDERAL DE MEDICINA, Recomendação n. 1/2016, p. 24.

1096. KERN; LAUFS, Die ärztliche Aufklärungspflicht, p. 44.

do médico o mais importante é definir se, de fato, houve esclarecimento e se seu conteúdo preenche as exigências referidas ao concreto exercício da autonomia do paciente.

O esclarecimento deve ser prestado, via de regra, pelo próprio médico que executará a intervenção. Caso haja delegação desse encargo, deve o médico responsável certificar-se de que as informações foram adequadamente fornecidas ao paciente.[1097] É também importante ressaltar que o esclarecimento *deve ser dirigido diretamente ao paciente capaz*,[1098] e somente em casos de incapacidade deverá ser dirigido ao seu representante legal, já que apenas nessas situações o consentimento prestado por um terceiro será considerado válido. A informação prestada a terceiros (ou, como de costume, aos familiares), via de regra, não é suficiente para atribuir-se legitimidade ao consentimento, que depende da decisão livre do próprio indivíduo a ser tratado. Na nossa visão, a arcaica postura de informar apenas aos familiares engendra um verdadeiro problema na práxis médica brasileira, já que o direito à autodeterminação e à informação é personalíssimo, cabendo somente ao paciente determinar se e qual familiar deve ter acesso à informação. Trata-se, portanto, de uma postura essencialmente paternalista, que afasta o paciente do controle informacional sobre a doença e que, em razão disso, deve ser rechaçada.[1099]

4.4.5.6 O conteúdo do esclarecimento

A definição das categorias de informações que devem ser abarcadas pelo dever de esclarecimento a ser cumprido pelo médico possui, em certa medida, algumas variáveis e pontos de divergências. Em termos gerais, a nosso ver o dever de esclarecimento-para-a-autodeterminação vincula-se, resumidamente, à revelação do diagnóstico, da evolução do tratamento, dos riscos que ele pode vir a gerar[1100] e das possíveis alternativas a ele. Num primeiro momento, portanto, deve o médico informar ao paciente tudo aquilo que se refere à doença em si; num segundo momento, deve ele, se for o caso, apresentar ao paciente todos os possíveis métodos e as alternativas para o tratamento da doença. Após a escolha do tratamento pelo paciente, deve o médico explicitar tudo aquilo referente à intervenção, sua extensão e consequências, o que abrange, naturalmente, o escla-

---

1097. ESER; STERNBERG-LIEBEN, Schönke/Schröder StGB § 223, Nm. 40f.

1098. SCHÖCH, Die Aufklärungspflicht des Arztes und ihre Grenzen, p. 60.

1099. Essa era uma postura encontrada, por exemplo, no tradicional Código de Ética Médica de Percival de 1803, que legitimava até mesmo a mentira para trazer esperança ao paciente, tudo sempre justificado pelo argumento da prevenção de danos. FADEN; BEAUCHAMP, A history and theory of informed consent, p. 68.

1100. Cf. por exemplo LAUFS, Adolf, § 59 Die Selbstbestimmungsaufklärung, *in*: LAUFS, Adolf; KERN, Bernd-Rüdiger (Orgs.), *Handbuch des Arztstrafrechts*, 4. ed. München: C. H. Beck, 2010.

recimento acerca do seu objetivo concreto. Por fim, também os riscos inerentes ao tratamento escolhido devem ser explicados para o paciente.

Para o STJ, no entanto, o dever de esclarecimento abrange a informação "sobre os riscos do tratamento, suas vantagens e desvantagens, as possíveis técnicas a serem empregadas, bem como a revelação quanto aos prognósticos e aos quadros clínico e cirúrgico".[1101] Já no Código de Ética Médica brasileiro alude-se à informação sobre diagnóstico, prognóstico, riscos e objetivos do tratamento. A prognose e os objetivos da intervenção, a nosso ver, estão abarcados pelo esclarecimento referente ao tratamento (ou ausência dele). Assim, a nossa concepção acaba indo um pouco além daquelas sustentadas pelo CEM e, em parte, pelo STJ, porquanto exige contornos mais abrangentes do esclarecimento no que tange à evolução do tratamento, além de incluir a necessidade de informação referente a intervenções alternativas.

4.4.5.6.1 O esclarecimento referente ao diagnóstico

Para que o paciente possa exercer concretamente o seu direito à autodeterminação, é necessário que ele efetivamente saiba que está doente e de que doença padece.[1102] Sem esse conhecimento, naturalmente não poderá ter uma noção concreta de seu quadro clínico, tampouco fazer uma escolha sobre a melhor atitude a ser tomada. Esse é, portanto, o primeiro pressuposto do dever de esclarecimento e incumbe ao médico transmitir essa informação ao paciente, revelando-lhe o diagnóstico e todos os aspectos relevantes sobre a sua enfermidade.

É importante notar que o dever de revelar o diagnóstico não se confunde com o *esclarecimento acerca dos riscos inerentes a um procedimento vinculado à diagnose*, que se refere a adversidades e consequências que podem derivar da execução de uma intervenção que se destina unicamente a diagnosticar a doença – como uma endoscopia ou colonoscopia designada para este fim – e é abrangido, portanto, pelo esclarecimento dos riscos da intervenção. O esclarecimento do diagnóstico, por sua vez, refere-se unicamente à comunicação ao paciente sobre a diagnose em si, isto é, sobre a doença identificada no resultado da análise médica e suas características.

Deve-se ressaltar, também, a diferença entre o esclarecimento do diagnóstico isoladamente considerado (*isolierte Diagnoseaufklärung*) e esclarecimento do diagnóstico vinculado à terapia (*therapiebezogene Diagnoseaufklärung*).[1103] O primeiro deles diz respeito à revelação do diagnóstico de uma enfermidade para a qual não há tratamento possível – *v.g.* em caso de doenças incuráveis, potencial-

---

1101. STJ, REsp 1.540.580/DF, 2018. Frise-se, mais uma vez, que essa concepção do STJ se vincula à determinação da responsabilidade civil do médico.

1102. KERN; LAUFS, Die ärztliche Aufklärungspflicht, p. 54.

1103. Ambos os termos são utilizados por ROSSNER, Begrenzung der Aufklärungspflicht des Arztes, p. 118.

mente fatais,[1104] cuja diagnose é, nos dias atuais, facilitada pelas crescentes possibilidades prognósticas proporcionadas pela análise genômica.[1105] Um exemplo seria o diagnóstico de *doença ou coreia de Huntington*, que pode ser alcançado por meio dessa análise. Trata-se de uma doença hereditária e "crônica-degenerativa, cuja síndrome principal é caracterizada por distúrbios do movimento e declínio cognitivo progressivo que ocorre no estado normal de consciência".[1106] A coreia de Huntington conduz progressivamente à morte – o que, na realidade, não é uma consequência da doença em si, mas de complicações por ela provocadas –, e até o momento não há qualquer tratamento capaz de curá-la ou preveni-la. A questão que se coloca aqui é se o médico que deixa de revelar esse diagnóstico ao paciente poderia responder penalmente pela omissão da informação.

Diante da impossibilidade de tratamento nesses casos, podemos concluir, à primeira vista, pela irrelevância da questão do esclarecimento. No entanto, há quem defenda que a necessidade de esclarecimento poderia decorrer, nessas hipóteses, da existência de uma *intervenção informacional.*[1107] Nessa visão, uma diagnose predicativa também poderia ser enxergada como uma intervenção médica, de sorte que a ela seriam aplicáveis as mesmas regras utilizadas nas hipóteses de tratamentos somáticos e psicoterapêuticos – inclusive aquela referente ao dever de esclarecimento.[1108] No entanto, uma intervenção informacional é, para as questões aqui colocadas, jurídico-penalmente irrelevante, uma vez que ela não preenche os elementos típicos do delito de lesão corporal ou do constrangimento ilegal, e não há qualquer outro tipo penal no ordenamento jurídico brasileiro dirigido à proteção específica do direito à autodeterminação. Isto é, tendo em vista que o médico não irá proceder a qualquer intervenção no corpo do paciente, ele não necessitará do seu consentimento e, assim, o preenchimento de seus pressupostos de validade seria, igualmente, irrelevante.[1109] Destarte, nosso problema concreto diz respeito à segunda espécie de esclarecimento do diagnóstico – ou seja, àquele vinculado à execução de um tratamento –, que deve preceder qualquer intervenção no corpo do paciente.

Como frisou *Schmidt*, a revelação do diagnóstico só deverá ser extensa, e, em certos casos, até necessária, na medida em que o paciente não tiver ainda

---

1104. ROSSNER, Begrenzung der Aufklärungspflicht des Arztes, p. 122.

1105. Cf. DAMM, Reinhard, Prädiktive Medizin und Patientenautonomie: Informationelle Persönlichkeitsrechte in der Gendiagnostik, *MedR*, n. 10, p. 437-448, 1999. BIRNBACHER, Patientenautonomie und ärztliche Ethik am Beispiel der prädiktiven Diagnostik, p.105 e ss. Sobre o diagnóstico por meio de análise genômica, cf. FUNDLING, Caroline. *Recht auf Wissen vs. Recht auf Nichtwissen in der Gendiagnostik*. Baden-Baden: Nomos, 2017, p. 45 e ss.

1106. MARTELLI, Anderson, Aspectos clínicos e fisiopatológicos da Doença de Huntington, *Archives of Health Investigation*, v. 3, n. 4, 2014, p. 34.

1107. BIRNBACHER, Patientenautonomie und ärztliche Ethik, p. 112-116.

1108. BIRNBACHER, Patientenautonomie und ärztliche Ethik, p. 112.

1109. Cf. SIQUEIRA, Gesundheitsschädigende Patientenaufklärung, p. 155.

conhecimento sobre a sua condição. Se o paciente fratura um membro, torce o pé ou se corta acidentalmente, ele muito provavelmente já tem uma boa noção sobre o seu estado – uma vez que essas são situações comuns e de fácil assimilação por indivíduos leigos –, e o médico não precisaria, nessas hipóteses, estender-se na explicação sobre o diagnóstico.[1110] No entanto, em casos de doenças mais complexas, deve o médico se esforçar ao máximo para explicar, em linguagem acessível, em que consiste a enfermidade e como ela pode afetar a vida do paciente.

4.4.5.6.2 O esclarecimento referente às alternativas de tratamento

É possível que haja situações em que mais de um método seja medicamente indicado para o tratamento de uma determinada enfermidade ou condição. Para que seja possibilitada ao paciente uma escolha livre, devem-lhe ser apresentadas todas as alternativas plausíveis, de modo que ele mesmo possa ponderar qual delas se adequa mais ao seu modo e projeto de vida. Afinal, cabe somente ao paciente definir quais riscos deseja correr e quais vantagens e/ou desvantagens do tratamento são mais relevantes para a sua decisão. Assim, o esclarecimento referente às alternativas de tratamento é, também, pressuposto do exercício do direito à autodeterminação.[1111]

Importante frisar que a informação sobre as possíveis alternativas deve vir necessariamente acompanhada do esclarecimento acerca dos riscos e probabilidade de sucesso de cada uma delas,[1112] bem como de suas vantagens e desvantagens. Em razão disso, frequentemente o esclarecimento sobre as alternativas acaba se vinculando, também, àquele referente aos riscos[1113] e ao tratamento em si. Ele requer, no entanto, uma análise emancipada dos demais, já que o esclarecimento sobre o tratamento em si ou seus riscos diz respeito àquele que será executado, e não aos alternativos.[1114]

A relevância do esclarecimento sobre os possíveis métodos de tratamento é evidenciada no caso *Surgibone*,[1115] anteriormente exposto. No caso, o médico, após a realização de diferentes cirurgias na coluna cervical, optou por utilizar

---

1110. SCHMIDT, Empfiehlt es sich, dass der Gesetzgeber die Fragen der aïrztlichen Aufklaïrungspflicht regelt?, p. 62.

1111. BGH NJW 2005, 1718 (p. 1719). Há quem afirme que a informação referente às alternativas de tratamento não integraria o dever de esclarecimento no direito penal, já que, considerando que não se vincula ao modo ou extensão da afetação corporal, não haveria aqui um erro referido ao bem jurídico. No entanto, o esclarecimento relacionado às alternativas também se vincula aos possíveis riscos e afetações corporais da intervenção, razão pela qual há, a nosso ver, referência ao bem jurídico. No mesmo sentido, cf. IMMIG, Die Selbstbestimmungsaufklaïrung im Arztstrafrecht, p. 77; IVERSEN, Die Bedeutung der zivilrechtlichen Aufklärungspflichten für die Einwilligung in die Körperverletzung, p. 477.

1112. ROSSNER, Begrenzung der Aufklaïrungspflicht des Arztes, p. 60.

1113. KERN; LAUFS, Die ärztliche Aufklärungspflicht, p. 64.

1114. IMMIG, Die Selbstbestimmungsaufklaïrung im Arztstrafrecht, p. 27.

1115. BGH NStZ 1996, 34.

ossos bovinos processados como espaçador de vértebras, método excepcional de realizar esse tratamento – que era, na época, comumente executado com o uso dos próprios ossos do paciente ou com um material de plástico. Esse caso é problemático por diversas razões; as principais, no entanto, referem-se ao fato de que o médico não esclareceu os pacientes acerca do fato de que *o método utilizado era incomum* (e, inclusive, ainda não havia sido aprovado pelos órgãos competentes) e, também, deixou de informá-los acerca das alternativas mais usuais indicadas pela arte médica nesses casos, ocultando, assim, as diferentes vantagens e desvantagens de cada uma delas.

Ignorando-se a questão sobre se o médico *sabia ou não* que o *Surgibone* não havia ainda sido aprovado pelas autoridades – o que não é determinante na presente discussão –, e partindo-se da premissa por nós estabelecida, tem-se que o consentimento exarado pelos pacientes, no caso, não era válido. Isso porque, apesar de o médico ter-lhes informado os riscos do tratamento efetivamente executado, a omissão do esclarecimento acerca da sua *excepcionalidade* e dos *métodos alternativos a ele*, que eram inclusive mais comuns e indicados, afeta, necessariamente, a liberdade da decisão dos pacientes.

Para o BGH, a escolha do método de tratamento caberia primariamente ao médico e os únicos problemas do caso seriam a não aprovação do aparato pelo órgão competente e a sua não indicação. No entanto, não há como concordar com a linha de argumentação traçada pelo tribunal, de natureza eminentemente paternalista. Não se pode firmar para o médico a prerrogativa de escolher o tratamento mais conveniente se, em respeito à autonomia do paciente, apenas este tem o direito de decidir a que custos e riscos ou por meio que tipo de lesão admitirá uma intervenção em seu corpo.[1116] O médico pode, é claro, recomendar um tratamento específico e enfatizar as suas vantagens em comparação aos demais, mas não pode diminuir as opções de escolha do paciente, até porque uma "escolha" feita nesses termos não seria genuína, mas representaria apenas uma mera concordância com uma decisão tomada, na realidade, pelo próprio médico. Apesar da afirmação de que os riscos de complicações não mudariam significativamente na hipótese de utilização de outro material, como argumentam *Otto* e *Albrecht*,[1117] não há dúvidas de que as alternativas de tratamento, bem como a não aprovação e consequente não indicação do aparato utilizado, são circunstâncias essenciais – e mesmo potencialmente decisivas – para a escolha do paciente.[1118] Assim, ao proceder a uma intervenção sem o consentimento válido dos pacientes, é a conduta do médico punível a título de lesão corporal (a princípio, culposa).

1116. Como esclarece PUPPE, Die strafrechtliche Verantwortlichkeit des Arztes, p. 766.

1117. OTTO, Harro; ALBRECHT, Andreas, Die Bedeutung der hypothetischen Einwilligung für den ärztlichem Heileingriff, *Jura*, n. 4, 2010, p. 271.

1118. ROXIN, Hypothetische Einwilligung im Medizinstrafrecht?, p. 136.

4.4.5.6.3 O esclarecimento referente à evolução do tratamento

Também fundamental para o exercício do direito de autodeterminação do paciente é o esclarecimento quanto à evolução do tratamento, que impõe ao médico o dever de revelar ao paciente informações sobre a *modalidade, a essência, a dimensão e a execução do tratamento* a que possivelmente será submetido,[1119] caso com ele consinta. Aqui, o foco da informação a ser transmitida pelo médico está não mais na *doença*, mas sim no *tratamento* a ser executado. Assim, identificada a enfermidade que acomete o paciente, deve o médico informá-lo acerca do tratamento que pode ser realizado, explicitando as razões para a intervenção, sua urgência e as consequências da sua não realização.[1120]

O médico deve deixar bem claro para o paciente todos os possíveis cenários: tanto aquele no qual ele se submete à intervenção, como também aquele no qual existe uma recusa – com todos os possíveis desenvolvimentos do seu estado de saúde caso não queira ser tratado[1121] –, explicitando o prognóstico referente a cada uma dessas variações. No primeiro caso, para desejar se submeter ao tratamento deve o paciente também compreendê-lo, devendo o médico, portanto, esclarecer tudo aquilo que envolve a preparação e execução da intervenção, bem como o pós-operatório. Naturalmente, não é necessário que o médico descreva com minuciosos detalhes tudo aquilo que ocorrerá durante o procedimento, mas apenas de uma maneira geral, isto é, revelando aquilo que for necessário para que o paciente compreenda o que a intervenção significa e como ela pode afetar a sua vida.

O esclarecimento sobre o tratamento abrange não apenas suas *consequências necessárias*,[1122] ou seja, seus *efeitos primários*, que são desejados – como a retirada de um tumor –, mas também *efeitos colaterais ou secundários*, que são aqueles necessários para que se possa atingir o fim almejado – como a cicatriz de uma operação, a infertilidade decorrente de uma intervenção no útero, a perda da função motora de um membro, dores etc. É possível também que o médico não saiba exatamente como ocorrerá a execução da cirurgia, em especial nos casos em que uma visão clara da extensão da doença só é possível após o início da intervenção, já que os exames diagnósticos nem sempre definem todos os detalhes com absoluta certeza. Nesses casos em que as nuances concretas da execução dependem de fatores identificáveis apenas durante a intervenção, deve também o médico esclarecer o paciente sobre as *consequências necessárias de todas as possíveis abordagens* já conhecidas por ele.

Por exemplo, se o rompimento do tendão de Aquiles de um paciente fosse corretamente diagnosticado, tendo-lhe sido indicada e explicada uma cirurgia

---

1119. ROSSNER, Begrenzung der Aufklärungspflicht des Arztes, p. 59-60.

1120. BGH NJW 1990, 2928; FRISCH, Einwilligung und mutmaßliche Einwilligung in ärztliche Eingriffe, p. 42.

1121. KERN; LAUFS, Die ärztliche Aufklärungspflicht, p. 58.

1122. KERN; LAUFS, Die ärztliche Aufklärungspflicht, p. 59.

de enxerto do tendão, a princípio seu consentimento seria válido, na medida daquilo que lhe fosse esclarecido. Não poderia o médico, no entanto, proceder à retirada de uma parte do tendão de um dos dedos do pé para realizar o enxerto sem antes consultar o paciente. Caso isso acontecesse, praticaria o médico uma lesão corporal, por uma razão muito clara: por mais que a decisão no sentido de sacrificar o tendão de um dos dedos do pé para "salvar" o de Aquiles correspondesse, talvez, ao desejo da maior parte dos indivíduos que se encontram nessas mesmas circunstâncias, pode ser que a ausência ou enfraquecimento do tendão dos dedos afete profundamente a vida de um paciente concreto. Afinal, embora o sacrifício desse tendão não afete sensivelmente a vida de uma pessoa comum, poderia comprometer o futuro de um bailarino, que sofreria as consequências de não poder mais dançar da maneira como gostaria. O mesmo se aplicaria para a perda das cordas vocais de um tenor ou das funções motoras das mãos de um pianista. Assim, não cabe ao médico definir quais valores são mais importantes para a vida do paciente, razão pela qual deve esclarecer tudo aquilo que a possa afetar, em maior ou menor grau, ainda que as preferências do paciente pareçam óbvias aos olhos do médico.

Foi justamente esse o problema depreendido no caso do mioma,[1123] que inspirou o nosso caso 6. O médico havia dito à paciente que extrairia apenas o tumor e não mencionou a possibilidade de retirada do útero, da qual já tinha conhecimento. Como corretamente frisado pelo BGH, trata-se de uma lesão corporal, já que a paciente poderia preferir viver com o mioma do que sem seu útero.[1124] O limite da atuação do médico deve, portanto, ser traçado a partir daquilo que foi consentido pelo paciente e tudo o que exceder a autorização concedida pode configurar uma lesão corporal típica.

Por fim, também a informação acerca do grau de certeza e/ou probabilidade de um resultado positivo está abrangida pelo esclarecimento referente ao tratamento.[1125] As chances de êxito da intervenção são também relevantes para a tomada de decisão do paciente, que pode preferir, por qualquer razão, não sacrificar a sua integridade física por um tratamento cuja probabilidade de êxito é reduzida. Isso se aplica igualmente às operações cosméticas, em que o paciente deseja intensamente um determinado resultado da intervenção. Nesses casos, deve o médico deixar claras quais as chances de se atingir o resultado almejado pelo paciente.

1123. BGH 11, 111.
1124. BGH 11, 111, p. 113.
1125. KERN; LAUFS, Die ärztliche Aufklärungspflicht, p. 61.

4.4.5.6.4 O esclarecimento referente aos riscos do tratamento

Importante componente do dever de esclarecimento é a informação vinculada aos *riscos do tratamento*,[1126] que se refere aos efeitos secundários indesejados, sejam definitivos ou temporários, cuja ocorrência não pode ser descartada mesmo diante da execução de uma intervenção conforme a *lex artis*[1127] e livre de erros. O esclarecimento, portanto, deve abarcar também os *danos incertos*, isto é, que, embora desnecessários, possam decorrer da intervenção, ainda que seja executada de acordo com os ditames da arte médica. É claro que esse dever abrange apenas aqueles riscos efetivamente conhecidos pelo médico e pela ciência médica em geral.

Uma vez não esclarecido ao paciente, o risco específico não é por ele assumido, o que autoriza a imputação ao médico da responsabilidade penal pela lesão corporal causada, isto é, pela interferência indevida no corpo do paciente, bem como pela eventual realização do risco não esclarecido no resultado. Como havíamos frisado, toda vez que um paciente consente em uma intervenção, há não apenas uma anuência relativa à lesão em si (que abrange, portanto, todos as consequências necessárias da intervenção, como o corte no abdome feito pelo bisturi), mas também aos riscos ou consequências incertas – mas possíveis – do tratamento. No entanto, tais riscos somente serão assumidos pelo paciente, afastando-se a imputação do médico vinculada à possível realização desses perigos no resultado, quando de fato esclarecidos.

Para autores como *Widmaier*, só seria possível imputar uma lesão corporal ao médico nos casos em que o risco não informado for exatamente aquele que se realiza no resultado,[1128] eis que nas demais situações a informação omitida não estaria compreendida pelo âmbito de proteção da norma que impõe aos médicos o dever de esclarecer. Assim, à luz do supracitado caso do limão siciliano, se o risco de agravamento da infecção decorrente do uso incomum das suturas embebedadas no suco não corresponde àquele concretizado no resultado, não poderia a intervenção não esclarecida constituir uma lesão corporal.

A nosso ver, contudo, a não realização do risco apenas impede a imputação ao médico de um resultado mais grave – obviamente porque ele de fato não ocorreu –, mas não afasta a anterior interferência indevida no corpo da paciente. Assim, para nós o mais importante é a definição dos riscos relevantes que devem ser concretamente esclarecidos, uma vez que afetam o direito do paciente de autodeterminar-se. Considerando-se, portanto, que a omissão das informações

1126. Cf. também MENEZES, Direito penal médico, p. 102 e ss.

1127. KERN; LAUFS, Die ärztliche Aufklärungspflicht, p. 67.

1128. WIDMAIER, Gunter, Der Zitronensaft-Fall: Zum Risikozusammenhang nach Aufklärungsmängeln bei der ärztlichen Heilbehandlung, *in*: *FS-Roxin*, Berlin: De Gruyter, 2011, p. 447. Cf. também FRISCH, Einwilligung und mutmaßliche Einwilligung in ärztliche Eingriffe, p. 50.

sobre esses riscos interfere na vontade do paciente de se submeter à intervenção, também invalida *prima facie* o consentimento por ele concedido. Afinal, cabe apenas ao paciente definir a quais riscos ele deseja se sujeitar.

Frise-se, ainda, que o esclarecimento sobre a possibilidade de ocorrência de algum erro médico e de suas eventuais consequências não legitima um eventual resultado dele decorrente,[1129] já que o consentimento apenas autoriza a intervenção na medida em que for executada dentro dos limites do que foi permitido – e muito dificilmente o paciente consentirá previamente em um possível erro médico danoso na execução da cirurgia. Diferem-se, portanto, os *erros médicos* dos *riscos inevitáveis* que podem surgir com a intervenção executada de acordo com a *lex artis*.

No Brasil, a relevância do esclarecimento quanto aos riscos foi discutida e constatada num louvável julgamento de natureza civil,[1130] que demonstra a crescente importância das discussões sobre o dever de informação no contexto jurídico brasileiro.[1131] No caso, o paciente havia sido acometido por traumatismo crânio encefálico em virtude de um acidente de trânsito e, mesmo após ter realizado intenso tratamento, permaneceu com sequelas neurológicas e déficit motor, "caracterizado, entre outros, por incapacidade total no membro superior (mão em garra) e inferior, e tremor no membro superior direito".[1132] Na tentativa de corrigir essas sequelas, o paciente recorreu a um tratamento medicamentoso, que não produziu os efeitos esperados. Diante do insucesso de seus esforços, resolveu procurar o médico M.J.T. para avaliar a possibilidade de realizar uma cirurgia.

Na ocasião, o médico indicou – e executou, após uma única consulta – os procedimentos de talamotomia e subtalamotomia, os quais, segundo ele, seriam realizados por meio de uma cirurgia simples, com anestesia local e sem risco algum, não havendo necessidade de maiores exames ou testes.[1133] Após a cirurgia, o quadro físico e neurológico do paciente piorou significativamente. Conside-

---

1129. KERN; LAUFS, Die ärztliche Aufklärungspflicht, p. 68.

1130. Como constatou a Mino Maria Isabel Gallotti, o caso envolve também discussões sobre o esclarecimento acerca da própria evolução do tratamento, pois alega-se que o tratamento realizado e a anestesia concretamente utilizada não foram aqueles informados pelo médico. STJ, REsp 1.540.580/DF, 2018, p. 37. Esse ponto, contudo, não foi explorado no acórdão.

1131. As condenações em razão da ausência de esclarecimento quanto aos *riscos* da intervenção integram a maior parte dos julgados brasileiros de natureza civil. Cf. o caso em que o médico não informou a paciente sobre o risco de perda total da visão, STJ, REsp 467.878/RJ, 2002; ou o caso de defeito de esclarecimento em relação aos riscos de uma mamoplastia, MINAS GERAIS. Tribunal de Justiça. Apelação Cível 2.0000.00.306864-4/000. Relator Des. Paulo Cézar Dias, julgado em 28.06.2000. Belo Horizonte, 2000.

1132. STJ, REsp 1.540.580/DF, 2018, p. 15.

1133. Não restou comprovado, nesse caso, se as informações referentes ao procedimento foram ou não de fato prestadas. Segundo o médico, o esclarecimento havia sido realizado oralmente. No entanto, o STJ frisou que o ônus de provar o esclarecimento recai sobre o médico. STJ, REsp 1.540.580/DF, 2018, p. 29.

rando que o paciente não havia sido informado sobre esse risco, o médico foi condenado a indenizá-lo em razão do descumprimento do dever de informação. De acordo com a tese aqui defendida, o consentimento concedido pelo paciente era, de fato, inválido e, portanto, a conduta do médico torna-se punível em razão das lesões corporais não consentidas provocadas.

O esclarecimento sobre os riscos não abrange a descrição médica de todo e qualquer risco minimamente cogitável acerca de um tratamento,[1134] tampouco a indicação de todos os seus detalhes,[1135] a não ser que haja alguma peculiaridade do caso que exija um esclarecimento mais extenso. Entende-se, assim, que os riscos e possíveis consequências indesejadas da intervenção devem ser expostos *de maneira geral*, dentro de contornos que permitam ao paciente ter uma noção realista daquilo que pode vir a acontecer em razão da intervenção. Consequências e riscos que, de acordo com a experiência geral, são inerentes a qualquer intervenção, como o risco de embolia, de infecção da ferida da incisão ou ainda o risco geral para a vida que é inerente a qualquer cirurgia de grande porte,[1136] não precisam ser enfática e expressamente esclarecidos. Não obstante, é claro que detalhes mais minuciosos quanto aos riscos devem ser revelados pelo médico na medida em que o paciente fizer ulteriores perguntas.[1137]

Questionável é, no entanto, a definição dos critérios para se afirmar *quais riscos devem efetivamente ser esclarecidos*, bem como se a incidência de complicações ou a especificidade do risco[1138] da intervenção são ou não relevantes para tal determinação. Como frisaram *Kern* e *Laufs*, a indefinição dessas exigências sempre foi muito criticada pelos médicos, que demandavam uma delimitação de critérios claros acerca dos riscos que efetivamente deveriam ser informados aos pacientes.[1139]

Na jurisprudência do BGH, uma profusão de critérios foi desenvolvida ao longo dos anos para tentar solucionar o problema. Essa discussão fica evidente nos *casos do choque elétrico*, anteriormente mencionados, em que o foco do BGH estava ainda na análise da incidência das complicações. Na época, o risco de ocorrência do resultado lesivo em decorrência do tratamento era de 7% no primeiro caso e ainda menor no segundo, já que, com o avanço da medicina, esse tratamento se tornou cada vez menos arriscado.[1140] No primeiro caso,[1141] o

1134. KERN; LAUFS, Die ärztliche Aufklärungspflicht, p. 95.
1135. Cf. BGHZ NJW 1991, 2346 (p. 2347).
1136. ESER; STERNBERG-LIEBEN, Schönke/Schröder StGB § 223, Nm. 41e.
1137. KERN; LAUFS, Die ärztliche Aufklärungspflicht, p. 97.
1138. SCHMIDT, Empfiehlt es sich, dass der Gesetzgeber die Fragen der ärztlichen Aufklärungspflicht regelt?, p. 114 e ss.
1139. KERN; LAUFS, Die ärztliche Aufklärungspflicht, p. 100.
1140. BGHZ 29, 46, p. 59.
1141. BGHZ NJW 1956, 1006.

BGH considerou que esse era um "dano típico" do tratamento. Já no segundo,[1142] considerou-se que o risco concretizado ocorria apenas em casos excessivamente raros, de sorte que não seria suficientemente relevante para a tomada de decisão do paciente. As fortes críticas da doutrina e dos médicos quanto aos excessos do primeiro posicionamento fizeram com que o BGH abandonasse uma noção mais abrangente, utilizada no primeiro caso, em favor de uma concepção que exige o esclarecimento apenas diante de riscos cuja concretização é frequente (danos não excessivamente raros) e que seriam seriamente levados em consideração por um "paciente sensato ou racional" (*verst*ändiger ou *vernünftiger Patient*) ao decidir sobre o tratamento.[1143]

Posteriormente, o esclarecimento quanto aos riscos foi também afetado pela ideia de esclarecimento geral, desenvolvida a partir do *caso da neomicina.*[1144] Também a noção de *esclarecimento fundamental* (*Grundaufklärung*),[1145] que condiciona a validade do esclarecimento à indicação concreta do risco relevante mais grave que pode decorrer da intervenção, passou a ser utilizada nos julgados do BGH[1146] a partir de meados da década de 90.

Fato é que, como já afirmamos, o dever de esclarecimento não pode fundamentar uma responsabilidade penal decorrente da mera violação de uma formalidade,[1147] mas apenas da omissão de informações que tornam possível o concreto exercício do direito à autodeterminação. A nosso ver, determinante para o esclarecimento não é a estimativa de incidência de certo dano ou a probabilidade de concretização de um risco, mas sim *como isso poderá interferir na forma de vida do paciente e afetar a sua decisão.* Um risco de 5% de ocorrência de complicação que torne necessária a amputação da perna em razão de isquemia, por exemplo, é

1142. BGHZ 29, 46.

1143. Cf. a esse respeito GRÜNWALD, Gerald, Die Aufklärungspflicht des Arztes, *ZStW*, v. 73, n. 1, 1961, p. 14. A maior parte das decisões posteriores seguiram essa orientação, até meados da década de 90. Cf. BGHZ NJW 1963, 393 (p. 394); NJW 1972, 335 (p. 337); NJW 1977, 337 (p. 338); NJW 1980, 1905 (p. 1906).

1144. BGHZ NJW 1963, 393.

1145. BGHZ NJW 1991, 2346. No contexto penal, cf. BGHSt NStZ 2011, 343 (p. 343-344).

1146. *Gödicke* esclarece que há ainda uma considerável confusão conceitual entre aquilo que originalmente se concebeu como *esclarecimento geral* e o que posteriormente veio a ser denominado *esclarecimento fundamental*. O primeiro, na verdade, referir-se-ia à *extensão* do esclarecimento, estabelecendo a desnecessidade de informar o paciente sobre todo e qualquer risco da intervenção, mas afirmando exigência de esclarecimento, embora apenas "de maneira geral", daqueles que seriam levados em consideração para a tomada de decisão. O segundo, por sua vez, estaria vinculado de certa maneira ao primeiro, mas se referiria especificamente à necessidade de informar o risco relevante mais grave da intervenção, isto é, seria determinante para definir *o que* deveria ser esclarecido. Não obstante, o autor identifica que em muitas decisões (inclusive do próprio BGH) há uma certa confusão entre esses conceitos, razão pela qual o verdadeiro significado de ambos ainda seria obscuro. GÖDICKE, Patrick, Medizinische Grundaufklärung bei Neulandmethoden, *MedR*, v. 35, 2017, p. 771-773.

1147. GRÜNWALD, Die Aufklärungspflicht des Arztes, p. 16.

muito mais relevante do que um risco de 50% de ocorrência de hematomas pós-cirúrgicos, os quais são, na maioria dos casos, até mesmo esperados em cirurgias de grande porte.

A relevância da informação para o processo de tomada de decisão estará vinculada, portanto, à *gravidade do possível* resultado,[1148] à *especificidade*[1149] do risco em face daquela intervenção e das *peculiaridades do paciente*. Certo é que o risco de lesões graves – como a amputação ou perda dos movimentos de um membro – pode gerar, no caso da sua efetiva concretização, uma mudança profunda no modo de vida do paciente. Ademais, para além dos riscos genéricos inerentes à maioria das intervenções médicas, também os riscos específicos devem, via de regra, ser esclarecidos, uma vez que fogem da compreensão leiga do paciente sobre como exatamente uma cirurgia pode afetar a sua vida.

Por exemplo, apenas recentemente a ciência médica reconheceu o chamado linfoma anaplásico de células grandes (ALCL)[1150] como uma possível complicação decorrente do implante de próteses mamárias, vinculando-se o surgimento do tumor ao implante mamário texturizado em cerca de 0,003% dos casos (1 para cada 30.000 mulheres).[1151] Enquanto tal vinculação era ainda desconhecida, naturalmente não teria o médico o dever de informar ao paciente sobre o risco. A partir do momento em que a complicação se comprova e este se torna um *risco específico e grave* da intervenção, surge para o médico o dever de esclarecer, já que a possibilidade de ocorrência desse resultado, ainda que ínfima, pode afetar a vontade do paciente de se submeter à cirurgia. Ademais, especialmente por se tratar de uma operação estética, a ausência de indicação médica amplia ainda mais o âmbito de abrangência do dever de esclarecimento.

Também na variação 1 do nosso caso 6, em que a paciente foi submetida a um tratamento de radioterapia, é possível imputar o resultado lesivo ao médico, tendo em vista que, numa perspectiva *ex ante*, o risco não esclarecido – qual seja, o referente à produção de complicações irreversíveis no sistema urinário – era *grave* e afetaria sobremaneira a vida da paciente, que poderia optar por

---

1148. Na visão de *Gaede*, para além dos riscos *pouco frequentes e graves*, também os riscos *altos* devem ser esclarecidos. GAEDE, Limitiert akzessorisches Medizinstrafrecht statt hypothetischer Einwilligung, p. 64. Os riscos raros e não graves, por sua vez, deveriam permanecer somente na esfera do esclarecimento do direito civil.

1149. BGHZ 144, 1 (p. 5).

1150. "O ALCL é uma rara complicação das próteses mamárias. No entanto, dado o número de mulheres brasileiras com implantes mamários atualmente, todos os cirurgiões plásticos e de mama estão sob o risco de terem de enfrentar este linfoma emergente. Ainda sabemos muito pouco sobre ALCL e a evidência atual é limitada a relatos de caso e estudos transversais das forças-tarefa americana, britânica e australiana. Até agora, algumas centenas de casos foram descritos". BATISTA, Bernardo Nogueira *et alii*, Relato de caso de linfoma anaplásico de células grandes associado a implante mamário em paciente brasileira, *Revista Brasileira de Cirurgia Plástica*, v. 32, n. 3, p. 445-449, 2017, p. 448.

1151. BATISTA *et alii*, Relato de caso de linfoma anaplásico de células grandes, p. 448.

outro tratamento. Para alguns autores, a falta de alternativas de tratamento seria relevante para determinar a exigência do esclarecimento sobre o risco, já que isso afetaria diretamente a liberdade da decisão. Não sabemos se este é o caso, mas, ainda assim, tendemos a defender que o argumento da ausência de alternativas, por si só, não afasta a responsabilidade do médico, porquanto não se pode retirar do paciente o direito de, por exemplo, recusar a intervenção em razão de um risco que ele não quer assumir. Ao fim e ao cabo, essa decisão cabe apenas ao paciente.

Além disso, para a determinação do conteúdo do esclarecimento devem ser levadas em conta, naturalmente, as *preferências e valores do próprio paciente*, já que os riscos podem afetar as decisões das pessoas de maneira diversa. Não se pode recorrer, aqui, à artificial figura do *paciente racional ou sensato*, pois a utilização de uma hierarquização de valores baseada num padrão objetivo externo, tal qual definido pelo médico ou pelo juiz, é heterônoma e, portanto, paternalista. A autonomia, como já afirmamos extensivamente, refere-se ao direito de tomar decisões médicas de acordo com sua própria hierarquização de valores – e isso abrange até mesmo o direito de tomar decisões que, sob uma perspectiva externa, possam parecer irrazoáveis ou irracionais. O esclarecimento, assim, dependerá das peculiaridades de cada cirurgia e de cada paciente. No entanto, embora o médico deva sempre procurar conhecer as preferências e os valores do paciente, não é possível exigir dele que seja onisciente e que saiba, por exemplo, quais as concepções específicas do paciente sobre seu corpo, cuja possível afetação deva, na sua visão, ser esclarecida. Dessa forma, também cabe ao paciente externar, por ocasião dos questionamentos do médico, quaisquer peculiaridades acerca dos valores que lhe são caros.

4.4.5.7 Hipóteses de dispensabilidade do dever de esclarecimento

Apesar de ser *prima facie* imprescindível, é possível que, em hipóteses excepcionais, o dever de esclarecimento seja dispensável, não mais afetando a validade do consentimento. Isso, por um lado, pode decorrer de um conflito entre o dever de informar e a proibição de causar danos, admitindo-se, em alguns poucos casos, a flexibilização do esclarecimento para que o paciente seja protegido dos efeitos lesivos que a informação pode lhe causar (abaixo 4.4.5.7.1). Por outro lado, é também admissível que esse dever do médico seja afastado em situações de urgência, nas quais não há tempo suficiente para o esclarecimento (abaixo 4.4.5.7.2), bem como naquelas em que o próprio paciente renuncia ao seu direito de ser informado (abaixo 4.4.5.7.3). Em todas essas hipóteses, deve a dispensa do dever de esclarecimento se coadunar com o direito do paciente de autodeterminar-se, conforme demonstraremos.

4.4.5.7.1 O dever de esclarecimento e a proibição de causar danos[1152]

A exigência do dever de esclarecimento pode ser colocada em xeque especialmente diante de situações em que a revelação de um diagnóstico fatal ou de determinadas informações sobre o tratamento possa acabar causando danos à saúde psíquica ou à integridade corporal do paciente, além de angustiá-lo e preocupá-lo a ponto de retirar-lhe a coragem e a esperança.[1153]

Isso é o que ocorre nos nossos casos 7 e 8. No caso 7, os pais do paciente P haviam falecido em decorrência de um câncer e, por temer o enfrentamento do mesmo sofrimento de seus pais, P informou ao médico que não se submeteria a qualquer tratamento caso fosse diagnosticado com essa mesma doença. Não obstante, ele concordaria com a intervenção médica caso se tratasse de alguma outra enfermidade. Nesse caso, o médico é colocado numa situação em que, apesar de saber que o câncer diagnosticado seria facilmente curável, a revelação da verdade poderia impedir o tratamento e culminar na morte do paciente. Por sua vez, no nosso caso 8, o médico teme que a revelação da informação de que o paciente é intersexual possa chocar-lhe e causar danos à sua saúde psíquica. Diante dessas situações, seria possível flexibilizar ou até mesmo afastar o dever de esclarecimento? Poderia o médico calar-se ou mentir para não colocar em perigo o bem-estar do seu paciente?

4.4.5.7.1.1 É possível legitimar um *privilégio terapêutico*? — Na tentativa de solucionar o problema acima identificado, muitos aludem a uma figura denominada pela literatura de *privilégio terapêutico*,[1154] que atribui ao médico

---

1152. O raciocínio e as conclusões aqui desenvolvidas foram previamente publicadas em artigo intitulado "Esclarecimento lesivo à saúde: Fundamentos e limites do afastamento do dever de informação nas intervenções médicas curativas". Cf. SIQUEIRA, Gesundheitsschädigende Patientenaufklärung, p. 153-159.

1153. KERN; LAUFS, Die ärztliche Aufklärungspflicht, p. 123.

1154. Esse conceito é utilizado precipuamente por autores anglo-saxões. Cf. p. ex. CHILDRESS, James F. *Who Should Decide?* Oxford: Oxford University Press, 1982, p. 130. FADEN; BEAUCHAMP, A history and theory of informed consent, p. 36-37. GIESEN, Dieter. *International Medical Malpractice Law*: A comparative Law Study of Civil Liability Arising from Medical Care. Tübingen: J.C.B. Mohr (Paul Siebeck), 1988, I § 24, Nm. 603. Na Alemanha, tal prerrogativa é defendida especialmente por *Erwin Deutsch*. Cf. DEUTSCH, Erwin, Das therapeutische Privileg des Arztes: Nichtaufklärung zugunsten des Patienten, *NJW*, n. 24, p. 1305-1309, 1980. Sobre o privilégio terapêutico, cf. em língua espanhola, CARVALHO, Suicidio, eutanasia y Derecho penal, p. 49. Em língua portuguesa, cf. COSTA ANDRADE, Direito Penal médico, p. 121 e ss. No Brasil, boa parte da doutrina afirma acolher essa hipótese, mas ainda assim tece consideráveis críticas ao reconhecimento irrestrito do privilégio. Cf. BERGSTEIN, A informação da relação médico-paciente, p. 150-154. LOPES JR., Consentimento informado na relação médico-paciente, p. 231 e ss. PEREIRA, Relação médico-paciente, p. 137-139. RAGAZZO, O dever de informar dos médicos e o consentimento informado, p. 109-110. MENEZES, Direito penal médico, p. 97. Parece-nos, contudo, que a aceitação crítica do privilégio terapêutico pode decorrer de uma compreensão conceitual diferente daquela aqui exposta. De fato, com base no conceito aqui utilizado, explicitado

a prerrogativa de controlar o fluxo de informações e de determinar, de acordo com o seu juízo, o que é melhor para o paciente.[1155] A partir dessa prerrogativa, estipula-se, na verdade, um direito ao *não*-esclarecimento.[1156] Isso possui especial relevância no contexto brasileiro diante do possível reconhecimento dessa figura no art. 34 do Código de Ética Médica, que firma para o médico a possibilidade de não esclarecer o paciente "quando a comunicação direta [puder] lhe provocar dano". Também a Recomendação n. 1/2016 do CFM prevê expressamente essa possibilidade.[1157] Não há, ao menos nesses dois documentos, uma definição sobre a extensão dessa exceção.

No entanto, é justamente essa flexibilização do esclarecimento que pode acabar pretensamente legitimando os frequentes casos no Brasil em que o médico deixa o controle informacional somente a cargo da família, em especial quando há diagnóstico de câncer, e acaba retirando do paciente o direito de saber até mesmo de que doença ele padece.[1158] De fato, é ainda hoje muito comum a utilização do argumento de que, "especialmente nos casos de câncer, não é possível, por razões médicas e humanas, revelar o diagnóstico ao paciente", já que a informação pode afetar negativamente sua condição emocional.[1159] Assim, esses indivíduos, muitas

sobretudo pela doutrina alemã, o privilégio terapêutico atribui ao médico a prerrogativa geral de não esclarecer quando entender que a informação puder causar danos ao paciente. A nosso ver, qualquer postura que procure restringir e delimitar a extensão desse dito privilégio, está, na verdade, refutando-o.

1155. CHILDRESS, Who Should Decide?, p. 130.

1156. DEUTSCH, Das therapeutische Privileg des Arztes, p. 1305. Cf. a respeito SIQUEIRA, Gesundheitsschädigende Patientenaufklärung, p. 155. Até mesmo a expressão *privilégio terapêutico* é criticada por diversos autores, conforme esclarecem *Eser/Sternberg-Lieben* e *Paeffgeno* ESER, Albin; STERNBERG-LIEBEN, Detlev, § 228 Einwilligung, *in*: Schönke/Schröder StGB, 29. ed. München: C. H. Beck, 2014, Nm. 42a; PAEFFGEN; ZABEL, NK § 228, Nm. 79.

1157. CONSELHO FEDERAL DE MEDICINA, Recomendação n. 1/2016, p. 28. Nesse documento, é também aconselhada a utilização do "protocolo Spikes", o qual descreve seis etapas a serem seguidas pelos médicos para comunicar adequadamente más notícias ao paciente. Cf. a respeito LINOI, Carolina Arcanjo *et alii*, Uso do Protocolo Spikes no Ensino de Habilidades em Transmissão de Más Notícias, *Revista Brasileira de Educação Médica*, v. 35, n. 1, 2011, p. 53.

1158. Na pesquisa desenvolvida por *Albuquerque* e *Araújo*, constatou-se que 5% dos médicos não revelam aos pacientes o diagnóstico de câncer e, ainda, que, "quando o prognóstico é sombrio, 28% dos entrevistados relataram que informavam apenas a família sobre este prognóstico, a qual resolveria se deveria ou não dizer ao paciente a real situação." Isto é, percebe-se que, na prática, há casos no Brasil em que o médico não revela ao paciente o diagnóstico e/ou o prognóstico, ou que deixa o controle das informações somente nas mãos da família. ALBUQUERQUE, Paula Danielle Santa Maria de; ARAÚJO, Laís Zaú Serpa, Informação ao paciente com câncer: o olhar do oncologista, *Revista da Associação Médica Brasileira*, v. 57, n. 2, 2011, p. 146-147.

1159. Esse foi o argumento utilizado pelos médicos, em suas defesas, no caso da radioterapia. BGHZ 29, 176, p. 178. No original: "Besonders bei Krebserkrankungen sei es aus medizinischen und aus menschlichen Gründen unmöglich, den Patienten die Diagnose mitzuteilen".

vezes, morrem sem saber sequer conhecer a sua real condição de saúde – ignorando inclusive a iminência do resultado fatal –, sem ter a oportunidade de realizar seus últimos desejos e planos de vida, tampouco de se despedir de seus familiares como gostariam. Considerando que a jurisprudência brasileira corrobora a pretensa prerrogativa de não revelar determinadas informações ao paciente, o problema se torna ainda mais preocupante. Nesse sentido, para o STJ o dever de esclarecimento é *prima facie* exigível, a não ser nas situações em que a informação puder afetar o paciente psicologicamente, "ocasião em que a comunicação será feita a seu representante legal".[1160]

A nosso ver, o reconhecimento de um direito genérico e amplo de calar ou de mentir acaba por legitimar intervenções paternalistas rígidas, resultando numa *restrição ilegítima do direito do paciente* à *autodeterminação*.[1161] Outrossim, há também o *perigo de abuso* de um privilégio terapêutico tão genérico.[1162] De fato, uma prerrogativa que permite a omissão da verdade no caso concreto, sem limites determinados – como faz o CEM brasileiro –, concede ao médico grandes poderes de disposição sobre o fluxo de informações, permitindo o seu controle sobre a participação do paciente no processo decisório. Isso pode conduzir facilmente a uma manipulação da revelação de informações e prejudicar, de maneira ilegítima, o direito do paciente ao esclarecimento.[1163] Prova disso é que, com base num privilégio terapêutico, seria possível admitir a validade do consentimento concedido nos casos acima apresentados (casos 8 e 9), o que, a nosso ver, é certamente incompatível com a autonomia do paciente.

Por essas razões, um *privilégio terapêutico* geral e irrestrito não pode ser considerado legítimo. A atribuição ao médico de um poder dessa ordem sobre o fluxo de informações é desproporcional, uma vez que consolida um paternalismo rígido que, em última instância, impõe ao paciente, de forma heterônoma, valores determinados por um terceiro. Tem-se, portanto, que a possibilidade de que a

---

1160. STJ, REsp 1.540.580/DF, 2018. Também num julgado do TJRJ foi essa possibilidade expressamente reconhecida: TJRJ, Apelação Cível n. 2006.001.13957, 2006.

1161. FADEN; BEAUCHAMP, A history and theory of informed consent, p. 37; ROSSNER, Begrenzung der Aufklärungspflicht des Arztes, p. 196.

1162. Especialmente por ROSSNER, Begrenzung der Aufklärungspflicht des Arztes, p. 202.

1163. Como concluiu *Roßner*, estudos empíricos realizados nos Estados Unidos nos anos 80 demonstraram que um privilégio dessa natureza culminaria num recurso excessivo a essa figura. ROSSNER, Begrenzung der Aufklärungspflicht des Arztes, p. 202. Ademais, a aceitação dessa concepção pode prejudicar seriamente a *relação de confiança entre médico e paciente*, pois ainda que posteriormente o tratamento fosse bem-sucedido, o paciente teria dúvida acerca da veracidade da informação que lhe foi revelada. A situação seria ainda mais problemática nas hipóteses nas quais o sujeito a ser tratado descobre a verdade de outra forma – nesses casos, poderia a "preservação" do paciente, inicialmente pretendida, se converter no seu oposto. ROSSNER, Begrenzung der Aufklärungspflicht des Arztes, p. 206 e ss. e 212.

informação venha a chocar ou entristecer o paciente é, via de regra, *um risco que deve ser assumido para que a sua autonomia seja preservada.*[1164]

Não obstante, há uma situação extrema, à qual frequentemente recorre a doutrina alemã, que nos explicita que uma exigência irrestrita do dever de esclarecimento pode acabar indo longe demais. Suponhamos um caso em que uma mulher, maior de idade, é diagnosticada com uma enfermidade autoimune na tireoide – conhecida como doença de *Basedow-Graves* –, que "provoca anormalidade metabólica e circulatória, de sorte que mesmo estímulos mínimos podem ter consequências fatais".[1165] Ela possui, além disso, uma doença cardíaca. Em algum momento, o médico identifica nessa paciente um carcinoma na mucosa estomacal, facilmente operável, e, a fim de poupá-la de um choque decorrente do diagnóstico (câncer), diz a ela que foi detectada a existência de um pólipo – cujo tratamento, apesar de requerer uma intervenção similar à do câncer, não tem uma conotação tão negativa para o paciente.[1166]

Há, nesse caso, razões vinculadas à própria doença que nos indicam uma possível razoabilidade do afastamento do dever de esclarecimento. De fato, essa enfermidade pode ser letal se combinada com algumas emoções, ainda que sutis. Essa circunstância, contudo, não implica a ausência de capacidade para consentir, já que a paciente possui condições de autodeterminar-se e de compreender o sentido e a amplitude da intervenção. O problema, na verdade, é físico, mais especificamente cardíaco, e pode surgir diante de informações impactantes.

Se, por um lado, um privilégio terapêutico fundado no paternalismo rígido deve ser criticado e reconhecido como ilegítimo, por outro lado, há razões concretas para fundamentar a legitimidade de uma exceção baseada num *paternalismo suave*. Essa solução tornaria possível, excepcionalmente, a limitação do dever do esclarecimento por meio da adoção de medidas moderadamente paternalistas, em razão de um déficit *concreto* de autonomia do paciente. Frise-se, no entanto, que tal exceção não pode ser aceita enquanto simples discricionariedade do médico, sendo necessária a determinação dos critérios para que tal abstenção de informação seja, de fato, legítima.

1164. BGHZ 29, 176. Cf. os comentários de GRÜNWALD, Die Aufklärungspflicht des Arztes, p. 26; ENGISCH; HALLERMANN, Die ärztliche Aufklärungspflicht aus rechtlicher und ärztlicher Sicht, p. 17.

1165. PAEFFGEN; ZABEL, NK § 228, Nm. 79. No original: "...hochgradigen Kreislauf- und Stoffwechseldekompensation, sodass geringste Aufregungen schon tödliche Folgen haben können".

1166. SIQUEIRA, Gesundheitsschädigende Patientenaufklärung, p. 153-154.

4.4.5.7.1.2 Critérios legitimadores do afastamento do dever de esclarecimento[1167] — É possível diferenciar, na doutrina e na jurisprudência[1168] – em especial, alemãs –, basicamente três posicionamentos que admitem, excepcionalmente, que se prescinda do dever do esclarecimento. Uma *perspectiva extensiva*, fundada no já declinado privilégio terapêutico, foi defendida, na Alemanha, principalmente por *Erwin Deutsch*,[1169] mas foi propugnada, sobretudo, nos Estados Unidos.[1170] No Brasil, conforme constatamos, essa posição parece ser reconhecida pelo CEM e defendida pela jurisprudência.

Por sua vez, uma *perspectiva restritiva* pode ser depreendida dos julgados do BGH, concluindo-se que "apenas no caso específico de a comunicação relacionada ao esclarecimento sobre a natureza da doença conduzir a um prejuízo sério e irremediável à saúde [poderia] ser justificável a renúncia ao esclarecimento".[1171] Essa compreensão se vincula, cumulativamente, a dois requisitos: a *irreversibilidade* e a *seriedade dos possíveis danos à saúde*. Já na doutrina alemã, defende-se majoritariamente uma *perspectiva intermediária*[1172] e critica-se o posicionamento do BGH, especialmente em razão de sua indeterminação.[1173] Em geral, recorre-se a outros critérios: determinante seria a configuração de uma *séria afetação emocional*[1174] ou de um *relevante dano* à saúde.[1175] Ademais, poder-se-ia

---

1167. Essas mesmas conclusões foram traçadas em SIQUEIRA, Gesundheitsschädigende Patientenaufklärung, p. 157-159.

1168. A despeito de não ter o BGH decidido caso algum com supedâneo nesse entendimento, essa questão veio a ser levantada pelo Tribunal em diferentes oportunidades. Cf. especialmente o caso da radioterapia, BGHZ 29, 176 (p. 185), bem como BGHZ 85, 327 (p. 333); BGHZ 90, 103 (p. 109). O mesmo ocorre no Brasil, com a diferença de que os poucos julgados que abordam essa questão parecem inclinar-se para um reconhecimento de um privilégio geral de omissão de informações, não havendo uma concreta definição dos critérios exigidos.

1169. DEUTSCH, Das therapeutische Privileg des Arztes, p. 1305 e ss.

1170. Cf. a respeito CHILDRESS, Who Should Decide?, p. 129-130.

1171. BGHZ 29, 176 (p. 185). No original: "Nur in dem besonderen Falle, dass die mit der Aufklärung verbundene Eröffnung der Natur des Leidens zu einer ernsten und nicht behebbaren Gesundheitsschädigung des Patienten führen würde, könnte ein Absehen von der Aufklärung gerechtfertigt sein".

1172. KERN; LAUFS, Die ärztliche Aufklärungspflicht, p. 123 e ss.; SCHMIDT, Empfiehlt es sich, dass der Gesetzgeber die Fragen der aïrztlichen Aufklaïrungspflicht regelt?, p. 110 e ss.; GRÜNWALD, Die Aufklärungspflicht des Arztes, p. 26.

1173. Segundo *Engisch*, é impossível que todos os esforços sejam exprimidos a partir de um único conceito. Por sua vez, *Eb. Schmidt* denominou o posicionamento do BGH de incompreensível. ENGISCH; HALLERMANN, Die ärztliche Aufklärungspflicht aus rechtlicher und ärztlicher Sicht, p. 37; SCHMIDT, Empfiehlt es sich, dass der Gesetzgeber die Fragen der aïrztlichen Aufklaïrungspflicht regelt?, p. 110. Tanto no projeto alternativo quanto no projeto de Código Penal de 1962 procurou-se fundar conceitos mais amplos.

1174. Ou de uma "afetação mental não apenas temporária", ESER; STERNBERG-LIEBEN, Schönke/Schröder StGB, § 228, Nm. 42a.

1175. ENGISCH; HALLERMANN, Die ärztliche Aufklärungspflicht aus rechtlicher und ärztlicher Sicht, p. 37; BOCKELMANN, Strafrecht des Arztes, p. 62.

prescindir do dever de esclarecimento também em hipótese de sério *comprometimento do sucesso do tratamento.*[1176]

A nosso ver, sobre os critérios que fazem referência exclusivamente ao bem-estar do paciente recai uma forte suspeita de um paternalismo rígido. Assim, para nós, os parâmetros que legitimam o afastamento do dever de esclarecimento devem ser definidos a partir de dois indicadores fundamentais: se eles se deixam sustentar a partir de uma perspectiva vinculada à *autonomia* – e não apenas ao bem-estar do paciente –, bem como se podem ser postulados também no âmbito de um *paternalismo suave*. No entanto, o afastamento do esclarecimento é excepcional e deve se cingir *ao essencial.*[1177]

Dessa forma, quando a revelação de uma informação puder conduzir a um efetivo *dano* à saúde física ou mental, é possível afastar o dever de esclarecimento. Nesses casos, há uma colisão entre dois interesses referentes ao corpo e pertencentes à mesma pessoa: o interesse de não ter a sua saúde prejudicada em decorrência de uma notícia ruim e o interesse de não ser submetido a intervenções não consentidas. A causa de justificação apta à resolução de conflitos entre interesses intrapessoais é, como delimitaremos posteriormente neste trabalho, o *consentimento presumido.*[1178] Há, no entanto, uma especificidade: o consentimento real seria, faticamente, obtenível. No entanto, considerando que a obtenção do consentimento representaria o risco de realização do tipo do art. 129 do CPB, há uma situação de *impossibilidade normativa* de obtenção do consentimento real, o que fundamenta o recurso à figura do consentimento presumido.[1179]

Isso significa, contudo, que só se pode prescindir da revelação de informações quando o dano à saúde for concebido como *mais grave do que a afetação*, pela intervenção curativa, *do direito à autodeterminação* do paciente.[1180] Essa constatação deve ser, de fato, amparada em indícios concretos fornecidos pelo caso analisado.[1181] Isso significa que se o médico sabe que o paciente deseja conhecer a verdade a qualquer custo, sua autonomia deve sempre prevalecer. Percebemos, assim, que a concepção aqui defendida se difere daquela que admite um privilégio terapêutico genérico, porquanto fundada não apenas na mera alusão à possibilidade de dano, mas também na concreta existência de uma situação

---

1176. ESER; STERNBERG-LIEBEN, Schönke/Schröder StGB, § 228, Nm. 42a. ROSSNER, Begrenzung der Aufklärungspflicht des Arztes, p. 121.

1177. FRISCH, Einwilligung und mutmaßliche Einwilligung in ärztliche Eingriffe, p. 48-49. Eventualmente, pode-se afastar o dano à saúde já por meio de um "diagnóstico filtrado".

1178. Cf. ROXIN, Strafrecht Allgemeiner Teil 1, § 18, Nm. 3 e ss. Cf. item 4.5.

1179. Assim também ESER; STERNBERG-LIEBEN, Schönke/Schröder StGB, § 228, Nm. 42a. BOCKELMANN, Strafrecht des Arztes, p. 61 e ss. Criticamente, cf. PAEFFGEN; ZABEL, NK § 228, Nm. 80.

1180. ESER; STERNBERG-LIEBEN, Schönke/Schröder StGB, § 228, Nm. 42a.

1181. ESER; STERNBERG-LIEBEN, Schönke/Schröder StGB, § 228, Nm. 42a.

em que o possível dano físico ou psicológico possui *maior gravidade* do que a violação do dever de esclarecimento.

A solução desses conflitos pode ser definida a partir do recurso a alguns dos critérios supracitados. Assim, o esclarecimento será concebido como dispensável apenas diante da *seriedade do risco.* Isso quer dizer, concretamente, que, diante do risco de *pequenos danos,* é evidente que deve prevalecer o interesse do paciente de não ter de suportar intervenções no seu corpo sobre as quais não foi consultado. Meras lamentações, afetações anímicas ou do bem-estar geral do paciente tampouco podem fundamentar o afastamento do esclarecimento[1182] e, em razão disso, não deve o médico omitir um diagnóstico de câncer apenas para não chatear o paciente. Nesses casos, não há colisão entre dois interesses hierarquicamente iguais e, diante da ausência de outros parâmetros, não se pode presumir que o paciente estaria de acordo com a retenção de informação.

Em contrapartida, o critério da *irreversibilidade da afetação à saúde* não nos parece ser decisivo. Ele pode até ser legítimo, na medida em que de fato apresenta um importante componente para avaliar a gravidade do perigo, a partir da sua projeção num eixo temporal. No entanto, também danos à saúde reversíveis, porém duráveis, são, por si, suficientemente ruins, de sorte que sua evitação pode ser valiosa ao paciente. Por isso, a nosso ver o critério da *durabilidade* parece ser mais adequado do que o da *irreversibilidade.*

A dispensabilidade do esclarecimento deve ser afirmada também nas hipóteses em que houver *grave risco ao resultado curativo*, por exemplo, quando se constatar a existência de um estado de depressão e a possibilidade de sério comprometimento, pela informação, do possível sucesso do tratamento. Também aqui é aplicável o consentimento presumido; o grave comprometimento do sucesso do procedimento curativo por meio de uma ação – ou seja, da revelação – explicita a estrutura de rompimento de um processo causal de salvamento, o que conduz a uma possível adequação ao tipo penal do art. 129 e seguintes do CPB, autorizando, portanto, a dispensa do esclarecimento.

Além disso, caso haja *perigo relacionado à doença*, tanto a omissão do esclarecimento quanto a mentira podem ser aceitáveis. Nesses casos, o parâmetro concreto para a prescindibilidade é deduzido da própria enfermidade – como no caso acima mencionado, no qual a mulher sofria da síndrome de *Basedow-Graves*. Esse é um ótimo exemplo para ilustrar a utilização desse critério, uma vez que quando a doença torna o paciente vulnerável a informações desagradáveis, informar significa nada mais do que lesionar. Seria, portanto, como produzir arranhões num hemofílico.

A aplicação do consentimento presumido significa, além disso, que todas essas regras de prevalência apresentadas perdem sua força tão logo se tenha

---

1182. RGZ 163, 129 (138).

conhecimento da vontade real e divergente do paciente. Consequência disso é, sobretudo, que o dever de esclarecimento não pode ser afastado diante da constatação de que o paciente possivelmente recusará o tratamento, já que o sentido do esclarecimento é justamente permitir-lhe optar pela rejeição.

Isso é o que acontece no nosso caso 7: os motivos do paciente para não desejar o tratamento são, nesta sede, irrelevantes, mesmo que, sob o ponto de vista do médico, se trate de uma decisão irracional.[1183] Assim, impõe-se a revelação do diagnóstico, especialmente porque o paciente por ele perguntou. Nesse caso, portanto, o consentimento dado pelo paciente não é válido, eis que, para que pudesse expressar uma vontade condizente com seus ideais e com a sua concepção de vida, seria necessário que soubesse de qual doença padece. Também ao nosso caso 8 se aplica o mesmo raciocínio: não poderia o médico ter tomado uma decisão pelo paciente e executado a intervenção sem revelar o diagnóstico, especialmente por se referir a um tratamento que afeta inegavelmente a própria personalidade e compreensão do paciente sobre si próprio. Em ambos os casos, cabia somente ao paciente definir o que desejava fazer a partir da informação revelada pelo médico.

4.4.5.7.2 Intervenções urgentes

Nos casos de urgência, a falta de tempo hábil para esclarecer adequadamente o paciente pode flexibilizar e até mesmo afastar o dever de informação do médico.[1184] Também há, nesses casos, uma colisão entre dois interesses intrapessoais do paciente: de um lado, o de ser informado e de tomar suas próprias decisões médicas e, de outro, o de ter sua vida e integridade física preservadas. Assim, ainda que o paciente chegue consciente ao hospital, a profundidade do esclarecimento a ser fornecido pelo médico dependerá do tempo concretamente disponível entre sua admissão e a realização da intervenção necessária e indicada. Se não houver tempo algum para o esclarecimento (tampouco para a obtenção do consentimento real), o fornecimento das informações se torna faticamente impossível, mas a conduta do médico, orientada pela vontade presumida do paciente, estará ainda assim justificada pelo consentimento presumido, conforme veremos adiante. Não se trata, aqui, de admitir o afastamento do dever de informação exclusivamente em razão da existência de risco para a vida ou para a integridade física do paciente, como faz crer *Ragazzo*.[1185] Na nossa visão, o critério determi-

---

1183. Como corretamente esclarece *Childress*, a "irracionalidade do medo não é motivo suficiente para a retração do consentimento informado". CHILDRESS, Who Should Decide?, p. 138. No original: "... irrationality of fears is not a sufficient reason for bypassing informed consent".

1184. No mesmo sentido, cf. CONSELHO FEDERAL DE MEDICINA, Recomendação n. 1/2016, p. 28.

1185. RAGAZZO, O dever de informar dos médicos e o consentimento informado, p. 107.

nante nesses casos é a *urgência temporal*, isto é, a proximidade da morte ou da lesão, que faz com que o esclarecimento seja concretamente inexigível.

4.4.5.7.3 Renúncia ao esclarecimento

A prerrogativa de ser informado pelo médico e de tomar decisões referentes à sua saúde representa um *direito* do paciente – e *não um dever.*[1186] Afinal, ninguém pode ser obrigado a exercer de uma maneira específica o seu direito à autodeterminação, já que isso iria de encontro com a própria noção de autonomia. Assim, o direito à autodeterminação possui, na verdade, duas dimensões: por um lado, o direito de saber e de decidir de maneira informada; por outro, o *direito de não saber* e, com isso, de *renunciar ao esclarecimento.*

A renúncia ao esclarecimento ocorre nos casos em que o paciente desobriga o médico expressamente do cumprimento do dever de informar.[1187] Como vimos, a revelação de certas informações pode, em alguns casos, afetar negativamente o paciente. Em razão disso, é possível que ele próprio não queira lidar com o ônus decisional ou com o abalo decorrente do recebimento das informações e, portanto, resolva autonomamente atribuir o controle da maior parte do fluxo de informações ao médico.[1188] Por sua vez, é também possível que o paciente já conheça suficientemente sua doença e o respectivo tratamento e, em razão disso, dispense o médico do cumprimento do dever de esclarecimento. Isso ocorre, por exemplo, quando o paciente é também médico ou já padece da doença há algum tempo.

Nos casos em que a renúncia ao esclarecimento ocorre em razão da ausência de interesse na informação (ou até mesmo no próprio consentimento), a conduta do médico restará justificada pelo consentimento presumido.[1189] Já nos casos em que a dispensa do esclarecimento decorre do prévio conhecimento do paciente, mesmo que não haja total esclarecimento, o consentimento real será ainda assim válido, eis que o indivíduo não deixa de ser informado.

1186. KERN; LAUFS, Die ärztliche Aufklärungspflicht, p. 118.

1187. FUNDLING, Recht auf Wissen vs. Recht auf Nichtwissen in der Gendiagnostik, p. 235. No Brasil, essa possibilidade é reconhecida pelo CFM, bem como pela doutrina em matéria civil. CONSELHO FEDERAL DE MEDICINA, Recomendação n. 1/2016, p. 28. Na literatura, cf. BERGSTEIN, A informação da relação médico-paciente, p. 146 e ss. PEREIRA, Relação médico-paciente, p. 192. RAGAZZO, O dever de informar dos médicos e o consentimento informado, p. 116-117.

1188. É ainda discutível a possibilidade de o paciente capaz transferir o direito ao esclarecimento e até mesmo de consentimento para um terceiro, o que constituiria uma modalidade de consentimento por representação de sujeitos capazes. O principal ponto da controvérsia, nesses casos, refere-se à possibilidade de delegação do exercício de direitos de personalidade. Cf. a respeito RIEDELMEIER, Ärztlicher Heileingriff und allgemeiner Strafrechtsdogmatik, p. 102.

1189. RIEDELMEIER, Ärztlicher Heileingriff und allgemeiner Strafrechtsdogmatik, p. 101.

Somente o paciente de fato autônomo poderá renunciar ao esclarecimento e, para determinar a validade dessa opção, devem ser observados, via de regra, os mesmos pressupostos de validade do consentimento.[1190] Destarte, apenas o paciente *capaz* poderá renunciar ao esclarecimento e somente na medida em que souber exatamente a que está abdicando. Dessa forma, não pode o paciente renunciar às informações em razão de erro, cabendo também ao médico esclarecer exatamente o significado e a extensão de tal decisão. Ademais, deve o paciente definir com precisão quais informações devem ou não ser omitidas pelo médico em razão da renúncia.

Deve-se frisar, contudo, que é certamente questionável a legitimidade de uma *renúncia em branco* (*Blankoverzicht*), em que o paciente abdica totalmente do esclarecimento, sem que possua previamente informações fundamentais. Muitos autores defendem que o paciente deve saber ao menos as informações básicas sobre a doença e a intervenção, especialmente aquelas relativas à sua necessidade, suas chances de sucesso e seus riscos.[1191] Um direito ilimitado de não saber seria nefasto, porquanto possibilitaria que o paciente se tornasse um mero objeto nas mãos de terceiros.[1192] Tal conclusão nos parece fundamentalmente correta, sendo relevante a determinação de limites concretos à renúncia do esclarecimento, a fim de que se proteja suficientemente o direito do paciente à autodeterminação.

4.4.5.8 Consentimento hipotético no direito penal?

A figura do *consentimento hipotético* (*hypothetische Einwilligung*) surgiu no âmago da jurisprudência do 6º Senado Civil do BGH, encarregado das decisões sobre direito médico, com o objetivo de corrigir problemas decorrentes da invalidade automática do consentimento em razão de vícios de esclarecimento[1193] e, portanto, de restringir a alegada *hipertrofia* dos deveres de informação do médico.[1194] Admitindo-se a legitimidade do consentimento hipotético, seria possível afastar a responsabilidade do médico que deixa de fornecer alguma informação ao paciente, principalmente diante de intervenções curativas executadas conforme a *lex artis*,[1195] nos casos em que, num juízo hipotético, ficasse

---

1190. TAG, Der Körperverletzungstatbestand im Spannungsfeld zwischen Patientenautonomie und Lex artis, p. 362.

1191. Cf., por todos, FUNDLING, Recht auf Wissen vs. Recht auf Nichtwissen in der Gendiagnostik, p. 235. RIEDELMEIER, Ärztlicher Heileingriff und allgemeiner Strafrechtsdogmatik, p. 107.

1192. TAG, Der Körperverletzungstatbestand im Spannungsfeld zwischen Patientenautonomie und Lex artis, p. 363.

1193. PUPPE, Ingeborg, Die hypothetische Einwilligung und das Selbstbestimmungsrecht des Patienten, *ZIS*, n. 6, 2016, p. 368.

1194. BEULKE, Werner, Die hypothetische Einwilligung im Arztstrafrecht – Eine Zwischenbilanz, *Medstra*, n. 2, 2015, p. 71.

1195. No caso da lipoaspiração (*Liposuktion-Fall*), BGH NStZ-RR 2007, 340, e no caso da retirada turbo (*Turboentzug-Fall*), BGH NStZ 2008, 150, discutiu-se a aplicação dessa

constatado que se o dever de esclarecimento houvesse sido de fato cumprido, o paciente teria ainda assim consentido com a intervenção médica.[1196] Dito de outra maneira, os "vícios de esclarecimento somente pode[ria]m fundamentar a responsabilidade penal do médico por lesões corporais se o paciente, diante de um esclarecimento que preenchesse todas as exigências, não [houvesse] consentido com a intervenção".[1197] Nesse sentido, não seria possível imputar ao médico a realização de um resultado que não se referisse ao âmbito de proteção da informação concretamente omitida.[1198]

O consentimento hipotético seria, portanto, basicamente um critério corretivo posterior que restaura a validade do consentimento, utilizado nos casos em que uma condenação em razão do descumprimento do dever de esclarecimento fosse considerada excessiva. Deve-se frisar, ademais, que, apesar de ambos prescindirem do consentimento real e basearem-se numa vontade supositícia, *o consentimento hipotético não se confunde com o consentimento presumido*, que, por sua vez, é aplicável aos casos em que há impossibilidade fática ou normativa de colher adequadamente o consentimento do paciente, como ocorre quando o indivíduo chega desacordado no pronto-socorro do hospital, conforme veremos adiante. Dessa forma, aos casos já justificados pelo consentimento presumido seria o consentimento hipotético, consequentemente, inaplicável.[1199]

Se a admissibilidade de tal concepção no direito civil alemão é relativamente pacífica, em especial em razão de sua novel consagração expressa na lei (mais especificamente, no § 630h, Abs. 2, do BGB[1200]), sua incorporação no

---

figura a intervenções não indicadas ou mal sucedidas.

1196. KUHLEN, Objektive Zurechnung bei Rechtfertigungsgründen, p. 333. A respeito do consentimento hipotético, cf. em língua portuguesa: FIGUEIREDO DIAS, Direito Penal, p. 488-489. COSTA ANDRADE, Consentimento em Direito Penal médico, p. 133. Cf. também GARCÍA CALDERÓN, El consentimiento en Derecho Penal, p. 277 e ss.

1197. BGH NStZ 1996, 34 (p. 35). No original: "Aufklärungsmängel können (...) eine Strafbarkeit des Arztes wegen Körperverletzung nur begründen, wenn der Patient bei einer den Anforderungen genügenden Aufklärung in den Eingriff nicht eingewilligt hätte".

1198. BGH NStZ 1996, 34 (p. 35). No mesmo sentido, ULSENHEIMER, Verletzung der ärztlichen Aufklärungspflicht, p. 133.

1199. MITSCH, Wolfgang, Einwilligung und Einwilligungssurrogate – insbesondere bei ärztlichen Heileingriffen, *in*: HRUSCHKA, Joachim; JOERDEN, Jan C. (Orgs.), *Jahrbuch für Recht und Ethik*. vol. 24. Berlin: Duncker & Humblot, 2016, p. 261.

1200. § 630h (...) "(2) O médico deve provar que colheu o consentimento em consonância com o § 630d e que esclareceu de acordo com as exigências do § 630e. Se o esclarecimento não preencher as exigências do § 630e, pode o médico alegar que o paciente, também no caso de um esclarecimento devido, teria consentido com a intervenção". No original: "Der Behandelnde hat zu beweisen, dass er eine Einwilligung gemäß § 630d eingeholt und entsprechend den Anforderungen des § 630e aufgeklärt hat. Genügt die Aufklärung nicht den Anforderungen des § 630e, kann der Behandelnde sich darauf berufen, dass der Patient auch im Fall einer ordnungsgemäßen Aufklärung in die Maßnahme eingewilligt hätte."

direito penal não é assim tão simples. Na jurisprudência penal,[1201] antes mesmo de aludir à terminologia do consentimento hipotético, os argumentos que o fundamentam já haviam sido utilizados, por exemplo, pelo 5º Senado Penal do BGH para absolver o médico no chamado "caso das pernas em O".[1202] Posteriormente, a aplicabilidade dessa figura na seara penal foi reconhecida no caso da bucha Surgibone,[1203] vinculando-se inicialmente aos casos de delitos culposos. A partir de 2003, especificamente com o caso do disco intervertebral, foi admitida a aplicação do consentimento hipotético também em relação a delitos dolosos.[1204] Mais recentemente, contudo, é possível perceber que os julgados do BGH têm mantido uma postura mais contida em relação à aplicação do consentimento hipotético.[1205] De qualquer forma, conforme estabelecido pela jurisprudência do BGH, a principal diferença prática do reconhecimento do consentimento hipotético no âmbito penal estaria no fato de que, nessa seara, *o ônus da prova não recai sobre o médico*, ao contrário do que acontece no contexto civil. Ademais, diante de alguma dúvida, aplicar-se-ia a orientação *in dubio pro reo*, impondo-se a absolvição do médico.[1206]

Na literatura, no entanto, há verdadeira controvérsia sobre a legitimidade dessa figura. Na visão dos penalistas que procuram legitimá-lo,[1207] o consentimento hipotético poderia afetar a análise da imputação objetiva ou constituir

---

1201. Sobre a jurisprudência penal alemã quanto a essa temática, cf. JOECKS, Wolfgang; HARDTUNG, Bernhard. § 223 Körperverletzung, *in*: MüKo, 3. ed. München: C. H. Beck, 2017, Nm. 115-117.

1202. BGH Urt. v. 25.9.1990 – 5 StR 342/90 = Jurion RS 1990, 17084.

1203. BGH NStZ 1996, 34.

1204. BGH NStZ-RR 2004, 16. Cf. também o caso da broca (*Bohrerspitzen-Fall*), BGH NStZ 2004, 442; o caso do esôfago (*Speiseröhren-Fall*), BGH NStZ 2012, 205; e o caso do método em território desconhecido (*Neulandmethode-Fall*), BGH NJW 2013, 1688.

1205. Como constatam ROXIN; GRECO, Strafrecht Allgemeiner Teil, § 13, Nm. 131a.

1206. BGH NStZ-RR 2004, 16 (p. 17); também BGH NSTZ 1996, 34 (p. 35).

1207. Admitem a legitimidade do consentimento hipotético: BEULKE, Die hypothetische Einwilligung im Arztstrafrecht, p. 73. FRISCH, Einwilligung und mutmaßliche Einwilligung in ärztliche Eingriffe, p. 49-50. HENGSTENBERG, Nike. *Die hypothetische Einwilligung im Strafrecht*: Zu den „Risiken und Nebenwirkungen" eines Transfers der Rechtsfigur aus dem Zivil- in das Strafrecht. Berlin, Heidelberg: Springer, 2013, p. 380. KÜHL, Kristiano *Strafrecht Allgemeiner Teil.* 8. ed. München: Franz Vahlen, 2017, § 9, Nm. 47a (p. 331). KUHLEN, Objektive Zurechnung bei Rechtfertigungsgründen, p. 334. KUHLEN, Lothar, Ausschluss der objektiven Erfolgszurechnung bei hypothetischer Einwilligung des Betroffenen, *JR*, n. 6, 2004, p. 227. MITSCH, Wolfgang, Die "hypothetische Einwilligung" im Arztstrafrecht, *JZ*, n. 5, 2005, p. 280. MURMANN, *Grundkurs Strafrecht*, § 25, Nm. 132 (p. 170-171). ROSENAU, Henning, Die hypothetische Einwilligung im Strafrecht, *in*: *FS-Maiwald*, Berlin: Duncker & Humblot, 2010, p. 692 e ss. SCHROTH, Ulrich, Ärztliches Handeln und strafrechtlicher Maßtab: Medizinische Eingriffe ohne und mit Einwilligung, ohne und mit Indikation, *in*: ROXIN, Claus; SCHROTH, Ulrich (Orgs.), *Handbuch des Medizinstrafrechts*, 3. ed. Stuttgart: Richard Boorberg Verlag, 2007, p. 33. ULSENHEIMER, Arztstrafrecht in der Praxis, § 1, Nm. 132 (p. 150-151). WIESNER, Sandra. *Die hypothetische Einwilligung im Medizinstrafrecht*. Baden-Baden: Nomos, 2010, p. 178. Ademais,

verdadeira causa de justificação. Na primeira perspectiva, considera-se que a imputação objetiva deve ser afastada, porquanto o risco não permitido criado pela violação do dever de esclarecimento não se realiza no resultado,[1208] haja vista que mesmo diante do esclarecimento o paciente teria consentido com a intervenção. Assim, o consentimento hipotético seria tratado como um caso de *comportamento alternativo conforme o direito.*[1209] Não obstante, para alguns autores seria possível responsabilizar o médico pela *tentativa* nos casos de descumprimento *doloso* do dever de esclarecimento, já que restaria afastado apenas o desvalor do resultado – e não o desvalor da conduta.[1210]

Por sua vez, há quem defenda, na mesma linha da jurisprudência alemã, que essa figura constitui uma causa supralegal de justificação,[1211] ao lado do consentimento real e do consentimento presumido. Nesse sentido, considerando que o próprio ordenamento jurídico alemão reconhece a licitude da conduta do médico, não haveria contrariedade entre o fato típico e o ordenamento jurídico, impondo-se, portanto, o afastamento da antijuridicidade com base no princípio do interesse preponderante.[1212]

A favor dessa postura, são utilizados principalmente os argumentos referentes ao princípio da unidade do ordenamento jurídico e à concepção do direito penal como *ultima ratio.* De um lado, argumenta-se que, se o direito civil não concebe tal situação como delituosa, principalmente com base no § 630h Abs. 2

---

também parecem admitir a legitimidade dessa figura, FRISTER; LINDEMANN; PETERS, Arztstrafrecht, p. 19. SCHÖCH, Die Aufklärungspflicht des Arztes und ihre Grenzen, p. 62.

1208. Principalmente, KUHLEN, Objektive Zurechnung bei Rechtfertigungsgründen, p. 334. KUHLEN, Ausschluss der objektiven Erfolgszurechnung bei hypothetischer Einwilligung des Betroffenen, p. 227. Frise-se, contudo, que *Kühlen* insere os critérios da imputação objetiva, nesse contexto, no nível da antijuridicidade, aplicando-os às causas de justificação. No mesmo sentido, cf. HENGSTENBERG, Die hypothetische Einwilligung im Strafrecht, p. 380. MITSCH, Die "hypothetische Einwilligung" im Arztstrafrecht, p. 285. ROSENAU, Die hypothetische Einwilligung im Strafrecht, p. 694. Também defendem a análise do consentimento hipotético no âmbito da imputação, FRISCH, Einwilligung und mutmaßliche Einwilligung in ärztliche Eingriffe, p. 49-50. SCHROTH, Ärztliches Handeln und strafrechtlicher Maßtab, p. 33. ULSENHEIMER, Arztstrafrecht in der Praxis, § 1, Nm. 132 (p. 150-151). Por outro lado, na jurisprudência do BGH é também possível encontrar o argumento de que, nesses casos, não haveria *relação de causalidade* entre a conduta do médico o resultado. É o que ocorre, por exemplo, na decisão do *caso da perna em O.* BGH Urt. v. 25.9.1990 – 5 StR 342/90.

1209. KUHLEN, Objektive Zurechnung bei Rechtfertigungsgründen, p. 337. GARCÍA CALDERÓN, El consentimiento en Derecho Penal, p. 372. Na 4ª edição de seu manual, também *Roxin* adotava essa postura. ROXIN, *Strafrecht Allgemeiner Teil 1,* § 13, nm. 120 e ss.

1210. KUHLEN, Ausschluss der objektiven Erfolgszurechnung bei hypothetischer Einwilligung des Betroffenen, p. 227.

1211. BGH NStZ-RR 2004, 16. Nesse sentido, cf. BEULKE, Die hypothetische Einwilligung im Arztstrafrecht, p. 73. KÜHL, Strafrecht Allgemeiner Teil, § 9, Nm. 47a.

1212. BEULKE, Die hypothetische Einwilligung im Arztstrafrecht, p. 73. WIESNER, Die hypothetische Einwilligung im Medizinstrafrecht, p. 178.

do BGB, não seria correto punir penalmente a conduta do médico, primando-se pela coerência (e pela evitação de contradições) entre os diferentes ramos do sistema jurídico no que se refere à solução de questões de antijuridicidade.[1213] Somado a isso, alega-se que, considerando que o direito penal somente deve tutelar os bens jurídicos mais relevantes e apenas nas situações em que outros ramos do direito sejam insuficientes para efetivar uma verdadeira proteção, não poderia o direito penal punir um fato que não constitui ilícito civil e, com isso, estender-se para além da esfera cível.[1214] Ademais, para os autores que consideram que as intervenções cirúrgicas arbitrárias não se amoldam *prima facie* ao tipo das lesões corporais, a integridade física não seria atingida pela violação do dever de esclarecimento, porquanto o direito à autodeterminação, que é o verdadeiramente afetado nesses casos, não integraria o bem jurídico protegido por esse delito.[1215]

Não obstante, a maior parte da doutrina alemã critica veementemente essa postura legitimadora,[1216] o que nos parece essencialmente correto. Em primeiro lugar, há que frisar que os argumentos da *ultima ratio* e da unidade do ordenamento jurídico sequer fazem sentido no contexto brasileiro, no qual a figura do consentimento hipotético é praticamente desconhecida até mesmo pelo direito

---

1213. ROSENAU, Die hypothetische Einwilligung im Strafrecht, p. 698.

1214. BEULKE, Die hypothetische Einwilligung im Arztstrafrecht, p. 73.

1215. BEULKE, Die hypothetische Einwilligung im Arztstrafrecht, p. 69. MITSCH, Die "hypothetische Einwilligung" im Arztstrafrecht, p. 285. ROSENAU, Die hypothetische Einwilligung im Strafrecht, p. 696.

1216. Criticam e/ou posicionam-se contrariamente ao reconhecimento do consentimento hipotético: AG Moers medstra 2016, 123. EISELE, Jörg, El consentimiento hipotético como causal de justificación, *Revista peruana de ciencias penales*, v. 23, p. 243-268, 2012. GAEDE, Limitiert akzessorisches Medizinstrafrecht statt hypothetischer Einwilligung, p. 36. GROPP, Strafrecht Allgemeiner Teil, § 5, Nm. 83 (p. 189). IVERSEN, Die Bedeutung der zivilrechtlichen Aufklärungspflichten für die Einwilligung in die Körperverletzung, p. 478. JANSEN, Scarlett, Die hypothetische Einwilligung im Strafrecht: Notwendiges Korrektiv oder systemwidriges Institut?, *ZIS*, n. 6, 2011, p. 495. OTTO; ALBRECHT, Die Bedeutung der hypothetischen Einwilligung für den ärztlichem Heileingriff, p. 269. PUPPE, Die strafrechtliche Verantwortlichkeit des Arztes bei mangelnder Aufklärung über eine Behandlungsalternative, p. 764 e ss. PUPPE, Die hypothetische Einwilligung und das Selbstbestimmungsrecht des Patienten, p. 367 e ss. RIEDELMEIER, Ärztlicher Heileingriff und allgemeiner Strafrechtsdogmatik, p. 79 e ss. ROXIN; GRECO, Strafrecht Allgemeiner Teil, § 13, Nm. 125 e ss. ROXIN, Hypothetische Einwilligung im Medizinstrafrecht?, p. 130-134. SALIGER, Alternativen zur hypothetischen Einwilligung im Strafrecht, p. 264 e ss. SOWADA, Christoph, Die hypothetische Einwilligung im Strafrecht, *NStZ*, n. 1, 2012, p. 6 e ss. STERNBERG-LIEBEN, Detlev, Strafrechtliche Behandlung ärztlicher Aufklärungsfehler: Reduktion der Aufklärungslast anstelle hypothetischer Einwilligung, *in*: *FS-Beulke*, Heidelberg: C.F. Müller, 2015, p. 301 e ss. SWOBODA, Die hypothetische Einwilligung, p. 25 e ss. Também *Mitsch*, um dos defensores do consentimento hipotético, parece negar sua legitimidade em trabalho posterior, MITSCH, Einwilligung und Einwilligungssurrogate, p. 263.

civil.[1217] Além disso, a jurisprudência brasileira não possui a mesma rigidez dos julgados alemães, eis que reconhece apenas pontualmente o dever de informação do médico no contexto cível, mas ainda sem contornos claros, e ignora sua relevância para a determinação da responsabilidade penal do médico. Assim, não há *ab initio* razões para incorporar uma figura que surgiu como forma de solucionar problemas que sequer existem no contexto jurídico brasileiro.

Isso não significa, todavia, que os possíveis excessos decorrentes do reconhecimento do dever de esclarecimento como elemento delimitador do conteúdo das lesões corporais no contexto médico não devam ser corretamente sofreados. Conforme já havíamos afirmado, não há dúvidas que a responsabilidade penal do médico não deve ser tão abrangente ao ponto de fundamentar a punição pela mera violação de uma formalidade. Assim, concordamos com a premissa de muitos dos defensores do consentimento hipotético, segundo a qual se deve procurar restringir a responsabilidade do médico em hipótese de vícios de esclarecimento. Contudo, a incorporação do consentimento hipotético no direito penal acaba acarretando, inevitavelmente, um indesejável *esvaziamento quase completo dos deveres de esclarecimento.*

Isso decorre, num primeiro âmbito, de constatações de cunho processual. Embora seja possível, no contexto civil, que se atribua ao médico o ônus da prova do consentimento hipotético, o mesmo não pode ocorrer no horizonte do processo penal, que, por ser orientado pela regra probatória do *in dubio pro reo*, exige a absolvição do acusado nos casos em que há dúvida sobre a formação da culpa. Além disso, não há como saber ao certo, muito menos como efetivamente provar, se o paciente teria ou não consentido diante do esclarecimento adequado. A resposta a essa pergunta hipotética é relativamente incerta e depende de diferentes contingências, como o sucesso ou insucesso da intervenção ou até mesmo a forma como o médico se comporta com o paciente.[1218] Além disso, a imagem que o paciente tem da intervenção no momento em que ela representa apenas uma possibilidade futura é certamente diferente daquela que tem após a sua execução.

1217. Apesar da origem alemã, a aplicabilidade do consentimento hipotético já vem sendo discutida na jurisprudência de outros países, como por exemplo em Portugal (cf. PORTUGAL. Supremo Tribunal de Justiça. Processo 1263/06.3TVPRT.P1.S1. Relatora: Maria Clara Sottomayor. *Portugal*, Lisboa, junho de 2015. Disponível em: <http://www.dgsi.pt/jstj.nsf/954f0ce6ad9dd8b980256b5f003fa814/13c2cea356c7279080257e590036948b?OpenDocument>. Acesso em 31 dez 2018). No entanto, essas discussões ainda não chegaram aos tribunais brasileiros. Na literatura penal, há poucas – e ainda perfunctórias – referências ao tema (cf., por exemplo, LEQUES, O consentimento do ofendido como excludente do tipo no direito penal brasileiro, p. 49-50. SOUZA, Paulo Vinicius Sporleder de, Direito penal médico e consentimento presumido, *REC*, v. 10, n. 42, 2011, p. 89.), além de algumas menções que, apesar de utilizarem a mesma nomenclatura, não se referem à figura aqui discutida (cf. por exemplo, MARTINELLI, Paternalismo jurídico-penal, p. 202. TAVARES, Juarez. *Fundamentos de teoria do delito*. Florianópolis: Tirant lo Blanch, 2018, p. 357).

1218. PUPPE, Die hypothetische Einwilligung und das Selbstbestimmungsrecht des Patienten, p. 367.

Diante disso, via de regra, nem mesmo o paciente conseguiria posteriormente comprovar como ele próprio teria decidido[1219] numa situação hipotética, ou seja, que concretamente não ocorreu. A prova do consentimento hipotético é, portanto, dificilmente factível e, com isso, as dificuldades probatórias, aliadas à orientação *in dubio pro reo,* conduziriam concretamente a um cenário em que o esclarecimento seria praticamente irrelevante para a determinação da validade do consentimento do paciente.[1220]

No entanto, não há dúvida de que os deveres de esclarecimento são essenciais para o exercício da autonomia e do direito à autodeterminação dos pacientes, cujo exercício, sem essas informações, é novamente restringido por controles informacionais e decisionais de caráter inegavelmente paternalista. Não há como o paciente tomar uma decisão realmente livre sem que disponha de todas as informações relevantes. Como já frisamos, uma concepção que valoriza verdadeiramente a autonomia não pode prescindir do esclarecimento, tampouco se basear numa compreensão limitada da integridade física que ignora o direito do seu titular à autodeterminação sobre seu próprio corpo. Com base na tese aqui defendida, há, por conseguinte, razões político-criminais, vinculadas à adequada proteção da autonomia e da integridade corporal dos pacientes, para atribuir-se relevância aos deveres de informação e concebê-los como importantes pressupostos de legitimidade da conduta médica. Em razão disso, deve o consentimento hipotético desde já ser refutado, eis que incompatível com o respeito à autonomia do paciente.

Além disso, o consentimento hipotético é insustentável também sob o ponto de vista dogmático, tanto por contradizer pressupostos elementares da doutrina do consentimento, como também em razão de seu questionável amoldamento à sistemática da teoria do delito. Na dogmática do consentimento, a autorização concedida pelo paciente somente pode produzir efeitos para o futuro, para que seja protegido o direito à autodeterminação. Em razão disso, o consentimento posterior ao fato é sabidamente irrelevante para a análise da responsabilidade penal do médico.[1221] Violando essa premissa básica, o consentimento hipotético nada mais é do que, nas palavras de *Roxin* e *Greco*, uma *autorização posterior*

1219. ROXIN; GRECO, Strafrecht Allgemeiner Teil, § 13, Nm. 125.

1220. Como acertadamente esclarece *Puppe*, "ao fazer com que a imputação de um resultado dependa de questões descabidas, para que sejam respondidas, com base no *in dubio pro reo,* em favor do autor do fato, qualquer imputação nessa área se torna impossível". No original: "Indem man die Erfolgszurechnung von unsinnigen Fragen abhängig macht, um diese dann nach dem Grundsatz *in dubio pro reo* zugunsten des Täters zu beantworten, macht man in dem betreffenden Bereich jede Zurechnung unmöglich". PUPPE, Die strafrechtliche Verantwortlichkeit des Arztes bei mangelnder Aufklärung über eine Behandlungsalternative, p. 769.

1221. SALIGER, Alternativen zur hypothetischen Einwilligung im Strafrecht, p. 265. Cf. item 4.4.2.

"disfarçada", a qual sequer é reconhecida no direito penal.[1222] Outra regra básica que orienta a doutrina do consentimento é a prevalência da vontade real, da qual decorre a subsidiariedade do consentimento presumido, que somente pode justificar a conduta do médico nos casos em que a obtenção do consentimento real do paciente não for possível no caso concreto. O consentimento hipotético, por também se fundar em meras conjecturas, desvirtua essa regra de prevalência e acaba dando primazia à vontade hipotética, já que se refere a casos em que a obtenção anterior de um consentimento real adequadamente esclarecido era perfeitamente possível.[1223]

Também a dificuldade em definir a compreensão sistemática dessa figura deixa à evidência suas fragilidades. A nosso ver, não há como inserir o consentimento hipotético na análise da imputação objetiva do resultado, como procuram fazer muitos de seus defensores.[1224] Isso porque, na análise dos casos de comportamento alternativo conforme o direito, é a *conduta do autor do fato* que, substituída por uma que observa as normas de cuidado, possivelmente conduz ao mesmo resultado lesivo.[1225] Assim, o que fundamenta o afastamento da imputação é o questionamento sobre se sua conduta adequada teria evitado a lesão ao bem jurídico. No consentimento hipotético, ao revés, procura-se analisar o *suposto comportamento da vítima* e, assim, se o *paciente* teria ou não consentido com a intervenção, o que já de saída não se encaixa nos pressupostos do grupo de casos em comento. Deve-se frisar que *o que legitima a intervenção médica é o consentimento do paciente, e não o esclarecimento*, razão pela qual ainda que seja necessária uma hipotética "substituição" da postura do médico (que, na suposição, teria esclarecido adequadamente), o determinante para definir a legitimidade da intervenção é a decisão hipoteticamente tomada pelo *paciente,* e não o esclarecimento potencialmente fornecido pelo médico.

Somado a isso, há de se esclarecer que o resultado típico de lesão corporal, nesses casos, decorre da conduta do médico que executa a intervenção sem o

---

1222. ROXIN; GRECO, Strafrecht Allgemeiner Teil, § 13, Nm. 125. ROXIN, Hypothetische Einwilligung im Medizinstrafrecht?, p. 130. Os autores referem-se, aqui, à figura da *autorização posterior* (*nachträgliche Genehmigung*), inerente ao Direito Civil, que possibilita a atribuição de efeitos retroativos à permissão concedida após a realização do negócio jurídico.

1223. IVERSEN, Die Bedeutung der zivilrechtlichen Aufklärungspflichten für die Einwilligung in die Körperverletzung, p. 477.

1224. Uma dificuldade adicional, que se dá especificamente a partir da proposta da *Kuhlen* e daqueles que o seguiram, decorre da transposição dos critérios de imputação objetiva também para o nível da antijuridicidade. No entanto, a nosso ver essa manobra dogmática somente é necessária num modelo em que as questões sobre consentimento somente afetam a antijuridicidade e, assim, a compreensão do consentimento como causa que afeta já a tipicidade relativizaria as críticas que podem ser atribuídas a esse aspecto específico da teoria de *Kuhleno* No mesmo sentido, cf. EISELE, El consentimiento hipotético como causal de justificación, p. 627.

1225. ROXIN, Hypothetische Einwilligung im Medizinstrafrecht?, p. 132.

consentimento válido do paciente e, assim, interfere indevidamente na sua esfera corporal. Por sua vez, numa hipotética situação em que, diante do esclarecimento adequado, o paciente concedesse um consentimento válido, o resultado típico na verdade *desapareceria*, eis que não mais haveria uma interferência indevida no seu corpo. Assim, mesmo que fizesse sentido a análise do comportamento alternativo *da vítima*, a inexistência de um resultado lesivo na hipótese analisada também afastaria a aplicação desse critério. Ainda, essa postura acaba equiparando equivocadamente a violação de um *dever de cuidado*, inerente às discussões sobre o comportamento alternativo ou ao nexo específico de risco, à inobservância do *dever de esclarecimento*. Se, por um lado, a observância das normas de cuidado torna o risco permitido e afasta a imputação do resultado ao autor do fato, por outro lado, não é o cumprimento do dever de esclarecimento isoladamente considerado que legitima a conduta do médico, razão pela qual tal analogia nos parece fundamentalmente incorreta.

Ademais, é possível questionar a plausibilidade da proposta de punição da *tentativa* nos casos de consentimento hipotético. Isso porque, como esclarece *Sowada*, se o médico partir do pressuposto de que o paciente posteriormente reconhecerá que, caso o esclarecimento lhe houvesse sido adequadamente prestado, teria, ainda assim, consentido com a intervenção, dificilmente será possível demonstrar a decisão de cometer o fato delituoso (*Tatentschluss*), requisito básico da punição da tentativa.[1226]

Por fim, também não há qualquer sentido em conceber o consentimento hipotético como uma causa autônoma de justificação, como propõem alguns autores. Como já extensivamente demonstrado, as causas que afetam a antijuridicidade são caracterizadas pelo *conflito de interesses* e pelos *princípios da ponderação de interesses e da necessidade*[1227] e, se nem mesmo o consentimento real se adequa a esses fundamentos, com ainda mais razão seria o consentimento hipotético um "corpo estranho" no contexto da antijuridicidade. Ademais, seria questionável admitir-se a justificação com base em pressupostos que, no momento da conduta, são apenas fictícios, e não fáticos.

Dessa forma, o consentimento hipotético não deve ser admitido no direito penal. A resposta mais adequada às questões aqui colocadas reside na limitação do próprio conteúdo do esclarecimento a ser exigido,[1228] sob uma perspectiva *ex*

1226. SOWADA, Die hypothetische Einwilligung im Strafrecht, p. 8. No mesmo sentido, cf. PUPPE, Ingeborg, La justificación de la intervención médica curativa, *InDret*, n. 1, 2007, p. 10.

1227. Cf. item 4.2.3.2.1.

1228. Como também propõem, entre tantos outros autores, SALIGER, Alternativen zur hypothetischen Einwilligung im Strafrecht, p. 268 e ss. STERNBERG-LIEBEN, Strafrechtliche Behandlung ärztlicher Aufklärungsfehler, p. 306. Na verdade, boa parte dos autores que criticam o consentimento hipotético procura traçar alternativas limitadoras. Cf. a respeito item 4.4.5.3.

ante – e não numa correção hipotética posterior. A nosso ver, o modelo restritivo aqui proposto já é suficiente para elidir eventuais excessos que porventura decorram do descumprimento do dever de esclarecimento.

Por sua vez, também seria recomendável a estipulação de um óbice processual à persecução penal nesses casos, como a definição de uma ação penal de iniciativa pública condicionada nos casos de lesões corporais decorrentes de intervenções cirúrgicas, colocando a decisão sobre a conveniência do oferecimento de uma denúncia nas mãos do paciente. Esse tratamento diferenciado, de natureza processual, já é consolidado em relação às lesões corporais culposas e às dolosas leves (art. 88 da Lei 9.099/1995), mas, na nossa visão, também deveria ser estendido às lesões corporais dolosas decorrentes de tratamentos médicos, ainda que, nos termos da lei penal, sejam consideradas graves (art. 129, §§ 1º e 2º, CPB). Dessa forma, conforme esclarece *Puppe*, os casos de *aprovação posterior do resultado* por parte da vítima, que não afetam a compreensão penal da conduta do médico, poderiam, na verdade, ser solucionados pelas regras de processo penal.[1229] Assim, quando, a despeito do esclarecimento inadequado, o paciente estiver ao final satisfeito com o resultado da intervenção, a ausência de representação obstará o oferecimento da denúncia e, consequentemente, a concreta punição do médico decorrente do vício de esclarecimento.

4.5 O consentimento presumido: a impossibilidade fática ou normativa de colher o consentimento real

Caso não seja possível obter ou aguardar a obtenção do consentimento real do paciente, a conduta do médico pode ainda assim ser justificada pelo *consentimento presumido* (*mutmaßliche Einwilligung*).[1230] Isso é o que ocorre, por exemplo, nas situações em que é necessária uma cirurgia de urgência,[1231] mas o paciente encontra-se em estado de inconsciência ou seu representante legal está inacessível; ou ainda naquelas em que, durante a execução de uma cirurgia consentida, surge a

---

1229. PUPPE, Die hypothetische Einwilligung und das Selbstbestimmungsrecht des Patienten, p. 366.

1230. Cf. por todos, JESCHECK; WEIGEND, Lehrbuch des Strafrechts, p. 385 e ss.; ROXIN, Strafrecht Allgemeiner Teil 1, § 18, Nm. 3 e ss.

1231. No âmbito da Medicina, é comum a distinção entre as noções de *urgência* e de *emergência*. Conforme estabelecido pelo CFM no art. 1º da Resolução n. 1.451/1995, concebe-se por urgência "a ocorrência imprevista de agravo à saúde com ou sem risco potencial de vida, cujo portador necessita de assistência médica imediata"; e por emergência "a constatação médica de condições de agravo à saúde que impliquem em risco iminente de vida ou sofrimento intenso, exigindo portanto, tratamento médico imediato". CONSELHO FEDERAL DE MEDICINA. *Resolução n. 1.451*, de 10 de março de 1995. São Paulo, 1995. Não obstante, a doutrina penal não faz essa distinção ao tratar dos problemas de direito penal médico, utilizando preponderantemente, como esclarece *Souza*, o termo *urgência*. SOUZA, Direito penal médico e consentimento presumido, p. 96. Utilizaremos neste trabalho ambos os termos indistintamente.

necessidade de realização de outro procedimento, não sendo possível a obtenção do consentimento real do paciente, que se encontra desacordado sob o efeito da anestesia. Ademais, também com base no consentimento presumido é possível flexibilizar as exigências do dever de esclarecimento, que, via de regra, invalidam o consentimento real, conforme demonstramos acima.[1232]

O respeito à autonomia nos leva à conclusão de que *prima facie* apenas o consentimento do paciente pode legitimar intervenções em sua esfera corporal. No entanto, a impossibilidade fática ou normativa de obtê-lo não pode obstar o tratamento necessário para a preservação de seus interesses. Com fundamento no consentimento presumido, uma intervenção médica nesses casos somente poderá ser executada com base na *vontade presumida* do paciente, isto é, levando-se em conta a decisão que ele tomaria para si, a partir de suas preferências subjetivas, caso estivesse em condições de consentir.

As controvérsias que envolvem essa constelação de casos podem ser enxergadas principalmente no nosso caso 4. Na primeira situação, a paciente, que sofria de câncer metastático, havia registrado uma diretiva antecipada de vontade, na qual recusava qualquer medida invasiva em tratamento intensivo. No entanto, após algum tempo, a falência de seus pulmões somente poderia ser contornada por meio desse exato tratamento, mas a paciente não mais podia expressar seu consentimento real quanto à execução dessa medida, já que estava inconsciente. Por sua vez, na variação 2 desse mesmo caso, que demonstra uma situação ainda mais comum na práxis brasileira, essa mesma paciente não havia registrado qualquer diretiva prévia, mas expressava durante o tratamento o desejo de sobreviver e de ser submetida a todas as medidas necessárias para prolongar sua vida. A questão que se coloca aqui é justamente o que fundamenta a atuação do médico nesses casos, discussão que também possui como pano de fundo o questionamento sobre se a vontade anteriormente externada pela paciente deve ou não ser respeitada.

4.5.1 Sobre o consentimento presumido: pressupostos e fundamento da justificação

O consentimento presumido é uma causa autônoma e supralegal de justificação,[1233] que se situa dogmaticamente entre o consentimento e o estado de necessi-

---

1232. ESER; STERNBERG-LIEBEN, Schönke/Schröder StGB, § 223, Nm. 38h.

1233. No Brasil, são poucos os autores que reconhecem expressamente essa causa autônoma de justificação, como fazem, por exemplo, CIRINO DOS SANTOS, Direito Penal parte geral, p. 268. SOUZA, Direito penal médico e consentimento presumido, p. 85 e ss. TAVARES, O consentimento do ofendido no direito penal, p. 268. TAVARES, Fundamentos de teoria do delito, p. 355 e ss. Admitem sua legitimidade, mas parecem concebê-lo como uma subespécie do consentimento, PIERANGELI, O consentimento do ofendido na teoria do delito, p. 161; LEQUES, O consentimento do ofendido como excludente do tipo no direito penal brasileiro, p. 49. LUCA, O consentimento do ofendido à luz da teoria da imputação

dade.[1234] Trata-se basicamente de um "juízo de probabilidade sobre a verdadeira vontade do titular do bem jurídico no momento da atuação",[1235] quando não é possível obter o seu consentimento. Ele afeta a antijuridicidade, ao contrário do consentimento real,[1236] pois se baseia na mera vontade presumida do titular do bem jurídico e, com isso, não necessariamente representa a verdadeira e atual expressão da sua autonomia. Como ressalta *Roxin*, o consentimento real consiste numa real manifestação de vontade, ao passo que o consentimento presumido nada mais é do que um *construto normativo.*[1237] Apesar disso, o recurso ao consentimento presumido nos casos aqui discutidos destina-se certamente à tutela da autodeterminação,[1238] conforme demonstraremos, porquanto a conduta do médico

objetiva, p. 755 e ss. Rejeitam expressamente essa figura, alegando, principalmente, que ela é desnecessária, já que os casos comumente vinculados a ela podem ser solucionados por meio do estado de necessidade: GALVÃO, Direito Penal parte geral, p. 462. TOLEDO, Ilicitude penal e causas de sua exclusão, p. 130. STARLING, O consentimento do ofendido na teoria do delito, p. 84-85. Também *Carvalho* e *Délio Magalhães* negam validade a essa figura. CARVALHO, Gisele Mendes de, *Aspectos jurídico-penais da eutanásia*. São Paulo: IBCCRIM, 2001, p. 164. MAGALHÃES, Causas de exclusão do crime, p. 113-114. Este último recorre, contudo, ao exercício regular de direito, que segundo ele resolveria mais adequadamente esses casos. *Minahim,* por sua vez, tece críticas à aplicação do consentimento presumido no âmbito da saúde, MINAHIM, Autonomia e frustração da tutela penal, p. 80 e ss. e 138. Não obstante, a maior parte dos autores sequer dá notícia da existência dessa causa de justificação.

1234. Nesse sentido, cf. por todos ROXIN, Claus, Über die mutmaßliche Einwilligung, *in*: *FS-Welzel*, Berlin: De Gruyter, 1974, p. 448. ROXIN, Strafrecht Allgemeiner Teil 1, § 18, Nm. 3. SOUZA, Direito penal médico e consentimento presumido, p. 90.

1235. WESSELS; BEULKE; SATZGER, Strafrecht Allgemeiner Teil, § 11, Nm. 571 (p. 186). No original: "... ein Wahrscheinlichkeitsurteil über den wahren Willen des Rechtsgutinhabersim Tatzeitpunkt...".

1236. Diferentemente do que acontece com o consentimento real, não há muita controvérsia sobre a inserção dogmática do consentimento presumido na teoria do delito, de modo que até mesmo os autores monistas – como *Roxin* – reconhecem a sua eficácia justificante. No entanto, alguns poucos autores procuram atribuir ao consentimento presumido o mesmo tratamento do consentimento real, concebendo-o como verdadeira expressão da liberdade de ação do titular do bem jurídico e inserindo-o, portanto, no âmbito da tipicidade. Cf. principalmente DE VICENTE REMESAL, Die mutmaßliche Einwilligung und ihre besondere Bedeutung im Rahmen einer Operationserweiterung. Em sentido similar, *Zaffaroni, Batista et alii* tratam dessa figura no contexto da chamada "tipicidade conglobante", ZAFFARONI; BATISTA; ALAGIA; SLOKAR, Direito Penal Brasileiro 2, I, p. 243-244; ZAFFARONI; BATISTA; ALAGIA; SLOKAR, Direito Penal Brasileiro 2, 2, p. 133.

1237. ROXIN, Strafrecht Allgemeiner Teil 1, § 18, Nm. 4 (p. 822).

1238. Para *Linoh*, ao contrário, tal referência à autodeterminação do paciente é apenas uma ilusão. Na visão do autor, a suposição feita nesses casos nada mais é do que uma heterodeterminação, pois reflete uma decisão que é verdadeiramente do terceiro e não do paciente. Ademais, essa decisão sempre seria influenciada pelas compreensões subjetivas do sujeito que decide. Cf. LINOH, Kim Philip, Die mutmaßliche Einwilligung im Medizinrecht: Gewohnheitsrechtlich anerkannte Illusion der Selbstbestimmung?, *Medstra*, v. 4, 2017, p. 220-222.

deve orientar-se pela possível vontade do paciente – e não exclusivamente por critérios objetivos de ponderação.

É possível mencionar ao menos três posturas que procuram fundamentar o consentimento presumido: tradicionalmente, ele era vinculado ao *princípio da carência de interesses*, assim como o consentimento real; há também quem até hoje o atrele ao instituto civilístico da *gestão de negócios sem mandato*; por fim, muitos enxergam nessas situações uma *colisão de interesses*, que fundamentaria seu efeito justificante.

Mezger, autor que alcunhou e desenvolveu pioneiramente essa figura, alude ao *princípio da carência de interesses* para fundamentar a justificação nesses casos.[1239] No entanto, além de a própria legitimidade desse princípio ser questionável enquanto fundamento genérico de justificação,[1240] também não é correta a afirmação de que, em qualquer caso, não haverá interesse do paciente em relação à tutela daquele bem jurídico. De fato, é possível que o médico tenha cuidadosamente procurado identificar a vontade presumida do sujeito a ser tratado, mas este, após a intervenção, sinta-se lesado e manifeste que, caso estivesse em condições de consentir, não teria autorizado a realização da cirurgia. No entanto, mesmo que a vontade presumida seja ao final divergente da vontade real do paciente, o médico ainda assim fará jus à justificação.[1241] Dessa forma, certamente não é a carência de interesse que fundamenta o consentimento presumido.

Para legitimar ingerências no interesse do ofendido, há também quem recorra à *gestão de negócios sem mandato* (*Geschäftsführung ohne Auftrag*), que, no Brasil, encontra previsão no art. 861 do CCB,[1242] segundo o qual "aquele que, sem autorização do interessado, intervém na gestão de negócio alheio, dirigi-lo-á segundo o interesse e a vontade presumível de seu dono, ficando responsável a este e às pessoas com que tratar". Na Alemanha, posição similar foi tradicionalmente defendida por *Zitelmann*,[1243] que remetia exatamente a essa figura, prevista no § 677 e ss. do BGB. Ainda hoje, *Jakobs* também alude à gestão de negócios para estipular que, assim como prevê o direito civil, há nessas situações a necessidade de preservação de um interesse objetivo, razão pela qual a justificação com base no consentimento presumido orientar-se-ia tanto pela vontade presumida como pela tutela desse interesse.[1244]

1239. MEZGER, Die subjektiven Unrechtselemente, p. 287 e ss.; MEZGER, Strafrecht, p. 218 e ss. Para justificar as hipóteses de atuação em benefício próprio, também recorrem ao princípio da carência de interesse, WESSELS; BEULKE; SATZGER, Strafrecht Allgemeiner Teil, § 11, Nm. 579 (p. 189). LINOH, Die mutmaßliche Einwilligung im Medizinrecht, p. 219.

1240. Cf. item 4.2.3.2.1.2.

1241. ROXIN, Über die mutmaßliche Einwilligung, p. 449.

1242. Nesse sentido, TAVARES, Fundamentos de teoria do delito, p. 355-356.

1243. ZITELMANN, Ausschluß der Rechtswidrigkeit, p. 104.

1244. JAKOBS, Strafrecht Allgemeiner Teil 1, p. 451.

Esse posicionamento, contudo, também não nos traz um verdadeiro fundamento. De fato, a gestão de negócios não abrange todas as situações de consentimento presumido, tampouco pode ser determinante para definir seus limites. Esse instituto de direito civil é, na verdade, mais restrito do que o consentimento presumido: além de se referir apenas às hipóteses em que o terceiro atua *no interesse* do titular do bem, não se aplicando às situações de atuação em benefício próprio,[1245] essa figura, de acordo com a doutrina brasileira, também se limita à prática de atos de natureza patrimonial.[1246] Além disso, não nos parece correto vincular o consentimento presumido tanto à proteção do interesse objetivo quanto à vontade presumida, porquanto essa tutela dependerá, na verdade, apenas da vontade do titular do bem jurídico,[1247] para que sejam afastadas possíveis determinações heterônomas.

A nosso ver, ainda que se destine à proteção dos bens jurídicos do paciente, o consentimento presumido se baseia sempre num juízo de *ponderação de interesses*,[1248] que fundamenta sua natureza justificante. Nas situações mais comuns da prática médica, há uma *colisão entre interesses intrapessoais,* isto é, pertencentes a uma mesma pessoa,[1249] como ocorre nos casos em que o médico precisa amputar a perna de um paciente acidentado para salvar-lhe a vida. Nesse âmbito, não há como afastar a existência de um conflito e dizer que a decisão médica reflete exatamente o direito do paciente de usufruir de seus próprios bens jurídicos, como ocorre quando há o consentimento real. Assim, caberá ao médico proceder a um juízo de ponderação, com base nas concepções subjetivas do paciente, entre a vida, a integridade física, a saúde e tantos outros interesses que podem ser relevantes para a tomada de decisão.[1250]

1245. Cf. nota 1249.

1246. Cf. por todos, GONÇALVES, Carlos Roberto. *Direito Civil Brasileiro.* vol. 3. 6. ed. São Paulo: Saraiva, 2009, p. 580.

1247. ROXIN, Über die mutmaßliche Einwilligung, p. 452.

1248. Como também fundamenta ERB, Volker, Das Verhältnis zwischen mutmaßlicher Einwilligung und rechtfertigendem Notstand, *in*: *FS-Schünemann*, Berlin: De Gruyter, 2014, p. 340.

1249. *Jescheck* e *Weigend* analisam as hipóteses de consentimento presumido em dois grupos de casos, sistemática que foi incorporada por boa parte da doutrina. Assim, além dessa situação mencionada, admite-se também a aplicação do consentimento presumido a uma segunda constelação de casos, referente à *atuação em benefício próprio*, em que, com base na vontade presumida do titular do bem jurídico, é possível afirmar que, caso pudesse, ele próprio disporia de seu bem jurídico em favor do autor do fato ou do terceiro. Um exemplo muito citado pela literatura refere-se à situação em que alguém toma emprestada a bicicleta do seu amigo, sem o consentimento expresso, para não perder o trem. Contudo, como podermos perceber, essa situação não possui relevância para o contexto médico. Cf. a respeito JESCHECK; WEIGEND, Lehrbuch des Strafrechts, p. 386.

1250. Para *Roxin*, por sua vez, haveria nesses casos uma colisão entre a vontade presumida e a verdadeira vontade do paciente, que poderia se opor à intervenção. ROXIN, Über die mutmaßliche Einwilligung, p. 449; ROXIN, ROXIN, Strafrecht Allgemeiner Teil 1, § 18,

Além disso, o médico deve levar em conta, de um lado, o *risco de uma percepção errônea*, que possivelmente resultará numa atuação em desacordo com a vontade real do paciente, e, de outro, as *desvantagens da não atuação*, que também integram o juízo de ponderação.[1251] Apesar dos esforços no sentido de conhecer a vontade hipotética do paciente, não é possível saber com total segurança o que ele teria escolhido caso estivesse em condições de consentir. A vontade referente a decisões médicas pode ser volátil e, ainda que se disponha de uma manifestação antecipada de vontade, por exemplo, não há garantias de que o paciente não mudaria de opinião caso estivesse consciente. Esse problema se torna ainda mais acentuado nos casos de urgência em que eventuais preferências subjetivas são desconhecidas, como quando a pessoa chega acidentada ao hospital sem qualquer identificação. Não obstante, contanto que reflita a vontade presumida do paciente, a intervenção estará justificada, ainda que se constate posteriormente que não se coadunava, na realidade, com a vontade real.

No que tange aos pressupostos de validade, também o consentimento presumido se vincula, em certa medida, aos requisitos do consentimento real, como os que se referem à capacidade do paciente ou ao momento em que deve ser concedido.[1252] Assim, a vontade que orienta o consentimento presumido é a do paciente *capaz de consentir* e, em casos de incapacidade, a do seu representante legal passa a ser o parâmetro de orientação. É também importante que a vontade presumida seja interpretada *antes* da execução da intervenção, não sendo possível aludir a uma hipotética conformação posterior. Ademais, devem ser observadas, do mesmo modo, as limitações objetivas do direito de disposição dos próprios bens jurídicos.

Além disso, a legitimidade da atuação fundamentada no consentimento presumido depende do preenchimento de outros dois pressupostos específicos: a *impossibilidade fática ou normativa* de obtenção do consentimento real e a *orientação pela vontade presumida*. Dessa forma, somente se pode recorrer ao consentimento presumido "quando não for possível obter a manifestação expressa da vontade, ou houver perigo sério na demora".[1253] Afinal, não há razões para justificar uma conduta baseada numa vontade hipotética quando existe a possibilidade concreta de informar e colher diretamente o consentimento do paciente. Em razão disso, há aqui uma evidente relação de *subsidiariedade*, já que o consentimento

Nm. 3. A nosso ver, contudo, não há necessariamente uma relação de conflito entre elas, já que essa relação de conflitualidade é apenas potencial.

1251. BAUMANN, Jürgen; WEBER, Ulrich; MITSCH, Wolfgang. *Strafrecht: Allgemeiner Teil.* 11. ed. Bielefeld: Verlag Ernst und Werner Gieseking, 2003, p. 404. ERB, Das Verhältnis zwischen mutmaßlicher Einwilligung und rechtfertigendem Notstand, p. 339-340.

1252. ROXIN, Strafrecht Allgemeiner Teil 1, § 18, Nm. 4.

1253. COSTA ANDRADE, Consentimento em Direito Penal médico, p. 236. Cf. também ROXIN, Über die mutmaßliche Einwilligung, p. 461.

presumido nada mais é do que um sucedâneo do consentimento real (*Einwilligunssurrogat*).

Nos casos de *impossibilidade fática* de obtenção do consentimento, *Souza* ressalta que a validade do consentimento presumido estará condicionada à urgência da intervenção e à inconsciência do paciente.[1254] De fato, se a intervenção puder ser adiada sem que haja risco considerável para a saúde ou a vida do paciente, deve o médico aguardar a retomada de sua consciência para perguntá-lo sobre a vontade de submeter-se ao tratamento. Nesses casos, não poderá o médico recorrer ao consentimento presumido.[1255] Ademais, ainda que a intervenção seja urgente, se o paciente estiver consciente e em condições de consentir, deve o médico obter o seu consentimento real por meio de uma concreta manifestação de vontade, mesmo que o dever de esclarecimento não seja cumprido em toda a sua extensão. Somente assim estará a sua conduta abarcada pelo consentimento presumido.

Na nossa concepção, para além dessas situações tradicionalmente solucionadas pelo consentimento presumido, deve-se reconhecer a eficácia justificante dessa figura também nos casos em que não é possível, sob o ponto de vista normativo, que todos os requisitos de validade do consentimento real sejam preenchidos. Tal *impossibilidade normativa* decorre, como já havíamos frisado,[1256] do conflito entre os deveres de informação do médico e a proibição de causar danos, especialmente nas hipóteses em que a revelação de determinadas informações – *prima facie* exigível para o correto cumprimento do dever de esclarecimento – puder causar danos à saúde ou à vida do paciente. Nesses casos, está o médico autorizado a omitir determinadas informações e, portanto, a flexibilizar os pressupostos de validade do consentimento, recorrendo ao consentimento presumido.

Por fim, a conduta do médico deve se basear verdadeiramente na *vontade presumida* do paciente,[1257] que deve ser aferida a partir das concepções subjetivas e prévias manifestações de vontade do paciente. Assim, o médico não pode se sobrepor à recusa de tratamento prévia e inequívoca externalizada pelo próprio paciente, ainda que por razões de beneficência, visando, como afirma *Costa Andrade*, ao "verdadeiro bem" ou a uma ponderação "mais racional" de valo-

---

1254. SOUZA, Direito penal médico e consentimento presumido, p. 95.

1255. ROXIN, Strafrecht Allgemeiner Teil 1, § 18, Nm. 23. O BGH já chegou a se pronunciar quanto a essa questão, afirmando que somente quando a não realização *imediata ou posterior* da intervenção ensejar um risco *considerável* para a vida ou para a saúde do paciente, poderá a conduta do médico ser justificada pelo consentimento presumido. Cf. BGHSt 45, 219 (p. 223). Para *Roxin*, contudo, apesar de os riscos insignificantes realmente não legitimarem a atuação com base na vontade presumida, caso a intervenção possa ser realizada posteriormente, deve o médico aguardar e realizá-la somente após consultar o paciente.

1256. Cf. item 4.4.5.7.1.2.

1257. FRISCH, Einwilligung und mutmaßliche Einwilligung in ärztliche Eingriffe, p. 109; SOUZA, Direito penal médico e consentimento presumido, p. 95.

res.[1258] Nesses casos, a opinião dos familiares do paciente pode até ser levada em conta para que se procure definir a sua vontade presumida, mas não há, via de regra, uma hipótese de consentimento por representação, a não ser que um representante legal seja judicialmente constituído em razão do prolongamento da situação de inconsciência ou, ainda, que o paciente tenha nomeado um "procurador de cuidados de saúde". Portanto, a vontade dos familiares também não pode suplantar aquela já manifestada pelo próprio paciente.

4.5.2 Por que não recorrer ao estado de necessidade?

Ao analisar os casos aqui mencionados, é muito comum na doutrina a alusão à figura do *estado de necessidade*. Para muitos, a conduta do médico que intervém nos casos de urgência, em que o paciente se encontra inconsciente, seria justificada, na verdade, pelo estado de necessidade;[1259] o mesmo ocorreria nos casos de ampliação de intervenções cirúrgicas.[1260] Considera-se que a conduta beneficente do médico nesses casos destina-se ao salvamento de um interesse do paciente, que se encontra em situação de perigo atual, amoldando-se, portanto, à hipótese prevista no art. 24 do CPB. Na visão desses autores, essa postura é corroborada pelo art. 146, § 3º, CPB, que autoriza "a intervenção médica ou cirúrgica, sem o consentimento do paciente ou de seu representante legal, se justificada por iminente perigo de vida".

Em primeiro lugar, há que esclarecer que, apesar de possuírem similitudes, o consentimento presumido não se confunde com o estado de necessidade, configurando uma causa de justificação autônoma. Em segundo lugar, para dirimir os problemas aqui discutidos, a solução que se baseia no consentimento presumido é certamente mais adequada, pois é a única que se coaduna com uma postura

---

1258. COSTA ANDRADE, Consentimento em Direito Penal médico, p. 143. Assim, até mesmo decisões consideradas, sob a perspectiva do médico, irracionais, devem ser respeitadas, com fundamento no direito do paciente à irracionalidade, decorrente da sua autonomia. Cf. também ERB, Das Verhältnis zwischen mutmaßlicher Einwilligung und rechtfertigendem Notstand, p. 341-342.

1259. Para *Pierangeli*, não é possível recorrer nesses casos ao consentimento presumido principalmente em razão da indisponibilidade do bem jurídico, argumento já refutado anteriormente (Cf. item 4.4.1). PIERANGELI, O consentimento do ofendido na teoria do delito, p. 213. Como já havíamos frisado, há também quem recorra ao exercício regular de direito ou ao estrito cumprimento do dever legal para solucionar esses casos. Cf. item 3.1. Também para *Zaffaroni* e *Batista et alii*, "quando não for possível obter o consentimento do paciente e existir perigo para sua vida, ao invés de invocar um dubitável consentimento presumido caberá antes considerar o dever jurídico que obriga o médico a intervir e salvar a vida, resolvendo-se no cumprimento de dever a exclusão da tipicidade conglobante". ZAFFARONI; BATISTA; ALAGIA; SLOKAR, Direito Penal Brasileiro 2, I, p. 250. Essas posturas, contudo, podem conduzir aos mesmos resultados paternalistas que decorrem da tese do estado de necessidade, já que também autorizam que seja ignorada a vontade do paciente.

1260. Cf. por todos OLIVEIRA, Deontologia, erro médico e direito penal, p. 18-19.

fundada no *respeito à autonomia* do titular do bem jurídico, como a que aqui defendemos.

O consentimento presumido realmente incide frequentemente em situações próximas àquelas justificadas pelo estado de necessidade, já que ambos envolvem a superação de situações de urgência por meio de uma ponderação que leva em conta os mesmos interesses (*v.g.* integridade física, liberdade, patrimônio).[1261] Em razão disso, inclusive, autores como *Welzel*[1262] chegaram a conceber o consentimento presumido (a nosso ver, equivocadamente) como um subcaso do estado de necessidade. No entanto, a principal diferença entre essas duas causas de justificação reside justamente no parâmetro utilizado para proceder a esse juízo de ponderação: se, por um lado, o estado de necessidade – como veremos adiante – deve basear-se numa *ponderação objetiva* entre bens, valores, interesses e deveres, por outro lado, o consentimento presumido deve orientar-se pela *vontade hipotética* do titular do bem jurídico e, portanto, considerando suas *preferências subjetivas*.[1263]

O estado de necessidade refere-se a situações em que o salvamento de um interesse, que se encontra em situação de perigo, exige o sacrifício de um bem jurídico alheio. Há, nesses casos, um *conflito entre interesses interpessoais*, isto é, entre bens jurídicos de diferente titularidade, cuja solução, a nosso ver, dependerá de uma ponderação fundada em critérios intersubjetivos.[1264] A referência a uma ponderação abstrata, que se baseia em noções objetiváveis e passíveis de consenso, é relevante para determinar a legitimidade da conduta "salvadora", já que estão em jogo interesses que, por não pertencerem somente ao sujeito que atua, não podem ser enxergados exclusivamente sob seu ponto de vista.

Se assim não fosse, seria possível legitimar condutas realizadas em qualquer situação de adversidade que, apenas na visão do próprio indivíduo que atua, representasse um perigo atual para seus interesses. Assim, no estado de necessidade justificante, a situação concreta deve ser analisada sob uma perspectiva neutra ao sujeito (*agent-neutral*) e levando em conta os resultados das possíveis soluções desse conflito.[1265]

1261. ERB, Das Verhältnis zwischen mutmaßlicher Einwilligung und rechtfertigendem Notstand, p. 338.

1262. WELZEL, Derecho Penal alemán, p. 134.

1263. ROXIN, Über die mutmaßliche Einwilligung, p. 452. Cf. também DE VICENTE REMESAL, Die mutmaßliche Einwilligung und ihre besondere Bedeutung im Rahmen einer Operationserweiterung, p. 694-695.

1264. ENGLÄNDER, Armin, Die Anwendbarkeit von § 34 StGB auf intrapersonale Interessenkollisionen, *GA*, v. 157, n. 1, 2010, p. 15.

1265. Além disso, importante argumento para refutar a aplicação do estado de necessidade à solução de conflitos intrapessoais pode ser depreendido da discussão sobre seus limites e fundamentos jurídico-filosóficos. Afinal, por qual razão deve o Estado autorizar a lesão de um bem jurídico de terceiro, que a princípio não está envolvido com a situação de perigo, simplesmente para salvar um interesse próprio ou alheio? Na doutrina alemã, muitos autores

É claro que a adoção dessa concepção no Brasil não é assim tão óbvia, em razão da excessiva amplitude da redação do art. 24 do CPB, que abrange *prima facie* tanto as hipóteses de estado de necessidade justificante, como também "um híbrido estado de necessidade exculpante com efeitos justificantes".[1266] Numa primeira aproximação, a previsão legal do estado de necessidade parece realmente permitir uma justificação abrangente nas hipóteses em que o direito do agente estiver em perigo, não estipulando qualquer "hierarquia" entre o direito sacrificado e aquele colocado a salvo – prescindindo, portanto, de um juízo de ponderação.

atrelam o estado de necessidade justificante ao *princípio da solidariedade* entre os membros de uma comunidade. Nesse sentido, para *Engländer*, "o indivíduo sujeito ao estado de necessidade deve aceitar a intervenção em seus bens por razões de solidariedade legalmente exigida em relação à pessoa em perigo, que caso contrário sofrerá uma lesão sensivelmente mais significativa de seus interesses" (ENGLÄNDER, Die Anwendbarkeit von § 34 StGB auf intrapersonale Interessenkollisionen, p. 20. No original: "Der Notstandspflichtige muss den Eingriff in seine Güter aus Gründen rechtlich gefordeter Solidarität mit dem Gefährdeten hinnehmen, wenn dieser ansonsten eine erheblich gewichtigere Interessenverletzung erleiden wird"). Esse fundamento é importante para que sejam impostos limites ao estado de necessidade justificante: além de exigir-se uma sensível superioridade do interesse a ser salvo e não ser possível ponderar direitos existenciais, também *não seria correto aludir ao estado de necessidade diante de conflitos intrapessoais*, pois uma *relação de solidariedade somente pode existir entre duas ou mais pessoas*. Assim, pressuposto do estado de necessidade justificante seria a existência de uma colisão entre interesses de diferente titularidade. Cf. por todos, ENGLÄNDER, Die Anwendbarkeit von § 34 StGB auf intrapersonale Interessenkollisionen, p. 21; ERB, Das Verhältnis zwischen mutmaßlicher Einwilligung und rechtfertigendem Notstand, p. 341-342. Essa hipótese se diferencia do estado de necessidade exculpante, que se fundamenta na inexigibilidade de comportamento diverso e, por dizer respeito à situação concreta vivida pelo sujeito, é uma questão de culpabilidade. No entanto, o ordenamento jurídico alemão é consideravelmente diverso do brasileiro, porquanto adota expressamente a *teoria diferenciadora* do estado de necessidade, distinguindo o estado de necessidade justificante (§ 34 StGB) daquele exculpante (§ 35 StGB). No ordenamento pátrio, ao contrário, o art. 24 do CPB é excessivamente amplo, abrangendo *prima facie* tanto as hipóteses de estado de necessidade justificante, como também aquelas que deveriam se referir a um estado de necessidade exculpante. Talvez por essa razão as discussões acerca do princípio da solidariedade, enquanto fundamento do estado de necessidade, ainda não tenham chegado ao Brasil.

1266. GRECO; HORTA; LEITE; TEIXEIRA; QUANDT, Reforma da parte geral do Código Penal, p. 32. Há que frisar que, se levado em sua literalidade, o atual art. 24 do CPB pode ensejar relevantes problemas, sobre os quais não nos cabe aqui discutir, mas que foram certamente notados pelos movimentos de reforma que procura(ra)m inserir o modelo diferenciador em nosso ordenamento jurídico (Cf. o natimorto Código Penal de 69, o atual Código Penal militar, bem como o Projeto Alternativo do novo Código Penal [GRECO; HORTA; LEITE; TEIXEIRA; QUANDT, Reforma da parte geral do Código Penal, p. 31 e ss.]. Uma das propostas que visam a restringir a abrangência do estado de necessidade é elabora por PRADO; CARVALHO; CARVALHO, Curso de direito penal brasileiro, p. 326).

No entanto, ainda que o ordenamento pátrio não tenha adotado expressamente a teoria diferenciadora,[1267] a *análise objetiva dos interesses colidentes*, aqui debatida, pode facilmente vincular-se à *cláusula de razoabilidade*, prevista no art. 24 *in fine* do CPB, que é utilizada para determinar em que situações é ou não razoável exigir o sacrifício de um interesse em perigo. De fato, boa parte da doutrina brasileira já recorre à razoabilidade para estipular a realização de uma ponderação objetiva de interesses no estado de necessidade, de modo que somente o sacrifício de um interesse inferior àquele salvo seria considerada concretamente razoável.[1268] Destarte, mesmo à luz do direito brasileiro, é perfeitamente possível argumentar que o estado de necessidade, destinado a solucionar situações de conflito entre interesses interpessoais, deve orientar-se por uma ponderação objetiva entre esses interesses.[1269]

No entanto, para solucionar os casos aqui discutidos, que envolvem *conflitos entre interesses intrapessoais,* há que se recorrer ao *consentimento presumido*, única causa capaz de justificar a lesão a um bem jurídico individual realizada sem o consentimento real, mas para preservar outros interesses do seu próprio titular.[1270] Como já definimos, o consentimento presumido fundamenta-se em uma *ponderação subjetiva* de interesses, isto é, orientada pelas preferências pessoais do indivíduo afetado, já que apenas ele terá de suportar os efeitos da atuação do terceiro. É importante que a ponderação nesses casos seja feita com base em critérios condizentes com os valores pessoais do titular do bem jurídico, e não por interesses deles desvinculados, justamente para que se respeite a sua autonomia,

---

1267. A respeito das teorias unitária e diferenciadora do estado de necessidade, cf. nota 1265.

1268. Cf. por todos PRADO; CARVALHO; CARVALHO, Curso de direito penal brasileiro, p. 327.

1269. A nosso ver, uma compreensão diferenciadora e mais adequada do estado de necessidade reforça ainda mais a nossa postura, segundo a qual não é possível recorrer ao estado de necessidade para solucionar conflitos entre interesses intrapessoais. De qualquer forma, mesmo que seja adotada uma compreensão fielmente unitária do estado de necessidade, não há dúvidas de que essa causa se destina exclusivamente à justificação em situações de conflito entre interesses de titularidade diversa, conforme aqui demonstrado.

1270. Como ressalta *Engländer*, ainda que seja necessário o recurso a critérios intersubjetivos tanto nos casos de estado de necessidade quanto nos de consentimento por representação, a função dessa regra de ponderação é certamente diversa. Nos casos de estado de necessidade, a ponderação objetiva serve para suplantar as verdadeiras preferências do indivíduo afetado, que terá de suportar a afetação de seu bem jurídico para salvar o de outra pessoa. Por sua vez, os casos em que o paciente não possui capacidade dão ensejo à figura do consentimento por representação, a qual também deve ser orientada por uma ponderação objetiva. Essa regra, no entanto, possui uma mera função de representação, já que o indivíduo afetado ainda não desenvolveu a capacidade de constituir ou articular suas preferências pessoais. Cf. ENGLÄNDER, Die Anwendbarkeit von § 34 StGB auf intrapersonale Interessenkollisionen, p. 24-25; ERB, Das Verhältnis zwischen mutmaßlicher Einwilligung und rechtfertigendem Notstand, p. 342.

já que, de fato, a partir de uma ponderação meramente objetiva seria perfeitamente possível se sobrepor à sua autodeterminação.[1271]

Isso pode ser facilmente visualizado a partir do caso em que um paciente testemunha de Jeová recusa enfaticamente, em razão de sua convicção religiosa, a transfusão de sangue que salvaria sua vida, mas eventualmente vem a perder a consciência. Há, nessa situação, um conflito interno, ou seja, entre interesses do próprio indivíduo: de um lado, a sua convicção religiosa e, de outro, a sua própria vida. O direito à autodeterminação atribui ao paciente a prerrogativa de determinar qual desses valores deve preponderar na situação concreta e, tendo como base a tese aqui defendida, caso o paciente prefira o primeiro valor ao segundo, deve o médico respeitar a recusa de tratamento, já que a legitimidade da intervenção está condicionada ao consentimento.

No entanto, a partir do momento em que esse paciente perde a consciência, ele não mais consegue expressar a sua vontade de recusa, sendo então necessária a justificação baseada numa ponderação dos interesses que estão em jogo. Uma ponderação objetiva nos leva à conclusão mais consensual de que a vida deve preponderar em relação à liberdade religiosa, o que autorizaria o médico a intervir e salvar a vida do paciente, com fundamento no estado de necessidade. Por sua vez, a ponderação subjetiva, realizada nesse caso pelo próprio paciente, o fez recusar o tratamento, o que impediria o médico de recorrer ao consentimento presumido para realizar a intervenção. Assim, ainda que partíssemos da premissa da imprescindibilidade do consentimento para a legitimidade das intervenções cirúrgicas, esse pressuposto poderia ser facilmente descaracterizado pela justificação fundada numa ponderação objetiva, que, portanto, autorizaria ao médico desconsiderar a recusa do paciente e executar o tratamento assim que ele não mais pudesse manifestar sua vontade. Resumidamente: o médico deveria apenas aguardar até que o paciente perdesse a consciência para que pudesse executar uma intervenção paternalista fundamentada no estado de necessidade.

Essa postura, contudo, é inadmissível num paradigma de respeito à autonomia do paciente, pois ainda que ele não esteja em condições fáticas de expressar a sua vontade, isso não significa que ela não deva ser respeitada. De fato, a proteção objetiva dos interesses do indivíduo não pode fundamentar o desprezo pela sua autodeterminação.[1272] Tal intervenção executada "para o próprio bem" do paciente, desconsiderando sua vontade, fundamenta-se certamente num *paternalismo rígido*, o qual, como já extensivamente demonstrado, carece de legitimidade.

1271. ENGLÄNDER, Die Anwendbarkeit von § 34 StGB auf intrapersonale Interessenkollisionen, p. 16. Cf. também STERNBERG-LIEBEN, Detlev, Selbstbestimmtes Sterben: Patientenverfügung und gewillkürte Stellvertretung, *in*: *FS-Lenckner*, München: C. H. Beck'sche Verlagsbuchhandlung, 1998, p. 354.

1272. STRATENWERTH; KUHLEN, Strafrecht Allgemeiner Teil, p. 124.

Com efeito, é possível que, por meio desses diferentes juízos de ponderação, se chegue a um mesmo resultado, pois, como esclarece *Erb*, a atuação com base na vontade presumida exige circunstâncias indicativas que, quando inexistem, acabam ensejando uma ponderação objetiva e, apesar de nem sempre atuarem dessa mesma forma, é muito comum que as pessoas desejem aquilo que é considerado objetivamente vantajoso.[1273] Como corretamente ressalta *Roxin*, nos casos em que não há referências para guiar a atuação do terceiro, a ponderação que acaba levando em conta parâmetros objetivos é realizada "para chegar o mais perto possível da vontade subjetiva do afetado", que de outro modo não é perceptível, e não para encobrir essa vontade "em favor de um interesse objetivo".[1274] Assim, essa é, na verdade, apenas uma das possíveis orientações utilizadas para constatar a vontade hipotética.[1275]

Destarte, num modelo fundado na autonomia, os conflitos entre interesses intrapessoais somente poderão ser solucionados pelo *consentimento real*, por meio do qual o próprio sujeito afetado determina o destino de seus bens jurídicos individuais, ou pelo *consentimento presumido*,[1276] vinculado a uma ponderação subjetiva de interesses. Nesse segundo caso, há uma hipótese de *paternalismo moderado*,[1277] legitimado em razão de sua orientação pela autonomia do sujeito afetado. Por sua vez, não é possível recorrer ao estado de necessidade para solucionar conflitos entre interesses de uma mesma pessoa, já que essa figura deixa abertura para intervenções paternalistas rígidas ilegítimas. Com isso, ainda que inconsciente, o paciente deve ser sempre tratado como sujeito – e não objeto – da intervenção, não havendo dúvida de que a inconsciência ou incapacidades momentâneas não podem servir como pretexto para a imposição de padrões de racionalidade.[1278]

Na nossa concepção, o art. 146, § 3º, CPB não representa um óbice, senão um *verdadeiro fundamento legal para a aplicação do consentimento presumido* nesses casos. A doutrina recorre tradicionalmente a esse dispositivo para legitimar duas situações diversas: de um lado, argumenta-se que a intervenção realizada em razão do iminente perigo para a vida do paciente seria legítima quando não for

---

1273. ERB, Das Verhältnis zwischen mutmaßlicher Einwilligung und rechtfertigendem Notstand, p. 338.

1274. ROXIN, Über die mutmaßliche Einwilligung, p. 451. No original: "Aber dies geschiet nur, um dem anders nicht erkennbaren subjektiven Willen des Betroffenen so nahe wie möglich zu kommen, nicht um diesen Willen zugunsten eines okjektiven Interesses zu überspielen."

1275. DE VICENTE REMESAL, Die mutmaßliche Einwilligung und ihre besondere Bedeutung im Rahmen einer Operationserweiterung, p. 695.

1276. ERB, Das Verhältnis zwischen mutmaßlicher Einwilligung und rechtfertigendem Notstand, p. 350.

1277. No mesmo sentido, especificamente no que se refere às diretivas antecipadas de vontade, STERNBERG-LIEBEN, Selbstbestimmtes Sterben, p. 357.

1278. Como também argumenta ROXIN, Über die mutmaßliche Einwilligung, p. 451.

possível colher o seu consentimento; de outro, afirma-se também que esse perigo justificaria até mesmo uma intervenção arbitrária, que desconsidera sua vontade para salvar sua vida.

No entanto, conforme já vimos,[1279] esse dispositivo em nenhum momento autoriza a realização de intervenções *contrárias* à *vontade do paciente,* mas somente daquelas realizadas *sem o seu consentimento.* Diante disso, uma interpretação orientada pela Constituição e baseada, portanto, na dignidade humana, na liberdade e na autonomia do sujeito afetado, leva-nos à conclusão de que o § 3º do art. 146 do CPB, na verdade, além de deixar claro que o consentimento é imprescindível para a legitimidade da intervenções cirúrgicas, estabelece que essa regra somente poderá ser afastada nos casos em que *não for possível* colher o consentimento real do paciente ou do seu representante legal, hipótese em que será aplicado o consentimento presumido. Uma interpretação diversa, que legitime também as intervenções forçadas, seria, na realidade, flagrantemente inconstitucional.

4.5.3 A vontade presumida nas decisões médicas

4.5.3.1 A recusa e o consentimento presumidos

As intervenções médicas afetam potencialmente os bens jurídicos mais relevantes do paciente: sua liberdade, seu modo de vida e até mesmo sua existência. Em razão disso, como já extensivamente demonstrado, não há dúvidas de que, nas situações em que o próprio paciente não pode consentir, a tomada de uma decisão médica deve ser, sempre que possível, orientada pelas manifestações de vontade já expressadas por ele, bem como por suas convicções éticas e religiosas e seus valores pessoais.

Para identificar a vontade presumida do paciente, deverá o médico recorrer a circunstâncias concretas que indiquem eventuais preferências pessoais do paciente. Daí a vantagem de o paciente registrar uma *manifestação antecipada de vontade*, na qual define previamente os tratamentos a que deseja ou não se submeter. Essa é a forma mais segura de se aproximar da verdadeira vontade do paciente, devendo o médico guiar-se pelas diretivas já expressadas pelo indivíduo a ser tratado. No entanto, diante da inexistência de uma manifestação de vontade escrita, pode também o médico se orientar pela vontade verbalmente expressada pelo paciente[1280] ou até mesmo consultar os familiares e pessoas próximas para procurar conhecer suas preferências pessoais. Por fim, caso não haja qualquer vontade manifestada – como nas hipóteses em que o paciente não identificado chega acidentado ao hospital – deve o médico, via de regra, orientar-se por parâmetros objetivos, conforme havíamos frisado, porquanto na maior parte das vezes

1279. Cf. item 2.5.1. Essa ideia será melhor desenvolvida no item 5.2.1.2.
1280. BGHSt 40, 257 (p. 263).

os pacientes desejam o tratamento que possui melhores chances de preservar sua saúde e sua vida.[1281]

Não obstante, muitas das discussões sobre consentimento no contexto médico envolvem *decisões* existenciais, isto é, que afetam a própria existência do indivíduo, razão pela qual há que se ter cuidado ao proceder a um juízo de ponderação subjetiva. Para *Roxin*, esse seria um grupo de casos específico de consentimento presumido, ao qual se aplicam regras diferenciadas em razão de uma peculiaridade: trata-se de questões sobre vida ou morte.[1282] De fato, essas decisões, que podem ter como consequência a morte do sujeito afetado, são certamente diferentes dos mais clássicos exemplos de consentimento presumido, como no tradicional caso em que alguém adentra a residência do vizinho, sem o seu consentimento, para controlar um vazamento de água. No primeiro caso, há um caminho sem retorno, já que a morte é irreversível. No segundo, por sua vez, por mais que o vizinho ao final se sinta violado em sua intimidade ou sofra algum prejuízo patrimonial, a situação é mais facilmente contornável.

Diante disso, a intervenção salvadora será na grande maioria dos casos justificada com base no consentimento presumido, porquanto a ponderação subjetiva em casos de decisões existenciais deve partir da conjectura de que há interesse do paciente na manutenção da sua vida, o que certamente representa, com maior probabilidade, sua vontade presumida.[1283] Essa presunção relativa somente poderá ser afastada caso haja fundamentos concretos indicativos de uma recusa, a qual, no entanto, não pode ser pressuposta. Com isso, apenas excepcionalmente deverá o médico deixar de realizar o tratamento.

1281. Sob o ponto de vista ético, e tendo por base os padrões desenvolvidos por *Beauchamp* e *Childress,* o consentimento presumido pode se referir a standards de *julgamento substituto*, de *autonomia pura* ou de *melhor interesse*. De acordo com o modelo de julgamento substituto, os valores e preferências do paciente devem ser respeitados ainda que ele não tenha capacidade de exercer esse direito e, assim, aquele que delibera em substituição ao paciente deve decidir assim como este teria decidido, caso detivesse competência. Esse, contudo, é um standard fraco de autonomia. Um standard forte somente pode derivar da *autonomia pura*, decorrente da decisão tomada pelo próprio paciente quando ele ainda estava em condições de consentir. Por fim, o modelo do *melhor interesse* é aplicável aos casos em que as preferências do paciente autônomo são desconhecidas, devendo a decisão substituta basear-se naquilo que é mais provavelmente benéfico ao paciente. Cf. BEAUCHAMP; CHILDRESS, Principles of Biomedical Ethics, p. 226-229.

1282. ROXIN, Über die mutmaßliche Einwilligung, p. 468 e ss.

1283. Para *Ramacci*, nos casos de consentimento presumido, a proteção da vida deve sempre prevalecer num eventual conflito. Isso porque, para ele, "a vida é *conditio sine qua non* para a existência de qualquer outro interesse do paciente". No original: "Poiché la vita è *conditio sine qua non* per l'esistenza di qualunque altro interesse del malato...". Para fundamentar essa postura, o autor recorre, contudo, ao princípio da beneficência, que impõe ao sujeito que atua o dever de promover o bem (no caso, a vida) do paciente. RAMACCI, Statuto giuridico del medico e garanzie del malato, p. 244.

Portanto, se houver uma *recusa anterior expressa*, não poderá o médico recorrer ao consentimento presumido. Dessa forma, se o paciente, ainda consciente e totalmente ciente das consequências da sua decisão, recusa um tratamento, o médico não poderá ainda assim operá-lo quando ele perder a consciência,[1284] conforme já havíamos firmado. Para assumir que o paciente desejaria recusar o tratamento – a *recusa presumida* –, requer-se que haja circunstâncias concretas e claras que a corroborem,[1285] não sendo possível fundamentar tal assunção em comentários aleatórios proferidos previamente pelo paciente. Assim, será irrelevante, por exemplo, se ele tiver uma vez na vida dito a um amigo que preferiria morrer a viver com alguma deficiência física.[1286] Por sua vez, se uma paciente que sofre de insuficiência renal incurável já houver enfatizado verbalmente a vontade de não ser submetida à hemodiálise, como ocorreu em um caso julgado pelo TJRS, deve-se respeitar a sua recusa presumida, como também reconheceu o tribunal nesse caso.[1287]

No caso em que o paciente é sabidamente testemunha de Jeová, mas nunca chegou a se manifestar expressamente no sentido de que estaria disposto a morrer em razão de sua convicção religiosa, tendemos a reconhecer que o médico deve ainda assim realizar a intervenção salvadora, ainda que se trate de uma transfusão de sangue. Isso porque, o pertencimento a um determinado grupo, por si só, não conduz necessariamente à conclusão de que o indivíduo, quando confrontado com situações existenciais, levará suas convicções às últimas consequências. Diferente seria se esse mesmo paciente houvesse registrado um documento de antecipação de vontade, recusando expressamente a transfusão de sangue, caso em que a decisão tomada por ele deveria, então, ser respeitada pelo médico.

De qualquer forma, a ponderação orientada pelas preferências pessoais do paciente possuirá especial relevância para a escolha do tratamento: por exemplo, na situação em que se sabe apenas que o paciente é testemunha de Jeová, caso seja

1284. ROXIN, Über die mutmaßliche Einwilligung, p. 469.

1285. Além disso, é também possível discutir a legitimidade da *interrupção de intervenções destinadas ao prolongamento artificial da vida*, com fundamento na vontade presumida de recusa, hipótese que pode ser bem ilustrada pelos casos em que o paciente se encontra em estado vegetativo persistente (também chamado de síndrome apálica [*appalisches Syndrom*]) e, além de estar totalmente inconsciente e incapaz de interagir com o mundo a sua volta, também depende de aparelhos para continuar vivendo, *v.g.* de nutrição ou hidratação artificial. A respeito, cf. DADALTO, Luciana. *Testamento vital*. Indaiatuba: Foco, 2018, p. 53 e ss. Na Alemanha, tal possibilidade foi admitida pelo BGH no julgado de Kempten (*Kemptener Urteil*), no qual se estabeleceu que os efeitos de uma vontade presumida de não ser tratado são tão vinculativos quanto uma recusa de tratamento expressamente manifestada. Cf. BGHSt 40, 257. No final das contas, as discussões referentes à vontade presumida em decisões existenciais tangenciam o polêmico debate acerca da proteção absoluta da vida e da proibição do auxílio à morte, ao qual nos voltaremos adiante. Cf. item 5.2.2.2.

1286. ROXIN, Über die mutmaßliche Einwilligung, p. 469.

1287. RIO GRANDE DO SUL. Tribunal de Justiça. Apelação cível n. 70042509562. Relator: Des. Arminio José Abreu Lima Da Rosa. Porto Alegre, 2011.

possível executar, sem que haja danos relevantes, um tratamento alternativo sem a transfusão de sangue, deve o médico obedecer a essa vontade presumida e realizar o tratamento que melhor se adeque às peculiaridades do paciente.

4.5.3.2 As manifestações antecipadas de vontade

As *diretivas antecipadas de vontade* são manifestações prévias expressadas pelo paciente com orientações para que, caso seja acometido por alguma doença e seu estado de inconsciência o impossibilite de consentir, sejam definidos os rumos dos cuidados de sua saúde. As diretivas antecipadas podem compreender, isolada ou cumulativamente, duas espécies de manifestação prévia de vontade: o *mandato duradouro* (*durable power of attourney*) e o *testamento vital* (*living will*).[1288]

Por meio do mandato duradouro, é possível nomear de antemão um "procurador de cuidados de saúde" que se torna responsável pela tomada de decisões médicas, de acordo com as preferências pessoais previamente determinadas pelo paciente, nos casos em que este não puder expressar a sua vontade. Trata-se, portanto, de uma hipótese de *consentimento por representação*, vinculado, contudo, a critérios subjetivos de ponderação. Por sua vez, o testamento vital refere-se às diretivas previamente determinadas pelo paciente, enquanto ainda possui capacidade, na qual ele especifica a quais tratamentos ou cuidados deseja ou não se submeter quando não puder mais expressar sua vontade, permitindo ou renunciando a determinadas intervenções. São principalmente as orientações do testamento vital, portanto, que devem ser consideradas para traçar os limites do *consentimento presumido*.

As diretivas antecipadas de vontade tiveram origem nos Estados Unidos, onde o paradigmático *ato de autodeterminação dos pacientes* (o *Patient Self-Determination Act* [= PSDA]), de 1991, consagrou pela primeira vez, com status federal, a possibilidade de pacientes firmarem testamentos vitais e mandatos duradouros.[1289] Já no Brasil, a possibilidade de recorrer à DAV é reconhecida apenas

1288. MEISEL, Alan, Right to die, policy and law, *in*: POST, Stephen G. (Org.), *Encyclopedia of bioethics*, vol. 4, 3. ed. New York: Thomson Gale, 2004, p. 2391. A respeito, cf. também DADALTO, Testamento vital, p. 44 e ss.

1289. Conforme esclarece *Dadalto*, "o testamento vital foi proposto pela primeira vez em 1967 pela Sociedade Americana para a Eutanásia". DADALTO, Testamento vital, p. 57. Posteriormente, em 1969, *Kutner* traçou os principais aspectos desse documento em que seria possível a estipulação de recusas expressas de tratamento. KUTNER, Luis, Due Process of Euthanasia: The Living Will, A Proposal, *Indiana Law Journal,* v. 44, n. 4, p. 539-554, 1969. Foi, contudo, com o PSDA que essas diretivas tomaram mais força, já que essa foi a primeira lei federal a tratar do direito do paciente à autodeterminação. A diferenciação terminológica entre diretiva antecipada, testamento vital e mandato duradouro teve origem justamente no PSDA.

pela Resolução n. 1.995/2012 do Conselho Federal de Medicina.[1290]

Por meio dessa Resolução, o CFM definiu as diretivas antecipadas de vontade como "o conjunto de desejos, prévia e expressamente manifestados pelo paciente, sobre cuidados e tratamentos que quer, ou não, receber no momento em que estiver incapacitado de expressar, livre e autonomamente, sua vontade" (art. 1º). No art. 2º, *caput*, da Resolução, estabelece-se que "o médico *levará em consideração* [as] diretivas antecipadas de vontade" quando o paciente não puder comunicar-se, o que demonstra que, na visão do CFM, as DAVs não são vinculativas, senão indicativas da vontade do paciente. Ademais, no § 3º do art. 2º, estipula-se que as diretivas "prevalecerão sobre qualquer outro parecer não médico, inclusive sobre os desejos dos familiares". No entanto, é possibilitado ao médico o descumprimento dos termos registrados na diretiva nos casos em que estiverem "em desacordo com os preceitos ditados pelo Código de Ética Médica", conforme dispõe o § 2º. Assim, apesar de estipular o respeito à autonomia e a obediência às diretivas do paciente, principalmente quando confrontadas com a vontade da família, para o CFM a última palavra parece ser, ainda assim, do próprio médico, que pode em alguns casos deixar de cumprir as orientações prévias.[1291]

No Brasil, a discussão sobre as diretivas antecipadas de vontade vincula-se, tradicionalmente, à recusa de tratamentos em situações de fim de vida. Nesse sentido, *Dadalto* esclarece que os testamentos vitais são aplicáveis aos casos de doenças terminais ou crônicas, bem como àqueles em que o paciente se encontra em estágio vegetativo persistente.[1292] Ademais, tendo como base o ordenamento jurídico brasileiro, a autora ressalta também que somente serão válidas as dispo-

---

1290. CONSELHO FEDERAL DE MEDICINA. *Resolução n.* 1.995, de 9 de agosto de 2012. Dispõe sobre as diretivas antecipadas de vontade dos pacientes. Brasília, 2012.

1291. A legitimidade das diretivas antecipadas de vontade no contexto brasileiro, contudo, está longe de ser pacífica. Tanto é que, pouco depois de sua edição, o MPF ingressou com ação civil pública alegando a inconstitucionalidade da Resolução n. 1.995/2012. Discutiu-se, principalmente, a competência do CFM para dispor sobre essa matéria, bem como a compatibilidade entre o reconhecimento do DAV e o atual ordenamento jurídico brasileiro. Não obstante, foi ao final negado provimento ao pedido do MPF, firmando-se a constitucionalidade da Resolução. BRASIL. Justiça Federal (TRF1), Seção Judiciária de Goiás, 1ª Vara de Goiânia. Sentença da ação civil pública n. 0001039-86.2013.4.01.3500. Goiás, Goiânia, 2014. A respeito, cf. principalmente DADALTO, Testamento vital, p. 94 e ss. MINAHIM, Maria Auxiliadora; PORTUGAL, Daniela, Testamento vital: os limites e consequências jurídico-penais do exercício da autonomia em face das diretivas antecipadas de vontade, *in*: BRAGA, Romulo Themo Palitot; GUERRA, Amparo Martinez (Orgs.), *III Encontro de internacionalização do CONPEDI*, vol. 10, Madrid: Ediciones Laborum, 2015, p. 328-329. Há, a nosso ver, dois problemas principais que influenciam a grande controvérsia que circunda o tema. Em primeiro lugar, trata-se de instituto que tangencia questões ainda muito controversas, como a proibição da eutanásia. Ademais, essa realmente é uma matéria que deveria ser objeto de lei, e não de uma mera Resolução do CFM, o que, de fato, impede que se tenha segurança jurídica quanto à concreta utilização das DAVs.

1292. DADALTO, Testamento vital, p. 52 e ss.

sições referentes à rejeição de tratamentos fúteis.[1293] Em sentido similar, *Minahim* e *Portugal* argumentam que a possibilidade de disposição do bem jurídico individual por meio do testamento vital "está restrita aos casos de enfermidade grave e incurável, em fase terminal, e ao uso de recursos desproporcionais".[1294] Além disso, o PL n. 149 de 2018, que tramita no Senado e visa à regulamentação das diretivas antecipadas de vontade, também se limita aos casos em que o paciente se encontra "em fase terminal ou acometido de doença grave ou incurável" e à recusa de "cuidados ou procedimentos considerados desproporcionais, fúteis ou extraordinários".[1295]

Na Alemanha, por sua vez, a *Patientenverfügung*, que também pode ser traduzida como testamento vital, foi inserida em 2009 na legislação civil (§ 1901a do BGB).[1296] Essa é uma figura mais ampla do que a tradicionalmente discutida no Brasil, eis que não se limita a situações de terminalidade ou de doenças incuráveis. Na verdade, essa possível limitação foi muito discutida na Alemanha,[1297]

1293. DADALTO, Testamento vital, p. 103.

1294. MINAHIM; PORTUGAL, Testamento vital, p. 327. MINAHIM, Autonomia e frustração da tutela penal, p. 122.

1295. BRASIL. Câmara dos Deputados. *Projeto de lei n. 149/2018*, estabelece a possibilidade de toda pessoa maior e capaz declarar, antecipadamente, o seu interesse de se submeter ou não a tratamentos de saúde futuros, caso se encontre em fase terminal ou acometido de doença grave ou incurável. Disponível em: <https://www25.senado.leg.br/web/atividade/materias/-/materia/132773>. Acesso em: 14 jan. 2019.

1296. FRISTER; LINDEMANN; PETERS, Arztstrafrecht, p. 26-27. De acordo com o Abs. 1 do § 1901a do BGB: "se um sujeito maior e capaz determinou por escrito que, em caso de incapacidade de consentimento, consente ou recusa determinados exames de seu estado de saúde, tratamentos curativos ou intervenções médicas ainda não iminentes no momento da definição (testamento vital), deve seu representante verificar se essas determinações correspondem à atual situação de vida e de tratamento. Se esse for o caso, o representante deve expressar e fazer cumprir a vontade do representado. Um testamento vital pode ser revogado a qualquer tempo". No original: "Hat ein einwilligungsfähiger Volljähriger für den Fall seiner Einwilligungsunfähigkeit schriftlich festgelegt, ob er in bestimmte, zum Zeitpunkt der Festlegung noch nicht unmittelbar bevorstehende Untersuchungen seines Gesundheitszustands, Heilbehandlungen oder ärztliche Eingriffe einwilligt oder sie untersagt (Patientenverfügung), prüft der Betreuer, ob diese Festlegungen auf die aktuelle Lebens- und Behandlungssituation zutreffeno Ist dies der Fall, hat der Betreuer dem Willen des Betreuten Ausdruck und Geltung zu verschaffeno Eine Patientenverfügung kann jederzeit formlos widerrufen werden".

1297. Conforme esclarece *Höfling*, o Comitê de "Ética e Direito da Medicina Moderna" do Parlamento alemão, instituído para discutir questões relativas ao testamento vital, editou em 2004 um relatório onde recomendava, por maioria, que as diretivas se limitassem aos casos de pacientes com doenças irreversíveis ou fatais. Essa questão ensejou divergências que contribuíram para o surgimento de dois projetos de lei: o projeto *Stünker*, que adotava uma concepção mais ampla de autonomia do paciente, e o projeto *Bosbach*, orientado pelos parâmetros do Comitê, que limitava os efeitos vinculantes das diretivas às doenças fatais. Ao final, o projeto *Stünker* recebeu a maioria dos votos e foi aprovado, alterando as regras referentes à representação no BGB. HÖFLING, Wolfram, Das neue Patientenverfügungsgesetz, *NJW*, 2009, p. 2849-2850. Sobre a discussão anterior à reforma de 2009,

principalmente no período que precedeu a promulgação dessa lei, mas prevaleceu a concepção de que é também possível que existam outros motivos, para além da iminência da morte, que podem influir na decisão do paciente de recusar determinados tratamentos. Assim, no modelo alemão, a diretiva antecipada de vontade nada mais é do que um instrumento preventivo que visa a garantir a observância da autodeterminação do paciente na definição dos tratamentos médicos[1298] a que poderá ser submetido caso não seja mais capaz de expressar sua vontade.

A nosso ver, o registro de manifestações prévias de vontade de pacientes não deve se limitar ao tratamento de pacientes em fim de vida, porquanto pode representar um importante instrumento para aferir a vontade do paciente em tantas outras situações.[1299] Tais manifestações podem ser relevantes nas hipóteses em que pacientes desejam registrar a recusa ou a preferência por determinado tratamento, para caso sofram algum acidente ou sejam acometidos por alguma doença futura. Um importante exemplo é o documento de antecipação de vontade que pode ser registrado por pacientes testemunhas de Jeová, em que há menção expressa à vontade de ser submetido a tratamentos alternativos à transfusão de sangue.[1300] Ademais, partindo da premissa de que o direito de recusar tratamentos indesejados decorre do respeito à autonomia, não há sentido em limitar o exercício desse direito apenas aos casos em que o paciente possui condições de manifestar sua vontade.[1301] Afinal, como já afirmamos, a incapacidade momentânea não pode servir de pretexto para ignorar a autodeterminação do paciente. Dessa forma, quando nos referimos às diretivas antecipadas de vontade, vinculamo-nos a esse modelo mais abrangente, que se coaduna com a tese aqui defendida.

É claro que a ausência de uma lei no Brasil que delimite seus pressupostos e sua extensão traz inúmeras dificuldades e, principalmente, inseguranças, razão pela qual é realmente necessária a disciplina legal desse tema e a solução dos diferentes problemas que o circundam.[1302] Não obstante, isso, a nosso ver, não impede que as manifestações prévias de vontade produzam efeitos para a definição dos limites da atuação médica, em consonância com a autonomia do paciente e nos moldes aqui defendidos. Conforme havíamos afirmado, a interpretação da vontade

---

cf. VERREL, Torsten, Probleme und Zukunftsperspektiven der Patientenverfügung, *in*: ALBERS, Marion (Org.), *Patientenverfügungen*, Baden-Baden: Nomos, 2008, p. 204-206. Sobre debate italiano acerca desse tema, cf. RAMACCI, Statuto giuridico del medico e garanzie del malato, p. 245-247.

1298. VERREL, Probleme und Zukunftsperspektiven der Patientenverfügung, p. 212.

1299. Cf. SÁ; MOUREIRA, Autonomia para morrer, p. 176-177.

1300. Cf. a respeito AZEVEDO, Autonomia do paciente e direito de escolha de tratamento médico sem transfusão de sangue, p. 289 e ss.

1301. Como também argumenta VERREL, Probleme und Zukunftsperspektiven der Patientenverfügung, p. 205.

1302. Por fugir do escopo do presente trabalho, não nos cabe aqui dissertar sobre esses problemas, tampouco solucioná-los.

presumida do paciente sequer precisa basear-se numa manifestação escrita, podendo fundar-se, por exemplo, até mesmo em declarações verbais do paciente.

Parece-nos que o que causa maior incômodo naqueles que procuram negar ou limitar a legitimidade das DAVs é justamente seu característico ponto de contato com temas que ainda representam um tabu, como a legitimidade da disposição da própria vida e questões sobre em que medida o próprio paciente pode determinar o fim de sua existência. Como esclarece *Sternberg-Lieben*, por meio de uma DAV seria possível recusar tratamentos em razão de um diagnóstico específico (como um estado de inconsciência irreversível) e também negar determinadas intervenções essenciais para a manutenção da vida, como a respiração ou a nutrição artificial, a reanimação, transfusões de sangue etc.[1303] Em todos esses casos, a não realização da intervenção conduz inevitavelmente à morte natural do paciente.

No entanto, há que frisar que às manifestações antecipadas de vontade se aplicam as mesmas restrições objetivas e subjetivas estipuladas no ordenamento jurídico quanto à validade do consentimento, razão pela qual o médico somente deverá obedecer às orientações prévias do paciente caso se coadunem com as limitações da disposição de bens jurídicos individuais.[1304] Assim, não é qualquer vontade do paciente que deve ser observada pelo médico, mas apenas aquela que obedece, por exemplo, as limitações do nosso ordenamento jurídico referentes à disposição da vida, as quais discutiremos adiante.[1305] Ademais, para que a diretiva antecipada produza efeitos, deve o paciente, no momento da sua elaboração, possuir capacidade para fazê-lo, bem como dispor das informações médicas necessárias, para que sejam verdadeiramente livres e informadas. Quanto a esse ponto, mostra-se certamente necessária a regulamentação dessas diretivas e consequente determinação de seus pressupostos formais, principalmente para que possam produzir efeitos vinculativos. Afinal, se houver algum defeito de vontade já na elaboração da diretiva, não há razão para observá-la, e uma concreta delimitação dos requisitos de validade dessas manifestações de vontade é certamente desejável.[1306]

1303. STERNBERG-LIEBEN, Selbstbestimmtes Sterben, p. 350.

1304. Em sentido similar, *Minahim* e *Portugal* frisam que as diretivas antecipadas encontram seu limite nas disposições do Código Penal. Cf. MINAHIM; PORTUGAL, Testamento vital, p. 332.

1305. Cf. item 5.2.2.2.

1306. Mesmo para aqueles que admitem sua legitimidade, há também uma grande preocupação quanto à definição dos pressupostos formais aplicáveis às DAVs, principalmente no que se refere à garantia da liberdade da decisão do paciente no momento da elaboração da manifestação prévia de vontade. A Resolução n. 1.995/2012 não chegou a definir essas questões, já que na verdade o CFM sequer tem competência para isso. Para *Pereira*, um dos pontos mais importantes para o reconhecimento dos efeitos da DAV é a recomendação do procedimento para definição da sua validade. O autor menciona, por exemplo, a experiência da Áustria, onde os efeitos vinculativos das DAVs dependem do preenchimento de algumas formalidades, como uma entrevista prévia com o médico, para garantir que o consentimento e a recusa expressados no documento sejam informados. PEREIRA, André Gonçalo Dias,

Por fim, deve-se ressaltar que, para boa parte da doutrina alemã, a execução de tratamentos expressamente admitidos nas diretivas antecipadas reflete, na verdade, o consentimento real do paciente e não a sua vontade presumida.[1307] Assim, o paciente que registra uma diretiva antecipada estaria, na verdade, consentindo previamente com determinados tratamentos, que, quando necessários, representariam sua verdadeira vontade. O consentimento presumido somente seria necessário, portanto, nas situações em que as diretivas não refletissem a atual vontade do paciente ou naquelas em que sequer há alguma manifestação prévia de vontade registrada.[1308]

Realmente, há que se admitir que, considerando que a diretiva deve referir-se a uma intervenção concreta ou a uma situação real da vida, é plausível afirmar a existência de verdadeiro consentimento, principalmente tendo por base a legislação alemã. No entanto, não há como ter certeza de que o paciente decidiria, nas circunstâncias concretas, exatamente como exarado na diretiva, caso estivesse consciente e pudesse se manifestar expressamente sobre a intervenção a ser realizada. Inclusive, há até mesmo quem coloque em xeque a validade dessas diretivas, em alguns casos, justamente em razão do seu possível enfraquecimento em razão do lapso temporal existente entre a manifestação de vontade e a efetiva realização da intervenção.[1309]

A nosso ver, não é possível afirmar com segurança que uma diretiva de vontade elaborada antes da concreta intervenção expressa exatamente a vontade atual do paciente, principalmente quando um considerável intervalo de tempo separa esses dois momentos. Com isso, deve-se exigir um mínimo de *atualidade* do consentimento real.[1310] Além disso, a ausência de disciplina legal no Brasil sobre o tema traz dificuldades adicionais, de modo que não há ainda uma defi-

---

Declarações antecipadas de vontade: vinculativas ou apenas indicativas?, *in*: COSTA ANDRADE, Manuel da; ANTUNES, Maria João; SOUZA, Susana Aires de (Orgs.), *Estudos em homenagem ao prof. doutor Jorge de Figueiredo Dias*, vol. IV, Coimbra: Coimbra Editora, 2010, p. 830-831. *Dadalto*, por sua vez, frisa a importância de que as diretivas sejam lavradas por escritura pública, para procurar garantir o seu cumprimento, além de traçar uma série de pressupostos formais relevantes. DADALTO, Testamento vital, p. 104. Cf. também MINAHIM; PORTUGAL, Testamento vital, p. 326 e ss.

1307. Nesse sentido, cf. por todos FRISTER; LINDEMANN; PETERS, Arztstrafrecht, p. 33; LINOH, Die mutmaßliche Einwilligung im Medizinrecht, p. 219.

1308. De acordo com os autores alemães, e com base na regulamentação do testamento vital, somente seria necessário recorrer ao consentimento presumido nos casos de decisões médicas em três situações: se o paciente não houver registrado uma diretiva, se a diretiva não se referir a uma situação concreta de vida ou de tratamento ou, por fim, se o procurador de cuidados de saúde previamente designado entender que o paciente posteriormente mudou de opinião. Cf. WESSELS; BEULKE; SATZGER, Strafrecht Allgemeiner Teil, § 11, Nm. 572 (p. 187).

1309. *Costa Andrade* parece inclinar-se nesse sentido. Cf. COSTA ANDRADE, Consentimento em Direito Penal médico, p. 144.

1310. Cf. a respeito PEREIRA, Declarações antecipadas de vontade, p. 826 e ss.

nição sobre como o médico poderá constatar, por exemplo, se a manifestação anteriormente estabelecida pelo paciente nesse documento realmente expressa a sua livre e atual vontade. Destarte, tendemos a afirmar que as diretivas referentes à aceitação ou recusa de tratamentos futuros servem, na verdade, como parâmetro para aferir a *vontade presumida* do paciente, ao menos enquanto seus pressupostos e limites não forem regulamentados por meio de lei.

Assim, retomando o nosso caso 4, em que a paciente sofria de câncer metastático incurável e registrou uma DAV recusando qualquer medida invasiva, não é possível nessa situação recorrer ao consentimento presumido da paciente para justificar a execução de tal medida previamente rejeitada pela paciente. A suplantação de uma manifestação prévia elaborada livre e informadamente por uma paciente capaz somente poderia ocorrer caso houvesse indícios de que a DAV não mais correspondia aos seus ideais de vida, o que não é o caso. Assim, deve o médico respeitar a vontade da paciente e deixar de proceder ao tratamento, deixando que a doença tome seu curso natural. Por sua vez, na variação 2 desse caso, a ausência de uma concreta manifestação anterior de vontade e a adequação da intervenção à vontade hipotética da paciente tornam possível a sua justificação com fundamento no consentimento presumido, podendo o médico executar as medidas invasivas e interná-la no CTI do hospital.

4.5.4 Os casos de ampliação da intervenção cirúrgica (Operationserweiterung)

Na prática médica, não são raros os casos em que, embora o paciente consinta com uma intervenção de determinada natureza e extensão, durante a sua execução se revela uma nova circunstância ou diagnóstico, que faz surgir a necessidade de ampliação ou modificação da cirurgia já iniciada, com a qual, contudo, o paciente não pode faticamente consentir justamente por se encontrar sob os efeitos da anestesia. Conforme havíamos definido, o consentimento só é válido nos limites da autorização concedida pelo paciente e, portanto, não abrange modificações do plano originalmente traçado, que, por não serem de conhecimento do sujeito tratado, não foram previamente consentidas. Não obstante, muitas dessas situações podem ser solucionadas com fundamento no consentimento presumido do paciente.

As discussões inerentes à constelação de casos de *ampliação da intervenção cirúrgica* podem ser ilustradas pelos nossos casos 2 e 6. No caso 2, a paciente foi voluntariamente submetida a uma cesariana, mas, após o início do procedimento, foram constatadas pelo médico múltiplas aderências na parte inferior do útero, o que poderia trazer riscos para a vida da paciente na hipótese de uma futura gestação, tendo o médico, então, realizado uma ligadura tubária bilateral enquanto a paciente ainda estava sob os efeitos da anestesia epidural. Situação similar ocorreu no *caso I.V. vs. Bolívia*, julgado pela Corte Interamericana de

Direitos Humanos,[1311] bem como nos *casos da cesariana* (*Kaiserschnitt-Fälle*)[1312] julgados pelo BGH. Já no caso 6,[1313] a paciente possuía um mioma no útero e consentiu apenas na retirada desse tumor. No entanto, ao constatar, durante a cirurgia, que o mioma crescia junto ao útero, o médico resolveu extraí-lo. Embora essa possibilidade fosse conhecida pelo médico, ele preferiu omiti-la, a fim de não preocupar a paciente.

Como podemos perceber, as principais questões que se colocam nessas situações se referem a *se* e *quando* os pressupostos do consentimento presumido estão, de fato, preenchidos.[1314] Nesses casos, há realmente uma situação de conflito: de um lado, se o médico deixa de realizar a intervenção necessária, o paciente terá que ser novamente submetido ao ônus e aos novos riscos de uma segunda cirurgia, caso com ela consinta; de outro, se o médico executa a intervenção ampliada, pode acabar contrariando a verdadeira vontade do paciente.[1315]

Assim, devemos mais uma vez aludir aos requisitos específicos do consentimento presumido. Como nos referimos aqui a casos em que o paciente está sob o efeito da anestesia e, portanto, inconsciente, realmente não há dúvidas de que não há condições fáticas de consentir, estando, via de regra, preenchido o primeiro pressuposto. No entanto, para que seja preenchido o pressuposto da impossibilidade fática de obtenção do consentimento, a possibilidade de ampliação da cirurgia não pode ser conhecida anteriormente pelo médico, pois, nesses casos, é perfeitamente possível colher o consentimento: basta que o médico informe ao paciente, antes da intervenção, sobre a eventual necessidade de ampliação e obtenha sua autorização.

Ademais, para que o médico possa recorrer ao consentimento presumido, deve a nova intervenção ser também de fato *urgente*, de modo que, se for possível deixar de realizá-la sem que haja *riscos consideráveis para a saúde ou para a vida do paciente* ou *redução da possibilidade de sucesso da cirurgia*,[1316] deve o médico aguardar a retomada de consciência do paciente para que possa colher o seu consentimento. A princípio, o simples argumento de que uma segunda intervenção gerará novas afetações corporais e psíquicas não pode, por si só, fundamentar a ampliação da cirurgia,[1317] devendo haver um risco ou uma afetação concreta que seja *in casu* mais relevante do que o direito à autodeterminação. Por sua vez, se do ponto de vista da medicina não for vantajoso adiar ou interromper a

---

1311. Corte Interamericana de Direitos Humanos, *caso I.V. vs. Bolívia*, nov. 2016.
1312. BGH 35, 246; BGHSt 45, 219.
1313. Inspirado no supramencionado caso do mioma, BGHSt 11, 111.
1314. FRISCH, Einwilligung und mutmaßliche Einwilligung in ärztliche Eingriffe, p. 67.
1315. FRISCH, Einwilligung und mutmaßliche Einwilligung in ärztliche Eingriffe, p. 68.
1316. FRISCH, Einwilligung und mutmaßliche Einwilligung in ärztliche Eingriffe, p. 68.
1317. FRISTER; LINDEMANN; PETERS, Arztstrafrecht, p. 35.

cirurgia, a ampliação estará justificada pelo consentimento presumido.[1318] Por fim, a intervenção deve se coadunar com a vontade presumida do paciente.

Dessa forma, retomando os casos mencionados, a conduta do médico no caso 2 não pode ser justificada pelo consentimento presumido. Esse caso possui uma peculiaridade por referir-se a uma cirurgia de esterilização, a qual possui rigorosos pressupostos legais estabelecidos pela lei de planejamento familiar (art. 10, Lei 9.263/1996),[1319] cuja inobservância configura um crime autônomo, previsto em seu art. 15.[1320] Tais orientações são também corroboradas pela Portaria n. 48/1999, do Ministério da Saúde.[1321]

No caso, há realmente um possível risco para a vida da paciente, *caso ela resolva engravidar no futuro*, o que autorizaria a realização de uma esterilização voluntária, mas obviamente não eximiria o médico de colher o consentimento. Não há, de fato, uma situação de urgência, já que esse risco somente poderia vir a se concretizar na hipótese de uma futura gravidez, que ainda não existe e pode até nunca ocorrer. A paciente poderia preferir, por qualquer razão, viver com essa

---

1318. DE VICENTE REMESAL, Die mutmaßliche Einwilligung und ihre besondere Bedeutung im Rahmen einer Operationserweiterung, p. 691.

1319. "Art. 10. Somente é permitida a esterilização voluntária nas seguintes situações:

I – em homens e mulheres com capacidade civil plena e maiores de vinte e cinco anos de idade ou, pelo menos, com dois filhos vivos, desde que observado o prazo mínimo de sessenta dias entre a manifestação da vontade e o ato cirúrgico, período no qual será propiciado à pessoa interessada acesso a serviço de regulação da fecundidade, incluindo aconselhamento por equipe multidisciplinar, visando desencorajar a esterilização precoce;

II – risco à vida ou à saúde da mulher ou do futuro concepto, testemunhado em relatório escrito e assinado por dois médicos.

§ 1º É condição para que se realize a esterilização o registro de expressa manifestação da vontade em documento escrito e firmado, após a informação a respeito dos riscos da cirurgia, possíveis efeitos colaterais, dificuldades de sua reversão e opções de contracepção reversíveis existentes.

§ 2º É vedada a esterilização cirúrgica em mulher durante os períodos de parto ou aborto, exceto nos casos de comprovada necessidade, por cesarianas sucessivas anteriores.

§ 3º Não será considerada a manifestação de vontade, na forma do § 1º, expressa durante ocorrência de alterações na capacidade de discernimento por influência de álcool, drogas, estados emocionais alterados ou incapacidade mental temporária ou permanente.

§ 4º A esterilização cirúrgica como método contraceptivo somente será executada através da laqueadura tubária, vasectomia ou de outro método cientificamente aceito, sendo vedada através da histerectomia e ooforectomia.

§ 5º Na vigência de sociedade conjugal, a esterilização depende do consentimento expresso de ambos os cônjuges.

§ 6º A esterilização cirúrgica em pessoas absolutamente incapazes somente poderá ocorrer mediante autorização judicial, regulamentada na forma da Lei."

1320. "Art. 15. Realizar esterilização cirúrgica em desacordo com o estabelecido no art. 10 desta Lei.

Pena – reclusão, de dois a oito anos, e multa, se a prática não constitui crime mais grave."

1321. BRASIL. Ministério da Saúde, Secretaria de Atenção à Saúde. *Portaria n. 48 de 1999*. Brasília: Ministério da Saúde, 1999. Disponível em: <http://bvsms.saude.gov.br/bvs/saudelegis/sas/1999/prt0048_11_02_1999.html>. Acesso em: 17 jan. 2019.

condição e manter sua fertilidade a submeter-se à esterilização, cabendo somente a ela tomar essa decisão, principalmente por se tratar de uma intervenção irreversível e que afeta o âmago da personalidade feminina. Além disso, a paciente poderia desejar se submeter a esse risco futuro ou, ainda, poderia preferir utilizar outros métodos contraceptivos para evitar a gravidez de risco.[1322] Uma alusão ao consentimento presumido em casos de esterilização somente seria possível em caso de necessidade e *urgência,* em razão de um *risco atual* para a vida da paciente, como ocorreria na hipótese de uma cirurgia motivada por uma possível gravidez ectópica na qual a inutilização de uma das trompas de falópio fosse necessária para conter a hemorragia e salvar a vida da gestante.[1323]

Também no caso 6 não seria possível recorrer ao consentimento presumido, porquanto a possibilidade de extração do útero era previamente conhecida pelo médico, que poderia, portanto, ter obtido o consentimento prévio da paciente para a intervenção, mas resolveu deliberadamente não informar e, com isso, não obter sua autorização. Em razão disso, não poderia o médico agir de forma a extrapolar o que foi concretamente consentido pela paciente. Como ressaltou o BGH, era perfeitamente possível que a paciente preferisse viver com o tumor a retirar o seu útero[1324] – e essa decisão cabia somente a ela. Assim, o consentimento presumido somente é relevante para a justificação de eventuais ampliações ou modificações de uma intervenção já iniciada e cuja possibilidade e necessidade for constatável apenas no curso dessa cirurgia.

4.6 Resultados parciais

1. As intervenções médicas afetam a liberdade e a substância corporal dos pacientes. Com fundamento no respeito à autonomia do paciente, concebe-se o corpo e a vontade como um todo harmônico e indissociável, não sendo possível atribuir a um terceiro – nem mesmo a um médico – o poder de intervir na esfera corporal de um indivíduo capaz sem a sua autorização. Nessa concepção, o consentimento do paciente torna-se ponto arquimédico para a compreensão das intervenções médicas e nos conduz a duas conclusões iniciais: as intervenções médicas arbitrárias, realizadas sem o consentimento ou contra a vontade do paciente, são *prima facie* ilegítimas e perfazem os pressupostos típicos dos crimes de lesão corporal (art. 129, CPB) e de constrangimento ilegal (art. 146, CPB); por sua vez, o injusto desses delitos somente poderá ser afastado com base no *consen-*

1322. Como também argumenta Roxin, ao comentar a decisão BGHSt 35, 246. ROXIN, Strafrecht Allgemeiner Teil 1, §18, Nm. 12.

1323. Ao contrário da conclusão que aqui chegamos, o BGH admitiu, no primeiro caso da cesariana (BGHSt 35, 246), a justificação de uma esterilização realizada logo após o parto, recorrendo ao consentimento presumido.

1324. BGHSt 11, 111, p. 113.

timento real do paciente ou, caso não seja possível obtê-lo, no seu *consentimento presumido*.

2. O consentimento, tradicionalmente fundado no brocardo *volenti non fit iniuria* (não se faz injustiça àquele que consente), refere-se à legitima faculdade de disposição do bem jurídico penalmente tutelado por parte do seu titular. O debate sobre a definição do seu tratamento dogmático é protagonizado por uma tradicional controvérsia, travada por autores dualistas e monistas. Com base no modelo dualista, o assentimento do titular do bem jurídico pode ensejar dois efeitos: o afastamento da tipicidade daqueles crimes que exigem, em sua própria descrição, uma atuação que ignora ou contraria a vontade da vítima (como o constrangimento ilegal); ou o afastamento da antijuridicidade de crimes que protegem o objeto em si considerado, mas não a liberdade do seu titular de dele dispor (como a lesão corporal). Já no modelo monista, a conduta praticada em consonância com a vontade do titular do bem jurídico é em qualquer caso atípica, já que a liberdade de usufruir integra o conteúdo dos bens jurídicos individuais, o que afasta a própria lesão.

3. Os bens jurídicos *individuais* devem se destinar ao livre desenvolvimento da personalidade e à realização dos direitos fundamentais do *indivíduo*. Compreendidos a partir da autonomia individual, esses bens jurídicos abrangem não apenas o objeto de disposição isoladamente considerado, mas também a autodeterminação do seu titular de definir como se dará sua fruição. Dessa forma, as intervenções médicas legitimadas pelo consentimento válido do paciente são *prima facie* atípicas tanto no que se refere ao crime de lesão corporal, quanto ao de constrangimento ilegal.

4. No caso das intervenções médicas, além de consentir na afetação corporal, o paciente também aceita os riscos da intervenção, cuja eventual concretização não poderá ser imputada ao médico. Assim, há *duas dimensões* da intervenção com as quais o paciente consente, afastando a tipicidade da conduta do médico: em primeiro lugar, o paciente *consente* na *execução da intervenção* em si, o que legitima todas as afetações corporais necessárias para que se atinja o objetivo almejado; em segundo lugar, ao aceitar livremente os riscos da intervenção, há também uma *heterocolocação do paciente em risco*, o que implica que, contanto que o médico atue dentro dos limites permitidos, não poderá responder por algum resultado lesivo indesejado que porventura venha a se concretizar.

5. A validade do consentimento concedido pelo paciente – e a consequente legitimidade da atuação do médico – estará condicionada ao preenchimento de determinados pressupostos. Assim, devem ser observados os limites objetivos à liberdade de disposição do bem jurídico, os quais certamente não se vinculam ao vazio e tautológico argumento da (in)disponibilidade. Além disso, para que o consentimento realmente expresse a vontade livre do titular do bem jurídico, deve preencher alguns pressupostos subjetivos: a *capacidade* de consentir, a *ausência* *de vícios de consentimento* e, especialmente no caso das intervenções médicas, o *cumprimento do dever de esclarecimento.*

6. A tomada de decisões livres por um indivíduo está condicionada à sua *capacidade de entendimento e decisão*, a qual, referindo-se às habilidades de compreender o significado e a extensão da intervenção e de decidir se deseja ou não se submeter a ela, depende de fatores *etários*, *psíquicos* e *situacionais.* A incapacidade etária de consentir não se confunde com a incapacidade civil ou com a inimputabilidade penal, porquanto depende da maturidade fática do paciente, não sendo possível fixá-la previamente a partir de marcos etários. Também a incapacidade decorrente de deficiência intelectual ou doença mental é relativa e se refere às habilidades intelectuais do indivíduo no caso concreto. Por fim, é possível também reconhecer a incapacidade situacional de um paciente capaz em razão da existência de concretos déficits de autonomia, como afetações psíquicas temporárias ou embriaguez. Nesses casos, a intervenção beneficente realizada em razão da ausência de autonomia constitui uma hipótese de paternalismo moderado. Por mais que o titular do direito de consentir seja o próprio paciente, nos casos de incapacidade, a conduta do médico poderá ser legitimada por meio do *consentimento por representação*, concedido pelo representante legal do incapaz.

7. O consentimento do paciente também não pode estar maculado por *vícios de vontade* e, assim, será inválido caso sua concessão seja motivada por *erro espontâneo*, *engano* ou *coação*. Tradicionalmente, afirma-se que apenas o *erro referido ao bem jurídico* afeta a validade do consentimento. Com base na compreensão dos bens jurídicos individuais a partir da autodeterminação do seu titular, a autonomia da decisão se torna ponto de referência para a determinação da relevância desses vícios.

8. O erro espontâneo ocorre nas situações em que o próprio titular do bem jurídico se equivoca e consente sem saber de todos os fatos que influem na tomada de decisão. Apesar de esses erros não afetarem, por si só, a validade do consentimento, eles são especialmente relevantes no contexto médico em razão da existência de um dever do médico de informar o paciente, impondo-lhe a incumbência de afastar eventuais equívocos. Já a coação ocorre nos casos em que o paciente é constrangido, por meio de violência física ou moral, a consentir. A validade do consentimento somente será afetada nesses casos quando a conduta do médico ou do terceiro constituir, em si, um constrangimento ilegal. O engano, por sua vez, refere-se a um erro determinado pelo médico ou por um terceiro. Via de regra, se esse vício recair sobre o *modo e extensão da intervenção*, bem como à sua *indicação e finalidade curativa*, a autorização concedida pelo titular do bem jurídico será inválida.

9. O cumprimento do *dever de esclarecimento para a autodeterminação* é pressuposto essencial de validade do consentimento, devendo o médico revelar previamente ao paciente as informações referentes, principalmente, *ao diagnóstico, à execução e aos riscos do tratamento, bem como eventuais alternativas a* *ele*. Esse dever ético e contratual encontra fundamento jurídico-penal no próprio respeito à autonomia do paciente, porquanto a escolha de se submeter a um tratamento somente será verdadeiramente livre e informada caso o paciente conheça todas as circunstâncias relevantes para a tomada de decisão. Em razão disso, a extensão do esclarecimento exigido deve ser definida a partir da indagação, feita numa *perspectiva ex ante*, sob a ótica e a partir das *características e valores individuais do paciente*, sobre quais são as *informações que influenciam a liberdade do consentimento* no caso concreto.

10. A profundidade e a abrangência do esclarecimento dependem das circunstâncias do caso concreto e das características pessoais do paciente. O médico deve *prima facie* informar de maneira geral, fornecendo ao paciente todas as informações essenciais para que tenha uma noção global, *v.g.*, sobre a doença, a dimensão da intervenção, suas alternativas e seus riscos específicos e graves. Esse esclarecimento geral poderá ser suavizado ou intensificado a depender das peculiaridades da situação, principalmente em razão da urgência e da indicação da intervenção. Além disso, essas informações devem ser fornecidas antes da intervenção e diretamente ao paciente.

11. É possível admitir a dispensabilidade ou a flexibilização do dever de esclarecimento em situações excepcionais, o que pode decorrer do conflito entre o dever de informar e a proibição de causar danos, da existência de uma situação de urgência ou da renúncia do paciente ao direito de informação.

12. O *consentimento hipotético* surgiu na jurisprudência civil alemã como uma forma de restringir a abrangência do dever de esclarecimento. Com base nessa figura, seria possível afastar a responsabilidade penal do médico que deixa de fornecer alguma informação ao paciente caso fique constatado, num juízo hipotético, que se o dever de esclarecimento houvesse sido de fato cumprido, o paciente teria ainda assim consentido com a intervenção. No entanto, essa figura não deve ser admitida no direito penal, já que possui problemas dogmáticos insuperáveis. A limitação do conteúdo do esclarecimento exigido é suficiente para afastar exageros punitivos que podem decorrer do descumprimento desse dever.

13. Nos casos em que não é possível obter ou aguardar a obtenção do consentimento do paciente, pode a atuação do médico ser legitimada com fundamento no *consentimento presumido* do paciente. Trata-se, aqui, de uma causa autônoma de justificação, situada dogmaticamente entre o consentimento e o estado de necessidade, que se fundamenta na existência de um conflito de interesses. Além de se vincular, em certa medida, aos demais pressupostos de validade do consentimento, a legitimidade da conduta baseada no consentimento presumido depende do preenchimento de mais duas condições específicas: a *impossibilidade fática ou normativa* de obtenção do consentimento real e a *orientação pela vontade presumida do paciente*.

14. Os casos de *conflitos entre interesses intrapessoais de indivíduos autônomos* não comportam justificação mediante recurso ao estado de necessidade, uma vez que essa causa de justificação possibilita a realização de intervenções paternalistas rígidas, as quais são ilegítimas e incompatíveis com o direito do paciente à autodeterminação. Por ser orientado pelas preferências pessoais do paciente, e não por interesses delas independentes, o consentimento presumido é a única causa de justificação que se destina verdadeiramente à proteção da autonomia individual e, portanto, constitui uma intervenção de paternalismo moderado (ou paternalismo orientado pela autonomia). Assim, há que se recorrer, nesses casos, ao consentimento presumido do paciente, que legitima a lesão a um bem jurídico individual realizada sem o consentimento real, mas com o intuito de preservar outros interesses do seu próprio titular.

5

AS CONSEQUÊNCIAS DOGMÁTICAS DA ADOÇÃO DA SOLUÇÃO DO CONSENTIMENTO

No paradigma da autonomia, o consentimento do paciente é não apenas *imprescindível* como também, via de regra, *suficiente* para afirmar-se a atipicidade da conduta médica. Com isso, não há *prima facie* diferenças substanciais no tratamento dogmático atribuído às intervenções indicadas e às não indicadas, já que, em ambos os casos, o consentimento válido representará o verdadeiro usufruto do bem jurídico individual do paciente (no caso, sua integridade física), não havendo qualquer lesão ao bem jurídico. Nessa concepção, portanto, o foco da solução dogmática dos casos aqui discutidos não está na *indicação médica* da intervenção, senão na *vontade do paciente* de a ela se submeter.

No entanto, as diferentes inter-relações entre esses dois fatores – indicação e vontade – dão ensejo a ao menos três constelações de casos, cujas especificidades exigem uma análise individualizada e vinculada principalmente à possível existência de limitações objetivas à liberdade de consentir. Diante disso, pretendemos, neste capítulo, investigar mais a fundo os pressupostos e as consequências dogmáticas da adoção da solução do consentimento, tendo como referência as *intervenções indicadas e consentidas* (infra 5.1), as *intervenções indicadas e não consentidas* (infra 5.2) e, por fim, as *intervenções não indicadas, mas consentidas* (infra 5.3).

5.1 Intervenções indicadas e consentidas

Por muito tempo o debate doutrinário referente às intervenções médicas girou em torno da compreensão dogmática dos tratamentos *curativos ou terapêuticos*, destinados à promoção da saúde e do bem-estar do paciente, bem como ao alívio ou diminuição dos efeitos de doenças físicas ou psíquicas.[1325] Já no final do século XIX, *Stooss* definiu o tratamento médico, sob a ótica da intervenção curativa, como "uma ação beneficente à saúde e exercida sobre o corpo da pessoa tratada".[1326] Posteriormente, referindo-se especificamente às intervenções *cirúrgicas*, *von Bar* afirmou que "toda operação que se destina ao bem-estar corporal ou ao normal funcionamento do corpo do operado é um tratamento curativo".[1327] Por sua vez, *Engisch* vinculava essas intervenções à *finalidade curativa*, que abrangeria também o alívio de dores, a prevenção de doenças e o afastamento de "defeitos de beleza",[1328] e condicionava sua legitimidade à indicação da intervenção e à observância da arte médica na sua execução[1329]. Também no Brasil, as discussões sobre essa problemática partem geralmente de uma diferenciação entre as intervenções curativas e as não curativas, atribuindo-lhes tratamento dogmático diverso.[1330] Como podemos perceber, a *finalidade curativa*, a *indicação médica* e a *execução conforme a lex artis* sempre ocuparam papel central nessas discussões.[1331]

No entanto, tomando como referência o modelo do consentimento, certo é que o caráter *curativo* não interfere diretamente na compreensão dogmática dessas intervenções, já que não afeta os pressupostos de validade da disposição do bem jurídico. Ademais, o consentimento que legitima a conduta do médico geralmente abrange apenas as intervenções corretamente executadas conforme a *lex artis*, isto é, realizadas de acordo com as técnicas e procedimentos estabelecidos pelas regras da ciência médica,[1332] pois dificilmente o paciente consentirá previamente em um erro na execução da intervenção. Assim, conforme frisamos, qualquer falha na execução da intervenção não afeta a validade ou os pressupostos do consentimento, mas gera na verdade um *risco autônomo para o bem jurídico*, punível muito provavelmente em caráter culposo.[1333] Dessa forma, para os propósitos aqui almejados, muito mais relevante do que a discussão referente à finali-

---

1325. Cf. por todos ROMEO CASABONA, El medico y el Derecho Penal, p. 12; GUÉREZ TRICARICO, El tratamiento médico curativo y su licitud, p. 23.

1326. STOOSS, Chirurgische Operation und ärztliche Behandlung, p. 3-4. No original: "... eine für die Gesundheit des Behandelten *wöhlthätige* Einwirkung auf seinen Körper".

1327. VON BAR, Gesetz und Schuld im Strafrecht, p. 71. No original: "Jede Operation, die zum körperlichen Wohle oder zum normalen Funktionieren des Körpers des Operierten selbst dienen soll, ist Heilbehandlung".

1328. ENGISCH, Arztlicher Eingriff zu Heilzwecken und Einwilligung, p. 2.

1329. ENGISCH, Die rechtliche Bedeutung der ärztlichen Operation, p. 7. Cf. também Eb. SCHMIDT, Der Arzt im Strafrecht, p. 69-70.

1330. Cf. item 3.1.

1331. Sobre os critérios utilizados para definir as intervenções curativas arbitrárias nos projetos alemães de CP, cf. principalmente SCHMIDT, Empfiehlt es sich, dass der Gesetzgeber die Fragen der ärztlichen Aufklärungspflicht regelt?, p. 144 e ss.; TAG, Der Körperverletzungstatbestand im Spannungsfeld zwischen Patientenautonomie und Lex artis, p. 31.

1332. GUÉREZ TRICARICO, El tratamiento médico curativo y su licitud, p. 57.

1333. Cf. item 4.3.

dade curativa ou à execução conforme a *lex artis* é *a indicação da intervenção*, característica que realmente pode afetar os limites e os pressupostos aplicáveis ao consentimento.

A *indicação* refere-se essencialmente à "idoneidade objetiva terapêutica do tratamento médico ou cirúrgico"[1334] e, desse modo, as intervenções indicadas são aquelas objetivamente conhecidas e recomendadas, sob o ponto de vista da ciência médica, para o fim curativo almejado. Com isso, a finalidade de curar ou favorecer a saúde do paciente não é suficiente para a caracterização da indicação do tratamento, que depende de parâmetros objetivos já consolidados pela experiência da medicina. Na maioria das vezes, as terapias alternativas ou não convencionais (*Au*ßenseitermethoden) não são consideradas indicadas, porquanto sua idoneidade curativa ainda não está concreta e objetivamente reconhecida pela ciência médica.[1335] Com ainda mais razão, os tratamentos experimentais, cujos efeitos são ainda desconhecidos, também não podem ser considerados indicados. A essas intervenções, ainda que curativas, aplicam-se as orientações das intervenções não indicadas.

Por mais que a indicação não seja necessariamente um pressuposto de validade do consentimento, ela afeta principalmente a *intensidade do dever de esclarecimento* e pode atingir, em alguns casos, o *consentimento presumido*. Como já havíamos definido, quanto menos indicada for a intervenção, mais intensa é a obrigação do médico de informar e esclarecer todas as contraindicações e possíveis efeitos lesivos, para que o paciente realmente a conheça e decida livremente submeter-se a ela.[1336] Assim, se, após realizar uma análise genômica, uma paciente toma conhecimento de sua predisposição genética ao câncer, é possível que ela consinta validamente com uma cirurgia para a extração de seus ovários, útero e seios, mesmo que ainda não tenha sido acometida pela doença, precisamente para evitar a concretização dessa propensão. No entanto, o dever do médico de esclarecê-la é, nesse caso, mais acentuado, uma vez que, além de ainda não haver uma indicação médica para a cirurgia, pode ser que, apesar da predisposição diagnosticada, a paciente jamais desenvolva a doença. Outrossim, também o consentimento referente a tratamentos experimentais requer o acentuamento do dever de esclarecimento.

Ademais, a possibilidade de aludir ao consentimento presumido nos casos de intervenções não indicadas é certamente restrita, devendo o médico ater-se às intervenções objetivamente conhecidas e recomendadas para o tratamento do

1334. MANTOVANI, I trapianti e la sperimentazione umana nel diritto italiano e straniero, p. 13-14. No original: "... obiettiva idoneità terapeutica del tratamento medico o chirurgico".

1335. Em sentido contrário, cf. GUÉREZ TRICARICO, El tratamiento médico curativo y su licitud, p. 54.

1336. Cf. item 4.4.5.4.

paciente inconsciente. Além disso, conforme veremos adiante, as intervenções *não indicadas* podem ter sua legitimidade limitada em alguns casos.[1337]

As *intervenções indicadas e consentidas* se referem às situações mais comuns vivenciadas no cotidiano médico, em que a intervenção proposta, recomendada de acordo com os padrões da medicina e devidamente esclarecida pelo médico, é livremente aceita pelo paciente. A conduta do médico que atua nessas circunstâncias será atípica em relação aos tipos penais eventualmente relevantes para o caso e legitimada pelo consentimento do paciente que, no uso da sua faculdade de dispor do próprio corpo e de autorizar intervenções na sua integridade física, permite a realização da cirurgia. As intervenções indicadas justificadas pelo consentimento presumido também se adequam à constelação de casos aqui discutida, já que são realizadas de acordo com a vontade presumida do paciente, respeitando a sua autodeterminação.

Nesses casos, pode até parecer *prima facie* que as consequências práticas da solução do consentimento seriam as mesmas daquelas obtidas pelo modelo tradicional do exercício regular de direito, já que não há conflito entre a vontade do paciente e a recomendação feita pelo médico. No entanto, a principal vantagem da adoção do modelo aqui proposto reside justamente na necessidade de preenchimento de todos os pressupostos de validade do consentimento, em especial do dever de esclarecimento, o que certamente não é um problema para a doutrina tradicional. Assim, de acordo com o modelo aqui proposto, a execução do tratamento indicado deixa de ser uma determinação do médico e passa a depender de uma escolha genuinamente livre do paciente, o que é essencial para que seja respeitada sua autonomia. Uma exceção a essa regra somente pode ser admitida quando for possível recorrer ao consentimento presumido, figura que, ao contrário do estado de necessidade – inerente ao tratamento tradicional desses problemas –, também é orientada pelo respeito à autodeterminação do paciente.

5.2 Intervenções indicadas, mas não consentidas: o respeito às recusas de tratamento

As intervenções indicadas, mas não consentidas, também denominadas de *tratamentos médicos arbitrários*, integram muito provavelmente os mais polêmicos casos referentes à atuação médica. É possível que haja um conflito de interesses e, mesmo diante da indicação médica, o paciente não queira ser tratado e não consinta com a realização da intervenção, seja por razões religiosas, ideológicas, de qualquer outra natureza – ou mesmo sem razão alguma. A recusa de tratamento pode decorrer, também, de uma direta vontade de morrer ou simplesmente da convicção de que a intervenção médica é, na verdade, perigosa e/ou desnecessária.

1337. Cf. item 4.3.

Nesses casos ocorre, frequentemente, que a vida do paciente está em risco e, caso o tratamento não seja realizado, há uma grande probabilidade de que ele venha a falecer. Diante disso, questiona-se: deve o médico atuar contra a vontade do paciente, constrangendo-o a ser tratado com a finalidade de promover a sua saúde e possivelmente "salvar" a sua vida ou minimizar as consequências da doença? Deve o médico respeitar a autonomia expressada por meio da vontade do paciente e não executar o tratamento? Em outras palavras: possui o paciente o *direito de não ser tratado*?

Esse problema possui peculiar relevância, principalmente por lidar com situações limítrofes que envolvem não apenas a integridade física, mas principalmente a proteção da *vida*, já que a consequência da omissão do tratamento será possivelmente a morte do paciente. Essa análise tangencia a complexa discussão acerca da recusa de tratamentos vitais e da possibilidade de "deixar morrer", vinculando-se a casos controversos como a recusa de transfusão de sangue por testemunhas de Jeová, o tratamento de um indivíduo para salvá-lo de uma tentativa de suicídio, bem como as situações em que o paciente registra uma diretiva antecipada de vontade.

A tomada de postura nesse contexto deve levar em conta o tratamento dogmático de duas situações distintas, analisando-se a punibilidade tanto do médico que respeita a vontade do paciente e deixa de realizar a cirurgia, quanto daquele que realiza a intervenção, a despeito da ausência de consentimento. Um correto esclarecimento acerca do tratamento dogmático dessas situações é urgente e soluciona um dos principais dilemas do médico: a necessidade de tomar certas decisões com o risco de, por um lado, ser punido pela violação da integridade física ou da liberdade do paciente ou, por outro lado, por homicídio e/ou lesão corporal por omissão.

Na concepção aqui defendida, que parte do "princípio de que só o assentimento do paciente pode legitimar a intervenção",[1338] a atuação contrária à vontade ou sem o consentimento do paciente enseja, por um lado, a responsabilização penal do médico pela interferência indevida na esfera corporal e na liberdade do paciente (infra 5.2.1). Por outro lado, a conduta daquele que respeita a vontade do paciente revela-se atípica, porquanto uma eventual posição de garante ou um dever geral de assistência restarão afastados em razão do dissentimento do paciente, o que impede a punição por omissão (infra 5.2.2).

5.2.1 A punibilidade do médico que atua contra a vontade ou sem o consentimento válido do paciente

Com fundamento no respeito à autonomia, concluímos que a vontade livre do paciente deve prevalecer em relação ao interesse de proteção objetiva do seu

---

1338. COSTA ANDRADE, Consentimento e acordo em Direito Penal, p. 420.

bem-estar e/ou da sua saúde, em especial quando, apesar dos esclarecimentos do médico, ele recusa o tratamento de maneira séria e enfática. Afinal, a autonomia dá ao paciente justamente a faculdade de ponderar seus valores individuais de acordo com suas próprias convicções de vida boa, de modo que a saúde ou o bem-estar podem nem sempre preponderar, em especial se contrapostos, por exemplo, a valores de caráter religioso (como no nosso caso 3) ou, ainda, ao desejo de não mais viver, na hipótese de deficiência física superveniente à intervenção (como no nosso caso 1). Dessa forma, com base na solução do consentimento, apenas o paciente pode autorizar interferências em seu domínio corporal, de sorte que a atuação contrária à sua vontade ou sem o seu consentimento constitui uma *intervenção médica arbitrária.*

A solução dogmática ou político-criminal desses casos pode ser visualizada, pelo menos, a partir de duas diferentes perspectivas: uma que se refere ao delito de *lesão corporal* (infra 5.2.1.1) e outra que caracteriza a atuação do médico como um *crime contra a liberdade* (infra 5.2.1.2). Essa discussão abrange tanto os casos em que não há consentimento do paciente quanto aqueles em que seus pressupostos de validade não são corretamente preenchidos (como quando do descumprimento do dever de esclarecimento), já que a legitimidade da conduta do médico depende do consentimento *válido* do paciente. Além disso, discute-se também a possibilidade de criação de tipo penal autônomo referente às *intervenções médicas arbitrárias*, que se destine à tutela específica do direito à autodeterminação e da integridade física do paciente (infra 5.2.1.3).

Deve-se ressaltar, ademais, que a concepção tradicional chega a conclusões bem diferentes quanto a esse ponto, pois, considerando que a conduta do médico seria justificada pelo exercício de um direito profissional do médico ou, em casos de urgência, pelo estado de necessidade, em nenhuma hipótese a atuação em benefício do paciente seria punível, ainda que realizada sem o seu consentimento válido ou contra a sua vontade. Assim, somente a solução do consentimento, aqui proposta, é capaz de proteger adequadamente o direito do paciente à autodeterminação.

5.2.1.1 A intervenção arbitrária como lesão corporal (art. 129, CPB)

O artigo 129 do CPB pressupõe, para a configuração de uma lesão corporal, a existência de uma *ofensa à integridade corporal* ou à *saúde* de outrem.[1339] No que se refere à primeira dimensão típica, compreende-se por *ofensa à integridade corporal* "a alteração, anatômica ou funcional, interna ou externa, do corpo

---

1339. Na lei alemã, comportamento similar está previsto no §223, segundo o qual "quem maltrata corporalmente ou lesa a saúde de outrem é punível com pena privativa de liberdade de até cinco anos ou multa". No original: "Wer eine andere Person körperlich mißhandelt oder an der Gesundheit schädigt, wird mit Freiheitsstrafe bis zu fünf Jahren oder mit Geldstrafe bestraft.".

humano".[1340] A segunda dimensão, por sua vez, vinculada à *saúde* e concebida a partir da definição da Constituição da OMS,[1341] constitui "um estado de completo bem-estar físico, mental e social", além de consistir, também, "na ausência de doença ou de enfermidade", referindo-se, em suma, a um "estado ideal do corpo e da mente".[1342] Assim, de acordo com a doutrina brasileira, a *ofensa à saúde* implica na "alteração de funções fisiológicas do organismo ou perturbação psíquica",[1343] havendo também quem defenda que a caracterização do crime em questão requer que essa alteração do funcionamento normal do organismo seja *nociva.*[1344] Nota-se, contudo, que *corpo* e *saúde* não podem ser concebidos como valores estanques e desvinculados, senão como interesses correlacionados que, juntos, compõem o objeto de tutela do delito de lesões corporais.[1345]

Partindo exclusivamente dessa definição, não há dúvidas de que o médico que utiliza um bisturi para fazer uma incisão ou aquele que transfunde sangue alheio provoca inevitavelmente uma *alteração* – mesmo que momentânea – no organismo do paciente, *afetando sua saúde e/ou seu corpo*, a depender do caso, ainda que vise, ao final, à cura de uma doença. Dessa forma, a conduta médica que recai sobre o corpo do paciente é certamente relevante para a análise do crime de lesão corporal, pois ainda que com ela se alcance um resultado final satisfatório, isso não afasta a afetação corporal que o precede.

Não obstante, para além dessa argumentação relativamente simplória, o amoldamento típico das intervenções médicas arbitrárias ao crime de lesão corporal encontra seu principal fundamento, a nosso ver, na própria concepção do bem jurídico protegido por esse delito. De acordo com a doutrina, o bem jurídico tutelado pelo art. 129 do CPB é a "incolumidade da pessoa humana", que compreende "a integridade física e psíquica do ser humano".[1346] A controvérsia reside, portanto, na já discutida definição da abrangência da noção de *integridade física*: se ela se refere apenas ao *corpo*, enquanto matéria ou base da existência biológica dos indivíduos, ou se abrange também o direito individual à *autodeterminação* sobre ele.

1340. BITENCOURT, Tratado de direito penal 2, p. 213-214.

1341. A Constituição da OMS foi incorporada no Brasil pelo Decreto n. 26.042/48.

1342. ROMEO CASABONA, El medico y el Derecho Penal, p. 134. Frise-se, no entanto, que o amoldamento das afetações psíquicas ao âmbito típico das lesões corporais é ainda objeto de profundas controvérsias. Cf. a respeito TAG, Der Körperverletzungstatbestand im Spannungsfeld zwischen Patientenautonomie und Lex artis, p. 46.

1343. Cf. por todos BITENCOURT, Tratado de direito penal 2, p. 213-214.

1344. PRADO; CARVALHO; CARVALHO, Curso de direito penal brasileiro, p. 687-688.

1345. TAG, Der Körperverletzungstatbestand im Spannungsfeld zwischen Patientenautonomie und Lex artis, p. 45.

1346. BITENCOURT, Tratado de direito penal 2, p. 212; PRADO; CARVALHO; CARVALHO, Curso de direito penal brasileiro, p. 685.

Na *concepção restritiva* (ou *unidimensional*[1347]), segundo a qual a integridade física abrange apenas a tutela do corpo, há duas possíveis interpretações: na primeira, concebe-se que o corpo exclusivamente como substância, o qual, ao ser afetado pela intervenção médica, é efetivamente lesado, podendo a conduta típica ser posteriormente justificada caso haja o consentimento do paciente; na segunda, a consideração sobre a lesão do corpo, objetivamente considerado, é vinculada a outros fatores, como o resultado de piora da condição de saúde.

A primeira possibilidade é adotada pela jurisprudência e por parte da doutrina alemãs. Esse posicionamento, originado no Tribunal do Império e seguido até os dias de hoje pelo Tribunal Federal alemão (BGH), concebe que uma intervenção médica, mesmo que indicada e bem-sucedida, constitui uma lesão corporal e somente pode ser justificada a partir do consentimento do paciente ou do seu representante legal.[1348] Se o consentimento real não puder ser colhido, como nos casos em que o paciente está inconsciente, a intervenção somente pode ser justificada pelo consentimento presumido.[1349]

Conforme já elucidamos, na emblemática decisão de 1894,[1350] o Tribunal do Império considerou a amputação arbitrária do pé do paciente como uma conduta típica de lesão corporal.[1351] De acordo com o RG, a finalidade de cura ou mesmo o sucesso da intervenção (que, no caso, salvou a vida do paciente) não são relevantes para a solução do caso, mas sim o consentimento do paciente ou do seu representante legal.[1352] Ao dar continuidade ao posicionamento do RG, o BGH recorreu à Constituição alemã (primeira parte do art. 2, § 2, GG), que consagra o *direito à integridade corporal,* para fundamentar sua decisão. Como ressaltamos, para o BGH, ninguém, nem mesmo o médico, pode determinar "sob quais circunstâncias

---

1347. RODRÍGUEZ VÁZQUEZ, Virgilio, El delito de tratamiento médico arbitrario: una propuesta de lege ferenda, *RECPC*, v. 19-03, 2017, p. 6.

1348. BGHSt 11, 111; BGHSt 12, 379; BGHSt 16, 309; BGHSt 43, 306; BGHSt 45, 219 (p. 221); BGHSt 56, 277 (p. 284); BGH NStZ 1996, 34. Sobre a evolução da jurisprudência alemã quanto ao tratamento das intervenções cirúrgicas, cf. SCHREIBER, Hans-Ludwig, Strafrecht der Medizin, *in*: CANARIS, Claus-Wilhelm *et alii* (Orgs.), *50 Jahre Bundesgerichtshof: Festgabe aus der Wissenschaft*, München: C. H. Beck, 2000, p. 504 e ss. Ainda, *Schreiber* elogia o posicionamento do BGH e a concebe como fortalecedora da posição do paciente. Sobre a divergência entre o posicionamento da jurisprudência e de parte da doutrina alemã quanto ao amoldamento das intervenções curativas ao crime de lesões corporais, cf. HILGENDORF, Einführung in das Medizinstrafrecht, p. 10-11.

1349. A respeito da postura da jurisprudência, cf. ESER; STERNBERG-LIEBEN, Schönke/Schröder StGB, § 223, Nm. 29.

1350. RGSt 25, 375. Para *Ulsenheimer*, essa decisão originou a "guerra fria" entre médicos e juristas na Alemanha, ULSENHEIMER, § 138 Die strafrechtliche Beurteilung ärztlicher Heilbehandlung (ärztlicher Eigenmacht), p. 1576.

1351. Na época, o RG baseou-se no §187 do então vigente Código Penal prussiano. Cf. ALEMANHA, *Strafgesetzbuch für die preussischen Staaten 1851*: Mit Entwürfen und Motiven, Berlin: Keip Verlag, 2004, p. 64.

1352. Essa postura de prevalência da vontade do paciente foi mantida nas decisões posteriores do RG. Cf., por exemplo, RGSt 38, p. 34-35.

outra pessoa deve estar razoavelmente preparada para sacrificar a sua integridade corporal a fim de ficar novamente saudável".[1353] Podemos perceber, assim, que o BGH visualiza nas intervenções não consentidas uma efetiva lesão da integridade corporal, compreendida apenas enquanto substância, sendo a relevância do direito à autodeterminação inserida apenas no âmbito da antijuridicidade.

Boa parte da doutrina, no entanto, sempre criticou esse firme posicionamento da jurisprudência, o que deu ensejo ao surgimento de uma interpretação ainda mais restritiva da integridade corporal. A partir da objeção de que o BGH estaria equiparando a conduta do médico à de um "esfaqueador", alega-se que as intervenções bem-sucedidas não podem ser consideradas efetivas lesões e que as exigências da jurisprudência são muito severas. Também por parte dos médicos sempre houve uma resistência quanto ao posicionamento jurisprudencial, que, segundo eles, iguala o bisturi do médico ao punhal de um assassino.[1354] Critica-se em especial a inserção dos deveres de informação do médico no tipo de lesão corporal – o que foi denominado de "monocultura"[1355] do dever de esclarecimento –, porquanto seus estreitos contornos trariam um risco penal insuportável para o médico.[1356]

Assim, para fundamentar a atipicidade objetiva das intervenções arbitrárias em relação ao crime de lesões corporais, alguns autores desenvolveram as teorias que visam a legitimá-las a partir de critérios *desvinculados do consentimento* do paciente, como a *teoria do resultado*, a *teoria do interesse corporal* ou a *teoria da ação,* anteriormente mencionadas.[1357] Parte-se de um conceito certamente mais limitado do bem jurídico do crime de lesão corporal,[1358] considerando a integridade corporal e a saúde como um *conjunto físico* e *independente da vontade* do seu titular. Assim, a análise da possível lesão da integridade física deveria tomar por base a *intervenção como um todo*, que conduz a um resultado, positivo ou negativo, que não se vincula necessariamente à liberdade de disposição do paciente – que, segundo essa concepção, não seria abrangida pelo bem jurídico tutelado pelo crime de lesão corporal.

1353. BGHSt 11, 111 (p. 114). No original: "... unter welchen Umständen ein anderer vernünftigerweise bereit sein sollte, seine körperliche Unversehrtheit zu opfern, um dadurch wieder gesund zu werden".

1354. ALEMANHA, Deutschen Gesellschaft für Chirurgie, Stellungnahme der deutschen Gesellschaft für Chirurgie, *in*: *Gutachten und Stellungnahmen zu Fragen der Strafrechtsreform mit ärztlichen Einschlag*, Bonn: Bundesministerium der Justiz, 1958, p. 140-141.

1355. SCHREIBER, Strafrecht der Medizin, p. 503 e 507. LILIE, LK Vor § 223, p. 7.

1356. Além disso, muitos afirmam que essa noção da jurisprudência se baseia numa interpretação meramente causalista do crime de lesões corporais. Cf. por todos RODRÍGUEZ VÁZQUEZ, El delito de tratamiento médico arbitrario, p. 35.

1357. Todas essas teorias já foram analisadas no item 3.3, ao qual remetemos o leitor.

1358. Como em ENGISCH, Arztlicher Eingriff zu Heilzwecken und Einwilligung, p. 5 e ss.

O argumento crítico decisivo, para muitos autores, é que a compreensão das intervenções bem-sucedidas ou bem executadas como lesões corporais violaria o princípio da legalidade, em especial a proibição de analogia *in malam partem*. Uma lesão corporal implicaria um agravamento do estado geral de saúde e, nos casos das intervenções médicas, haveria na verdade uma melhora da integridade física ou da saúde do paciente, o que tornaria a conduta do médico atípica. Portanto, a exigência do consentimento no plano da tipicidade acabaria modificando o tipo de lesões corporais.[1359] Na literatura, é comum afirmar-se ser esse o posicionamento ainda dominante na doutrina alemã.[1360]

Uma variação dessa crítica pode ser depreendida também da solução de *Frisch*, para quem a intervenção indicada, executada de acordo com a *lege artis* e bem-sucedida seria atípica, mas somente nos casos em que o tratamento for procedido em consonância com a vontade do paciente. Percebe-se, pois, que é criado um supercritério, que abrange outros quatro, justamente para fundamentar a afirmação que esse tipo de intervenção seria atípica quanto ao crime de lesão corporal.[1361]

Como vimos, apesar de o incômodo desses autores ser compreensível, nenhuma dessas teorias chega ao que realmente interessa. Numa concepção que valoriza a autonomia do paciente, prescindir do consentimento enquanto critério que legitima as intervenções médicas não é a solução, porquanto acaba legitimando *qualquer* intervenção médica bem-sucedida ou bem executada, mesmo que contra a vontade do paciente,[1362] além de dispensar o cumprimento dos seus pressupostos de validade. Afirmar que uma intervenção arbitrária no corpo de uma pessoa não constitui uma lesão corporal significa dizer que o corpo do paciente na verdade não é dele; implica, portanto, a desvinculação entre o corpo e a autodeterminação sobre ele.

No paradigma do consentimento, não se equipara o médico a um esfaqueador. Isso, basicamente, por duas razões: em primeiro lugar, na nossa concepção, os casos de lesões consentidas serão, no final das contas, também atípicos, mas por ausência de lesão do bem jurídico, de sorte que a conclusão a que se chega em ambas concepções é a mesma: a atipicidade da conduta do médico. Em segundo

---

1359. KATZENMEIER, Christian, Ein Sondertatbestand der eigenmächtigen Heilbehandlung, *ZRP*, n. 4, p. 156-161, 1997, p. 158. LILIE, Vor § 223 Straftaten gegen die körperliche Unversehrtheit, p. 10. BEULKE, Die hypothetische Einwilligung im Arztstrafrecht – Eine Zwischenbilanz, p. 69.

1360. Nesse sentido, cf. ULSENHEIMER, § 138 Die strafrechtliche Beurteilung ärztlicher Heilbehandlung (ärztlicher Eigenmacht), p. 1573. LILIE, LK Vor § 223, p. 9. Parece-nos, no entanto, que no estado atual da ciência penal ele talvez já não seja mais tão predominante.

1361. FRISCH, Einwilligung und mutmaßliche Einwilligung in ärztliche Eingriffe, p. 33-34.

1362. No mesmo sentido, cf. KREY, Volker; HEINRICH, Manfred; HELLMANN, Uwe. *Strafrecht Besonderer Teil 1*. 16. ed. Stuttgart: Kohlhammer, 2015, § 3, Nm. 217 (p. 75).

lugar, é possível que, em algumas situações, a prática de condutas penalmente típicas (mas justificadas) faça parte do próprio exercício profissional, como nos casos de intervenções médicas justificadas pelo consentimento presumido e também, por exemplo, em relação ao trabalho do policial ou do oficial de justiça, que no exercício da profissão também podem vir a praticar condutas típicas, mas justificadas, por exemplo, pelo estrito cumprimento do dever legal ou pela legítima defesa.[1363] Ademais, mesmo numa concepção que insere o consentimento na antijuricidade, a conduta do médico será justificada e a do esfaqueador, não.[1364]

Não há, outrossim, violação ao princípio da legalidade, pois a compreensão das intervenções arbitrárias como lesões corporais não foge à descrição típica do artigo 129 do CPB (ou mesmo do tipo penal do §223 do *StGB*[1365]). Uma intervenção médica provoca uma real alteração no corpo e na saúde do paciente e, mais importante ainda, uma concreta violação da sua integridade corporal. Mesmo que a intervenção conduza, ao final, a um resultado objetivamente positivo, não há como negar que, para alcançar a finalidade curativa, o médico precisa, antes, interferir na esfera corporal do paciente. A cura ou a melhora do estado de saúde certamente não afastam a ofensa antecedente ao corpo, causada, por exemplo, pelo corte na pele com o bisturi para a realização da cirurgia.

Talvez o nosso caso 1 deixe isso bem evidente: por mais que tenha sido executada para salvar a vida de um paciente, a amputação arbitrária de uma perna constitui nitidamente uma lesão do corpo que resulta, inclusive, na perda permanente de um membro – e essa irreversível consequência deverá ser suportada para sempre pelo paciente. Haveria uma conduta atípica, no entanto, caso o paciente realmente consentisse com a amputação: a intervenção representaria, nesse caso, o exercício da autonomia do paciente de tomar as decisões referentes ao seu próprio corpo. Também o nosso caso 2 é um bom exemplo de uma evidente lesão corporal, já que uma esterilização não consentida durante uma cirurgia cesariana causa um dano grave e irreversível no corpo da paciente, que nunca mais poderá ter filhos.

A postura da jurisprudência alemã é também criticada por parte da doutrina por ser vista, com algum receio, como uma forma de *suprir uma lacuna* na legislação do país, haja vista a ausência de um dispositivo concreto que tutele

---

1363. Nesse sentido, cf. KREY; HEINRICH; HELLMANN, Strafrecht Besonderer Teil 1, § 3, Nm. 218 (p. 75).

1364. MITSCH, Einwilligung und Einwilligungssurrogate, p. 254.

1365. O tipo penal alemão possui uma peculiaridade em relação ao brasileiro, pois fala em "maltratar corporalmente" e não em ofender a integridade física. Em geral, a controvérsia referente à legislação alemã pode ser resolvida na segunda dimensão da lesão corporal: a lesão da saúde, que para alguns autores também reflete na compreensão de maus-tratos corporais. A respeito dessa controvérsia, cf. MITSCH, Wolfgang. *Strafrechtlicher Schutz gegen medizinische Behandlung*. Baden-Baden: Nomos, 2000, p. 16. Assim, no tipo penal brasileiro, a conduta arbitrária do médico perfaz até mais facilmente o tipo de lesões corporais.

especificamente a autonomia do paciente. Diante da necessidade de tutelar a autodeterminação do paciente, o correto seria, na verdade, conceber as intervenções arbitrárias bem-sucedidas ou corretamente executadas como um crime contra a liberdade individual,[1366] como o constrangimento ilegal ou o cárcere privado.

Reconhece-se, no entanto, que os tipos que tutelam a liberdade seriam insuficientes, pois abarcariam poucas situações. Na verdade, de acordo com *Kaufmann* essa deve ter sido a razão pela qual a jurisprudência passou a considerar as intervenções arbitrárias como lesões corporais e, se a jurisprudência tivesse observado o princípio da legalidade desde o início, talvez teria compelido o legislador a suprir essa lacuna e criminalizar expressamente as intervenções arbitrárias, como previa o projeto de Código de Penal de 1962, o projeto alternativo, além de tantos outros.[1367] Assim, até que fossem expressamente criminalizadas, essas intervenções deveriam permanecer impuníveis, podendo constituir, no máximo, crime contra a liberdade individual em casos excepcionais.[1368]

A nosso ver, as perspectivas não se excluem mutuamente. Uma intervenção realizada contra a vontade do paciente ou sem o seu consentimento pode perfazer tanto o tipo da lesão corporal como também o de um delito que protege a liberdade individual, a depender das circunstâncias do caso. De fato, a compreensão das intervenções não consentidas como lesões corporais não afasta a possibilidade de que essas mesmas intervenções se adequem, também, a algum tipo penal que tutela exclusivamente a liberdade. Um eventual conflito entre dois ou mais tipos penais deve ser resolvido, posteriormente, com base nas regras gerais do concurso de normas.[1369] Ademais, é inegável que a punição desses casos como lesões corporais, ao menos enquanto inexistir um tipo penal específico que os tutele, decorre de uma necessidade político-criminal.[1370]

Não obstante, a compreensão da jurisprudência alemã não está de todo correta, especialmente no que se refere à concepção restrita do bem jurídico tutelado pelo crime de lesão corporal e à atribuição de efeitos ao exercício do direito à autodeterminação apenas no âmbito da antijuridicidade. Mais uma vez, temos que aludir à nossa concepção de bem jurídico individual para solucionar essa celeuma.

Com base na já desenvolvida compreensão liberal dos *bens jurídicos individuais, fundada no respeito à autonomia* do seu titular, concebemos que a *inte-*

1366. Nesse sentido, BOCKELMANN, Strafrecht des Arztes, p. 71. ENGISCH, Arztlicher Eingriff zu Heilzwecken und Einwilligung, p. 3. ENGISCH, Die rechtliche Bedeutung der ärztlichen Operation, p. 20. KAUFMANN, Die eigenmächtige Heilbehandlung, p. 373. SCHMIDT, Der Arzt im Strafrecht, p. 91 e 110. Sobre essa perspectiva, cf. item 3.3.2.

1367. KAUFMANN, Die eigenmächtige Heilbehandlung, p. 374.

1368. BOCKELMANN, Strafrecht des Arztes, p. 71.

1369. Em sentido contrário, para *Engisch*, somente seria possível criminalizar o tratamento médico arbitrário se ele não configurasse uma lesão corporal. ENGISCH, Arztlicher Eingriff zu Heilzwecken und Einwilligung, p. 3-4.

1370. ROXIN; GRECO, Strafrecht Allgemeiner Teil, § 13, Rno 26.

gridade física abrange não somente a tutela do corpo ou da saúde do paciente, isoladamente considerados, mas também a autodeterminação sobre eles, adotando-se, portanto, uma concepção *bidimensional*[1371] desse bem jurídico. O corpo, na verdade, é apenas o componente objetivo da integridade física – o objeto sobre o qual recai a conduta. Além dele, no entanto, também um segundo componente, referente à liberdade de disposição do seu titular, é objeto de tutela do crime de lesões corporais.

Conforme havíamos afirmado, somente por meio da vontade do titular é possível gozar e usufruir dos bens jurídicos individuais, razão pela qual não se deve separar o *objeto* de tutela do *indivíduo* ao qual ele pertence. Como nos lembra *Schroth*, há, nessa concepção, uma combinação entre a proteção legítima de bens e a realização pessoal dos indivíduos.[1372] A *integridade* física, portanto, refere-se não apenas à simples proteção da substância corporal e só é concretamente *violada* quando o corpo e/ou a saúde do titular do bem jurídico forem afetados contra a sua vontade ou sem o seu consentimento.[1373-1374]

Dessa forma, a intervenção médica arbitrária se amolda perfeitamente ao crime de lesões corporais, independentemente do resultado a que se chega com o tratamento, pois a violação da substância corporal é realizada em desconformidade com a verdadeira vontade daquele que é tratado. Ofende-se, portanto, tanto o corpo quanto a autodeterminação do paciente sobre ele, já que o médico adentra a esfera corporal do paciente sem a sua autorização, o que fundamenta a existência de uma real lesão da integridade física.[1375]

Há quem afirme que essa concepção da integridade física resulta num ampliamento do âmbito de punibilidade da lesão corporal, pois pode considerar que uma conduta seja típica sem que haja efetivo agravamento da situação de saúde ou piora da integridade física.[1376] No entanto, há que frisar que, na concepção aqui defen-

---

1371. RODRÍGUEZ VÁZQUEZ, El delito de tratamiento médico arbitrario, p. 29.

1372. SCHROTH, Das Rechtsgut der Körperverletzungsdelikte und seine Verletzung, p. 125.

1373. SCHROTH, Das Rechtsgut der Körperverletzungsdelikte und seine Verletzung, p. 125.

1374. Não há qualquer necessidade de, nesta sede, retomar todos os argumentos já extensivamente desenvolvidos a favor de uma compreensão de bem jurídico liberal e fundada na autonomia. Cf. a respeito item 4.2.4.

1375. Nesse sentido, cf. KREY; HEINRICH; HELLMANN, Strafrecht Besonderer Teil 1, § 3, Nm. 220 (p. 76). ROXIN; GRECO, Strafrecht Allgemeiner Teil, § 13, Nm. 26. RENGIER, Rudolf. *Strafrecht Besonderer Teil*: Delikte gegen die Person und die Allgemeinheit. vol. 2. München: C. H. Beck, 2017, § 13, Nm. 17 (p. 111). SCHROTH, Das Rechtsgut der Körperverletzungsdelikte und seine Verletzung, p. 123. TAG, Der Körperverletzungstatbestand im Spannungsfeld zwischen Patientenautonomie und Lex artis, p. 439-440. WOLTERS, Gereon, SK-StGB § 223, 9. ed. Köln: Carl Heymanns, 2017, p. 763-872, Nm. 57. GÁNDARA VALLEJO, Consentimiento, bien jurídico e imputación objetiva, p. 227.

1376. Para esses autores, pressuposto típico da lesão corporal é a piora da condição corporal do paciente. Cf. por todos KRAUSS, Detlef, Zur strafrechtlichen Problematik der

dida, não se está expandindo o conteúdo do bem jurídico, senão o concebendo adequadamente como um interesse individual, a ser valorado sob a perspectiva do seu titular. Afinal, a quem pertence o bem jurídico? Ao indivíduo ou à sociedade? De fato, uma proteção do corpo que ignora os valores do paciente conduz inexoravelmente à negação da sua autonomia, não sendo possível determinar o que é uma "melhora" ou "piora" da integridade física, a partir de uma análise puramente objetiva, sem que se chegue a resultados paternalistas. Ademais, na hipótese em que um terceiro afeta o corpo do indivíduo em consonância com a sua vontade, a solução aqui proposta conduz a uma consequência mais restritiva do que a tradicional, já que a conduta será considerada atípica. Assim, essa releitura do conteúdo dos bens jurídicos individuais conduz a resultados diferentes, porquanto fundados na autonomia do seu titular, porém não mais extensivos do que os tradicionalmente concebidos.

Por fim, não é possível admitir que a "finalidade de cura" exima o médico, nos casos das intervenções terapêuticas, da responsabilidade penal referente às lesões corporais,[1377] em especial nos casos em que ele executa a intervenção contra a vontade do paciente. Afinal, o médico pode agir motivado pelas mais nobres das intenções, mas ainda assim não possui a prerrogativa de intervir no corpo de uma pessoa como bem entender, mesmo que o faça "por uma boa razão".

5.2.1.2 A intervenção arbitrária como constrangimento ilegal (art. 146, CPB)

A grande maioria dos autores que negam a adequação típica das intervenções arbitrárias ao crime de lesões corporais defende que tal conduta constitui, na verdade, um crime contra a liberdade.[1378] No entanto, a adequação das intervenções arbitrárias ao crime de constrangimento ilegal (art. 146, CPB[1379]) possui algumas peculiaridades que podem produzir efeitos limitantes no momento da

---

eigenmächtigen Heilbehandlung, *in*: *FS-Bockelmann*, München: C. H. Beck'sche Verlagsbuchhandlung, 1979, p. 575.

1377. Como argumenta, por exemplo, ROMEO CASABONA, El medico y el Derecho Penal, p. 273. Cf. item 3.3.2.5.

1378. Para muitos, a atuação contrária à vontade do paciente se amolda mais adequadamente a esse delito. Nesse sentido, afirmando a configuração do crime de coações (*coacciones*), previsto no art. 172.1 do CP espanhol, cf. OJER, Leticia Jericó, Tratamiento médico, consentimiento y derecho penal, *in*: LUZÓN PEÑA, Diego-Manuel (Org.), *Libro-Homenaje a Claus Roxin por su nombramiento como Doctor Honoris Causa por la Universidad Inca Garcilaso de la Vega*, Lince: Universidad Inca Garcilaso de la Vega, 2018, p. 308. ROMEO CASABONA, El medico y el Derecho Penal, p. 357. TOMÁS-VALIENTE LANUZA, La disponibilidad de la propia vida en el derecho penal, p. 356. Em sentido similar, admitem a prática do crime de coação (*Nötigung*), previsto no § 240, StGB, apesar de reconhecerem também a existência de lacunas de punibilidade, BOCKELMANN, Strafrecht des Arztes, p. 71. KAUFMANN, Die eigenmächtige Heilbehandlung, p. 373. SCHMIDT, Der Arzt im Strafrecht, p. 110.

1379. "Art. 146. Constranger alguém, mediante violência ou grave ameaça, ou depois de lhe haver reduzido, por qualquer outro meio, a capacidade de resistência, a não fazer o que

aplicação da lei ao caso concreto. Em tese, um médico que submete um paciente a um tratamento contra a sua vontade ou sem o seu consentimento está constrangendo-o a fazer o que a lei não manda. No entanto, é possível encontrar no tipo do constrangimento ilegal alguns problemas que, ao menos numa aproximação inicial, podem acabar conduzindo a lacunas de punibilidade.

O primeiro se refere à exigência típica de *violência, grave ameaça ou redução da capacidade de resistência*. Por mais que seja possível que a conduta do médico se enquadre na hipótese de *redução da capacidade de resistência* da vítima, como ocorre quando ministra anestesia ou algum sedativo no paciente para que possa realizar a intervenção contra a sua vontade, a alternativa da *grave ameaça*, via de regra, não está presente nas intervenções médicas arbitrárias. Argumenta-se ainda que a caracterização da *violência* dependeria do emprego de força física para vencer a resistência do paciente e realizar o tratamento contra a sua vontade, o que excluiria do âmbito de proteção típica as hipóteses em que este não oferece qualquer resistência ou mesmo naquelas em que o médico simplesmente não colhe o consentimento.[1380] Diante disso, a exigência desses meios de execução do crime acabaria restringindo, para alguns, a sua abrangência a poucas situações do contexto médico.

A nosso ver, contudo, essa preocupação não é de todo verdadeira, já que o elemento típico da *violência* não pressupõe necessariamente a relutância ou resistência da vítima. O conceito de violência, na verdade, refere-se ao emprego de força destinado a superar *a eventual* resistência da vítima, que recai direta ou indiretamente sobre o seu corpo, abrangendo tanto a *vis absoluta* quanto a *vis compulsiva*. Por um lado, na *vis absoluta* o agente emprega força física para *anular completamente* a possibilidade de a vítima realizar a sua vontade, como nas hipóteses em que a segura fortemente, a algema ou simplesmente a carrega para outro lugar. Por outro lado, na *vis compulsiva* a possibilidade de a vítima atuar de acordo com a sua própria vontade é *limitada*, uma vez que a conduta coercitiva praticada contra ela produz efeitos sobre o seu corpo, por meio, por exemplo, de socos, tapas ou disparos para o alto com arma de fogo realizados pelo agente para assustá-la.[1381] O conceito de violência também abrange, como reconhece a própria

---

a lei permite, ou a fazer o que ela não manda: Pena – detenção, de três meses a um ano, ou multa."

1380. Como exemplifica MITSCH, Strafrechtlicher Schutz gegen medizinische Behandlung, p. 24. Também à luz da legislação alemã, muitos autores argumentam que, para a caracterização do crime de constrangimento ilegal (previsto no § 240, StGB), seria necessário que o paciente fosse segurado ou sedado, o que conduziria a lacunas de punibilidade. Cf. por todos KATZENMEIER, Ein Sondertatbestand der eigenmächtigen Heilbehandlung, p. 157.

1381. Frise-se, contudo, que a doutrina brasileira costuma empregar as expressões *vis absoluta* e *vis compulsiva* em sentido diverso daquele aqui utilizado, que se baseia na conotação atribuída pela doutrina alemã. Cf. por exemplo RENGIER, Strafrecht Besonderer Teil 2, § 23, Nm. 3; WESSELS; HETTINGER, Strafrecht Besonderer Teil 1, § 8, Nm. 396. Nos manuais brasileiros costuma-se empregar o termo *vis absoluta* para designar a força física

doutrina brasileira, as hipóteses em que há emprego de força em face de terceiro ou até mesmo de algum objeto – a denominada *violência mediata ou indireta*[1382] –, contanto que afete o potencial de ação da vítima. Na verdade, a vítima sequer precisa estar consciente para que sofra um constrangimento ilegal,[1383] já que é perfeitamente possível que o agente se aproveite da situação de inconsciência para praticar uma conduta que recai sobre o corpo dela, limitando, com isso, a sua liberdade de não ser submetida àquela prática.

Assim, resta claro que a violência não pressupõe a resistência da vítima, mas somente a prática de uma conduta que recai direta ou indiretamente sobre o seu corpo, limitando a sua liberdade. Por conseguinte, é possível que haja um constrangimento ilegal nos casos em que o paciente, apesar de não oferecer resistência, simplesmente não consente com a intervenção, pois o médico ainda assim estará constrangendo o sujeito a ser tratado a fazer algo que não corresponde à sua vontade, por meio de uma conduta que recai sobre o seu corpo.

Não obstante, um verdadeiro problema quanto à abrangência do constrangimento ilegal se vincula à aparente indiferença quanto aos pressupostos de validade do consentimento, já que, a princípio, critérios como o dever de esclarecimento ou a capacidade de consentir não estariam abarcados pelo tipo penal. Até porque, na perspectiva tradicional da dogmática do consentimento, como estipulada no modelo diferenciador de *Geerds*, a produção de efeitos da vontade do paciente para esse delito não pressuporia qualquer vinculação aos pressupostos de validade do consentimento e não restaria maculada nem mesmo diante de casos de erro, coação ou incapacidade.[1384] Nessas situações, haveria, de fato, uma lacuna de punibilidade.

O principal problema, no entanto, decorre da exceção legislativa consagrada no § 3º do art. 146 do CPB,[1385] que exclui as intervenções médicas não consentidas justificadas por *iminente perigo para a vida* do âmbito de proteção desse

e a expressão *vis compulsiva* para tratar da violência moral. Cf. por exemplo o tradicional HUNGRIA, Comentários ao Código Penal 6, p. 146, bem como os atuais BITENCOURT, Tratado de direito penal 2, p. 430; PRADO; CARVALHO; CARVALHO, Curso de direito penal brasileiro, p. 798.

1382. HUNGRIA, Comentários ao Código Penal 6, p. 146; PRADO; CARVALHO; CARVALHO, Curso de direito penal brasileiro, p. 798.

1383. Como esclarece *Heger*, a caracterização do constrangimento ilegal não requer necessariamente que a vítima perceba o efeito da atuação do agente em seu corpo. HEGER, Martino § 240 Nötigung. *In*: LACKNER, Karl; KÜHL, Kristian (Orgs.). *Strafgesetzbuch Kommentar*. 29. ed. München: C. H. Beck, 2018. Assim, uma pessoa totalmente embriagada ou desacordada também pode sofrer uma violência que afete o seu corpo, pois também aqui existe uma limitação da sua liberdade.

1384. Sobre o modelo diferenciador de *Geerds*, cf. item 4.2.1.

1385. "Art. 146. § 3º. Não se compreendem na disposição deste artigo:

I – a intervenção médica ou cirúrgica, sem o consentimento do paciente ou de seu representante legal, se justificada por iminente perigo de vida;

II – a coação exercida para impedir suicídio."

crime. Com base nesse dispositivo, muitos interpretam que haveria uma autorização expressa de violação da autonomia e da liberdade de autodeterminação do paciente para o "salvamento" da sua própria vida. Por mais paternalista que essa postura seja, ela é em geral chancelada pela doutrina brasileira, que atribui, como o legislador, valor intangível e absoluto à vida humana.[1386] Nesse sentido, de acordo com *Bitencourt*, comentando o caso da recusa de transfusão de sangue pelas testemunhas de Jeová, "eventual violação da liberdade de consciência ou da liberdade religiosa cede ante um bem jurídico superior que é a vida, na inevitável relação de proporcionalidade entre os bens jurídicos tutelados".[1387] Ao colocar a liberdade num plano abstratamente inferior do que a vida, olvida-se de que a verdadeira autonomia se refere ao direito de valorar livremente os seus bens, de tal maneira que a escolha do bem "preponderante" é do próprio indivíduo. Assim, impõe-se ao paciente um dever de viver, por mais que, para ele, algum outro valor – como a sua liberdade religiosa – prevaleça em relação à sua vida.

Com fundamento nessa interpretação tradicional, o crime de constrangimento ilegal acabaria protegendo, no final das contas, apenas o *paciente cuja vida não corre perigo e que recusa expressamente* a intervenção médica. Dessa forma, mostra-se insuficiente para tutelar a autodeterminação do paciente, porquanto se presta à proteção de uma constelação restrita de casos e afasta expressamente a tutela da autonomia nos casos em que há risco para a vida do paciente, deixando uma lacuna de punibilidade.

Para *Nilo Batista*, o art. 15 do Código Civil brasileiro (= CCB), que dispõe que "ninguém pode ser constrangido a submeter-se, *com risco de vida*, a tratamento médico ou a intervenção cirúrgica", teria revogado a justificante do art. 146, § 3º, I, do CPB, diante da evidente antinomia entre os dispositivos. Assim, uma intervenção sem o consentimento do paciente poderia ser justificada apenas pelo estado de necessidade – por exemplo, em casos de inconsciência. Do contrário, a intervenção não poderia ser executada contra a vontade expressamente mani-

---

1386. Nas palavras de *França*, "subordinar a licitude de um ato médico inadiável e necessário à vontade do enfermo ou de seus familiares é simplesmente transformar o médico em mero alocador de serviços. O médico, nesses casos, poderá decidir tecnicamente o que é melhor e mais razoável para seu paciente". FRANÇA, Direito médico, p. 222.

1387. BITENCOURT, Tratado de direito penal 2, p. 166. No mesmo sentido, cf. GORGA, Direito médico preventivo, p. 99. IENNACO; PIRES, Transfusão de sangue em pacientes testemunhas de Jeová: religião, ética e discurso jurídico-penal, p. 600. SIQUEIRA, Geraldo Batista de; SIQUEIRA, Marina da Silva; TORRES, Benedito Xavier, Testemunhas de Jeová: Transfusão de Sangue, Omissão de Socorro e Constrangimento Ilegal – Autorização Judicial, *Revista Magister de Direito Penal e Processual Penal,* v. 6, n. 32, 2009, p. 38. WILLEMAN, Flávio de Araújo, Recusa a tratamento de saúde com fundamento em crença religiosa e o dever do Estado de proteger a vida humana. O caso da transfusão de sangue em testemunha de Jeová, *Revista de Direito do Tribunal de Justiça do Estado do Rio de Janeiro*, n. 82, 2010, p. 74.

festada pelo paciente.[1388] Distinguir-se-ia, assim, os casos de ausência de consentimento, solucionados em geral pelo estado de necessidade, dos de negativa de consentimento,[1389] em que deveria ser respeitada a vontade do paciente. *Cirino dos Santos*, em sentido análogo, defende que esse dispositivo da lei civil consagra o paradigma do consentimento e reflete, também, na compreensão penal das intervenções cirúrgicas no Brasil.[1390]

Acontece que o risco para a vida anterior à intervenção, decorrente do estado de saúde do paciente, difere-se do risco da própria intervenção e, assim, não há uma contrariedade insuperável entre o art. 15 do CCB e o art. 146, § 3º, I, do CPB que fundamente uma eventual revogação tácita deste último. O mencionado dispositivo do CCB, na verdade, não diz muito, pois *não afasta a possibilidade de o médico realizar uma intervenção contra a vontade do paciente*, desde que o tratamento não implique um risco para a vida. Uma transfusão de sangue, por exemplo, não é, em geral, considerada uma intervenção que coloca a vida do paciente em risco acentuado e, então, no caso das testemunhas de Jeová, o Código Civil não impediria expressamente que o médico atuasse de maneira arbitrária. É possível argumentar também que, diante de um risco alto e preexistente (em razão da doença) para a vida, uma eventual intervenção arbitrária do médico poderia constituir, na verdade, uma *diminuição* desse risco. Ao fim e ao cabo, a lei civil acaba tutelando apenas as situações em que o arbítrio médico gera um incremento do risco para a vida do paciente e, assim, não traz uma solução satisfatória para o problema, além de não proteger suficientemente a autonomia do paciente.[1391]

A nosso ver, a verdadeira solução dessa controvérsia somente pode ser alcançada, de *lege lata*, com a reinterpretação do art. 146, § 3º, I, do CPB, a partir da dignidade humana e do respeito à autonomia individual, ou então por meio de sua revogação expressa. De acordo com esse dispositivo, a intervenção realizada "sem o consentimento do paciente ou de seu representante legal, se justificada por iminente perigo de vida" está excluída do âmbito do constrangimento ilegal. Com base nessa exceção legislativa, a doutrina tradicional interpreta que a iminência do perigo para a vida do paciente poderia fundamentar até mesmo uma intervenção

---

1388. BATISTA, Nilo, O novo Código Civil e Direito Penal: uma carta e onze questões, *Boletim IBCCRIM*, v. 127, 2003, p. 6. No mesmo sentido, ZAFFARONI; BATISTA; ALAGIA; SLOKAR, Direito Penal Brasileiro 2, I, p. 243.

1389. Conforme constata MINAHIM, Autonomia e frustração da tutela penal, p. 80.

1390. CIRINO DOS SANTOS, Direito Penal parte geral, p. 263.

1391. Como esclarecem *Dadalto* e *Pimentel*, esse dispositivo do CC já foi submetido a inúmeras críticas. Inclusive, por ocasião da VI Jornada de Direito Civil, do Conselho da Justiça Federal, sugeriu-se, por meio do Enunciado n. 533, a seguinte interpretação: "O paciente plenamente capaz poderá deliberar sobre todos os aspectos concernentes a tratamento médico que possa lhe causar risco de vida, seja imediato ou mediato, salvo as situações de emergência ou no curso de procedimentos médicos cirúrgicos que não possam ser interrompidos". DADALTO; PIMENTEL, Direito à recusa de tratamento, p. 165.

contrária à sua vontade, realizada a despeito da negativa de tratamento, como ocorre nos casos de recusa de transfusão de sangue por testemunhas de Jeová.

No entanto, essa interpretação tradicional não se sustenta sequer dogmaticamente. Como já mencionamos, há na doutrina certa controvérsia acerca da compreensão dogmática dessa hipótese, possivelmente fundamentada no exercício regular de um direito, no cumprimento de um dever do médico ou, então, no estado de necessidade. No entanto, não é possível justificar tal conduta com amparo no estado de necessidade, haja vista que, como vimos, essa causa de justificação não se destina à solução de conflitos entre interesses intrapessoais. Uma ponderação deste jaez seria essencialmente paternalista, pois daria ao "salvador" do bem jurídico a prerrogativa de escolher, de acordo com seus próprios valores ou mesmo de acordo com valores previamente fixados – mas externos ao paciente –, qual interesse seria preponderante.[1392] Também não é possível sustentar a existência de um dever legal do médico de atuar, pois a lei não impõe um mandamento ao médico – ela não o obriga a atuar nesses casos –, mas apenas busca legitimar a conduta daquele que optou por intervir. Ademais, adotar aqui a tese do exercício regular de direito resultaria em consequências paternalistas ilegítimas, como já demonstrado.[1393]

Na verdade, essa interpretação não apenas viola diretamente a autonomia e a dignidade do paciente, sendo incompatível com os parâmetros fixados pela Constituição brasileira, como também sequer pode ser depreendida de uma leitura mais precisa do dispositivo em questão. De fato, o § 3º, I, do art. 146 *em nenhum momento autoriza a realização de intervenções contrárias à vontade do paciente*, mas somente *sem o seu consentimento*. Num paradigma de respeito à autonomia, a execução da intervenção a despeito da ausência de consentimento somente pode produzir efeitos legitimantes nas situações em que, em razão da urgência do tratamento, não é possível colher o consentimento válido do paciente sem que isso implique danos.

Percebe-se, portanto, que, à luz de uma interpretação mais adequada desse dispositivo (especificamente da expressão "sem o seu consentimento"), a *regra* é que o consentimento válido do paciente deve ser colhido para que a conduta do médico não configure um constrangimento ilegal, e ela somente poderá ser *excetuada* – autorizando-se intervenções sem consentimento – quando houver uma situação de urgência, na qual o risco para a vida do paciente impossibilite o médico de obter a sua anuência.[1394] Essas são situações justificadas pelo *consen-*

1392. Mais esclarecimentos sobre essa controvérsia podem ser encontrados no item 4.5.2.

1393. Cf. Item 3.2.

1394. Em sentido similar, cf. AZEVEDO, Autonomia do paciente e direito de escolha de tratamento médico sem transfusão de sangue, p. 297. CARVALHO, Autonomia do paciente e decisões ao final da vida, p. 170. MARINHO, Princípio da autorresponsabilidade no direito penal, p. 90. Para *Barroso*, deve-se realizar uma interpretação desse dispositivo conforme a

timento presumido do paciente.[1395] O § 3º, I, do art. 146, portanto, não legitima intervenções forçadas e arbitrárias, executadas quando há uma recusa expressa de tratamento, já que elas são realizadas não apenas sem o consentimento, mas na verdade contra a vontade do paciente, o que não é expressamente excetuado pelo dispositivo.

Há que frisar, ademais, que esse parágrafo foi inserido na nossa legislação com o Código Penal de 1940, e, ainda que uma interpretação com viés paternalista fizesse algum sentido nos anos que sucederam sua promulgação, ela não é compatível com nosso modelo constitucional atual, especialmente após o advento da Constituição de 1988.[1396] Além disso, durante esse tempo não apenas a Constituição e a sociedade, mas também a própria relação médico-paciente passou por profundas modificações, acentuando-se o valor representado pela autonomia individual, o que reforça as críticas atribuídas à interpretação tradicional.

Não obstante, mesmo que a interpretação aqui defendida seja perfeitamente possível, acreditamos que esse dispositivo pode gerar muitos problemas, principalmente em razão do evidente apego à interpretação tradicional, ainda arraigada em nossa doutrina. Mais adequada seria, portanto, a revogação do § 3º do art. 146, do CPB, porquanto isso evitaria equívocos interpretativos e abriria espaço para a consideração de que as intervenções arbitrárias se vinculam muito mais ao delito de lesões corporais do que ao de constrangimento ilegal.

Alternativamente, pode-se pugnar, ao menos, pela modificação desse dispositivo, para que estabeleça com nitidez a ilegitimidade da realização de tratamentos contra a vontade do paciente, em respeito ao seu direito à autodeterminação. Nesse sentido, o PLS 236/2012, que visa à reforma do Código Penal brasileiro, traz uma proposta para a modificação desse parágrafo, que passaria a dispor, no § 3º, I, do art. 145, que o crime de constrangimento ilegal não abrange "a intervenção médica ou cirúrgica, sem o consentimento do paciente ou de seu representante legal, e justificada por iminente perigo de vida, *exceto se, maior de idade e capaz,*

Constituição, "limitando sua aplicação aos casos em que, havendo iminente risco de vida, não seja possível a obtenção do consentimento". BARROSO, Legitimidade da recusa de transfusão de sangue por testemunhas de Jeová, p. 377.

1395. Cf. item 4.5.

1396. Diante da incompatibilidade da interpretação tradicional com os preceitos constitucionais, seria também possível argumentar que esse dispositivo não teria sido *in totum* recepcionado pela CR/1988. No entanto, para que essa tese fosse efetivamente reconhecida e produzisse efeitos em casos concretos, dever-se-ia ter cuidado com a necessidade de observância do princípio da legalidade. Não seria possível, por exemplo, que um juiz reconhecesse tal inconstitucionalidade a nível de controle concreto e com efeito *inter partes*, eis que essa seria uma postura que aumenta o poder punitivo e que, portanto, depende de uma revogação expressa do dispositivo por meio de lei ou de uma decisão tomada em controle de constitucionalidade, necessariamente com efeitos *erga omnes* e *ex nunc*. Assim, apenas a efetiva supressão do texto poderia atribuir segurança jurídica e produzir efeitos para os casos vindouros.

o paciente puder manifestar sua vontade de não se submeter ao tratamento".[1397] É possível notar que essa proposta parte da interpretação tradicional, pois concebe a recusa de tratamento como uma *exceção da exceção*, compreendendo, portanto, que *estaria in thesi* abrangida pela concepção de "intervenção sem consentimento". Não obstante, apesar de não dispor da melhor redação, tal alteração legislativa já constituiria um primeiro passo para o reconhecimento expresso, no âmbito penal, do direito à autodeterminação dos pacientes.

Por fim, ainda que se adote a interpretação aqui defendida, temos que reconhecer que o alcance do constrangimento ilegal pode ser um pouco mais restrito do que o da lesão corporal. Não obstante, é importante que se defina a correta interpretação do § 3º, justamente para que esse dispositivo não seja utilizado como argumento para o afastamento até mesmo do crime de lesão corporal nessas hipóteses. De qualquer forma, nas situações em que a conduta do médico constituir tanto uma lesão corporal quanto um constrangimento ilegal, há que se recorrer às regras do concurso de normas para o adequado tratamento do caso.[1398]

5.2.1.3 O tipo penal especial referente às intervenções médicas arbitrárias

As inseguranças decorrentes da controvérsia doutrinária referente ao tratamento das intervenções médicas arbitrárias fizeram surgir em diferentes países europeus a proposta de criação de um tipo penal especial que tutelasse expressamente o direito à autodeterminação do paciente e disciplinasse com maiores detalhes os limites da conduta médica punível. As principais propostas de criação desse tipo específico foram originadas e muito debatidas na Alemanha, onde por

---

1397. BRASIL. Senado Federal. *Projeto de Lei do Senado n. 236, de 2012*, institui o novo Código Penal. Disponível em: <https://www25.senado.leg.br/web/atividade/materias/-/materia/106404>. Acesso em: 25 jan. 2019. De acordo com a Recomendação n. 1/2016 do CFM, essa proposta foi inserida no projeto atendendo a um pedido das testemunhas de Jeová, para que a lei penal deixasse evidente o seu direito de recusar transfusões de sangue. Cf. CONSELHO FEDERAL DE MEDICINA, Recomendação n. 1/2016, p. 22.

1398. Sobre o concurso de normas, cf. HORTA, Frederico Gomes de Almeida. *Do concurso aparente de normas penais*. Rio de Janeiro: Lumen Juris, 2007. Acreditamos que essas hipóteses são melhor solucionadas por meio da aplicação das regras de *concurso de normas*, permitindo a punição de apenas um dos crimes – no caso, da lesão corporal, que, na compreensão aqui desenvolvida, possui um âmbito de injusto que também abrange o conteúdo do constrangimento ilegal. Se a solução concreta se dará pela aplicação da regra da consunção ou da especialidade, não nos cabe aqui debater, por fugir ao escopo do trabalho. Há que frisar que o § 2º do art. 146 do CPB, ao estipular que "além das penas cominadas, aplicam-se as correspondentes à violência", trata de situações diferentes daquelas que aqui discutimos, pois permite a aplicação das regras do *concurso de crimes* nas hipóteses em que a violência concretamente aplicada é um meio para a consecução do constrangimento ilegal. Os casos aqui tratados, por sua vez, são caracterizados por uma interferência não consentida na esfera corporal do paciente e, com isso, a ofensa à integridade corporal prevalece em relação ao constrangimento ilegal, de sorte que o crime previsto no art. 146 resta abarcado pelo injusto do art. 129, ambos do CPB.

quase 100 anos compuseram diversos movimentos de reforma.[1399] Em especial os autores que criticam a posição jurisprudencial e afastam a possibilidade de adequação das intervenções arbitrárias ao crime de lesão corporal pleiteiam uma solução a nível legislativo.[1400]

Já no projeto de 1911 (§ 279), *Kahl*, *v. Lilienthal*, *v. Liszt* e *Goldschmidt* propuseram a tipificação das intervenções arbitrárias. Posteriormente, também nos projetos da pequena comissão de direito penal de 1919 (§ 313), do Conselho Imperial (*Reichsrat*) de 1927 (§ 281) e do Código Penal alemão de 1936 (§§ 419 e 431), previam-se dispositivos que visavam a delimitar o problema das intervenções médicas. A discussão encontrou seu auge muito provavelmente com o advento do projeto de Código Penal de 1962 e do Projeto Alternativo, de 1970. No Projeto de 1962, o § 161 excluía as intervenções médicas curativas da circunscrição do tipo de lesão corporal, ao passo que o § 162 consagrava o delito de "tratamentos arbitrários para fins curativos". No Projeto Alternativo, esse mesmo delito estava previsto no § 123, com a diferença de que a configuração do crime exigia a execução da intervenção de acordo com a *lege artis* (ou que ao menos o médico acreditasse estar atuando dentro dos padrões da medicina). Caso contrário, deveria o médico responder por lesões corporais ou homicídio.

A última tentativa de tipificar as intervenções arbitrárias se deu em 1996, com o 6º Projeto de Reforma do Direito Penal, que consagrava no § 229 o tipo de intervenções curativas arbitrárias e disciplinava, no § 230, os casos de erro médico.[1401] Nenhuma dessas propostas, no entanto, foi efetivamente implemen-

---

1399. Sobre os projetos de reforma e criminalização dos tratamentos arbitrários na Alemanha, cf. sobretudo KRÖGER, Tina Marie. *Die Rechtfertigung des ärztlichen Heileingriff sowie die juristische Bewertung sonstiger ärztlicher Behandlungsmaßnahmeno* Georg-August Universität zu Göttingen, Göttingen, 2004, p. 85 e ss. RIEDELMEIER, Ärztlicher Heileingriff und allgemeiner Strafrechtsdogmatik, p. 20 e ss.

1400. São a favor da proposta, dentre tantos outros autores, ESER, Medizin und Strafrecht: Eine schutzgutorientierte Problemübersicht, p. 19. GRÜNWALD, Die Aufklärungspflicht des Arztes, p. 9. JESCHECK; WEIGEND, Lehrbuch des Strafrechts, p. 379. KAUFMANN, Die eigenmächtige Heilbehandlung, p. 374. KATZENMEIER, Ein Sondertatbestand der eigenmächtigen Heilbehandlung, p. 156 e ss. SCHMIDT, Empfiehlt es sich, dass der Gesetzgeber die Fragen der aïztlichen Aufklaïungspflicht regelt?, p. 22. SCHREIBER, Hans-Ludwig, Zur Reform des Arztstrafrechts, *in*: *FS-Hirsch*, Berlin: Walter de Gruyter, 1999, p. 713-724. ULSENHEIMER, § 138 Die strafrechtliche Beurteilung ärztlicher Heilbehandlung (ärztlicher Eigenmacht), Nm. 12-15 (p. 1575). ZIPF, Heinz, Probleme eines Straftatbestandes der eigenmächtigen Heilbehandlung (dargestellt an Hand von § 110 öStGB), *in*: *FS-Bockelmann*, München: C. H. Beck'sche Verlagsbuchhandlung, 1979, p. 589. No contexto da legislação espanhola, *Rodríguez Vázquez* também sugere a criação desse tipo penal. RODRÍGUEZ VÁZQUEZ, El delito de tratamiento médico arbitrario, p. 50 e ss.

1401. A respeito desse projeto, cf. CRAMER, Peter, Ein Sonderstraftatbestand für die eigenmächtige Heilbehandlung: Einige Bemerkungen zu §§ 229, 230 des Entwurfs eines 6. Gesetzes zur Reform des Strafrechts (6. StrRG), *in*: *FS-Lenckner*, München: C. H. Beck'sche Verlagsbuchhandlung, 1998, p. 761 e ss. KATZENMEIER, Ein Sondertatbestand der eigenmächtigen Heilbehandlung, p. 156 e ss. SCHROEDER, Friedrich-Christiano *Besondere*

tada pelos legisladores alemães. Especialmente no que se refere ao 6º Projeto, o legislador deixou de consagrar expressamente esses tipos penais por compreender que o direito à autodeterminação já estava suficientemente protegido pelo crime de lesão corporal.[1402] Não obstante, a recorrência com a qual essa proposta foi inserida nos projetos de reforma evidencia que, em especial do ponto de vista da ciência, as intervenções médicas arbitrárias são consideradas penalmente relevantes, sendo o direito à autodeterminação do paciente passível de tutela penal específica.

O intenso debate alemão sobre o tema certamente influenciou outros países europeus, contribuindo para a inserção desse tipo penal nas legislações portuguesa e austríaca. O Código Penal português possui uma das regulamentações mais detalhadas sobre a responsabilidade penal médica. Partindo de uma necessidade político-criminal, o delito de *intervenções e tratamentos medico-cirúrgicos arbitrários* foi inserido no capítulo dos crimes contra a liberdade pessoal, especificamente no artigo 156º do CP, que prevê uma pena de até 3 anos ou multa para o médico que realiza um tratamento sem o consentimento do paciente.[1403] Esse é, portanto, um crime que afronta a liberdade do paciente, cuja tipicidade só é afastada pelo consentimento (ou "acordo") do paciente.[1404]

Frise-se também que, em Portugal, as intervenções médicas curativas não se amoldam, via de regra, ao tipo de lesões corporais, por expressa determinação legal (art. 150º, CP português[1405]), ao contrário do que ocorre com as intervenções não

---

Strafvorschriften gegen Eingenmächtige und Fehlerhafte Heilbehandlung? Passau: Wissenschaftsverlag Richard Rothe, 1998, p. 9 e ss.

1402. SCHROTH, Das Rechtsgut der Körperverletzungsdelikte und seine Verletzung, p. 122.

1403. "Artigo 156º 1 – As pessoas indicadas no artigo 150.º que, em vista das finalidades nele apontadas, realizarem intervenções ou tratamentos sem consentimento do paciente são punidas com pena de prisão até 3 anos ou com pena de multa. 2 – O facto não é punível quando o consentimento: a) Só puder ser obtido com adiamento que implique perigo para a vida ou perigo grave para o corpo ou para a saúde; ou b) Tiver sido dado para certa intervenção ou tratamento, tendo vindo a realizar-se outro diferente por se ter revelado imposto pelo estado dos conhecimentos e da experiência da medicina como meio para evitar um perigo para a vida, o corpo ou a saúde; e não se verificarem circunstâncias que permitam concluir com segurança que o consentimento seria recusado. 3 – Se, por negligência grosseira, o agente representar falsamente os pressupostos do consentimento, é punido com pena de prisão até 6 meses ou com pena de multa até 60 dias. 4 – O procedimento criminal depende de queixa".

1404. FIGUEIREDO DIAS, Direito Penal, p. 476. RAPOSO, Vera Lúcia, Do regime das intervenções médico-cirúrgicas arbitrárias no Código Penal Português, *Revista Peruana de Ciencias Penales*, v. 26, 2013, p. 321.

1405. "Artigo 150º 1 – As intervenções e os tratamentos que, segundo o estado dos conhecimentos e da experiência da medicina, se mostrarem indicados e forem levados a cabo, de acordo com as *leges artis*, por um médico ou por outra pessoa legalmente autorizada, com intenção de prevenir, diagnosticar, debelar ou minorar doença, sofrimento, lesão ou fadiga corporal, ou perturbação mental, não se consideram ofensa à integridade física."

curativas.[1406] Isso, para alguns, é sensivelmente controverso, já que, por exemplo, "a amputação, sem consentimento, da perna do melhor futebolista do mundo ou de uma mão da melhor pianista"[1407] nunca constituiria uma lesão corporal.

Também na Áustria, o crime de tratamento curativo arbitrário (*eigenmächtige Heilbehandlung*) está previsto no § 110 do Código Penal (österreichisches *Strafgesetzbuch* [= öStGB]).[1408] Apesar de a denominação sugerir que o crime se refere apenas aos tratamentos curativos, o tipo penal concreto utiliza, na verdade, uma abordagem mais ampla, não especificando as modalidades de intervenção que seriam abrangidas. Assim, de acordo com a doutrina, também as intervenções não curativas, como cirurgias estéticas ou transplantes (da perspectiva do doador), seriam tuteladas por esse crime.[1409] Além disso, a conduta do médico também pode eventualmente se amoldar ao tipo penal da lesão corporal culposa (§ 88 öStGB) que, no entanto, afasta a punibilidade daquele que, não tendo cometido uma imprudência grave, provoca a lesão corporal no exercício de uma profissão de saúde regulamentada por lei.

É inegável que uma intervenção arbitrária afeta diretamente a liberdade e o direito à autodeterminação do paciente. No entanto, como vimos, tendo como parâmetro a legislação brasileira, mesmo com a revogação do § 3º do art. 146 do CPB (ou com a uma interpretação mais adequada do seu conteúdo), as demais lacunas mencionadas permanecem. Outra hipótese específica acaba não sendo abrangida pelos tipos de lesão corporal e de constrangimento ilegal: a das chamadas *intervenções informacionais*. Assim, as situações em que o vínculo do paciente com o médico se limita ao diagnóstico ou ao fornecimento de informações somente podem ser disciplinadas por um tipo penal específico.

1406. RAPOSO, Do regime das intervenções médico-cirúrgicas arbitrárias no Código Penal Português, p. 323-324.

1407. FIGUEIREDO DIAS, Direito Penal, p. 477.

1408. "§ 110 (1) Quem tratar uma outra pessoa sem o seu consentimento, mesmo que seguindo as regras da ciência médica, é punível com pena privativa de liberdade de até 6 meses ou multa até 360 dias-multa. (2) Se o autor não tiver colhido o consentimento da pessoa tratada, por considerar que o adiamento da intervenção colocaria a sua vida ou a sua saúde seriamente em perigo, ele só é punível nos termos do par. 1 se o alegado perigo não tiver ocorrido e ele pudesse ter sido conhecido diante da observância dos cuidados necessários (§ 6) (3) O autor somente pode ser processado mediante representação da pessoa tratada". No original: "§ 110 (1) Wer einen anderen ohne dessen Einwilligung, wenn auch nach den Regeln der medizinischen Wissenschaft, behandelt, ist mit Freiheitsstrafe bis zu sechs Monaten oder mit Geldstrafe bis zu 360 Tagessätzen zu bestrafeno (2) Hat der Täter die Einwilligung des Behandelten in der Annahme nicht eingeholt, daß durch den Aufschub der Behandlung das Leben oder die Gesundheit des Behandelten ernstlich gefährdet wäre, so ist er nach Abs. 1 nur zu bestrafen, wenn die vermeintliche Gefahr nicht bestanden hat und er sich dessen bei Aufwendung der nötigen Sorgfalt (§ 6) hätte bewußt sein könneno (3) Der Täter ist nur auf Verlangen des eigenmächtig Behandelten zu verfolgen.

1409. SCHREIBER, Zur Reform des Arztstrafrechts, p. 581. KIENAPFEL, Diethelm. *Grundriß des österreichischen Strafrechts*: Besonderer Teil (Delikte gegen Persönlichkeitswerte). Wien: Manzsche Verlags- und Universitätsbuchhandlung, 1978, p. 148.

Por mais que o tipo de lesões corporais, na nossa concepção, forneça substrato para a punição do médico que intervém contra a vontade ou sem o consentimento do paciente, reconhecemos que uma delimitação específica de todas as nuances referentes ao problema das intervenções médicas é desejável e que um tipo penal autônomo pode trazer mais segurança jurídica e previsibilidade, tanto para os médicos quanto para os pacientes, além de encerrar a polêmica sobre o amoldamento típico dessas intervenções. Outra vantagem, também, decorre da possibilidade de adequar a pena, nesse tipo autônomo, às peculiaridades dessa constelação específica, dando respostas penais diferentes a injustos de dimensões diversas: seria possível, por exemplo, diferenciar os casos de intervenções arbitrárias realizadas com o uso de força ou sedação daquelas baseadas num consentimento inválido, maculado por vícios leves de esclarecimento.

Desse modo, considerando a necessidade político-criminal de tutela penal específica da *integridade física*, em especial no que se refere ao *direito à autodeterminação dos pacientes*, acreditamos que a proposta de *lege ferenda* de criminalização das *intervenções e tratamentos médico-cirúrgicos arbitrários*, a exemplo das legislações portuguesa e austríaca, seria a melhor solução para o tratamento desses casos.[1410] A nosso ver, por mais que esse crime seja compreendido na maioria das vezes como um delito contra a liberdade, mais correto seria concebê-lo, na verdade, como um tipo especial de lesão corporal, haja vista a inafastável afetação da integridade física do paciente.[1411] Além disso, partindo das nossas constatações anteriores, esse tipo penal deveria abranger todas as espécies de intervenções médicas, e não apenas as curativas, enfatizando-se, em qualquer caso, a vontade do paciente de se submeter a ela.

5.2.2 Recusa de tratamento e a (não) punibilidade da omissão do médico que respeita a vontade do paciente

A análise dogmática da omissão do médico pode, no plano hipotético, conduzir a três diferentes cenários: se, preenchidos os demais pressupostos, o médico ocupa a posição de garante, sua omissão pode ser punível como *homicídio (ou lesão corporal) por omissão imprópria*; caso contrário, pode ele ainda responder por *omissão de socorro*; por fim, a não realização de um tratamento essencial para o salvamento da vida do paciente pode, a depender do caso, constituir um fato *atípico,* caso não estejam preenchidos os pressupostos da punição da omissão, tanto própria como imprópria. De acordo com a tese aqui defendida, os casos de recusa de tratamento médico se adequam ao último dos três cenários,

---

1410. Para uma análise da legislação de diferentes países europeus sobre o assunto. Cf. ESER, Albin, Zur Regelung der Heilbehandlung in rechtsvergleichender Perspektive, *in*: *FS-Hirsch*, Berlin: Walter de Gruyter, 1999, p. 465-483.

1411. Como ressalta Puppe, à luz das propostas de modificação da lei alemã. PUPPE, Die strafrechtliche Verantwortlichkeit des Arztes, p. 765.

não sendo, portanto, possível punir o médico que respeita a vontade do paciente, independentemente da possível consequência da ausência de tratamento. Essa concepção se diferencia substancialmente do modelo tradicional, que, além de justificar uma eventual atuação arbitrária do médico, também lhe impõe um dever de tratar e de salvar a vida do paciente, ainda que contra a sua vontade, conduzindo, assim, a conclusões de paternalismo rígido.

5.2.2.1 Alguns esclarecimentos preliminares: delimitações conceituais e dogmáticas sobre a eutanásia e a participação em suicídio no direito penal

Como já explicitado, o aumento do poder de controle da medicina sobre a vida e, com o avanço tecnológico, a crescente possibilidade de se prolongar quase que indefinidamente o seu fim, são fatores que contribuíram para a crise da ética hipocrática e para a exponencial valorização do direito à autodeterminação dos pacientes. Diante desse contexto, emergem também diferentes situações limítrofes conflituosas, em que se questiona, a partir da adoção do paradigma da autonomia, a punibilidade da conduta do médico que, de alguma forma, auxilia o paciente à consecução da morte desejada ou deixa de proceder a uma intervenção que evitaria a concretização do resultado fatal. Situações como o uso de medicamentos que diminuem a dor, mas encurtam a vida, a interrupção de tratamentos de manutenção da vida, bem como a recusa de tratamentos vitais, aqui discutida, desafiam a dogmática penal e a tradicional concepção de que este seria um bem jurídico indisponível.[1412] Destarte, antes de adentrarmos a análise dogmática da omissão do médico que respeita uma recusa de tratamento, há de se traçar alguns esclarecimentos preliminares, delimitando-se concretamente os critérios que diferenciam, em especial, a eutanásia e a participação em suicídio.

A começar pela *eutanásia*, é muito comum que se a defina a partir de sua origem etimológica.[1413] Esse vocábulo, derivado do grego *eu* (bom) e *thanatos* (morte), significa "morte boa" e refere-se, assim, à morte indolor, sem sofrimento, noção que se vincula originalmente ao tratamento de pacientes em estado terminal, embora assuma atualmente, para alguns, contornos mais amplos.[1414] A *eutanásia* pode ser concebida, portanto, como o auxílio à morte realizado a pedido de um paciente ou levando em consideração a sua vontade presumida e orientado

---

1412. Cf. item 4.4.1.

1413. Como também constata CARVALHO, Suicidio, eutanasia y Derecho penal, p. 268. Há autores, contudo, que preferem utilizar outras expressões para tratar desse tema, em razão de algumas confusões que podem decorrer do seu emprego, como a alusão ao programa nazista de eutanásia – em que se visava a eliminação de "vidas indignas de serem vividas" – ou até mesmo sua conotação polêmica. Nesse sentido, *Figueiredo Dias* prefere tratar desses problemas como formas de "ajuda à morte". FIGUEIREDO DIAS, Jorge de, A "ajuda médica à morte": uma consideração jurídico-penal, *RBCCrim*, v. 21, n. 100, 2013, p. 19 e ss.

1414. CARVALHO, Aspectos jurídico-penais da eutanásia, p. 17.

pela sua concepção individual de dignidade humana.[1415] Em seu *sentido estrito*, essa concepção se refere a situações de terminalidade, em que o auxílio é prestado após ou na iminência do início do processo de morte; já em seu *sentido amplo*, pode abranger também as situações em que o paciente ainda possui condições de viver por mais tempo, mas não deseja – real ou presumidamente – continuar vivendo.[1416]

A ideia de eutanásia se vincula usualmente à contribuição ativa para a morte do paciente, ou seja, às hipóteses em que o médico atua para provocar ou acelerar o processo de morte, referindo-se, assim, a uma conduta comissiva.[1417] Para além da eutanásia ativa *direta*, que ocorre nos casos em que a atuação do médico se dirige especificamente à provocação da morte, alguns autores aludem também à eutanásia ativa *indireta*, que se refere às situações em que a execução de medidas que visam à diminuição ou alívio da dor, como a aplicação de morfina, acaba por antecipar a consecução da morte.[1418]

Não obstante, muitos reconhecem também uma modalidade omissiva de eutanásia. Como a manutenção da vida, em muitos casos, deixa de ser algo eminentemente natural, seu potencial artificial pode nem sempre ser desejado por todo e qualquer paciente. Certo é que a longevidade obtida por meio de tratamentos médicos não garante a futura qualidade de vida do paciente, que muitas vezes pode preferir abreviar o sofrimento a submeter-se a determinados tratamentos.

Diante dessas situações, ocorre a *eutanásia passiva* (também chamada de *ortotanásia*) quando o tratamento é interrompido[1419] ou sequer é iniciado com o

---

1415. ROXIN, Claus, Zur strafrechtlichen Beurteilung der Sterbehilfe, *in*: ROXIN, Claus; SCHROTH, Ulrich (Orgs.), *Handbuch des Medizinstrafrechts*, 4. ed. Stuttgart: Richard Boorberg Verlag, 2010, p. 83 (traduzido para o português, na versão da 1ª edição, em A apreciação jurídico-penal da eutanásia, *RBCCrim*, v. 8, n. 32, p. 9-38, 2000.).

1416. Similarmente, ROXIN, Claus, Zur strafrechtlichen Beurteilung der Sterbehilfe, p. 83.

1417. Para *Barroso* e *Martel*, a noção mais atual da eutanásia se vincula apenas a essa concepção, referindo-se à "forma ativa aplicada por médicos a doentes terminais cuja morte é inevitável em um curto lapso". BARROSO; MARTEL, A morte como ela é, p. 72.

1418. CARVALHO, Suicidio, eutanasia y Derecho penal, p. 268.

1419. A interrupção de tratamento (*Behandlungsabbruch*) é tratada pela doutrina majoritária alemã como uma *omissão*, considerando que se deixa de realizar ulteriores medidas médicas destinadas à manutenção da vida (ou da saúde) do paciente. É o que ocorre, por exemplo, quando o médico desliga os aparelhos que possibilitam a nutrição artificial de um paciente em estado terminal. No entanto, há na doutrina uma controvérsia sobre se o desligamento de aparelhos constituiria uma ação ou uma omissão, já que, antes de se omitir na continuidade do tratamento, deve o médico praticar uma conduta ativa ao pressionar o botão capaz de efetivamente interromper o funcionamento da máquina. No entanto, como frisa *Roxin*, esses casos se referem a uma omissão, pois o *significado social* dessa conduta vincula-se à suspensão do tratamento. ROXIN, Zur strafrechtlichen Beurteilung der Sterbehilfe, p. 95. No mesmo sentido, FIGUEIREDO DIAS, A "ajuda médica à morte", p. 25. FERREIRA DA CUNHA, Maria da Conceição, Das omissões lícitas no exercício da medicina, *in*: FARIA COSTA, José de; GODINHO, Inês Fernandes (Orgs.), *As novas*

objetivo de evitar o sofrimento do paciente, considerando a impossibilidade de efetivamente alcançar a cura da enfermidade. Trata-se, assim, de situações em que o médico se omite e deixa de realizar medidas extraordinárias e prolongadoras de uma vida que já se aproxima do fim, permitindo, portanto, "que a morte siga seu curso natural".[1420] Em muitos desses casos referentes a pacientes em fim de vida é também relevante a realização dos chamados *cuidados paliativos*, que se destinam ao alívio da dor e do sofrimento físico e psíquico do paciente durante o processo da morte.[1421] Essas medidas são essenciais para proporcionar ao paciente uma morte digna, mas podem, em alguns casos, constituir também uma eutanásia indireta.[1422]

Há que frisar, contudo, que a *recusa de tratamento médico* nem sempre constituirá ortotanásia. Como corretamente frisa *Carvalho*, "não se deve confundir a eutanásia passiva com as omissões de tratamentos médicos vitais, que se caracterizam pela recusa deliberada do paciente a submeter-se aos cuidados médicos imprescindíveis para sua saúde".[1423] Na verdade, a recusa de tratamento por um paciente pode ser *ampla*, quando feita por pacientes que ainda possuem condições de recuperar a sua saúde, ou *estrita*, nos casos de pacientes que, a despeito da intervenção, muito provavelmente não recuperariam a sua saúde. Apenas esta última, também chamada de *limitação consentida de tratamento*[1424] ou *suspensão de esforço terapêutico*, da qual fazem parte a retirada de suporte vital, a não-oferta de suporte vital e as ordens de não-ressuscitação ou de não reanimação (ONR),[1425] pode ser concebida como ortotanásia. Essa diferenciação se deve ao fato de que

---

questões em torno da vida e da morte em direito penal, Coimbra: Coimbra Editora, 2010, p. 86-87. Em sentido contrário, JESCHECK; WEIGEND, Lehrbuch des Strafrechts, p. 604. Sobre a distinção entre ação e omissão, cf. D'AVILA, Fabio Roberto. *Ofensividade e crimes omissivos próprios:* contributo à compreensão do crime como ofensa ao bem jurídico. Coimbra: Coimbra Editora, 2005, p. 202 e ss.

1420. CARVALHO, Autonomia do paciente e decisões ao final da vida, p. 166.

1421. BARROSO; MARTEL, A morte como ela é, p. 73.

1422. É também possível, contudo, que o médico atue no sentido oposto ao da ortotanásia, o que constitui a *distanásia*. Nessas hipóteses, o médico emprega todos os possíveis recursos médicos ordinários e extraordinários com o objetivo de retardar ao máximo o processo da morte, mesmo que isso venha a causar sofrimento ao paciente. Dessa forma, a distanásia se vincula comumente à noção de *tratamento fútil* – caracterizado pelo emprego de medidas desproporcionais e capazes apenas de prolongar a vida, mas não de curar –, bem como à concepção de *obstinação terapêutica*, que se refere à busca desmedida pelo prolongamento da vida, que desconsidera a dor e a angústia que isso gera para o paciente. BARROSO; MARTEL, A morte como ela é, p. 73.

1423. CARVALHO, Autonomia do paciente e decisões ao final da vida, p. 166.

1424. Na Alemanha, há quem argumente que o termo "eutanásia passiva" é, na verdade, muito limitado, e que deveria ser substituído, por exemplo, por "limitação de tratamento" (*Behandlungsbegrenzung*). Cf., a respeito dessa controvérsia, ROXIN, Zur strafrechtlichen Beurteilung der Sterbehilfe, p. 92 (nota 31) e 95.

1425. BARROSO; MARTEL, A morte como ela é, p. 74.

a recusa estrita é comumente mais aceita na bioética, ao passo que a admissibilidade da recusa ampla é, ainda, controversa.

A análise da punibilidade dessas condutas remete, no Brasil, ao crime de *homicídio*, previsto no art. 121 do CPB, haja vista a inexistência de um tipo penal específico que trate dessas situações.[1426] Esse tratamento genérico dos problemas existenciais, na verdade, deixa várias questões em aberto. No entanto, ainda que a vida do paciente esteja muito próxima do fim, considera-se que a execução de qualquer ato que tenha por finalidade a diminuição do tempo de vida pode caracterizar um homicídio. Para a doutrina brasileira, portanto, a prática da eutanásia ativa direta, também chamada de homicídio piedoso, amolda-se *prima facie* à conduta genérica de "matar alguém",[1427] podendo o atendimento à vontade do paciente ou a compaixão pelo seu sofrimento constituir, no máximo, uma causa de diminuição de pena referente ao motivo de relevante valor moral (§ 1º do art. 121, CPB).[1428] Há que frisar, no entanto, que o desligamento de aparelhos destinados à manutenção artificial da vida de um paciente diagnosticado com morte encefálica não é considerado uma conduta eutanásica, porquanto nesses casos o paciente já se encontra clinicamente morto.

No que se refere à eutanásia ativa indireta, apesar de haver controvérsias quanto ao seu fundamento, considera-se que a conduta do médico que executa medidas para aliviar a dor é, via de regra, lícita, ainda que enseje a diminuição do tempo de vida do paciente.[1429] Já a eventual punição da eutanásia passiva ou da omissão do médico que respeita uma recusa de tratamento dependerá do preenchimento, no caso concreto, dos pressupostos da omissão imprópria (art. 13, § 2º do

---

1426. No projeto do novo Código Penal brasileiro (o PLS 236), foi inserido um dispositivo que visa a disciplinar com maiores detalhes a punibilidade da eutanásia: "Art. 122. Matar, por piedade ou compaixão, paciente em estado terminal, imputável e maior, a seu pedido, para abreviar-lhe sofrimento físico insuportável em razão de doença grave: Pena – prisão, de dois a quatro anos.

§ 1º O juiz deixará de aplicar a pena avaliando as circunstâncias do caso, bem como a relação de parentesco ou estreitos laços de afeição do agente com a vítima.

Exclusão de ilicitude

§ 2º Não há crime quando o agente deixa de fazer uso de meios artificiais para manter a vida do paciente em caso de doença grave irreversível, e desde que essa circunstância esteja previamente atestada por dois médicos e haja consentimento do paciente, ou, na sua impossibilidade, de ascendente, descendente, cônjuge, companheiro ou irmão."

1427. CARVALHO, Aspectos jurídico-penais da eutanásia, p. 158.

1428. Cf. por todos BITENCOURT, Tratado de direito penal 2, p. 77.

1429. Para *Carvalho*, essas condutas são atípicas por inexistir dolo. CARVALHO, Aspectos jurídico-penais da eutanásia, p. 157. Não obstante, como esclarece *Rengier*, é possível encontrar diferentes posturas que visam a solucionar esse problema, seja com base no consentimento real ou presumido do paciente, nos critérios de imputação ou até mesmo no estado de necessidade. RENGIER, Strafrecht Besonderer Teil 2, § 7, Nm. 3-4 (p. 60). A esse respeito, cf. também FIGUEIREDO DIAS, A "ajuda médica à morte", p. 32 e ss.

CPB),[1430] para que seja possível imputar o crime de homicídio, ou dos requisitos da omissão de socorro (art. 135, CPB), aos quais nos voltaremos adiante mais detidamente.[1431]

Além disso, o auxílio à consecução da morte de um paciente pode configurar, também, uma participação em suicídio. O suicídio é uma conduta não se amolda a qualquer tipo penal e que, portanto, não é proibida pelo nosso ordenamento jurídico.[1432] Considerando que o suicida é o verdadeiro *autor* do ato fatal, a *participação* nesses casos seria a princípio impunível, pois, partindo-se da *teoria da acessoriedade limitada*, adotada no Brasil, só é possível punir o partícipe, que realiza uma contribuição secundária, caso a conduta principal praticada pelo autor seja, pelo menos, típica e antijurídica. Ciente desse entrave dogmático, o legislador brasileiro, para possibilitar a punição dessas contribuições secundárias, resolveu criminalizar expressamente as formas de participação moral e material em suicídio alheio, de sorte a fundamentar a autoria de um crime específico, previsto no art. 122 do CPB, que proscreve a conduta de "induzir ou instigar alguém a suicidar-se ou prestar-lhe auxílio para que o faça". Destarte, com base nesse dispositivo, é possível punir a conduta do médico também nos casos de *suicídio assistido*.

Na participação em suicídio, o médico não provoca diretamente a morte do paciente, mas presta auxílio para que o próprio paciente possa tirar a própria vida. A configuração desse delito depende basicamente de dois pressupostos: da *liberdade do ato suicida* e do *domínio do suicida sobre o ato que põe fim à sua própria vida*. Caso algum desses pressupostos não esteja preenchido, a conduta do médico que contribui para a morte do paciente pode constituir um homicídio.

1430. Há quem sustente que, em se afirmando positivamente a posição de garante do médico e demais pressupostos da punição, responderia ele por *participação em suicídio por omissão imprópria* (art. 122 c/c art. 13, ambos do CPB), já que o médico não impediu, quando deveria, a consecução do resultado de um suicídio. Nesse sentido, cf. por exemplo, CARVALHO, Autonomia do paciente e decisões ao final da vida, p. 172. No entanto, partindo das premissas da teoria dos delitos de dever (*Pflichtdeliktstheorie*), a violação do dever de agir nos crimes omissivos impróprios já *fundamentaria automaticamente a autoria do crime* (ROXIN, Strafrecht Allgemeiner Teil 2, § 31, Nm. 140 e ss.). Considerando que o crime previsto no art. 122 do CPB nada mais é do que a tipificação de hipóteses de participação, acreditamos que, preenchidos os pressupostos da punição da omissão, o mais correto seria imputar o crime de homicídio, a título de autoria. Assim, *prima facie* não vislumbramos qualquer hipótese na qual o médico, diante de uma recusa de tratamento, responderia por participação em suicídio por omissão.

1431. Cf. itens 5.2.3.4 e 5.2.3.5.

1432. Já houve, no entanto, tentativas de subsumir o suicídio ao tipo penal do homicídio, não para permitir a punição do suicida pela tentativa de tirar a própria vida, mas, na verdade, para possibilitar a punição daquele que contribui para o suicídio alheio, considerando a ausência de um tipo penal análogo ao art. 122 CPB na legislação tedesca. *Roxin* esclarece que *Schmidhäuser* chegou a defender esse posicionamento. Cf. a respeito, tecendo críticas contundentes, ROXIN, Die Mitwirkung beim Suizid – ein Tötungsdelikt?, p. 335 e ss.

Determinante para a diferenciação entre a *eutanásia* e a *participação em suicídio* é, principalmente, o domínio sobre a execução do ato que conduz à morte:[1433] se realizado pelas mãos do próprio suicida, com o auxílio moral ou material do médico, trata-se, via de regra, como já afirmamos, de uma participação em suicídio. Isso acontece, por exemplo, na hipótese em que o médico fornece o medicamento letal para o paciente, a seu pedido, e este ingere sozinho a substância, vindo a falecer após algumas horas. Se, no entanto, o último e irreversível ato fatal[1434] for executado pelo médico, será possível uma punição por homicídio, o que ocorreria caso ele ministrasse pela via venosa o medicamento letal, causando a morte do paciente. Não obstante, se, mesmo praticando o ato fatal de mão própria, a vontade do suicida não é considerada *livre*, pode aquele que seria um mero partícipe responder por homicídio, já que é possível que o vício de vontade existente fundamente a autoria mediata do médico. Percebe-se, assim, que o critério da vontade livre também é relevante para diferenciar um *homicídio por autoria mediata* de uma *participação em suicídio.*[1435]

5.2.2.2 Limitação da liberdade de disposição da própria vida e direito à recusa de tratamento vital

A recusa a um tratamento vital, assim como o suicídio ou o consentimento do paciente nos casos de eutanásia ativa, pode ser considerada um *ato de disposição da própria vida.* Em razão disso, o tratamento penal dessas hipóteses deve levar em conta a existência de limites objetivos à liberdade de disposição da vida, que são capazes de deslegitimar o ato de vontade do titular do bem jurídico e ensejar a punição do terceiro que contribui para o resultado. Como já frisamos, o argumento da *indisponibilidade da vida* é despido de qualquer sentido, sendo inadequado para a solução dos problemas aqui discutidos.[1436] Para que seja possível afastar a validade do consentimento ou desconsiderar a vontade livre do titular do bem jurídico deve-se, portanto, recorrer a verdadeiros argumentos – e não a expressões genéricas –, o que possibilitaria a punição da conduta do terceiro interveniente.

No Brasil, o principal problema referente ao tratamento desses casos decorre da amplitude dos dispositivos que se destinam à proteção da vida. O tipo penal do homicídio é genérico e não traz, nem em seus parágrafos, qualquer consideração referente aos desejos do titular do bem jurídico. Além disso, a criminalização da participação em suicídio consagra, na verdade, uma desconsideração expressa

---

1433. ROXIN, Claus, Die Abgrenzung von strafloser Suizidteilnahme, strafbarem Tötungsdelikt und gerechtfertigter Euthanasie, *in*: WOLTER, Jürgen (Org.), *140 Jahre Goltdammer's Archiv für Strafrecht*, Heidelberg: R. v. Decker's Verlag, 1993, p. 178.

1434. ROXIN, Die Abgrenzung von strafloser Suizidteilnahme, p. 178.

1435. Cf. a respeito ESER; STERNBERG-LIEBEN, Schönke/Schröder StGB, Vor § 211, Nm. 37-38.

1436. Cf. item 4.4.1.

da vontade livre do suicida. Como podemos perceber, a legislação brasileira permite uma interpretação excessivamente extensiva e paternalista, segundo a qual qualquer *conduta ativa* do médico no sentido de auxiliar ou acelerar a morte do paciente seria punível. Ao traçar os limites objetivos à liberdade de consentir nesses casos, portanto, deve-se buscar compatibilizar a nossa legislação penal com as diretrizes constitucionais referentes ao respeito à autonomia, sem perder de vista a necessária proteção da vida humana.

Embora haja argumentos relevantes e eventualmente capazes de fundamentar limitações da liberdade de consentir nos casos de eutanásia ativa,[1437] partindo de

---

1437. O objeto de investigação deste trabalho se limita à discussão da punição da omissão do médico que respeita a vontade do paciente, razão pela qual não nos cabe aqui aprofundar nos argumentos que podem fundamentar a punição em casos de contribuição ativa para o suicídio ou para a morte de um terceiro. Frise-se, contudo, que, a nosso ver, não há qualquer fundamento que seja capaz de legitimar o art. 122 do CPB sem recorrer a argumentos paternalistas. Numa primeira aproximação, portanto, parece-nos que esse dispositivo não foi recepcionado pela CR/1988, em razão da sua incompatibilidade com o respeito à autonomia e à dignidade humana. Não obstante, arriscamos reconhecer que há argumentos mais plausíveis capazes de fundamentar a proibição da provocação da morte alheia (da eutanásia ativa). Não se deve partir, porém, de uma proteção *absoluta* da vida, mas sim de uma concepção em que o sujeito pode dispor da própria vida e até receber auxílio de terceiros, contanto que sua vontade seja livre e ele mesmo execute o ato mortal. Nessa linha de argumentação, podemos encontrar na doutrina alemã diferentes argumentos que visam a legitimar a proibição do homicídio a pedido (§ 216 StGB) e que se vinculam à ideia da limitação da disposição da vida. Frise-se, contudo, que embora não exista, na Alemanha, um tipo penal que proíba a participação em suicídio, a eutanásia ativa direta é, via de regra, punível. Argumento decisivo, para muitos autores, é o de que a execução da conduta que determina o limite entre a vida e a morte só pode ser feita pelo próprio titular da vida (Cf. ROXIN, Claus, Die Sterbehilfe im Spannungsfeld von Suizidteilnahme, erlaubtem Behandlungsabbruch und Tötung auf Verlangen, *NStZ*, v. 7, n. 8, 1987, p. 347. ROXIN, Claus. *Täterschaft und Tatherrschaft*. 9. ed. Berlin: De Gruyter, 2015, p. 571). Assim, o direito de disposição seria reconhecido pelo direito, diante da não punibilidade do suicídio e da participação em suicídio, mas existiria uma limitação quanto à *forma* da disposição desse bem jurídico, de modo que se alguém quiser dispor da própria vida, não poderá delegar a execução do ato potencialmente fatal, devendo praticá-lo com as suas próprias mãos. Para *Schroeder*, "o legislador considera a decisão sobre a própria morte algo tão existencial, que não quer permitir uma transferência da sua execução para outrem" (SCHROEDER, Friedrich-Christian, Beihilfe zum Selbstmord und Tötung auf Verlangen, *ZStW*, v. 106, n. 3, 1994, p. 574.). Ademais, como esclarece *Jakobs*, "somente no suicídio praticado com as próprias mãos é indubitável que o indivíduo cansado da vida considera a sua decisão definitiva", sem interferência e considerações de terceiros (JAKOBS, Günther. *Rechtsgüterschutz? Zur Legitimation des Strafrechts*. Paderborn: Ferdinand Schöningh, 2012, p. 35). Nesse sentido, a proibição do homicídio a pedido não se referiria ao desvalor do homicídio em si, mas sim a uma limitação abstrata quanto à forma que visa a garantir a certeza da decisão do suicida (JAKOBS, Rechtsgüterschutz?, p. 37). Esse argumento se vincula, em certa medida, à alegação da dificuldade de provar se a decisão do indivíduo que consente na própria morte foi realmente livre, real ou racional, sobretudo já que ele mesmo não poderá se manifestar posteriormente sobre os fatos – o *in dubio pro vita* (Cf. ROXIN, Die Sterbehilfe im Spannungsfeld von Suizidteilnahme, p. 348). Invoca-se também, como argumento a favor da proibição do homicídio a pedido, a irreversibilidade da lesão do bem jurídico, a partir da consideração de que não é possível devolver a vida

uma definição do âmbito de proteção do art. 121 do CPB, a tese da impunibilidade da conduta do médico em casos de eutanásia passiva ou de recusa de tratamento vital *não encontra qualquer óbice legal*. Na verdade, essa compreensão se baseia nas próprias exigências legais para a punição da omissão, que depende de outros pressupostos, para além do próprio artigo 121 do CPB, como demonstraremos adiante. Assim, os limites que eventualmente podem restringir a liberdade de disposição da vida não são aplicáveis às hipóteses de omissão.

Com base na solução do consentimento, aqui proposta, não é possível impor ao médico um *dever de tratar arbitrariamente*, tampouco de *prolongar indefinidamente a vida*. Assim, a omissão em razão do respeito à recusa de tratamento e a prática da eutanásia passiva são condutas *prima facie* legítimas. A ortotanásia costuma ser mais aceita pela doutrina brasileira[1438] e, sob a perspectiva ética, foi reconhecida pelo Conselho Federal de Medicina por meio do mais novo Código

para aquele que consentiu na própria morte (HOERSTER, Rechtsethische Überlegungen zur Freigabe der Sterbehilfe, p. 1789). No entanto, como nos lembra *Schroeder*, também a doação de um órgão é irreversível, por exemplo, e representa um evidente exercício do direito de disposição do titular do bem jurídico (SCHROEDER, Beihilfe zum Selbstmord und Tötung auf Verlangen, p. 569). Na concepção de *Hirsch,* por sua vez, a proibição do homicídio a pedido se fundamenta no *tabu da inviolabilidade da vida de outrem*, o que pode até decorrer de uma necessidade preventivo-geral de fixar um padrão de conduta em que não é possível violar a vida de terceiros (HIRSCH, Hans Joachim, Behandlungsabbruch und Sterbehilfe, *in*: *FS-Lackner,* Berlin: Walter de Gruyter, 1987, p. 612. No mesmo sentido, OTTO, Recht auf den eigenen Tod?, p. 54. *Roxin* adotava o argumento do tabu na 4ª edição, mas renunciou a ela na 5ª edição do manual, argumentando que a violação de um tabu não seria um argumento capaz de legitimar uma criminalização [ROXIN; GRECO, Strafrecht Allgemeiner Teil 1, § 2, Nm. 43 e ss.] e, também, que usar a sociedade para limitar o direito de autodeterminação implicaria uma expropriação do seu conteúdo [ROXIN; GRECO, Strafrecht Allgemeiner Teil 1, § 13, Nm. 44a.]). Esse argumento é comumente vinculado ao chamado "efeito de ruptura da barragem" (*Dammbrucheffekt*), segundo o qual aceitar o homicídio a pedido seria o primeiro passo para posteriores flexibilizações da proibição de matar (Cf. a respeito CHATZIKOSTAS, Konstantinos. *Die Disponibilität des Rechtsgutes Leben in ihrer Bedeutung für die Probleme von Suizid und Euthanasie.* Frankfurt am Main: Peter Lang, 2001, p. 249. HIRSCH, Hans Joachim, Einwilligung und Selbstbestimmung, *in*: *FS-Welzel*, Berlin: Walter de Gruyter, 1974, p. 791. HIRSCH, Behandlungsabbruch und Sterbehilfe, p. 613). Também em *Hirsch*, é possível encontrar uma postura que vê sempre aquele que consente na própria morte como um sujeito incapaz de consentir, como alguém que geralmente se encontra num estado de depressão (HIRSCH, Einwilligung und Selbstbestimmung, p. 791). Para *Schmitt,* contudo, apenas o argumento da incapacidade seria capaz de legitimar a proibição do homicídio a pedido e ele, por si só, não se sustenta (SCHMITT, Rudolf, Strasrechtlicher Schutz des Opfers vor sich selbst?, *in*: *FS-Maurach*, Karlsruhe: C.F. Müller, 1972, p. 118). Para um resumo e crítica dos argumentos comumente utilizados para fundamentar o homicídio a pedido, cf. SCHROEDER, Beihilfe zum Selbstmord und Tötung auf Verlangen, p. 565 e ss.

1438. Cf. por todos REALE JR., Consentimento – Ortotanásia e adequação social, p. 214 e ss.

de Ética[1439] e da Resolução n. 1.805/2006, de acordo com a qual "é permitido ao médico limitar ou suspender procedimentos e tratamentos que prolonguem a vida do doente em fase terminal, de enfermidade grave e incurável, respeitada a vontade da pessoa ou de seu representante legal (art. 1º)".[1440] Não obstante, partindo da tese aqui defendida, o tratamento dogmático das situações de recusa ampla e de recusa restrita deve ser o mesmo, já que o que fundamenta o direito de negar tratamentos não é a iminência da morte ou efetividade do tratamento a ser executado, mas sim a autonomia do paciente, que possui o direito de escolher os tratamentos a que deseja se submeter, independentemente da indicação médica ou da probabilidade de sucesso da intervenção.

5.2.2.3 Recusa de tratamento, suicídio e a omissão do médico: o caso Wittig (BGHSt 32, 367) e o caso do médico psiquiatra (LG Hamburg, NStZ 2018, 281)

Os casos de *recusa de tratamentos vitais* em muito se assemelham à constelação de casos de *tentativa de suicídio*, em que se discute a existência de um dever do médico de atuar para impedir a consecução do resultado. De acordo com a doutrina, o *suicídio ativo* é aquele em que o sujeito executa ações com o fito de ceifar a própria vida, ao passo que, no *suicídio passivo* ou *quase-suicídio*, o indivíduo nega a outrem autorização para uma intervenção que seria essencial para a manutenção da sua vida.[1441]

Como constata *Kreuzer*, a jurisprudência alemã é contraditória no que se refere ao tratamento dogmático dessas situações, eis que dá soluções diferentes para casos semelhantes.[1442] No que se refere ao suicídio ativo, a jurisprudência

---

1439. No princípio fundamental XXII do novo CEM, estipula-se que "nas situações clínicas irreversíveis e terminais, o médico evitará a realização de procedimentos diagnósticos e terapêuticos desnecessários e propiciará aos pacientes sob sua atenção todos os cuidados paliativos apropriados".

1440. "Art. 1º (...) § 1º O médico tem a obrigação de esclarecer ao doente ou a seu representante legal as modalidades terapêuticas adequadas para cada situação. § 2º A decisão referida no caput deve ser fundamentada e registrada no prontuário. § 3º É assegurado ao doente ou a seu representante legal o direito de solicitar uma segunda opinião médica. Art. 2º O doente continuará a receber todos os cuidados necessários para aliviar os sintomas que levam ao sofrimento, assegurada a assistência integral, o conforto físico, psíquico, social e espiritual, inclusive assegurando-lhe o direito da alta hospitalar.". CONSELHO FEDERAL DE MEDICINA, Resolução n. 1.805/2006.

1441. KREUZER, Arthur, Ärztliche Hilfeleistungspflicht in der Sicht des Strafrechts, *in*: MERGEN, Armand (Org.), *Die juristische Problematik in der Medizin:* Ärztliche Aufklärungs- und Schweigepflicht. vol. 2. München: Wilhelm Goldmann, 1971, p. 236. SILVA SÁNCHEZ, Estudios sobre los delitos de omisión, p. 78.

1442. KREUZER, Ärztliche Hilfeleistungspflicht in der Sicht des Strafrechts, p. 236-238. No mesmo sentido, cf. ESER; STERNBERG-LIEBEN, Schönke/Schröder StGB, Vor § 211, Nm. 43. SOWADA, Strafbares Unterlassen des behandelnden Arztes der seinen Patienten nach einen Selbstmordversuch bewunsstlos auffident?, *Jura*, 1985, p. 84.

costuma impor a terceiros um dever de salvamento, argumentando que, a partir do momento em que o suicida não possui mais o domínio sobre seus próprios atos, passa a ser vítima de si mesmo, e, então, o domínio sobre o suicida é transferido para o terceiro, o que fundamentaria sua posição de garante e o consequente dever de evitar o resultado. Parte-se do pressuposto de que o *vita aegroti* possui sempre prevalência em relação ao *voluntas aegroti*, punindo-se aquele que deixa de salvar o suicida por homicídio a pedido da vítima por omissão[1443] (§ 216 c/c § 13 StGB). Nos casos de recusa de tratamento, não obstante, a jurisprudência indica dar prevalência para o *voluntas aegroti*, negando até mesmo um direito de salvamento, o que imporia uma punição por lesão corporal.[1444]

A nosso ver, no entanto, não há razões para diferenciar o tratamento dogmático da omissão do médico diante de um suicídio ativo e de uma recusa de tratamento, contanto que essas escolhas sejam fruto da verdadeira expressão da autonomia do paciente. A principal diferença entre essas duas situações é que o suicídio pode estar vinculado, em maiores proporções, a déficits de autonomia e a situações de incapacidade momentânea. Dogmaticamente, no entanto, o tratamento desses casos será o mesmo, já que em ambos a incapacidade (permanente ou momentânea) autoriza a intervenção do médico para salvar a vida do paciente.[1445]

Dois julgados relevantes para essa discussão, que resultaram em soluções opostas, são o clássico *caso Wittig* (BGHSt 32, 367) e o por nós denominado *caso do médico psiquiatra,* referente a uma recente decisão do *LG Hamburg* (NStZ 2018, 281) sobre a punibilidade por omissão do médico que deixa de intervir diante do suicídio de um paciente.

No primeiro caso, uma senhora de 76 anos, que tinha dificuldade de locomoção e sofria de uma grave doença nas artérias coronárias, desejava pôr fim à sua vida, em especial após a morte de seu marido. Para tanto, ingeriu elevadas doses de remédios para dormir e morfina. Ao chegar à casa da senhora, Dr. W., o médico da família, encontrou-a desacordada, mas ainda viva, segurando um bilhete em que constava: "Para o meu médico – por favor, sem hospital – libertação!".[1446] Antes disso, o médico já havia tomado ciência de uma declaração de intenções escrita por ela, com os dizeres: "Na posse plena de meus sentidos, solicito ao meu médico a não internação em hospital ou casa de repouso, a não internação em unidade de terapia intensiva ou utilização de medicação para prolongar a vida.

1443. Cf., por exemplo, BGHSt 2, 150, que se refere, no entanto, à punição do marido (considerado como garantidor) pela não evitação da morte da esposa suicida. Cf. também o caso Wittig, BGHSt 32, 367.

1444. Cf., por exemplo, os argumentos utilizados no julgado BGHSt 11, 111 (p. 114).

1445. Essa intervenção seria expressão de um paternalismo moderado.

1446. "An meinen Arzt – bitte kein Krankenhaus – Erlösung!". BGHSt 32, 367, p. 368-369.

Eu desejo ter uma morte digna. Não utilizar aparelhos. Não retirar órgãos".[1447] O médico, então, considerando as declarações de vontade e o fato de que a senhora respirava apenas seis vezes por minuto – o que indicava que ela provavelmente não poderia ser salva sem danos permanentes – resolveu respeitar a vontade da paciente, permanecendo com ela até a sua morte. O Dr. W. foi, então, denunciado pela prática de homicídio a pedido da vítima por omissão.

De acordo com o BGH, esse não seria um caso de participação em suicídio, conduta que não encontra previsão na lei alemã e é, portanto, impunível. Considerando que a vítima estava desacordada, ela não mais dominava os acontecimentos e, em razão da inconsciência, não poderia mais desistir da sua decisão. Diante disso, era o médico que possuía o domínio do fato, já que a ocorrência da morte estava totalmente em suas mãos. Além disso, possuía o médico, também, a vontade de autor (*Täterwille*). O desejo de morrer, expressado anteriormente pela paciente, não afastaria, portanto, a posição de garante do médico,[1448] que se fundamentaria na assunção do tratamento (o médico, no caso, já cuidava da senhora há algum tempo). Antes mesmo da perda dos sentidos da paciente, a conduta do médico seria punível, ainda, por omissão de socorro, pois, diante do intuito de suicidar-se, estaria a paciente numa situação de infortúnio. Apesar de parte da doutrina distinguir o tratamento jurídico do suicídio considerado *livre* daquele concebido como *não livre*, para o BGH, a liberdade da decisão de suicidar-se e a vontade do suicida são irrelevantes para a solução desses casos.[1449] Isso porque, com base em estudos sobre suicídio, é possível concluir que quando a morte do suicida demora a se consumar, a vítima geralmente não atua com vontade de morrer, mas age na esperança de que alguém lhe salvará.[1450]

Nesse julgado, no entanto, o BGH acabou por absolver o médico. Isso não por reconhecer que aquele que respeita a vontade do suicida não possui um dever de agir para evitar o resultado, como havia decidido o tribunal estadual, mas sim por se tratar de um *fato de consciência do médico,* que afastou a exigibilidade do salvamento.[1451] A configuração da inexigibilidade foi reconhecida partindo-se do fato de que o médico se encontrava diante de situação excepcional de conflito entre o dever de atuar e o de respeitar o direito à autodeterminação, considerando especialmente que, caso exercesse o primeiro dever, a paciente muito provavelmente sofreria danos irreparáveis.

1447. "Im Vollbesitz meiner Sinne bitte ich meinen Arzt keine Einweisung in ein Krankenhaus oder Pflegeheim, keine Intensivstation und keine Anwendung lebensverlängernder Medikamente. Ich möchte einen würdigen Tod sterbeno Keine Anwendung von Apparateno Keine Organentnahme". BGHSt 32, 367, p. 368.

1448. BGHSt 32, 367, p. 374.

1449. BGHSt 32, 367, p. 375.

1450. BGHSt 32, 367, p. 376.

1451. A respeito, cf. KASECKER, Izabele, *Die strafrechtliche Behandlung der Gewissenstat*, Universität Augsburg, 2018, p. 23-28.

A recente decisão do *LG Hamburg*, supramencionada, apesar de se referir a uma situação parecida, chega a conclusões diferentes daquelas traçadas originalmente pelo BGH para o tratamento dogmático desses casos, afastando-se da postura tradicional da jurisprudência[1452]. Em setembro de 2012, o médico psiquiatra e neurologista Dr. S havia emitido dois pareceres referentes à senhora W, de 85 anos, e à senhora M, de 81, atestando a capacidade de compreensão e julgamento de ambas e concluindo que, sob o ponto de vista psiquiátrico, não havia objeções para o reconhecimento do genuíno desejo de auxílio para que pudessem suicidar-se. Uma semana antes do suicídio, as senhoras assinaram um documento, em que deixavam clara a vontade de colocar fim às suas vidas em paz e *recusavam expressamente qualquer tipo de intervenção* para salvamento, caso fossem encontradas desacordadas antes da morte. No dia designado para o suicídio, as senhoras se encontraram com o acusado, que lhes explicou as especificidades do medicamento a ser ingerido. As senhoras frisaram que estavam certas da vontade de tirarem suas vidas e, em seguida, beberam o líquido mortal. Após atestar a morte de ambas, o médico aguardou um pouco e chamou os bombeiros.[1453]

De acordo com o julgado do LG Hamburg, a decisão das pacientes de tirar a própria vida era livre, não havia sido influenciada por terceiros e também não estava eivada por qualquer vício de vontade. Refutando boa parte dos pressupostos anteriormente erigidos pelo BGH, para o LG Hamburg, o médico não ocupava a posição de garante, pois não havia assumido o tratamento ou a responsabilidade pelo bem-estar das pacientes. Ele, de fato, apenas forneceu um parecer e deu informações sobre os medicamentos. Mesmo que ele ocupasse a posição de garante, no entanto, não tinha o dever de evitar a morte das pacientes, já que o suicídio praticado por elas era livre e autorresponsável. O respeito ao direito à autodeterminação, portanto, impediria a existência de um dever de agir do médico, o que é reconhecido inclusive pela lei civil quando consagra a validade das diretivas antecipadas de vontade. O reconhecimento desse direito, de acordo com a decisão do LG Hamburg, não poderia depender da gravidade da doença de que sofre o paciente.[1454]

1452. Cf. também a decisão do LG Berlin (NStZ-RR 2018, 246). Ao analisar ambos os casos (julgados pelo LG Hamburg e pelo LG Berlin, respectivamente), o BGH, em decisões recentes de julho/2019, confirmou a absolvição dos médicos (cf. BGH 5 StR 132/18; 5 StR 393/18). Ademais, essa tendência pode ser observada também em outros âmbitos, como, por exemplo, a partir da decisão do *Bundesverwaltungsgericht* (= BVerwG, Tribunal Federal Administrativo), que reconheceu o direito fundamental à morte digna em casos extremos, autorizando a aquisição de medicamentos letais por uma paciente capaz que possuía uma enfermidade incurável e desejava pôr fim à sua vida, em razão das fortes dores que sentia (BVerwG NJW 2017, 2215-2221). A respeito dessa decisão, cf. LINDNER, Josef Franz; HUBER, Franziska, Das Grundrecht auf selbstbestimmtes Sterben: Inhalt, Reichweite und dogmatische Struktur, *Medstra*, n. 5, p. 268-271, 2017.

1453. LG Hamburg, NStZ 2018, 281, p. 281.

1454. LG Hamburg, NStZ 2018, 281, p. 282-283.

A decisão do LG Hamburg, de fato, esboça uma postura que leva a sério o respeito à autonomia e parte do direito à autodeterminação do paciente para afastar qualquer possibilidade de punição da omissão do médico que respeita a vontade de um paciente capaz. O BGH, por sua vez, traçou à época uma linha de argumentação equivocada, seja do ponto de vista dogmático-penal, ao utilizar a ideia de domínio do fato para fundamentar uma punição por omissão, ou mesmo a partir do paradigma do respeito à autonomia, ao permitir a violação da autodeterminação do paciente.[1455] Há que se frisar, ainda, que o próprio BGH confirmou recentemente a correção da decisão tomada pelo LG Hamburg, o que explicita uma atual guinada jurisprudencial na Alemanha quanto a essa controvérsia.[1456]

No entanto, apesar de similares, os casos julgados se diferem em alguns aspectos. Por exemplo, no caso Wittig, o médico havia assumido, em algum momento anterior, o tratamento da paciente, ao passo que, no caso do médico psiquiatra, a atuação do profissional se limitou ao atestado de discernimento e à prestação de informações acerca dos remédios. No primeiro caso, fica em aberto a pergunta sobre se o médico, diante de uma recusa de intervenção, mantém a posição de garante relativa a um tratamento anteriormente assumido; já no segundo, o médico, conforme demonstraremos, não chegou a ocupar a posição de garante, mas sua conduta poderia ser punível, no Brasil, pela prática de participação em suicídio (art. 122, CPB), já que ele auxiliou as pacientes ativamente ao fornecer as informações sobre os remédios e guiá-las durante todo o processo. As questões referentes à posição de garante e à possível caracterização de uma omissão de socorro serão abordadas nas próximas páginas, quando, retomando a análise desses casos, traçaremos os pressupostos dogmáticos para a punição do médico por omissão.

Ponto relevante tanto para a determinação de um homicídio por omissão imprópria ou da omissão de socorro, mencionado em ambas as decisões, é a indagação sobre se o grau de *liberdade do ato de disposição da própria vida* influencia (ou não) a solução dogmática dos casos. De acordo com boa parte da doutrina, o suicídio livre ou ponderado (*Bilanz- oder Abwägungssuizid*) afasta o dever de agir do médico e deve ser respeitado; se o suicídio não for livre (o suicídio de apelo [*Appell-suizid*]), por sua vez, poderia o médico responder penalmente pela sua omissão.[1457] O mesmo raciocínio poderia ser aplicado às recusas de tratamento: impor-se-ia, assim, o respeito apenas à recusa considerada livre. É

1455. Com base justamente na ideia de autonomia, boa parte da doutrina alemã critica o posicionamento do BGH e afasta a possibilidade de punição da omissão nesses casos. Cf. por todos RENGIER, Strafrecht Besonderer Teil 2, § 8, Nm. 14-14a.

1456. Cf. BGH 5 StR 132/18 (julgado em 3 de julho de 2019), que manteve a absolvição do médico no caso aqui debatido, julgado anteriormente pelo LG Hamburg.

1457. SILVA SÁNCHEZ, Estudios sobre los delitos de omisión, p. 78-79. No Brasil, adota essa postura CARVALHO, Autonomia do paciente e decisões ao final da vida, p. 177-178.

duvidosa, todavia, a determinação sobre o que diferenciaria um suicídio ou uma vontade *livre* de uma *não livre*.

Para *Brigewat*, praticamente todos os atos suicidas não são verdadeiramente livres, eis que decorrem de uma doença psíquica.[1458] Também o BGH, na decisão do caso Wittig, partiu da premissa (segundo consta, empiricamente constatada) de que quase nenhuma tentativa de suicídio que demora a se consumar é livre.[1459] Há também quem corrobore essa postura, afirmando que não cabe ao médico definir, no caso concreto, quando um suicídio é ou não livre, já que isso é de difícil constatação e, posteriormente, de difícil comprovação. Por isso, o médico deveria sempre partir do pressuposto de que a tentativa de suicídio não é livre (ainda que houvesse certeza da liberdade da vontade), já que isso ocorre na grande maioria dos casos.[1460]

Essa, no entanto, é uma postura excessivamente generalizante, pois parte da ideia de que uma parcela de casos de suicídio poderia abranger e representar todas as complexas razões que podem circundar a decisão de tirar a própria vida. Isto é, baseia-se, como constata *Sowada*, num "diagnóstico coletivo".[1461] No caso do médico psiquiatra, por exemplo, a capacidade de discernimento e compreensão das pacientes havia sido concretamente atestada, constatando-se expressamente que a decisão suicida de ambas era livre e informada, o que explicita, assim, que o suicídio nem sempre se vincula a alguma doença psiquiátrica. Destarte, essa postura generalizante acaba por ignorar a autonomia do paciente nos casos em que a recusa de tratamento ou o suicídio refletem a verdadeira vontade do paciente capaz e em pleno uso de suas faculdades mentais.

Uma segunda corrente, que adota a solução da exculpação (*Exkulpationslösung*), considera que o suicídio responsável ou "não livre" é aquele praticado por um sujeito que, nos termos da lei penal, não poderia ser considerado culpável pelos seus atos.[1462] Há, nessa perspectiva, uma apropriação dos critérios de exculpação (em especial da imputabilidade, havendo controvérsia sobre a utilização dos demais) para se determinar a liberdade do ato de disposição do suicida. No entanto, como constata *Silva Sánchez*, o objetivo não é a determinação da responsabilidade penal do suicida, mas sim do terceiro que não impede a consecução do

---

1458. BRINGEWAT, Peter, Die Strafbarkeit der Beteiligung an fremder Selbsttötung als Grenzproblem der Strafrechtsdogmatik, *ZStW*, v. 87, n. 3, 1975, p. 632.

1459. BGHSt 32, 367, p. 376.

1460. SPANN, Wolfgang; LIEBHARDT, Erich; BRAUN, Werner, Ärztliche Hilfeleistungspflicht und Willensfreiheit des Patienten, *in*: *FS-Bockelmann*, München: C. H. Beck'sche Verlagsbuchhandlung, 1979, p. 490-491.

1461. SOWADA, Strafbares Unterlassen des behandelnden Arztes der seinen Patienten nach einen Selbstmordversuch bewunsstlos auffident?, p. 80.

1462. ROXIN, Die Abgrenzung von strafloser Suizidteilnahme, strafbarem Tötungsdelikt und gerechtfertigter Euthanasie, p. 178.

resultado,[1463] o que por si só já explicita a fragilidade dessa concepção. Não há como equiparar a imputabilidade, por exemplo, que determina a capacidade de pena, à capacidade para consentir, que se refere à habilidade de tomar decisões médicas autônomas. Como já frisamos, essas são aptidões diferentes e é possível que um indivíduo não possua capacidade de pena, mas seja capaz de consentir, e vice-versa.[1464]

Para solucionar esse problema, há quem aluda aos requisitos do consentimento da vítima no crime de *homicídio a pedido* (§ 216 do StGB), que é um tipo privilegiado em relação ao homicídio (§ 211 StGB); então, para que o terceiro faça jus ao privilégio decorrente do *pedido da vítima* (de tirar-lhe a vida), são traçados diferentes pressupostos para a constatação da *vontade livre* da vítima. Naturalmente, se a vontade que enseja o pedido não é livre, deve o terceiro responder por homicídio, não podendo, no entanto, se valer do privilégio. Assim, esses mesmos pressupostos caracterizadores da vontade livre são utilizados, por esse setor da doutrina, para determinar a liberdade do suicídio. A diferença é que a vontade livre no "homicídio a pedido", praticado por meio de uma conduta ativa, caracterizaria o privilégio, ao passo que, no suicídio, seria relevante para determinar o respeito à vontade do paciente e afastar um eventual dever de agir, tornando impunível uma eventual omissão. Destarte, com base nessa concepção, situações de erro, coação, necessidade ou incapacidade, bem como depressões momentâneas ou estados de ânimo passageiros, afastariam a liberdade do suicídio e imporiam ao médico um dever de agir para evitar o resultado.[1465]

Essa solução não está errada, mas não há, na verdade, qualquer necessidade de nos vincularmos aos argumentos do § 216 do StGB, já que eles se referem a nada mais do que o preenchimento dos pressupostos de validade do consentimento. De fato, o suicídio nem sempre será fruto de uma decisão autônoma do paciente.[1466] Muito mais simples, no entanto, é derivar a concepção da liberdade do ato de disposição da vida do preenchimento dos *pressupostos de validade do consentimento*, como faz a doutrina majoritária alemã no que se refere à determinação dos limites da não punibilidade do auxílio a suicídio (a chamada solução do consentimento [*Einwilligungslösung*]).[1467] Assim, se o paciente for capaz, estiver corretamente informado sobre suas opções e sua decisão não estiver eivada por

---

1463. SILVA SÁNCHEZ, Estudios sobre los delitos de omisión, p. 83.

1464. Cf. item 4.4.3.1.

1465. Nesse sentido, cf. SILVA SÁNCHEZ, Estudios sobre los delitos de omisión, p. 82-83.

1466. Como constata CARVALHO, Suicidio, eutanasia y Derecho penal, p. 67.

1467. RENGIER, Strafrecht Besonderer Teil 2, § 8, Rno 1. *Rengier* esclarece ainda que a solução do consentimento é adotada majoritariamente pela doutrina alemã para a determinação dos limites da não punibilidade da participação em suicídio. Nesse sentido, cf. SCHROTH, Ulrich, (Medizinisch) Assistierter Suizid aus juristischer und ethischer Sicht, *in*: SPICKHOFF, Andreas; KOSSAK, Volodymyr; KVIT, Natalia (Orgs.), *Aktuelle Fragen des Medizinrechts:* Ein Ost-West-Vergleich, Berlin: Springer, 2018, p. 160.

qualquer vício de vontade (como erro ou coação), deve o médico respeitar o seu dissentimento, o que impõe a não punibilidade da omissão. Por sua vez, diante do não preenchimento dos pressupostos de validade do dissentimento (se houver alguma incapacidade, por exemplo, ainda que momentânea), pode o médico responder por omissão imprópria ou própria, a depender, em especial, se ocupa ou não a posição de garante no caso concreto.

É claro que, nos casos de recusa de tratamento, é muito mais fácil determinar a liberdade da decisão, eis que se parte normalmente de uma manifestação de vontade do paciente, seja real ou presumida. A recusa geralmente estará expressamente determinada por um documento de antecipação da vontade ou será manifestada pelo paciente diretamente ao médico, que poderá avaliar, em certa medida, se a sua vontade é realmente livre, podendo se valer também de consultas psiquiátricas. Nos casos de suicídio ativo, é mais difícil aferir, na prática, a real vontade do paciente, que muitas vezes chega já inconsciente aos cuidados do médico,[1468] que, por isso, desconhece as razões do suicídio e fatos pretéritos que sejam relevantes.

Por essa razão, alguns autores afirmam que se o conteúdo da vontade é *duvidoso*, possuiria o médico um *dever de intervenção*.[1469] Isso porque o salvamento não seria irreversível, isto é, a possibilidade de suicidar-se permaneceria aberta para o sujeito salvo. Já pelo lado contrário, a ocorrência da morte seria um caminho sem volta. Assim, numa ponderação entre o risco de salvar um indivíduo contra a sua vontade e o risco de não impedir a morte de uma pessoa carente de ajuda, deveria o médico assumir apenas o primeiro.

Trata-se de hipótese nitidamente diferente daquela ocorrida nos dois casos anteriormente mencionados, em que não havia dúvidas da liberdade da vontade das pacientes; tanto no caso Wittig quanto no caso do médico psiquiatra, a decisão das pacientes deveria, portanto, ser respeitada. No entanto, diante de reais *razões para duvidar da liberdade da vontade* do paciente, *não há como impor ao médico um dever de omitir-se*. O argumento apresentado pela doutrina realmente faz sentido, já que, na dúvida, é melhor optar pela solução que dá ao paciente a chance de viver do que pela que conduz à irreversibilidade da morte. Não é possível exigir do médico um poder sobre-humano de onisciência, em especial diante de casos tão difíceis, em que o salvamento requer agilidade no tratamento, não havendo, frequentemente, tempo hábil ou mesmo condições reais de investigar a verdadeira vontade do paciente.

Destarte, a dúvida sobre o conteúdo da vontade autoriza a intervenção com fundamento no próprio consentimento presumido. Isso significa, concretamente,

---

1468. SPANN; LIEBHARDT; BRAUN, Ärztliche Hilfeleistungspflicht und Willensfreiheit des Patienten, p. 494.

1469. Cf. principalmente DÖLLING, Dieter, Suizid und unterlassene Hilfeleistung, *NJW*, 1986, p. 1015.

que se o paciente chega desacordado ao hospital e não há qualquer demonstração clara da negativa de intervenção, presume-se o consentimento para o tratamento.[1470] Essa, na verdade, é uma solução fundada num paternalismo moderado, que autoriza a intervenção beneficente diante da incerteza sobre se a ação do paciente é, de fato, voluntária ou não.[1471] Se o médico, no entanto, omite-se diante de uma situação de dúvida, pode responder por omissão de socorro, caso estejam preenchidos todos os pressupostos típicos.[1472]

5.2.3.4 Os pressupostos da punição por omissão imprópria (art. 13, § 2º, CPB)

Diante de uma situação típica de perigo para o bem jurídico em que o médico, ocupando a *posição de garantidor, deixa de realizar* uma ação *possível* e *indicada* para o salvamento do paciente, torna-se possível, *prima facie*, a punição por um eventual homicídio (ou lesão corporal) por omissão imprópria. Considerando os casos em que o médico respeita a recusa de tratamento vital e deixa de proceder à intervenção, permitindo a consequente morte ou lesão do paciente,[1473] surge a nossa primeira indagação:[1474] em que situações ocupa o médico a posição de garantidor de proteção da vida e da integridade física do paciente? A resposta a essa pergunta vincula-se, inevitavelmente, à definição do *fundamento jurídico* da existência de uma relação de garantia do médico em relação ao paciente, que impõe àquele um *dever especial de agir para evitar o resultado*. Resumidamente: para alguns autores esse dever derivaria da profissão médica e/ou do contrato do médico com o hospital ou com o paciente; a doutrina majoritária, por sua vez, fundamenta o dever na concreta assunção do tratamento médico.[1475]

1470. ERB, Das Verhältnis zwischen mutmaßlicher Einwilligung und rechtfertigendem Notstand, p. 348.

1471. De qualquer forma, se o médico procede à intervenção e supõe que a vontade do paciente não é livre, por exemplo, por desconhecer um atestado psiquiátrico que comprova sua capacidade de compreensão e autodeterminação e a declaração de negativa de tratamento previamente registrada por ele, já que esses documentos, nas circunstâncias, não lhe são acessíveis, tratar-se-á de uma hipótese de erro sobre as circunstâncias fáticas, isto é, sobre a existência ou não de uma ação verdadeiramente livre, incorrendo o médico em um erro de tipo (art. 20, CP), que afasta o dolo quanto aos crimes de lesão corporal ou constrangimento ilegal. Também não seria possível afirmar a existência de uma conduta culposa, nesse caso, se não havia real possibilidade de o médico conhecer essas circunstâncias especiais, sendo a conduta interventiva, portanto, atípica.

1472. CARVALHO, Autonomia do paciente e decisões ao final da vida, p. 178; GÁNDARA VALLEJO, Consentimiento, bien jurídico e imputación objetiva, p. 217.

1473. Como nas variações 1 e 2 do nosso caso 3.

1474. Como esclarece *Estellita*, faz muito mais sentido iniciar a apreciação dos pressupostos da omissão imprópria a partir da posição de garante, para evitar análises desnecessárias. ESTELLITA, Responsabilidade penal de dirigentes de empresas por omissão, p. 78.

1475. Além dessas posturas mais difundidas, para *Minahim* é possível fundamentar a posição de garante do médico na ingerência (art. 13, § 2º, "c", CPB), como ocorre no caso em

A posição mais extremada é a de *Eb. Schmidt*, segundo a qual os médicos possuem um *dever profissional* de salvamento, derivado em especial do Código de Ética, que lhes impõe uma *posição permanente de garantia*. Isso porque o médico possuiria uma relação de Direito Público em face da coletividade (öffentlich-rechtliche *Beziehung zur Allgemeinheit*)[1476] – e não simplesmente um vínculo privado como o de um mero prestador de serviços[1477] –, o que originaria um dever geral de evitação de resultados lesivos, mais intenso do que o dever de solidariedade da omissão de socorro. Essa posição também decorre, em certa medida, da ética hipocrática, que impõe ao médico dever de fazer todo o possível para a manutenção da saúde e da vida de seus pacientes.[1478] Assim, a posição de garantidor do médico decorreria da sua própria profissão.[1479]

Esse posicionamento, no entanto, é criticado pela maior parte da doutrina. Mesmo que se admita a validade de tal dever ético profissional e/ou contratual, ele nada mais é do que um dever extrapenal, que não é suficiente, por si só, para atribuir relevância penal à omissão.[1480] Afinal, a posição de garantidor é um vínculo jurídico-penal, e não ético[1481] ou contratual, e por isso necessita de uma determinação feita por lei penal, razão pela qual essa pretensa fundamentação acaba por violar o princípio da legalidade.[1482] Como corretamente esclareceu *Estellita*, diante do abandono da teoria dos deveres formais, fica evidente que "a mera existência de um dever extrapenal não é fundamento para a responsabilidade penal, sendo necessária uma fundamentação material".[1483]

---

que ele que dá alta para o paciente que não deseja ser tratado. Para a autora, o paciente concorda com o perigo nessas situações porque desconhece suas exatas dimensões, "imputando-se o resultado àquele que tinha reais condições de mensurar o perigo" (MINAHIM, O consentimento do ofendido em face de bens jurídicos indisponíveis, p. 224). No entanto, essa postura, além de ignorar a autonomia do paciente, sequer se sustenta dogmaticamente, pois o médico que respeita a vontade do paciente não cria um risco para a sua vida, mas na verdade deixa de afastar um risco já existente. Assim, não é possível recorrer à ingerência nesses casos.

1476. SCHMIDT, Eberhard. *Die Besuchspflicht des Arztes unter strafrechtlichen Gesichtspunkteno* Bleckede: Otto Meissners Verlag, 1949, p. 18.

1477. SCHMIDT, Der Arzt im Strafrecht, p. 6-7.

1478. SPANN; LIEBHARDT; BRAUN, Ärztliche Hilfeleistungspflicht und Willensfreiheit des Patienten, p. 487.

1479. Nesse sentido, para *Bitencourt* o exercício de atividades que "têm implícita a obrigação de cuidado ou vigilância ao bem alheio", como ocorre com a profissão médica, fundamenta um dever legal de atuar, fundamentado no art. 13, § 2º, "a", do CPB. BITENCOURT, Tratado de Direito Penal 1, p. 239. Também parece inclinar-se nesse sentido, SOUZA, Direito penal médico, p. 35. Há, também, como já mencionado, quem busque fundamentar a posição de garantia em um dever contratual. Cf. por todos PRADO; CARVALHO; CARVALHO, Curso de direito penal brasileiro, p. 262.

1480. KREUZER, Ärztliche Hilfeleistungspflicht in der Sicht des Strafrechts, p. 220.

1481. SILVA SÁNCHEZ, Estudios sobre los delitos de omisión, p. 65.

1482. KREUZER, Ärztliche Hilfeleistungspflicht in der Sicht des Strafrechts, p. 220.

1483. ESTELLITA, Responsabilidade penal de dirigentes de empresas por omissão, p. 83.

No que se refere à possível derivação de um dever ético, deve-se ressaltar que a profissão médica é livre e privada e seria um tanto excessivo impor ao médico um dever especial de proteção de pessoas que ele em nenhum momento se comprometeu a tratar.[1484] Ademais, conforme demonstraremos, em algumas situações não haverá, sequer do ponto de vista ético, um dever de agir, senão um verdadeiro *dever de abstenção*, derivado da proibição da interferência não consentida na esfera corporal do paciente, como ocorre justamente nas situações em que há uma recusa de tratamento. Assim, a premissa de que o médico sempre, em qualquer situação, teria um dever de agir para evitar o resultado é, em si, equivocada. Por fim, quanto ao possível fundamento contratual, seria absurdo, por exemplo, conceber que a mera nulidade do contrato entre o médico e o paciente ou uma eventual rescisão do contrato entre o médico e o hospital teriam o condão de afastar a posição de garante,[1485] o que já explicita mais uma fragilidade dessa concepção.

A nosso ver, e em consonância com a doutrina majoritária alemã, a posição de garantidor do médico decorre da *assunção fática da função de proteção*,[1486] que, no Brasil, encontra guarida legal na alínea "b" do art. 13, § 2º, do CPB. Como esclarece *Schünemann*, o fundamento material desse dever do médico é o seu *domínio sobre o desamparo da vítima*,[1487] o qual, no caso, decorre do *ato de confiança do próprio paciente ou de um garante originário*[1488] (como dos pais em relação aos filhos menores). É justamente esse ato de entrega da proteção do paciente ao médico e a sua consequente assunção do tratamento que faz com que o paciente (ou o garantidor originário) deixe de recorrer a outras medidas de proteção, como a busca pelo auxílio de algum outro médico ou por outro aten-

---

1484. SILVA SÁNCHEZ, Estudios sobre los delitos de omisión, p. 65.

1485. LIPP, Volker, Die ärztliche Hilfspflicht, *in*: LAUFS, Adolf; KATZENMEIER, Christian; LIPP, Volker (Orgs.), *Arztrecht*, München: C. H. Beck, 2015, Nm. 4.

1486. Nesse sentido, cf. FREUND, MüKo-§ 13, Nm. 173. KREUZER, Ärztliche Hilfeleistungspflicht in der Sicht des Strafrechts, p. 222. LIPP, Die ärztliche Hilfspflicht, Nm. 4. TAG, Der Körperverletzungstatbestand im Spannungsfeld zwischen Patientenautonomie und Lex artis, p. 407. FIGUEIREDO DIAS, Direito Penal, p. 941-942. No Brasil, adotam essa postura: CIRINO DOS SANTOS, Direito Penal parte geral, p. 207. COSTA, Victor Cezar Rodrigues da Silva. *Crimes omissivos impróprios*: tipo e imputação objetiva. Belo Horizonte: D'Plácido, 2017, p. 162. MARTINELLI; DE BEM, Lições fundamentais de Direito Penal, p. 532. SOUZA, Paulo Vinicius Sporleder de, O médico e o dever legal de cuidar: algumas considerações jurídico-penais, *Revista Bioética*, v. 14, n. 2, 2006, p. 236. TAVARES, Juarez. *Teoria dos crimes omissivos*. São Paulo: Marcial Pons, 2012, p. 329-330. Apenas no que se refere ao médico de plantão, cf. TOLEDO, Princípios básicos do Direito Penal, p. 118.

1487. SCHÜNEMANN, Bernd. *Grund und Grenzen der unechten Unterlassungsdelikte:* Zugleich ein Beitrag zur strafrechtlichen Methodenlehre. Göttingen: Otto Schwarz & Co., 1971, p. 342 e ss. Sobre a teoria do domínio sobre o fundamento do resultado, cf. ESTELLITA, Responsabilidade penal de dirigentes de empresas por omissão, p. 88.

1488. SCHÜNEMANN, Grund und Grenzen der unechten Unterlassungsdelikte, p. 352.

dimento hospitalar.[1489] A confiança fática do paciente na atuação do médico não apenas *fundamenta*, mas também estipula, simultaneamente, os *limites* do dever de custódia (*Obhutspflicht*) deste em relação àquele.[1490] O dever de garante passa a vincular o médico com o início efetivo do tratamento[1491] e se finda quando o médico percebe que sua ajuda não é mais esperada pelo paciente,[1492] isto é, com o fim do tratamento ou com a assunção da função de proteção por outro profissional da área.

No que se refere ao médico de plantão, que atua em situações de emergência, apesar de haver posicionamentos que visam a fundamentar sua posição de garante da vida e da integridade física de todos os possíveis pacientes, genericamente considerados, a partir da simples assunção do plantão, o mais correto é fundamentá-la, mais uma vez, na *assunção fática do tratamento daquele paciente* específico que chega ao hospital,[1493] ato que firma a relação de custódia e, portanto, de dependência do paciente em relação ao médico.

Diante disso, certo é que, tanto no caso de recusa de tratamento quanto no de tentativa de suicídio, o paciente pratica um ato diametralmente contrário ao de confiança, ao de entregar-se nas mãos do médico, transferindo-lhe a função de proteção.[1494] O suicídio ou a recusa de tratamento são, na verdade, a concreta "expressão da vontade do paciente de pôr fim à relação de garantia que o vincula ao médico".[1495] De fato, é o próprio paciente que, com sua conduta, afasta voluntariamente o seu direito/dever de autoproteção; se o vínculo de proteção não existe, não há como ser transferido para o médico. Considerando-se, portanto, que em nenhum desses casos se firmou uma relação de custódia e proteção, o médico não ocupa, em qualquer deles, a posição de garante, de sorte que não pode responder, ao menos a título de omissão imprópria, por um eventual resultado lesivo.[1496-1497]

1489. BGHSt 7, 211, p. 212. De acordo com esse julgado do BGH, essa relação de confiança pode ser assumida até mesmo por meio de um atendimento telefônico. No mesmo sentido, cf. TAVARES, Juarez, Teoria dos crimes omissivos, p. 329.

1490. KREUZER, Ärztliche Hilfeleistungspflicht in der Sicht des Strafrechts, p. 223.

1491. SCHÜNEMANN, Grund und Grenzen der unechten Unterlassungsdelikte, p. 340.

1492. KREUZER, Ärztliche Hilfeleistungspflicht in der Sicht des Strafrechts, p. 223.

1493. Como também defende SCHÜNEMANN, Grund und Grenzen der unechten Unterlassungsdelikte, p. 353.

1494. KREUZER, Ärztliche Hilfeleistungspflicht in der Sicht des Strafrechts, p. 233.

1495. SILVA SÁNCHEZ, Estudios sobre los delitos de omisión, p. 79.

1496. Nesse sentido, cf. SILVA SÁNCHEZ, Estudios sobre los delitos de omisión, p. 79. SOWADA, Strafbares Unterlassen des behandelnden Arztes der seinen Patienten nach einen Selbstmordversuch bewunsstlos auffident?, p. 82-83. Apesar de identificar as contradições da jurisprudência, *Kreuzer* acaba indo na contramão do posicionamento aqui defendido e, a despeito de negar a posição de garante, defende a existência de um *direito geral de intervenção* por parte do médico, tanto nos casos de suicídio ativo quanto passivo, admitindo, em maior medida, a existência de um possível *dever de atuar* (muito provavelmente vinculado à omissão de socorro) no que se refere ao suicídio ativo não livre. No caso de pacientes inconscientes, ainda que já tenham expressado a sua discordância com o tratamento, para *Kreuzer*, poderia

Com base na nossa concepção, traçada alhures, que impõe o *respeito à autonomia do paciente* e dá prevalência à sua vontade, a ausência de consentimento ou o expresso dissentimento do paciente *impedirá* a configuração de uma eventual posição de garantia do médico ou a *afastará*, caso tenha sido previamente constituída.[1498] O direito à autodeterminação do paciente impõe ao médico, na verdade, um *dever de abstenção*, sob pena de responder pelas eventuais lesões corporais e/ou constrangimento ilegal causados, já que lhe é vedado proceder a uma intervenção cirúrgica arbitrária. As consequências da recusa se inserem no âmbito de responsabilidade exclusivo do paciente, que assim decide autorresponsavelmente, pois a autonomia representa não apenas o bônus de ter a sua vontade respeitada, como também o ônus de assumir as decorrências das próprias decisões. Assim, a vontade livre e esclarecida do paciente deve ser respeitada pelo médico, ainda que a recusa de tratamento possa conduzir à morte do paciente, como na hipótese de rejeição de transfusões de sangue por testemunhas de Jeová.[1499]

Essa vontade pode ser tanto atual, expressada no momento da intervenção por um paciente consciente, quanto presumida, sendo relevantes, aqui, as considerações sobre o *consentimento presumido.*[1500] Destarte, diante da existência de um *testamento vital* ou de uma *manifestação inequívoca de vontade* anterior ao momento em que o paciente alcança uma situação de inconsciência, a vontade

---

o médico mesmo assim proceder à intervenção com fundamento no consentimento presumido (ou na mudança de vontade presumida) e, com isso, não responderia por uma eventual lesão corporal ou constrangimento ilegal. KREUZER, Ärztliche Hilfeleistungspflicht in der Sicht des Strafrechts, p. 236-238.

1497. Há uma proposta que tramita atualmente no Senado e visa a inserir no art. 13 do Código Penal um novo parágrafo que afasta expressamente a possibilidade de punir o médico que respeita a vontade do paciente a título de omissão imprópria. Assim, o PLS n° 7 de 2018 traz a seguinte proposta de redação: "Art. 13. § 3°. Não se considera omissão penalmente relevante a falta de instituição de suporte de vida ou a não realização de tratamento ou procedimento médico ou odontológico recusados expressamente pelo paciente ou, nos casos em que o paciente não possa expressar sua vontade, por seu representante legal." BRASIL. Senado Federal. *Projeto de Lei do Senado n. 7, de 2018*, dispõe sobre os direitos dos usuários dos serviços de saúde, para assegurar o atendimento e tratamento adequados e seguros, bem como a autonomia de vontade do paciente e seus representantes legais. Disponível em: <https://www25.senado.leg.br/web/atividade/materias/-/materia/132125>. Acesso em: 8 fev. 2019. Apesar de tal previsão não ser necessária, do ponto de vista dogmático, para impedir a configuração da posição de garante do médico nesses casos, a aprovação dessa proposta pode representar um avanço no que se refere à defesa dos direitos dos pacientes.

1498. HIRSCH, Behandlungsabbruch und Sterbehilfe, p. 600. LIPP, Die ärztliche Hilfspflicht, Nm. 5. DÖLLING, Dieter, Gerechtfertigter Behandlungsabbruch und Abgrenzung von Tun und Unterlassen: Zu BGH, Urt. v. 25.6.2010 – 2 StR 454/09, *ZIS*, n. 5, 2011, p. 347. SCHÖCH, Heinz, Unterlassene Hilfeleistung, *in*: ROXIN, Claus; SCHROTH, Ulrich (Orgs.), *Handbuch des Medizinstrafrechts*, 3. ed. Stuttgart: Richard Boorberg Verlag, 2007, p. 111. De acordo com *Carvalho*, haverá, nesses casos, o "cancelamento" da posição de garante. CARVALHO, Autonomia do paciente e decisões ao final da vida, p. 176.

1499. ESER; STERNBERG-LIEBEN, Schönke/Schröder StGB § 223, Nm. 52.

1500. A respeito, cf. item 4.5.

presumida do paciente deve ser levada em conta para a determinação dos deveres do médico. Ante uma negativa expressa de tratamento do paciente, não estará o médico autorizado a intervir, ainda que o paciente venha a ficar desacordado e, portanto, incapaz de manifestar o seu dissentimento.

Como dito, o ato de confiança do paciente não apenas fundamenta como também limita o dever de proteção do médico. Isso quer dizer que, nas situações em que o paciente recusa apenas algumas intervenções específicas (por exemplo, a transfusão de sangue ou a adoção de medidas excepcionais de medicina intensiva), o médico não deixa de ser garante. No entanto, a extensão do dever imposto a ele estará *limitada* à execução das medidas com as quais o paciente consentiu.[1501] Dessa forma, o médico continua ocupando a posição de garantidor, a qual, não obstante, não alcançará a omissão relativa ao tratamento especificamente recusado pelo paciente.

Naturalmente, todos os pressupostos de validade do consentimento[1502] devem ser levados em conta para afirmar-se, também, a *validade da recusa do tratamento*, razão pela qual a posição de garante do médico não é afastada nas situações em que o paciente, por exemplo, não possui capacidade para consentir ou em que não lhe foram dadas todas as informações necessárias para a tomada de decisão. Para que se imponha um dever de abstenção e de respeito à vontade do paciente é necessário que a *vontade* de recusa do tratamento seja, de fato, *livre e esclarecida*. Assim, o médico que é garante por ter recebido a custódia de uma criança de seus pais, garantes originários, possui, independentemente de uma eventual recusa da criança, o dever de agir para evitar o resultado, sob pena de responder por homicídio omissivo impróprio.

Por fim, caso estejam constatadas a situação típica e a posição de garante, para que esta seja uma omissão objetivamente típica devem ainda estar presentes os demais pressupostos da punibilidade da omissão imprópria consumada,[1503] quais sejam, a omissão da conduta determinada e exigida de evitação do resultado, a capacidade físico-real de fazê-lo, bem como o nexo de causalidade e a imputação objetiva do resultado.[1504] Assim, o médico que assume concretamente o tratamento de uma paciente e, mesmo podendo e devendo agir, deixa de proceder à intervenção necessária para o salvamento da sua vida, pode responder por homicídio omissivo impróprio. Se a omissão decorre de culpa, como em boa parte dos casos de erro médico, tratar-se-á, naturalmente, de um homicídio omis-

1501. LIPP, Die ärztliche Hilfspflicht, Nm. 6.

1502. Cf. item 4.4.

1503. Cf. ESTELLITA, Responsabilidade penal de dirigentes de empresas por omissão, p. 80.

1504. A respeito da causalidade e da imputação objetiva na omissão imprópria, cf. GRECO, Luís. *Problemas de causalidade e imputação objetiva nos crimes omissivos impróprios*. Trad. Ronan Rocha, São Paulo: Marcial Pons, 2018; ROCHA, Ronano *A relação de causalidade no direito penal*. Belo Horizonte: D'Plácido, 2016, p. 171 e ss.

sivo culposo; se, no entanto, o médico possui consciência e vontade de deixar o paciente (que é seu desafeto, por exemplo) morrer, deve responder pelo crime a título doloso.

Partindo de todo o exposto, retomaremos a análise dos dois julgados anteriormente mencionados. No caso do psiquiatra, a dinâmica dos fatos nos demonstra que o médico realmente *nunca chegou a assumir uma função de proteção e custódia* em relação às pacientes, limitando a sua atuação à avaliação psiquiátrica e orientação sobre medicamentos. Dessa forma, em nenhum momento assumiu a posição de garante. Diante da recusa expressa de salvamento concretamente anunciada por ambas antes de entrarem em estado de inconsciência, certo é que ao médico se impunha um dever de se abster e de respeitar a vontade das pacientes.

Já no caso *Wittig*, o médico poderia até ser garante nas situações em que cuidava do tratamento da paciente. No entanto, o simples fato de tê-lo assumido em algum momento *não gera para ele a obrigação de evitar quaisquer resultados lesivos* que porventura pudessem ocorrer com a paciente, ainda que completamente desvinculados da sua condição médica, como aquele decorrente de um suicídio. Com efeito, o risco para a vida da paciente gerado pelo ato suicida em nada se relaciona com o tratamento que o médico havia assumido anteriormente, razão pela qual a evitação da consecução do suicídio não está abrangida pela função de proteção outrora assumida. Ademais, o dissentimento expresso da paciente, anterior ao ato suicida, é determinante para a definição da sua vontade presumida e dos limites de um eventual dever de garantia; a recusa expressa, portanto, firma para o médico, mais uma vez, um dever de se abster, o que deixa o afastamento de um dever de garante, no caso, ainda mais evidente.

A linha de argumentação traçada pelo BGH no caso Wittig, conforme já havíamos adiantado, possui diferentes falhas. Primeiramente, se, por um lado, busca-se fundamentar a autoria da omissão do médico na ideia de domínio, por outro, menciona-se também o critério da "vontade de autor" (ou *animus auctoris*[1505]), que se vincula à teoria subjetiva. Assim, nota-se na decisão uma aparente confusão entre a teoria do domínio do fato e a teoria subjetiva, que possuem fundamentos diversos para a diferenciação entre a autoria e a participação e, em muitos casos, chegam a conclusões distintas.

Argumento determinante no julgado é o de que, a partir do momento em que o suicida entra em estado de inconsciência e deixa de dominar os acontecimentos, o médico passaria a ter o *domínio do fato*[1506] e, caso se omitisse, responderia

---

1505. De acordo com essa teoria, autor é aquele que "deseja o fato como próprio". Cf. GRECO, Luís; TEIXEIRA, Adriano, Autoria como realização do tipo: uma introdução à ideia de domínio do fato como o fundamento central da autoria no direito penal brasileiro, *in*: GRECO, Luís *et alii* (Orgs.), *Autoria como domínio do fato*: Estudos introdutórios sobre o concurso de pessoas no Direito Penal brasileiro, São Paulo: Marcial Pons, 2014, p. 52.

1506. BGHSt 32, 367, p. 374.

por homicídio omissivo. Essa argumentação, todavia, é problemática do ponto de vista dogmático. Há que se esclarecer que a possibilidade de interferência do garante no acontecimento em curso não pode fundamentar o domínio do fato, tampouco alguma forma especial de omissão. Esse raciocínio, na verdade, serve apenas para determinar a *capacidade real de evitar o resultado*, o que também é pressuposto da punição de toda omissão imprópria. Isto é, o argumento de que apenas o médico seria capaz de mudar o acontecimento e evitar a morte é fundamental para determinar-se a evitabilidade do resultado, mas não para fundamentar a posição de garante.[1507] Ademais, como esclarece *Roxin*, o domínio do fato pressupõe necessariamente o controle ativo do curso causal e, portanto, não é possível derivar essa relação de domínio de uma simples inação.[1508] Os crimes omissivos não são delitos de domínio, que se vinculam às orientações da teoria do domínio do fato, mas sim *delitos de dever*, e, então, a efetiva violação do dever de evitar o resultado já fundamenta a autoria.[1509]

5.2.3.5 Os pressupostos da punição por omissão de socorro (art. 135, CPB)

A negativa da posição de garante do médico nos casos em que ele não assume de fato o tratamento do paciente deixa ainda aberta a possibilidade de punição pelo crime de omissão de socorro,[1510] previsto no art. 135 do CPB.[1511] Também nas situações em que não fica demonstrado que, caso o médico garante tivesse agido, teria evitado a morte ou a piora da saúde do paciente, não há *nexo de causalidade* entre a omissão e o resultado, o que afasta a punição por omissão imprópria, mas não impede a caracterização da omissão de socorro,[1512] tipo que não exige a ocorrência do resultado lesivo.

Trata-se de um crime omissivo próprio, que fixa para todos os cidadãos um *dever geral de solidariedade* perante pessoas em situação de desamparo ou perigo, derivado de uma responsabilidade social recíproca entre os membros da sociedade.[1513] Para além da solidariedade, de acordo com alguns autores a *ratio* dessa norma está na necessidade de proteção de bens jurídicos individuais[1514] que

---

1507. SOWADA, Strafbares Unterlassen des behandelnden Arztes der seinen Patienten nach einen Selbstmordversuch bewunsstlos auffident?, p. 78.

1508. ROXIN, Strafrecht Allgemeiner Teil 2, § 31, Nm. 133.

1509. ROXIN, Strafrecht Allgemeiner Teil 2, § 31, Nm. 140.

1510. BOCKELMANN, Strafrecht des Arztes, p. 23-24.

1511. De acordo com o art. 135 do CPB "deixar de prestar assistência, quando possível fazê-lo sem risco pessoal, à criança abandonada ou extraviada, ou à pessoa inválida ou ferida, ao desamparo ou em grave e iminente perigo; ou não pedir, nesses casos, o socorro da autoridade pública" é uma conduta punível com pena de detenção de um a seis meses ou multa.

1512. LIPP, Die ärztliche Hilfspflicht, Nm. 11.

1513. WESSELS; HETTINGER, Strafrecht Besonderer Teil 1, § 23, Nm. 1042.

1514. No Brasil, a omissão de socorro se limita, de acordo com a doutrina, à proteção da *vida* e da *saúde* de terceiros, não abrangendo, portanto, os demais bens jurídicos individuais.

se encontram em perigo.[1515] Não há necessidade de que o autor da omissão tenha qualquer vínculo com a vítima; via de regra, aliás, a omissão de socorro é caracterizada justamente pelos contatos anônimos.

Há quem afirme que, diante dos conhecimentos especiais do profissional da medicina, não poderia ele possuir o mesmo dever que os demais cidadãos, razão pela qual o tipo de omissão de socorro não seria relevante para determinar a responsabilidade penal do médico.[1516] No entanto, considerando a exigência de um fundamento material para a imposição de um dever especial de garantia, certo é que nem sempre o médico ocupará a posição de garante, como esclarecemos acima, e não faria sentido impor a ele um dever especial de proteção de todos os pacientes de um hospital, por exemplo, pelo simples fato de ser médico. Ademais, seria absurdo conceber que um médico que passeia com a família, depara-se com um acidente de carro e se omite responderia por homicídio – e não por omissão de socorro –, simplesmente por possuir um diploma de medicina. Naturalmente, o fato de que o médico não possui no caso concreto o *dever especial* de evitar o resultado não afasta o seu *dever geral* de assistência perante a sociedade, que o obriga, enquanto concidadão, a prestar socorro a pessoas que se encontram em situações adversas.

O médico pode vir a responder por esse crime caso deixe de prestar assistência, quando possível fazê-lo, a pessoa inválida ou ferida (no caso, o paciente) que está *ao desamparo*, ou seja, que se encontra privada de socorro e carente de proteção, não possuindo condições de, sozinha, livrar-se da situação de perigo. Assim, os requisitos da punição da omissão de socorro do médico são, basicamente: a *situação típica* (o paciente ao desamparo); a *não realização do imperativo de agir* (não prestação de assistência direta) e a *capacidade concreta de ação* (possibilidade de agir, sem risco pessoal). Trata-se de delito de atividade, cuja consumação independe, portanto, da ocorrência do resultado.

Para além desses requisitos clássicos assinalados pela doutrina brasileira, é possível apontar também o critério da *exigibilidade* (*Zumutbarkeit*) da ação salvadora, que se refere a um juízo de ponderação entre eventuais interesses conflitantes no caso concreto, levando-se em conta, por um lado, o bem que se encontra ameaçado, a natureza e a extensão do perigo e as possibilidades concretas de salvamento e, por outro lado, o interesse a ser sacrificado e os eventuais riscos inerentes ao salvamento do bem.[1517]

Cf., por todos, PRADO; CARVALHO; CARVALHO, Curso de direito penal brasileiro, p. 735.

1515. STERNBERG-LIEBEN; HECKER, Schönke/Schröder StGB § 323c, Nm. 1.

1516. Cf. por exemplo AGAPITO, Leonardo Simões. *Direito médico*: a omissão penalmente relevante. Universidade Estadual Paulista, 2018, p. 26.

1517. STERNBERG-LIEBEN; HECKER, Schönke/Schröder StGB § 323c, Nm. 18.

De acordo com a doutrina alemã majoritária, a exigibilidade, que geralmente é tratada como um elemento da culpabilidade, passa a integrar o tipo objetivo da omissão de socorro, constituindo uma espécie de corretivo de tipicidade.[1518] São considerados inexigíveis, por exemplo, o salvamento que implica um considerável risco pessoal para o potencial salvador ou quando outra pessoa (um parente, por exemplo) pode se ferir diante da possível ação de salvamento. A lei brasileira já deixa claro que o omitente somente possui o dever de agir quando a ação não implicar um *risco pessoal*; no entanto, este seria apenas um exemplo de situação de inexigibilidade e não a total extensão do critério. Por exemplo, também quando o omitente tiver que *violar outro dever relevante* para a evitação do resultado, afirma-se que a ação de salvamento não lhe é exigível em virtude da existência de um *conflito de deveres*.

Por fim, também a *necessidade* (*Erforderlichkeit*) da ação mandada pode ser relevante para se determinar a adequação típica da conduta omissiva do médico. Trata-se de uma análise *ex ante* sob a perspectiva de um observador externo, em que se averigua a imprescindibilidade da atuação do omitente no caso concreto.[1519] Isso quer dizer, por exemplo, que, nas situações em que já há outras pessoas prestando o auxílio necessário à vítima ou mesmo quando a própria pessoa possui condições de se autoproteger de maneira suficiente, o dever geral de solidariedade não seria necessário e a omissão seria, portanto, atípica. Esse critério é, em certa medida, também utilizado pela doutrina brasileira, mas geralmente a partir de determinadas situações e sem vinculação a uma compreensão conceitualmente definida.

No Brasil, a maior parte da doutrina defende que o médico que não salva a vida de um paciente, mesmo diante da recusa de tratamento, pratica uma omissão de socorro punível.[1520] Argumenta-se que, por se tratar a vida de um bem jurídico indisponível, o crime se consuma ainda que a vítima recuse ou dispense a assistência. Somente nos casos em que a oposição da vítima representar um "óbice intransponível" à prestação de auxílio, seria a conduta omissiva atípica.[1521] Assim, em relação, por exemplo, à recusa de tratamento de uma testemunha de Jeová, afirma-se que "um médico que deixa de realizar uma transfusão de sangue diante de um iminente perigo de vida, simplesmente porque o paciente ou seus familiares não permitem, comete omissão de socorro".[1522]

1518. Cf. por todos RENGIER, Strafrecht Besonderer Teil 2, § 42, Nm. 13.

1519. RENGIER, Strafrecht Besonderer Teil 2, § 42, Nm. 9.

1520. Nesse sentido, cf., por exemplo, FERREIRA, Beatriz Carneiro. *Manual prático de bioética e biodireito*. Rio de Janeiro: Livre Expressão, 2013, p. 99. FRANÇA, Direito médico, p. 222. SIQUEIRA; SIQUEIRA; TORRES, Testemunhas de Jeová, p. 41.Na Alemanha, cf. SPANN; LIEBHARDT; BRAUN, Ärztliche Hilfeleistungspflicht und Willensfreiheit des Patienten, p. 493-494.

1521. BITENCOURT, Tratado de direito penal 2, p. 316. PRADO; CARVALHO; CARVALHO, Curso de direito penal brasileiro, p. 735.

1522. FRANÇA, Direito médico, p. 222.

Não obstante, afastando mais uma vez o argumento paternalista (e/ou teológico) da indisponibilidade da vida, em especial no que se refere à omissão, uma postura que parte do respeito à autonomia não pode impor ao médico o dever de ignorar a vontade do paciente e proceder ao tratamento arbitrariamente. Pelo contrário, os deveres do médico, bem como o eventual direito secundário de tratar, encontram seu limite precisamente no direito à autodeterminação e na autorresponsabilidade do paciente,[1523] já que somente o seu consentimento (real ou presumido) poderá legitimar qualquer intervenção em seu corpo.

Sob o ponto de vista dogmático, há duas possíveis respostas que *afastam o dever geral de assistência* nos casos de recusa de tratamento. Uma primeira solução é fundamentada no critério da *exigibilidade*, consubstanciado no conflito existente entre o dever de agir para salvar o bem e o de respeitar o direito à autodeterminação do paciente. Uma segunda solução, em contrapartida, aponta para a atipicidade da conduta do médico em relação ao crime de omissão de socorro. Isso porque, considerando que o paciente que recusa uma intervenção não está em situação de desamparo, *não há situação típica.*[1524]

Um setor considerável da doutrina resolve esses casos com base no critério da *exigibilidade*. Para *Silva Sánchez*, o dissentimento livre afasta o dever geral de socorro, pois "não é exigível que um terceiro intervenha coercitivamente para salvar quem não deseja ser salvo".[1525] *Dölling* frisa que, no caso de um suicídio livre, deve haver uma ponderação entre a proteção da vida e a necessidade de respeitar a decisão livre de morrer, dando-se preponderância para esta última. Tal conflito não afastaria o fato de que a vítima se encontra numa situação típica de omissão de socorro, mas o respeito ao seu direito à autodeterminação afastaria, nesse sopesamento, o dever de agir.[1526] A inexigibilidade é ressaltada, em especial nos casos de recusa de tratamento, com o argumento adicional de que o Código Civil alemão (BGB) impõe o respeito às diretivas antecipadas de vontade,[1527] o que demonstra que há real conflito de deveres a partir da imposição legal do respeito a decisões acerca dos tratamentos a que o paciente deseja ou não se submeter.

1523. Como corretamente é constatado no julgado BGHSt 11, 111 (p. 114).

1524. Há também quem argumente que, nesses casos, a atipicidade da conduta do médico derivaria da ausência de dolo específico da omissão de socorro. Nesse sentido, cf. AZEVEDO, Autonomia do paciente e direito de escolha de tratamento médico sem transfusão de sangue, p. 295. No entanto, não há razões para analisar o dolo se a conduta do médico sequer se amolda ao tipo objetivo do crime em questão.

1525. SILVA SÁNCHEZ, Estudios sobre los delitos de omisión, p. 80.

1526. DÖLLING, Suizid und unterlassene Hilfeleistung, p. 1016. Como contra-argumento, para *Spann*, *Liebhardt* e *Braun*, ao se proceder a uma ponderação de bens jurídicos, o dever de solidariedade e de manutenção da vida, inerente ao tipo da omissão de socorro, deveria preponderar em relação ao direito de autodeterminação do paciente. SPANN; LIEBHARDT; BRAUN, Ärztliche Hilfeleistungspflicht und Willensfreiheit des Patienten, p. 490-492.

1527. RENGIER, Strafrecht Besonderer Teil 2, § 42, Nm. 20.

Quanto ao segundo argumento, é possível afirmar que não há, nesses casos, omissão em relação à "pessoa inválida ou ferida, ao desamparo", que constitui elemento típico do art. 135, CPB. Numa comparação com a lei alemã, que caracteriza a omissão de socorro, nesses casos, a partir da concepção de infortúnio (*Unglücksfall*),[1528] percebe-se que o foco da legislação brasileira está no sujeito passivo (a criança, a pessoa ferida etc.), ao passo que a lei germânica se volta para a situação excepcional (o acidente, o perigo comum ou a situação de necessidade). Outra diferença é que a lei alemã consagra expressamente a exigência dos requisitos da necessidade e da exigibilidade da conduta devida, enquanto a aplicabilidade desses critérios a partir do art. 135 do CPB não é tão clara.

De acordo com a jurisprudência tradicional do BGH, mesmo as situações de recusa de tratamento ou de tentativa de suicídio representam um infortúnio.[1529] Conceitualmente, compreende-se que isso ocorre nas situações em que sobrevém subitamente um imprevisto e, com ele, é gerado um risco considerável, sendo irrelevante se a situação de perigo vem de fora ou decorre de ato da própria pessoa, como uma tentativa de suicídio.[1530] Como já havíamos registrado, o BGH também firmou entendimento no sentido de que, mesmo estando a vítima consciente, vigora ainda o dever geral de assistência da omissão de socorro.

Parte da doutrina, no entanto, afirma não ser possível falar em infortúnio quando o próprio paciente deseja a morte, como num suicídio livre, ou quando voluntariamente recusa um tratamento,[1531] pois não há "acidente" numa condição que é desejada e/ou planejada. Em ambos os casos, estaria ausente em especial o caráter súbito da causa do perigo individual, o qual, também, deveria ser externo ao sujeito. Nas hipóteses em que o suicídio ou a recusa não forem livres, no entanto, estaria caracterizado o infortúnio e poderia o médico responder por omissão de socorro.[1532]

1528. De acordo com o §323c StGB, "(1) Quem não presta socorro diante de uma situação de infortúnio, perigo comum ou necessidade comum, apesar de a ajuda ser necessária e exigível naquelas circunstâncias, sendo em especial possível sem que haja considerável risco pessoal e lesão de outros deveres importantes, é punível com pena privativa de liberdade de até um ano ou multa." No original: "(1) Wer bei Unglücksfällen oder gemeiner Gefahr oder Not nicht Hilfe leistet, obwohl dies erforderlich und ihm den Umständen nach zuzumuten, insbesondere ohne erhebliche eigene Gefahr und ohne Verletzung anderer wichtiger Pflichten möglich ist, wird mit Freiheitsstrafe bis zu einem Jahr oder mit Geldstrafe bestraft."

1529. Cf. BGHSt 6, 147, p. 152; BGHSt 32, 367, p. 381.

1530. BGHSt 6, 147, p. 152.

1531. STERNBERG-LIEBEN; HECKER, Schönke/Schröder StGB § 323c, Nm. 8. Na jurisprudência, cf. o próprio caso do médico psiquiatra: LG Hamburg NStZ 2018, 281, p. 283. Como frisou *Roxin*, essa postura do BGH se baseia em argumentos de paternalismo rígido. ROXIN, Die Abgrenzung von strafloser Suizidteilnahme, strafbarem Tötungsdelikt und gerechtfertigter Euthanasie, p. 180.

1532. Especificamente quanto ao suicídio, cf. KREUZER, Ärztliche Hilfeleistungspflicht in der Sicht des Strafrechts, p. 235.

A nosso ver, para solucionar esses casos, não há razão em recorrermos à inexigibilidade, critério cuja aplicabilidade no ordenamento jurídico brasileiro no plano da tipicidade da omissão de socorro não é tão evidente, apesar de a argumentação traçada ser convincente. No contexto da lei brasileira, com base em raciocínio semelhante ao da ausência de infortúnio, também é possível afirmar que o paciente que recusa livremente uma intervenção *não está em situação de desamparo.*[1533] Ele está, na verdade, exercendo uma escolha autônoma de renúncia a uma possível tutela sobre a sua vida, mesmo podendo decidir de maneira diferente. Desamparado é aquele indivíduo carente de proteção, abandonado, privado de auxílio. O indivíduo que recusa autonomamente um tratamento, ao contrário, poderia gozar de uma proteção, mas não a deseja.

Assim, analisando-se os casos Wittig e do médico psiquiatra a partir da legislação brasileira, tem-se que as declarações de vontade feitas pelas pacientes antes do suicídio evidenciam que elas não desejavam qualquer proteção por parte dos médicos. Elas não estavam, portanto, desprotegidas ou desamparadas, mas apenas exercendo o seu direito à autodeterminação. Dessa forma, o médico que, sem ser garante, respeita a recusa de tratamento e deixa de proceder ao tratamento, também não responde por omissão de socorro, haja vista a inadequação típica da sua conduta.

5.3 Intervenções não indicadas e consentidas: há limites à liberdade de disposição do próprio corpo?

As *intervenções consentidas e* não indicadas se vinculam principalmente ao âmbito da medicina de satisfação dos desejos do paciente (*Patientenwünsche erfüllende Medizin*). No caso da medicina de aprimoramento (*enhancement*), o paciente visa a uma melhora subjetiva do próprio corpo, no sentido de obter um melhor desempenho ou capacidade de rendimento, que de certa forma pode acabar provocando lesões físicas ou piora na condição geral de saúde. Um exemplo desse tipo de intervenção é o *doping*, em especial de atletas. Também pertencem à constelação das intervenções não indicadas as cirurgias estéticas, as cesarianas eletivas ou as extrações de órgãos ou partes saudáveis do corpo, nos casos em que não há uma *necessidade* cirúrgica do ponto de vista médico, mas a realização da intervenção deriva exclusivamente de um desejo do paciente de satisfazer seus interesses pessoais.[1534]

No contexto das intervenções estéticas, tal concepção pode abranger desde as mais comuns cirurgias de implante mamário ou até mesmo modificações do corpo (*body modifications*) peculiares, como a mutilação da língua ou o implante

---

1533. Também defende essa tese, em especial nos casos de suicídio: CARVALHO, Autonomia do paciente e decisões ao final da vida, p. 176.

1534. STERNBERG-LIEBEN, Die objektiven Schranken der Einwilligung im Strafrecht, p. 325.

de chifres.[1535] A vontade de autorizar uma lesão no próprio corpo pode decorrer de diferentes interesses baseados em valores individuais: ao se submeter a uma cirurgia plástica, por exemplo, o paciente geralmente visa a satisfazer um interesse estético; ao doar um órgão saudável ou sangue para terceiros, procura provavelmente atingir um fim altruístico.[1536]

Como já esclarecemos, a integridade física é um bem jurídico plenamente disponível e, numa primeira aproximação, a adoção do paradigma do consentimento implica *prima facie* o reconhecimento da *legitimidade de qualquer intervenção consentida*, desde que preenchidos os pressupostos de validade do consentimento. Nesse sentido, poder-se-ia argumentar que a indicação da intervenção cirúrgica não influi na validade do consentimento e, portanto, mesmo as cirurgias não indicadas seriam legítimas com base no consentimento. No entanto, embora, via de regra, "ninguém possua a obrigação de deixar o seu corpo incólume",[1537] questiona-se *se* e *em que extensão* podem ser admitidas restrições ao direito de disposição da integridade física no campo das intervenções não indicadas, em especial diante de situações em que o paciente deseja ser submetido a uma intervenção considerada, sob o ponto de vista objetivo, irracional ou irrazoável.

Caso curioso, e relevante para a discussão aqui apontada, foi julgado pelo Tribunal de Napoli, na Itália, em 1931.[1538] Um sujeito de nome Lapegna havia comprado o testículo esquerdo de um estudante, com o intuito de utilizá-lo em um tratamento. Embora o estudante tenha consentido com a ablação da sua glândula sexual, a acusação a considerou como uma lesão corporal, que foi imputada a

---

1535. MORGENSTERN, Christine, Abstoßend, gefährlich, sozialschädlich? Zur Unbestimmtheit der Sittenwidrigkeitsklausel des § 228 StGB, *JZ*, v. 23, 2017, p. 1149.

1536. SCHROTH, Die Einwilligung in eine nicht-indizierte Körperbeeinträchtigung zur Selbstverwirklichung, p. 719.

1537. SCHROTH, Die Einwilligung in eine nicht-indizierte Körperbeeinträchtigung zur Selbstverwirklichung, p. 727.

1538. ITÁLIA, Udienza 13 dicembre 1931; Pres. Ricciulli, Est. Vestini, P. M. Petrocelli (concl. diff.) – Imp. Fersina ed altri, *Il Foro Italiano*, v. 57, parte, p. 139-152, 1932. De acordo com a acusação, o consentimento era irrelevante para a análise do caso por se tratar de uma intervenção que, do ponto de vista do estudante, não possuía finalidade curativa. No entanto, todos os acusados foram absolvidos nessa instância por *ausência de dolo*, já que de acordo com os padrões médicos da época era sabido que a glândula poderia ser retirada sem causar danos à capacidade reprodutiva do estudante e, por outro lado, um terceiro poderia ser beneficiado com o procedimento. O consentimento foi levado em conta para se afirmar a licitude da conduta de Lapegna e dos médicos, não em relação à retirada do testículo, mas no que se refere aos oito dias em que o estudante, durante o pós-operatório, ficou afastado de suas atividades. O que mais chama a atenção nos fundamentos exarados nessa decisão é a compreensão da integridade física adotada pelo Tribunal, que afirma que "o consentimento [pode] retirar todo o caráter de ilícito de um fato somente quando o indivíduo, não obstante a lesão, permaneça física e socialmente idôneo à demonstração da sua atividade com relação à pátria, ao Estado e à família" (p. 147). Ou seja, a integridade física do estudante seria, no caso concreto, um bem jurídico indisponível em razão de um dever social deste de manter a inviolabilidade do seu próprio corpo.

Lapegna e aos médicos. Do ponto de vista do estudante, apesar de não ter perdido a capacidade ejaculatória e reprodutiva, a intervenção não trouxe qualquer benefício para além da contraprestação pecuniária. O Tribunal de Napoli, por sua vez, absolveu todos os acusados por ausência de dolo.[1539] Diante desse e de tantos outros casos, pergunta-se[1540]: afinal, existe um limite para o exercício da autonomia e da realização da vontade do paciente nos casos de intervenções não indicadas?

5.3.1 A "cláusula dos bons costumes"

É comum a afirmação de que a validade do consentimento do titular do bem jurídico em relação a lesões corporais provocadas por terceiros encontra sua limitação objetiva na denominada *cláusula dos bons costumes*. Esse preceito está previsto expressamente na lei penal alemã (§ 228 do StGB[1541]) e, no Brasil, podemos encontrar um dispositivo similar no art. 13 do Código Civil, segundo o qual "salvo por exigência médica, é defeso o ato de disposição do próprio corpo, quando importar diminuição permanente da integridade física, *ou contrariar os bons costumes*".[1542] *Prima facie*, tal regra não possui significado prático em relação às cirurgias indicadas,[1543] mas pode afetar a reprovabilidade das cirurgias não indicadas, mesmo que consentidas. Como frisamos, parte da doutrina brasileira recorre a esse argumento para sustentar que a integridade física seria um bem jurídico *indisponível* ou apenas *relativamente disponível*.[1544]

1539. Cf. a respeito dessa decisão MAGALHÃES, Causas de exclusão do crime, p. 142. MAGGIORE, Derecho penal 1, p. 444. Essa decisão foi criticada por ambos autores, por acreditarem que o real fundamento da licitude da atuação médica e justificação das intervenções médicas dependeria, na verdade, do exercício regular do direito.

1540. Nessa discussão, é possível também retomar o já comentado caso da extração de dentes (o nosso caso 5, BGH, NJW, 1978, p. 1206), já que houve por parte da doutrina questionamentos sobre se haveria, aqui, uma violação aos bons costumes, apesar de o BGH não ter tocado nesse ponto em sua decisão. Cf. HORN, Der medizinisch nicht indizierte, aber vom Patienten verlangte ärztliche Eingriff – strafbar?, p. 30.

1541. "§ 228 Consentimento. Quem realiza uma lesão corporal com o consentimento da pessoa lesionada somente atua ilicitamente quando o fato, apesar do consentimento, violar os bons costumes". No original: § 228 Einwilligung "Wer eine Körperverletzung mit Einwilligung der verletzten Person vornimmt, handelt nur dann rechtswidrig, wenn die Tat trotz der Einwilligung gegen die guten Sitten verstößt".

1542. O dispositivo brasileiro possui ainda uma peculiaridade, pois além dos bons costumes menciona também a *diminuição permanente da integridade física*. Isso, para alguns autores, constitui um dos aspectos relevantes para se delimitar o conteúdo dos bons costumes, mas é também questionável. No que se refere à definição dos bons costumes sob a perspectiva do direito civil, cf. TEIXEIRA, Saúde, corpo e autonomia privada, p. 231 e ss.

1543. FRISTER; LINDEMANN; PETERS, Arztstrafrecht, p. 19.

1544. Cf. por todos BITENCOURT, Tratado de direito penal 2, p. 214. Também *Minahim* parece se inclinar a favor de tal cláusula, ao afirmar, no contexto dessa discussão, que "é possível argumentar em favor da moral e dos costumes como elementos que fundamentam o valor ou o desvalor conferido a certas condutas e que podem validar ou não sua proibição".

Qual seria, todavia, o conteúdo concreto dessa cláusula? Na Alemanha, a interpretação do teor dos bons costumes é controversa desde a sua inserção no StGB em 1933.[1545] Se, por um lado, podemos encontrar incessantes tentativas que visam a traçar critérios para atribuir conteúdo a essa cláusula, o que nos mostra a relevância da discussão sobre uma real limitação à liberdade de disposição, por outro lado, muitos autores questionam a própria constitucionalidade de uma cláusula tão aberta e indeterminada.

5.3.1.1 A busca por uma definição do conteúdo dos bons costumes

Numa primeira aproximação, nota-se que a expressão "violação dos bons costumes" possui uma conotação moralista, exprimindo uma ideia de contrariedade à moral. Essa, na verdade, é uma das primeiras críticas que podem ser feitas a essa cláusula, que pode originar interpretações que visam à imposição de valores morais externos ao indivíduo e, portanto, provocam uma confusão ilegítima entre direito e moral. Frise-se, contudo, que muito embora a expressão escolhida pelo legislador alemão talvez tenha sido intencional no contexto da Alemanha nacional-socialista, a interpretação atual dos bons costumes, logo de saída, não pode se vincular a concepções moralistas, ao menos enquanto critério a ser aplicado no direito penal. Como esclarece *Figueiredo Dias*, por mais que originalmente a cláusula possa ter tido uma carga moral – como nas discussões acerca de práticas sexuais sadomasoquistas, esterilizações ou interrupções de gravidez –, seu significado atual não mais comporta esse conteúdo.[1546] Assim, qualquer tentativa de atribuir algum sentido a essa cláusula na atualidade deve certamente se desvincular da sua compreensão original.

As tentativas de definir o conteúdo dessa cláusula são muitas. Há, por exemplo, quem busque extrair seu teor do próprio ordenamento jurídico e, assim, fundamentar uma compreensão normativa dos bons costumes. Essa foi a primeira tese de *Roxin*, que, até a terceira edição do seu manual,[1547] defendia que o conteúdo dos bons costumes derivaria das reprovações já claramente estipuladas pela lei e em relação a condutas que provoquem uma lesão do bem jurídico.[1548] Assim, as lesões corporais consentidas que geram um risco para a vida do titular do bem jurídico poderiam ser consideradas contrárias aos bons costumes, com base na proibição do homicídio. Da mesma forma, o sujeito que amputa uma parte do

---

MINAHIM, O consentimento do ofendido em face de bens jurídicos indisponíveis, p. 233-234.

1545. NIEDERMAIR, Körperverletzung mit Einwilligung und die Guten Sitten, p. 1. Inicialmente, a cláusula dos bons costumes estava prevista no § 226a StGB. O legislador alemão teve a oportunidade de revogar ou ao menos adequar tal dispositivo na sexta reforma do StGB de 1998, mas, apesar dos inúmeros questionamentos da doutrina, acabou mantendo no § 228 a mesma redação do dispositivo original.

1546. FIGUEIREDO DIAS, Direito Penal, p. 481.

1547. ROXIN, Claus, Strafrecht Allgemeiner Teil 1, §13, Nm. 36-41.

1548. ROXIN, Claus, Strafrecht Allgemeiner Teil 1, §13, Nm. 37.

corpo de outra pessoa, a seu pedido, para que ela possa se aposentar ou receber algum seguro, violaria os bons costumes em razão da proibição do estelionato. Já as lesões decorrentes de relações sexuais sadomasoquistas seriam lícitas, por não haver qualquer dano social ou reprovação legal nesse sentido. Também as intervenções médicas para fins cosméticos, por mais irracionais que possam parecer, bem como as cirurgias de redesignação sexual e de esterilização, não encontrariam qualquer reprovação na lei e, por isso, não violariam os bons costumes.[1549]

Em sentido semelhante, numa tentativa de elaborar uma interpretação do § 228 StGB que não viole o princípio da legalidade, *Wolters* defende que apenas as lesões corporais realizadas com a "finalidade de preparação, execução, ocultação ou simulação de um ato criminoso" violam os bons costumes.[1550] Assim, por exemplo, um médico que executa uma cirurgia plástica na face de um criminoso, para que ele não seja reconhecido e preso pela polícia, praticaria uma lesão corporal punível.[1551] No entanto, como nos lembra *Fateh-Moghadam*, essas concepções, denominadas por ele de modelo de transformação (*Transformationsmodell*), acabam confundindo o bem jurídico efetivamente protegido pelo tipo penal de lesão corporal. Por exemplo, no supracitado caso da fraude de seguro, esse modelo não esclarece satisfatoriamente por que um sujeito que participa de um estelionato, que culmina apenas numa lesão do patrimônio, responderia também por lesão corporal. Como aponta *Hirsch*, nesses casos, "o conteúdo do injusto não está na lesão corporal (...) mas no crime vinculado a outro bem jurídico".[1552]

No bojo da chamada teoria da gravidade da lesão (*Schweretheorie*), o paradigma para a delimitação dos bons costumes é a intensidade da lesão ao bem jurídico[1553] e a perigosidade da conduta,[1554] entre outros critérios. Assim, no clássico exemplo das relações sexuais sadomasoquistas, somente lesões leves ou

---

1549. ROXIN, Claus, Strafrecht Allgemeiner Teil 1, §13, Nm. 38.

1550. WOLTERS, SK-StGB, §228, Nm. 11. No original: "...Zweck der Vorbereitung, Vornahme, Verdeckung oder Vortäuschung einer Straftat unternommen worden". Para *Kröger*, essa seria a teoria da finalidade (*Zwecktheorie*), KRÖGER, Die Rechtfertigung des ärztlichen Heileingriff sowie die juristische Bewertung sonstiger ärztlicher Behandlungsmaßnahmen, p. 233.

1551. Cf. críticas a essa tese em DUTTGE, Gunnar, Abschied des Strafrechts von den "guten Sitten"? Zum "Minimum" bei der Auslegund der sittenwidrigen Körperverletzung (§ 228 StGB), *in*: *Gedächtnisschrift für Ellen Schlüchter*, Köln: Carl Heymanns Verlag KG, 2002, p. 782.

1552. HIRSCH, LK-§228, Nm. 9. No original: "... so besteht der Unrechtsgehalt nicht in der Körperverletzung (...), sondern in einer Straftat bezüglich anderer Rechtsgüter".

1553. Também adotam o critério da intensidade da lesão, por exemplo, ARZT, Willensmängel bei der Einwilligung, p. 39. WEIGEND, Über die Begründung der Straflösigkeit bei Einwilligung des Betroffenen, p. 64-65.

1554. Em sentido análogo, para *Figueiredo Dias*, a compreensão atual da cláusula dos bons costumes vincula-se à gravidade e à irreversibilidade da lesão: "o consentimento será ineficaz quando a ofensa à integridade física possua uma gravidade tal – nomeadamente uma

médias seriam justificadas pelo consentimento, permanecendo puníveis as eventuais lesões graves como lesões corporais. *Hirsch,* um dos defensores dessa teoria, acrescenta a ela mais um critério: somente excepcionalmente a *finalidade positiva da lesão* poderia compensar a sua gravidade e limitar a abrangência da cláusula dos bons costumes. Isso ocorreria se a lesão fosse acompanhada de uma finalidade altruísta, por exemplo, que poderia justificar uma doação de órgão entre vivos.[1555]

Essa teoria possui certa vinculação com o critério adotado pelo Código Civil brasileiro, que limita a possibilidade de disposição do próprio corpo não só por meio da cláusula dos bons costumes, mas também por um critério relacionado à não *diminuição permanente da integridade física.* Apesar de a lei civil brasileira fazer uma ressalva no parágrafo único do art. 13 no que se refere à doação de órgãos para transplante,[1556] é possível visualizar diferentes intervenções que, apesar de serem irreversíveis e implicarem a retirada permanente de partes saudáveis do corpo, representam o verdadeiro exercício da autonomia do paciente, como uma cirurgia de transgenitalização. Isso coloca em xeque a validade de uma teoria baseada exclusivamente no critério da gravidade da lesão, revelando, ademais, a insuficiência do critério trazido pela lei civil. Por mais que o corretor da finalidade positiva trazido por *Hirsch* apresente uma solução até mais satisfatória do que a lei brasileira, o autor não esclarece quais seriam os critérios para aferir se a finalidade da lesão seria suficiente para afastar a violação dos bons costumes, o que pode ser ainda mais problemático no caso das intervenções não indicadas, que nem sempre se vinculam a finalidades racionalizáveis de um ponto de vista objetivo. Assim, o critério desenvolvido por ele continua sendo aberto e impreciso.

Noutra perspectiva, *Roxin* e *Greco* propõem uma conjugação da cláusula dos bons costumes com a ideia fundamental que está por detrás da proibição do homicídio a pedido. Para os autores, uma lesão corporal que cria um *perigo concreto para a vida daquele que consente* seria contrária aos bons costumes, conquanto não se destine, "como em operações arriscadas, à preservação da vida".[1557] Ademais, também seriam puníveis as *lesões corporais graves e irreversíveis* desvinculadas

irreversibilidade, v.g. uma mutilação – que, perante ela, o valor da autorrealização pessoal deva ceder o passo". FIGUEIREDO DIAS, Direito Penal, p. 482.

1555. HIRSCH, LK-§228, Nm. 9.

1556. "Art. 13, parágrafo único. O ato previsto neste artigo será admitido para fins de transplante, na forma estabelecida em lei especial."

1557. ROXIN; GRECO, Strafrecht Allgemeiner Teil 1, § 13, Nm. 42. No original: "... soweit sie nicht, wie bei Risikooperationen, der Lebenserhaltung dient". Na perspectiva das lesões que geram um perigo concreto para a vida, é questionável a extensão dessa compreensão, por exemplo, para os casos de cirurgias estéticas ou mesmo cirurgias não terapêuticas ainda em fase experimental que geram um risco extraordinário para a vida do paciente, eis que, dentro do critério apresentado, não se destinam à "preservação da vida". Diante de uma proibição desse tipo de intervenção, estaria sendo tolhido o direito do paciente de aceitar determinados riscos em busca de fins que condizem com os seus próprios valores. Muito embora os autores afirmem, mais à frente, que as cirurgias cosméticas não violariam os bons costumes (ROXIN; GRECO, Strafrecht Allgemeiner Teil 1, § 13, Nm. 48.), não fica

de uma "*razão compreensível*". Por exemplo, as esterilizações e as cirurgias de redesignação de sexo implicariam lesões graves e irreversíveis, mas seriam lícitas já que realizadas por uma boa razão, reconhecível até mesmo de um ponto de vista objetivo como uma concreta "expressão do livre desenvolvimento da personalidade".[1558] Por sua vez, o consentimento na mutilação de um dos membros, concedido por um indivíduo com o objetivo de se tornar um pedinte, implicaria uma perda de qualidade de vida excessivamente desproporcional, se comparada às possíveis vantagens da lesão.[1559]

O fundamento dessa concepção estaria vinculado aos argumentos que, na visão dos autores, se referem à indisponibilidade da vida: o sujeito que realmente deseja lesionar seu próprio corpo não poderia delegar a execução dessa tarefa para outrem, mas deveria concretizá-la com suas próprias mãos. Somente assim não haveria dúvidas de que essa seria uma decisão verdadeiramente livre e, portanto, por mais que o direito de livre disposição do próprio corpo fosse reconhecido, ele seria limitado quanto à sua forma.[1560] Considerando, todavia, que a consequência danosa no caso das lesões corporais não é tão grave quanto a do homicídio, haveria uma *relativização da proibição de delegação* quando houver motivos compreensíveis, identificados não necessariamente a partir de considerações externas majoritárias, mas sim de acordo com os próprios valores do indivíduo afetado.[1561] A lesão corporal contrária aos bons costumes seria concebida, nessa perspectiva, como um delito de perigo abstrato, que visa a obstar um perigo de lesão para a integridade física.[1562]

Os autores buscam afastar-se de uma concepção coletivista – defendida na edição anterior –, que fundamenta os bons costumes a partir de uma necessidade preventivo-geral de estabelecer um tabu da inviolabilidade da integridade corporal alheia. A cláusula dos bons costumes se destinaria, na verdade, à tutela do bem jurídico individual numa forma de paternalismo suave, que visa a proteger o indivíduo das suas próprias decisões não refletidas.[1563] Para tanto, deve-se ter por base a racionalidade subjetiva da decisão e não concepções de racionalidade externas.

No entanto, não basta dizer que a referência é uma perspectiva individual e não social, se no final das contas essa concepção impede que o sujeito exerça sua autonomia e delegue a execução do ato que irá satisfazer o seu interesse. Afinal,

claro, dentro dos critérios traçados, qual seria a razão para se afirmar a legitimidade desse tipo de assunção de risco e até que ponto poderia ser aceito.

1558. ROXIN; GRECO, Strafrecht Allgemeiner Teil 1, § 13, Nm. 43. No original: "... Ausdruck freier Entfaltung der Persönlichkeit...".

1559. ROXIN; GRECO, Strafrecht Allgemeiner Teil 1, § 13, Nm. 43.

1560. ROXIN; GRECO, Strafrecht Allgemeiner Teil 1, § 13, Nm. 44a-44b.

1561. ROXIN; GRECO, Strafrecht Allgemeiner Teil 1, § 13, Nm. 44b.

1562. ROXIN; GRECO, Strafrecht Allgemeiner Teil 1, § 13, Nm. 44c.

1563. ROXIN; GRECO, Strafrecht Allgemeiner Teil 1, § 13, Nm. 44a-44b.

via de regra, a ausência de coragem ou de disposição de lesar a si mesmo não implica necessariamente a inexistência da concreta vontade de lesão, tampouco afasta a possibilidade de que a decisão tomada seja livre e autônoma. Um paternalismo suave somente legitimaria a ingerência estatal *temporária* na medida em que não houvesse certeza acerca da voluntariedade da decisão do sujeito e apenas o argumento de que "aquele que realmente deseja, executa com as próprias mãos" não é suficiente para duvidar, em todos os casos, da liberdade da decisão. Uma proibição genérica de toda e qualquer lesão grave "desarrazoada" acaba se vinculando a um paternalismo rígido, porquanto estipula uma proibição permanente que visa a proteger o indivíduo de si mesmo. Tampouco está claro o que seria uma "razão compreensível", mesmo que seja analisada a partir da perspectiva do sujeito: para o indivíduo que deseja amputar a própria perna para se tornar um pedinte, talvez essa lesão seja compreensível, por mais que não o seja para terceiros. No final das contas, o critério da "razão compreensível" é também vago e, assim, possui os mesmos problemas da "finalidade positiva" de *Hirsch*.

Não obstante, consideramos essencialmente correta a refutação do argumento utilizado por *Roxin* na 4ª edição do seu manual, segundo o qual "o indivíduo deveria, em seu próprio interesse, ser impedido de, sem uma razão compreensível, lesar o seu corpo de tal maneira que restará limitado permanentemente em suas atividades durante toda a sua vida futura".[1564] A partir dessa afirmação, defendia-se que o consentimento deveria se destinar à promoção – e não à destruição – das possibilidades de desenvolvimento da vida.[1565] No entanto, como já havíamos frisado, não é correto limitar a liberdade atual exclusivamente com fundamento no argumento da sua "ampliação futura", que se mostra incompatível com a concepção não consequencialista de autonomia, aqui desenvolvida.[1566] Afinal, a autonomia atribui ao indivíduo o direito de fazer suas próprias escolhas a partir de sua concepção de vida boa e, se é verdade que o seu exercício culmina na restrição de espaços de liberdade futuros, tal possibilidade há de ser assumida como uma consequência natural e inerente à autodeterminação. Assim, uma compreensão que permite a desconsideração da autonomia atual para alegadamente maximizá-la no futuro, ainda que contra a vontade do indivíduo afetado, acaba, na verdade, negando o seu real significado, permitindo a sua violação a partir de valores heterônomos.

1564. ROXIN, Strafrecht Allgemeiner Teil 1, § 13, Nm. 44. No original: "Der Einzelne soll in seinem eigenen Interesse gehindert werden, seinen Körper ohne verständlichen Grund in einer Weise zu schädigen, die ihn während seines ganzen Lebens in seinen Betätigungsmöglichkeiten nachhaltig einschränken wird". Além disso, segundo *Roxin* haveria também um *interesse coletivo* na proibição desse tipo de conduta, por razões de prevenção geral e considerando que esse indivíduo muito provavelmente precisará de amparo estatal para continuar vivendo. Esses argumentos foram abandonados na quinta edição desse manual.

1565. ROXIN, Strafrecht Allgemeiner Teil 1, § 13, Nm. 43.

1566. Cf. item 2.3.2.

Há também quem recorra, como *Frisch*, ao argumento da existência de um *déficit de autonomia* do indivíduo que consente e, nesse sentido, os bons costumes vincular-se-iam a situações em que o consentimento não mais representa a decisão autônoma de uma pessoa racional.[1567] Ao concretizar sua proposta, todavia, *Frisch* acaba recorrendo a critérios bem similares aos já mencionados: no final das contas, as lesões irracionais graves e irreversíveis ou altamente perigosas contrariariam os bons costumes.[1568] No entanto, o fundamento apresentado é questionável, pois, além de a autonomia compreender também o direito de errar e de tomar decisões irracionais,[1569] como já definimos, os problemas de déficit de autonomia, na verdade, devem ser solucionados no contexto da capacidade para consentir,[1570] sendo até mesmo desnecessária uma alusão à cláusula dos bons costumes exclusivamente com o fim de resolver problemas de autonomia deficitária. Afinal, por mais que em alguns casos a irracionalidade objetiva da decisão possa até representar, como argumenta *Murmann*, um *indício* de que há um vício de vontade,[1571] já que a decisão pode ser tão estúpida a ponto de muito provavelmente decorrer de uma incapacidade, isso, a nosso ver, não pode fundamentar uma proibição genérica, até porque impediria o exercício da liberdade daqueles que tomam decisões objetivamente irracionais, mas são verdadeiramente capazes. Esse, a nosso ver, é um problema vinculado ao preenchimento dos pressupostos subjetivos de validade do consentimento[1572] – e não aos bons costumes.

Hardtung, por sua vez, defende uma perspectiva coletivista, na qual a definição dos bons costumes, transformados numa cláusula de ponderação (*Abwägungsklausel*), é resultado do sopesamento entre as vantagens e as desvantagens da conduta.[1573] Isso significa, num plano mais concreto, que as lesões graves na integridade corporal só poderiam ser autorizadas quando, além do consentimento, houver boas razões reconhecidas pelo direito para autorizar o ato. Essa ponderação de interesses, todavia, levaria em conta não apenas os interesses individuais da vítima, mas também a necessidade de proteção de interesses gerais da coleti-

---

1567. FRISCH, Wolfgang, Zum Unrecht der sittenwidrigen Körperverletzung (§ 228 StGB), *in*: *FS-Hirsch*, Berlin: Walter de Gruyter, 1999, p. 490-491 e 495. Para *Fateh-Moghadam*, essas teorias que se vinculam à falta de autonomia daquele que consente interpretam a cláusula dos bons costumes como um limite subjetivo do consentimento. Cf. FATEH-MOGHADAM, Die Einwilligung in die Lebendorganspende, p. 125.

1568. FRISCH, Zum Unrecht der sittenwidrigen Körperverletzung, p. 499-500.

1569. O que o próprio *Frisch* reconhece: FRISCH, Zum Unrecht der sittenwidrigen Körperverletzung, p. 496.

1570. SCHROTH, Die Einwilligung in eine nicht-indizierte Körperbeeinträchtigung zur Selbstverwirklichung, p. 728.

1571. MURMANN, Die Selbstverantwortung des Opfers im Strafrecht, p. 501. Cf. também RIGOPOULOU, Grenzen des Paternalismus im Strafrecht, p. 300 e ss.

1572. Cf. item 4.4.3.3.

1573. HARDTUNG, MüKo § 228, Nm. 18.

vidade.[1574] No entanto, como já ressaltamos anteriormente, o consentimento não pode se vincular argumentos de ponderação, principalmente quando a sociedade é colocada do outro lado da balança.[1575] Ponderar a autonomia de uma perspectiva externa é o mesmo que negá-la.

Numa concepção também coletivista, para *Duttge,* violadora dos bons costumes é a lesão corporal que, apesar de consentida, afeta um *interesse coletivo,* o que constitui um limite externo para o exercício da autodeterminação.[1576] O fundamento dessa limitação está na necessidade de garantir a *dignidade humana* "mesmo que contra a vontade do interessado",[1577] o que culminaria na indisponibilidade de um mínimo existencial: ninguém poderia dispor da própria dignidade para atribuir um direito a outrem.[1578] O autor cita o caso do "ritual de aceitação" (*Aufnahmeritual*), em que um jovem de 15 anos, para ser aceito em uma gangue, foi submetido a uma sessão de espancamento. Os chutes e socos desferidos por três membros da gangue causaram-lhe graves contusões, em especial na cabeça, e o conduziram ao afastamento de suas atividades normais por duas semanas. Tanto para *Duttge* quanto para o Tribunal Regional Superior da Baviera (*BayObLG*), o consentimento do jovem seria inválido, porquanto o pedido de submissão a uma prática que viola a dignidade humana e que faz do jovem um objeto violaria os bons costumes, o que fundamentaria a punição dos três membros da gangue.[1579]

Mas será que é possível impor ao sujeito lesado um limite fundado numa dimensão objetiva da dignidade humana mesmo contra a sua vontade? Ao fim e ao cabo, acaba-se intuindo, como critica *Schroth*, um "dever de dignidade humana".[1580] Essa concepção é notadamente indefinida, pois não há como extrair da dignidade humana orientações concretas que limitem a liberdade de disposição. Mas, mais importante ainda, é incoerente falar em lesão da dignidade quando o ato decorre do exercício da autonomia e da vontade individual. A autonomia é, a bem da verdade, uma expressão da dignidade humana e cabe ao próprio indivíduo que definir o seu conteúdo. Até porque ela não se refere a indivíduos abstratos ou a um homem médio, mas sim a pessoas de carne e osso, cada qual com sua indivi-

---

1574. HARDTUNG, MüKo § 228, Nm. 24. Também *Otto* fundamenta uma perspectiva coletivista e soluciona os problemas da cláusula dos bons costumes no princípio do interesse preponderante. Cf. OTTO, Einverständnis, Einwilligung und eigenverantwortliche Selbstgefährdung, p. 620.

1575. Sobre a inadequação do modelo de colisão, cf. 4.2.3.2.1.3.

1576. DUTTGE, Abschied des Strafrechts von den "guten Sitten"?, p. 777.

1577. DUTTGE, Abschied des Strafrechts von den "guten Sitten"?, p. 801. No original: "Wahrung der Menschenwürde selbst gegen den Willen des Betroffenen!". Cf. também DUTTGE, Gunnar, Der BGH auf rechtsphilosophischen Abwegen – Einwilligung in Körperverletzung und "gute Sitten", *NJW*, n. 5, 2005, p. 261.

1578. DUTTGE, Abschied des Strafrechts von den "guten Sitten"?, p. 784.

1579. Bayerisches Oberstes Landesgericht *NJW* 1999, p. 372-373. DUTTGE, Abschied des Strafrechts von den "guten Sitten"?, p. 784.

1580. SCHROTH, Die Einwilligung in eine nicht-indizierte Körperbeeinträchtigung zur Selbstverwirklichung, p. 722.

dualidade e suas concepções de vida.[1581] Além do mais, como nos lembra *Fateh-Moghadam*, esse argumento acaba sendo circular, pois, por um lado, "contrário aos bons costumes é o que viola a dignidade humana", e, por outro, "a lesão da dignidade resulta da contrariedade aos bons costumes".[1582] Nessa concepção, a dignidade, a bem da verdade, acaba se tornando um subterfúgio para a atribuição de uma aparência de legitimidade ao que, na verdade, nada mais é do que um *moralismo.*[1583]

Na verdade, por mais que utilizem fundamentos diversos, na prática, boa parte das teorias acaba se vinculando, em alguma medida, à ideia da gravidade da lesão em consonância com algum critério adicional (como *Hirsch*, *Roxin/Greco*, *Frisch* e até *Duttge*). Algumas se vinculam a uma perspectiva coletivista e outras tentam atrelar os bons costumes a interesses subjetivos do sujeito afetado. A perspectiva coletivista mostra-se, já de saída, paternalista e/ou moralista, já que ao impor um padrão objetivo de racionalidade, de dignidade humana ou mesmo assumindo a tutela de interesses coletivos, viola-se diretamente a autonomia.

Por sua vez, os critérios da gravidade da lesão ou da colocação da vida em perigo são, isoladamente considerados, nitidamente insuficientes. Apesar de válidos, não solucionam todos os problemas, já que há situações arriscadas e de lesão grave consideradas legítimas, como uma cirurgia de redesignação sexual, de transplante de órgãos sob a perspectiva do doador ou mesmo uma intervenção estética que submete a vida do paciente a um risco exacerbado. Dessa forma, o problema está não apenas no fundamento questionável de muitas dessas concepções, mas também nos corretores adicionais utilizados, que aludem a certas razões sem, no entanto, definir o que seria suficiente para que uma decisão seja concebida como positiva, compreensível ou racional. Todas essas noções padecem, ao final, do mesmo problema: não conseguem definir critérios concretos que determinem claramente a diferença entre um fato criminoso e um não criminoso ou entre uma conduta contrária aos bons costumes e uma legítima, abarcada pelo consentimento válido.

1581. Cf. críticas em FATEH-MOGHADAM, Die Einwilligung in die Lebendorganspende, p. 114-116.

1582. FATEH-MOGHADAM, Die Einwilligung in die Lebendorganspende, p. 114. Talvez o caso das relações sexuais sadomasoquistas explicite os problemas dessa concepção: uma pessoa que se submete a esse tipo de relação deseja, exercitando a sua autonomia, ser tratada como objeto. Não se pode negar a ela essa dimensão da sua liberdade de ser objetificada, muito menos impondo a ela um dever de não se submeter livremente a situações que violem a própria dignidade. Ademais, alguns casos explicitam o quão longe pode ir uma concepção baseada na dignidade humana, como os casos Peep-Show e de arremesso de anão (*Zwergweitwurf-Fälle*). Cf. a esse respeito FATEH-MOGHADAM, Die Einwilligung in die Lebendorganspende, p. 115.

1583. Como frisa *Greco*, a dignidade, nos últimos tempos, acaba sendo utilizada como uma terminologia "moderna" para expressar o moralismo. GRECO, Strafbare Pornografie im liberalen Staat, p. 279-280.

5.3.1.2 A ilegitimidade da cláusula dos bons costumes

Para *Schünemann*, as tentativas de limitar a disposição de bens jurídicos contra a vontade de seu titular são "disfuncionais, sob a perspectiva da idoneidade ou adequação, e errôneas, por violarem a liberdade de ação do titular do bem jurídico".[1584] Essa afirmação é essencialmente correta, mas exceções à regra podem ser reconhecidas. A limitação à liberdade de dispor dos próprios bens jurídicos só é possível e constitucionalmente adequada se a conduta individual afetar o exercício da liberdade de terceiros, bem como se houver razões de paternalismo suave para nela interferir. De fato, como nos lembra *Roxin*, a liberdade de ação somente pode ser exercida enquanto não interferir no exercício dos direitos de terceiros.[1585] Para além do atingimento de terceiros, ao qual não se vincula o grupo de casos aqui discutido, a limitação da disposição do corpo poderia ser legitimada visando à proteção de interesses do próprio indivíduo na forma de um paternalismo suave, como ocorre no caso das limitações subjetivas do consentimento, admitindo-se, por exemplo, restrições temporárias do direito de consentir para que seja possível determinar a liberdade da decisão do conscenciente.

A nível constitucional, o principal problema da cláusula dos bons costumes não reside tanto na questão da limitação da liberdade de disposição, mas principalmente na de sua indeterminação, que, no final das contas, impossibilita a solução dos problemas a que se presta.[1586] Em primeiro lugar, como já concluímos acima, nenhuma das interpretações dos bons costumes desenvolvidas pela doutrina consegue chegar a um critério homogêneo e determinado, capaz de solucionar todos os problemas que surgem na prática. Em segundo lugar, mesmo considerando eventualmente o acerto de alguma dessas posturas, vale ressaltar que, se é necessário um esforço argumentativo tão grande para definir o conteúdo dessa cláusula, já há no mínimo um indício de que o princípio da legalidade está sendo violado. Não há, de fato, uma delimitação concreta do real conteúdo objetivo da cláusula dos bons costumes: trata-se de uma expressão totalmente indefinida, imprecisa e imaterial.[1587] A nosso ver, a constitucionalidade dessa cláusula é, por

---

1584. SCHÜNEMANN, O direito penal é a ultima ratio da proteção de bens jurídicos!, p. 86.

1585. ROXIN; GRECO, Strafrecht Allgemeiner Teil 1, § 13, Nm. 38. Assim, por mais que deva ser garantido ao indivíduo o direito de recusar tratamentos, por exemplo, a partir do momento em que essa recusa puder afetar terceiros, é possível sustentar a legitimidade de uma imposição de tratamento como, por exemplo, no caso de um indivíduo acometido de uma doença transmissível e mortal, mas que recusa o tratamento ou o isolamento. No Brasil, o Estatuto da Criança e do Adolescente prevê, no § 1º do art. 14, a obrigatoriedade de vacinação de crianças nos casos recomendados pelas autoridades sanitárias. Também a Lei 6.259/1975 dispõe acerca da vigilância epidemiológica e, de maneira genérica, autoriza as autoridades a tomarem as medidas necessárias para o controle de epidemias.

1586. MORGENSTERN, Abstoßend, gefährlich, sozialschädlich?, p. 1156.

1587. FIGUEIREDO DIAS, Direito Penal, p. 481. KRÖGER, Die Rechtfertigung des ärztlichen Heileingriff, p. 240.

essa razão, realmente questionável, já que ela ignora a orientação constitucional do princípio da legalidade (artigo 5º, XXXIX, CR e art. 1º, CPB), especificamente do primado *nullum crimen, nulla poena sine lege certa*, do qual decorre a proibição de leis penais indeterminadas.[1588]

Com isso, não se tem em vista o afastamento do controle ético e político-criminal da lei penal, mas apenas o esclarecimento de que a influência da política criminal e da ética na dogmática[1589] deverá ocorrer sempre no sentido restritivo, de limitação da aplicação da lei penal.[1590] Dessa forma, um controle que agrava o tratamento penal de uma conduta abarcada por uma causa legitimadora (o consentimento) apenas por meio de uma cláusula geral imprecisa,[1591] gera insegurança[1592] e, assim, viola o princípio da legalidade.

Como contra-argumento, *Hirsch* afirma que as causas de justificação não precisariam ser tão determinadas quanto os tipos penais.[1593] Essa alegação não é de todo equivocada, mas, no caso da cláusula dos bons costumes, há uma *completa indeterminação* e não apenas uma abertura interpretativa aceitável. Essa cláusula possui efeitos claramente criminalizantes, já que o sujeito que executa a lesão consentida será punível como se não houvesse qualquer consentimento

1588. Nesse sentido, para *Cirino dos Santos* essa cláusula do direito civil brasileiro é inconstitucional "por absoluta indeterminação do conceito: o que são bons costumes, e segundo quais princípios ou critérios devem ser definidos?". CIRINO DOS SANTOS, Direito Penal parte geral, p. 264. Também apontam a violação do princípio da legalidade: MORGENSTERN, Abstoßend, gefährlich, sozialschädlich?, p. 1153. PAEFFGEN; ZABEL, NK § 228, Nm 53. SCHÜNEMANN, O direito penal é a ultima ratio da proteção de bens jurídicos!, p. 86. STERNBERG-LIEBEN, Die Strafbarkeit eines nicht indizierten ärztlichen Eingriffs, p. 352. STERNBERG-LIEBEN, Die objektiven Schranken der Einwilligung im Strafrecht, p. 136. TAVARES, Juarez. *Teoria do crime culposo*. 3. ed. Rio de Janeiro: Lumen Juris, 2009, p. 408. *Niedemair* frisa ainda que essa cláusula não possui qualquer função. NIEDERMAIR, Körperverletzung mit Einwilligung und die Guten Sitten, p. 357 e ss.

1589. Sobre o controle político-criminal da lei penal operado por meio da dogmática, ROXIN, Claus. *Kriminalpolitik und Strafrechtssystem*. Berlin: de Gruyter, 1970.

1590. *Sternberg-Lieben* anota que a cláusula dos bons costumes exprime o contato existente entre o direito, a moral e a ética no direito penal médico. No que se refere à questionável conexão entre o direito penal e a moral, devemos distinguir a possível existência de uma ordenação de valores (*Werteordnung*) não escrita que influencia a aplicação da lei penal, a qual deve ser negada, de uma justificação de valores (*Wertebegründung*), que se refere ao controle político e ético das leis. Esta última pode ser aceita, mas no sentido de limitar a aplicação da lei penal, sendo certo que a lei positiva seria sempre determinante. Sobre essa diferenciação, cf. STERNBERG-LIEBEN, Die Strafbarkeit eines nicht indizierten ärztlichen Eingriffs, p. 331-332.

1591. Para *Sternberg-Lieben*, uma norma é muito indefinida quando os critérios objetivos de manejo para a sua aplicação não podem ser depreendidos do propósito da lei, do contexto fático do regulamento, nem mesmo pela sua história de formação. STERNBERG-LIEBEN, Die Strafbarkeit eines nicht indizierten ärztlichen Eingriffs,p. 335-336.

1592. STERNBERG-LIEBEN, Die Strafbarkeit eines nicht indizierten ärztlichen Eingriffs, p. 352.

1593. HIRSCH, LK § 228, Nm. 2.

– e o assentimento do indivíduo afetado somente poderá ser levado em conta no momento da aplicação da pena.[1594] Por sua vez, o conteúdo dos bons costumes é tão indefinido que pode servir basicamente como uma carta branca para que o julgador extraia do caso uma reprovação penal como bem entender. A Constituição brasileira estipula claramente que "não há *crime* sem lei anterior que o defina" e não que "não há *tipicidade*". Assim, mesmo numa concepção que insere o consentimento na ilicitude, é claro que todos os elementos previstos na lei que delimitam a compreensão do crime – e não apenas a tipicidade – devem expressar um mínimo de segurança para que o cidadão saiba, de antemão, quais condutas são autorizadas pelo direito e quais não o são.

Por fim, é certo que uma cláusula desse jaez pode acabar sendo o portão de entrada para concepções moralistas e paternalistas rígidas.[1595] Isso pode ser visualizado nitidamente no já mencionado caso da transgenitalização, julgado pelo Tribunal de Alçada Criminal de São Paulo na década de 80. O que mais impressiona nesse caso não é apenas o fato de o médico ter sido denunciado pela prática de uma cirurgia consentida de ablação dos órgãos genitais de uma transexual,[1596] mas principalmente o conteúdo do voto vencido em 2ª instância e da sentença, segundo os quais a realização de uma cirurgia de mudança de sexo contrariava a ordem pública e os bons costumes.

Para o juiz de 1ª instância, que condenou o médico pela prática de lesão corporal, essa era uma cirurgia "contrária aos princípios éticos da medicina e aos

---

1594. MORGENSTERN, Abstoßend, gefährlich, sozialschädlich?, p. 1148.

1595. SCHROTH, Die Einwilligung in eine nicht-indizierte Körperbeeinträchtigung zur Selbstverwirklichung, p. 725. Cf também GKOUNTIS, Autonomie und strafrechtlicher Paternalismus, p. 45.

1596. Frise-se, contudo, que a indicação da cirurgia de transgenitalização para o tratamento desses casos ainda não era difundida nessa época. A transexualidade, que é caracterizada pelo "desejo e/ou a crença de ser do sexo oposto", é considerada como um transtorno de identidade de gênero, que decorre "do sofrimento causado pela experiência desse antagonismo entre sexo biológico e sexo psíquico (...) não causado por anomalia sexual ou distúrbio de base orgânica, contrariamente às espécies de hermafroditismo". SILVA, Miriam Ventura da, *Transexualismo e Respeito à Autonomia: um estudo bioético dos aspectos jurídicos e de saúde da "terapia para mudança de sexo"*, Escola Nacional de Saúde Pública, Fundação Oswaldo Cruz, 2007, p. 8. Somente em 1997 o CFM editou a Resolução n. 1.482/97, que visava a "autorizar, a título experimental, a realização de cirurgia de transgenitalização do tipo neocolpovulvoplastia, neofaloplastia e ou procedimentos complementares sobre gônadas e caracteres sexuais secundários como tratamento dos casos de transexualismo". Atualmente, apesar de haver diferentes óbices para a realização da intervenção, ela é disciplinada pela Resolução CFM n. 1.955/2010 e é considerada como um tratamento medicamente indicado, que pode ser realizado, inclusive, pelo SUS. Cf. CONSELHO FEDERAL DE MEDICINA. *Resolução n. 1.482/1997*, de 10 de setembro de 1997. Brasília, 1997. Disponível em: <http://www.portalmedico.org.br/resolucoes/cfm/1997/1482_1997.htm>. Acesso em: 5 fev. 2019. CONSELHO FEDERAL DE MEDICINA. *Resolução n. 1.955/2010*, de 12 de agosto de 2010. Brasília, 2010. Disponível em: <http://www.portalmedico.org.br/resolucoes/CFM/2010/1955_2010.htm>. Acesso em: 5 fev. 2019.

padrões da sociedade", pois não tinha finalidade curativa, servindo "apenas para 'oficializar' a perversão sexual da vítima". Citando as palavras do promotor do caso, o juiz reverberou que "quem, de qualquer forma, estimula uma aberração ou uma perversão sexual não pode afirmar que agiu no exercício regular de direito", considerando que a principal tese da defesa nesse caso se amparava justamente no direito profissional do médico.[1597] Apesar de essa decisão ter sido revertida em segunda instância, o voto vencido também recorreu aos bons costumes para pugnar pela manutenção da condenação, utilizando, da mesma forma, argumentos de cunho moralista. Em um dos votos, reconhece-se que é "perfeitamente compreensível o empenho da acusação em que não se generalizem e vulgarizem entre nós operações de mudança de sexo, práticas que poderão afetar nossos valores morais tradicionais, nossa estrutura sócio-religiosa de padrões conservadores", além de serem "inconvenientes aos costumes locais e afetar[em], sem dúvida, as tendências ainda rígidas da família brasileira".[1598]

Além disso, a própria evolução da jurisprudência alemã e das discussões doutrinárias é também uma prova das possíveis consequências indesejáveis dessa cláusula. O BGH vinculava os bons costumes, num primeiro momento, a um sentimento de decência (*Anstandsgefühl*),[1599] argumento com conotação nitidamente moralista. Um dos casos muito debatidos na doutrina, por exemplo, era o da esterilização voluntária, em relação ao qual havia real controvérsia sobre a adequação aos "bons costumes" da época.[1600] Hoje em dia, provavelmente ninguém questionaria a "moralidade" ou argumentaria a favor da punição do médico que, a pedido da paciente que exercita seu direito de autodeterminação e planejamento familiar, realiza uma laqueadura de trompas. Também as relações sadomasoquistas, que eram reprovadas pelo Tribunal do Império alemão com base na cláusula dos bons costumes, hoje em dia somente são questionadas a partir de argumentos que visualizam esse tipo de exercício da liberdade sexual

---

1597. Processo n. 799/76, RT 545, p. 370-372. Além disso, o juiz de 1ª instância afastou também a tese do consentimento, tanto por considerar que "consentimento da vítima não constitui circunstância de justificação", como também em razão de uma suposta "doença mental" do paciente (p. 369-370).

1598. TACRIM/SP, RT 545, p. 363. De acordo com o voto vencido, o médico sabia que o órgão natural seria mutilado e que um simples orifício seria formado, o qual, contudo, seria completamente imprestável, pois não poderia realizar as mesmas funções de um órgão reprodutor feminino. Frisou-se, ainda, que "em momento algum o transexual poderá respirar o oxigênio da mulher, ou, mais apropriadamente, as sensações da fêmea na extensão do seu órgão", e que o novo "buraco sem qualquer figura de sexo" serviria apenas para o "agente do sexo oposto contentar à imagem da imitação", como um "receptáculo de esperma ou de qualquer elemento estranho". Por fim, argumentou-se que a vontade da paciente "representa apenas seu próprio eco diante da lei, proibindo-lhe sua manifestação ou realização do ato" (TACRIM/SP, RT 545, p. 358-359).

1599. BGHSt 4, 24 (p. 32). No que se refere à jurisprudência do RG, cf. RGSt 74, 91.

1600. LENCKNER, Theodor, Wertausfüllungsbedürftige Begriffe im Strafrecht und der Satz "nulla poena sine lege", *Jus*, n. 7, 1968, p. 308.

como algo imoral. Se o indivíduo que consente na lesão almeja "um fim que não é aprovado pela sociedade",[1601] não pode o Estado apenas por essa razão tolhê-lo do direito de colocar em prática as suas decisões autônomas.

Dessa forma, a cláusula dos bons costumes contém um enunciado impreciso e "inapropriado em sua generalidade",[1602] que, além de trazer insegurança, também impede o exercício da autonomia individual. Não cabe ao legislador, tampouco ao juiz (que eventualmente invocará essa cláusula, atribuindo-lhe algum sentido), estipular uma proibição genérica para proteger o indivíduo das suas próprias decisões autônomas ou, o que parece ainda mais absurdo, para proteger algum abstrato interesse da sociedade. Ademais, como frisam *Zaffaroni*, *Batista et alii*, não é adequado recorrer a essa cláusula, pois, além de ser paternalista, não encontra previsão em nosso Código Penal.[1603]

De todo o exposto, conclui-se pela total ilegitimidade e inidoneidade da cláusula dos bons costumes para solucionar problemas no direito penal. Apesar da sua previsão na legislação civil brasileira, tal dispositivo não deve produzir efeitos penais, principalmente por ir de encontro com o princípio da legalidade, um dos sustentáculos do direito penal. Com isso, não se pretende estabelecer uma vedação absoluta da imposição de limites para o exercício do direito de disposição da integridade física; pretende-se, antes, reconhecer que especificamente a cláusula dos bons costumes é intrinsecamente inadequada e indeterminada, razão pela qual não pode servir como parâmetro limitador.

5.3.2 Alternativas limitadoras da liberdade de disposição da integridade física

Ao buscar uma alternativa capaz de estipular limites objetivos à liberdade de consentir, a primeira questão que se coloca diz respeito justamente à legitimidade dessas possíveis limitações, questionando-se se uma solução de paternalismo suave somente afetaria, na verdade, os pressupostos subjetivos de validade do consentimento. A partir desses questionamentos, *Morgenstern* nos lembra que muitas situações tratadas no contexto da cláusula dos bons costumes poderiam ser solucionadas com base nos requisitos individuais de validade do consentimento, como o vício de consentimento e, na nossa concepção, também com embasamento na capacidade de consentir. Essa dimensão individual, no entanto, é difícil de ser concretamente demonstrada e, por isso, é raramente utilizada pelos tribunais. Diante disso, a cláusula dos bons costumes acabaria facilitando a solução dos

---

1601. SCHROTH, Die Einwilligung in eine nicht-indizierte Körperbeeinträchtigung zur Selbstverwirklichung, p. 726.

1602. SCHROTH, Die Einwilligung in eine nicht-indizierte Körperbeeinträchtigung zur Selbstverwirklichung, p. 727.

1603. ZAFFARONI; BATISTA; ALAGIA; SLOKAR, Direito Penal Brasileiro 2 I, p. 241-242.

casos e superando dificuldades probatórias.[1604] Ademais, argumenta-se também que não há como *substituir* os bons costumes por uma análise dos limites subjetivos do consentimento, pois a capacidade seria algo aferível subjetivamente caso a caso, ao passo que a cláusula estipularia uma proibição objetiva aplicável a todos os casos e, assim, cumpriria um papel preventivo-geral.

Realmente, há que se reconhecer que a dimensão subjetiva se difere das limitações objetivas do consentimento e uma proibição genérica de disposição do corpo possui função e efeitos diferentes das regras referentes à capacidade e aos vícios de consentimento. No entanto, não há qualquer proposta capaz de traçar um critério geral que concretize tal limitação e de, simultaneamente, respeitar o exercício da autonomia e o princípio da legalidade, baseando-se num fundamento verdadeiramente legítimo. Não apenas a cláusula dos bons costumes, mas também uma adoção emancipada dos critérios da *gravidade da lesão* ou *perigo concreto para a vida*, da *racionalidade*, da *dignidade humana* ou do *interesse coletivo* não seria adequada, tendo em vista a insegurança desses parâmetros, bem como a inidoneidade e ilegitimidade de seus fundamentos, como já elucidamos acima.

Como esclarece *Kröger*, a insuficiência da cláusula dos bons costumes para tratar desses problemas fica claramente demonstrada pela necessidade de edição de leis que disciplinam determinadas constelações de casos e consagram limitações concretas da liberdade de disposição da integridade física.[1605] De fato, as principais situações na medicina que ensejam questionamentos sobre a limitação objetiva da liberdade de disposição do próprio corpo, na verdade, são solucionadas e disciplinadas por leis específicas, *v.g.* as leis de planejamento familiar (Lei 9.263/1996) e de transplantes (Lei 9.434/1997), no Brasil, bem como as leis de comercialização de medicamentos (AMG), de castração (KastrG), de transplantes (TPG), de pesquisa genética em humanos (GenDG), de transfusão (TFG), dos transexuais (TSG) e de proteção dos embriões (ESchG), na Alemanha. Isso nos faz refletir sobre se uma solução casuística para a limitação da disposição da integridade física poderia ser uma resposta plausível para o problema.

No caso Lapegna, acima mencionado, o que causa incômodo, para muitos, é o fato de que a finalidade do estudante, ao dispor do seu próprio testículo, vinculava-se apenas ao recebimento de uma prestação pecuniária. Esse problema, no entanto, é tratado no Brasil pela própria lei de transplantes, que proíbe, em seu art. 15, a venda e a compra de partes do corpo e pune essa conduta por meio de um tipo penal autônomo.[1606] Também as esterilizações voluntárias, em geral, são intervenções não indicadas, que por muito tempo foram questionadas à luz dos bons costumes. A lei de planejamento familiar, todavia, traz os limites para o

---

1604. MORGENSTERN, Abstoßend, gefährlich, sozialschädlich?, p. 1154.
1605. KRÖGER, Die Rechtfertigung des ärztlichen Heileingriff, p. 241.
1606. Lei 9.434/1997, art. 15: "Comprar ou vender tecidos, órgãos ou partes do corpo humano: Pena – reclusão, de três a oito anos, e multa, de 200 a 360 dias-multa."

exercício do direito de disposição e de inutilização dos próprios órgãos reprodutivos, estabelecendo, portanto, a solução dos problemas identificados nessa seara.

É claro que essas leis não são isentas de críticas, já que a legitimidade de muitos de seus dispositivos é certamente questionável. De fato, a própria proibição genérica da venda de órgãos constante no art. 15 da lei de transplantes constitui *prima facie* um paternalismo rígido ilegítimo, porquanto ignora a autonomia do indivíduo, que pode, por suas próprias razões, preferir dispor de um de seus testículos para receber uma contraprestação pecuniária, como ocorreu no caso Lapegna. A nosso ver, o fato de que a disposição do corpo foi motivada por razões financeiras não conduz necessariamente à conclusão de que a vontade do conscenciente não é livre. Assim, nessa primeira aproximação, o Estado poderia, no máximo, regulamentar essa hipótese, para garantir que a vontade daquele que dispõe de uma parte de seu corpo é realmente livre e consciente. No entanto, essa conclusão inicial pode ser colocada em xeque, a nível constitucional, em razão da consagração expressa da orientação da gratuidade dos transplantes na Constituição brasileira, que dispõe, em seu art. 199, § 4º, que "a lei disporá sobre as condições e os requisitos que facilitem a remoção de órgãos, tecidos e substâncias humanas para fins de transplante, pesquisa e tratamento, bem como a coleta, processamento e transfusão de sangue e seus derivados, *sendo vedado todo tipo de comercialização*".[1607]

Por sua vez, a limitação da doação de órgãos entre vivos na nossa legislação reflete um paternalismo suave, pois, apesar de permitir, inicialmente, apenas as doações realizadas pelo cônjuge ou parentes consanguíneos até o quarto grau, admite também aquelas realizadas por qualquer outro indivíduo, desde que autorizadas judicialmente.[1608] Nesses casos, uma limitação temporária da disposição do próprio corpo é compatível com a concepção de autonomia, uma vez que se tem por finalidade a averiguação da real liberdade da decisão.

Quanto à lei de planejamento familiar, há também inúmeros problemas que podem ser apontados, com reais suspeitas de paternalismo rígido, como, no caso das esterilizações, a definição da idade mínima de 25 anos, a vedação da sua realização durante o parto e a exigência do consentimento do cônjuge (art. 10,

---

1607. Haja vista a complexidade desse tema, respostas mais definitivas exigiriam uma investigação específica, o que não é objeto desse trabalho.

1608. Lei 9.434/1997, art. 9º: "É permitida à pessoa juridicamente capaz dispor gratuitamente de tecidos, órgãos e partes do próprio corpo vivo, para fins terapêuticos ou para transplantes em cônjuge ou parentes consanguíneos até o quarto grau, inclusive, na forma do § 4o deste artigo, ou em qualquer outra pessoa, mediante autorização judicial, dispensada esta em relação à medula óssea." A respeito, cf. CARDOSO, Alaércio. *Responsabilidade civil e penal dos médicos nos casos de transplantes*. Belo Horizonte: Del Rey, 2002, p. 197 e ss.

I e § 5º, da Lei 9.263/1996).[1609] Já a exigência de um intervalo de 60 dias entre a manifestação de vontade e a realização do ato cirúrgico, prevista no art. 10, I, dessa lei, constitui um paternalismo suave legítimo, eis que restringe a liberdade individual apenas temporariamente – e não indefinidamente –, apenas para que seja possível constatar se a decisão referente a essa intervenção irreversível é realmente definitiva e exprime a livre vontade do paciente.

A nosso ver, essas constatações explicitam que tanto os problemas aqui discutidos quanto a investigação acerca da legitimidade de eventuais limitações objetivas devem ser solucionados num plano mais específico, para que seja possível estipular regras realmente compatíveis com o respeito à autonomia individual e aplicáveis a contextos determinados. Acreditamos, assim, que uma solução – ao menos provisória – do problema pode ser enxergada a partir da reserva de lei: nos casos em que for necessária a imposição de limites à liberdade de disposição, legitimada por sua vinculação ao paternalismo moderado, deve o legislador discipliná-los concretamente e estipular de maneira clara qual seria o alcance da proibição.

5.4 Resultados parciais

1. As *intervenções indicadas e consentidas* são aquelas medicamente conhecidas, recomendadas e necessárias para alcançar uma finalidade curativa, cuja execução, após o esclarecimento, é livremente autorizada pelo paciente ou por seu representante legal. A conduta do médico que realiza essa intervenção é atípica, porquanto legitimada pelo consentimento do paciente, contanto que estejam preenchidos todos os seus pressupostos de validade. Também podemos encaixar nessa constelação de casos as intervenções indicadas que são justificadas pelo consentimento presumido do paciente, porquanto realizadas com base na sua vontade presumida.

2. As *intervenções indicadas, mas não consentidas* se referem aos tratamentos que, a despeito de serem medicamente recomendados, são livremente recusados pelo paciente. No paradigma da autonomia, as interferências no domínio corporal do paciente somente podem ser autorizadas por meio da sua vontade, real ou presumida, e, assim, os tratamentos realizados contra a sua vontade ou sem o seu

---

1609. A constitucionalidade dessas regras, inclusive, está sendo questionada perante o STF por meio da ADIn 5911, proposta pelo Partido Socialista Brasileiro, e da ADIn 5097, elaborada pela Associação Nacional de Defensores Públicos (Anadep). Cf. BOIATI, Eduardo Martins, Inconstitucionalidade da proibição de laqueadura tubária durante o parto, *Justitia*, v. 66, n. 200, p. 173-177, 2009. Além disso, o PLS 107/2018 também propõe a revogação da exigência do consentimento do cônjuge e a autorização para a realização do procedimento de esterilização pós-parto. BRASIL. Senado Federal. *Projeto de Lei do Senado n. 107, de 2018*, altera a Lei do Planejamento Familiar para facilitar o acesso a procedimentos de laqueaduras e vasectomias. Disponível em: <https://www25.senado.leg.br/web/atividade/materias/-/materia/132552>. Acesso em: 10 fev. 2019.

consentimento válido constituem intervenções médicas arbitrárias, *prima facie* puníveis a título de lesão corporal e/ou constrangimento ilegal. Caso a conduta do médico se amolde a ambos os tipos penais, o conflito deverá ser solucionado, posteriormente, a partir das regras do concurso aparente de normas.

3. Partindo de uma compreensão liberal dos bens jurídicos individuais, fundada no respeito à autonomia, a *integridade física* abrange não apenas o *corpo*, enquanto matéria ou base da existência biológica dos indivíduos, mas também o direito do seu titular à *autodeterminação* sobre ele. Assim, o médico que realiza uma intervenção arbitrária afeta a substância corporal do paciente em desconformidade com a sua vontade, praticando, portanto, uma lesão corporal, prevista no artigo 129 do CPB.

4. Além disso, a conduta arbitrária do médico pode constituir um constrangimento ilegal (art. 146, CPB). O alcance desse tipo, todavia, é mais restrito. O principal problema nesses casos se refere à interpretação tradicional da exceção legislativa consagrada no § 3º do art. 146 do CPB, que exclui do âmbito de proteção desse crime as intervenções médicas não consentidas quando justificadas por iminente perigo para a vida.

5. Por mais que originalmente o § 3º do art. 146 do CPB tenha sido consagrado justamente para permitir a imposição paternalista de tratamentos arbitrários, a sua reinterpretação, a partir do respeito à autonomia e à dignidade humana, conduz à conclusão de que esse dispositivo, na verdade, excetua a necessidade de obtenção do consentimento *apenas nas hipóteses em que não é possível colhê-lo*, em razão da urgência, devendo o médico recorrer, nesses casos, ao *consentimento presumido*. De fato, em nenhum momento é autorizada a realização de intervenções *contrárias à vontade* do paciente, mas somente *sem o seu consentimento*, razão pela qual as intervenções forçadas e arbitrárias não são realmente legitimadas pelo § 3º do art. 146 do CPB. Alternativamente, propõe-se a revogação expressa ou a alteração desse dispositivo, para que sejam afastadas interpretações paternalistas e, também, para que ele não seja utilizado como argumento para afastar até mesmo a caracterização de uma lesão corporal nessas hipóteses.

6. *De lege ferenda*, propõe-se, ademais, a criação de um tipo penal autônomo referente às intervenções médicas arbitrárias, a exemplo das legislações portuguesa (156º do CP) e austríaca (§ 110 do öStGB). Apesar de o crime de lesão corporal permitir a solução desses casos, a consagração de um tipo especial que protege uma dimensão específica da integridade física seria mais adequada, pois, ao discipliná-la individualmente, seria possível adequá-la às peculiaridades das intervenções médicas.

7. Considerando o dever de respeitar a vontade do paciente de não ser tratado, bem como a impossibilidade, no paradigma da autonomia, de impor ao médico o dever de tratar arbitrariamente ou de prolongar indefinidamente a vida, a omissão do médico nesses casos não poderá ser punível. Por mais que a recusa a um tratamento vital possa ser considerada um ato de disposição da própria vida, não há, na nossa legislação, limites objetivos que obstem a nossa conclusão, a qual, na realidade, decorre de uma adequada compreensão dos próprios pressupostos legais que fundamentam a punibilidade da omissão. Frise-se, contudo, que, para que seja respeitada, a recusa de tratamento deve ser verdadeiramente livre e, assim, os pressupostos de validade do consentimento devem ser observados para constatar, também, a liberdade da recusa.

8. No caso da omissão imprópria, a solução desses casos se vincula à compreensão da posição de garantidor do médico, que decorre da *assunção fática da função de proteção* (art. 13, § 2º, "b", do CPB). O domínio do médico sobre o desamparo da vítima, que provém, no caso, do ato de confiança do próprio paciente ou de um garante originário, constitui o fundamento material desse dever de agir. Assim, esse ato de entrega e de confiança do paciente na atuação do médico não apenas fundamenta, como também define os limites do dever de custódia. Na hipótese da recusa de tratamento, é o próprio paciente que afasta o vínculo de proteção. Dessa forma, a ausência de consentimento ou a expressa negativa de tratamento do paciente impede a configuração do dever de garante do médico, ou o afasta, caso o tratamento já tenha sido iniciado, impossibilitando a punição do médico que respeita a vontade do paciente.

9. Além disso, também não há um dever geral de solidariedade quando o paciente recusa livremente uma intervenção, de sorte que a abstenção do médico nessa hipótese também constitui uma conduta atípica quanto ao crime de omissão de socorro (art. 135, CPB). *In casu*, não está configurada a *situação de desamparo*, exigida para a consecução do tipo, a qual se refere apenas aos casos em que o paciente se encontra carente de proteção e privado de auxílio. Se a ausência de tratamento decorre de uma escolha autônoma do paciente de renunciar a uma eventual proteção, há, na verdade, uma *situação desejada*, o que afasta, portanto, um eventual dever de atuação do médico.

10. Por fim, as *intervenções consentidas e* não indicadas são aquelas que, apesar de não serem medicamente recomendadas e necessárias, são desejadas pelo paciente para satisfazer interesses pessoais. Considerando que a integridade física é um bem jurídico disponível, em termos gerais, não há razões para limitar a liberdade de consentimento nesses casos, sendo a indicação da intervenção *prima facie* irrelevante para a legitimidade da conduta do médico, fundamentada no consentimento do paciente.

11. Há, no entanto, quem recorra à *cláusula dos bons costumes*, prevista no art. 13 do CCB, para limitar objetivamente a liberdade de disposição do próprio corpo no caso das intervenções não indicadas. Essa concepção padece de dois problemas principais, que explicitam a sua incompatibilidade com as orientações constitucionais: em primeiro lugar, trata-se de uma noção excessivamente indeterminada, a qual, por essa razão, viola diretamente o princípio da legalidade (art. 5º, XXXIX, CR e art. 1º, CPB); em segundo lugar, essa cláusula permite facilmente a adoção de concepções moralistas e paternalistas, contrapondo-se, portanto, ao respeito à autonomia. Assim, uma limitação da liberdade de consentir fundada na cláusula dos bons costumes não pode ser admitida.

12. É possível admitir apenas duas exceções à regra da disponibilidade do próprio corpo. Se o exercício da autonomia afetar a liberdade de terceiros, poderá o legislador estipular restrições legítimas. Além disso, e especialmente no que se refere às intervenções não indicadas, são admissíveis limitações pontuais da liberdade de disposição que, fundadas no paternalismo suave e previstas em lei específica, sejam compatíveis com o respeito à autonomia e se refiram a contextos determinados, como ocorre, por exemplo, em relação a alguns dispositivos das leis de planejamento familiar (Lei 9.263/1996) e de transplantes (Lei 9.434/1997).

6

SOLUÇÃO DOS CASOS PROPOSTOS

Depois de todo o caminho percorrido na presente investigação com o objetivo de traçar minuciosamente o mais adequado tratamento dogmático das intervenções médicas no direito penal, fundado no respeito à autonomia do paciente, resta-nos, por fim, testar as conclusões a que chegamos, concretizando-as por meio da solução dos casos apresentados no início do trabalho.

Solução do caso 1. Esse caso se refere a uma intervenção indicada e não consentida em que, por mais que a amputação seja a única forma de conter a infecção e salvar a vida do paciente, ele a recusa livremente por não desejar continuar vivendo com as consequências irreversíveis dessa medida. Considerando que P é capaz, que não há qualquer vício que macule a sua vontade e pressupondo também que o médico cumpriu extensivamente o seu dever de esclarecimento, informando ao paciente as consequências da sua escolha, a recusa de tratamento deve, *in casu*, ser respeitada. Não é possível, nesse caso, recorrer ao estado de necessidade, pois, além de essa não ser a causa de justificação adequada para a solução de conflitos entre bens jurídicos intrapessoais, tal postura conduziria a resultados ilegítimos de paternalismo rígido. Além disso, o § 3º do art. 146 do CPB não é capaz de legitimar a conduta do médico, pois abrange apenas as hipóteses de consentimento presumido, que não se aplica ao caso aqui discutido. Assim, a conduta do médico A, que realiza a amputação contra a vontade expressa de P, é punível a título de lesão corporal gravíssima (art. 129, § 2º, III, CPB). Em tese, a conduta do médico também se amoldaria ao constrangimento ilegal (art. 146, CPB), mas, em razão do concurso de normas, apenas a lesão corporal será concretamente punível nessa hipótese.

Variação 1. Diante desse novo cenário, a conduta do médico, que *prima facie* constituiria uma lesão corporal, pode ser justificada pelo estado de necessidade. Nesse caso, o paciente é incapaz e não pode consentir na intervenção, razão pela qual há que se recorrer ao consentimento por representação. No entanto, diante da negativa de consentimento do representante legal, surge uma situação em conflito entre a necessidade de proteção objetiva do bem jurídico do incapaz e a vontade de seu pai. Considerando que a representação não transfere a titularidade dos bens jurídicos – que pertencem, portanto, ao incapaz – não é possível que o representante renuncie a eles. Logo, por se tratar de uma decisão existencial, e não havendo tempo hábil para recorrer ao Poder Judiciário e pedir uma autorização para realizar a intervenção, está o médico autorizado a intervir, a despeito da recusa do representante legal, dando-se preponderância à promoção do bem-estar do menor. Ao realizar essa intervenção, o médico visa a salvar o bem jurídico do incapaz de um perigo atual, "cujo sacrifício, nas circunstâncias, não era razoável exigir-se", atuando, portanto, em estado de necessidade (art. 24 do CPB).

Solução do caso 2. O caso se refere a uma intervenção medicamente indicada para a evitação de uma futura gravidez de risco, cuja recomendação somente pôde ser identificada durante a realização da cesariana. Para que fosse possível recorrer ao consentimento presumido nesse caso, deveriam estar preenchidos os pressupostos da impossibilidade fática de obtenção do consentimento real e da orientação pela vontade presumida da paciente. De fato, durante a cirurgia, não era possível obter o consentimento da paciente para a execução da laqueadura tubária, já que ela se encontrava sob o efeito da anestesia. No entanto, essa não pode ser considerada uma intervenção de urgência, porquanto era perfeitamente possível ao médico deixar de realizá-la sem que houvesse riscos para a saúde ou para a vida da paciente ou a redução da possibilidade de sucesso da cirurgia. Portanto, deveria o médico ter aguardado a retomada da consciência da paciente para que pudesse colher o seu consentimento real e realizar uma intervenção legítima. Apesar de a conduta do médico constituir tanto uma lesão corporal gravíssima (art. 129, § 2º, III, CPB), quanto um constrangimento ilegal (art. 146, CPB), a lei de planejamento familiar traz um tipo penal específico para tratar dessas situações, sendo a conduta do médico, em razão das regas de concurso de crimes, punível apenas segundo o art. 15 da Lei 9.263/1996.

Solução do caso 3. Esse caso trata das polêmicas situações em que a transfusão de sangue medicamente indicada é livremente recusada por pacientes testemunhas de Jeová, por razões de cunho religioso. Partindo novamente do pressuposto de que a paciente é capaz, de que sua vontade não está viciada e de que o médico cumpriu devidamente o dever de esclarecimento, deixando claras as consequências da recusa, a vontade de P deve ser respeitada. Mais uma vez, não é possível, nesse caso, recorrer ao estado de necessidade ou ao art. 146, § 3º, I, do CPB para justificar a conduta do médico. Assim, a realização da transfusão contra a vontade da paciente, ainda que para salvar-lhe a vida, é punível a título de lesão corporal (art. 129, CPB).

Variações 1 e 2. Nesse novo cenário, deve ser analisada a punibilidade do médico em razão da sua omissão, já que deixou de realizar a transfusão para respeitar a vontade da paciente. Considerando a recusa livre de P, o médico não pode ser punido por homicídio (na primeira hipótese) ou por lesão corporal (na segunda hipótese) por omissão imprópria, já que não ocupa a posição de garante, não possuindo qualquer dever de evitar o resultado. Ainda que a paciente tenha concordado com a realização de outras medidas alternativas à transfusão, o dever de agir do médico estará limitado aos tratamentos por ela autorizados, não abrangendo, portanto, a própria transfusão. Além disso, também não é possível punir a omissão de socorro (art. 135, CPB), pois não está configurada, nesses casos, a situação de desamparo, sendo a conduta do médico atípica.

Solução do caso 4. Esse caso se vincula à discussão sobre o respeito à vontade do paciente que registra uma diretiva antecipada de vontade, recusando ou autorizando determinados tratamentos. A atuação do médico somente estaria justificada, aqui, caso fosse possível recorrer ao consentimento presumido. No caso, a paciente estava desacordada no momento em que a intervenção se tornou necessária, o que a impedia de conceder seu consentimento real. No entanto, a diretiva registrada por ela indicava que sua vontade presumida dirigia-se no sentido de recusar qualquer medida invasiva e, ainda que seus parentes desejassem a internação, cabia ao médico respeitar a vontade da paciente, a não ser que houvesse razões concretas para acreditar que a diretiva não mais se coadunava com a vontade presumida de P. Logo, a conduta do médico é punível a título de lesão corporal (art. 129, CPB), já que ele não possuía qualquer autorização para interferir na esfera corporal da paciente.

Variação 1. Nessa alternativa, deve ser feita a análise da responsabilidade penal do médico por omissão, já que ele, respeitando a vontade presumida da paciente, deixou de realizar a internação, o que conduziu à morte de P. Nesse caso, os deveres inerentes à posição de garante, configurada a partir do momento em que o médico assumiu o tratamento de P, não abrangem a realização das intervenções expressamente recusadas na DAV, já que é a própria paciente que determina os limites da atuação médica. Portanto, o médico não pode ser punido por homicídio por omissão imprópria. Também não é possível fundamentar uma punição por omissão de socorro nesse caso, haja vista a inexistência de uma situação de desamparo.

Variação 2. Diante da inexistência de uma diretiva antecipada de vontade, a solução dessa variante conduzirá a conclusões diferentes das anteriormente traçadas. Isso porque, nesse caso, há fortes razões que indicam que a vontade presumida da paciente dirige-se à realização de todas as medidas possíveis para o prolongamento de sua vida. Assim, considerando a impossibilidade fática de obtenção do consentimento real e a vontade presumida da paciente, a atuação do médico estará justificada pelo consentimento presumido.

Solução do caso 5. Esse caso trata de uma intervenção não indicada e consentida, em que se discute a possível incapacidade momentânea da paciente, o que poderia *in thesi* invalidar o consentimento concedido por ela. No entanto, a mera irracionalidade objetiva da decisão tomada por P nesse caso não é capaz fundamentar o afastamento da sua competência para consentir, até porque a autonomia também perfaz, em uma de suas facetas, o direito de pacientes capazes tomarem decisões irrazoáveis ou irracionais. *In casu*, o médico cumpriu extensivamente o seu dever de esclarecimento e a paciente, ciente de todas as informações técnicas necessárias, escolheu livremente escolheu livremente submeter-se à intervenção. A paciente possuía capacidade etária e não havia qualquer outra razão – para além da suposta irracionalidade da decisão – para duvidar da sua capacidade fática. Também não é possível recorrer, aqui, à cláusula dos bons costumes, que, além de inconstitucional, nem mesmo em tese autorizaria a desconsideração da vontade livre dos pacientes para protegê-los de suas próprias decisões irracionais. Por conseguinte, o consentimento concedido por P é válido e afasta a tipicidade da conduta do médico A em relação ao crime de lesão corporal.

Solução do caso 6. O caso em questão envolve uma discussão sobre os efeitos do vício de esclarecimento e a possibilidade de o médico recorrer ao consentimento presumido. O médico possui o dever de informar a paciente sobre a evolução do tratamento, devendo esclarecer concretamente os possíveis cenários com os quais poderá se deparar, bem como sobre o que for necessário para que a paciente entenda exatamente o significado da intervenção e como ela pode afetar a sua vida. No caso, a possibilidade de retirada do útero era conhecida previamente pelo médico e, assim, cabia a ele apresentar essa opção à paciente, para que ela pudesse escolher se preferia seguir vivendo com o mioma ou retirá-lo junto com o órgão. Considerando que o limite da legitimidade da atuação do médico está condicionado àquilo que foi de fato consentido pela paciente, tudo o que extrapolar a autorização concedida por ela poderá configurar uma lesão corporal. O médico não pode recorrer ao consentimento presumido nesse caso, pois era perfeitamente possível obter o consentimento real da paciente, caso ela tivesse sido informada sobre a possibilidade de retirada do útero. Assim, a conduta do médico A é punível a título de lesão corporal gravíssima (art. 129, § 2º, III, CPB).

Variação 1. O dever de esclarecimento do médico abrange também a informação sobre os riscos da intervenção, de modo que a paciente somente se submete livremente a um tratamento quando conhece aqueles riscos graves e específicos da intervenção que podem afetar a sua decisão. Nesse caso, partindo-se de uma análise sob a perspectiva *ex ante*, constata-se que o risco não esclarecido era grave e afetaria consideravelmente a vida da paciente, que poderia optar por um tratamento diferente da radioterapia. Portanto, o risco de complicações irreversíveis no sistema urinário deveria ter sido esclarecido pelo médico. Em razão da violação do dever de esclarecimento, o consentimento concedido por P era inválido, o que possibilita a punição do médico pela lesão corporal culposa causada (art. 129, § 6º, do CPB), considerando que, no caso concreto, não atuou dolosamente ao deixar de revelar a informação devida (isto é, houve um descumprimento culposo do dever de esclarecimento).

Solução do caso 7. O caso trata de um problema referente ao conflito entre o dever de esclarecimento e a proibição de causar danos. Nesses casos, para que seja possível recorrer ao consentimento presumido, por razões normativas, a revelação da informação deve gerar um risco efetivo de dano à saúde física ou mental do paciente que seja mais grave do que a afetação do seu direito à autodeterminação. Considerando que o dever de esclarecimento visa justamente a possibilitar que o paciente decida livremente sobre o tratamento a que deseja se submeter, podendo também optar pela rejeição, o simples fato de que o paciente já havia esboçado a sua vontade de recusa não pode afastar o direito à autodeterminação. No caso aqui discutido, não cabia ao médico controlar a racionalidade da decisão do paciente, omitindo informações para manipular a sua escolha. O médico, na verdade, possuía o dever de revelar o diagnóstico, o que foi corroborado pelo fato de o paciente haver perguntado expressamente por ele. Logo, a intervenção curativa realizada constitui uma lesão corporal dolosa, pois não estava acobertada pelo consentimento válido do paciente. Considerando que o médico, com sua conduta, visava conscientemente a enganar o paciente, para que ele não pudesse recusar a intervenção, está configurado o dolo de interferir arbitrariamente na esfera corporal alheia.

Solução do caso 8. O mesmo raciocínio traçado no caso 7 se aplica àquele aqui discutido. O médico possuía, nesse caso, o dever de revelar ao paciente o diagnóstico, que era essencial para que ele pudesse tomar uma decisão que afeta intensamente a sua vida, a sua personalidade e a sua própria concepção sobre si mesmo. Somente o paciente poderia decidir o que fazer com a informação recebida pelo médico, que não poderia ter determinado sozinho algo tão personalíssimo como o sexo do paciente. Nesse caso, não há dúvidas de que o direito à autodeterminação prepondera em relação a qualquer risco de dano à saúde. Assim, o tratamento realizado pelo médico constitui lesão corporal dolosa.

CONCLUSÕES

1. A ética *hipocrática* se vincula a fundamentos eminentemente *paternalistas*, pois, ao conceber a promoção da vida e da saúde como máxima quase que absoluta da medicina, atribui ao médico o direito ou o dever de atuar em consonância com a beneficência e/ou com a não-maleficência, ainda que ignorando a vontade livre e informada do paciente (supra 2.1). A legitimidade desse modelo tradicional é certamente questionável, principalmente quando confrontado com uma concepção ética fundada no respeito à autonomia do paciente (supra 2.2).

2. A *autonomia*, derivada da dignidade humana e da liberdade geral de ação (art. 1º, III, e art. 5º, *caput*, ambos da CR/1988) (supra 2.2.3), atribui ao indivíduo o direito de viver segundo a sua própria concepção de vida boa, reconhecendo-se uma esfera nuclear da vida privada dentro da qual somente ele pode tomar decisões, sem a interferência de terceiros. Dessa forma, com base nesses valores constitucionais, há que se reconhecer o domínio soberano do paciente sobre o território do próprio corpo e, portanto, o seu direito de tomar suas próprias decisões sobre intervenções médicas, o que abrange não apenas o direito de escolher as intervenções às quais deseja se submeter, como também os de recusá-las livremente e de não ser submetido a tratamentos contra a sua vontade ou sem o seu consentimento (supra 2.2.2.4).

3. O exercício do direito à autonomia não se vincula à correção ou racionalidade da decisão do paciente, que, sendo capaz, possui o direito de tomar as suas próprias decisões, ainda que consideradas ruins sob a perspectiva daquele que hierarquiza os mesmos valores de maneira diversa. Assim, a autonomia não constitui um direito de decidir (apenas) racionalmente, senão o direito de decidir livremente (supra 2.2.2.4). Além disso, ela deve ser concebida como um "meta-valor", situado num plano diferente dos demais, porquanto atribui ao indivíduo justamente o direito de hierarquizar os seus próprios valores e direitos. Assim, a autonomia não pode ser ponderada a partir de valores que o Estado ou que terceiros têm para si como mais relevantes, sob pena de ser transformada em heteronomia. Isso impede que seja definida uma relação *prima facie* de preponderância da saúde ou da vida sobre outros valores individuais (supra 2.2.3).

4. O paternalismo é incompatível com o respeito à autonomia (supra 2.3) e, por essa razão, a ética hipocrática tradicional é considerada ilegítima em face das orientações constitucionais. Sob a perspectiva filosófica, a crítica ao paternalismo pode ser desenvolvida a partir da deontologia kantiana, que concebe a autonomia como um limite a ser respeitado (supra 2.3.2). Sob a perspectiva jurídico-penal, a rejeição ao paternalismo baseia-se no liberalismo fundado na autonomia (supra 2.3.3), partindo-se do pressuposto de que o Estado liberal deve ser neutro em relação às concepções individuais sobre o valor ou o significado da vida boa, não podendo impor estilos de vida, ainda que com o objetivo de promover o bem-estar, a saúde ou a vida do indivíduo afetado. A compreensão dos bens jurídicos individuais a partir da autonomia do seu titular nos conduz à conclusão de que somente pode ser considerada legítima a proibição de condutas que lesam ou expõem a perigo o bem jurídico do ofendido *contra a sua vontade*. Não obstante, a crítica aqui traçada dirige-se apenas ao paternalismo rígido, não alcançando o paternalismo moderado, que, por se orientar pela própria noção de autonomia, é considerado legítimo. Destarte, são admissíveis intervenções beneficentes realizadas em razão de condutas involuntárias do terceiro, bem como intervenções temporárias na liberdade alheia, contanto que necessárias para determinar se a conduta é, de fato, voluntária ou não (supra 2.3.4).

5. Ao analisar o modelo de tratamento dogmático das intervenções médicas desenvolvido pela doutrina majoritária brasileira, nota-se uma certa vinculação aos ideais hipocráticos. De acordo com esse modelo, essas intervenções seriam justificadas, via de regra, pelo exercício regular de um direito profissional do médico (art. 23, III, do CPB). Nos casos de urgência, o risco iminente para a vida do paciente legitimaria a realização de intervenções sem o seu consentimento ou até mesmo contra sua a vontade, o que poderia ser justificado pelo exercício regular de direito ou pelo estado de necessidade (art. 24 do CPB), com fundamento especial no artigo 146, § 3º, I, do CPB (supra 3.1). Essa concepção tradicional, assim como a ética hipocrática, é também ilegítima, não apenas por não determinar o verdadeiro fundamento que atribui conteúdo a essa pretensa permissão, mas principalmente por permitir intervenções paternalistas rígidas, que ignoram a autonomia do paciente (supra 3.2).

6. A superação da ética paternalista – e a consequente guinada de paradigma em favor de uma ética *fundada no respeito à autonomia do paciente* – torna urgente a reapreciação crítica das concepções tradicionais sobre as intervenções médicas. Um modelo dogmático que leva a sério o direito do paciente à autodeterminação, concebendo-o como verdadeiro sujeito dotado de domínio soberano sobre o próprio corpo, não pode firmar para o médico um direito originário de curar. Em um modelo fundado no respeito à autonomia, portanto, o *consentimento* *do paciente* deve ser o ponto arquimédico para o tratamento dogmático das intervenções médicas. Considerando que o profissional da saúde não possui o direito de intervir na esfera corporal de um indivíduo capaz sem a sua autorização, essas intervenções somente poderão ser legitimadas por meio do *consentimento real* do paciente ou, excepcionalmente, com base em seu *consentimento presumido* (supra 4.1).

7. O *consentimento* afasta a tipicidade da conduta do médico. Os bens jurídicos individuais são concebidos, aqui, como uma unidade indissociável entre o objeto de tutela e a autonomia de seu titular, de sorte que a concepção desses bens compreende também a liberdade de determinar como se dará a fruição de cada um deles. Assim, considerando que a tipicidade da conduta depende de uma efetiva lesão ou perigo para o bem jurídico, o consentimento com uma afetação do próprio corpo representa, na verdade, o real exercício da liberdade do paciente de dele dispor, não havendo, portanto, efetiva lesão típica (supra 4.2).

8. A mera assinatura de um papel ou a simples autorização para a realização da intervenção não é suficiente para legitimar a conduta do médico, porquanto a validade do consentimento concedido pelo paciente depende do preenchimento de uma série de pressupostos destinados a garantir que a decisão tomada por ele é, de fato, autônoma. Logo, tendo em vista que o paciente é medicamente leigo e, na maioria das vezes, não dispõe das informações necessárias para tomar uma decisão livre e esclarecida, o cumprimento do *dever de esclarecimento* é um dos principais pressupostos de validade do consentimento no contexto da medicina, cabendo ao médico revelar previamente ao paciente as informações referentes, principalmente, ao diagnóstico, à execução e aos riscos do tratamento, bem como eventuais alternativas a ele. Além disso, o consentimento, concedido por um paciente dotado de *capacidade para consentir,* deve ser resultado de uma decisão *livre de quaisquer vícios de vontade* (supra 4.4).

9. De acordo com a solução proposta, portanto, a consideração de que apenas o paciente poderá autorizar interferências em seu domínio corporal nos leva à conclusão de somente o seu *consentimento válido*, concebido como verdadeira expressão de sua autonomia, será capaz de legitimar as intervenções médicas (supra 5.1). Além disso, dessa mesma premissa decorre uma segunda conclusão: a de que a realização de tratamentos médicos arbitrários, executados contra a vontade do paciente ou sem o seu consentimento válido, constitui uma conduta *prima facie* punível a título de lesão corporal (art. 129 do CPB) e/ou, a depender das circunstâncias, também de constrangimento ilegal (art. 146 do CPB) (supra 5.2).

10. O imperativo de colher o consentimento válido do paciente, prévio à intervenção, somente será afastado quando não for possível obter ou aguardar a obtenção da sua anuência expressa, seja por razões fáticas ou normativas, hipóteses em que a intervenção do médico poderá ser justificada com fundamento no *consentimento presumido*. Essa figura constitui uma causa de justificação autônoma que, por também se vincular à noção de respeito ao direito à autodeterminação, depende, principalmente, da orientação pelas preferências pessoais do paciente (supra 4.5).

11. É importante frisar que o recurso ao estado de necessidade não é admissível em casos de conflito entre interesses intrapessoais de sujeitos autônomos, já que essa causa de justificação deixa aberta a possibilidade de realização de intervenções paternalistas rígidas, as quais são certamente ilegítimas e incompatíveis com um modelo de respeito à autonomia. Isso quer dizer que, além de não legitimar intervenções realizadas sem o consentimento válido do paciente, o estado de necessidade também não é capaz de justificar intervenções realizadas contra a sua vontade expressa, ainda que para salvar a sua vida ou promover a sua saúde (supra 4.5.2).

12. De fato, a autonomia confere ao indivíduo justamente o direito de hierarquizar livremente os próprios valores, de modo que, a partir das concepções e critérios individuais do paciente, a vida ou a saúde podem nem sempre preponderar. Isso é exatamente o que ocorre nos casos de recusa de transfusão de sangue por pacientes testemunhas de Jeová, que muitas vezes priorizam a consciência religiosa em detrimento da própria vida. Nessas situações, a decisão autônoma do paciente há de ser respeitada pelo médico, que não poderá se sobrepor a ela, ainda que "para o próprio bem" do sujeito afetado, já que tal postura constituiria certamente um paternalismo rígido ilegítimo. Há que se ressaltar também que o art. 146, § 3º, I, do CPB não é um óbice a essa conclusão, já que esse dispositivo em nenhum momento autoriza a realização de intervenções contrárias à vontade do paciente, mas somente sem o seu consentimento. Nessa última hipótese, portanto, poderá o médico recorrer apenas ao consentimento presumido para legitimar sua atuação (supra 5.2.1.2).

13. Por fim, se o respeito à autonomia impõe ao médico um dever de se abster nos casos em que o paciente recusa livremente o tratamento, isso nos conduz a uma última conclusão: a de que a omissão do médico nesses casos não pode ser punível. Portanto, considerando que a posição de garantidor do médico – que decorre da assunção fática da função de proteção (art. 13, § 2º, "b", do CPB) – encontra seus limites e seu fundamento material no ato de confiança do sujeito a ser tratado, nas hipóteses de recusa de tratamento esse vínculo de proteção, na verdade, é afastado pelo próprio paciente, o que impossibilita a punição do médico por omissão imprópria. Ademais, a abstenção do médico também será atípica no que se refere ao crime de omissão de socorro (art. 135, CPB), já que não há nesses casos uma situação de desamparo, exigida para a consecução do tipo (supra 5.2.2).

BIBLIOGRAFIA

ABREU, Catarina Maria Pedro. *As regras de obtenção do consentimento para intervenções médicas em menores:* O significado da gillick competence e a possível adoção da figura em Portugal. Universidade Católica Portuguesa, 2012.

ADVENA-REGNERY, Barbara. Informed consent: Geeignetes Instrumentarium zur Wahrung der Patientenautonomie? *In*: ACH, Johann S. (Org.). *Grenzen der Selbstbestimmung in der Medizino* Münster: mentis, 2013, p. 29-44.

AGAPITO, Leonardo Simões. *Direito médico:* a omissão penalmente relevante. Universidade Estadual Paulista, 2018.

ALBUQUERQUE, Paula Danielle Santa Maria de; ARAÚJO, Laís Zaú Serpa. Informação ao paciente com câncer: o olhar do oncologista. *Revista da Associação Médica Brasileira*, v. 57, n. 2, p. 144-152, 2011.

ALBUQUERQUE, Raylla; GARRAFA, Volnei. Autonomia e indivíduos sem a capacidade para consentir: o caso dos menores de idade. *Revista Bioética*, v. 24, n. 3, p. 452-458, 2016.

ALEMANHA, Deutschen Gesellschaft für Chirurgie. Stellungnahme der deutschen Gesellschaft für Chirurgie. *In*: *Gutachten und Stellungnahmen zu Fragen der Strafrechtsreform mit ärztlichen Einschlag*. Bonn: Bundesministerium der Justiz, 1958.

AMELUNG, Knut. *Die Einwilligung in die Beeinträchtigung eines Grundrechtsgutes*. Berlin: Duncker & Humblot, 1981.

AMELUNG, Knut. Über die Einwilligungsfähigkeit (Teil I). *ZStW*, v. 104, n. 3, p. 525-558, 1992.

AMELUNG, Knut. Über die Einwilligungsfähigkeit (Teil II). *ZStW*, v. 104, n. 4, p. 821-833, 1992.

AMELUNG, Knut. Willensmängel bei der Einwilligung als Tatzurechnungsproblem. *ZStW*, v. 109, n. 3, p. 490-518, 1997.

AMELUNG, Knut; EYMANN, Frieder. Die Einwilligung des Verletzten im Strafrecht. *JuS*, v. 41, n. 10, p. 237-246, 2001.

ANJOS, Márcio Fabri dos. Bioética nas desigualdades sociais. *In*: GARRAFA, Volnei; COSTA, Sérgio Ibiapina F. (Orgs.). *A bioética no século XXI*. Brasília: Universidade de Brasília, 2000.

ANNAS, George G.; GRODIN, Michael A. *The Nazi doctors and the Nuremberg Code*: human rights in human experimentationo Oxford: Oxford University Press, 1995.

ANTOLISEI, Francesco. *Manuale di Diritto Penale*. Milano: Dott. A. Giuffrè Editore, 2003.

ANTÓN ONECA, José. *Derecho Penal*. 2. ed. Madrid: Akal, 1986.

ARZT, Gunther. *Willensmängel bei der Einwilligung*. Frankfurt am Main: Athenäum, 1970.

AZEVEDO, Álvaro Villaça. Autonomia do paciente e direito de escolha de tratamento médico sem transfusão de sangue. *In*: AZEVEDO, Álvaro Villaça; LIGIERA, Wilson Ricardo (Orgs.). *Direitos do paciente*. São Paulo: Saraiva, 2012, p. 271-302.

BADARÓ, Tatiana. *Bem jurídico penal supraindividual*. Belo Horizonte: D'Plácido, 2016.

BARROSO, Luís Roberto. Legitimidade da recusa de transfusão de sangue por testemunhas de Jeová. Dignidade humana, liberdade religiosa e escolhas existenciais. *In*: AZEVEDO, Álvaro Villaça; LIGIERA, Wilson Ricardo (Orgs.). *Direitos do paciente*. São Paulo: Saraiva, 2012, p. 343-382.

BARROSO, Luís Roberto; MARTEL, Letícia de Campos Velho. A morte como ela é: dignidade e autonomia individual no final da vida. *Panóptica*, v. 19, p. 69-104, 2010.

BATISTA, Bernardo Nogueira; GARICOCHEA, Bernardo; AGUILAR, Vera Lucia Nunes; *et alii*. Relato de caso de linfoma anaplásico de células grandes associado a implante mamário em paciente brasileira. *Revista Brasileira de Cirurgia Plástica*, v. 32, n. 3, p. 445-449, 2017.

BATISTA, Nilo. O novo Código Civil e Direito Penal: uma carta e onze questões. *Boletim IBCCRIM*, v. 127, p. 6-8, 2003.

BAUMANN, Jürgen; WEBER, Ulrich; MITSCH, Wolfgang; EISELE, Jörg. *Strafrecht*: Allgemeiner Teil. 12. ed. Bielefeld: Ernst und Werner Gieseking, 2016.

BAUMANN, Jürgen; WEBER, Ulrich; MITSCH, Wolfgang. *Strafrecht:* Allgemeiner Teil. 11. ed. Bielefeld: Verlag Ernst und Werner Gieseking, 2003.

BEAUCHAMP, Tom L. Paternalism and Biobehavioral control. *The monist*, v. 60, p. 62-80, 1977.

BEAUCHAMP, Tom L.; CHILDRESS, James F. *Principles of Biomedical Ethics*. 7. ed. Oxford: Oxford University Press, 2013.

BEAUCHAMP, Tom L.; FADEN, Ruth R. History of informed consent. *In*: POST, Stephen G. (Org.). *Encyclopedia of bioethics*. vol. 3. 3. ed. New York: Thomson Gale, 2004, p. 1271-1276.

BEIER, Mônica; IANNOTTI, Giovano de Castro. O paternalismo e o juramento hipocrático. *Revista Brasileira de Saúde Materno Infantil*, v. 10, n. 1, p. 383-389, 2010.

BELING, Ernst. *Die Lehre vom Verbrecheno* Tübingen: J. C. B. Mohr, 1906.

BELING, Ernst. Die strafrechtliche Verantwortlichkeit des Arztes bei Vornahme und Unterlassung operativer Eingriffe. *ZStW*, v. 44, p. 220-244, 1924.

BENDER, Albrecht W. Zeugen Jehovas und Bluttransfusionen: Eine zivilrechtliche Betrachtung. *MedR*, n. 6, p. 260-267, 1999.

BERGSTEIN, Gilberto. *A informação da relação médico-paciente*. São Paulo: Saraiva, 2014.

BERLIN, Isaiah. *Liberty*. Oxford: Oxford University Press, 2002.

BERLIN, Isaiah. Two concepts of liberty. *In*: *Liberty*. Oxford: Oxford University Press, 2002.

BETTIOL, Giuseppe. *Direito Penal*. vol 1. Trad. Paulo José da Costa Júnior e Alberto Silva Franco. São Paulo: Revista dos Tribunais, 1966.

BEULKE, Werner. Die hypothetische Einwilligung im Arztstrafrecht - Eine Zwischenbilanz. *Medstra*, n. 2, p. 67-76, 2015.

BÍBLIA SAGRADA. Trad. João Ferreira de Almeida. 2. ed. Barueri: Sociedade Bíblica do Brasil, 2011.

BIERRENBACH, Sheila. *Teoria do Crime*. Rio de Janeiro: Lumen Juris, 2009.

BINDING, Karl. *Handbuch des Strafrechts*. Leipzig: Duncker & Humblot, 1885.

BIRNBACHER, Dieter. Paternalismus im Strafrecht - ethisch vertretbar? *In*: VON HIRSCH, Andreas; NEUMANN, Ulfrid; SEELMANN, Kurt (Orgs.). *Paternalismus im Strafrecht:* Die Kriminalisierung von selbstschädigendem Verhalten. Baden-Baden: Nomos, 2010, p. 11-26.

BIRNBACHER, Dieter. Patientenautonomie und ärztliche Ethik am Beispiel der prädiktiven Diagnostik. *In*: *Jahrbuch für Wissenschaft und Ethik*. vol. 2. Berlin: Walter de Gruyter, 1997, p. 105-119.

BIRNBACHER, Dieter. Vulnerabilität und Patientenautonomie - Anmerkungen aus medizinethischer Sicht. *MedR*, v. 30, n. 9, p. 560-565, 2012.

BISMARCK, Otto vono *Gedanken und Erinnerungen (Autobiographie)*. Reimpressão. Köln: Anaconda, 2015.

BITENCOURT, Cesar. *Tratado de Direito Penal:* parte geral. vol. 1. 13. ed. São Paulo: Saraiva, 2008.

BITENCOURT, Cezar Roberto. *Tratado de direito penal:* parte especial. vol. 2. São Paulo: Saraiva, 2016.

BLEILER, Lisa-Maria. *Strafbarkeitsrisiken des Arztes bei religiös motiviertem Behandlungsveto.* Heidelberg: Springer, 2010.

BOCKELMANN, Paul. *Strafrecht des Arztes.* Stuttgart: Georg Thieme Verlag, 1968.

BOIATI, Eduardo Martins. Inconstitucionalidade da proibição de laqueadura tubária durante o parto. *Justitia*, v. 66, n. 200, p. 173-177, 2009.

BÖSE, Martino Zur Rechtfertigung von Zwangsbehandlungen einwilligungsunfähiger Erwachsener. *In*: HEINRICH, Manfred; JÄGER, Christian; ACHENBACH, Hans; *et alii* (Orgs.). *Strafrecht als Scientia Universalis:* Festschrift für Claus Roxin zum 80. Geburtstag am 15. Mai 2011. Berlin: De Gruyter, 2011, p. 523-536.

BRANDÃO, Cláudio. *Curso de Direito Penal:* Parte Geral. Rio de Janeiro: Forense, 2008.

BREIHAUPT, R. H. *Volenti non fit iniuria.* Berlin: Buchhandlung für Staats- und Rechtswissenschaft, 1891.

BRINGEWAT, Peter. Die Strafbarkeit der Beteiligung an fremder Selbsttötung als Grenzproblem der Strafrechtsdogmatik. *ZStW*, v. 87, n. 3, p. 623-649, 1975.

BRODT, Luís Augusto Sanzo. *Do estrito cumprimento do dever legal.* Porto Alegre: Sergio Antonio Fabris, 2005.

BRODT, Luís Augusto Sanzo. Entre o dever e o direito. *Juris (Rio Grande)*, v. 11, p. 43-55, 2005.

BRUNO, Aníbal. *Direito Penal:* parte especial. Tomo IV. Rio de Janeiro: Forense, 1966.

BRUNO, Aníbal. *Direito Penal:* Parte Geral. Tomo II. Rio de Janeiro: Forense, 1967.

BÜCHNER, Franz. *Der Eid des Hippokrates:* die Grundgesetze der ärztlichen Ethik. Freiburg/Bresigau: Herder, 1947.

BUSATO, Paulo César. *Direito Penal:* parte especial 1 – artigo 121 ao artigo 234 do Código Penal. São Paulo: Atlas, 2014.

BUSATO, Paulo César. *Direito Penal:* parte geral. São Paulo: Atlas, 2015.

CAMARGO, Rosmari Aparecida Elias; CAMPOS, Roberto Augusto de Carvalho. A autonomia do médico e do paciente no atual Código de Ética Médica. *In*: PASCHOAL, Janaína Conceição; SILVEIRA, Renato de Mello Jorge (Orgs.). *Homenagem a Miguel Reale Júnior.* Rio de Janeiro: LMU Mundo Jurídico, 2014, p. 637-655.

CANCIO MELIÁ, Manuel. Opferverhalten und objektive Zurechnung. *ZStW*, v. 111, n. 2, p. 357-387, 1999.

CAPEZ, Fernando. *Consentimento do ofendido e violência desportiva:* reflexos à luz da teoria da imputação objetiva. São Paulo: Saraiva, 2003.

CAPEZ, Fernando. *Curso de direito penal:* parte geral. vol. 1. 15. ed. São Paulo: Saraiva, 2011.

CARDOSO, Alaércio. *Responsabilidade civil e penal dos médicos nos casos de transplantes*. Belo Horizonte: Del Rey, 2002.

CARVALHO, Gisele Mendes de. *Aspectos jurídico-penais da eutanásia*. São Paulo: IBCCRIM, 2001.

CARVALHO, Gisele Mendes de. Autonomia do paciente e decisões ao final da vida. *In*: ROMEO CASABONA, Carlos Maria; SÁ, Maria de Fátima Freire de Sá (Orgs.). *Direito Biomédico:* Espanha-Brasil. Belo Horizonte: Ed. PUC Minas, 2011, p. 161-183.

CARVALHO, Gisele Mendes de. *Suicidio, eutanasia y Derecho penal:* Estudio del art. 143 del Código penal español y propuesta de lege ferenda. Granada: Comares, 2009.

CARVALHO, Hilário Veiga de. Transexualismo. *RT*, v. 545, p. 289-298, 1981.

CATÃO, Marconi do Ó. *Biodireito:* transplantes de órgãos humanos e direitos de personalidade. São Paulo: Madras, 2004.

CAVALIERI FILHO, Sérgio. Responsabilidade Médica e o Dever de Informar. *Revista da EMERJ*, v. 7, n. 28, p. 81-87, 2004.

CHARLES, Cathy; GAFNI, Amiram; WHELAN, Tim. Decision-making in the physician-patient encounter: Revisiting the shared treatment decision-making model. *Social Science and Medicine*, v. 49, n. 5, p. 651-661, 1999.

CHARLES, Cathy; GAFNI, Amiram; WHELAN, Tim. Shared decision-making in the medical encounter: What does it mean? (Or it takes, at least two to tango). *Social Science and Medicine*, v. 44, n. 5, p. 681-692, 1997.

CHATZIKOSTAS, Konstantinos. *Die Disponibilität des Rechtsgutes Leben in ihrer Bedeutung für die Probleme von Suizid und Euthanasie*. Frankfurt am Main: Peter Lang, 2001.

CHILDRESS, James F. *Who Should Decide?* Oxford: Oxford University Press, 1982.

CIRINO DOS SANTOS, Juarez. *Direito Penal:* parte geral. 6. ed. Curitiba: ICPC, 2014.

CLOTET, Joaquim. O consentimento informado nos comitês de ética em pesquisa e na prática médica: Conceituação, Origens e Atualidade. *Revista Bioética*, v. 3, n. 1, p. 51-59, 1995.

COBO DEL ROSAL, Manuel. Revisión del problema del consentimiento en las lesiones en el Código Penal. *ADPCP*, p. 243-267, 1964.

COÊLHO, Yuri Carneiro. *Curso de Direito Penal Didático*. 2. ed. São Paulo: Atlas, 2015.

COSTA ANDRADE, Manuel da. *Consentimento e acordo em Direito Penal*. Coimbra: Coimbra Editora, 2004.

COSTA ANDRADE, Manuel da. Consentimento em Direito Penal médico - o consentimento presumido. *Revista Portuguesa de Ciência Criminal*, v. 14, p. 117-148, 2004.

COSTA ANDRADE, Manuel da. *Direito Penal médico.* SIDA: testes arbitrários, confidencialidade e segredo. São Paulo: Revista dos Tribunais, 2008.

COSTA, Victor Cezar Rodrigues da Silva. *Crimes omissivos impróprios*: tipo e imputação objetiva. Belo Horizonte: D'Plácido, 2017.

CRAMER, Peter. Ein Sonderstraftatbestand für die eigenmächtige Heilbehandlung: Einige Bemerkungen zu §§ 229, 230 des Entwurfs eines 6. Gesetzes zur Reform des Strafrechts (6. StrRG). *In*: ESER, Albin; SCHITTENHELM, Ulrike; SCHUMANN, Heribert (Orgs.). *Festschrift für Theodor Lenckner zum 70. Geburtstag.* München: C. H. Beck'sche Verlagsbuchhandlung, 1998, p. 761-780.

D'AVILA, Fabio Roberto. *Ofensividade e crimes omissivos próprios*: contributo à compreensão do crime como ofensa ao bem jurídico. Coimbra: Coimbra Editora, 2005.

DADALTO, Luciana. *Testamento vital.* Indaiatuba: Foco, 2018.

DADALTO, Luciana; PIMENTEL, Williano Direito à recusa de tratamento: análise da sentença proferida nos autos n. 201700242266 - TJGO. *Revista Brasileira de Direito Civil*, v. 15, p. 159-175, 2018.

DAMM, Reinhard. Imperfekte Autonomie und Neopaternalismus. *MedR*, v. 20, n. 8, p. 375-387, 2002.

DAMM, Reinhard. Prädiktive Medizin und Patientenautonomie: Informationelle Persönlichkeitsrechte in der Gendiagnostik. *MedR*, n. 10, p. 437-448, 1999.

DE VICENTE REMESAL, Javier. Die mutmaßliche Einwilligung und ihre besondere Bedeutung im Rahmen einer Operationserweiterung. *GA*, p. 689-698, 2017.

DEUTSCH, Erwino Das therapeutische Privileg des Arztes: Nichtaufklärung zugunsten des Patienteno *NJW*, n. 24, p. 1305-1309, 1980.

DEVLIN, Patrick. The Enforcement of Morals. *In*: *Maccabaean Lecture in Jurisprudence of the British Academy.* Oxford: Oxford University Press, 1959, p. 129-151.

DIETRICH, H. *Die Straflosigkeit ärztliche Eingriffe.* Fulda: Fuldaer Aktiendruckerei, 1896.

DOHNA, Alexander Graf zu. *Die Rechtswidrigkeit als allgemeingültiges Merkmal im Tatbestande strafbarer Handlungeno* Halle: Verlg der Buchhandlung des Waisenhauses, 1905.

DÖLLING, Dieter. Fahrlässige Tötung bei Selbstgefährdung des Opfers. *GA*, p. 71-94, 1984.

DÖLLING, Dieter. Gerechtfertigter Behandlungsabbruch und Abgrenzung von Tun und Unterlassen: Zu BGH, Urt. v. 25.6.2010 - 2 StR 454/09. *ZIS*, n. 5, p. 345-348, 2011.

DÖLLING, Dieter. Suizid und unterlassene Hilfeleistung. *NJW*, p. 1011-1017, 1986.

DOTTI, René Ariel. *Curso de Direito Penal:* Parte Geral. São Paulo: Revista dos Tribunais, 2010.

DUMAS, Camila Cristina de Oliveira; CARVALHO, Gisele Mendes de. *Quando o paciente diz não:* uma análise da recusa de tratamento no ordenamento jurídico brasileiro. Biguiri: Boreal, 2017.

DUTTGE, Gunnar. Abschied des Strafrechts von den "guten Sitten"? Zum "Minimum" bei der Auslegund der sittenwidrigen Körperverletzung (§ 228 StGB). *In*: *Gedächtnisschrift für Ellen Schlüchter*. Köln: Carl Heymanns Verlag KG, 2002.

DUTTGE, Gunnar. Der BGH auf rechtsphilosophischen Abwegen - Einwilligung in Körperverletzung und "gute Sitten". *NJW*, n. 5, p. 260-263, 2005.

DUTTGE, Gunnar. Patientenautonomie und Einwilligungsfähigkeit. *In*: WIESEMANN, Claudia; SIMON, Alfred (Orgs.). *Patientenautonomie:* Theoretische Grundlagen Praktische Anwendungeno Münster: mentis, 2013, p. 77-90.

DWORKIN, Gerald. Paternalism. *The Monist*, v. 56, n. 1, p. 64-84, 1972.

DWORKIN, Gerald. *The Theory and Practice of Autonomy*. Cambridge: Cambridge University Press, 1988.

DWORKIN, Ronald. Paternalism. *In*: HAMPSHIRE, Stuart (Org.). *Public and Private Morality*. Cambridge: Cambridge University Press, 1978.

DWORKIN, Ronald. Rights as Trumps. *In*: WALDRON, Jeremy (Org.). *Theories of rights*. Oxford: Oxford University Press, 1984, p. 153-167.

EBERMAYER, Ludwig. *Der Arzt im Recht*. Leipzig: Georg Thieme Verlag, 1930.

EIBACH, Ulrich; SCHAEFER, Klaus. Patientenautonomie und Patientenwünsche: Ergebnisse und ethische Reflexion von Patientenbefragungen zur selbstbestimmten Behandlung in Krisensituationeno *MedR*, v. 19, p. 21-28, 2001.

EISELE, Jörg. El consentimiento hipotético como causal de justificacióno *Revista peruana de ciencias penales*, v. 23, p. 243-268, 2012.

EMANUEL, Ezekiel; EMANUEL, Linda. Four models of the physician-patient relationship. *The Journal of the American Medical Association,* v. 267, n. 16, p. 2221-2229, 1992.

ENGISCH, Karl. Arztlicher Eingriff zu Heilzwecken und Einwilligung. *ZStW*, v. 58, p. 1-52, 1939.

ENGISCH, Karl. *Die rechtliche Bedeutung der ärztlichen Operationo* Jena: Veb Gustav Fischer, 1958.

ENGISCH, Karl; HALLERMANN, Wilhelm. *Die ärztliche Aufklärungspflicht aus rechtlicher und ärztlicher Sicht*. Köln: Carl Heymanns, 1970.

ENGLÄNDER, Armino Die Anwendbarkeit von § 34 StGB auf intrapersonale Interessenkollisioneno *GA*, v. 157, n. 1, p. 15-26, 2010.

ERB, Volker. Das Verhältnis zwischen mutmaßlicher Einwilligung und rechtfertigendem Notstand. *In*: HEFENDEHL, Roland; HÖRNLE, Tatjana; GRECO, Luís (Orgs.). *Streitbare Strafrechtswissenschaft:* Festschrift für Bernd Schünemann zum 70. Geburtstag am 1. November 2014. Berlin: De Gruyter, 2014, p. 337-350.

ESER, Albino Medizin und Strafrecht: Eine schutzgutorientierte Problemübersicht. *ZStW*, v. 97, n. 1, p. 1-46, 1985.

ESER, Albino Zur Regelung der Heilbehandlung in rechtsvergleichender Perspektive. *In*: WEIGEND, Thomas; KÜPPER, Georg (Orgs.). *Festschrift für Hans Joachim Hirsch zum 70. Geburtstag*. Berlin: Walter de Gruyter, 1999, p. 465-483.

ESER, Albin; STERNBERG-LIEBEN, Detlev. § 223 Körperverletzung. *In*: SCHÖNKE, Adolf; SCHRÖDER, Friedrich-Christian (Orgs.). *Strafgesetzbuch Kommentar*. 29. ed. München: C. H. Beck, 2014.

ESER, Albin; STERNBERG-LIEBEN, Detlev. § 228 Einwilligung. *In*: SCHÖNKE, Adolf; SCHRÖDER, Friedrich-Christian (Orgs.). *Strafgesetzbuch Kommentar*. 29. ed. München: C. H. Beck, 2014.

ESER, Albin; STERNBERG-LIEBEN, Detlev. Vorbemerkungen zu den §§ 211 ff. *In*: SCHÖNKE, Adolf; SCHRÖDER, Horst (Orgs.). *Strafgesetzbuch Kommentar*. 29. ed. München: C. H. Beck, 2014.

ESTEFAM, André. *Direito Penal:* parte geral. vol. 1. São Paulo: Saraiva, 2010.

ESTELLITA, Heloísa. Paternalismo, moralismo e direito penal: alguns crimes suspeitos em nosso direito positivo. *Revista Brasileira de Filosofia*, v. LVI, n. 227, p. 333-341, 2007.

ESTELLITA, Heloísa. *Responsabilidade penal de dirigentes de empresas por omissão:* Estudo sobre a responsabilidade omissiva imprópria de dirigentes de sociedades por ações, limitadas e encarregados de cumprimento por crimes praticados por membros da empresa. São Paulo: Marcial Pons, 2017.

FADEN, Ruth R.; BEAUCHAMP, Tom L. *A history and theory of informed consent*. Oxford: Oxford University Press, 1986.

FARIA, Aléxia Alvim Machado; VIANNA, Túlio. Maioridade sexual: por uma idade de consentimento sexual pautada na tutela de bens jurídicos. *RBCCrim*, v. 118, p. 15-54, 2016.

FATEH-MOGHADAM, Bijano. *Die Einwilligung in die Lebendorganspende:* Die Entfaltung des Paternalismusproblems im Horizont differenter Rechtsordnungen am Beispiel Deutschlands und Englands. München: C. H. Beck, 2008.

FEINBERG, Joel. *Harm to Others. The moral Limits of Criminal Law*. vol. 1. New York: Oxford University Press, 1984.

FEINBERG, Joel. *Harm to Self. The moral limits of Criminal Law*. vol. 3. New York: Oxford University Press, 1986.

FEINBERG, Joel. Legal Paternalism. *Canadian Journal of Philosophy*, v. 1, n. 1, p. 105-124, 1971.

FEINBERG, Joel. *Offense to others. The moral Limits of Criminal Law*. vol. 2. Oxford: Oxford University Press, 1985.

FELIPE, Rafael Luengo. *O papel da vítima na teoria do delito:* a necessidade de distinção entre as regras do consentimento e a heterocolocação em perigo. Universidade Federal da Bahia, 2018.

FERRÉ OLIVÉ, Juan Carlos; NUÑEZ PAZ, Miguel Ángel; OLIVEIRA, William Terra de; BRITO, Alexis Couto de. *Direito Penal brasileiro:* parte geral. Princípios fundamentais e sistema. São Paulo: Revista dos Tribunais, 2011.

FERREIRA, Beatriz Carneiro. *Manual prático de bioética e biodireito.* Rio de Janeiro: Livre Expressão, 2013.

FERREIRA DA CUNHA, Maria da Conceição. Das omissões lícitas no exercício da medicina. *In*: FARIA COSTA, José de; GODINHO, Inês Fernandes (Orgs.). *As novas questões em torno da vida e da morte em direito penal.* Coimbra: Coimbra Editora, 2010, p. 79-123.

FEUERBACH, Paulo Johann Anselm vono *Lehrbuch des gemeinen in Deutschland gültigen peinlichen Rechts.* 14. ed. Giessen: Georg Friedrich Heyer's Verlag, 1847.

FEUERSTEIN, Günter; KUHLMANN, Elleno *Neopaternalistische Medizin:* Der Mythos der Selbstbestimmung im Arzt-Patient-Verhältnis. Bern: Hans Huber, 1999.

FIGUEIREDO DIAS, Jorge de. A "ajuda médica à morte": uma consideração jurídico-penal. *RBCCrim*, v. 21, n. 100, p. 15-39, 2013.

FIGUEIREDO DIAS, Jorge de. *Direito Penal:* parte geral. Tomo I: questões fundamentais, a doutrina geral do crime. São Paulo: Revista dos Tribunais, 2007.

FONTÁN BALESTRA, Carlos. *Derecho Penal:* introducción y parte general. Buenos Aires: Abeledo-Perrot, 2002.

FONTÁN BALESTRA, Carlos. *Derecho Penal*: parte especial. 17. ed. Buenos Aires: Abeledo-Perrot, 2008.

FORSSBOHM, Matthias. *Selbstbestimmung wider das universelle Tötungsverbot:* Betrachtungen zu medizinischen Entscheidungen am Lebensende und Ausnahmen vom generellen Lebensschutz in Deutschland, Schweiz und den Niederlandeno Technische Universität Dresden, 2017.

FRAGOSO, Heleno Cláudio. *Lições de Direito Penal:* parte geral. 16. ed. Rio de Janeiro: Forense, 2004.

FRAGOSO, Heleno Cláudio. Transexualismo - cirurgia - lesão corporal [Parecer]. *Revista de Direito Penal*, n. 25, p. 25-34, 1978.

FRANÇA, Genival Veloso de. *Direito médico.* Rio de Janeiro: Forense, 2017.

FRANK, Reinhard. *Das Strafgesetzbuch für das Deutsche Reich.* 14. ed. Tübingen: J. C. B. Mohr, 1919.

FREITAS, Corina Bontempo Duca de. Ética na pesquisa com seres humanos: a experiência brasileira. *In*: GARRAFA, Volnei; PESSINI, Leo (Orgs.). *Bioética:* Poder e Injustiça. São Paulo: Edições Loyola, 2003, p. 307-314.

FREUND, Georg. § 13 Begehen durch Unterlasseno *In*: JOECKS, Wolfgang; MIEBACH, Klaus (Orgs.). *Münchener Kommentar zum Strafgesetzbuch.* vol 1. 3. ed. München: C. H. Beck, 2017.

FREUND, Georg. *Strafrecht:* Allgemeiner Teil. 2. ed. Berlin, Heidelberg: Springer, 2009.

FRISCH, Wolfgang. Einwilligung und mutmaßliche Einwilligung in ärztliche Eingriffe. *In*: FRISCH, Wolfgang (Org.). *Gegenwartsfragen des Medizinstrafrechts.* Baden-Baden: Nomos, 2006.

FRISCH, Wolfgang. Zum Unrecht der sittenwidrigen Körperverletzung (§ 228 StGB). *In*: WEIGEND, Thomas; KÜPPER, Georg (Orgs.). *Festschrift für Hans Joachim Hirsch zum 70. Geburtstag.* Berlin: Walter de Gruyter, 1999, p. 485-506.

FRISTER, Helmut; LINDEMANN, Michael; PETERS, Alexander. *Arztstrafrecht.* München: C. H. Beck, 2011.

FÜNDLING, Caroline. *Recht auf Wissen vs. Recht auf Nichtwissen in der Gendiagnostik.* Baden-Baden: Nomos, 2017.

GAEDE, Karsteno *Limitiert akzessorisches Medizinstrafrecht statt hypothetischer Einwilligung.* Heidelberg: C.F. Müller, 2014.

GALLI, Rafael Alves; VIEIRA, Elisabeth Meloni; GIAMI, Alain; *et alii.* Corpos Mutantes, Mulheres Intrigantes: Transexualidade e Cirurgia de Redesignação Sexual. *Psicologia: Teoria e Pesquisa*, v. 29, n. 4, p. 447-457, 2013.

GALVÃO, Fernando. *Direito Penal:* parte geral. 6. ed. Belo Horizonte: D'Plácido, 2016.

GÁNDARA VALLEJO, Beatriz de la. *Consentimiento, bien jurídico e imputación objetiva.* Madrid: Colex, 1995.

GARCÍA CALDERÓN, Beatriz Escudero. *El consentimiento en Derecho Penal.* Valencia: Tirant lo Blanch, 2014.

GARRAFA, Volnei; PORTO, Dora. Bioética, poder e injustiça: por uma ética de intervenção. *In*: GARRAFA, Volnei; PESSINI, Leo (Orgs.). *Bioética:* Poder e Injustiça. São Paulo: Edições Loyola, 2003.

GARRAFA, Volnei; PORTO, Dora. Bioética de intervencióno *In*: TEALDI, Juan Carlos (Org.). *Diccionario latinoamericano de bioética.* Bogotá: Universidad Nacional de Colombia, 2008.

GEERDS, Friedrich. Einwilligung und Einverständnis des Verletzten im Strafgesetzentwurf. *ZStW*, v. 72, n. 1-2, p. 42-92, 1960.

GEERDS, Friedrich. Einwilligung und Einverständnis des Verletzten im Strafrecht. *GA*, p. 262-269, 1954.

GEILEN, Gerd. Der ärztliche Spagat zwischen salus und voluntas aegroti. *In*: FELTES, Thomas; PFEIFFER, Christian; STEINHILPER, Gernot (Orgs.). *Kriminalpolitik und ihre wissenschaftlichen Grundlagen:* Festschrift für Professor Dr. Hans-Dieter Schwind zum 70. Geburtstag. Heidelberg: C.F. Müller, 2006, p. 289-303.

GEPPERT, Klaus. Rechtfertigende "Einwilligung" des verletzten Mitfahrers bei Fahrlässigkeitsstraftaten im Straßenverkehr? Ein Beitrag zur dogmatischen Struktur der Einwilligung. *ZStW*, v. 83, p. 947-1001, 1971.

GIESEN, Dieter. *International Medical Malpractice Law*: A comparative Law Study of Civil Liability Arising from Medical Care. Tübingen: J.C.B. Mohr (Paul Siebeck), 1988.

GIMBERNAT ORDEIG, Enrique. Imputación objetiva y conduta de la víctima. *ADPCP*, v. LVIII, p. 733-805, 2005.

GKOUNTIS, Ioannis. *Autonomie und strafrechtlicher Paternalismus*. Berlin: Duncker & Humblot, 2011.

GLATZ, Christiano *Der Arzt zwischen Aufklärung und Beratung*. Berlin: Duncker & Humblot, 1998.

GLEIXNER-EBERLE, Elisabeth. *Die Einwilligung in die medizinische Behandlung Minderjähriger*. Berlin, Heidelberg: Springer, 2014.

GLEIZER, Orlandino. Aproximações ao direito brasileiro, § 5. *In*: HILGENDORF, Eric; VALERIUS, Brian (Orgs.). *Direito Penal:* parte geral. São Paulo: Marcial Pons, 2019, p. 167-172.

GÖDICKE, Patrick. Medizinische Grundaufklärung bei Neulandmethodeno *MedR*, v. 35, p. 770-778, 2017.

GONÇALVES, Carlos Roberto. *Direito Civil Brasileiro*. vol. 3. 6. ed. São Paulo: Saraiva, 2009.

GORGA, Maria Luiza. *Direito médico preventivo:* compliance penal na área da saúde. Belo Horizonte: D'Plácido, 2017.

GRECO, Alessandra Orcesi Pedro. *A autocolocação da vítima em risco*. São Paulo: Revista dos Tribunais, 2004.

GRECO, Luís. A crítica de Stuart Mill ao paternalismo. *Revista Justiça e Sistema Criminal*, v. 4, n. 7, p. 81-92, 2012.

GRECO, Luís. Breves reflexões sobre os princípios da proteção de bens jurídicos e da subsidiariedade no Direito Penal. *In*: BRITO, Alexis Augusto Couto de; VANZOLINI, Maria Patricia (Orgs.). *Direito Penal:* aspectos jurídicos controvertidos. São Paulo: Quartier Latin, 2006, p. 150-181.

GRECO, Luís. Imputação objetiva: uma introdução. *In*: ROXIN, Claus (Org.). *Funcionalismo e imputação objetiva no Direito Penal*. Rio de Janeiro: Renovar, 2002, p. 1-180.

GRECO, Luís. *Lebendiges und Totes in Feuerbachs Straftheorie:* Ein Beitrag zur gegewärtigen strafrechtlichen Grundlagendiskussiono Berlin: Duncker & Humblot, 2009

GRECO, Luís. *Problemas de causalidade e imputação objetiva nos crimes omissivos impróprios*. Trad. Ronan Rocha. São Paulo: Marcial Pons, 2018.

GRECO, Luís. Strafbare Pornografie im liberalen Staat - Grund und Grenzen der §§ 184, 184a-d StGB. *Zeitschrift für rechtswissenschaftliche Forschung*, v. 2, n. 1, p. 275-302, 2011.

GRECO, Luís. Strafbarer Drogenbesitz, Privatsphäre, Autonomie. *In*: HEFENDEHL, Roland (Org.). *Grenzelose Vorverlagerung des Strafrechts?* Berlin: Berliner Wissenschafts-Verlag, 2010, p. 73-88.

GRECO, Luís. *Um panorama da teoria da imputação objetiva*. 4. ed. São Paulo: Revista dos Tribunais, 2014.

GRECO, Luís. Was lässt das Bundesverfassungsgericht von der Rechtsgutslehre übrig? Gedanken anlässlich der Inzestentscheidung des Bundesverfassungsgerichts. *ZIS*, n. 5, p. 234-238, 2008 (traduzido para o português: Tem futuro a teoria do bem jurídico? Reflexões a partir da decisão do Tribunal Constitucional Alemão a respeito do crime de incesto (§ 173 Strafgesetzbuch). *RBCCrim*, n. 82, p. 165-185, 2010).

GRECO, Luís; HORTA, Frederico; LEITE, Alaor; TEIXEIRA, Adriano; QUANDT, Gustavo. *Reforma da parte geral do Código Penal:* uma proposta alternativa para debate. São Paulo: Marcial Pons, 2018.

GRECO, Luís; KASECKER, Izabele. Autocolocação em perigo e conhecimentos superiores: reflexões a partir de um recente caso da jurisprudência alemã. *In*: PRADO, Alessandra Rapacci Mascarenhas; MELLO, Sebástian de Albuquerque; COELHO, Yuri Carneiro (Orgs.). *Novas perspectivas das ciências criminais*: homenagem à Professora Maria Auxiliadora Minahim. Salvador: JusPodivm, 2018, p. 131-141.

GRECO, Luís; SIQUEIRA, Flávia. Promoção da saúde ou respeito à autonomia? Intervenção cirúrgica, exercício de direito e consentimento no direito penal médico. *Studia Juridica*. Estudos em Homenagem ao Prof. Doutor Manuel da Costa Andrade (vol 1), v. 108, p. 643-669, 2017.

GRECO, Luís; TEIXEIRA, Adriano. Autoria como realização do tipo: uma introdução à ideia de domínio do fato como o fundamento central da autoria no direito penal brasileiro. *In*: GRECO, Luís; LEITE, Alaor; TEIXEIRA, Adriano; *et alii* (Orgs.). *Autoria como domínio do fato:* Estudos introdutórios sobre o concurso de pessoas no Direito Penal brasileiro. São Paulo: Marcial Pons, 2014, p. 47-80.

GRECO, Rogério. *Curso de Direito Penal:* Parte Geral. 14. ed. Niterói: Impetus, 2012.

GRISSO, Thomas; APPELBAUM, Paul S. *Assessing Competence to Consent to Treatment:* A Guide for Physicians and Other Health Professionals. Oxford: Oxford University Press, 1998.

GROPP, Walter. Die Einwilligung in den ärztlichen Heileingriff - ein Rechtfertigungsgrund: Überlegungen zum Gehalt der straftatbestandsmäßigen Handlung. *GA*, 2015.

GROPP, Walter. *Strafrecht Allgemeiner Teil.* 4. ed. Berlin: Springer, 2015.

GRÜNWALD, Gerald. Die Aufklärungspflicht des Arztes. *ZStW*, v. 73, n. 1, p. 5-44, 1961.

GRÜNWALD, Gerald. Heilbehandlung und Ärztliche Aufklärungspflicht. *In*: GÖPPINGER, Hans (Org.). *Arzt und Recht:* Medizinisch-juristische Grenzprobleme unserer Zeit. München: C. H. Beck, 1966, p. 125-158.

GUÉREZ TRICARICO, Pablo. *El tratamiento médico curativo y su licitud:* el papel del consentimiento del paciente. Navarra: Civitas, 2012.

GUTMANN, Thomas. Zur philosophischen Kritik des Rechtspaternalismus. *In*: SCHROTH, Ulrich; SCHNEEWIND, Klaus A.; GUTMANN, Thomas; *et alii* (Orgs.). *Patientenautonomie am Beispiel der Lebendorganspende.* Göttingen: Vandenhoeck & Ruprecht, 2006, p. 189-277.

GUTWALD, Rebecca. Autonomie, Rationalität und Perfektionismus: Probleme des weichen Paternalismus im Rechtfertigungsmodell der Bounded Rationality. *In*: FATEH-MOGHADAM, Bijan; SELLMAIER, Stephan; VOSSENKUHL, Wilhelm (Orgs.). *Grenzen des Paternalismus.* Stuttgart: Kohlhammer, 2010.

HARDTUNG, Bernhard. § 228 Einwilligung. *In*: JOECKS, Wolfgang; MIEBACH, Klaus (Orgs.). *Münchener Kommentar zum StGB.* 3. ed. München: C. H. Beck, 2017.

HART, H. L. A. *Law, Liberty, and Morality.* Stanford: Stanford University Press, 1963.

HEFENDEHL, Roland. Das Rechtsgut als materialer Angelpunkt einer Strafnorm. *In*: HEFENDEHL, Roland; HIRSCH, Andreas von; WOHLERS, Wolfgang (Orgs.). *Die Rechtsgutstheorie:* Legitimationsbasis des Strafrechts oder dogmatisches Glasperlenspiel? Baden-Baden: Nomos, 2003.

HEGER, Martino § 240 Nötigung. *In*: LACKNER, Karl; KÜHL, Kristian (Orgs.). *Strafgesetzbuch Kommentar.* 29. ed. München: C. H. Beck, 2018.

HENGSTENBERG, Nike. *Die hypothetische Einwilligung im Strafrecht:* Zu den „Risiken und Nebenwirkungen" eines Transfers der Rechtsfigur aus dem Zivil- in das Strafrecht. Berlin, Heidelberg: Springer, 2013.

HILGENDORF, Eric. *Einführung in das Medizinstrafrecht.* München: C. H. Beck, 2016 (traduzido para o português: *Introdução ao direito penal da medicina*. Trad. Orlandino Gleizer. São Paulo: Marcial Pons, 2019).

HILGENDORF, Eric; VALERIUS, Briano *Strafrecht Allgemeiner Teil.* 2. ed. München: C. H. Beck, 2015 (traduzido para o português: *Direito Penal:* parte geral. Trad. Orlandino Gleizer. São Paulo: Marcial Pons, 2019).

HILL JR., Thomas E. *Autonomy and self-respect.* Cambridge: Cambridge University Press, 1991.

HIRSCH, Hans Joachim. Behandlungsabbruch und Sterbehilfe. *In*: KÜPER, Wilfried; PUPPE, Ingeborg; TENCKHOFF, Jörg (Orgs.). *Festschrift für Karl Lackner zum 70. Geburtstag.* Berlin: Walter de Gruyter, 1987, p. 597-620.

HIRSCH, Hans Joachim. Einwilligung und Selbstbestimmung. *In*: STRATENWERTH, Günter; KAUFMANN, Armin; GEILEN, Gerd; *et alii* (Orgs.). *Festschrift für Hans Welzel zum 70. Geburtstag.* Berlin: Walter de Gruyter, 1974, p. 773-800.

HIRSCH, Hans Joachim. Körperverletzung. *In*: *Leipziger Kommentar zum Strafgesetzbuch.* vol. 6. 11. ed. Berlin: De Gruyter, 2005.

HIRSCH, Hans Joachim. Rechtfertigungsfragen und Judikatur des Bundesgerichtshofs. *In*: CANARIS, Claus-Wilhelm; HELDRICH, Andreas; HOPT, Klaus J.; *et alii* (Orgs.). *50 Jahre Bundesgerichtshof: Festgabe aus der Wissenschaft*. München: C. H. Beck, 2000, p. 199-236.

HIRSCH, Hans Joachim. Soziale Adäquanz und Unrechtslehre. *ZStW*, v. 74, n. 1, p. 78-135, 1962.

HIRSCH, Hans Joachim. Vorbemerkungen §32. *In*: *Leipziger Kommentar zum Strafgesetzbuch*. 11. ed. Berlin: De Gruyter, 2003.

HOERSTER, Borbert. Rechtsethische Überlegungen zur Freigabe der Sterbehilfe. *NJW*, n. 29, p. 1786-1790, 1986.

HÖFLING, Wolfram. Das neue Patientenverfügungsgesetz. *NJW*, p. 2849-2852, 2009.

HONIG, Richard. *Die Einwilligung des Verletzteno* Mannheim: J. Bensheimer, 1919.

HORN, Eckhard. Der medizinisch nicht indizierte, aber vom Patienten verlangte ärztliche Eingriff - strafbar? *JuS*, n. 1, p. 29-31, 1979.

HORTA, Frederico Gomes de Almeida. Da limitada teoria estrita da culpabilidade: crítica ao tratamento das descriminantes putativas no Projeto de Código Penal (Projeto de Lei 236/2012). *RBCCrim*, v. 113, p. 15-39, 2015.

HORTA, Frederico Gomes de Almeida. *Do concurso aparente de normas penais*. Rio de Janeiro: Lumen Juris, 2007.

HUNGRIA, Nelsono *Comentários ao Código Penal*. vol. 6. 3. ed. Rio de Janeiro: Forense, 1955.

HUNGRIA, Nelsono *Comentários ao Código Penal*. vol. 1, tomo II. 4. ed. Rio de Janeiro: Forense, 1958.

HUNGRIA, Nelson; FRAGOSO, Heleno Cláudio. *Comentários ao Código Penal*. vol. 1, tomo II. Rio de Janeiro: Forense, 1978.

HUNGRIA, Nelson; FRAGOSO, Heleno Cláudio. *Comentários ao Código Penal*. vol. 5. Rio de Janeiro: Forense, 1979.

ICAGIC, Yenilee. *Die Autonomie des einwilligungsunfähigen Patienten:* Ein Rechtsvergleich des deutschen mit dem US-amerikanischen Recht. Frankfurt am Main: Wolfgang Metzner Verlag, 2016.

IENNACO, Rodrigo. *Causas especiais de exclusão do crime*. Porto Alegre: Sergio Antonio Fabris, 2005.

IENNACO, Rodrigo; PIRES, Rodrigo Esteves Santos. Transfusão de sangue em pacientes testemunhas de Jeová: religião, ética e discurso jurídico-penal. *In*: BADARÓ, Gustavo (Org.). *Doutrinas Essenciais:* Direito Penal e Processo Penal. vol. 3. São Paulo: Revista dos Tribunais, 2015, p. 591-605.

IMMIG, Maximiliano *Die Selbstbestimmungsaufklärung im Arztstrafrecht*. Baden--Baden: Nomos, 2016.

IVERSEN, Katrina. Die Bedeutung der zivilrechtlichen Aufklärungspflichten für die Einwilligung in die Körperverletzung. *HRRS*, n. 11, p. 475-483, 2018.

JÄGER, Christiano *Zurechnung und Rechtfertigung als Kategorialprinzipien im Strafrecht.* Heidelberg: C.F. Müller, 2006.

JAKOBS, Günther. *Rechtsgüterschutz?* Zur Legitimation des Strafrechts. Paderborn: Ferdinand Schöningh, 2012.

JAKOBS, Günther. *Strafrecht Allgemeiner Teil*: Die Grundlagen und die Zurechnungslehre. vol 1. 2. ed. Berlin: Walter de Gruyter, 2011.

JANSEN, Scarlett. Die hypothetische Einwilligung im Strafrecht: Notwendiges Korrektiv oder systemwidriges Institut? *ZIS*, n. 6, p. 482-495, 2011.

JESCHECK, Hans-Heinrich; WEIGEND, Thomas. *Lehrbuch des Strafrechts.* 5. ed. Berlin: Duncker & Humblot, 1996.

JESUS, Damásio de. *Direito Penal:* parte especial. v. 2. São Paulo: Saraiva, 2012.

JESUS, Damásio de. *Direito Penal:* parte geral. v. 1. São Paulo: Saraiva, 2010.

JIMÉNEZ DE ASÚA, Luis. *Liberdade de amar e direito a morrer.* Belo Horizonte: Mandamentos, 2003.

JIMÉNEZ DE ASÚA, Luis. *Tratado de Derecho Penal,* Tomo IV. 4. ed. Buenos Aires: Losada, 1961.

JOECKS, Wolfgang; HARDTUNG. § 223 Körperverletzung. *In*: JOECKS, Wolfgang; MIEBACH, Klaus (Orgs.). *Münchener Kommentar zum StGB.* 3. ed. München: C. H. Beck, 2017.

KAHL, Wilhelm. Der Arzt im Strafrecht. *ZStW*, v. 29, p. 351-371, 1909.

KANT, Immanuel. *Grundlegung zur Metaphysik der Sitteno* Reimpressão. Stuttgart: Philipp Reclam, 2016.

KANT, Immanuel. *Metaphysik der Sitteno* Berlin: Philos.-histor. Verlag, 1893.

KASECKER, Izabele. *Die strafrechtliche Behandlung der Gewissenstat.* Universität Augsburg, 2018.

KATZENMEIER, Christiano Ärztliche Aufklärung. *In*: WIESEMANN, Clausia; SIMON, Alfred (Orgs.). *Patientenautonomie:* Theoretische Grundlagen Praktische Anwendungeno Münster: mentis, 2013.

KATZENMEIER, Christiano Die Rahmenbedingungen der Patientenautonomie: Eine kritische Betrachtung des Patientenrechtegesetz-Regierungsentwurfs. *MedR*, v. 30, n. 9, p. 576-583, 2012.

KATZENMEIER, Christiano Ein Sondertatbestand der eigenmächtigen Heilbehandlung. *ZRP*, n. 4, p. 156-161, 1997.

KAUFMANN, Arthur. Die eigenmächtige Heilbehandlung. *ZStW*, v. 73, n. 3, p. 341-384, 1961.

KAUFMANN, Benedikt. *Patientenverfügungen zwischen Selbstbestimmung und staatlicher Fürsorge.* Würzburg: Würzburg University Press, 2015.

KERN, Bern-Rüdiger; LAUFS, Adolf. *Die ärztliche Aufklärungspflicht.* Berlin: Springer, 1983.

KERN, Bernd-Rüdiger. Fremdbestimmung bei der Einwilligung in ärztliche Eingriffe. *NJW*, p. 753-759, 1994.

KESSLER, Richard. *Die Einwilligung des Verletzten in ihrer strafrechtlichen Bedeutung*. Berlin: F. Guttentag, 1884.

KIENAPFEL, Diethelm. *Grundriß des österreichischen Strafrechts:* Besonderer Teil (Delikte gegen Persönlichkeitswerte). Wien: Manzsche Verlags- und Universitätsbuchhandlung, 1978.

KIENTZY, Dieter. *Der Mangel am Straftatbestand infolge Einwilligung des Rechtsgutsträgers.* Tübingen: J. C. B. Mohr, 1970.

KINDHÄUSER, Urs. Normtheoretische Überlegungen zur Einwilligung im Strafrecht. *GA*, v. 157, p. 490-506, 2010.

KINDHÄUSER, Urs. *Strafrecht Allgemeiner Teil.* 6. ed. Baden-Baden: Nomos, 2013.

KLEE, K. Selbstverletzung und Verletzung eines Einwilligendeno *GA*, v. 48, p. 177 e ss. e 337 e ss., 1901.

KLEINIG, Johno *Paternalism.* Manchester: Manchester University Press, 1983.

KLEMPERER, D. Shared Decision Making und Patientenzentrierung - vom Paternalismus zur Partnerschaft in der Medizino *Balint Journal,* v. 6, p. 71-79, 2005.

KONDER, Carlos Nelson; TEIXEIRA, Ana Carolina Brochado. Crianças e adolescentes na condição de pacientes médicos: desafios da ponderação entre autonomia e vulnerabilidade. *Pensar - Revista de Ciências Jurídicas*, v. 21, n. 1, p. 70-93, 2016.

KRAUSS, Detlef. Zur strafrechtlichen Problematik der eigenmächtigen Heilbehandlung. *In*: KAUFMANN, Arthur; BEMMANN, Günter; KRAUSS, Detlef; *et alii* (Orgs.). *Festschrift für Paul Bockelmann zum 70. Geburtstag.* München: C. H. Beck'sche Verlagsbuchhandlung, 1979, p. 557-576.

KREUZER, Arthur. Ärztliche Hilfeleistungspflicht in der Sicht des Strafrechts. *In*: MERGEN, Armand (Org.). *Die juristische Problematik in der Medizin: Ärztliche Aufklärungs- und Schweigepflicht.* Vol. 2. München: Wilhelm Goldmann, 1971, p. 217-254.

KREY, Volker; HEINRICH, Manfred; HELLMANN, Uwe. *Strafrecht Besonderer Teil 1: Besonderer Teil ohne Vermögensdelikte.* 16. ed. Stuttgart: Kohlhammer, 2015.

KRÖGER, Tina Marie. *Die Rechtfertigung des ärztlichen Heileingriff sowie die juristische Bewertung sonstiger ärztlicher Behandlungsmaßnahmeno* Georg-August Universität zu Göttingen, Göttingen, 2004.

KRÜGER, Matthias. Zur hypothetischen Einwilligung - Grund, Grenzen und Perspektiven einer verkannten Zurechnungsfigur. *In*: FAHL, Christian; MÜLLER, Eckhart; SATZGER, Helmut; *et alii* (Orgs.). *Festschrift für Werner Beulke zum 70. Geburtstag.* Heidelberg: C.F. Müller, 2015, p. 137-151.

KÜHL, Kristiano *Strafrecht:* Allgemeiner Teil. 8. ed. München: Franz Vahlen, 2017.

KUHLEN, Lothar. Ausschluss der objektiven Erfolgszurechnung bei hypothetischer Einwilligung des Betroffeneno *JR,* n. 6, p. 227-230, 2004.

KUHLEN, Lothar. Objektive Zurechnung bei Rechtfertigungsgründeno *In*: SCHÜNEMANN, Bernd; ACHENBACH, Hans; BOTTKE, Wilfried; *et alii* (Orgs.). *Festschrift für Claus Roxin zum 70. Geburtstag am 15. Mai 2001.* Berlin: Walter de Gruyter, 2001, p. 331-347.

KÜHNE, H. H. Die strafrechtliche Relevanz eines auf Fehlvorstellungen gegründten Rechtsgutsverzichts. *JZ,* v. 8, p. 241-246, 1979.

KUTNER, Luis. Due Process of Euthanasia: The Living Will, A Proposal. *Indiana Law Journal,* v. 44, n. 4, p. 539-554, 1969.

LAUFS, Adolf. § 59 Die Selbstbestimmungsaufklärung. *In*: LAUFS, Adolf; KERN, Bernd-Rüdiger (Orgs.). *Handbuch des Arztstrafrechts.* 4. ed. München: C. H. Beck, 2010.

LEMOS, Floriano de. *Direito de matar e curar.* Rio de Janeiro: A. Coelho Branco F., 1933.

LENCKNER, Theodor. Die Einwilligung Minderjähriger und deren gesetzlicher Vertreter. *ZStW*, v. 72, p. 446-463, 1960.

LENCKNER, Theodor. Wertausfüllungsbedürftige Begriffe im Strafrecht und der Satz "nulla poena sine lege". *JuS*, n. 7, p. 304-310, 1968.

LENCKNER, Theodor; STERNBERG-LIEBEN, Detlev. Vorbemerkungen §§ 32ff. *In*: SCHÖNKE, Adolf; SCHRÖDER, Horst (Orgs.). *Strafgesetzbuch Kommentar.* 29. ed. München: C. H. Beck, 2014.

LEPARGNEUR, Hubert. Dignidade... alma secreta da bioética? *In:* GARRAFA, Volnei; PESSINI, Leo (Orgs.). *Bioética:* Poder e Injustiça. São Paulo: Edições Loyola, 2003, p. 481-486.

LEQUES, Rossana Brum. *O consentimento do ofendido como excludente do tipo no direito penal brasileiro.* São Paulo: LiberArs, 2016.

LILIE, Hans. Patientenrechte im deutschen Recht. *In*: BÖSE, Martin; STERNBERG--LIEBEN, Detlev (Orgs.). *Grundlagen des Straf- und Strafverfahrensrechts: Festschrift für Knut Amelung zum 70. Geburtstag.* Berlin: Duncker & Humblot, 2009, p. 473-485.

LILIE, Hans. Vor § 223, Straftaten gegen die körperliche Unversehtheit. *In*: JÄHNKE, Burkhard; LAUFHÜTTE, Heinrich Wilhelm; ODERSKY, Walter (Orgs.). *Strafgesetzbuch Leipziger Kommentar.* vol. 6. 11. ed. Berlin: De Gruyter, 2005, p. 1-36.

LILIENTHAL, K. vono Die pflichtsmässige ärztliche Handlung und das Strafrecht. *In*: *Festgabe zur feier des fünfzigsten Jahrestages der Doktor-Promotion des geheimen Rates Professor Dr. Ernst Immanuel Bekker.* Berlin: Verlag von O. Haering, 1899.

LINDNER, Josef Franz; HUBER, Franziska. Das Grundrecht auf selbstbestimmtes Sterben: Inhalt, Reichweite und dogmatische Struktur. *Medstra*, n. 5, p. 268-271, 2017.

LINHARES, Marcello Jardim. *Estrito cumprimento do dever legal. Exercício regular de direito.* Rio de Janeiro: Forense, 1983.

LINOH, Kim Philip. Die mutmaßliche Einwilligung im Medizinrecht: Gewohnheitsrechtlich anerkannte Illusion der Selbstbestimmung? *Medstra*, v. 4, p. 216-222, 2017.

LINOI, Carolina Arcanjo; AUGUSTO, Karine Lustosa; OLIVEIRA, Rafael Andrade Santiago de; *et alii.* Uso do Protocolo Spikes no Ensino de Habilidades em Transmissão de Más Notícias. *Revista Brasileira de Educação Médica,* v. 35, n. 1, p. 52-57, 2011.

LIPP, Volker. Die ärztliche Hilfspflicht. *In*: LAUFS, Adolf; KATZENMEIER, Christian; LIPP, Volker (Orgs.). *Arztrecht*. München: C. H. Beck, 2015.

LOBO, Clarisse; MARRA, Vera Neves; SILVA, Regina Maria G. Crises dolorosas na doença falciforme. *Revista Brasileira de Hematologia e Hemoterapia*, v. 29, n. 3, p. 247-258, 2007.

LOPES, Jair Leonardo. *Curso de Direito Penal:* parte geral. 4. ed. São Paulo: Revista dos Tribunais, 2005.

LOPES JR., Dalmir. *Consentimento informado na relação médico-paciente.* Belo Horizonte: D'Plácido, 2018.

LUCA, Heloiza Merotto de. O consentimento do ofendido à luz da teoria da imputação objetiva. *Revista da Faculdade de Direito da Universidade de São Paulo,* v. 100, p. 739-815, 2005.

LUZÓN PEÑA, Diego-Manuel. *Lecciones de Derecho Penal*: Parte General. Valencia: Tirant lo Blanch, 2016.

MACLEAN, Alasdair. *Autonomy, Informed Consent and Medical Law.* Cambridge: Cambridge University Press, 2009.

MAGALHÃES, Délio. *Causas de exclusão do crime.* São Paulo: Saraiva, 1968.

MAGGIORE, Giuseppe. *Derecho penal:* el derecho penal - el delito. vol. 1. 5. ed. Bogotá: Temis, 1954.

MAGNUS, Dorothea. Autonomie und Paternalismus: Rechtliche Überlegungen zu einem medizinethischen Problem. *In*: BECK, Susanne (Org.). *Gehört mein Körper noch mir?* Baden-Baden: Nomos, 2012, p. 421-443.

MAGNUS, Dorothea. *Patientenautonomie im Strafrecht.* Tübingen: Mohr Siebeck, 2015.

MALUF, Adriana Caldas do Rego Freitas Dabus. *Curso de Bioética e Biodireito.* São Paulo: Atlas, 2015.

MAÑALICH, Juan Pablo. *Nötigung und Verantwortung.* Baden-Baden: Nomos, 2009.

MANSON, Neil C.; O'NEILL, Onora. *Rethinking Informed Consent in Bioethics.* Cambridge: Cambridge University Press, 2007.

MANTOVANI, Ferrando. *Diritto Penale:* parte generale. 3. ed. Padova: CEDAM, 1992.

MANTOVANI, Ferrando. *I trapianti e la sperimentazione umana nel diritto italiano e straniero.* Padova: CEDAM, 1974.

MANZINI, Vicenzo. *Trattato di Diritto Penale Italiano.* vol. 2. 9. ed. Torino: Unione Tipografico-Editrice Torinese, 1941.

MARINHO, Renato Silvestre. *Princípio da autorresponsabilidade no direito penal.* São Paulo: LiberArs, 2018.

MARQUES, José Frederico. *Curso de Direito Penal.* vol. 2. São Paulo: Saraiva, 1956.

MARTELLI, Andersono Aspectos clínicos e fisiopatológicos da Doença de Huntingtono *Archives of Health Investigation,* v. 3, n. 4, p. 32-39, 2014.

MARTINELLI, João Paulo Orsini. *Paternalismo jurídico-penal:* limites na intervenção do Estado na liberdade individual pelo uso das normas penais. São Paulo: LiberArs, 2015.

MARTINELLI, João Paulo Orsini; DE BEM, Leonardo Schmitt. *Lições fundamentais de Direito Penal.* São Paulo: Saraiva, 2017.

MAURACH, Reinhart. *Deutsches Strafrecht:* Besonderer Teil. 5. ed. Karlsruhe: C.F. Müller, 1969.

MAURACH, Reinhart; ZIPF, Heinz. *Strafrecht Allgemeiner Teil*: Grundlehren des Strafrechts und Aufbau der Straftat. vol. 1. 8. ed. Heidelberg: C.F. Müller, 1992.

MAURACH, Reinhart; ZIPF, Heinz. *Strafrecht Allgemeiner Teil.* vol. 1. 5. ed. Heidelberg: C.F. Müller, 1977.

MAYER, Max Ernst. *Der allgemeine Teil des deutschen Strafrechts.* Heidelberg: Carl Winters Universitätsbuchhandlung, 1915.

MEIRELES, Rose Melo Vencelau. *Autonomia Privada e Dignidade Humana.* Rio de Janeiro: Renovar, 2009.

MEISEL, Alano Right to die, policy and law. *In*: POST, Stephen G. (Org.). *Encyclopedia of bioethics.* vol. 4. 3. ed. New York: Thomson Gale, 2004, p. 2385-2396.

MENEZES, Bruno Seligman de. *Direito penal médico:* crimes culposos em práticas consentidas. Porto Alegre: Edipucrs, 2014.

MEYER, Maria-Katharina. *Ausschluß der Autonomie durch irrtum:* Ein Beitrag zu mittelbarer Tätterschaft und Einwilligung. Köln: Carl Heymanns Verlag KG, 1984.

MEZGER, Edmund. Die subjektiven Unrechtselemente. *Der Gerichtssaal,* v. LXXXIX, p. 207-314, 1924.

MEZGER, Edmung. *Strafrecht:* Ein Lehrbuch. München: Duncker & Humblot, 1933.

MILL, John Stuart. *On Liberty.* Reimpressão. Wroclaw: Amazon Fulfillment, 1859.

MINAHIM, Maria Auxiliadora. *Autonomia e frustração da tutela penal*. São Paulo: Saraiva, 2015.

MINAHIM, Maria Auxiliadora. O consentimento do ofendido em face de bens jurídicos indisponíveis. *Revista de Ciências Jurídicas*, v. 6, n. 1, p. 217-235, 2008.

MINAHIM, Maria Auxiliadora; PORTUGAL, Daniela. Testamento vital: os limites e consequências jurídico-penais do exercício da autonomia em face das diretivas antecipadas de vontade. *In*: BRAGA, Romulo Themo Palitot; GUERRA, Amparo Martinez (Orgs.). *III Encontro de internacionalização do CONPEDI*. vol. 10. Madrid: Ediciones Laborum, 2015, p. 316-335.

MIR PUIG, Santiago. *Derecho Penal:* parte general. Barcelona: Reppertor, 2016.

MIRABETE, Julio Fabbrini; FABRINNI, Renato N. *Manual de Direito Penal:* parte especial. vol. 2. São Paulo: Atlas, 2007.

MITSCH, Wolfgang. Die "hypothetische Einwilligung" im Arztstrafrecht. *JZ*, n. 5, p. 279-285, 2005.

MITSCH, Wolfgang. Einwilligung und Einwilligungssurrogate - insbesondere bei ärztlichen Heileingriffeno *In*: HRUSCHKA, Joachim; JOERDEN, Jan C. (Orgs.). *Jahrbuch für Recht und Ethik*. vol. 24. Berlin: Duncker & Humblot, 2016, p. 253-264.

MITSCH, Wolfgang. *Strafrechtlicher Schutz gegen medizinische Behandlung*. Baden-Baden: Nomos, 2000.

MOMMSEN, Theodor. *Römisches Strafrecht*. Berlin: Akademie-Verlag, 1955.

MORGENSTERN, Christine. Abstoßend, gefährlich, sozialschädlich? Zur Unbestimmtheit der Sittenwidrigkeitsklausel des § 228 StGB. *JZ*, v. 23, p. 1146-1156, 2017.

MOTTA, Ivan Martins. Cumprimento de deveres e exercício de direitos e suas repercussões processuais penais. *Direito e paz*, v. 6, n. 11, p. 183-194, 2004.

MOTTA, Ivan Martins. *Estrito cumprimento do dever legal e exercício regular de direito:* dupla natureza jurídica e repercussões processuais penais. São Paulo: Juarez de Oliveira, 2000.

MUÑOZ CONDE, Francisco. *Derecho Penal:* parte especial. Valencia: Tirant lo Blanch, 1996.

MUÑOZ CONDE, Francisco; GARCÍA ARÁN, Mercedes. *Derecho Penal:* parte general. 3. ed. Valencia: Tirant lo Blanch, 1998.

MURMANN, Uwe. *Die Selbstverantwortung des Opfers im Strafrecht*. Heidelberg: Springer, 2005.

MURMANN, Uwe. *Grundkurs Strafrecht:* Allgemeiner Teil, Tötungsdelikte, Körperverletzungsdelikte. 3. ed. München: C. H. Beck, 2015.

MURMANN, Uwe. Zur Einwilligungslösung bei der einverständlicher Framdgefährdung. *In*: PAEFFGEN, Hans-Ullrich; BÖSE, Martin; KINDHÄUSER, Urs; *et alii* (Orgs.). *Strafrechtswissenschaft als Analyse und Konstruktion: Festschrift für Ingeborg Puppe zum 70. Geburtstag*. Berlin: Duncker & Humblot, 2011, p. 767-789.

MURPHY, Jeffrie G. *Retribution, Justice, and Therapy: Essays in the Philosophy of Law*. Dordrecht: D. Reidel Publishing, 1979.

NEUMANN, Ulfrid. Deontologische und teleologische Positionen in der rechtlichen und moralischen Beurteilung von Sterbehilfe und Suizidteilnahme. *In*: JUNG, Heike; MÜLLER-DIETZ, Heinz; NEUMANN, Ulfrid (Orgs.). *Recht und Moral:* Beiträge zu einer Strandortbestimmung. Baden-Baden: Nomos, 1991.

NIEDERMAIR, Harald. *Körperverletzung mit Einwilligung und die Guten Sitten:* Zur Funktionsverlust einer Generalklausel. München: C. H. Beck'sche Verlagsbuchhandlung, 1999.

NOACK, Thorsteno *Eingriffe in das Selbstbestimmungsrecht des Patienten:* Juristische Entscheidungen, Politik und ärztliche Positionen 1890-1960. Frankfurt am Main: Mabuse-Verlag, 2004.

NOLL, Peter. Tatbestand und Rechtswidrigkeit: Die Wertabwägung als Prinzip der Rechtfertigung. *ZStW*, v. 77, n. 1, p. 1-36, 1965.

NOLL, Peter. *Übergesetzliche Rechtfertigungsgründe im besondern die Einwilligung des Verletzten.* Basel: Verlag für Recht und Gesellschaft AG. Basel, 1955.

NORONHA, E. Magalhães. *Direito Penal:* introdução e parte geral. vol. 1. 38. ed. São Paulo: Rideel, 2009.

NORONHA, E. Magalhães. *Direito Penal:* Dos crimes contra a pessoa. Dos crimes contra o patrimônio. vol. 2. São Paulo: Saraiva, 1963.

NOZIK, Robert. *Anarquia, estado e utopia.* São Paulo: Martins Fontes, 2011.

O'NEILL, O. Some Limits of Informed Consent. *Journal of Medical Ethics,* v. 29, p. 4-7, 2003.

OHLY, Ansgar. Einwilligung und ''Einheit der Rechtsordnung". *In*: PAWLIK, Michael; ZACZYK, Rainer (Orgs.). *Festschrift für Günther Jakobs zum 70. Geburtstag am 26. Juli 2007*. Köln: Carl Heymanns, 2007, p. 451-468.

OHLY, Ansgar. *Volenti non fit iniuria:* Die Einwilligung im Privatrecht. Tübingen: Mohr Siebeck, 2002.

OITICICA, Luís Pereira da Rosa. *O consentimento do titular do direito disponível.* Universidade de Alagoas, 1961.

OJER, Leticia Jericó. Tratamiento médico, consentimiento y derecho penal. *In*: LUZÓN PEÑA, Diego-Manuel (Org.). *Libro-Homenaje a Claus Roxin por su nombramiento como Doctor Honoris Causa por la Universidad Inca Garcilaso de la Vega.* Lince: Universidad Inca Garcilaso de la Vega, 2018, p. 293-315.

OLIVEIRA, Edmundo. *Deontologia, erro médico e direito penal.* Rio de Janeiro: Forense, 1998.

OPPENHEIM, L. *Das ärztliche Recht zu körperlichen Eingriffen an Kranken und Gesundeno* Basel: Benno Schwabe, 1892.

OTTO, Harro. Einverständnis, Einwilligung und eigenverantwortliche Selbstgefährdung. *In*: SCHLÜCHTER, Ellen (Org.). *Kriminalistik und Strafrecht:* Festschrift für Friedrich Geerds zum 70. Geburtstag. Lübeck: Schmidt-Römhild, 1995, p. 603-622.

OTTO, Harro. *Grundkurs Strafrecht:* Allgemeine Strafrechtslehre. 7. ed. Berlin: De Gruyter Recht, 2004.

OTTO, Harro. *Recht auf den eigenen Tod?* Strafrecht im Spannungsverhältnis zwischen Lebenserhaltungspflicht und Selbstbestimmung. Gutachten für den 56. Deutschen Juristentag. München: C. H. Beck'sche Verlagsbuchhandlung, 1986.

OTTO, Harro; ALBRECHT, Andreas. Die Bedeutung der hypothetischen Einwilligung für den ärztlichem Heileingriff. *Jura*, n. 4, p. 264-271, 2010.

PAEFFGEN, Hans-Ullrich; ZABEL, Benno. § 228 Einwilligung. *In*: KINDHÄUSER, Urs; NEUMANN, Ulfrid; PAEFFGEN, Hans-Ullrich (Orgs.). *Nomos Kommentar zum Strafgesetzbuch*. 5. ed. Baden-Baden: Nomos, 2017.

PERCIVAL, Thomas. *Medical Ethics:* Or, a Code of Institutes and Precepts, Adapted to the Professional Conduct of Physicians and Surgeons. Reimpressão. Cambridge: Cambridge University Press, 2014.

PEREIRA, André Gonçalo Dias. Declarações antecipadas de vontade: vinculativas ou apenas indicativas? *In*: COSTA ANDRADE, Manuel da; ANTUNES, Maria João; SOUZA, Susana Aires de (Orgs.). *Estudos em homenagem ao prof. doutor Jorge de Figueiredo Dias, Vol. IV.* Coimbra: Coimbra Editora, 2010, p. 823-831.

PEREIRA, Paula Moura Francesconi de Lemos. *Relação médico-paciente:* o respeito à autonomia do paciente e a responsabilidade civil do médico pelo dever de informar. Rio de Janeiro: Lumen Juris, 2011.

PIERANGELI, José Henrique. *O consentimento do ofendido na teoria do delito*. São Paulo: Revista dos Tribunais, 2001.

PIRES, Ariosvaldo de Campos. *Compêndio de Direito Penal:* parte especial. vol. 2. Rio de Janeiro: Forense, 1990.

PITHAN, Lívia Haygert. O consentimento informado como exigência ética e jurídica. *In*: CLOTET, Joaquim; FEIJÓ, Anamaria; OLIVEIRA, Marília Ferhardt de (Orgs.). *Bioética:* uma visão panorâmica. Porto Alegre: EDIPUCRS, 2005, p. 135-152.

POLAINO-ORTS, Miguel. Alegato en favor de un tratamiento jurídico-penal unitario para los casos de acuerdo y consentimiento como causas de atipicidad. *Cuadernos de política criminal*, v. 82, p. 163-204, 2004.

POLICASTRO, Décio. *Pacientes e médicos:* seus direitos e responsabilidades. Belo Horizonte: Del Rey, 2016.

POLLMÄCHER, Thomas. Die Behandlung Einwilligungsunfähiger gegen ihren natürlichen Willen aus medizinischer Sicht. *In*: HENKING, Tanja; VOLLMANN, Jochen (Orgs.). *Gewalt und Psyche:* Die Zwangsbehandlung auf dem Prüfstand. Baden-Baden: Nomos, 2014, p. 169-186.

PRADO, Luis Regis. *Curso de Direito Penal Brasileiro.* vol.1. 11. ed. São Paulo: Revista dos Tribunais, 2012.

PRADO, Luiz Regis; CARVALHO, Érika Mendes de; CARVALHO, Gisele Mendes de. *Curso de direito penal brasileiro.* São Paulo: Revista dos Tribunais, 2015.

PSCHYREMBEL. *Klinisches Wörterbuch.* 266. ed. Berlin: De Gruyter, 2014.

PUPPE, Ingeborg. Die hypothetische Einwilligung und das Selbstbestimmungsrecht des Patienteno *ZIS*, n. 6, p. 366-372, 2016.

PUPPE, Ingeborg. Die strafrechtliche Verantwortlichkeit des Arztes bei mangelnder Aufklärung über eine Behandlungsalternative: Zugleich Besprechung von BGH, Urteile vom 3.3.1994 und 29.6.1995. *GA*, p. 764-776, 2003.

PUPPE, Ingeborg. La justificación de la intervención médica curativa. *InDret*, n. 1, p. 1-14, 2007.

PUPPE, Ingeborg. Mitverantwortung des Fahrlässigkeitstäters bei Selbstgefährdung des Verletzteno *GA*, p. 486-496, 2009.

RAGAZZO, Carlos Emmanuel Joppert. *O dever de informar dos médicos e o consentimento informado.* Curitiba: Juruá, 2009.

RAMACCI, Fabrizio. Statuto giuridico del medico e garanzie del malato. *Revista da Faculdade de Direito da UFMG,* v. 61, p. 235-253, 2012.

RANIERI, Silvio. *Manual de Derecho Penal:* Parte general. Tomo I. Bogotá: Temis, 1975.

RAPOSO, Vera Lúcia. Do regime das intervenções médico-cirúrgicas arbitrárias no Código Penal Português. *Revista Peruana de Ciencias Penales*, v. 26, p. 319-349, 2013.

RAWLS, Johno *Political Liberalism.* Expanded. New York: Columbia University Press, 2005.

RAWLS, Johno The Idea of Public Reason Revisited. *The University of Chicago Law Review*, v. 64, n. 3, p. 765-807, 1997.

RAZ, Joseph. Authority and Justificationo *Philosophy & Public Affairs,* v. 14, n. 1, p. 3-29, 1985.

REALE JR., Miguel. Consentimento - Ortotanásia e adequação social. *RBCCrim,* v. 121, p. 207-222, 2016.

REALE JR., Miguel. *Instituições de Direito Penal:* parte geral. 4. ed. Rio de Janeiro: Forense, 2013.

REISS, Michel Wencland. *Sobre o consentimento do sujeito passivo.* Universidade Federal de Minas Gerais, 2004.

RENGIER, Rudolf. *Strafrecht Besonderer Teil II:* Delikte gegen die Person und die Allgemeinheit. München: C. H. Beck, 2017.

REZENDE, Joffre Marcondes De. O juramento de Hipócrates. À Sombra do Plátano: Crônicas De História Da Medicina, p. 31-48, 2009.

RIBEIRO, Leonídio. *O direito de curar.* Rio de Janeiro: Guanabara, 1934.

RIEDELMEIER, Sabine. Ärztlicher Heileingriff und allgemeiner Strafrechtsdogmatik. Baden-Baden: Nomos, 2004.

RIGOPOULOU, Maria. *Grenzen des Paternalismus im Strafrecht.* Berlin: Duncker & Humblot, 2013.

RIVACOBA, Manuel de Rivacoba y. *Las causas de justificacióno* Buenos Aires: Hammurabi, 1995.

RIZ, Roland. *Il trattamento medico e le cause di giustificazione.* Padova: CEDAM, 1975.

ROCHA, Ronano *A relação de causalidade no direito penal.* Belo Horizonte: D'Plácido, 2016.

RODRIGUES, Giselly Campelo; ARRUDA, Talita da Fonseca. Consentimento do ofendido: breves considerações de dogmática penal e suas consequências na relação jurídica médico-paciente. *Ciências Penais:* Revista da Associação Brasileira de Professores de Ciências Penais, v. 8, n. 14, p. 63-105, 2011.

RODRÍGUEZ VÁZQUEZ, Virgilio. El delito de tratamiento médico arbitrario: una propuesta de lege ferenda. *RECPC,* v. 19-03, p. 1-59, 2017.

ROMEO CASABONA, Carlos Maria. *El medico y el Derecho Penal*: la actividad curativa (licitud y responsabilidad penal). Barcelona: Bosch, 1981.

RÖNNAU, Thomas. Voraussetzungen und Grenzen der Einwilligung im Strafrecht. *Jura,* n. 10, p. 665-675, 2002.

RÖNNAU, Thomas. *Willensmängel bei der Einwilligung im Strafrecht.* Tübingen: Mohr Siebeck, 2001.

ROSENAU, Henning. Die hypothetische Einwilligung im Strafrecht. *In*: BLOY, René; BÖSE, Martin; HILLENKAMP, Thomas; *et alii* (Orgs.). *Gerechte Strafe und legitimes Strafrecht:* Festschrift für Manfred Maiwald zum 75. Geburtstag. Berlin: Duncker & Humblot, 2010, p. 683-700.

ROSENAU, Henning. Informed consent - Illusion oder Realität im Medizinrecht? *In*: *Jahrbuch für Recht und Ethik:* Neue Entwicklungen in Medizinrecht und -ethik. Berlin: Duncker & Humblot, 2016.

ROSSNER, Hans-Jürgeno *Begrenzung der Aufklärungspflicht des Arztes bei Kollision mit anderen ärztlichen Pflichteno* Frankfurt am Main: Peter Lang, 1998.

ROXIN, Claus. Der Streit um die einverständliche Fremdgefährdung. *GA*, v. 159, p. 655-669, 2012 (traduzido para o português: Sobre a discussão acerca da heterocolocação em perigo consentida. Trad. Augusto Assis. *In*: LEITE, Alaor (Org.). *Novos estudos de direito penal*. São Paulo: Marcial Pons, 2014, p. 129-151).

ROXIN, Claus. Die Abgrenzung von strafloser Suizidteilnahme, strafbarem Tötungsdelikt und gerechtfertigter Euthanasie. *In*: WOLTER, Jürgen (Org.). *140 Jahre Goltdammer's Archiv für Strafrecht.* Heidelberg: R. v. Decker's Verlag, 1993, p. 177-190.

ROXIN, Claus. Die durch Täuschung herbeigeführte Einwilligung im Strafrecht. *In*: HAUSER, Robert; REHBERG, Jörg; STRATENWERTH, Günter (Orgs.). *Gedächtnisschrift für Peter Noll*. Zürich: Schulthess Polygraphischer Verlag, 1984, p. 275-294.

ROXIN, Claus. Die einverständliche Fremdgefährdung - eine Diskussion ohne Ende? *GA*, v. 165, n. 5, p. 250-263, 2018.

ROXIN, Claus. Die Mitwirkung beim Suizid - ein Tötungsdelikt? *In*: JESCHECK, Hans-Heinrich; LÜTTGER, Hans (Orgs.). *Festschrift für Eduard Dreher zum 70. Geburtstag am 29. April 1977*. Berlin: Walter de Gruyter, 1977, p. 331-355.

ROXIN, Claus. Die Sterbehilfe im Spannungsfeld von Suizidteilnahme, erlaubtem Behandlungsabbruch und Tötung auf Verlangeno *NStZ*, v. 7, n. 8, p. 345-350, 1987.

ROXIN, Claus. Einwilligung, Persönlichkeitsautonomie und tatbestandliches Rechtsgut. *In*: BÖSE, Martin; STERNBERG-LIEBEN, Detlev (Orgs.). *Grundlagen des Straf- und Strafverfahrensrechts:* Festschrifft für Knut Amelung zum 70. Geburtstag. Berlin: Duncker & Humblot, 2009, p. 269-286.

ROXIN, Claus. Hypothetische Einwilligung im Medizinstrafrecht? *Medstra*, v. 3, p. 129-136, 2017.

ROXIN, Claus. *Kriminalpolitik und Strafrechtssystem*. Berlin: Walter de Gruyter, 1973.

ROXIN, Claus. Rechtfertigungs- und Entschuldigungsgründe in Abgrenzung von sonstigen Strafausschließungsgründeno *Jus*, n. 6, p. 425-433, 1988.

ROXIN, Claus. *Strafrecht Allgemeiner Teil*. vol 1. 4. ed. München: C. H. Beck, 2006.

ROXIN, Claus. *Strafrecht Allgemeiner Teil*. vol. 1. 3. ed. München: C. H. Beck, 1997.

ROXIN, Claus. *Strafrecht Allgemeiner Teil*. vol. 2. München: C. H. Beck, 2003.

ROXIN, Claus. *Täterschaft und Tatherrschaft*. 9. ed. Berlin: De Gruyter, 2015.

ROXIN, Claus. Über die mutmaßliche Einwilligung. *In*: STRATENWERTH, Günter; KAUFMANN, Armin; GEILEN, Gerd; *et alii* (Orgs.). *Festschrift für Hans Welzel zum 70. Geburtstag*. Berlin: De Gruyter, 1974, p. 447-475.

ROXIN, Claus. Zur einverständlichen Fremdgefährdung. *JZ*, v. 8, p. 399-403, 2009.

ROXIN, Claus. Zur strafrechtlichen Beurteilung der Sterbehilfe. *In*: ROXIN, Claus; SCHROTH, Ulrich (Orgs.). *Handbuch des Medizinstrafrechts*. 4. ed. Stuttgart: Richard Boorberg Verlag, 2010, p. 75-121 (traduzido para o português, na versão da 1ª edição: A apreciação jurídico-penal da eutanásia. Trad. Luís Greco. *RBCCrim*, v. 8, n. 32, p. 9-38, 2000).

ROXIN, Claus; GRECO, Luís. *Strafrecht Allgemeiner Teil*. vol. 1. 5. ed. München: C. H. Beck, 2019 (no prelo).

RUDOLPHI, Hans-Joachim. Literaturbericht v. Arzt, Willensmängel bei der Einwilligung (1970). *ZStW*, v. 82, 1974.

SÁ, Maria de Fátima Freire de; MOUREIRA, Diogo Luna. *Autonomia para morrer:* Eutanásia, suicídio assistido, direitivas antecipadas de vontade e cuidados paliativos. 2. ed. Belo Horizonte: Del Rey, 2015.

SALIGER, Frank. Alternativen zur hypothetischen Einwilligung im Strafrecht. *In*: FAHL, Christian; MÜLLER, Eckhart; SATZGER, Helmut; *et alii* (Orgs.). *Festschrift für Werner Beulke zum 70. Geburtstag*. Heidelberg: C.F. Müller, 2015, p. 257-270.

SARLET, Ingo Wolfgang. As dimensões da dignidade da pessoa humana: construindo uma compreensão jurídico-constitucional necessária e possível. *Revista Brasileira de Direito Constitucional,* v. 9, p. 361-388, 2007.

SARMENTO, Daniel. Os princípios constitucionais da liberdade e da autonomia privada. *Boletim Científico ESMPU*, v. 14, p. 167-217, 2005.

SCHAFFSTEIN, Friedrich. Soziale Adäquanz und Tatbestandslehre. *ZStW*, v. 72, n. 3-4, p. 369-396, 1960.

SCHMIDHÄUSER, Eberhard. *Strafrecht Allgemeiner Teil.* Tübingen: J. C. B. Mohr (Paul Siebeck), 1970.

SCHMIDT, Eberhard. Empfiehlt es sich, dass der Gesetzgeber die Fragen der ärztlichen Aufklärungspflicht regelt? *In*: *Verhandlungen des Vierundvierzigsten deutschen Juristentages.* Tübingen: J. C. B. Mohr, 1962, p. 17 e ss.

SCHMIDT, Eberhard. Der Arzt im Strafrecht. *In*: PONSOLD, Albert (Org.). *Lehrbuch der gerichtlichen Medizino* Stuttgart: Georg Thieme Verlag, 1957.

SCHMIDT, Eberhard. *Der Arzt im Strafrecht.* Leipzig: Verlag von Theodor Weicher, 1939.

SCHMIDT, Eberhard. *Die Besuchspflicht des Arztes unter strafrechtlichen Gesichtspunkteno* Bleckede: Otto Meissners Verlag, 1949.

SCHMIDT, Richard. *Die strafrechtliche Verantwortlichkeit des Arztes für verletzende Eingriffe.* Jena: Gustav Fischer, 1900.

SCHMIDT, Ulf. *Justice at Nuremberg:* Leo Alexander and the Nazi Doctors' Trial. New York: Palgrave Macmillan, 2004.

SCHMITT, Rudolf. Strasrechtlicher Schutz des Opfers vor sich selbst? *In*: SCHROEDER, Friedrich-Christian; ZIPF, Heinz (Orgs.). *Festschrift für Reinhart Maurach zum 70. Geburtstag.* Karlsruhe: C.F. Müller, 1972.

SCHNEEWIND, J. B. *The invention of autonomy:* a history of modern moral philosophy. New York: Cambridge University Press, 1998.

SCHÖCH, Heinz. Die Aufklärungspflicht des Arztes und ihre Grenzeno *In*: ROXIN, Claus; SCHROTH, Ulrich (Orgs.). *Handbuch des Medizinstrafrechts.* 3. ed. Stuttgart: Richard Boorberg Verlag, 2007, p. 47-70.

SCHÖCH, Heinz. Unterlassene Hilfeleistung. *In*: ROXIN, Claus; SCHROTH, Ulrich (Orgs.). *Handbuch des Medizinstrafrechts.* 3. ed. Stuttgart: Richard Boorberg Verlag, 2007, p. 109-126.

SCHÖNKE, Adolf. *Strafgesetzbuch Kommentar.* 4. ed. München: Biederstein Verlag, 1949.

SCHREIBER, Hans-Ludwig. Strafrecht der Medizino *In*: CANARIS, Claus-Wilhelm; HELDRICH, Andreas; HOPT, Klaus J.; *et alii* (Orgs.). *50 Jahre Bundesgerichtshof:* Festgabe aus der Wissenschaft. München: C. H. Beck, 2000, p. 503-526.

SCHREIBER, Hans-Ludwig. Zur Reform des Arztstrafrechts. *In*: WEIGEND, Thomas; KÜPPER, Georg (Orgs.). *Festschrift für Hans Joachim Hirsch zum 70. Geburtstag.* Berlin: Walter de Gruyter, 1999, p. 713-724.

SCHROEDER, Friedrich-Christiano Beihilfe zum Selbstmord und Tötung auf Verlangeno *ZStW,* v. 106, n. 3, p. 565-580, 1994.

SCHROEDER, Friedrich-Christiano *Besondere Strafvorschriften gegen Eingenmächtige und Fehlerhafte Heilbehandlung?* Passau: Wissenschaftsverlag Richard Rothe, 1998.

SCHROTH, Ulrich. (Medizinisch) Assistierter Suizid aus juristischer und ethischer Sicht. *In*: SPICKHOFF, Andreas; KOSSAK, Volodymyr; KVIT, Natalia (Orgs.). *Aktuelle Fragen des Medizinrechts*: Ein Ost-West-Vergleich. Berlin: Springer, 2018, p. 157-173.

SCHROTH, Ulrich. Ärztliches Handeln und strafrechtlicher Maßtab: Medizinische Eingriffe ohne und mit Einwilligung, ohne und mit Indikationo *In*: ROXIN, Claus; SCHROTH, Ulrich (Orgs.). *Handbuch des Medizinstrafrechts.* 3. ed. Stuttgart: Richard Boorberg Verlag, 2007, p. 21-46.

SCHROTH, Ulrich. Das Rechtsgut der Körperverletzungsdelikte und seine Verletzung: Zugleich ein Beitrag zur strafrechtlichem Bewertung des ärztlichen Heileingriffs. *In*: NEUMANN, Ulfrid; PRITTWITZ, Cornelius (Orgs.). *"Personale Rechtsgutslehre" und "Opferorientierung im Strafrecht".* Frankfurt am Main: Peter Lang, 2007, p. 113-128.

SCHROTH, Ulrich. Die Einwilligung in eine nicht-indizierte Körperbeeinträchtigung zur Selbstverwirklichung - insbesondere die Einwilligung in Lebendspende, Schönheitsoperation und Piercing. *In*: *In dubio pro libertate:* Festschrift für Klaus Volk zum 65. Geburtstag. München: C. H. Beck, 2009, p. 719-741.

SCHROTH, Ulrich. Die rechtliche Absicherung der autonomen Entscheidung des Lebenspenders. *In*: SCHROTH, Ulrich; SCHNEEWIND, Klaus A.; GUTMANN, Thomas; *et alii* (Orgs.). *Patientenautonomie am Beispiel der Lebendorganspende.* Göttingen: Vandenhoeck & Ruprecht, 2006, p. 79-118.

SCHROTH, Ulrich. Die strafrechtliche Verantwortlichkeit des Arztes bei Behandlungsfehlerno *In*: ROXIN, Claus; SCHROTH, Ulrich (Orgs.). *Handbuch des Medizinstrafrechts.* 3. ed. Stuttgart: Richard Boorberg Verlag, 2007, p. 73-108.

SCHÜNEMANN, Bernd. O direito penal é a ultima ratio da proteção de bens jurídicos! - sobre os limites invioláveis do direito penal em um estado de direito liberal. *In*: GRECO, Luis (Coord.) (Org.). *Estudos de direito penal, direito processual penal e filosofia do direito.* São Paulo: Marcial Pons, 2013, p. 69-90.

SCHÜNEMANN, Bernd. Die Kritik am strafrechtliche Paternalismus: Eine Sisyphus--Arbeit? *In*: VON HIRSCH, Andreas; NEUMANN, Ulfrid; SEELMANN, Kurt (Orgs.). *Paternalismus im Strafrecht:* Die Kriminalisierung von selbstschädigendem Verhalten. Baden-Baden: Nomos, 2010, p. 221-240 (traduzido para o português: A crítica ao paternalismo jurídico-penal: um trabalho de Sísifo? Trad. Luís Greco. *In*: GRECO, Luís (Org.). *Estudos de direito penal, direito processual penal e filosofia do direito.* São Paulo: Marcial Pons, 2013, p. 91-111).

SCHÜNEMANN, Bernd. *Grund und Grenzen der unechten Unterlassungsdelikte:* Zugleich ein Beitrag zur strafrechtlichen Methodenlehre. Göttingen: Otto Schwarz & Co., 1971.

SCHÜNEMANN, Bernd. O princípio da proteção de bens jurídicos como ponto de fuga dos limites constitucionais e da interpretação dos tipos. *In*: GRECO, Luis (Coord.) (Org.). *Estudos de direito penal, direito processual penal e filosofia do direito.* São Paulo: Marcial Pons, 2013, p. 39-68.

SCHWALM, Georg. Grenzen der ärztlichen Aufklärungspflicht aus der Sicht des Juristeno *In*: *Juristische Studiengesellschaft Karlsruhe.* Karlsruhe: F. C. Müller, 1961, p. 21-45.

SILVA, Miriam Ventura da. *Transexualismo e Respeito à Autonomia:* um estudo bioético dos aspectos jurídicos e de saúde da "terapia para mudança de sexo". Escola Nacional de Saúde Pública, Fundação Oswaldo Cruz, 2007.

SILVA SÁNCHEZ, Jesús María. *Estudios sobre los delitos de omisióno* Lima: Grijley, 2004.

SILVEIRA, Gefferson Silva da. A boa vontade e o dever na gênese da fundamentação moral de Kant. *Pólemos,* v. 1, n. 2, p. 102-110, 2012.

SIQUEIRA, Geraldo Batista de; SIQUEIRA, Marina da Silva; TORRES, Benedito Xavier. Testemunhas de Jeová: Transfusão de Sangue, Omissão de Socorro e Constrangimento Ilegal - Autorização Judicial. *Revista Magister de Direito Penal e Processual Penal,* v. 6, n. 32, p. 36-51, 2009.

SIQUEIRA, Flávia. Gesundheitsschädigende Patientenaufklärung: Grund und Grenzen einer Entbehrlichkeit der Aufklärung vor Heileingriffeno *Medstra,* v. 3, p. 153-159, 2018.

SIQUEIRA, Flávia. *O princípio da confiança no Direito Penal.* Belo Horizonte: D'Plácido, 2016.

SIQUEIRA, Flávia; KASECKER, Izabele. Consentimento informado, intervenções cirúrgicas e esterilização involuntária: reflexões a partir do caso I.V. vs. Bolívia. *RBCCrim,* v. 152, p. 65-87, 2019.

SOARES, Francisco José Passos; SHIMIZU, Helena Eri; GARRAFA, Volnei. Código de Ética Médica brasileiro: limites deontológicos e bioéticos. *Revista Bioética,* v. 25, n. 2, p. 244-254, 2017.

SOLER, Sebastiano *Derecho penal Argentino.* vol. 1. Buenos Aires: Tipografica Editora Argentina, 1978.

SOUZA, Paulo Vinicius Sporleder de. *Direito penal médico*. Porto Alegre: Livraria do Advogado, 2009.

SOUZA, Paulo Vinicius Sporleder de. Direito penal médico e consentimento presumido. *REC*, v. 10, n. 42, p. 85-99, 2011.

SOUZA, Paulo Vinicius Sporleder de. O médico e o dever legal de cuidar: algumas considerações jurídico-penais. *Revista Bioética*, v. 14, n. 2, p. 229-238, 2006.

SOUZA, Paulo Vinicius Sporleder de; SANTOS, Cleopas Isaías; ALMEIDA NETO, João Beccon de. Capacidade etária para consentir no direito penal médico. *In*: FAYET JÚNIOR, Ney; MAYA, André Machado (Orgs.). *Ciências Penais:* Perspectivas e Tendências da Contemporaneidade. Curitiba: Juruá, 2011, p. 301-326.

SOWADA. Strafbares Unterlassen des behandelnden Arztes der seinen Patienten nach einen Selbstmordversuch bewunsstlos auffident? *Jura*, p. 75-86, 1985.

SOWADA, Christoph. Die hypothetische Einwilligung im Strafrecht. *NStZ*, n. 1, p. 1-10, 2012.

SPANN, Wolfgang; LIEBHARDT, Erich; BRAUN, Werner. Ärztliche Hilfeleistungspflicht und Willensfreiheit des Patienteno *In*: KAUFMANN, Arthur; BEMMANN, Günter; KRAUSS, Detlef; *et alii* (Orgs.). *Festschrift für Paul Bockelmann zum 70. Geburtstag*. München: C. H. Beck'sche Verlagsbuchhandlung, 1979, p. 487-495.

STANCIOLI, Brunello Souza. *Relação jurídica médico-paciente*. Belo Horizonte: Del Rey, 2004.

STARLING, Sheyla Cristina da Silva. *O consentimento do ofendido na teoria do delito*. Universidade Federal de Minas Gerais, 2014.

STERNBERG-LIEBEN, Detlev. *Die objektiven Schranken der Einwilligung im Strafrecht*. Tübingen: Mohr Siebeck, 1997.

STERNBERG-LIEBEN, Detlev. Die Strafbarkeit eines nicht indizierten ärztlichen Eingriffs. *In*: BÖSE, Martin; STERNBERG-LIEBEN, Detlev (Orgs.). *Grundlagen des Straf- und Strafverfahrensrechts:* Festschrift für Knut Amelung zum 70. Geburtstag. Berlin: Duncker & Humblot, 2009.

STERNBERG-LIEBEN, Detlev. Selbstbestimmtes Sterben: Patientenverfügung und gewillkürte Stellvertretung. *In*: ESER, Albin; SCHITTENHELM, Ultike; SCHUMANN, Heribert (Orgs.). *Festschrift für Theodor Lenckner zum 70. Geburtstag*. München: C. H. Beck'sche Verlagsbuchhandlung, 1998, p. 349-375.

STERNBERG-LIEBEN, Detlev. Strafrechtliche Behandlung ärztlicher Aufklärungsfehler: Reduktion der Aufklärungslast anstelle hypothetischer Einwilligung. *In*: FAHL, Christian; MÜLLER, Eckhart; SATZGER, Helmut; *et alii* (Orgs.). *Festschrift für Werner Beulke zum 70. Geburtstag*. Heidelberg: C.F. Müller, 2015, p. 299-311.

STERNBERG-LIEBEN, Detlev; HECKER, Bernd. § 323c Unterlassene Hilfeleistung. *In*: SCHÖNKE, Adolf; SCHRÖDER, Horst (Orgs.). *Strafgesetzbuch Kommentar*. 29. ed. München: C. H. Beck, 2014.

STEVENSON, Oscar. *Da exclusão do crime:* causas não previstas formalmente. São Paulo: Saraiva, 1941.

STOOSS, Carl. *Chirurgische Operation und ärztliche Behandlung.* Berlin: Liebmann, 1898.

STRATENWERTH, Günter. Einverständliche Framdgefährdung bei fahrlässigem Verhalten. *In*: PAEFFGEN, Hans-Ullrich; BÖSE, Martin; KINDHÄUSER, Urs; *et alii* (Orgs.). *Strafrechtswissenschaft als Analyse und Konstruktion*: Festschrift für Ingeborg Puppe zum 70. Geburtstag. Berlin: Duncker & Humblot, 2011, p. 1017-1024.

STRATENWERTH, Günter. Prinzipien der Rechtfertigung. *ZStW*, v. 68, p. 41-70, 1956.

STRATENWERTH, Günter; KUHLEN, Lothar. *Strafrecht Allgemeiner Teil.* 6. ed. München: Franz Vahlen, 2011.

SWOBODA, Sabine. Die hypothetische Einwilligung - Prototyp einer neuen Zurechnungslehre im Bereich der Rechtfertigung? *ZIS*, n. 1, p. 18-32, 2013.

SZTAJN, Rachel. Reflexões sobre consentimento informado. *In*: AZEVEDO, Álvaro Villaça; LIGIERA, Wilson Ricardo (Orgs.). *Direitos do paciente.* São Paulo: Saraiva, 2012, p. 173-190.

TAG, Brigitte. *Der Körperverletzungstatbestand im Spannungsfeld zwischen Patientenautonomie und Lex artis:* Eine arztstrafrechtliche Untersuchung. Berlin: Springer, 2000.

TAVARES, Juarez. *Fundamentos de teoria do delito.* Florianópolis: Tirant lo Blanch, 2018.

TAVARES, Juarez. O consentimento do ofendido no direito penal. *Revista da Faculdade de Direito da UFPR,* p. 257-270, 1969.

TAVARES, Juarez. *Teoria do crime culposo.* 3. ed. Rio de Janeiro: Lumen Juris, 2009.

TAVARES, Juarez. *Teoria dos crimes omissivos.* São Paulo: Marcial Pons, 2012.

TEIXEIRA, Ana Carolina Brochado. *Saúde, corpo e autonomia privada.* Rio de Janeiro: Renovar, 2010.

TEMPEL, Otto. Inhalt, Grenzen und Durchführung der ärztlichen Aufklärungspflicht unter Zugrundlegung der höchstrichterlichen Rechtsprechung. *NJW*, n. 12, p. 609-617, 1980.

TOLEDO, Francisco de Assis. *Ilicitude penal e causas de sua exclusão.* Rio de Janeiro: Forense, 1984.

TOLEDO, Francisco de Assis. *Princípios básicos do Direito Penal.* São Paulo: Saraiva, 2002.

TOMÁS-VALIENTE LANUZA, Carmeno *La disponibilidad de la propia vida en el derecho penal.* Madrid: Boletín Oficial del Estado, Centro de Estudios Políticos y Constitucionales, 1999.

ULSENHEIMER, Klaus. § 138 Die strafrechtliche Beurteilung ärztlicher Heilbehandlung (ärztlicher Eigenmacht). *In*: LAUFS, Adolf; KERN, Bernd-Rüdiger (Orgs.). *Handbuch des Arztrechts.* München: C. H. Beck, 2010, p. 1569-1576.

ULSENHEIMER, Klaus. *Arztstrafrecht in der Praxis.* 5. ed. Heidelberg: C.F. Müller, 2015.

ULSENHEIMER, Klaus. *Arztstrafrecht in der Praxis.* 3. ed. Heidelberg: C.F. Müller, 2003.

ULSENHEIMER, Klaus. Verletzung der ärztlichen Aufklärungspflicht. *NStZ,* n. 3, p. 132-133, 1996.

VARGAS, José Cirilo de. *Instituições de Direito Penal:* parte geral. Belo Horizonte: Del Rey, 1997.

VASSALLI, Giuliano. Algunas consideraciones sobre el consentimiento del paciente y el estado de necesidad en el tratamiento médico-quirúrgico. *Nuevo Pensamiento Penal: Revista de derecho y ciencias penales,* v. 2, n. 1, p. 37-59, 1973.

VERREL, Torsteno Probleme und Zukunftsperspektiven der Patientenverfügung. *In*: ALBERS, Marion (Org.). *Patientenverfügungeno* Baden-Baden: Nomos, 2008, p. 197-213.

VIEIRA, Tereza Rodrigues; PIRES, Roberta Martins. Responsabilidade penal do cirurgião. *In*: DIAS, Maria Berenice (Org.). *Diversidade sexual e direito homoafetivo.* São Paulo: Revista dos Tribunais, 2011, p. 461-466.

VOLL, Doris. *Die Einwilligung im Arztrecht*: eine Untersuchung zu den straf-, zivil- und verfassungsrechtlichen Grundlagen, insbesondere bei Sterilisation und Transplantation unter Berücksichtigung des Betreuungsgesetzes. Frankfurt am Main: Lang, 1996.

VON BAR, L. *Gesetz und Schuld im Strafrecht:* Die Befreiung von Schuld und Strafe durch das Gesetz. Berlin: J, Guttentag, 1909.

VON DER PFORDTEN, Dietmar. Normativer Individualismus und das Recht. *JZ,* v. 22, p. 1069-1080, 2005.

VON HIRSCH, Andreas. Direkter Paternalismus im Strafrecht: Sollte selbstschädigendes Verhalten kriminalisiert werden? *In*: VON HIRSCH, Andreas; NEUMANN, Ulfrid; SEELMANN, Kurt (Orgs.). *Paternalismus im Strafrecht:* Die Kriminalisierung von selbstschädigendem Verhalten. Baden-Baden: Nomos, 2010.

VON HIRSCH, Andreas; NEUMANN, Ulfrid. "Indirekter" Paternalismus im Strafrecht - am Beispiel der Tötung auf Verlangen (§ 216 StGB). *In*: VON HIRSCH, Andreas; NEUMANN, Ulfrid; SEELMANN, Kurt (Orgs.). *Paternalismus im Strafrecht:* Die Kriminalisierung von selbstschädigendem Verhalten. Baden-Baden: Nomos, 2010, p. 71-98.

VON LISZT, Franz. *Lehrbuch des deutschen Strafrechts.* 11. ed. Berlin: J. Guttentag, 1902.

VON LISZT, Franz. *Lehrbuch des deutschen Strafrechts*. 20. ed. Berlin: J. Guttentag, 1914.

VON LISZT, Franz. *Tratado de direito penal allemão*. Trad. José Hygino Duarte Pereira. Rio de Janeiro: F. Briguiet & C., 1899.

WACHSMUTH, Werner; SCHREIBER, Hans-Ludwig. Das Dilemma der ärztlichen Aufklärung: Neue Probleme für die Rechtsprechung. *NJW*, p. 1985-1987, 1981.

WEIGEND, Thomas. Über die Begründung der Straflösigkeit bei Einwilligung des Betroffeneno *ZStW*, v. 98, n. 1, p. 44-72, 1986.

WELZEL, Hans. *Derecho Penal alemán:* parte general. Trad. Juan Bustos Ramírez y Sergio Yáñez Pérez. 11. ed. Santiago de Chile: Editorial Juridica de Chile, 1970.

WELZEL, Hans. *El nuevo sistema del derecho penal:* una introducción a la doctrina de la acción finalista. Trad. José Cerezo Mir. Montevideo: B de F, 2011.

WESSELS, Johannes; BEULKE, Werner; SATZGER, Helmut. *Strafrecht Allgemeiner Teil:* Die Straftat und ihr Aufbau. 47. ed. Heidelberg: C.F. Müller, 2017.

WESSELS, Johannes; BEULKE, Werner; SATZGER, Helmut. *Strafrecht Allgemeiner Teil:* Die Straftat und ihr Aufbau. 46. ed. Heidelberg: C.F. Müller, 2016.

WESSELS, Johannes; HETTINGER, Michael. *Strafrecht Besonderer Teil 1:* Straftaten Persönlichkeits- und Gemeinschaftswerte. 39. ed. Heidelberg: C.F. Müller, 2015.

WESSELS, Johannes; HILLENKAMP, Thomas. *Strafrecht Besonderer Teil 2:* Straftaten gegen Vermögenswerte. 39. ed. Heidelberg: C.F. Müller, 2016.

WHEELER, Robert. Gillick or Fraser? A plea for consistency over competence in childreno *BMJ*, v. 332, p. 807, 2006.

WIDMAIER, Gunter. Der Zitronensaft-Fall: Zum Risikozusammenhang nach Aufklärungsmängeln bei der ärztlichen Heilbehandlung. *In*: HEINRICH, Manfred; JÄGER, Christian; ACHENBACH, Hans; *et alii* (Orgs.). *Strafrecht als Scientia Universalis:* Festschrift für Claus Roxin zum 80. Geburtstag am 15. Mai 2011. Berlin: De Gruyter, 2011, p. 439-447.

WIESING, Urbano *Ethik in der Medizin:* Ein Studienbuch. Stuttgart: Philipp Reclam, 2012.

WIESNER, Sandra. *Die hypothetische Einwilligung im Medizinstrafrecht.* Baden--Baden: Nomos, 2010.

WILLEMAN, Flávio de Araújo. Recusa a tratamento de saúde com fundamento em crença religiosa e o dever do Estado de proteger a vida humana. O caso da transfusão de sangue em testemunha de Jeová. *Revista de Direito do Tribunal de Justiça do Estado do Rio de Janeiro,* n. 82, p. 50-75, 2010.

WOLTERS, Gereono 17. Abschnitt. Straftaten gegen die körperliche Unversehrtheit. *In*: *Systematischer Kommentar zum Strafgesetzbuch.* 9. ed. Köln: Carl Heymanns, 2017, p. 763-872.

YALOM, Irvin D. *Quando Nietzsche chorou.* Trad. Ivo Korytowski. Rio de Janeiro: HarperCollins Brasil, 2015.

ZAFFARONI, Eugenio Raúl; BATISTA, Nilo; ALAGIA, Alejandro; SLOKAR, Alejandro. *Direito Penal Brasileiro.* vol. 2, Tomo 2. Rio de Janeiro: Revan, 2017.

ZAFFARONI, Eugenio Raúl; BATISTA, Nilo; ALAGIA, Alejandro; SLOKAR, Alejandro. *Direito Penal Brasileiro.* vol. 2, Tomo I. 2. ed. Rio de Janeiro: Revan, 2010.

ZIPF, Heinz. *Einwilligung und Risikoübernahme im Strafrecht.* Berlin: Luchterhand, 1970.

ZIPF, Heinz. Probleme eines Straftatbestandes der eigenmächtigen Heilbehandlung (dargestellt an Hand von § 110 öStGB). *In*: KAUFMANN, Arthur; BEMMANN, Günter; KRAUSS, Detlef; *et alii* (Orgs.). *Festschrift für Paul Bockelmann zum 70. Geburtstag*. München: C. H. Beck'sche Verlagsbuchhandlung, 1979, p. 577-590.

ZITELMANN, Ernst. Ausschluß der Rechtswidrigkeit. *Archiv fur civilistische Praxis,* v. 1, n. 99, p. 1-130, 1906.

Referências legislativas e jurisprudenciais

ALEMANHA. *Grundgesetz.* 4. ed. München: Beck-Texte, 2005.

ALEMANHA. *Strafgesetzbuch.* 51. ed. München: Deutscher Taschenbuch Verlag, 2013.

ALEMANHA. *Strafgesetzbuch für die preussischen Staaten 1851:* Mit Entwürfen und Motiveno Berlin: Keip Verlag, 2004.

ALEMANHA. *RGSt*. Leipzig, vol. 2, p. 442-443, 1880.

ALEMANHA. *RGSt*. Leipzig, vol. 6, p. 61-64, 1882.

ALEMANHA. *RGSt*. Leipzig, vol. 25, p. 375-389, 1894.

ALEMANHA. *RGSt*. Leipzig, vol. 38, p. 34-37, 1906.

ALEMANHA. *RGZ*. Leipzig, vol. 78, p. 432-436, 1912.

ALEMANHA, Reichsgericht. *JW*, p. 3328-3330, 1932.

ALEMANHA, Reichsgericht. *JW*, p. 3369-3371, 1932.

ALEMANHA. *RGSt*. Leipzig, vol. 66, p. 181-185, 1933.

ALEMANHA. *RGSt*. Leipzig, vol. 74, p. 91-96, 1940.

ALEMANHA. *RGZ*. Leipzig, vol. 163, p. 129-139, 1940.

ALEMANHA. *BGHSt*. Berlin, vol. 2, p. 150-157, 1952.

ALEMANHA. *BGHSt*. Berlin, vol. 4, p. 24-32, 1954.

ALEMANHA. *BGHSt*. Berlin, vol. 6, p. 147-155, 1954.

ALEMANHA. *BGHSt*. Berlin, vol. 7, p. 211-214, 1955.

ALEMANHA. BGH: Ärztliche Falschbehandlung, Einwilligung des Patienten bei ärztichen Eingriffen, *NJW*, p. 1006-1008, 1956.

ALEMANHA, Bundesgerichtshof, *VersR*, p. 406-408, 1956.

ALEMANHA. *BGHSt*. Berlin, vol. 11, p. 111-116, 1958.

ALEMANHA. *BGHSt*. Berlin, vol. 12, p. 379-386, 1959.

ALEMANHA. *BGHZ*. Berlin, vol. 29, p. 176-187, 1959.

ALEMANHA. *BGHZ*. Berlin, vol. 29, p. 46-62, 1959.

ALEMANHA. *BGHSt*. Berlin, vol. 16, p. 309-316, 1962.

ALEMANHA, BGH: Zur Aufklärungspflicht des Arztes bei Heilbehandlung, *NJW*, p. 393-395, 1963.

ALEMANHA, BGH: Aufklärungspflicht des Arztes über Möglichkeit schädlicher Folgen eines Eingriffs, *NJW*, p. 335-338, 1972.

ALEMANHA, BGH: Umfang der Aufklärungspflicht des Arztes bei erhöhtem Operationsrisiko, *NJW*, p. 556-558, 1973.

ALEMANHA, BGH: Aufklärungspflicht über unvorhergesehenes Operationsrisiko, *NJW*, p. 337-339, 1977.

ALEMANHA, BGH: unwirksame Einwilligung zu einer umfassenden Zahnextraktion, *NJW*, p. 1206, 1978.

ALEMANHA. *BVerfGE*. Tübingen, vol. 49, p. 286-304, 1978.

ALEMANHA. *BVerfGE*. Tübingen, vol. 52, p. 131-187, 1980.

ALEMANHA, BGH: Aufklärungspflicht des nicht operierenden Arztes, *NJW*, p. 1905-1907, 1980.

ALEMANHA. *BGHZ*. Berlin, vol. 85, p. 327-339, 1983.

ALEMANHA. *BGHZ*. Berlin, vol. 90, p. 103-113, 1984.

ALEMANHA. *BGHSt*. Berlin, vol. 32, p. 367-381, 1984.

ALEMANHA. *BGHZ*. Berlin, vol. 105, p. 45-51, 1988.

ALEMANHA. *BGHSt*. Berlin, vol. 35, p. 246-251, 1988.

ALEMANHA, BGH: Aufklärung über Dringlichkeit einer Operationo *NJW*, p. 2928-2929, 1990.

ALEMANHA, BGH: Urt. v. 25.09.1990, Az.: 5 StR 342/90. *JurionRS*, 17084, 1990.

ALEMANHA, BGH: Haftung wegen fehlender Grundaufklärung. *NJW*, p. 2346-2347, 1991.

ALEMANHA. *BGHSt*. Berlin, vol. 40, p. 247 e ss., 1995.

ALEMANHA, BGH: Verletzung der ärztlichen Aufklärungspflicht.

NStZ, p. 34-35, 1996.

ALEMANHA. *BGHSt*. Berlin, vol. 43, p. 306-311, 1998.

ALEMANHA, Bayerisches Oberstes Landesgericht, *NJW,* p. 372-373, 1999.

ALEMANHA. *BGHZ*. Berlin, vol. 144, p. 1-14, 2000.

ALEMANHA. *BGHSt*. Berlin, vol. 45, p. 219-227, 2000.

ALEMANHA, BGH: Unterlassene ärztliche Aufklärung - hypothetische Einwilligung, *NStZ-RR,* p. 16-17, 2004.

ALEMANHA, BGH: Einwilligung in ärztlichen Heileingriff, *NStZ,* p. 442, 2004.

ALEMANHA, BGH: Umkehr der objektiven Beweislast bei grobem Behandlungsfehler, *NJW*, p. 427-429, 2005.

ALEMANHA, BGH: Pflicht des Arztes zur Selbstbestimmungsaufklärung. *NJW* p. 1718-1720, 2005.

ALEMANHA, BGH: Ärztlicher Heileingriff - Rechtfertigung durch Einwilligung, *NStZ-RR,* p. 340-341, 2007.

ALEMANHA. *BGHZ*. Berlin, vol. 172, p. 254-263, 2008.

ALEMANHA, BGH: Körperverletzung mit Todesfolge durch ärztliche Heilbehandlung, *NStZ,* p. 150-152, 2008.

ALEMANHA, BGH: Ärztliche Aufklärung über Außenseitermethode – "Zitronensaftfall", *NStZ,* p. 343-345, 2011.

ALEMANHA. *BGHSt*. Berlin, vol. 56, p. 277-289, 2012.

ALEMANHA, BGH: Ärztlicher Eingriff – hypothetische Einwilligung, Verbotsirrtum, *NStZ,* p. 205-206, 2012.

ALEMANHA, BGH: Hypothetische Einwilligung in ärztlichen Heileingriff bei "Neulandmethode", *NJW*, p. 1688-1689, 2013.

ALEMANHA. Landgericht Nürnberg Urt. v. 17.12.2015, Az.: 4 O 7000/11. *JurionRS*, 36459, 2015.

ALEMANHA, Bundesverwaltungsgericht: Erlaubnis zum Erwerb einer tödlichen Dosis eines Betäubungsmittels zur Selbsttötung, *NJW*, p. 2215-2221, 2017.

ALEMANHA, Landgericht Hamburg: Sterbehilfe, *NStZ,* p. 281-284, 2018.

ALEMANHA, Landgericht Berlin: Sterbehilfe–Unterlassen von Rettungsbemühungen, *NStZ-RR,* p. 246-248, 2018.

ARGENTINA. *Lei 26.529, de 21 de outubro de 2009*. Derechos del Paciente em su Relación con los Profesionales e Instituciones de la Salud. Buenos Aires, 2009.

ASSOCIAÇÃO MÉDICA MUNDIAL. *Declaração de Helsinque. Princípios éticos para investigações médicas envolvendo seres humanos* (atualizada na 64ª Assembleia Geral em Fortaleza, Brasil, 2013). Helsinque, 1964. Disponível em: <https://www.wma.net/policies-post/wma-declaration-of-helsinki-ethical-principles-for-medical-research-involving-human-subjects/> Acesso em: 28 out. 2018.

ASSOCIAÇÃO MÉDICA MUNDIAL. *Declaração de Helsinque. Princípios éticos para investigações médicas envolvendo seres humanos*. Helsinque, 1964. Disponível em: <https://www.wma.net/wp-content/uploads/2018/07/DoH-Jun1964.pdf>. Acesso em: 28 out. 2018.

ASSOCIAÇÃO MÉDICA MUNDIAL. *Declaração de Lisboa sobre os direitos do paciente*. Lisboa, 1981. Disponível em: <http://www.wma.net/en/30publications/10policies/l4/>. Acesso em: 28 jan. 2017.

ÁUSTRIA. *Strafgesetzbuch* (Código Penal austríaco). Disponível em: <http://www.jusline.at/ Strafgesetzbuch_(StGB).html>. Acesso em: 13 jul. 2016.

BRASIL. Câmara dos Deputados. *Projeto de lei n. 5.559/2016*, dispõe sobre os direitos dos pacientes e dá outras providências. Disponível em: <http://www.camara.gov.br/proposicoesWeb/fichadetramitacao?idProposicao=2087978>. Acesso em: 7 nov. 2018.

BRASIL. Câmara dos Deputados. *Projeto de lei n. 149/2018*, estabelece a possibilidade de toda pessoa maior e capaz declarar, antecipadamente, o seu interesse de se submeter ou não a tratamentos de saúde futuros, caso se encontre em fase terminal ou acometido de doença grave ou incurável. Disponível em: <https://www25.senado.leg.br/web/atividade/materias/-/materia/132773>. Acesso em: 14 jan. 2019.

BRASIL. Justiça Federal (TRF1), Seção Judiciária de Goiás, 1ª Vara de Goiânia. Sentença da ação civil pública n. 0001039-86.2013.4.01.3500. Goiânia, 2014.

BRASIL. *Lei Orgânica da Saúde*, lei n. 8.080, de 19 de setembro de 1990. Brasília: 1990.

BRASIL. Ministério da Saúde, Divisão de Vigilância Sanitária de Medicamentos (DIMED). *Portaria n. 16*. Brasília, 1981.

BRASIL. Ministério da Saúde, Conselho Nacional de Saúde (CNS). *Resolução n. 1*. Brasília, 1988.

BRASIL. Ministério da Saúde, Conselho Nacional de Saúde (CNS). *Resolução n. 196*. Brasília, 1996.

BRASIL. Ministério da Saúde, Secretaria de Atenção à Saúde. *Portaria n. 48 de 1999*. Brasília: Ministério da Saúde, 1999. Disponível em: <http://bvsms.saude.gov.br/bvs/saudelegis/sas/1999/prt0048_11_02_1999.html>. Acesso em: 17 jan. 2019.

BRASIL. Ministério da Saúde. *Carta dos direitos dos usuários da saúde,* Portaria n. 1.820 de 2009. 3. ed. Brasília: Ministério da Saúde, 2011.

BRASIL. Ministério da Saúde, Conselho Nacional de Saúde (CNS). *Resolução n. 466*. Brasília, 2012.

BRASIL. Senado Federal. *Projeto de Lei do Senado n. 236, de 2012*, institui o novo Código Penal. Disponível em: <https://www25.senado.leg.br/web/atividade/materias/-/materia/106404>. Acesso em: 25 jan. 2019.

BRASIL. Senado Federal. *Projeto de Lei do Senado n. 7, de 2018*, dispõe sobre os direitos dos usuários dos serviços de saúde, para assegurar o atendimento e tratamento adequados e seguros, bem como a autonomia de vontade do paciente e seus representantes legais. Disponível em: <https://www25.senado.leg.br/web/atividade/materias/-/materia/132125>. Acesso em: 8 fev. 2019.

BRASIL. Senado Federal. *Projeto de Lei do Senado n. 107, de 2018*, altera a Lei do Planejamento Familiar para facilitar o acesso a procedimentos de laqueaduras e vasectomias. Disponível em: <https://www25.senado.leg.br/web/atividade/materias/-/materia/132552>. Acesso em: 10 fev. 2019.

BRASIL. Superior Tribunal de Justiça. Recurso em *Habeas Corpus* n. 7.785/SP. Relator: Ministro Fernando Gonçalves. Brasília, 1998.

BRASIL. Superior Tribunal de Justiça. REsp 467.878/RJ. Relator: Ministro Ruy Rosado de Aguiar, julgado em 05/12/2002. Brasília, 2002.

BRASIL. Superior Tribunal de Justiça. REsp 436.827/SP. Relator: Ministro Ruy Rosado de Aguiar, julgado em 1º/10/2002. Brasília, 2002.

BRASIL. Superior Tribunal de Justiça. REsp 1104665/RS. Relator: Ministro Massami Uyeda, julgado em 09/06/2009. Brasília, 2009.

BRASIL. Superior Tribunal de Justiça. *Habeas Corpus* n. 268459/SP. Relatora: Ministra Maria Thereza de Assis Moura. Brasília, 2014.

BRASIL. Superior Tribunal de Justiça. REsp 1.540.580/DF. Relator: Ministro Lázaro Guimarães, julgado em 02/08/2018. Brasília, 2018.

CONSELHO DA EUROPA. Convenção sobre direitos humanos e a biomedicina. Oviedo, 1997. Disponível em: <https://www.coe.int/en/web/conventions/full-list/-/conventions/treaty/164>. Acesso em: 28 jan. 2017.

CONSELHO FEDERAL DE MEDICINA. *Resolução n. 1.021*, de 26 de setembro de 1980. Rio de Janeiro, 1980. Disponível em: <http://www.portalmedico.org.br/resolucoes/cfm/1980/1021_1980.htm>. Acesso em: 6 nov. 2018.

CONSELHO FEDERAL DE MEDICINA. *Resolução n. 1.081*, de 12 de março de 1982. Rio de Janeiro, 1982. Disponível em: <https://sistemas.cfm.org.br/normas/visualizar/resolucoes/BR/1982/1081>. Acesso em: 2 nov. 2018.

CONSELHO FEDERAL DE MEDICINA. *Resolução n. 1.154*, de 27 de abril de 1984. Código Brasileiro de Deontologia Médica. Rio de Janeiro, 1984.

CONSELHO FEDERAL DE MEDICINA. *Resolução n. 1.246*, de 8 de janeiro de 1988. Código de Ética Médica. Rio de Janeiro, 1988.

CONSELHO FEDERAL DE MEDICINA. *Resolução n. 1.451*, de 10 de março de 1995. São Paulo, 1995. Disponível em: <http://www.portalmedico.org.br/resolucoes/cfm/1995/1451_1995.htm>. Acesso em: 10 fev. 2019.

CONSELHO FEDERAL DE MEDICINA. *Resolução n. 1.482/1997*, de 10 de setembro de 1997. Brasília, 1997. Disponível em: <http://www.portalmedico.org.br/resolucoes/cfm/1997/1482_1997.htm>. Acesso em: 5 fev. 2019.

CONSELHO FEDERAL DE MEDICINA. *Resolução n. 1.805*, de 28 de novembro de 2006. Brasília, 2006.

CONSELHO FEDERAL DE MEDICINA. *Resolução n. 1931*, de 17 de setembro de 2009. Código de Ética médica. Brasília, 2009.

CONSELHO FEDERAL DE MEDICINA. *Resolução n. 1.955/2010*, de 12 de agosto de 2010. Brasília, 2010. Disponível em: <http://www.portalmedico.org.br/resolucoes/CFM/2010/1955_2010.htm>. Acesso em: 5 fev. 2019.

CONSELHO FEDERAL DE MEDICINA. *Resolução n. 1.995*, de 31 de agosto de 2012. Dispõe sobre as diretivas antecipadas de vontade dos pacientes. Brasília, 2012.

CONSELHO FEDERAL DE MEDICINA. *Recomendação n. 1*, de 21 de janeiro de 2016. Brasília, 2016. Disponível em: <https://portal.cfm.org.br/images/Recomendacoes/1_2016.pdf>. Acesso em: 6 nov. 2018.

CONSELHO FEDERAL DE MEDICINA. *Resolução n. 2.217*, de 1º de novembro de 2018. Código de Ética médica. Brasília, 2018.

CONSELHO FEDERAL DE MEDICINA. *Revisão do Código de Ética Médica*: mudanças em favor da medicina e da sociedade. Disponível em: <http://www.rcem.cfm.org.br/index.php>. Acesso em: 3 nov. 2018.

CÓDIGO DE MORAL MÉDICA, tradução do Código de Moral Médica aprovado pelo VI Congresso Médico Latino-Americano. *Boletim do Syndicato Medico Brasileiro*, n. 8, agosto de 1929, p.114-123.

CÓDIGO DE DEONTOLOGIA MÉDICA, aprovado pelo 1º Congresso Médico Sindicalista. *Boletim do Syndicato Medico Brasileiro*, n. 8, agosto de 1931, p. 124-130.

CÓDIGO DE DEONTOLOGIA MÉDICA, aprovado pelo IV Congresso Sindicalista Médico Brasileiro, em 24 de outubro de 1944. Disponível em: <http://www.portalmedico.org.br/arquivos/codigo_deontologia_medica(1945).pdf>. Acesso em 18 jan. 2019.

CORTE INTERAMERICANA DE DIREITOS HUMANOS. *Caso I.V. vs. Bolívia*. Sentença de 30 de novembro de 2016.

DISTRITO FEDERAL. Tribunal de Justiça. Apelação criminal n. 20060310262636. Relator: Des. Arnoldo Camanho de Assis. Brasília, 2010.

ESPANHA. Lei 41 de 14 de novembro de 2002. Básica reguladora de la autonomia del paciente y de derechos y obligaciones em matéria de información y documentación clínica. Madrid, 2002. Disponível em: <https://www.boe.es/buscar/pdf/2002/BOE-A-2002-22188-consolidado.pdf>. Acesso em: 26 jan. 2019.

GOIÁS. Tribunal de Justiça, 2ª Vara Cível, Fazendas Públicas, Registros Públicos e Ambiental da Comarca de Trindade/GO. Processo n. 201700242266, sentença da ação de interdição com pedido de tutela antecipada. Trindade, 2017.

ITÁLIA. *Codice Penale e leggi complementari.* Milão: Giuffrè Editore, 2013.

ITÁLIA. Udienza 13 dicembre 1931; Pres. Ricciulli, Est. Vestini, P. M. Petrocelli (concl. diff.) - Imp. Fersina ed altri. *Il Foro Italiano,* v. 57, p. 139-152, 1932.

MATO GROSSO. Tribunal de Justiça, Vara Única de Poconé. Processo n. 273/2007, sentença da ação civil pública com pedido de limitar. Poconé, 2009.

MINAS GERAIS. Tribunal de Justiça. Apelação cível 2.0000.00.306864-4/000. Relator Des. Paulo Cézar Dias. Belo Horizonte, 2000.

MINAS GERAIS. Tribunal de Justiça. Agravo de instrumento 1.0701.07.191519-6/001. Relator: Des. Alberto Vilas Boas. Belo Horizonte, 2007.

ORGANIZAÇÃO DAS NAÇÕES UNIDAS (ONU). Declaração Universal dos Direitos Humanos. Paris, 1948. Disponível em: <http://unesdoc.unesco.org/images/0013/001394/139423por.pdf>. Acesso em: 12 out 2018.

ORGANIZAÇÃO DAS NAÇÕES UNIDAS PARA A EDUCAÇÃO, CIÊNCIA E CULTURA (UNESCO). Declaração Universal sobre Bioética e Direitos Humanos. Paris, 2005. Disponível em: <http://unesdoc.unesco.org/images/0014/001461/146180por.pdf>. Acesso em: 28 jan. 2017.

PORTUGAL. Supremo Tribunal de Justiça. Processo 1263/06.3TVPRT.P1.S1. Relatora: Maria Clara Sottomayor. *Portugal*, Lisboa, junho de 2015. Disponível em: <http://www.dgsi.pt/jstj.nsf/954f0ce6ad9dd8b980256b5f003fa814/13c2cea356c7279080257e590036948b?OpenDocument>. Acesso em 31 dez. 2018.

PORTUGAL. Código Penal português. Disponível em: <http://www.codigopenal.pt>. Acesso em: 26 jan. 2018.

REINO UNIDO. House of Lords. *Gillick vs. West Nortfolk and Wisbeck Area Health Authority* (AC 112). *Londres*, 1986. Disponível em: <http://www.bailii.org./uk/cases/UKHL/1985/7.html>. Acesso em: 4 dez. 2018.

RIO DE JANEIRO. Tribunal de Justiça. Agravo de Instrumento n. 2004.002.13229. Relator: Des. Carlos Eduardo da Fonseca Passos. Rio de Janeiro, 2004.

RIO DE JANEIRO. Tribunal de Justiça. Apelação cível n. 2006.001.13957. Relator: Des. Roberto de Abreu e Silva, julgado em 5/09/2006. Rio de Janeiro, 2006.

RIO GRANDE DO SUL. Tribunal de Justiça. Apelação cível n. 70020868162. Relator: Des. Umberto Guaspari Sudbrack. Porto Alegre, 2007.

RIO GRANDE DO SUL. Tribunal de Justiça. Apelação cível n. 70032799041. Relator: Des. Cláudio Baldino Maciel. Porto Alegre, 2009.

RIO GRANDE DO SUL. Tribunal de Justiça. Apelação cível n. 70042509562. Relator: Des. Arminio José Abreu Lima da Rosa. Porto Alegre, 2011.

RIO GRANDE DO SUL. Tribunal de Justiça. Apelação cível n. 70048045769. Relator: Des. Leonel Pires Ohlweiler. Porto Alegre, 2012.

SÃO PAULO, Tribunal de Alçada Criminal. Apelação Criminal n. 201.999. *RT*, v. 545, p. 355-363, 1981.

SÃO PAULO, Tribunal de Alçada Criminal. Sentença do processo n. 799/76. *RT*, v. 545, p. 363-372, 1981.

SÃO PAULO. Tribunal de Justiça. Apelação cível n. 132.720-4/9. Relator: Des. Boris Kauffmanno São Paulo, 2003.

SÃO PAULO, Tribunal de Justiça. Apelação n. 1001521-57.2017.8.26.0360. Relator: Paulo Dimas Mascaretti. São Paulo, 2018.